高等学校教材

U1010433

# 弹性力学

○ 主　编　闫晓军
○ 副主编　董少静　黄大伟　刘志伟

中国教育出版传媒集团
高等教育出版社·北京

**内容提要**

本书是北京航空航天大学国家级一流本科课程弹性力学的配套教材，内容上既注重理论的系统性、完整性和严密性，又兼顾突出重点、分散难点、联系工程实际，文字表述浅显易懂，强调问题的物理本质，便于读者理解和掌握。全书共13章，包括绪论、数学基础、应力与平衡方程、应变、弹性本构方程、方程组求解方法与原理、方程组的化简与求解、经典例题求解、平面问题的复变函数解法、能量原理、热弹性问题、数值方法、实验方法。配套数字化学习资源。

本书可作为力学、航空航天、能源动力、机械、土木等专业本科生的弹性力学课程教材，也可供相关工程技术人员参考。

**图书在版编目（CIP）数据**

弹性力学 / 闫晓军主编；董少静，黄大伟，刘志伟副主编. -- 北京：高等教育出版社，2025.8. -- ISBN 978-7-04-064104-2

Ⅰ. O343

中国国家版本馆 CIP 数据核字第 2025A0V638 号

TANXING LIXUE

策划编辑 水 渊　　责任编辑 赵向东　　封面设计 裴一丹　　版式设计 李彩丽
责任绘图 于 博　　责任校对 刘娟娟　　责任印制 刘思涵

出版发行 高等教育出版社
社　　址 北京市西城区德外大街4号
邮政编码 100120
印　　刷 天津画中画印刷有限公司
开　　本 787 mm×1092 mm　1/16
印　　张 23.25
字　　数 530千字
购书热线 010-58581118
咨询电话 400-810-0598

网　　址 http://www.hep.edu.cn
　　　　 http://www.hep.com.cn
网上订购 http://www.hepmall.com.cn
　　　　 http://www.hepmall.com
　　　　 http://www.hepmall.cn

版　　次 2025年8月第1版
印　　次 2025年8月第1次印刷
定　　价 55.00元


物 料 号 64104-00

# 新形态教材网使用说明

# 弹性力学

主　编　闫晓军
副主编　董少静　黄大伟
　　　　刘志伟

1　计算机访问https://abooks.hep.com.cn/64104或手机微信扫描下方二维码进入新形态教材网。

2　注册并登录后，计算机端进入“个人中心”，点击“绑定防伪码”，输入图书封底防伪码（20位密码，刮开涂层可见），完成课程绑定；或手机端点击“扫码”按钮，使用“扫码绑图书”功能，完成课程绑定。

3　在“个人中心”→“我的学习”或“我的图书”中选择本书，开始学习。

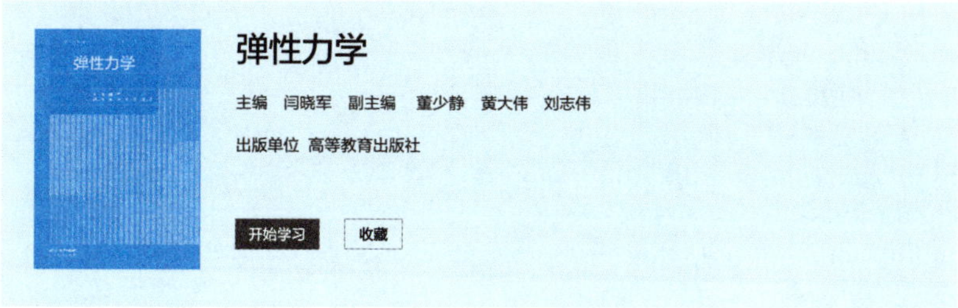


受硬件限制，部分内容可能无法在手机端显示，请按照提示通过计算机访问学习。如有使用问题，请直接在页面点击答疑图标进行咨询。

https://abooks.hep.com.cn/64104

# 前言

弹性力学是力学、航空航天、能源动力、机械、土木等专业的基础课。随着我国高等教育取得巨大进步，高校更加注重对学生创新思维、自主学习能力的培养，对教材的内容和形式也提出了新的要求：内容上不仅需要包含学科的新知识，还需要包含知识的产生过程，便于培养学生的科研创新能力；形式上不局限于纸质教材，需要以各种新的形态来呈现知识内容，满足信息时代的教学需求。

基于上述背景，教材具有以下特点：

(1) 在阐述弹性力学基本概念时，注重科学(弹性力学)和技术(工程)的结合。以第 8 章弹性力学的经典例题为例，首先介绍其工程背景，说明“从哪儿来”，然后在此基础上抽象出物理模型，在数学求解之后，则给出求解结果的工程应用，指出“到哪儿去”。每个例题的内容，体现了“认识世界”到“改造世界”的过程。书中各章都给出了大量的工程实例。

(2) 在介绍弹性力学求解方法时，注重阐述整个求解思路。教材详细介绍了科学家如何寻求和定义合适的物理量，如何建立不同形式的方程，以及如何采用不同的化简方法来求解，还原了弹性力学的发展历程。通过介绍弹性力学及其经典例题的发展历史来体现弹性力学问题的求解思路。

(3) 注重与其他学科的交叉和融合。每章增加“重点概念阐释及知识延伸”“拓展阅读”“重点内容的板书讲解”等小节，介绍和推荐各章重点知识及相关的经典文献，将本章涉及的重点概念进行深入内涵地解释或证明，涉及的其他学科的知识点也进行了对比和归纳，以期起到学科间交叉融合、扩展学生视野的作用。

此外，教材的多形态体现在：

(1) 各章配有“思维导图”，便于读者概览本章的知识点。

(2) 各章配有多个知识点的短视频，针对难点、关键点进行生动讲解。

(3) 各章配有自测题，可以帮助读者考查学习效果，进一步加强知识点的学习。

本书分为基本篇(第 1～8 章)和深入篇(第 9～13 章)两部分，参加编写的有闫晓军(第 1 章)、漆明净(第 2 章)、黄大伟(第 3 章和第 10 章)、刘志伟(第 4 章和第 5 章)、毛建兴(第 6 章和第 9 章)、万维锋(第 7 章和第 12 章)、王庆华(第 8 章)、董少静(第 11 章和第 13 章)，全书由闫晓军统稿。

北京航空航天大学能源与动力工程学院的部分博士生和硕士生参加了本书的文字、图片的输入和整理工作，在此表示感谢！他们是博士生李林昕、周仕豪、杨秀峰、黎小熙、何振宇、陆炜鑫、高凡、李骏溧、谢新芸、丁彤、黄庆萃、常洋、孙伟涵；硕士生王晖、王若寒、尉立钊、张恭贺、屈尚直、左乾江、刘润芃、金绒绒、齐淇、苏哲楷、何俊龙。

北京航空航天大学固体力学所杨振宇教授认真审阅了书稿，提出了许多宝贵意见，在此表示衷心感谢！

限于作者水平，疏漏和不足之处难免，恳请读者指正。反馈的意见或建议请发至 dongshaojing@buaa.edu.cn。

编者

2024 年 10 月

# 目录

# 第1章 绪论

## 学习目标

掌握并理解弹性力学的学科定义;了解弹性力学的发展历史及其标志事件;掌握弹性力学的基本假设,理解基本假设对于弹性力学研究的作用与意义;了解弹性力学研究方法的基本原理。

## 重点难点

弹性力学和理论力学、材料力学在研究对象、方法和内容上的异同;五个基本假设对弹性力学方程建立的作用和意义。

## 思维导图

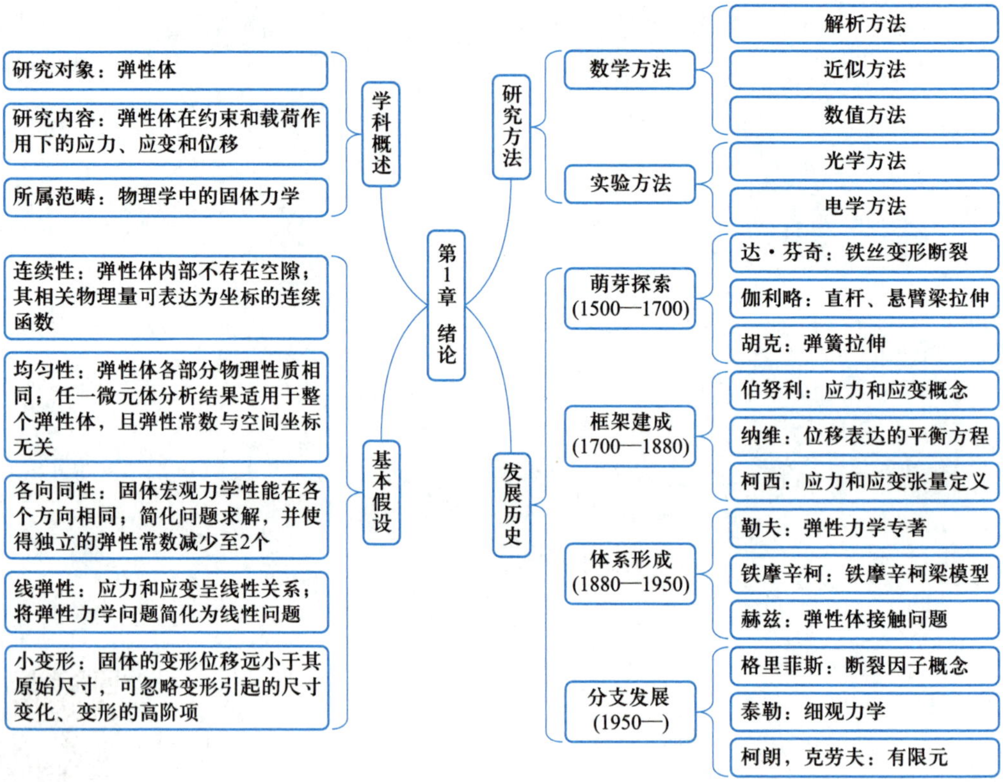
第1章 绪论
学科概述
研究对象：弹性体
研究内容：弹性体在约束和载荷作用下的应力、应变和位移
所属范畴：物理学中的固体力学
基本假设
连续性：弹性体内部不存在空隙；其相关物理量可表达为坐标的连续函数
均匀性：弹性体各部分物理性质相同；任一微元体分析结果适用于整个弹性体，且弹性常数与空间坐标无关
各向同性：固体宏观力学性能在各个方向相同；简化问题求解，并使得独立的弹性常数减少至2个
线弹性：应力和应变呈线性关系；将弹性力学问题简化为线性问题
小变形：固体的变形位移远小于其原始尺寸，可忽略变形引起的尺寸变化、变形的高阶项
研究方法
数学方法
解析方法
近似方法
数值方法
实验方法
光学方法
电学方法
发展历史
萌芽探索
(1500—1700)
达·芬奇：铁丝变形断裂
伽利略：直杆、悬臂梁拉伸
胡克：弹簧拉伸
框架建成
(1700—1880)
伯努利：应力和应变概念
纳维：位移表达的平衡方程
柯西：应力和应变张量定义
体系形成
(1880—1950)
勒夫：弹性力学专著
铁摩辛柯：铁摩辛柯梁模型
赫兹：弹性体接触问题
分支发展
(1950—)
格里菲斯：断裂因子概念
泰勒：细观力学
柯朗，克劳夫：有限元

克劳德-路易·纳维
(Claude-Louis Navier, 1785—1836)

$$C\left(\nabla u+2\frac{\partial \theta}{\partial x}\right)+X=0$$

$$C\left(\nabla v+2\frac{\partial \theta}{\partial y}\right)+Y=0$$

$$C\left(\nabla w+2\frac{\partial \theta}{\partial z}\right)+Z=0$$

**注释：**

$x$、$y$、$z$——空间坐标 $\theta=\frac{\partial u}{\partial x}+\frac{\partial v}{\partial y}+\frac{\partial w}{\partial z}$

$X$、$Y$、$Z$——外力

$C$——弹性常数 $\nabla=\frac{\partial^2}{\partial x^2}+\frac{\partial^2}{\partial y^2}+\frac{\partial^2}{\partial z^2}$

$u$、$v$、$w$——位移

**各向同性弹性体的平衡微分方程**

The establishment of Navier's differential equations of equilibrium for isotropic elastic bodies is the beginning of the mathematical Theory of Elasticity.

——Timoshenko Stephen: History of strength of materials

弹性力学理论框架的建立始于法国科学家纳维，1821 年，他在分子理论假设的基础上，研究了固体中微粒的受力平衡，推导得到了用位移表达的、各向同性弹性体的平衡微分方程。在推导过程中，纳维假设弹性体内部的质点上作用有两个力系：自身的分子力与外力作用引起的分子力。其中，外力作用引起的分子力大小取决于相邻质点间的相对位移，在此基础上，得到了外力作用下的弹性体中任意质点的受力情况，以位移为未知数，推导出了位移($u$、$v$、$w$)、外力($X$、$Y$、$Z$)和弹性常数($C$)表达的各向同性弹性体的平衡微分方程。需要说明的是：纳维用 1 个弹性常数来描述各向同性弹性体是初步的研究结果，之后，乔治·格林(George Green, 1793—1841)在 1838 年的研究表明：各向同性弹性体存在 2 个独立弹性常数。

# 1.1 概述

力学是物理学的一个分支，主要研究能量、力以及它们与物体的平衡、变形或运动之间的关系。按照基础理论的差异，力学可以划分为经典力学和量子力学。其中，经典力学起源于牛顿运动定律，主要研究低速或静止的宏观物体；而量子力学的主要研究对象是微观粒子。图 1.1 给出了不同空间和时间尺度下，目前发展的相关力学理论和方法。图 1.2 给出了弹性力学在物理学中的包含关系。其中，连续介质力学是研究包括固体和流体在内的连续介质宏观性质的力学，包括固体力学、流体力学等；弹性力学是固体力学的基础和分支。

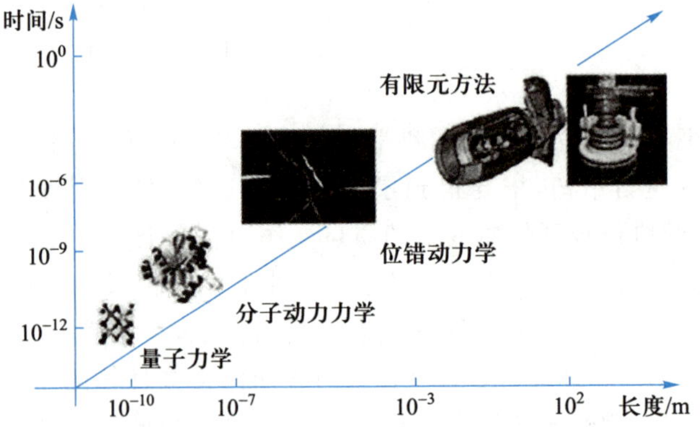


图 1.1 不同空间和时间尺度下，目前采用的力学理论和方法[1]

弹性力学(elasticity)，又称弹性理论(theory of elasticity)，是研究弹性体由于外力或者温度改变等其他外界因素作用(图 1.3)下物体内部所产生的位移、变形和内力分布等。

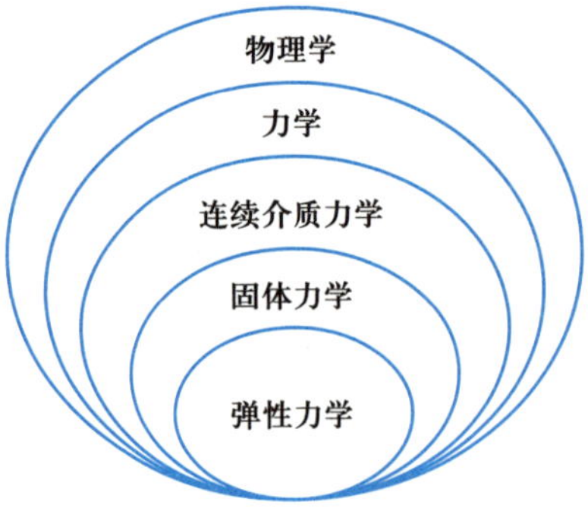


图 1.2 弹性力学所属范畴

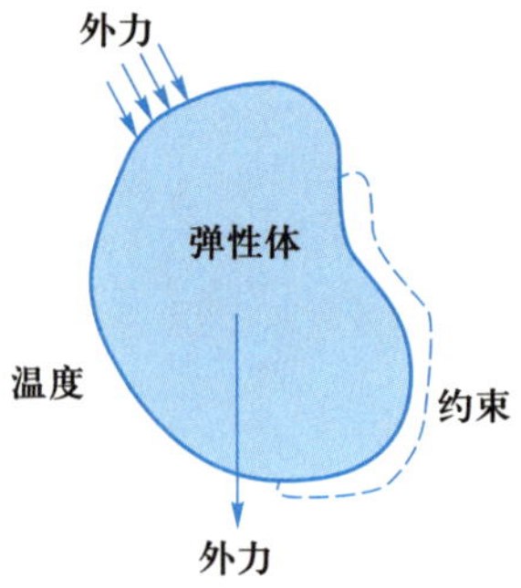


图 1.3 弹性力学研究对象

本章首先简单介绍弹性力学的发展历史，在此基础上，介绍弹性力学研究的基本假设、研究方法以及与其他力学课程的关系，最后介绍本书的内容安排。

## 1.2 发展历史

弹性力学起源于对结构或固体变形和破坏的研究，根据不同时期的发展特点，其发展阶段可以划分为萌芽探索、框架建成、体系形成、分支发展四个阶段。

### 1. 萌芽探索(1700 年之前)

在萌芽探索阶段，科学家们注意到了固体的变形和破坏现象，并初步研究了变形和破坏与结构尺寸、外力之间的关系，在此基础上，提出了胡克定律，为后续弹性力学的发展奠定了基础。

意大利博学家达·芬奇(Leonardo da Vinci，1452—1519)是最早采用实验方法来研究材料强度的科学家，他当时研究了铁丝断裂现象，这可能和他经常利用铁丝挂画而发生断裂的生活经历有关。达·芬奇的研究过程(图 1.4)概括为选用不同长度的铁丝来悬挂容器，向容器中注入细沙直至铁丝断裂。研究得到铁丝的长度越短，断裂时承担的重量越大，即强度越高的结论。其主要原因是：当时材料制造水平较低，铁丝长度越短，其含有缺陷的概率就越低，因此表现出的材料强度就越高(参见 1.8.1 节)。

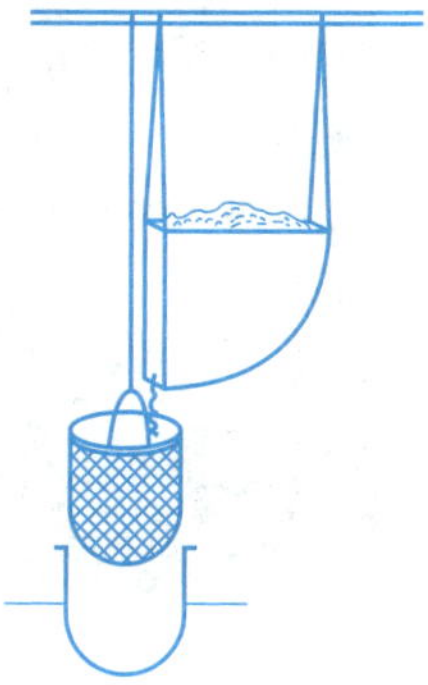

图 1.4 达·芬奇及铁丝断裂实验

意大利科学家伽利略(Galileo Galilei，1564—1642)除了在天文学方面很有造诣外，也是早期开始对材料强度问题进行研究的科学家之一。他首先考虑到了固体的变形并对直杆进行过拉伸实验(图 1.5b)，发现了杆件的承载能力与其横截面面积成正比，而与其长度无关，他把杆件这种承载能力叫作“抗断裂力”(absolute resistance to fracture)[2]，这些工作为后续应力概念的产生奠定了基础。此外，伽利略还对悬臂梁进行了受力计算与分析，由于对梁端部 $AB$ 应力分布(图 1.5c)的均布假设不合理，得出的计算结果并不准确。

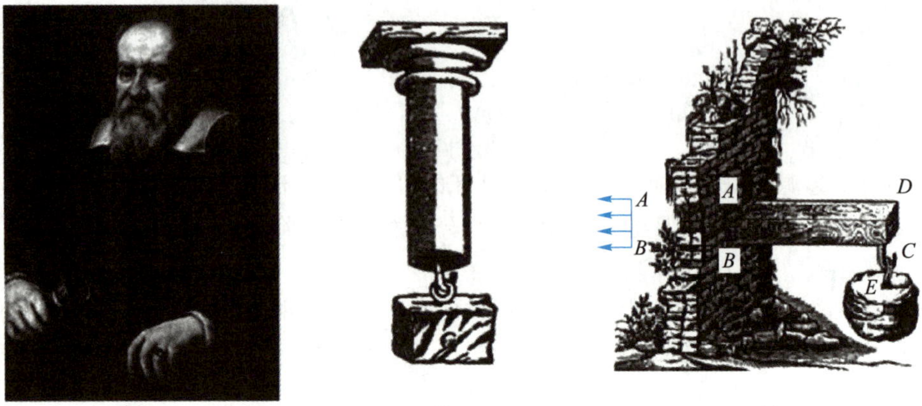


(a) (b) (c)

图 1.5 伽利略及直杆、悬臂梁强度实验

英国科学家胡克(Robert Hooke,1635—1703)在 1678 年发表了第一篇讨论材料弹性的文章《弹簧》。在文章中,胡克通过对金属弹簧悬挂砝码的实验(图 1.6)研究发现,不同重量的砝码及其引起的弹簧伸长量具有相同的比例,即力与力所产生的位移变化量成正比,这种力与位移变化量间的线性关系即胡克定律。胡克定律是弹性力学后续发展的理论基础。

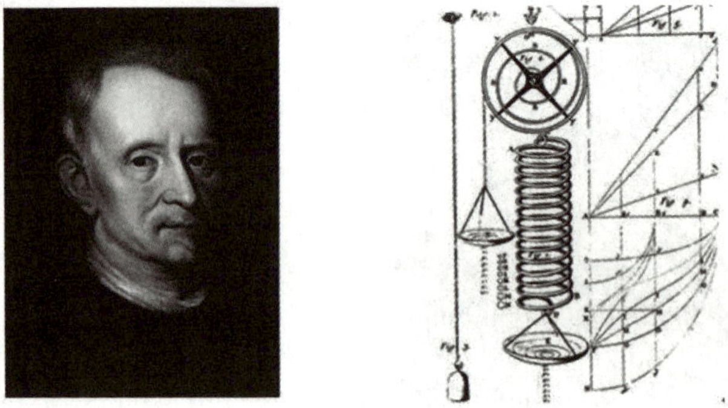

图 1.6 胡克及弹簧拉伸实验

在这一时期,法国物理学家马略特(Edme Mariotte,1620—1684)针对梁构件进行了一系列拉伸与弯曲试验,改进了伽利略的悬臂梁计算理论。瑞士的伯努利家族代表人物之一雅各布·伯努利(Jacob Bernoulli,1654—1705)通过研究得到了悬臂梁的挠度曲线。

在弹性力学的萌芽探索阶段,科学家通过对简单结构的变形和破坏研究,积累了一定的力学认识和基础规律。伴随桥梁道路建设、造船、军械制造等工程领域的发展,构建更为普遍的力学理论用来指导变形结构设计的需求越来越迫切。

### 2. 框架建成(1700—1880 年)

对弹性体在受到外力后的平衡状态进行描述,选取合适的物理量并建立方程体系,是弹性力学在这一发展时期的主要特征。

最早提出应力-应变概念的是雅各布·伯努利,他在 1705 年的一篇论文中提出了应力和应变的概念;瑞士科学家欧拉(Leonhard Euler,1707—1783,图 1.7)在 1727 年提出了应力和应变之间的线性关系；1807 年，英国物理学家托马斯·杨（Thomas Young，1773—1829）给出了应力与应变之间的比例系数——杨氏模量的定义，这些工作都为弹性理论框架的建立奠定了良好的基础。

图 1.7　欧拉及悬臂梁挠度曲线

法国科学家纳维（图 1.8）对弹性力学的发展起到了奠基性的作用，他曾就读于著名的巴黎综合理工学院（École Polytechnique），1804 年毕业后考入法国国立桥路学院（École des Ponts ParisTech）。纳维对弹性力学的研究始于桥梁建筑，他曾接替其叔父——法国著名工程师高随（Emiland Gauthey，1732—1806）的工作，编写了关于桥梁和渠道的论著，并在国立桥路学院的任教过程中开始了针对弹性体的研究。纳维对弹性力学最大的贡献是推导出了采用位移表达的弹性体平衡方程（1821 年）。

图 1.8　纳维及其设计的荣军院桥（Pont des Invalides）初稿[3]

法国科学家柯西（Augustin-Louis Cauchy，1789—1857，图 1.9）对弹性力学发展起到了非常大的推动作用。他的工作包括：(1) 引进“应力张量”概念来描述弹性体内部的受力情

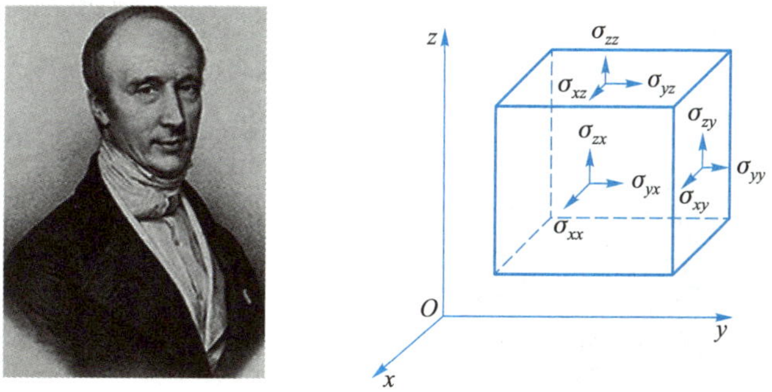


图 1.9　柯西及其提出应力张量的图示

况，在此基础上，建立了微元体的平衡方程；(2) 引进“应变张量”概念来描述弹性体的变形，建立了应变与位移的关系(几何方程)；(3) 建立了应力与应变的关系(广义胡克定律)等，上述三类方程基本奠定了弹性力学的求解框架，柯西本人也利用这些方程研究过矩形杆件的扭转等问题。

法国科学家泊松(Siméon Denis Poisson，1781—1840)提出了泊松比这一常数，即弹性体变形时，正交两方向上的变形之比为常数。在弹性力学方程组的建立过程中，纳维列出的平衡方程组中仅有 1 个弹性常数，柯西论证了通常情况下应该有 36 个弹性常数，最终英国人格林的研究表明：各向异性弹性体有 21 个独立的弹性常数，而各向同性弹性体有 2 个独立弹性常数。1855—1856 年，法国力学家圣维南(Adhémar Jean Claude Barré de Saint-Venant，1797—1886)提出了柱体扭转和弯曲问题的半逆解法，并提出了圣维南原理。1862 年，英国剑桥大学的艾里(George Biddell Airy，1801—1892)提出了应力函数，用以求解平面问题。德国科学家基尔霍夫(Gustav Robert Kirchhoff，1822—1887)将弹性力学理论应用到板构件中，建立了薄板弯曲理论[4]。

利用能量法来求解弹性力学问题在此时期也得到了发展。意大利数学家贝蒂(Enrico Betti，1823—1892)和英国数学家瑞利(Third Baron Rayleigh，1842—1919)分别于 1872 年和 1873 年独立提出了互等功定理，意大利工程师卡斯提利亚诺(Alberto Castigliano，1847—1884)在 1873 年提出了卡氏定理，由此可以推导出最小应变能原理。

在此阶段，已经提出了表征弹性体内力集中程度、变形程度的应力张量和应变张量的概念，并形成了完整的弹性力学边值问题的方程组，对弹性常数的认识已经比较清晰，并且提出了半逆解法来求解复杂的方程组。能量法开始用于求解弹性力学问题，功的互等定理在问题分析中得到应用，应变能原理被用于求解弹性体问题。至此，弹性力学的理论框架基本形成。

### 3. 体系形成(1880—1950 年)

在这一阶段，几位重要的科学家对弹性力学进行了系统的总结和发展，进一步推动了弹性力学的深入研究和工程应用。

英国科学家勒夫(Augustus Edward Hough Love，1863—1940)在 1892—1893 年分两卷出版了《弹性力学数学理论论述》(*A Treatise on the Mathematical Theory of Elasticity*)(图 1.10)，在这本书中详细总结了在此之前弹性力学的全部成果。在对前人工作进行总结的基础上，勒夫对薄壳弯曲问题进行了系统研究，相关工作奠定了薄壳理论的基础。

图 1.10　勒夫及其专著

另外一个对弹性力学总结和发展起到重要作用的人物是美国科学家铁摩辛柯(Stephen Prokofyevich Timoshenko,1878—1972),他推动了弹性理论在工程问题中的应用,提出了沿用至今的“铁摩辛柯梁”模型。此外,他在圆孔应力集中、薄壁杆件扭转、弹性系统稳定性等问题上都进行了大量工作。同时,铁摩辛柯作为一个力学教育家,编写了包括《弹性理论》(图 1.11)在内的大量力学教材,为推广弹性理论作出了很大贡献[5]。

图 1.11　铁摩辛柯及其编著的《弹性理论》教材

在此期间,德国物理学家赫兹(Heinrich Rudolf Hertz,1857—1894)于 1881 年给出了弹性体接触问题的求解方法,德国工程师基尔斯(Ernst Gustav Kirsch,1841—1901)于 1898 年给出了应力集中问题的求解方法。德国工程师恩盖赛 (Friedrich Engesser,1848—1931) 在 1889 年提出了应变余能的概念,将能量法的应用推广到了非线性问题中。瑞士物理学家里茨(Walter Ritz,1878—1909)以最小势能原理为理论基础,通过选择一个试函数来逼近问题的精确解。美国学者威斯特卡德(H. M. Westergaard,1888—1950)在 1941 年对恩盖塞的定理进行了证明,提出了最小余能原理。

1909 年,俄国学者科洛索夫(G. V. Kolosov,1867—1936)首先将复变函数方法应用于二维弹性力学问题。1930 年,苏联学者 H. И. 穆斯赫利什维利(N. I. Muskhelishvili,1891—1976)提出了完整的弹性力学复变函数解法,他的专著《数学弹性力学的几个基本问题》阐述了复变函数法求解弹性平面问题的基本理论。

这一时期弹性力学的理论体系已经形成,求解方法也日益丰富,并且已经被广泛应用到解决实际工程问题中。

4. 分支发展(1950 年至今)

从 20 世纪中期以来,材料、制造、航空航天等工程领域的快速发展,大大促进了弹性力学自身的发展,并以此为基础,产生了一些新的分支学科。

1950 年,荷兰力学家科尔特(Warner Tjardus Koiter,1914—1997)在他的博士论文中研究了弹性系统稳定性问题;英国航空机械师格里菲斯(Alan Arnold Griffith,1893—1963,图 1.12)针对高强度材料在大量使用后不断出现的低应力断裂事故,在弹性力学的基础上,提出了断裂因子的概念,用来描述固体内部的缺陷和裂纹,建立了断裂力学理论;此外,热弹性力学、弹性动力学、损伤力学等分支学科在此期间也得到了蓬勃发展。

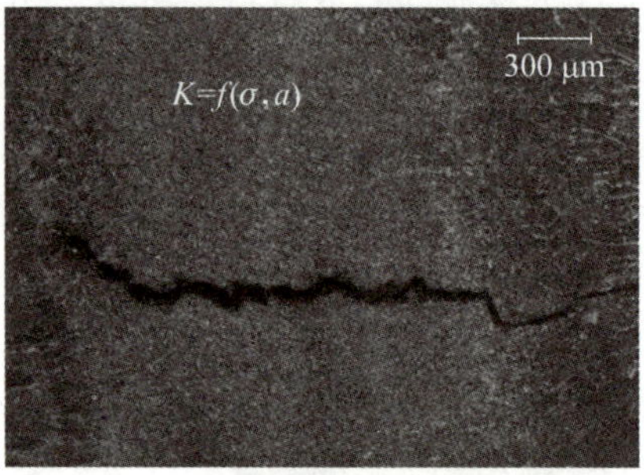


图 1.12 格里菲斯及其提出的断裂因子 K

弹性力学在能量原理和方法方面得到进一步发展，中国科学家为此作出了重要贡献。1950 年，钱令希(1916—2009)论证了余能的变分不仅可以表达结构的变形协调，而且不受胡克定律的限制。胡海昌(1928—2011)在 1956 年首次建立了广义变分原理，日本学者鹫津久一朗(Kyuichiro Washizu，1921—1981)比他晚一年独立地建立了这一原理。弹性力学变分原理是弹性力学最小势能原理和弹性力学最小余能原理的推广。

伴随着微纳米等新兴学科的发展，需要发展新的理论来描述微细观结构的力学问题(图 1.13)。在新发展的力学分支中，微观力学用来描述原子层次的物理过程，如位错、点缺陷等[6]；细观力学则以弹性力学为基础，研究尺度可以从纳米到毫米量级。英国物理学家杰弗里·泰勒(Geoffrey Ingram Taylor，1886—1975)等人于 20 世纪二三十年代在细观塑性理论方面开展了开创性的研究工作。

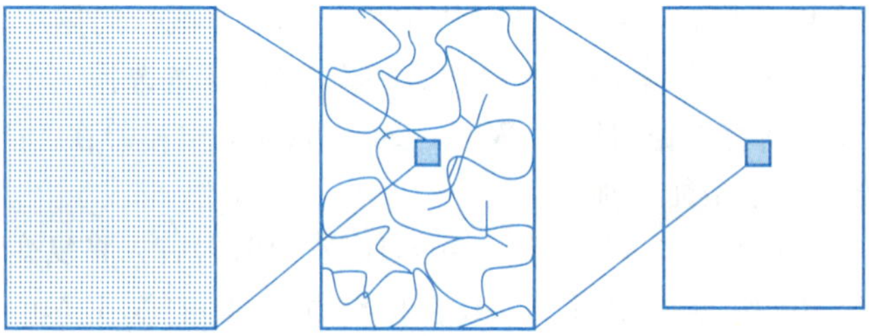


图 1.13 细观力学研究尺度的示意图

为了研究几何形状更为复杂的结构，弹性力学的计算方法在这一时期也获得了很大突破，有限单元法、有限差分法、边界元法等数值计算方法的出现大大丰富了弹性力学的内容。1943 年，美国数学家柯朗(Richard Courant，1888—1972)在他的应用数学论文中首先提出了一个与有限单元法类似的近似方法；美国加州大学伯克利分校教授克劳夫(Ray William Clough，1920—2016)于 1960 年在他的一篇论文中首次使用了“有限元”这一名称；英国工程力学与计算力学专家辛克维奇(Olgierd Cecil Zienkiewicz，1921—2009)出版了第一本讲述有限单元法的著作，并创办了第一份关于计算力学的期刊。几乎同时期，中国的数学家冯康(1920—1993)也独立发展了有限单元法的理论体系(参见 1.8.3)。

综合上述弹性力学发展的四个阶段，图 1.14 简要地给出了弹性力学发展史上的一些重要事件。可以看出，弹性力学萌芽于意大利，诞生于法国，在英国、德国、瑞士等欧洲国家得到了快速发展，在美国开花结果。上述弹性力学发展史的空间规律和近代以来世界科学中心的变迁规律也基本一致[7]。

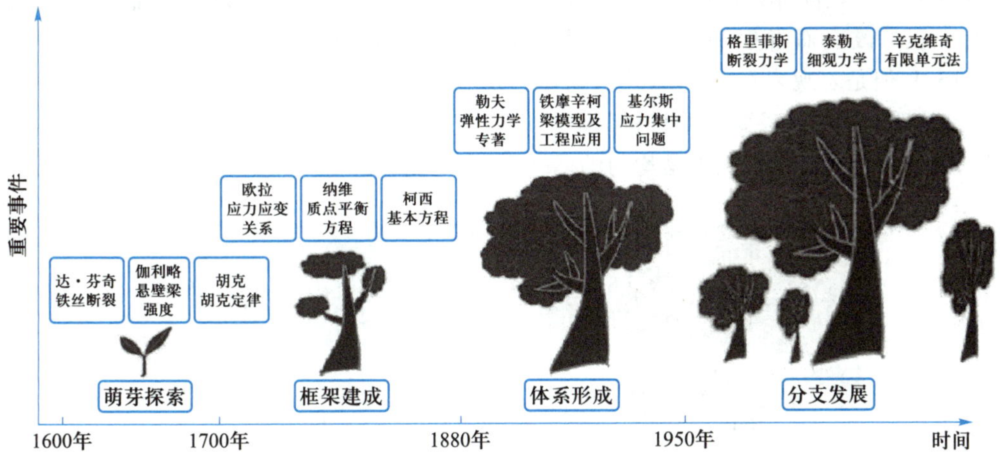


图 1.14　弹性力学简要发展历程

# 1.3　基本假设

弹性力学在研究问题和建立基本方程组的过程中有一些假设，这些假设抓住了弹性体的本质物理特征，在一定程度上简化了问题的求解难度，并且得到了能够满足工程应用精度的求解结果。弹性力学基本假设有以下 5 个：

1. 连续性假设

弹性力学将固体看作连续密实的物体，组成物体的微粒之间不存在任何空隙，即连续性假设。真实固体是由分子、原子组成，不可能是连续密实的。例如，图 1.15a 是金原子排列的微观图像，在弹性力学中将其看作如图 1.15b 所示的固体。一般物体的几何尺寸都远大于其原子或分子的尺寸，弹性力学是宏观科学，因此在弹性力学中采用这样的假设是合适的。

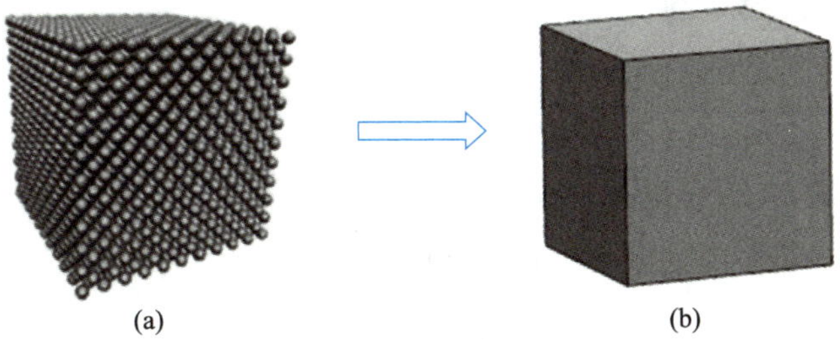


图 1.15　连续性假设

在连续性假设的基础上，可以把描述问题的基本物理量表示成坐标的连续函数，因而在数学推导时可方便地运用连续和极限的概念，这为建立方程和求解问题提供了很大方便。

2. 均匀性假设

弹性力学假设固体是由同一类型的均匀材料组成，即各部分的物理性质都相同，不会随着坐标位置的改变而发生变化。从微观角度来观察固体构成，可以发现其成分并不均匀(图 1.16a)，但是宏观来看(图 1.16b)，物体各部分近似均匀。如果物体由两种或两种以上材料(如混凝土)组成，只要每种材料的颗粒远远小于物体的几何尺寸，而且在物体内均匀分布，从宏观意义上说，也可认为是均匀的。

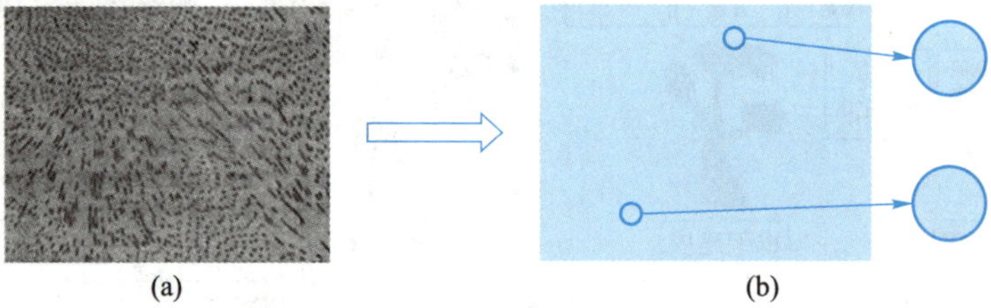


图 1.16 均匀性假设

根据均匀性假设，在求解问题的过程中，可取出固体内任意部分(微元体)进行分析，求解结果仍适用于整个固体；同时，在计算过程中，反映固体的力学性质的弹性常数等，也可以认为是不随坐标变化的常数。

3. 各向同性假设

固体在微观上是由大量的原子和分子组成的，当在微观尺度研究其力学特性时，由于每个方向的微观颗粒数目和排列方式都不同(图 1.17a)，必然表现出各向异性；弹性力学从宏观尺度上研究固体时，固体表现为大量的晶粒或者组织无规则的排列(图 1.17b)，在宏观上表现出来的各个方向的力学特征是相同的，即各向同性假设。

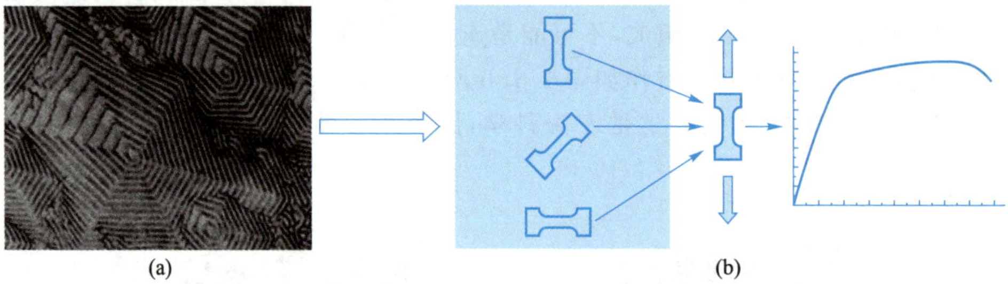


图 1.17 各向同性假设

根据各向同性假设，物体在各方向上的宏观力学性能相同，所以，在弹性力学中用来描述力学性质的物理量也不随坐标方向的改变而改变。

4. 线弹性假设

弹性力学假设固体受到外力后，应力和应变之间呈线性关系，即线弹性假设，如图 1.18b 所示。金属材料，在受到外力作用下的典型的应力-应变曲线如图 1.19a 所示，当变形不是很大时，应力和应变之间呈线性变化关系。

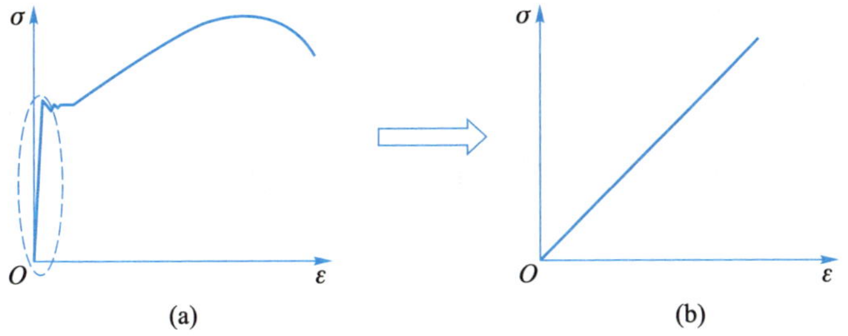


图 1.18　线弹性假设

弹性力学的线弹性假设，就是广义胡克定律，在固体力学中又称弹性本构关系，是弹性力学特有的规律，也是弹性力学区别于连续介质力学其他分支的重要标识和内容，本书将在第 5 章进行详细介绍。

5. 小变形假设

弹性力学的研究对象是小变形的固体，小变形假设是指假设固体在外力或其他载荷作用下所产生的位移、变形等远小于物体原来的尺寸，可以不考虑因变形而引起的尺寸变化。结构在不同载荷作用下，会有不同的变形状态，如图 1.19a 所示；弹性力学仅研究其中的小变形状态（图 1.19b）。

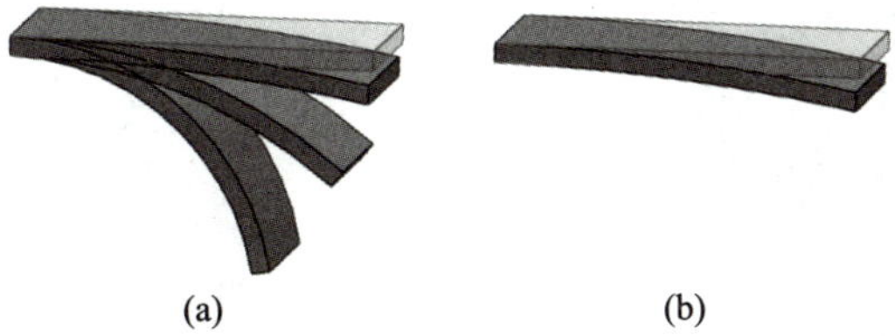


图 1.19　小变形假设

在小变形假设的情况下，当物体发生变形时，可以用变形前的尺寸代替变形后的尺寸；并且在考察应变和位移的关系时，就可以省略高阶小量，而不会引起较大的误差。

## 1.4　研究方法

弹性力学的研究方法包括数学方法和实验方法。

1. 数学方法

数学方法利用数学工具求解弹性力学问题，包括解析方法、近似方法和数值方法。

（1）解析方法是弹性理论最基本的研究方法。解析方法根据弹性体满足的静力学、几何学、物理学条件，建立偏微分方程组，给出边界条件，在此基础上进行求解。解析方法得到的解是精确的函数解，但由于弹性力学问题的方程组中未知量较多，能够通过解析方法得到的解是很少的，只有一些特殊问题才能得到精确解。从求解方式上，解析方法可以分为直接求解法、逆解法、半逆解法等；根据求解过程不同，可以分为幂级数法、复变函数法等。

(2) 近似方法是由于解析方法在求解上存在很大难度，很多学者从能量角度，将弹性力学问题归结为在给定约束条件下求泛函极(驻)值的变分问题，通过求解线性方程组，得到最接近于精确解的近似解。此类基于变分原理的近似方法包括里茨法，伽辽金法等。此外，对于不存在泛函的物理系统而言，常采用非变分形式的近似方法，包括可能功原理、加权残差法等。

(3) 数值方法是以电子计算机为基本工具、采用各种数值原理求解弹性力学问题的方法。目前，常见的数值方法包括有限单元法、边界元法、有限差分法等。有限单元法将计算对象离散为有限个单元，首先建立单个单元的刚度方程，在此基础上，得到整个结构的刚度方程，然后施加边界条件和载荷条件，通过求解有限元方程组获得结果。图 1.20 为采用有限元方法计算涡轮叶片的网格以及应力计算结果。有限单元法在连续体域内划分单元，而边界元法只在定义域的边界上划分单元，边界元法首先将域内的微分方程变换成边界上的积分方程，然后将边界划分成有限个单元，同时将边界积分方程离散成代数方程，最后求解代数方程。有限差分法将连续体用有限个离散点代替，将连续函数用离散点上的离散变量函数来代替，把问题的基本方程和边界条件化为代数方程求解，然后借助插值方法，利用离散解得到整个连续体的近似解。

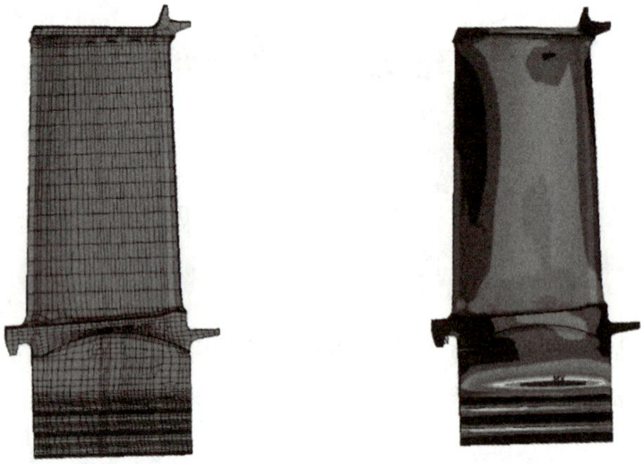

图 1.20　发动机叶片有限元模型及有限元计算结果

### 2. 实验方法

实验方法是指利用电学、光学、机械、声学等方法来测定固体在外界作用下的应力、应变等的分布规律。

电学方法是借助电阻、电容、电感等参数的变化进行测量，其中，电阻应变片测量方法应用较为广泛。电阻应变片的测量原理是，通过应变片的电阻变化来测量构件表面的应变，进一步根据构件的应力-应变关系来确定构件表面的应力状态。图 1.21 为涡轮叶片疲劳试验中，采用应变片来测量叶片考核部位的应力状态[8]。应变片测量方法方便快速，误差小，能应用于多种严酷环境，但只能测量局部应变，且应变梯度较大时，测量精度较低。

图 1.21　利用应变片对发动机涡轮叶片试验考核部位进行应力测量

光学方法包括光弹性测量法、数字图像相关法、云纹干涉法等多种方法。光弹性测量法的测量依据是，特殊透明材料在外载作用下可以产生干涉条纹，测量条纹，通过计算可以确定模型各部位的应力状态，图 1.22 为涡轮叶片轮盘榫接结构的光弹性测量结果。数字图像相关法利用图像采集器，拍摄变形前后待测结构的图像，基于一种图像相关点的对比算法可计算出物体表面位移及应变分布，进一步得到全场应变数据分布，图 1.23 为数字图像相关法测量系统及测量结果示例。

图 1.22　光弹性测量法测试系统及榫接结构应力分布

图 1.23　数字图像相关法测量系统及三点弯曲试样受压时应变分布测量结果

本书第 13 章介绍了采用实验方法研究固体在外界作用下的应力、应变等的分布规律。

## 1.5　与其他力学课程的关系

表 1.1 给出了理论力学、材料力学、弹性力学三门力学课程的对比。材料力学是弹性力

学的基础，相比较而言，弹性力学的研究范围更广泛；同时，弹性力学用到的数学方法比材料力学更复杂，得到的解答更为精确，可以用来校核材料力学对同类问题的解答结果。理论力学从研究对象、内容、方法方面均与前两者有较大区别。

表 1.1　不同力学课程的对比

| 力学课程 | 研究对象 | 方程类型 | 研究内容 | 研究方法 |
|---|---|---|---|---|
| 理论力学 | 质点、刚体 | 代数、常微分 | 静力学，运动学，动力学 | 以力学基本定律为基础，建立模型和方程，再进行求解 |
| 材料力学 | 杆件等简单构件 | 代数、常微分 | 杆状构件在拉压、剪切、扭转和弯曲情况下的应力和变形 | 从问题的静力学、几何学和物理学角度出发，借助某些附加假设，得到基本方程，再进行求解 |
| 弹性力学 | 弹性体 | 偏微分 | 弹性体在外力作用下的应力、应变和位移 | 从问题的静力学、几何学和物理学角度出发，得到基本方程和边界条件，再进行求解 |

## 1.6　本书内容安排

本书包含了弹性力学基本的概念、理论和方法。在介绍基本概念时，力求通过经典例题和实际工程应用，加深读者对弹性力学概念的理解。在介绍理论和求解方法时，既注重介绍弹性理论的完整和完美，又给出了根据不同应用问题进行化简和求解的过程；同时，也适当介绍了弹性力学的发展历史，便于读者体会在弹性力学的发展历程中科学家们的探索研究过程，对弹性力学的研究方法有更深刻的认识，以期能有益于后续的科研和工作。本书分基本篇、深入篇两部分。

基本篇（1～8 章）：讲解了弹性力学的基础内容，包括发展历史、数学基础、基本概念、方程组建立及求解原理、经典例题。其中，第 1 章重点介绍了弹性力学的发展历史、基本假设及其研究方法；第 2 章介绍了弹性力学相关的数学基础，对张量概念和标记方法进行了重点介绍；第 3 章和第 4 章对弹性力学中的重要物理量（包括应力、应变、位移等）进行了定义和解释；第 5 章介绍弹性体应力-应变之间的关系；第 6 章介绍了弹性力学中关于应力、应变、位移的 15 个方程组成的方程组及其求解方法；第 7 章针对实际应用的几类问题介绍了对弹性力学方程组的化简求解方法；第 8 章挑选了 4 个非常经典的弹性力学例题，并介绍了求解结果的工程应用。

深入篇（9～13 章）：讲解了弹性力学中较为深入的一些知识，包括一些求解和研究方法（复变函数方法、能量法、数值方法、实验方法等），同时根据航空航天专业的背景需求，增加了热应力一章。其中，第 9 章介绍了平面问题的复变函数解答；第 10 章讲解了能量原理与变分法；第 11 章介绍了热传导理论和热弹性力学；第 12 章介绍了求解弹性力学问题的数值方法；第 13 章介绍了弹性力学的实验与测试方法。

除教学内容外，区别于其他弹性力学教材，本书在每章增加了以下 3 方面内容：

1）重点概念阐释及知识延伸：从不同角度解释了本章出现的重点概念及内涵，对弹性力学以外的相关知识进行了介绍，以期起到学科间的交叉和融会贯通、扩展视野的作用。

2）拓展阅读：从弹性力学已有的研究文献中，挑选了和本章内容密切相关的经典文献，有兴趣的读者可以通过拓展阅读，深入了解弹性力学的研究方法和相关内容。

3）重点内容的板书讲解：采用板书的形式，对本章重点内容进行了阐述和表达。这可以加深同学们对相关知识点或不同知识点之间逻辑关系的理解，同时也可供任课教师在设计板书时作参考。

## 1.7 重点概念阐释及知识延伸

1. 连续介质

连续介质假设物质在空间是连续分布的。下面利用密度的概念来说明连续介质的概念。假设图 1.24 中的空间 $v_0$ 连续不断地充满了物质，$v_0$ 内部包含一系列的子空间 $v_1, v_2, \cdots$，满足条件 $v_n \subset v_{n-1}(n=1,2,3,\cdots)$；且空间 $v_n$ 中存在一点 $P$。假设 $v_n$ 的体积是 $V_n$，充满空间 $v_n$ 的物质质量是 $M_n$。若当 $n \to \infty$ 和 $V_n \to 0$ 时，$M_n/V_n$ 存在极限，则将该极限定义为点 $P$ 处的密度，并记为 $\rho(P)$：

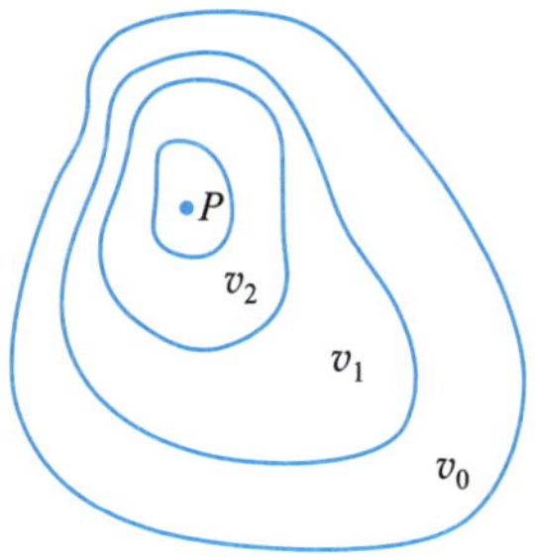


图 1.24 收敛于 $P$ 的空间域序列

$$\rho(P)=\lim_{\substack{n\to\infty \\ V_n\to 0}}\frac{M_n}{V_n}$$

如果在 $v_0$ 内部处处都能定义物质密度，就称作质量是连续分布的。按照相同的方法，在空间 $v_0$ 内定义密度、动量、能量、应力和应变等变量，如果它们在 $v_0$ 内的空间坐标系中都是连续函数，则我们说 $v_0$ 内的物质是一种连续介质。

2. 弹性力学建模中的物理量

研究力学问题，首先是根据研究对象和目标，定义和选择物理量；之后再根据物理关系建立数学方程；因此，定义和选择物理量的过程对于后续的研究来说非常重要，直接关系到后续方程的形式和阶次，这体现在弹性力学的发展过程中。

如 1.2 节所述，在科学家研究固体变形和破坏的历史过程中，逐步找到了和变形与破坏密切相关的应力（张量）和应变（张量），在此基础上，建立了完美的弹性力学体系。如图 1.25 所示，达・芬奇在研究铁丝断裂时，对长度 $L$ 较为关注；伽利略注意到了结构的破坏与横截面面积 $S$ 相关；伯努利开始采用了挠度 $w$ 的概念；纳维采用位移 $\boldsymbol{u}$ 作为未知数建立了平衡方程；直到柯西采用应力张量 $\sigma_{ij}$ 建立平衡方程，采用应变张量 $\varepsilon_{ij}$ 来描述变形，这些工作奠定了一直沿用至今的弹性力学理论框架。

可以看出，在研究中定义准确描述物理现象的物理量是非常关键的，弹性力学采用位移

(矢量)、应力(张量)、应变(张量)来描述固体的受力和变形,抓住了物理现象的本质,才使得弹性力学理论至今仍有很强的生命力。

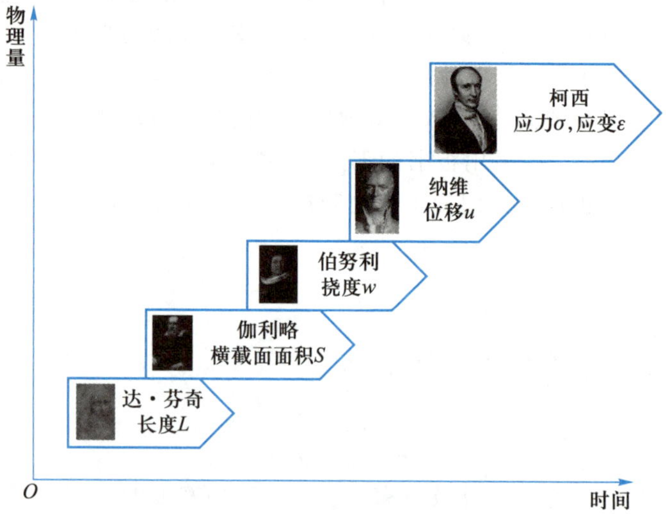


图 1.25 弹性理论建立过程中物理量的变化

### 3. 各向同性与各向异性

晶体从微观来看,都是由晶粒以及晶粒内部的晶格组成,如图 1.26 所示。大部分金属都是多晶体,即由大量杂乱无章的晶粒组成。大量晶粒按照任意方向堆积在一起使得晶体在各个方向上的宏观性质近似相同,表现出各向同性。

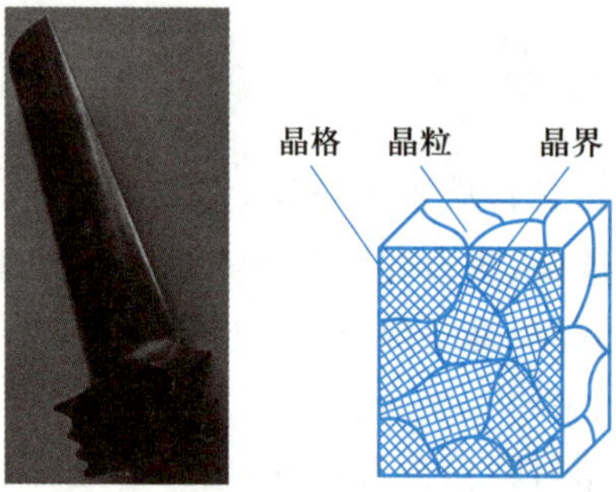


图 1.26 多晶体涡轮叶(左)片及晶体微观结构(右)示意图

在多晶体的形成过程中,通过定向凝固工艺可以控制晶粒沿结构的主要承载方向生长,形成定向凝固柱晶。对于定向凝固柱晶而言,晶体生长方向的力学性能与其他两个方向的性质有显著差异,宏观上表现出横向各向同性(参见第 5 章)。

在定向凝固工艺基础上,通过选晶工艺,还可以得到仅由一颗晶粒组成的晶体,称为单晶。单晶内部所有晶格都按照同一方向排列,三个方向材料的力学性能各不相同,宏观上表现出各向异性。

图 1.27 给出了三种工艺制造的、在航空燃气涡轮发动机中使用的涡轮叶片:多晶金属

叶片、定向凝固叶片、单晶叶片，从微观组织差异可以看到三者的区别。

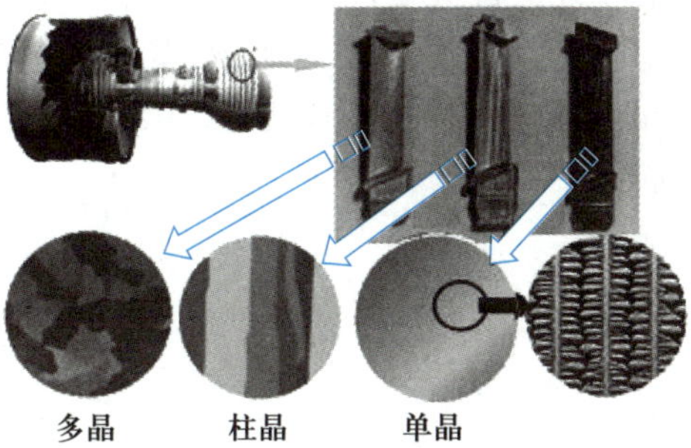


图 1.27　涡轮叶片

表 1.2 给出了几种航空材料弹性模量的对比[9]。K406 合金（一种镍基铸造高温合金）表现出各向同性，DZ22 合金（一种定向凝固镍基高温合金）则表现出横向各向同性，DD3 合金（一种镍基单晶高温合金）同样表现出各向异性。

表 1.2　不同金属材料的弹性模量对比

| 材料 | 晶体组成 | 温度/℃ | 弹性模量/GPa | |
|---|---|---|---|---|
| K406 合金 | 多晶体 | 30 | 203 | |
| DZ22 合金 | 定向凝固柱晶 | 室温 | 纵向 | 132 |
| | | | 横向 | 155 |
| DD3 合金 | 单晶 | 760 | [001]取向 | 97.5 |
| | | | [011]取向 | 162.0 |
| | | | [111]取向 | 217.0 |

需要注意的是，自然界的很多固体都是各向异性的，例如木材（图 1.28），其在沿木纤维方向和垂直于木纤维方向上的材料的组织不同，力学性能也有明显区别，沿纤维方向的抗拉强度要明显高于垂直于纤维方向。

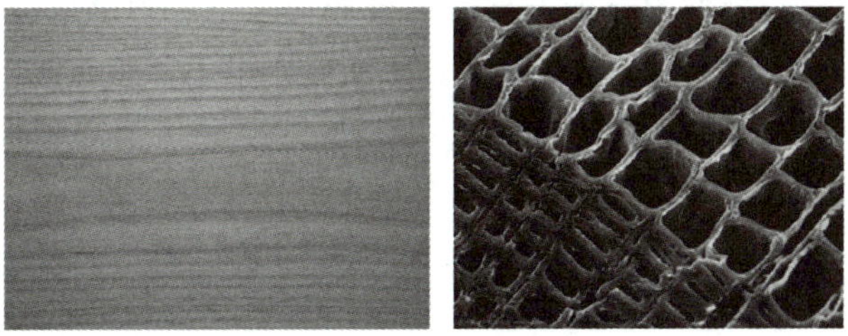

图 1.28　木材（左）及其微观结构（右）

4. 弹性力学与材料力学的对比例子

以某矩形截面简支梁（图 1.29）为例，分别利用材料力学和弹性力学知识分析其应力状态。梁的几何尺寸见图（宽度看作单位宽度），梁的上方受均布载荷 $q$，不计体力。

根据材料力学理论,分析梁的受力状态时,取梁的任意横截面。根据弯曲平面假设和单向受力假设,横截面受弯曲正应力 $\sigma$ 和切应力 $\tau$ 作用,如图 1.30a 所示[10]。

利用弹性力学理论分析其受力,如图 1.30b 所示,其中,$\sigma_x$ 为单元体 $x$ 方向的正应力(即上述弯曲正应力),$\sigma_y$ 为单元体 $y$ 方向的正应力(梁中纤维之间的挤压应力),$\tau_{xy}$ 为单元体受到的切应力(参见第 8 章)。

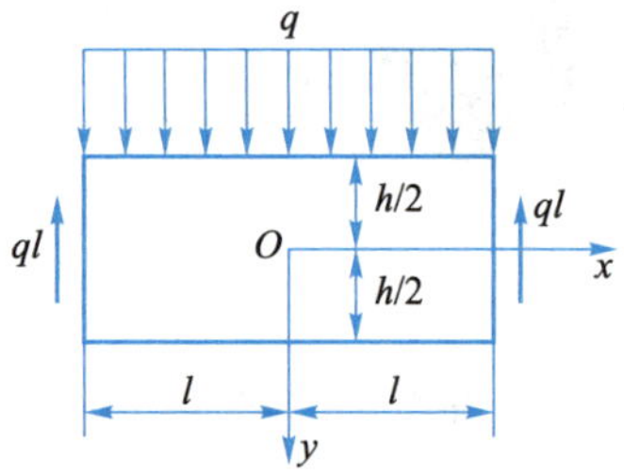


图 1.29　简支梁模型

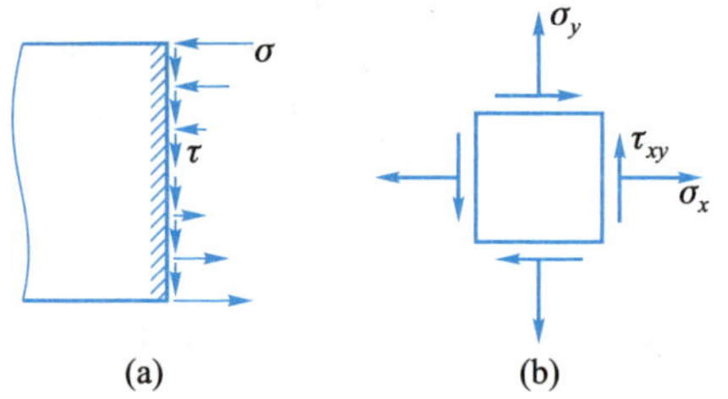


图 1.30　单元体受力分析

5. 巴黎综合理工学院对弹性力学发展的贡献

巴黎综合理工学院(图 1.31)于 1794 年创立,初始校名为“中央公共工程学院”。作为法国最杰出的工程师大学,巴黎综合理工学院在数学、物理及计算机等领域都处于世界一流水平,培养了众多的科学家、政治家、军事将领和企业家。

图 1.31　巴黎综合理工学院标志及建筑

巴黎综合理工学院与弹性力学的发展有着密切的关系。纳维、柯西及泊松等均曾就读于巴黎综合理工学院,他们为弹性理论的建立和发展作出了巨大贡献。纳维以位移为物理量推导出了弹性体的平衡方程;柯西引进了应力、应变概念来描述弹性体的受力和变形情况,并建立了弹性力学的三类基本方程;泊松提出了泊松比这一重要常量。

## 1.8　拓展阅读

1. 达·芬奇铁丝断裂试验[11]

在达·芬奇的笔记中,描述了对不同长度的铁丝所进行的拉力试验。他测试了不同长度的铁丝拉断所需要的拉力,最终得出长铁丝的强度弱于短铁丝的结论。这篇论文详细介绍了达·芬奇开展这一实验的过程，并对上述结论进行了细致分析，得出正是由于试验中铁丝材料的不均匀性和材料性能分布的随机性，导致其未能得到符合传统材料力学的结论。

2. 纳维各向同性弹性体的平衡微分方程的推导[12]

在 19 世纪初，为了对固体变形进行更为普适的理论描述，科学家进行了一系列的探索，包括博斯科维奇、泊松、拉普拉斯等科学家在这方面都进行了探索研究。其中作出突破的科学家是纳维。1821 年，纳维采用分子理论研究物体中微粒的受力后，建立了各向同性弹性体的平衡微分方程。他假设弹性体内部质点在受到两个力系的作用下平衡，即自身的分子力和外力引起的分子力，然后通过质点位移增量来表示分子力，最后得到了各向同性弹性体的平衡微分方程。

3. 冯康的“基于变分原理的差分格式”[13]

20 世纪中期以来，为了研究几何形状更复杂的结构，科学家柯朗、克劳夫等相继提出了有限元法、有限差分法等数值计算方法。1965 年，我国数学家冯康独立发表了《基于变分原理的差分格式》的论文，这篇论文被国际学术界视为中国独立发展“有限元法”的重要里程碑。冯康针对数理方程定解问题的数值求解过程中的离散化问题进行了深入研究，他提出了衡量离散模型好坏的四个问题，包括可靠性问题和可行性问题，然后以二阶椭圆方程自伴边值问题为例，说明了同一问题可以有不同的数学提法，从而导致不同的离散化途径。

## 1.9 重点内容的板书讲解

**弹性力学与其他力学课程对比**

| | 理论力学 | 材料力学 | 弹性力学 |
|---|---|---|---|
| 研究对象 | 刚体、质点 | 杆、梁、轴等 | 弹性体 |
| 方程类型 | 代数、常微分 | 代数、常微分 | 偏微分 |

经典例题

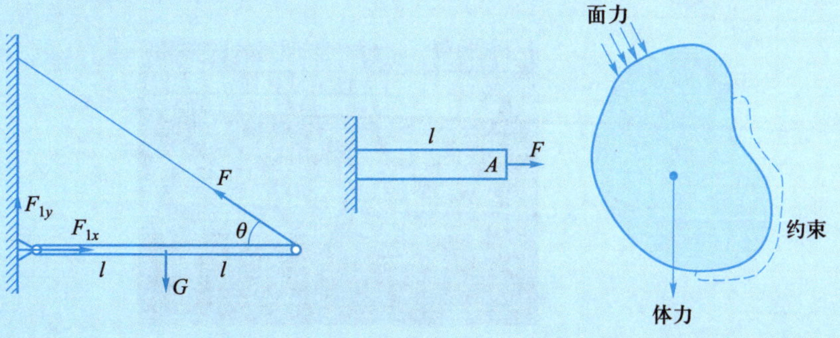

| | | | |
|---|---|---|---|
| 求解方程 | $\begin{cases}\sum F_x=F_X-F\cos\theta=0\\\sum F_y=F_Y+F\sin\theta-G=0\\\sum M=2Fl\sin\theta-Gl=0\end{cases}$ | $\begin{cases}F=\sigma A\\\sigma=E\varepsilon\\\varepsilon=\dfrac{\Delta l}{l}\end{cases}$ | $\begin{cases}\sigma_{ij,j}+F_i=0\\\varepsilon_{ij}=\dfrac{1}{2}(U_{i,j}+U_{j,i})\\\varepsilon_{ij}=\dfrac{1+v}{E}\sigma_{ij}-\dfrac{v}{E}\sigma_{kk}\delta_{ij}\end{cases}$ |
| 变量个数 | 3 个 | 3 个 | 15 个 |

**弹性理论的建立历程**

| 科学家 | 达·芬奇 (1452—1519) | 伽利略 (1564—1642) | 伯努利 (1654—1705) | 纳维 (1785—1836) | 柯西 (1789—1857) |
|---|---|---|---|---|---|
| 建模变量 | 长度 $L$ | 面积 $S$ | 挠度 $\omega$ | 位移 $u$ | 应力 $\sigma$ |
| 分量个数 | 1 | 1 | 1 | 3 | 9 |
| 对应中国 | 明中期 | 明后期 | 清初期 | 清中期 | 清后期 |
| 同时期人物 | 郑和 (1371—1433) | 徐霞客 (1587—1641) | 孙云球 (1628—1662) | 魏源 (1794—1857) | 李善兰 (1811—1882) |

时间 →

## 思考题

1.1 试说明在受到外力作用后,流体与固体表现的差异。

1.2 弹性力学的研究方法是“整体唯象”的,对照本章内容,解释“整体唯象”的意义。

1.3 混凝土一般是指用水泥作为胶凝材料,将砂、石、水等按一定比例配合,经搅拌得到的混合物。试分析水泥混凝土能否看作连续介质。

1.4 某钢筋混凝土结构外形如图 1.32 所示,能否利用弹性理论求解其在外界作用下的内力分布?

图 1.32 钢筋混凝土地基

第 1 章自测题

## 习题

1.1　一门学科的发展历史，往往反映了人类在该学科领域的认识、研究方法和手段不断提高的过程；而教科书往往只反映最后的结果。检索和阅读弹性力学发展史相关书籍和文献，简述弹性力学发展历史。

1.2　查阅相关文献，对比弹性力学和分子动力学在研究方法和基本假设方面的差异。

1.3　请查阅相关文献，论述并介绍法国物理学家马略特针对梁的拉伸与弯曲试验。他的研究和伽利略的研究有何不同？

1.4　如图 1.5 所示，伽利略在对悬臂梁进行受力分析时，假设悬臂梁横截面上沿高度方向的应力均匀分布。回顾材料力学知识，给出高度方向的正确应力分布情况。

1.5　举例说明，什么是各向同性体，什么是各向异性体。

1.6　图 1.33 中，(a)为含有微小裂纹的某金属构件局部细节图，(b)为含有夹杂的某金属构件局部细节图，试分别说明它们不满足弹性理论中的哪些基本假设。

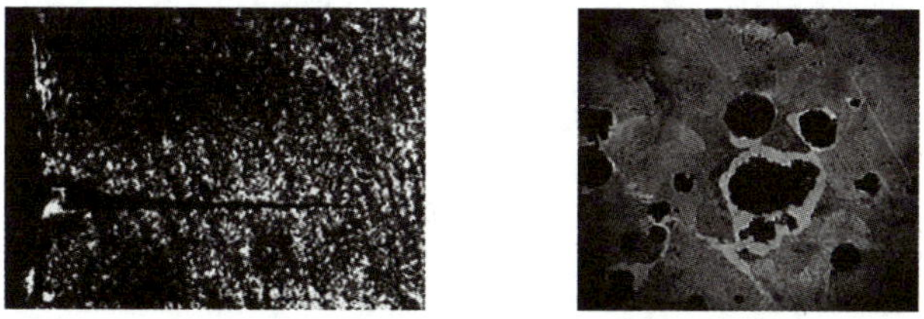

(a)　　　　　　(b)

图 1.33　金属表面放大图片

1.7　请说明各向异性材料在结构设计或工程应用中的优点。

1.8　列举三位以上弹性力学发展史上的著名学者，并分别简述其贡献。

1.9　弹性力学有哪些基本假设，这些假设在建立弹性力学基本方程时有什么用途？

# 第2章 数学基础

## 学习目标

掌握坐标变换与坐标变换矩阵，掌握指标标记法和求和约定的使用，掌握张量的定义，掌握保角变换；熟悉常用张量，熟悉使用标记方法简化和推导方程，熟悉张量不变量的定义；了解张量的相关运算及法则，了解标记方法的历史，了解特征值、不变量在其他学科的应用，了解复变函数在弹性力学的应用，了解泛函变分与弹性力学能量法的关系。

## 重点难点

指标标记法的使用，坐标变换的方法和定义，张量的定义，常用张量及张量的不变量，复变函数的保角变换，泛函变分方法推导弹性力学能量法等。

## 思维导图

- 第2章 数学基础
  - 标记方法
    - 坐标系
    - 指标标记法
      - $x_i$代表矢量$X$的3个分量
        - $x_i=\begin{bmatrix}x_1\\x_2\\x_3\end{bmatrix}$
    - 求和约定
      - 哑标
        - 单项中成对出现
      - 自由指标
        - 非重复出现
    - 微分标记法
      - 用逗号表示微分
        - $\frac{\partial v_1}{\partial x_1}=v_{1,1}$
  - 张量
    - 定义
      - 坐标变换（由坐标系引出）
    - 张量类型
      - 张量阶数
        - 标量（0阶）　矢量（1阶）　2阶张量　3阶张量　高阶张量……
      - 常用张量
        - 克罗内克符号　交错张量
    - 张量特性
      - 运算法则
        - 相等　加减　乘法　缩并　对称与斜对称
      - 特定用途
        - 特征值与不变量　各向同性张量
  - 泛函与变分
    - 函数的变分
      - $y(x)$形式变化产生的增量为变分
        - $\delta y=Y(x)-y(x)$
    - 泛函
      - 泛函如$I=I[y(x)]$（函数的函数）
        - $I[y(x)]=\int_a^b f\left(x,y,\frac{\mathrm{d}y}{\mathrm{d}x}\right)\mathrm{d}x$
    - 泛函的变分
      - 变分与定积分运算可以交换次序
        - $\delta\int_a^b f\,\mathrm{d}x=\int_a^b(\delta f)\mathrm{d}x$
    - 泛函的极值问题
      - 变分法：求泛函极(驻)值
        - $\frac{\partial f}{\partial y}-\frac{\mathrm{d}}{\mathrm{d}x}\left(\frac{\partial f}{\partial y'}\right)=0$
    - 弹性力学中的变分法与泛函
  - 复变函数
    - 基本概念
      - 表示形式
      - 共轭关系
      - 运算规律
    - 解析函数
      - 定义
      - 充要：柯西–黎曼方程
        - $\frac{\partial u}{\partial x}=\frac{\partial v}{\partial y},\ \frac{\partial u}{\partial y}=-\frac{\partial v}{\partial x}$
    - 复变函数的积分（→ 洛朗级数与留数）
      - 复平面上的线积分
      - 柯西–古萨基本定理
        - $\oint_C f(z)\mathrm{d}z=0$
      - 柯西积分公式
        - $f(z_0)=\frac{1}{2\pi\mathrm{i}}\oint_C\frac{f(z)}{z-z_0}\mathrm{d}z$
      - 高阶导数公式
        - $f^{(n)}(z_0)=\frac{n!}{2\pi\mathrm{i}}\oint_C\frac{f(z)}{(z-z_0)^{n+1}}\mathrm{d}z$
    - 洛朗级数与留数
      - 圆域：泰勒级数
        - $f(z)=\sum_{n=0}^{\infty}\frac{f^{(n)}(z_0)}{n!}(z-z_0)^n$
      - 环域：洛朗级数
        - $f(z)=\sum_{n=0}^{\infty}A_n(z-a)^n+\sum_{n=1}^{\infty}\frac{B_n}{(z-a)^n}$
      - 留数：封闭曲线内积分
        - $\oint_C f(z)\mathrm{d}z=2\pi\mathrm{i}A_{n-1}$
      - 多值复函数
        - $\ln z=\ln(re^{\mathrm{i}\theta})=\ln r+\mathrm{i}\theta$
      - 平面连通性问题
    - 保角映射
      - 性质
        - 变换前后线单元间角度不变
      - 用途
        - 简化复杂形状弹性力学问题的求解

阿尔伯特·爱因斯坦
(Albert Einstein, 1879—1955)

$$R_{uv}-\frac{1}{2}Rg_{uv}=\frac{8\pi G}{c^4}T_{uv}$$

注释：$G$——重力常数

$R_{uv}$——里奇张量(表空间弯曲状况)

$R$——里奇标量

$T_{uv}$——能量-动量张量

$g_{uv}$——度规张量，表空间弯曲状况

爱因斯坦引力场方程(二阶张量方程)

I admire the elegance of your method of computation(tensors); it must be nice to ride through these fields upon the horse of true mathematics while the like of us have to make our way laboriously on foot.

——Albert Einstein

张量(tensor)一词起源于数学，1890 年由格雷戈里奥·里奇-库尔巴斯托罗(Gregorio Ricci Curbastro，1853—1925)在《绝对微分几何》中提出，用于描述曲面和流形等抽象空间的性质和几何结构。1915 年，爱因斯坦为了描述复杂的时空弯曲，引入张量并建立了爱因斯坦引力场方程。该方程是一个二阶张量方程，其本质是空间物质的能量-动量分布决定空间的弯曲状况。在弱引力场的情况下，该方程与牛顿万有引力定律相统一[1]。

## 2.1 概述

本章介绍弹性力学涉及的重要数学理论和方法，主要包括指标标记法、张量、复变函数、泛函与变分等。

研究弹性力学问题时，往往会遇到复杂的公式表达和方程组求解问题，采用指标标记法，配合求和约定、微分记法等规则，使得力学方程在推导、表达形式上更为简明和清晰。

张量是矢量概念的推广，可以更好地描述弹性力学中的重要物理量(如应力、应变等)及其相互关系。本章对张量的相关运算和法则进行了介绍，同时也列举了一些重要的张量，如克罗内克(Kronecker)符号、交错张量、各向同性张量等。

复变函数可以用来简化求解弹性力学所建立的微分方程组。利用复变函数提供的工具——保角映射，能够把比较复杂的区域映射到相对简单的区域上，从而简化了问题的求解。本章依次对复变函数的基本概念、洛朗级数和留数、保角映射等知识进行介绍。

泛函与变分法是弹性力学能量法的理论基础，其中泛函是以函数作为自变量的函数，变分法是研究泛函极值问题的一个数学分支。例如本书第 10 章介绍的应变能和外力势能可以分别表示成以应变分量和位移分量为自变量的泛函，两者之和则是弹性体的总势能。能量法则可以通过求解弹性体总势能这个泛函的极值，得到弹性体的应变和位移状态，进而得到弹性力学问题的近似解。

## 2.2 指标标记法

### 2.2.1 坐标系

本节介绍几种常用的坐标系：直角坐标系、极坐标系、圆柱坐标系。根据求解的弹性力学问题的几何特点、载荷分布、关注的求解结果等不同需求，选择合适的坐标系可以简化问题。

直角坐标系是由两条(二维)或三条(三维)相互垂直、零点重合的坐标轴构成的。以三维直角坐标系为例，处于同一平面内的两个坐标轴称为 $x$ 轴、$y$ 轴，符合右手定则(图 2.1)且垂直于 $x$ 轴、$y$ 轴，过 $x$、$y$ 轴原点 $O$ 的坐标轴为 $z$ 轴。为了后续表述方便，本书中也采用 $x_1$、$x_2$、$x_3$ 表示三个坐标轴。在三维空间的任何一点 $P$，可以用直角坐标 $P(x_1, x_2, x_3)$ 来描述其空间位置。

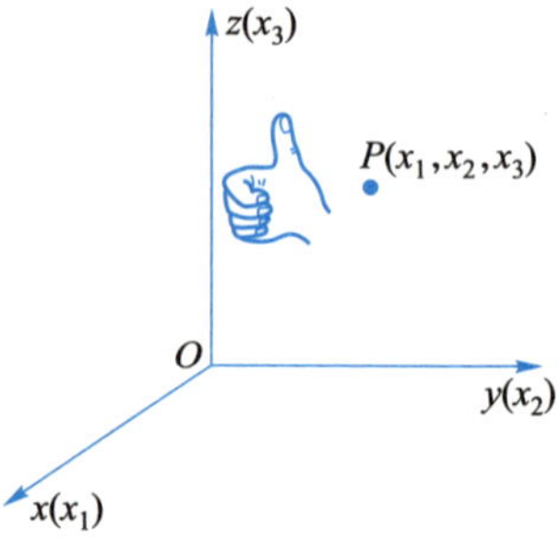


图 2.1 直角坐标

极坐标系是由一个极点 $O$ 和一条通过极点的射线(极轴)构成。若给定角度 $\theta$ 和距离 $r$，则可以极轴为起始绕极点逆时针旋转角度 $\theta$ 找到一条射线，再沿这条射线找到距离极点 $r$ 的一点。在极坐标系中，一组坐标$(r,\theta)$只会对应唯一的一点，但每一点可对应多个坐标。例如，坐标$(r,\theta)$、$(r,\theta+2\pi)$及$(-r,\theta+\pi)$都是对应同一点的不同坐标。

对于圆形、圆环形、楔形、扇形等二维（或三维）弹性体，采用极坐标系（或圆柱坐标系）求解可以使边界条件和基本方程得到很大简化。极坐标系与直角坐标系之间的关系（图 2.2）为：$x=r\cos\theta, y=r\sin\theta$ 或 $r=\sqrt{x^2+y^2}, \theta=\tan^{-1}\dfrac{y}{x}$。

圆柱坐标系是二维极坐标系的三维延伸，坐标系中任意点 $P$ 的位置坐标可由极径 $r$、转角 $\theta$ 和高度 $z$ 描述，如图 2.3 所示。其中 $r$ 是 $P$ 点到 $z$ 轴的距离，$\theta$ 是正 $x$ 轴转到半平面 $OAP$ 的方位角$(0\leqslant\theta\leqslant2\pi)$，$z$ 是 $P$ 点在 $z$ 轴上的投影高度，即 $P$ 点到 $Oxy$ 平面的距离。

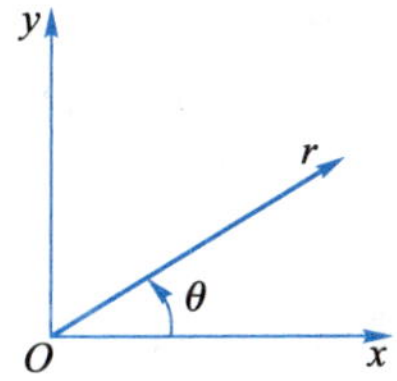


图 2.2　极坐标系与直角坐标系的关系

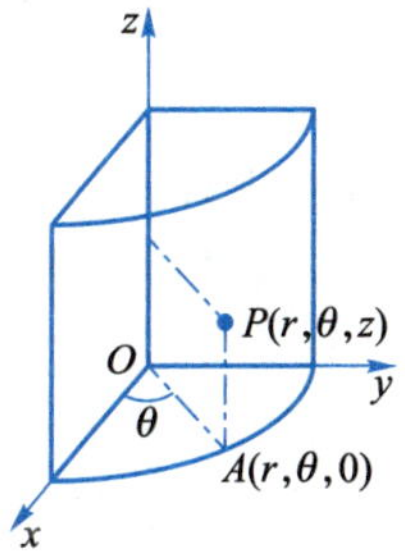


图 2.3　极坐标和圆柱坐标

## 2.2.2　指标标记法

指标标记法是一种数学表示方法，可以将物理量用带下标（指标）的字母来表示。字母代表物理量；而指标一般用 $i, j, k$ 等来表示，在弹性力学中，指标的取值一般是从 1 到 3。采用指标标记法后，物理量或者公式、方程等可以表达得更简洁和清晰。

在三维空间里，矢量有三个分量，如速度矢量可写成 $\boldsymbol{V}=(v_1,v_2,v_3)=v_1\boldsymbol{e}_1+v_2\boldsymbol{e}_2+v_3\boldsymbol{e}_3$，采用指标标记法后，可以用 $v_i$ 代表矢量 $\boldsymbol{V}$ 的 3 个分量，其中指标 $i$ 的值从 1 到 3 变化。而对于 $v_i=0$，代表矢量 $\boldsymbol{V}$ 的每个分量 $v_1$、$v_2$、$v_3$ 均为零，或是零矢量。

具有三个分量的矢量可以表示为

$$v_i=\begin{bmatrix}v_1\\v_2\\v_3\end{bmatrix}\tag{2-1}$$

对于具有 9 个分量的张量，如应力张量（第 3 章），可以类似地用两个下标 $i$ 和 $j$ 来表示：

$$\sigma_{ij}=\begin{bmatrix}\sigma_{11}&\sigma_{12}&\sigma_{13}\\\sigma_{21}&\sigma_{22}&\sigma_{23}\\\sigma_{31}&\sigma_{32}&\sigma_{33}\end{bmatrix}\quad(i=1,2,3;j=1,2,3)\tag{2-2}$$

## 2.2.3　求和约定

求和约定规则如下：如果在表达式的某项中，某指标重复出现两次，则表示要把该项在该指标的取值范围内遍历求和（在本书中，若无特殊说明，指标的默认取值范围为 1～3），求和约定在求和结果中不采用求和符号 $\sum$。

例如，采用求和约定后，两个矢量 $\boldsymbol{U}$ 和 $\boldsymbol{V}$ 的点积表述如下：

$$\boldsymbol{U}\cdot\boldsymbol{V}=u_1v_1+u_2v_2+u_3v_3=\sum_{i=1}^{3}u_iv_i=u_iv_i \tag{2-3}$$

即可直接用 $u_iv_i$ 表示求和 $\sum_{i=1}^{3}u_iv_i$。

1. 哑标

由于指标自身可以随意选择，所以 $u_iv_i$ 和 $u_kv_k$ 代表同一个求和 $u_1v_1+u_2v_2+u_3v_3$。在表达式的某项中，若某指标重复出现两次，该指标称为“哑标”或“伪标”。

在求和约定中，有关哑标的约定需要注意以下几点：

(1) 哑标的符号可以任意改变(仅表示求和)。如

$$S=a_ix_i \overset{\text{or}}{=\!=} a_jx_j \overset{\text{or}}{=\!=} a_kx_k \tag{2-4}$$

(2) 哑标只能成对出现，否则要加上求和符号或特别指出。如果在一个方程或表达式的一项中，一种指标出现的次数多于两次，则是错误的。如 $a_ib_ix_i$ 是不符合求和约定的，求和时要保留求和号 $\sum_{i=1}^{n}a_ib_ix_i$。

(3) 同项中出现两对(或多对)不同哑标，则表示多重求和。例如

① 双重求和

$$\begin{aligned}a_{ij}x_ix_j &\equiv \sum_{i=1}^{3}\sum_{j=1}^{3}a_{ij}x_ix_j\\ &=a_{1j}x_1x_j+a_{2j}x_2x_j+a_{3j}x_3x_j\\ &=a_{11}x_1x_1+a_{12}x_1x_2+a_{13}x_1x_3+\\ &\quad a_{21}x_2x_1+a_{22}x_2x_2+a_{23}x_2x_3+\\ &\quad a_{31}x_3x_1+a_{32}x_3x_2+a_{33}x_3x_3\end{aligned} \tag{2-5}$$

上式展开后共 9 项。

② 三重求和

$$S=\sum_{i=1}^{3}\sum_{j=1}^{3}\sum_{k=1}^{3}a_{ijk}x_ix_jx_k=a_{ijk}x_ix_jx_k \tag{2-6}$$

上式展开后共 27 项。

(4) 若重复出现的指标不求和，应特别声明，例如加下划线区别。

(5) 哑标不能进行约分运算，即：由 $a_ib_i=a_ic_i$ 不能得出 $b_i=c_i$。

2. 自由指标

一个表达式中如果出现非重复的标号或一个方程每项中出现非重复的指标，称为自由指标。对于自由指标可以从最小数取到最大数。例如

$$x'_i=a_{ij}x_j \tag{2-7}$$

指标 $i$ 在方程的各项中只出现一次，称为自由指标。

一个自由指标每次可取整数 1,2,3,…,$n$。与哑标一样，无特别说明时 $n=3$。这样，式(2-7)则表示 3 个方程，即

$$x'_1=a_{11}x_1+a_{12}x_2+a_{13}x_3$$
$$x'_2=a_{21}x_1+a_{22}x_2+a_{23}x_3$$

$$x_3'=a_{31}x_1+a_{32}x_2+a_{33}x_3 \tag{2-8}$$

在求和约定中，有关自由指标的约定也需要注意以下几点：

(1) 自由指标仅表示为轮流取值，因此可以换标，但必须整个表达式换标；例如

$$x_i'=a_{ij}x_j \Longrightarrow x_k'=a_{kj}x_j \Longrightarrow x_j'=a_{ji}x_i$$

(2) 若重复出现的指标不求和，在指标下方加划线以示区别，如

$$\left.\begin{aligned}R_1=C_1E_1\\R_2=C_2E_2\\R_3=C_3E_3\end{aligned}\right\}\Leftrightarrow R_i=C_{\underline{i}}E_i=C_iE_{\underline{i}} \tag{2-9}$$

这里的 $i$ 相当于一个自由指标，并不求和。

### 2.2.4 微分标记法

微分标记法就是用一个逗号表示微分，以简化微分的表达，如 $\dfrac{\partial v_1}{\partial x_1}=v_{1,1}$。通常，结合求和约定和微分标记法可以大大简化公式的表达。如在以 $\boldsymbol{e}_1$、$\boldsymbol{e}_2$、$\boldsymbol{e}_3$ 为单位矢量的坐标系中，标量 $V$ 的梯度 $\boldsymbol{G}$ 是典型的偏微分表达式，通常可写成

$$\boldsymbol{G}=\mathrm{grad}\ V=\boldsymbol{e}_1\frac{\partial V}{\partial x_1}+\boldsymbol{e}_2\frac{\partial V}{\partial x_2}+\boldsymbol{e}_3\frac{\partial V}{\partial x_3} \tag{2-10}$$

采用求和约定可简写为

$$\boldsymbol{G}=\boldsymbol{e}_i\frac{\partial V}{\partial x_i} \tag{2-11}$$

其中，$i$ 为哑标。进一步采用微分标记法可写成

$$\boldsymbol{G}=\boldsymbol{e}_i\frac{\partial V}{\partial x_i}=\boldsymbol{e}_iV_{i,i} \tag{2-12}$$

例题 2.1

写出 $\psi_{ij,j}+f_i=0$（其中 $i$ 为自由指标，$j$ 为哑标）的展开表达式。

解：$\psi_{ij,j}+f_i=0$ 表示 3 个方程

$$\begin{cases}\dfrac{\partial\psi_{11}}{\partial x_1}+\dfrac{\partial\psi_{12}}{\partial x_2}+\dfrac{\partial\psi_{13}}{\partial x_3}+f_1=0\\[2ex]\dfrac{\partial\psi_{21}}{\partial x_1}+\dfrac{\partial\psi_{22}}{\partial x_2}+\dfrac{\partial\psi_{23}}{\partial x_3}+f_2=0\\[2ex]\dfrac{\partial\psi_{31}}{\partial x_1}+\dfrac{\partial\psi_{32}}{\partial x_2}+\dfrac{\partial\psi_{33}}{\partial x_3}+f_3=0\end{cases}$$

## 2.3 张量相关概念

### 2.3.1 标量与矢量

标量是只具有数值大小，没有方向性的变量，如材料密度 $\rho$、杨氏模量 $E$、泊松比 $\nu$ 以及

温度 $T$ 等。标量数值与坐标系选取无关，运算遵循一般的代数法则。

矢量是既有数值大小又有方向的变量，又叫“向量”，常用黑体（或箭头）表示，如位移矢量 $\boldsymbol{u}$、速度矢量 $\boldsymbol{v}$ 等。

矢量也可以用分量的形式在坐标系中表示，如位移矢量在直角坐标系中可表示为：$\boldsymbol{u}=u\boldsymbol{e}_1+v\boldsymbol{e}_2+w\boldsymbol{e}_3$，如图 2.4 所示，其中 $u$、$v$、$w$ 分别是矢量 $\boldsymbol{u}$ 的三个分量，$\boldsymbol{e}_1$、$\boldsymbol{e}_2$、$\boldsymbol{e}_3$ 是单位矢量，它们表示大小为 1、方向为 $x_1$、$x_2$、$x_3$ 坐标轴正方向的矢量；位移采用指标标记法，可以记为 $u_i$。

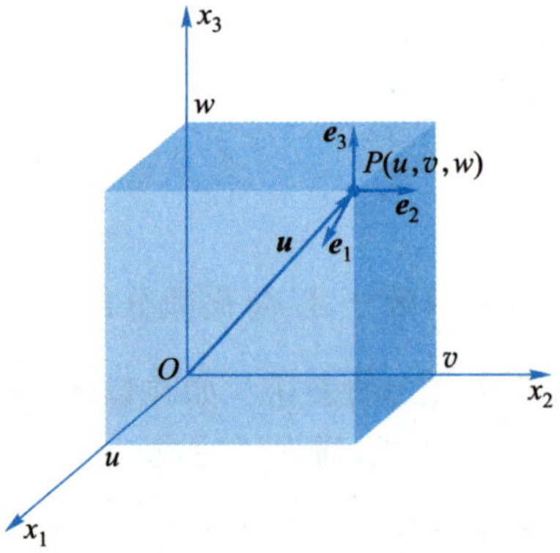


图 2.4　直角坐标系中的位移矢量及其分量

矢量的散度运算是公式推导中非常常见的。算子矢量$\nabla$与矢量 $\boldsymbol{V}$ 的标量积定义为矢量的散度，即

$$\nabla\cdot\boldsymbol{V}=\mathrm{div}\,\boldsymbol{V}=\frac{\partial v_1}{\partial x_1}+\frac{\partial v_2}{\partial x_2}+\frac{\partial v_3}{\partial x_3}\tag{2-13}$$

采用指标标记法可表达为

$$\nabla\cdot\boldsymbol{V}=\mathrm{div}\,\boldsymbol{V}=\frac{\partial v_i}{\partial x_i}=v_{i,i}\tag{2-14}$$

其中，$\nabla$ 为算子矢量，其表达式为

$$\nabla=\boldsymbol{e}_1\frac{\partial}{\partial x_1}+\boldsymbol{e}_2\frac{\partial}{\partial x_2}+\boldsymbol{e}_3\frac{\partial}{\partial x_3}=\boldsymbol{e}_i\frac{\partial}{\partial x_i}\tag{2-15}$$

矢量的散度是一个标量。显而易见，$\boldsymbol{V}\cdot\nabla$ 不存在，不能与点积$\nabla\cdot\boldsymbol{V}$ 互换，即

$$\nabla\cdot\boldsymbol{V}\neq\boldsymbol{V}\cdot\nabla\tag{2-16}$$

### 2.3.2　坐标变换

对于一个矢量，当选取不同的坐标系时，矢量的分量也会不同，这时需要通过坐标变换将两个坐标系中的矢量联系起来。本书仅讨论笛卡儿坐标系下的坐标变换。

首先，考虑笛卡儿（直角）坐标轴的转动对矢量分量的影响。假设原来的坐标轴是 $x_1$、$x_2$、$x_3$，转动后的新坐标轴是 $x_1'$、$x_2'$、$x_3'$。令 $x_1'$、$x_2'$、$x_3'$相对于原来坐标轴的方向余弦分别为

$$l_{11}、l_{12}、l_{13}；l_{21}、l_{22}、l_{23}；l_{31}、l_{32}、l_{33}$$

其中，

$$l_{ij}=\boldsymbol{e}'_i\cdot\boldsymbol{e}_j=\cos(x'_i,x_j) \tag{2-17}$$

把新坐标系中的每个单位矢量都投影到原坐标轴上(图 2.5),则新坐标轴中的单位矢量 $\boldsymbol{e}'$ 可以表示为

$$\begin{aligned}\boldsymbol{e}'_i&=(\boldsymbol{e}'_i\cdot\boldsymbol{e}_1)\boldsymbol{e}_1+(\boldsymbol{e}'_i\cdot\boldsymbol{e}_2)\boldsymbol{e}_2+(\boldsymbol{e}'_i\cdot\boldsymbol{e}_3)\boldsymbol{e}_3\\&=l_{i1}\boldsymbol{e}_1+l_{i2}\boldsymbol{e}_2+l_{i3}\boldsymbol{e}_3=l_{ij}\boldsymbol{e}_j\end{aligned} \tag{2-18}$$

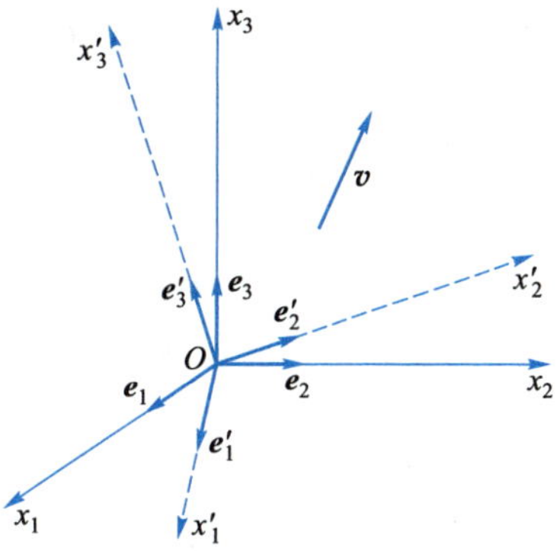


图 2.5　坐标变换示意图

同样,把原坐标系基向量投影到新坐标系上,可得

$$\boldsymbol{e}_i=l_{ji}\boldsymbol{e}'_j \tag{2-19}$$

写成矩阵的形式

$$\begin{bmatrix}\boldsymbol{e}'_1\\\boldsymbol{e}'_2\\\boldsymbol{e}'_3\end{bmatrix}=\begin{bmatrix}l_{11}&l_{12}&l_{13}\\l_{21}&l_{22}&l_{23}\\l_{31}&l_{32}&l_{33}\end{bmatrix}\begin{bmatrix}\boldsymbol{e}_1\\\boldsymbol{e}_2\\\boldsymbol{e}_3\end{bmatrix} \tag{2-20}$$

设一个矢量 $\boldsymbol{U}$ 在原坐标系和新坐标系中的分量形式分别为

$$\boldsymbol{U}=u_1\boldsymbol{e}_1+u_2\boldsymbol{e}_2+u_3\boldsymbol{e}_3=u'_1\boldsymbol{e}'_1+u'_2\boldsymbol{e}'_2+u'_3\boldsymbol{e}'_3=u_i\boldsymbol{e}_i=u'_i\boldsymbol{e}'_i \tag{2-21}$$

矩阵 $\boldsymbol{L}=\begin{bmatrix}l_{11}&l_{12}&l_{13}\\l_{21}&l_{22}&l_{23}\\l_{31}&l_{32}&l_{33}\end{bmatrix}=l_{ij}$ 为坐标变换矩阵。当两个坐标系一定时,它们的坐标变换矩阵也是确定的。当知道一个矢量在一个坐标系中的分量时,通过此矩阵就能方便地求出该矢量在另一个坐标系中的分量。

对于方程(2-21),方程两边同时点乘 $\boldsymbol{e}'_i$ 可得

$$u'_i=u'_i\boldsymbol{e}'_i\cdot\boldsymbol{e}'_i=u_j\boldsymbol{e}_j\cdot\boldsymbol{e}'_i=u_j\boldsymbol{e}_j\cdot l_{ik}\boldsymbol{e}_k=l_{ik}u_j\delta_{jk}=l_{ij}u_j$$

所以

$$u'_i=l_{ij}u_j \tag{2-22}$$

其中,$\delta_{ij}$ 为克罗内克(Kronecker)符号,将在 2.7.1 中介绍。

同理,对于方程(2-21),方程两边同时乘以 $\boldsymbol{e}_i$ 可得

$$u_i=u_i\boldsymbol{e}_i\cdot\boldsymbol{e}_i=u'_j\boldsymbol{e}'_j\cdot\boldsymbol{e}_i=u'_j\boldsymbol{e}'_jl_{ri}\boldsymbol{e}'_r=l_{ri}u'_j\delta_{jr}=l_{ji}u'_j$$

所以

$$u_i=l_{ji}u'_j \tag{2-23}$$

注意到,当 $i=j$ 时,$\boldsymbol{e}'_i\cdot\boldsymbol{e}'_j=1$;当 $i\neq j$ 时,$\boldsymbol{e}'_i\cdot\boldsymbol{e}'_j=0$。

所以有

$$\boldsymbol{e}'_i\cdot\boldsymbol{e}'_j=\delta_{ij}=l_{ir}\boldsymbol{e}_r\cdot l_{jk}\boldsymbol{e}_k=l_{ir}l_{jk}\delta_{rk}=l_{ir}l_{jr} \tag{2-24}$$

可见

$$l_{ir}l_{jr}=\delta_{ij} \tag{2-25}$$

这样,根据式(2-25)可知

$$\begin{aligned}&l_{i1}^2+l_{i2}^2+l_{i3}^2=1\quad(i=1,2,3)\\&l_{11}l_{21}+l_{12}l_{22}+l_{13}l_{23}=0\\&l_{11}l_{31}+l_{12}l_{32}+l_{13}l_{33}=0\\&l_{21}l_{31}+l_{22}l_{32}+l_{23}l_{33}=0\end{aligned} \tag{2-26}$$

同样，可得

$$\boldsymbol{e}_i \cdot \boldsymbol{e}_j = \delta_{ij} = l_{ri}\boldsymbol{e}'_r \cdot l_{kj}\boldsymbol{e}'_k = l_{ri}l_{kj}\delta_{rk} = l_{ri}l_{rj} \tag{2-27}$$

或

$$l_{ri}l_{rj} = \delta_{ij} \tag{2-28}$$

例题 2.2

表 2.1 给出了坐标系 $Oxyz$ 和 $O'x'y'z'$ 的坐标变换矩阵。已知一点 $P(x'_1, x'_2, x'_3)$ 在 $O'x'y'z'$ 坐标系中的坐标为(−29/25，4/5，−3/25)，求该点在 $Oxyz$ 坐标系中的坐标。

表 2.1 坐标变换矩阵

| | $x_1$ | $x_2$ | $x_3$ |
|---|---|---|---|
| $x'_1$ | 12/25 | −9/25 | 4/5 |
| $x'_2$ | 3/5 | 4/5 | 0 |
| $x'_3$ | −16/25 | 12/25 | 3/5 |

解：

$$u_i = l_{ji}u'_j = \begin{bmatrix} 12/25 & 3/5 & -16/25 \\ -9/25 & 4/5 & 12/25 \\ 4/5 & 0 & 3/5 \end{bmatrix} \begin{bmatrix} -29/25 \\ 4/5 \\ -3/25 \end{bmatrix} = \begin{bmatrix} 0 \\ 1 \\ -1 \end{bmatrix}$$

所以该点在 $Oxyz$ 坐标系中的坐标为(0，1，−1)。

例题 2.3

坐标系 $Oxyz$ 沿 $Oxy$ 平面翻转 180°后形成坐标系 $Ox'y'z'$。(1) 试推导坐标变换矩阵 $l_{ij}$。(2) 若沿 $x$ 轴逆时针旋转 90°，求坐标变换矩阵 $l_{ij}$。

解：设 $x_j$ 为 $Oxyz$ 坐标系坐标轴，$x'_i$ 为 $Ox'y'z'$ 坐标系坐标轴，则 $x'_i = l_{ij}x_j$。

(1) 沿 $Oxy$ 平面翻转，可得出 $x'_i = \begin{bmatrix} x_1 \\ x_2 \\ -x_3 \end{bmatrix}$，$x_j = \begin{bmatrix} x_1 \\ x_2 \\ x_3 \end{bmatrix}$，从而得出 $l_{ij} = \begin{bmatrix} 1 & 0 & 0 \\ 0 & 1 & 0 \\ 0 & 0 & -1 \end{bmatrix}$。

(2) 沿 $x$ 轴逆时针旋转 90°，可得出 $x'_i = \begin{bmatrix} x_1 \\ x_3 \\ -x_2 \end{bmatrix}$，$x_j = \begin{bmatrix} x_1 \\ x_2 \\ x_3 \end{bmatrix}$，从而得出 $l_{ij} = \begin{bmatrix} 1 & 0 & 0 \\ 0 & 0 & 1 \\ 0 & -1 & 0 \end{bmatrix}$。

## 2.3.3 张量

在弹性力学中，随着描述问题复杂程度的增加，所定义的物理量的分量也会增多。例如，温度仅需要标量 $T$(1 个分量)来描述，位移需要矢量 $\boldsymbol{u}$(3 个分量)来描述，当需要描述更复杂的物理量时，需要用含有 9 个分量、甚至是更多分量的变量来描述。

对于一些包含不同分量个数的变量，它们描述的物理问题并不会随着选取的坐标系而

发生变化，如果能够满足如图 2.6 和式(2-28)所示的坐标变换方程，即[3]

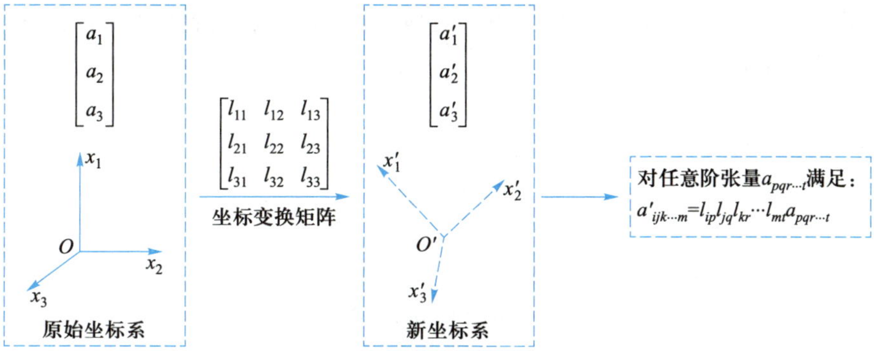


图 2.6　坐标变换与张量

$$
\begin{aligned}
&a'=a,\quad 0\text{ 阶(标量)}\\
&a'_i=l_{ip}a_p,\quad 1\text{ 阶(矢量)}\\
&a'_{ij}=l_{ip}l_{jq}a_{pq},\quad 2\text{ 阶}\\
&a'_{ijk}=l_{ip}l_{jq}l_{kr}a_{pqr},\quad 3\text{ 阶}\\
&a'_{ijkl}=l_{ip}l_{jq}l_{kr}l_{ls}a_{pqrs},\quad 4\text{ 阶}\\
&\cdots\cdots\cdots\cdots\\
&a'_{ijk\cdots m}=l_{ip}l_{jq}l_{kr}\cdots l_{mt}a_{pqr\cdots t},\quad m\text{ 阶}
\end{aligned}
\tag{2-29}
$$

则此数学变量为张量。张量是在笛卡儿坐标系中满足式(2-29)所示坐标变换式的任意阶变量 $a'_{ijk\cdots m}$。根据式(2-29)，标量为 0 阶张量，矢量为 1 阶张量，$a'_{ij}$ 为 2 阶张量，等等。

根据张量的定义，采用张量记法表示的方程，在某一坐标系中成立，则在容许变换的其他坐标系中也成立，即张量方程具有不变性。

### 2.3.4　常用张量

#### 1. 二阶张量：克罗内克符号

在笛卡儿坐标系下，克罗内克符号定义为

$$
\delta_{ij}=\begin{bmatrix}1&0&0\\0&1&0\\0&0&1\end{bmatrix}
\tag{2-30}
$$

即

$$
\delta_{ij}=\begin{cases}1, & i=j\\0, & i\neq j\end{cases}
\tag{2-31}
$$

其中 $i,j$ 为自由指标。

可以看出，克罗内克符号 $\delta_{ij}$ 是一个二阶张量。它具有以下特殊性质

1）对称性

$$
\delta_{ij}=\delta_{ji}
\tag{2-32}
$$

2）可进行换标运算

$$\delta_{ij} v_j = v_i \tag{2-33}$$

显而易见，$\delta_{ij}$ 的作用是将 $v_j$ 中的 $j$ 用 $i$ 置换，因此 $\delta_{ij}$ 也称为置换算子。以下是置换算子一些典型的例子

$$a_i \delta_{ij} = a_j \tag{2-34}$$

$$a_{ij} \delta_{ij} = a_{ii} \tag{2-35}$$

$$\delta_{ij} \delta_{kj} = \delta_{ik} \tag{2-36}$$

$$\delta_{lm} \delta_{mn} \delta_{np} = \delta_{lp} \tag{2-37}$$

$$\delta_{ij} \delta_{ij} = \delta_{ii} = \delta_{jj} = 3 \tag{2-38}$$

$$\delta_{i1} a_1 + \delta_{i2} a_2 + \delta_{i3} a_3 = \delta_{ij} a_j = a_i \tag{2-39}$$

$$\delta_{ij} \delta_{kj} = \delta_{ik} = \delta_{i1} \delta_{k1} + \delta_{i2} \delta_{k2} + \delta_{i3} \delta_{k3} = \begin{cases} 1, & i = k \\ 0, & i \neq k \end{cases} \tag{2-40}$$

由以上几个例子可以总结出克罗内克符号 $\delta_{ij}$ 的换标方法：如果 $\delta_{ij}$ 符号的两个指标中有一个指标和同项中其他因子的指标相重，则可以把该因子的那个重指标替换成 $\delta_{ij}$ 的另一个指标，而 $\delta_{ij}$ 自动消失。

3）当 $i = j$ 时，点积 $\boldsymbol{e}_i \cdot \boldsymbol{e}_j = 1$；当 $i \neq j$ 时，点积 $\boldsymbol{e}_i \cdot \boldsymbol{e}_j = 0$，因此有

$$\boldsymbol{e}_i \cdot \boldsymbol{e}_j = \delta_{ij} \tag{2-41}$$

### 2. 三阶张量：交错张量（$\varepsilon_{ijk}$ 符号）

交错张量 $\varepsilon_{ijk}$ 为 3 阶张量，共有 $3^3$ 即 27 个元素[4]：

$$\varepsilon_{ijk} = \begin{cases} 1, & \text{当 } i,j,k \text{ 为顺循环} \\ -1, & \text{当 } i,j,k \text{ 为逆循环} \\ 0, & \text{当 } i,j,k \text{ 不循环} \end{cases}$$

例如

$$\begin{aligned} &\varepsilon_{ijk} = \varepsilon_{jki} = \varepsilon_{kij} = 1 \\ &\varepsilon_{kji} = \varepsilon_{jik} = \varepsilon_{ikj} = -1 \\ &\varepsilon_{iii} = \varepsilon_{iji} = \varepsilon_{jkj} = \cdots = 0 \end{aligned} \tag{2-42}$$

可以看出，其中 $\varepsilon_{ijk}$ 分量中共有 6 项不为 0 的元素。

将交错张量用于矢量叉积和行列式的表述时，可以得到非常简洁的表达式。

1）矢量叉积简化

根据交错张量 $\varepsilon_{ijk}$ 的性质，有

$$\begin{aligned} \varepsilon_{1jk} u_j v_k &= \varepsilon_{123} u_2 v_3 + \varepsilon_{132} u_3 v_2 \\ &= u_2 v_3 - u_3 v_2 \end{aligned} \tag{2-43}$$

同样地有

$$\begin{aligned} &\varepsilon_{2jk} u_j v_k = u_3 v_1 - u_1 v_3 \\ &\varepsilon_{3jk} u_j v_k = u_1 v_2 - u_2 v_1 \end{aligned} \tag{2-44}$$

根据求和约定，式(2-43)、式(2-44)可写成

$$\begin{aligned} \varepsilon_{ijk} u_j v_k &= \varepsilon_{i1k} u_1 v_k + \varepsilon_{i2k} u_2 v_k + \varepsilon_{i3k} u_3 v_k \\ &= \varepsilon_{i11} u_1 v_1 + \varepsilon_{i12} u_1 v_2 + \varepsilon_{i13} u_1 v_3 + \end{aligned}$$

$$\varepsilon_{i21}u_2v_1+\varepsilon_{i22}u_2v_2+\varepsilon_{i23}u_2v_3+$$
$$\varepsilon_{i31}u_3v_1+\varepsilon_{i32}u_3v_2+\varepsilon_{i33}u_3v_3 \quad (2-45)$$

$\boldsymbol{e}_i$ 为直角坐标系中的单位矢量，则

$$\varepsilon_{ijk}u_jv_k\boldsymbol{e}_i=(u_2v_3-u_3v_2)\boldsymbol{e}_1+(u_3v_1-u_1v_3)\boldsymbol{e}_2+(u_1v_2-u_2v_1)\boldsymbol{e}_3 \quad (2-46)$$

另外，根据矢量叉积运算

$$\boldsymbol{U}\times\boldsymbol{V}=\begin{vmatrix}\boldsymbol{e}_1 & \boldsymbol{e}_2 & \boldsymbol{e}_3\\ u_1 & u_2 & u_3\\ v_1 & v_2 & v_3\end{vmatrix}=(u_2v_3-u_3v_2)\boldsymbol{e}_1+(u_3v_1-u_1v_3)\boldsymbol{e}_2+(u_1v_2-u_2v_1)\boldsymbol{e}_3 \quad (2-47)$$

可以得出

$$\boldsymbol{U}\times\boldsymbol{V}=\varepsilon_{ijk}u_jv_k\boldsymbol{e}_i \quad (2-48)$$

可以看出利用交错张量可以大大简化公式书写。

由此也可以推出

$$\boldsymbol{U}\cdot(\boldsymbol{V}\times\boldsymbol{W})=\begin{vmatrix}u_1 & u_2 & u_3\\ v_1 & v_2 & v_3\\ w_1 & w_2 & w_3\end{vmatrix}=\varepsilon_{ijk}u_iv_jw_k \quad (2-49)$$

2）行列式简化

根据行列式的定义

$$a=\begin{vmatrix}a_{11} & a_{12} & a_{13}\\ a_{21} & a_{22} & a_{23}\\ a_{31} & a_{32} & a_{33}\end{vmatrix}$$
$$=a_{11}a_{22}a_{33}+a_{21}a_{32}a_{13}+a_{31}a_{12}a_{23}-$$
$$a_{31}a_{22}a_{13}-a_{21}a_{12}a_{33}-a_{11}a_{32}a_{23}$$
$$=\varepsilon_{ijk}a_{i1}a_{j2}a_{k3}=\varepsilon_{ijk}a_{1i}a_{2j}a_{3k} \quad (2-50)$$

扩展为一般形式

$$a\varepsilon_{stp}=\varepsilon_{ijk}a_{si}a_{tj}a_{pk} \quad (2-51)$$

当 $s$、$t$、$p$ 分别为 1、2、3 时，式(2－50)就变成上式的一个特例。

### 2.3.5 张量相关运算和法则

#### 1. 张量的性质

1）相等

当两个张量的对应分量相等，则它们相等。例如张量 $a_{ij}$ 与 $b_{ij}$ 相等的条件是

$$a_{ij}=b_{ij} \quad (2-52)$$

2）加减

两个同阶张量的和(或差)仍是一个张量，且同阶。类似于矢量加法的定义，两个张量的和(或差)的分量等于这两个张量的对应分量的和(或差)。例如，二阶张量 $a_{ij}$、$b_{ij}$ 的和仍是一个二阶张量，定义为

$$c_{ij}=a_{ij}+b_{ij} \quad (2-53)$$

3）张量的乘法

一个张量 $a_{ij}$ 与一个标量 $a$ 的乘积为一个同阶张量 $b_{ij}$，定义为

$$b_{ij}=aa_{ij} \tag{2-54}$$

通常，两个张量相乘构成一个新的张量，且新的张量阶数等于这两个张量的阶数之和。如 $a_i$ 为一阶，$b_{jk}$ 为二阶，则

$$a_ib_{jk}=c_{ijk} \tag{2-55}$$

是三阶张量。

4）张量缩并

考虑张量 $a_{ijk}$（有 27 个分量），如果将两个指标赋给相同的字母，即用 $k$ 取代 $j$，得到 $a_{ikk}$，它是一阶张量，即只存在三个量，每个量都是三个原分量之和。根据

$$a'_{ijk}=l_{ip}l_{jp}l_{kr}a_{pqr} \tag{2-56}$$

所以

$$a'_{ikk}=l_{ip}l_{kq}l_{kr}a_{pqr}=l_{ip}\delta_{qr}a_{pqr}=l_{ip}a_{prr} \tag{2-57}$$

显然满足一阶张量的变换规则。

5）对称与斜对称

对于张量 $a_{ij}$，如果 $a_{ij}=a_{ji}$，则称为对称张量。如果 $a_{ij}=-a_{ji}$，则称为斜对称张量。值得注意的是，对于斜对称张量，$a_{11}=a_{22}=a_{33}=0$。

如果一个张量只对某一对特定的指标对称（或斜对称），则称为指标对称（或指标斜对称）张量。如果在某一坐标系中，一个张量对某一指标对称（或斜对称），那么在所有坐标系中，它对该指标都对称（或斜对称）。例如，在 $x_i$ 坐标系中 $a_{ijk}=a_{ikj}$，那么在 $x'_i$ 坐标系中 $a'_{ijk}=a'_{ikj}$。

注意到，任何一个二阶张量 $a_{ij}$ 都可以唯一地分解成一个对称张量和一个斜对称张量之和，即

$$a_{ij}=\frac{1}{2}(a_{ij}+a_{ji})+\frac{1}{2}(a_{ij}-a_{ji})=b_{ij}+c_{ij} \tag{2-58}$$

### 2. 二阶张量特征值及不变量

对于二阶对称张量 $a_{ij}$，如果存在一个常数 $\lambda$，使得

$$a_{ij}n_j=\lambda n_i \tag{2-59}$$

则单位矢量 $\boldsymbol{n}$ 所在的方向称为二阶对称张量的主方向或特征方向，$n_1$、$n_2$、$n_3$ 是 $\boldsymbol{n}$ 在三个坐标轴上的分量。$\lambda$ 则称为张量的主值或特征值。式(2－59)可分解为

$$\begin{cases}a_{11}n_1+a_{12}n_2+a_{13}n_3=\lambda n_1\\a_{21}n_1+a_{22}n_2+a_{23}n_3=\lambda n_2\\a_{31}n_1+a_{32}n_2+a_{33}n_3=\lambda n_3\end{cases} \tag{2-60}$$

等价为

$$\begin{aligned}(a_{11}-\lambda)n_1+a_{12}n_2+a_{13}n_3=0\\a_{21}n_1+(a_{22}-\lambda)n_2+a_{23}n_3=0\\a_{31}n_1+a_{32}n_2+(a_{33}-\lambda)n_3=0\end{aligned} \tag{2-61}$$

上述三个线性联立方程组对 $n_1$、$n_2$、$n_3$ 是齐次的，为了得到非零解，则其系数行列式的值必须为零，即

$$\det(a_{ij}-\lambda\delta_{ij})=\begin{vmatrix} a_{11}-\lambda & a_{12} & a_{13} \\ a_{21} & a_{22}-\lambda & a_{23} \\ a_{31} & a_{32} & a_{33}-\lambda \end{vmatrix}=0 \tag{2-62}$$

这样求解方程就可以确定 $\lambda$。对方程展开可以导出特征方程

$$\det(a_{ij}-\lambda\delta_{ij})=-\lambda^3+I_a\lambda^2-II_a\lambda+III_a=0 \tag{2-63}$$

其中

$$\begin{aligned} I_a &= a_{ii}=a_{11}+a_{22}+a_{33} \\ II_a &= \frac{1}{2}(a_{ii}a_{jj}-a_{ij}a_{ij})=\begin{vmatrix} a_{11} & a_{12} \\ a_{21} & a_{22} \end{vmatrix}+\begin{vmatrix} a_{22} & a_{23} \\ a_{32} & a_{33} \end{vmatrix}+\begin{vmatrix} a_{11} & a_{13} \\ a_{31} & a_{33} \end{vmatrix} \\ III_a &= \begin{vmatrix} a_{11} & a_{12} & a_{13} \\ a_{21} & a_{22} & a_{23} \\ a_{31} & a_{32} & a_{33} \end{vmatrix} \end{aligned} \tag{2-64}$$

上式中 $I_a$，$II_a$，$III_a$ 分别称为张量 $a_{ij}$ 的不变量，在坐标变换时，其值保持不变。特征方程的根决定了特征值 $\lambda$ 的大小，将这些得到的特征值代入式(2-59)就可获得张量 $a_{ij}$ 的主方向。

当张量 $a_{ij}$ 的分量为实数时，三次方程的三个根 $\lambda_1$、$\lambda_2$ 和 $\lambda_3$ 均为实数。更进一步，如果这些根互不相同，则每个特征值对应的主方向正交。用 $n^{(1)}$、$n^{(2)}$、$n^{(3)}$ 分别表示与特征值 $\lambda_1$、$\lambda_2$ 和 $\lambda_3$ 相对应的主方向，其性质为：

(1) 若三个特征值 $\lambda_1$、$\lambda_2$ 和 $\lambda_3$ 互不相同，则对应的三个主方向是唯一的。

(2) 两个特征值相等($\lambda_1\neq\lambda_2=\lambda_3$)，则主方向 $n^{(1)}$ 是唯一的，与 $n^{(1)}$ 正交的所有方向为 $\lambda_2$ 和 $\lambda_3$ 对应的主方向。

(3) 三个特征值均相等($\lambda_1=\lambda_2=\lambda_3$)，则该张量为各向同性张量。

如前面所讲，我们可以确定一个右手笛卡儿坐标系使得每个坐标轴沿着所给定的对称二阶张量 $a_{ij}$ 的主方向，则这些坐标轴称为张量的主轴。这样，在主轴坐标系下的 $a_{ij}$ 表示为

$$a'_{ij}=\begin{bmatrix} \lambda_1 & 0 & 0 \\ 0 & \lambda_2 & 0 \\ 0 & 0 & \lambda_3 \end{bmatrix} \tag{2-65}$$

相应地，方程(2-65)的基本不变量变为

$$\begin{aligned} I_a &= \lambda_1+\lambda_2+\lambda_3 \\ II_a &= \lambda_1\lambda_2+\lambda_2\lambda_3+\lambda_3\lambda_1 \\ III_a &= \lambda_1\lambda_2\lambda_3 \end{aligned} \tag{2-66}$$

### 3. 各向同性张量

如果一个张量的分量在所有坐标系中都具有相同的值，则它是各向同性的。标量(零阶张量)就是一个简单的例子。

克罗内克符号 $\delta_{ij}$ 和交错张量 $\varepsilon_{ijk}$ 都是各向同性的。例如 $\delta_{ij}$，可以证明

$$\delta'_{ij}=l_{ir}l_{js}\delta_{rs}=l_{ir}l_{jr}=\delta_{ij} \tag{2-67}$$

同理，根据

$$\varepsilon'_{ijk}=l_{ir}l_{js}l_{kt}\varepsilon_{rst}=l\varepsilon_{ijk} \tag{2-68}$$

其中，$l=l_{ir}l_{js}l_{kt}$。则

$$l=\begin{vmatrix} l_{11} & l_{12} & l_{13} \\ l_{21} & l_{22} & l_{23} \\ l_{31} & l_{32} & l_{33} \end{vmatrix} \tag{2-69}$$

由于将行与列互换不影响 $l$ 的值，所以

$$l^2=\begin{vmatrix} l_{11} & l_{12} & l_{13} \\ l_{21} & l_{22} & l_{23} \\ l_{31} & l_{32} & l_{33} \end{vmatrix} \cdot \begin{vmatrix} l_{11} & l_{21} & l_{31} \\ l_{12} & l_{22} & l_{32} \\ l_{13} & l_{23} & l_{33} \end{vmatrix} = \begin{vmatrix} 1 & 0 & 0 \\ 0 & 1 & 0 \\ 0 & 0 & 1 \end{vmatrix} \tag{2-70}$$

可见 $l=\pm 1$，但考虑坐标轴与原坐标轴重合时，可得 $l=1$。所以

$$\varepsilon'_{ijk}=\varepsilon_{ijk} \tag{2-71}$$

标量是一个各向同性张量。容易发现，任何 2、3 阶各向同性张量分别是 $\delta_{ij}$ 和 $\varepsilon_{ijk}$ 张量的常数倍形式。

四阶各向同性张量的最一般形式是[2]

$$a_{ijkl}=\alpha\delta_{ij}\delta_{kl}+\beta\delta_{ik}\delta_{jl}+\gamma\delta_{il}\delta_{jk} \tag{2-72}$$

一般地，任何偶数阶各向同性张量都具有类似于上面四阶张量的形式，即出现 $\delta_{ij}$ 的全部可能组合。5.5 节将会证明，四阶张量、各向同性材料的弹性常数矩阵 $C_{ijkl}$ 可以表达为式(2-72)，为各向同性张量。

## 2.4 复变函数基础

### 2.4.1 基本概念

复变函数是自变量为复数的函数[5]。例如：在实数范围内，方程 $x^2=-1$ 无解，为求解这个方程，可引入虚数单位 i，并规定 $\mathrm{i}^2=-1$，使得方程有解。

进一步，假设任意两个实数 $x$ 和 $y$，定义复数 $z$

$$z=x+\mathrm{i}y \tag{2-73}$$

其中 $x$，$y$ 分别是复数 $z$ 的实部和虚部，表示为

$$x=\mathrm{Re}(z), \quad y=\mathrm{Im}(z) \tag{2-74}$$

复数的基本表达形式有很多种，利用直角坐标和极坐标的关系

$$x=r\cos\theta, \quad y=r\sin\theta \tag{2-75}$$

还能将复数改写为三角表示式

$$z=r(\cos\theta+\mathrm{i}\sin\theta) \tag{2-76}$$

利用欧拉公式

$$e^{i\theta}=\cos\theta+i\sin\theta \tag{2-77}$$

可以得到复数的指数表示式

$$z=re^{i\theta} \tag{2-78}$$

式中 $r=\sqrt{x^2+y^2}$，是 $z$ 的模，$\theta=\arctan(y/x)$，是 $z$ 的辐角，如图 2.7 所示，变量 $z$ 是复平面上的一个点，$r$ 是 $z$ 到原点的距离，$\theta$ 是 $z$ 与原点的连线与实轴的夹角。因为一个复变量包含两个部分（实部和虚部），所以它可以表达为具有 $x$ 和 $y$ 分量的二维向量，这种表示在弹性力学的平面问题中也曾被使用。变量 $z$ 的复共轭 $\bar{z}$ 可表示为

$$\bar{z}=x-iy=re^{-i\theta} \tag{2-79}$$

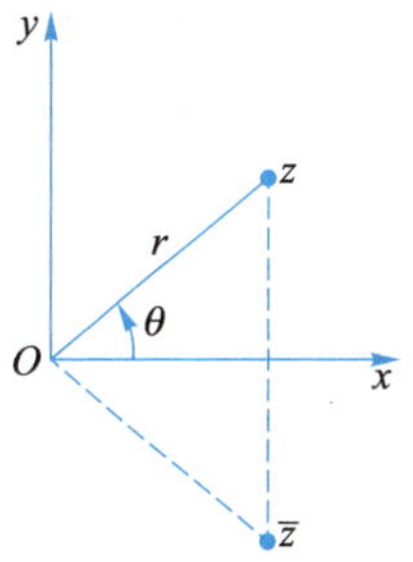


图 2.7　复数的表示

很明显 $z$ 和 $\bar{z}$ 关于实轴对称，并且满足 $r=\sqrt{z\bar{z}}$。

对式(2-73)和式(2-79)推导可以得到以下公式

$$\frac{\partial}{\partial x}=\frac{\partial}{\partial z}+\frac{\partial}{\partial \bar{z}},\quad \frac{\partial}{\partial y}=i\left(\frac{\partial}{\partial z}-\frac{\partial}{\partial \bar{z}}\right)$$

$$\frac{\partial}{\partial z}=\frac{1}{2}\left(\frac{\partial}{\partial x}-i\frac{\partial}{\partial y}\right),\quad \frac{\partial}{\partial \bar{z}}=\frac{1}{2}\left(\frac{\partial}{\partial x}+i\frac{\partial}{\partial y}\right) \tag{2-80}$$

对于复数而言，其运算与实数一样满足交换律、结合律和分配律。假设复数 $z_1$ 和 $z_2$，则有如下结论

$$\begin{aligned}
&z_1+z_2=(x_1+x_2)+i(y_1+y_2)\\
&z_1-z_2=(x_1-x_2)+i(y_1-y_2)\\
&z_1z_2=(x_1x_2-y_1y_2)+i(y_1x_2+x_1y_2)\\
&\frac{z_1}{z_2}=\frac{x_1+iy_1}{x_2+iy_2}=\frac{x_1x_2+y_1y_2}{x_2^2+y_2^2}+i\,\frac{y_1x_2-x_1y_2}{x_2^2+iy_2}
\end{aligned} \tag{2-81}$$

对于复变量 $z$ 的函数 $f(z)$，有

$$f(z)=f(x+iy)=u(x,y)+iv(x,y) \tag{2-82}$$

其中，$u(x,y)$和 $v(x,y)$分别是复函数 $f(z)$的实部和虚部。例如，令 $f(z)=az+bz^2$，则有

$$f(z)=a(x+iy)+b(x+iy)^2=(ax+bx^2-by^2)+i(ay+2bxy) \tag{2-83}$$

其中 $u(x,y)=ax+bx^2-by^2$，$v(x,y)=ay+2bxy$。

进一步，有复函数的复共轭为

$$\overline{f(z)}=\bar{f}(\bar{z})=u(x,y)-iv(x,y) \tag{2-84}$$

代入前面给出的例子 $f(z)=az+bz^2$，可以得到

$$\overline{f(z)}=(ax+bx^2-by^2)-i(ay+2bxy) \tag{2-85}$$

### 2.4.2　复变函数的导数与微分

复变函数的微分的定义与一般的函数类似，设函数 $w=f(z)$定义于区域 $D$，点 $z_0$ 在 $D$ 中且点 $z_0+\Delta z$ 也在 $D$ 中，若极限 $\lim\limits_{\Delta z\to 0}\dfrac{f(z_0+\Delta z)-f(z_0)}{\Delta z}$ 存在，则认为 $f(z)$在 $z_0$ 可导，并且这个极限值就是 $f(z)$在 $z_0$ 的导数

$$f'(z_0)=\left.\frac{\mathrm{d}w}{\mathrm{d}z}\right|_{z=z_0}=\lim_{\Delta z\to 0}\frac{f(z_0+\Delta z)-f(z_0)}{\Delta z} \tag{2-86}$$

如果函数 $f(z)$在区域 $D$ 内处处可微,则称函数在 $D$ 内可微;进一步得到解析函数的概念:如果函数 $f(z)$在 $z_0$ 及 $z_0$ 的邻域内处处可导,那么称 $f(z)$在 $z_0$ 解析;如果函数 $f(z)$在区域 $D$ 内每一点解析,那么称 $f(z)$在 $D$ 内解析。如果 $f(z)$在 $z_0$ 不解析,那么 $z_0$ 是 $f(z)$的奇点。

单靠解析函数的定义,难以判断一个复变函数是否解析,所以接下来对判定函数解析的充要条件——柯西-黎曼(Cauchy-Riemann)方程进行推导。

利用式(2-81)和式(2-79)的微分关系,可以得到 $f$ 的导数

$$f'(z)=\frac{\partial}{\partial z}(u+\mathrm{i}v)=\frac{1}{2}\left(\frac{\partial u}{\partial x}+\frac{\partial v}{\partial y}\right)+\mathrm{i}\,\frac{1}{2}\left(\frac{\partial v}{\partial x}-\frac{\partial u}{\partial y}\right) \tag{2-87}$$

当 $\Delta z\to 0$ 时,不管以何种路径得到的导数极限都是相同的,式(2-86)应对 $\Delta x=0$ 和 $\Delta y=0$ 的特殊情况成立,因此有

$$f'(z)=\frac{1}{2}\left(\frac{\partial u}{\partial x}\right)+\mathrm{i}\,\frac{1}{2}\left(\frac{\partial v}{\partial x}\right)=\frac{1}{2}\left(\frac{\partial v}{\partial y}\right)+\mathrm{i}\,\frac{1}{2}\left(-\frac{\partial u}{\partial y}\right) \tag{2-88}$$

观察式(2-87),可以推知其实部和虚部有以下关系:

$$\frac{\partial u}{\partial x}=\frac{\partial v}{\partial y},\quad \frac{\partial u}{\partial y}=-\frac{\partial v}{\partial x} \tag{2-89}$$

上式即为柯西-黎曼方程。

判断函数在某一点可导的充要条件:设函数 $f(z)=f(x+\mathrm{i}y)=u(x,y)+\mathrm{i}v(x,y)$定义在区域 $D$ 内,则 $f(z)$在 $D$ 内一点 $z=x+\mathrm{i}y$ 可导的充要条件是 $u(x,y)$与 $v(x,y)$在点$(x,y)$可微,并且在该点满足柯西-黎曼方程(2-89)。判断函数在其定义域 $D$ 内解析的充要条件:$u(x,y)$与 $v(x,y)$在 $D$ 内可微,并且满足柯西-黎曼方程。

将柯西-黎曼方程转换到极坐标形式下为

$$\frac{\partial u}{\partial r}=\frac{1}{r}\frac{\partial v}{\partial \theta},\quad \frac{1}{r}\frac{\partial u}{\partial \theta}=-\frac{\partial v}{\partial r} \tag{2-90}$$

通过微分关系可以证明

$$\nabla^2 u=0,\quad \nabla^2 v=0 \tag{2-91}$$

因此,任何一个复变量的解析函数的实部和虚部都是拉普拉斯方程的解,也就是调和函数。此外式(2-88)中 $u$ 的微分可以用 $v$ 表示

$$\mathrm{d}u=\frac{\partial u}{\partial x}\mathrm{d}x+\frac{\partial u}{\partial y}\mathrm{d}y=\frac{\partial v}{\partial y}\mathrm{d}x-\frac{\partial v}{\partial x}\mathrm{d}y \tag{2-92}$$

如果已知 $v$,就可以通过式(2-91)来计算 $u$,这个计算过程中 $u$ 和 $v$ 是可以互换的,因此知道其中一个参数就可以确定另外一个,这种形式称为共轭函数。

### 2.4.3 复变函数的积分

接下来讨论复变函数的积分。复变函数的积分是定积分在复数域中的自然推广,可以认为复变函数的积分是复平面上的线积分,被积函数从原本的 $f(x)$变成了 $f(z)$,积分区间也从原来的$[a,b]$变成了一条光滑的曲线,即

$$\int_{C_A}^{C_B} f(z)\mathrm{d}z = \lim_{n\to\infty}\sum_{k=1}^{n} f(\xi_k)\Delta z_k \tag{2-93}$$

考虑如图 2.8 所示的复平面，令积分区间就是从起点 $A$ 沿曲线 $C$ 到终点 $B$ 的一条光滑曲线。令 $f(z)=u(x,y)+\mathrm{i}v(x,y)$，则有

$$\int_C f(z)\mathrm{d}z = \int_C (u+\mathrm{i}v)(\mathrm{d}x+\mathrm{i}\mathrm{d}y) = \int_C [(u\mathrm{d}x - v\mathrm{d}y)+\mathrm{i}(u\mathrm{d}y+v\mathrm{d}x)] \tag{2-94}$$

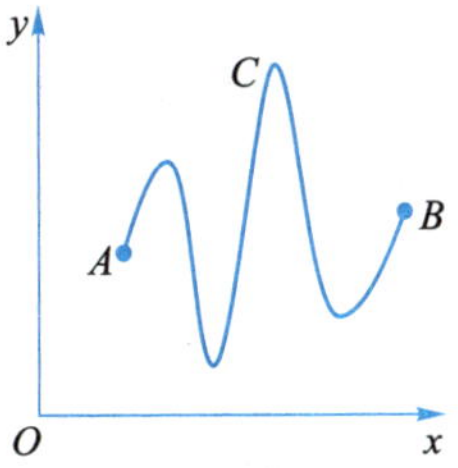

图 2.8　复平面上的曲线

进一步，设曲线 $C$ 的参数方程为 $z=z(t)=x(t)+\mathrm{i}y(t)$，$\alpha\leqslant t\leqslant\beta$，则有

$$\int_{C_A}^{C_B} f(z)\mathrm{d}z = \int_\alpha^\beta f[z(t)]z'(t)\mathrm{d}t \tag{2-95}$$

以上两式常用于积分的计算。计算时还有一些常用公式如下

$$\oint_{|z-z_0|=r} \frac{\mathrm{d}z}{(z-z_0)^{n+1}} = \begin{cases} 2\pi\mathrm{i}, & n=0 \\ 0, & n\neq 0 \end{cases} \tag{2-96}$$

$$\int_C f(z)\mathrm{d}z = -\int_{C^-} f(z)\mathrm{d}z \tag{2-97}$$

$$\int_C kf(z)\mathrm{d}z = k\int_C f(z)\mathrm{d}z \quad (k\ 为常数) \tag{2-98}$$

$$\int_C [f(z)\pm g(z)]\mathrm{d}z = \int_C f(z)\mathrm{d}z \pm \int_C g(z)\mathrm{d}z \tag{2-99}$$

$$\left|\int_C f(z)\mathrm{d}z\right| \leqslant \int_C |f(z)|\mathrm{d}s \leqslant ML \tag{2-100}$$

（注：设曲线 $C$ 长度为 $L$ 且函数 $f(z)$ 在 $C$ 上满足 $f(z)\leqslant M$）

利用柯西-黎曼方程，可以证明函数 $f$ 在域 $D$ 内是解析的，因此积分与路径无关，由此可以推导出复变函数理论中的几个重要的定理。

柯西-古萨基本定理：如果一个函数 $f(z)$ 在一个封闭曲线 $C$ 内部的所有点上都是解析的，那么

$$\oint_C f(z)\mathrm{d}z = 0 \tag{2-101}$$

以柯西-古萨基本定理为基础，还有柯西积分公式

$$f(z_0) = \frac{1}{2\pi\mathrm{i}}\oint_C \frac{f(z)}{z-z_0}\mathrm{d}z \tag{2-102}$$

在一个封闭曲线 $C$ 上的积分，如果沿着曲线方向，封闭的区域始终在左侧，则该方向是正方向。柯西积分提供了一种方法，用边界上的值来表示一个域内点上解析函数的值，也就是说，一旦确定了函数 $f(z)$ 在边界上的值，那么该函数在区域内任意点的值也就随之确定。由于柯西积分公式给出了解析函数的积分表达式，所以除用于计算复变函数沿闭路积分以外，柯西积分公式对于解析函数的研究也有着重要的意义。

利用柯西积分公式，可以进一步推导出高阶导数公式

$$f^{(n)}(z_0) = \frac{n!}{2\pi\mathrm{i}}\oint_C \frac{f(z)}{(z-z_0)^{n+1}}\mathrm{d}z \tag{2-103}$$

该公式表明了解析函数的导数仍然是解析函数。此外在实际使用时，高阶导数公式往

往将$\frac{n!}{2\pi i}$换到式子的左边，用于求解积分。

### 2.4.4 洛朗(Laurent)级数和留数

对于一些定积分和广义积分，需要用留数定理计算，但在讨论留数之前，首先需要一个重要的工具——洛朗级数。

洛朗级数是泰勒级数的推广，所以首先来看泰勒级数。

利用幂级数可以很容易地表达复变量的函数，如果 $f(z)$在圆域 $C:|z-z_0|<R$ 内解析，那么在 $C$ 内函数泰勒展开成幂级数且展开式唯一

$$f(z)=\sum_{n=0}^{\infty}\frac{f^{(n)}(z_0)}{n!}(z-z_0)^n \tag{2-104}$$

对于 $z_0=0$ 的特殊情况，上式简化为麦克劳林级数(Maclaurin series)，这些结论对内部区域也同样适用，因此可推广到环形区域的级数表达。如果 $f(z)$在两个同心圆 $C_1$ 和 $C_2$ 以及两圆之间的区域上解析($C_2>C_1$)，则函数可以用洛朗级数来表示

$$f(z)=\sum_{n=0}^{\infty}A_n(z-a)^n+\sum_{n=1}^{\infty}\frac{B_n}{(z-a)^n} \tag{2-105}$$

其中

$$\begin{aligned}A_n&=\frac{1}{2\pi i}\oint_{C_1}\frac{f(z)}{(z-z_0)^{n+1}}dz,\quad n=0,1,2,\cdots\\ B_n&=\frac{1}{2\pi i}\oint_{C_2}\frac{f(z)}{(z-z_0)^{-n+1}}dz,\quad n=1,2,\cdots\end{aligned} \tag{2-106}$$

我们知道，复函数的非解析点称为奇异点或奇点，接下来讨论一种特殊类型的奇点，称为极点。如果 $f(z)$在 $z=a$ 是奇异的，但乘积$(z-a)^n f(z)$对于整数 $n$ 是解析的，则称 $f(z)$在 $z=a$ 处有一个 $n$ 阶极点，在这种情况下，解析的乘积形式可以在 $z=a$ 处展开为泰勒级数

$$\begin{aligned}(z-a)^n f(z)&=\sum_{k=0}^{\infty}A_k(z-a)^k\\ A_k&=\frac{1}{k!}\frac{d^k}{dz^k}\{(z-a)^n f(z)\}\big|_{z=a}\end{aligned} \tag{2-107}$$

改写 $f(z)$的级数形式为

$$f(z)=\sum_{k=0}^{\infty}A_k\frac{(z-a)^k}{(z-a)^n} \tag{2-108}$$

将式(2-107)沿着包含点 $a$ 的封闭曲线 $C$ 进行积分，并使用柯西积分将右侧化简

$$\oint_C f(z)dz=2\pi i A_{n-1} \tag{2-109}$$

$A_{n-1}$ 称为 $f(z)$在极点 $z=a$ 的留数，如果知道封闭曲线 $C$ 内部极点的残差就可以计算其积分。因此如果 $f(z)$在任意的曲线 $C$ 内部是解析的(除 $z=a$ 处的 $n$ 阶极点外)，那么 $f(z)$在 $C$ 上的积分可以表示为

$$\oint_C f(z)dz=2\pi i\left\{\frac{1}{(n-1)!}\frac{d^{n-1}}{dz^{n-1}}[(z-a)^n f(z)]\big|_{z=a}\right\} \tag{2-110}$$

如果在 $C$ 所包围的域内存在一个以上的极点，则由式(2-110)域内通过所有极点的残差之和计算积分，这个过程成为残差微积分，对于求解复积分很有用，利用该方法和柯西积分公式，可以得到以下积分公式：

$$\frac{1}{2\pi i}\oint_C \frac{1}{\zeta^n(\zeta-z)}d\zeta=\begin{cases}0, & n>0\\ 1, & n=0\end{cases} \tag{2-111}$$

其中 $C$ 是单位圆的圆周，$z$ 在圆内。

另一种非解析的特殊问题涉及多值复函数。这类现象可以在函数 $z^{1/2}$ 和 $\ln z$ 中找到，以对数函数为例

$$\ln z=\ln(re^{i\theta})=\ln r+i\theta \tag{2-112}$$

可以发现，这个函数对于 $\theta$ 是多值的，这种多值性可以通过限制 $\theta$ 的范围 $-\pi<\theta\leqslant\pi$ 来消除，这将得到 $\ln z$ 的主值。在这种情况下，除了原点和负实轴外，该函数在所有点上都是单值的。原点称为分支点，负实轴是支割线。通过将函数限制在域 $r>0$ 和 $-\pi<\theta\leqslant\pi$，避免了奇异行为，并在限制的范围内解析。由于普遍存在包含 $\sqrt[n]{(\cdot)}$ 和 ln 的函数，因此分支点和支割线在弹性力学中广泛应用。

接下来考虑平面域的连通性问题，一个单连通域是指任何封闭曲线都可以连续收缩到一个点而不超出区域，对于二维平面，这意味着一个没有孔的区域。图 2.9 所示是一个具有内部边界 $L_k$ 的多连通域 $D$，可以证明在这种多连通域中的解析函数不一定是单值的，但是这些区域可以通过适当的切割将每个内部边界与外边界连接起来。

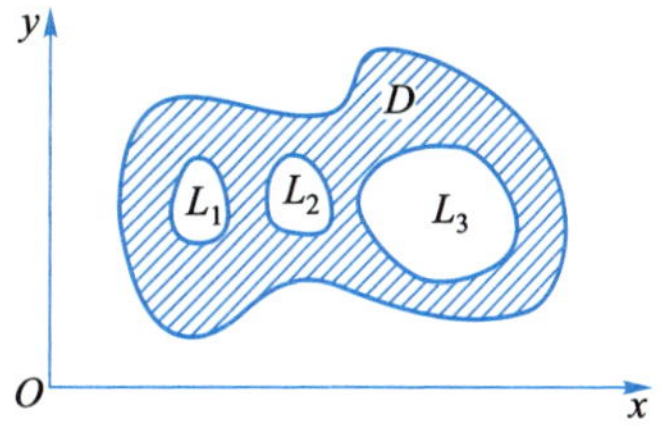


图 2.9 多连通域

## 2.4.5 保角映射

保角映射又称为保角变换或共形映射，其定义为：假设变换 $\zeta=f(z)$在所关注的区域内解析，并建立了 $z$ 平面到 $\zeta$ 平面的点对点一一映射；对于如图 2.10 所示的区域 $R$，它通过 $\zeta=f(z)$被映射到区域 $D$ 上，如果映射 $\zeta=f(z)$在区域内的每一点都具有保角性和伸缩率不变性，则该映射是区域内的保角映射。

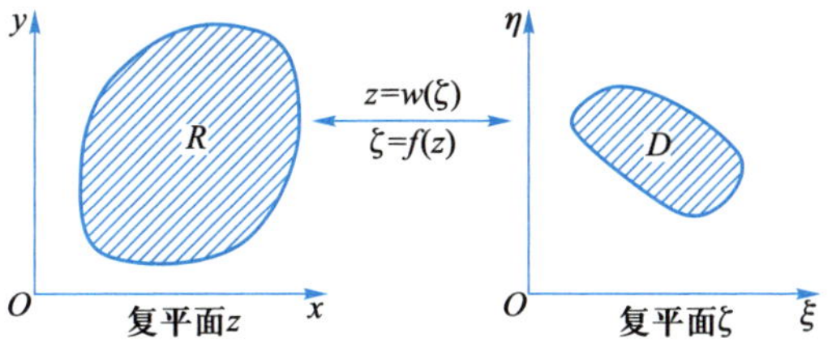


图 2.10 保角映射

在上述定义中，保角性是指过区域上任意点的两条曲线间的夹角在映射前后，大小和方向保持不变；伸缩率不变性是指对于过区域上任意点的任意曲线，曲线在该点的伸缩率与其形状和方向无关。

保角映射给出了两个复平面 $z$ 和 $\zeta$ 之间的变换关系

$$z = w(\zeta), \quad \zeta = f(z) \tag{2-113}$$

利用上述保角映射关系，可以建立不同区域之间的联系，这为解决形状复杂的弹性力学问题提供了更简便的方法。例如，在弹性力学的孔口问题中，对于一些比较复杂的异形孔，如果不经过保角映射直接进行求解，所得到的微分方程组将异常复杂，甚至没有解析解；与之相对应，如果利用保角映射，将问题转换到“中心单位圆”区域，则微分方程组将得到简化，从而简化问题求解。

以无限大弹性体的单孔口问题为例，其保角映射关系式通常为

$$z = \frac{C}{\zeta} + \sum_{k=0}^{\infty} c_k \zeta^k \tag{2-114}$$

其中常数 $c_k$ 由域 $R$ 的特定形状决定；借助上述关系式，可以先将边界条件等通过保角映射转换到“中心单位圆”区域（图 2.11），在转换到圆形孔区域后，对较简单的微分方程组进行求解，所得结果再从圆形孔映射回异形孔区域，从而得到原本难以直接求得的解析解结果。

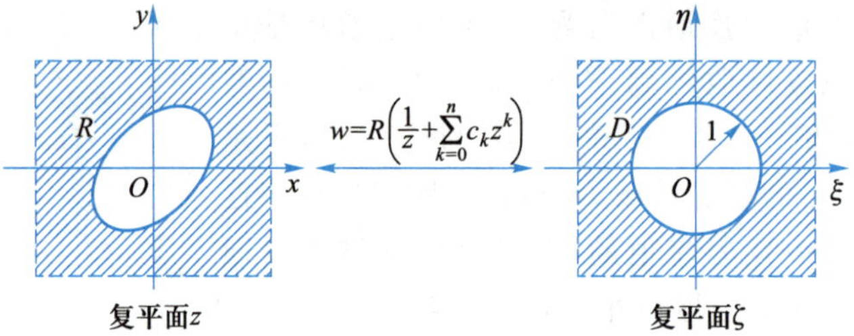


图 2.11 用于简化单孔口问题的保角映射

## 2.5 泛函与变分法

变分是研究泛函极值以及更一般的临界值的一个数学分支。弹性力学的能量法本质上是以变分法为理论基础，将偏微分方程的边值问题转化为求泛函的极值（或驻值）问题[6,7]。

### 2.5.1 变分

若对于自变量 $x$ 在定义域内的每个值，有唯一的因变量 $y$ 值与之对应，则自变量 $x$ 与因变值 $y$ 之间的对应关系称为函数，记作 $y = y(x)$。

若自变量 $x$ 有微小增量 $\mathrm{d}x$，则函数 $y(x)$ 也有对应的微小增量 $\mathrm{d}y$，增量 $\mathrm{d}y$ 称为函数 $y(x)$ 的微分，并且有

$$\mathrm{d}y = y'(x)\mathrm{d}x \tag{2-115}$$

其中，$y'(x)$ 为 $y$ 对于 $x$ 的导数。

若函数 $y(x)$ 的形式发生变化而变成新函数 $Y(x)$，并且对应于定义域内的一个定值，$y$ 存在微小的增量

$$\delta y = Y(x) - y(x), \quad x \in [a, b] \tag{2-116}$$

则称增量 $\delta y$ 为函数 $y(x)$ 的变分。由定义可知，变分 $\delta y$ 一般也是 $x$ 的函数。

### 2.5.2 泛函

若对于某一类函数中的每一个函数 $y(x)$，都有一个变量 $I$ 的值与之对应，则变量 $I$ 称为函数 $y(x)$ 的泛函，$y(x)$ 则为泛函 $I$ 的自变量，也称为泛函变量，在弹性力学中 $y(x)$ 往往对应待求未知量。简而言之，泛函就是函数的函数。

例如：设 $Oxy$ 面内有给定的两点 $A$ 和 $B$（图 2.12），则连接这两点的任意曲线与 $x$ 轴所围成的面积为

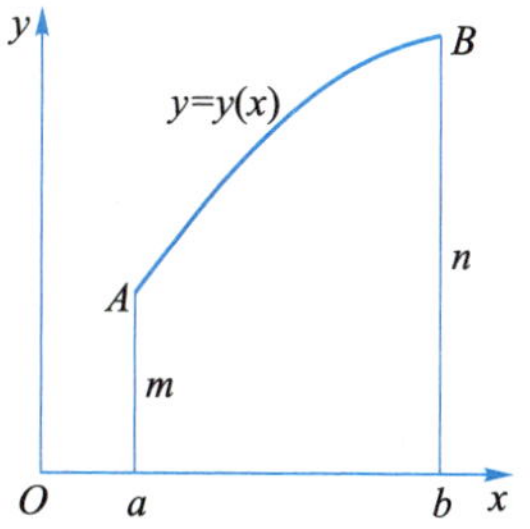

图 2.12　泛函的定义

$$S = \int_a^b f(x)\mathrm{d}x = F(b) - F(a) \tag{2-117}$$

面积 $S$ 依赖于曲线的形状，即函数 $y(x)$ 的形式。因此，面积 $S$ 就是函数 $y(x)$ 的泛函。

常见的泛函具有如下形式：

$$I[y(x)] = \int_a^b f\left(x, y, \frac{\mathrm{d}y}{\mathrm{d}x}\right)\mathrm{d}x \tag{2-118}$$

或者简写为

$$I = \int_a^b f(x, y, y')\mathrm{d}x \tag{2-119}$$

其中，被积函数一般是自变量 $x$、函数 $y(x)$ 及其导函数 $y'(x)$ 的复合函数。

### 2.5.3 泛函的变分

首先来考察泛函的被积函数 $f(x, y, y')$。当函数 $y(x)$ 具有变分 $\delta y$ 时，导函数 $y'$ 也将随着具有变分 $\delta y'$。这时，按照泰勒级数展开法则，函数 $f$ 的增量可以写成

$$\begin{aligned} & f(x, y+\delta y, y'+\delta y') - f(x, y, y') \\ = & \frac{\partial f}{\partial y}\delta y + \frac{\partial f}{\partial y'}\delta y' + (\delta y \text{ 及 } \delta y' \text{的高阶项}) \end{aligned} \tag{2-120}$$

上式等号右边的前两项（关于 $\delta y$ 和 $\delta y'$ 的线性项）是函数 $f$ 的增量的主部，定义为函数 $f$ 的变分（一阶变分），表示为

$$\delta f = \frac{\partial f}{\partial y}\delta y + \frac{\partial f}{\partial y'}\delta y' \tag{2-121}$$

对于式(2-118)所示的泛函 $I$，当函数 $y(x)$ 及导函数 $y'(x)$ 分别具有变分 $\delta y$ 及 $\delta y'$ 时，泛函 $I$ 的增量为

$$\begin{aligned} & \int_a^b f(x, y+\delta y, y'+\delta y')\mathrm{d}x - \int_a^b f(x, y, y')\mathrm{d}x \\ = & \int_a^b [f(x, y+\delta y, y'+\delta y') - f(x, y, y')]\mathrm{d}x \\ = & \int_a^b [\delta f + (\delta y \text{ 及 } \delta y' \text{的高阶项})]\mathrm{d}x \end{aligned} \tag{2-122}$$

同样,泛函 $I$ 的一阶变分为

$$\delta I=\int_a^b(\delta f)\mathrm{d}x \tag{2-123}$$

将式(2-119)代入,即得泛函的一阶变分的表达式

$$\delta I=\int_a^b\left(\frac{\partial f}{\partial y}\delta y+\frac{\partial f}{\partial y'}\delta y'\right)\mathrm{d}x \tag{2-124}$$

由式(2-117)及式(2-119),有关系式

$$\delta\int_a^b f\mathrm{d}x=\int_a^b(\delta f)\mathrm{d}x \tag{2-125}$$

只要积分的上下限保持不变,变分的运算与定积分的运算可以交换次序。

### 2.5.4 泛函的极值问题——变分问题

如果函数 $y(x)$ 在 $x=x_0$ 的邻近任意点上的值都不大于或都不小于 $y(x_0)$,也就是 $\mathrm{d}y=y(x)-y(x_0)\leqslant 0$ 或者 $\mathrm{d}y=y(x)-y(x_0)\geqslant 0$ ,则称函数 $y(x)$ 在 $x=x_0$ 处达到极大值或极小值,必要的极值条件为 $\frac{\mathrm{d}y}{\mathrm{d}x}=0$ 或 $\mathrm{d}y=0$。

对于式(2-118)所示形式的泛函 $I[y(x)]$,也可以通过分析而得出相似的如下结论:如果泛函 $I[y(x)]$ 在 $y=y_0(x)$ 的邻近任意曲线上的值都不大于或都不小于 $I[y(x)]$,也就是一阶变分 $\delta I=I[y(x)]-I[y_0(x)]\leqslant 0$ 或 $\delta I=I[y(x)]-I[y_0(x)]\geqslant 0$ ,则称泛函 $I[y(x)]$ 在曲线 $y=y_0(x)$ 上达到极大值或极小值,而泛函极值的必要条件为一阶变分 $\delta I=0$。相应的曲线 $y=y_0(x)$ 称为泛函 $I[y(x)]$ 的极值曲线。关于泛函 $I$ 为极值的充分条件是:如果二阶变分 $\delta^2 I\geqslant 0$,则 $I$ 为极小值;如果 $\delta^2 I\leqslant 0$,则 $I$ 为极大值。在一般的泛函极值问题中,只需考虑必要条件就可以了。求泛函极值(或驻值)的问题,都称为变分问题;求泛函极值的方法,则称为变分法或变分方法。

下面来讨论这样一个典型的变分问题:设图 2.12 中 $y=y(x)$ 所示的曲线被指定通过 $A$、$B$ 两点,也就是 $y(x)$ 具有边界条件 $y(a)=m$,$y(b)=n$,试由泛函 $I=\int_a^b f(x,y,y')\mathrm{d}x$ 的极值条件求出函数 $y(x)$。

首先来导出这一变分问题中的极值条件 $\delta I=0$ 的具体形式。在变分 $\delta f$ 的表达式(2-124)中,右边的第二部分为

$$\int_a^b\frac{\partial f}{\partial y'}\delta y'\mathrm{d}x=\int_a^b\frac{\partial f}{\partial y'}\frac{\mathrm{d}}{\mathrm{d}x}(\delta y)\mathrm{d}x \tag{2-126}$$

进行分部积分,得到

$$\int_a^b\frac{\partial f}{\partial y'}\delta y'\mathrm{d}x=\left[\frac{\partial f}{\partial y'}\delta y\right]_a^b-\int_a^b\delta y\frac{\mathrm{d}}{\mathrm{d}x}\left(\frac{\partial f}{\partial y'}\right)\mathrm{d}x \tag{2-127}$$

但是按照边界条件,在 $x=a$ 及 $x=b$ 处,$y$ 不变,因而有 $\delta y=0$,可见

$$\int_a^b\frac{\partial f}{\partial y'}\delta y'\mathrm{d}x=-\int_a^b\delta y\frac{\mathrm{d}}{\mathrm{d}x}\left(\frac{\partial f}{\partial y'}\right)\mathrm{d}x \tag{2-128}$$

代入式(2-124)的右边，得出

$$\delta I=\int_a^b\left[\frac{\partial f}{\partial y}\delta y-\delta y\frac{\mathrm{d}}{\mathrm{d}x}\left(\frac{\partial f}{\partial y'}\right)\right]\mathrm{d}x=\int_a^b\delta y\left[\frac{\partial f}{\partial y}-\frac{\mathrm{d}}{\mathrm{d}x}\left(\frac{\partial f}{\partial y'}\right)\right]\mathrm{d}x \tag{2-129}$$

于是，根据 $\delta y$ 的任意性，由 $\delta I=0$ 得到极值条件

$$\frac{\partial f}{\partial y}-\frac{\mathrm{d}}{\mathrm{d}x}\left(\frac{\partial f}{\partial y'}\right)=0 \tag{2-130}$$

该式又被称为欧拉-拉格朗日(Euler-Lagrange)方程，是变分法的核心定理。由该式可以得出函数 $y(x)$的微分方程，而这一微分方程的解答将给出函数 $y(x)$。

注意：在上式中，偏导数只表示 $x, y, y'$三者互不依赖时的运算，而在$\frac{\mathrm{d}}{\mathrm{d}x}$的运算中，必须考虑 $y'$及 $y$ 均为 $x$ 的函数。

**例题 2.4**

试求图 2-12 中曲线 $AB$ 为最短时的函数 $y(x)$。

**解**：在这里，有

$$I=l=\int_a^b\sqrt{1+(y')^2}\,\mathrm{d}x \tag{2-131}$$

于是由式(2-119)得 $f=\sqrt{1+(y')^2}$，从而由式(2-130)得极值条件

$$0-\frac{\mathrm{d}}{\mathrm{d}x}\left[\frac{y'}{\sqrt{1+(y')^2}}\right]=0,\text{即}\frac{y'}{\sqrt{1+(y')^2}}=C \tag{2-132}$$

其中 $C$ 是任意常数。求解这一方程，得 $y'=C_1$，从而得 $y=y(x)=C_1x+C_2$。可见最短曲线为一直线。任意常数 $C_1$ 及 $C_2$ 可由边界条件求得。

### 2.5.5 弹性力学中的变分法与泛函

弹性力学中变分法的基本思路是，通过建立弹性体的泛函变分方程，把弹性力学基本偏微分方程的定解问题，变为在给定约束条件下求泛函极值(或驻值)的变分问题。上述变分法的基本思路中，所研究的泛函是弹性体的能量，因而在弹性力学中，变分法也叫能量法。弹性力学的变分法(能量法)通过研究弹性体的上述能量取极值时的条件，得到弹性体的应力、应变或位移状态，从而得到弹性问题的近似解。

弹性力学中的变分法主要涉及三种泛函，它们对应了外力势能、应变能和应变余能三种不同的能量。

外力势能 $V$[式(2-133)]指外力沿可能位移做功而引发的势能。它是以位移分量 $u_i$ 为待求未知量的泛函，位移分量则是位置坐标$(x,y,z)$的函数。

$$V=-\int_\Omega(f_xu+f_yv+f_zw)\mathrm{d}\Omega-\int_{S_f}(\bar{f}_xu+\bar{f}_yv+\bar{f}_zw)\mathrm{d}S \tag{2-133}$$

应变能 $V_\varepsilon$[式(2-134)]指外力做功使弹性体发生变形时储存于弹性体内部的能量。它是以应变分量 $\varepsilon_{ij}$ 为待求未知量的泛函，应变分量则是位置坐标$(x,y,z)$的函数。

$$V_\epsilon=\frac{E}{2(1+\mu)}\iiint\left[\frac{\mu}{1-2\mu}\theta^2+(\varepsilon_x^2+\varepsilon_y^2+\varepsilon_z^2)+\frac{1}{2}(\gamma_{xy}^2+\gamma_{xz}^2+\gamma_{yz}^2)\right]\mathrm{d}x\mathrm{d}y\mathrm{d}z \tag{2-134}$$

应变余能 $V_c$[式(2-135)]指弹性体恢复到无应力状态时所释放的能量。它是以应力分量 $\sigma_{ij}$ 为待求未知量的泛函，应力分量则是位置坐标($x$，$y$，$z$)的函数。

$$V_c=\frac{1}{2E}\iiint[(\sigma_x+\sigma_y+\sigma_z)^2-2\mu(\sigma_y\sigma_z+\sigma_z\sigma_x+\sigma_x\sigma_y)+2(1+\mu)(\tau_{yz}^2+\tau_{xz}^2+\tau_{xy}^2)]\mathrm{d}x\mathrm{d}y\mathrm{d}z \tag{2-135}$$

## 2.6 拓展阅读

1. 张量的提出和传播[8]

张量虽然在 1890 年就被里奇(Gregorio Ricci-Curbastro)提出，但它被人们广泛接受还是在 1915 年爱因斯坦提出广义相对论之后。广义相对论完全由张量语言表述，爱因斯坦为此特意求助了意大利数学家列维-奇维塔(Tullio Levi-Civita)，他所引入的协变微分和平行位移(1917 年)是微分几何、广义相对论的关键概念。文献[8]介绍了意大利数学家在 20 世纪初对爱因斯坦的相对论的传播和贡献，特别是列维-奇维塔和爱因斯坦在 1915 年就广义相对论的数学基础进行的激烈而友好的通信，详细介绍了他们之间不同观点的碰撞交流和融合，包括数学严谨性和物理直觉间的碰撞。

2. 复变函数法求解弹性力学问题[9]

在各种平面问题中，孔口问题最适合用复变函数法求解，甚至对于比较复杂的孔口问题，没有复变函数解法时几乎无法求出解析解。早在 1909 年，俄国数学家、力学家科洛索夫就将复应力函数法用于解决二维弹性静力学问题，求解了外力作用下的带有椭圆形孔的无限大薄板的应力分布问题。1910 年，他在论文中系统地给出了利用复变函数法解决弹性力学问题的理论，通过将常见的弹性力学平面问题中的双调和方程表示为复变函数形式进行通解，得到在没有外力作用下的复位移和复应力形式。

3. 泛函在弹性力学中的应用[10]

20 世纪 50 年代，针对弹性力学问题，胡海昌、鹫津久一郎“构造”出了一种泛函，并以此为基础建立了三类变量广义变分原理，被称为胡-鹫津变分原理。该原理认为，在弹性力学小位移平衡问题中，真实的位移、应变、应力可使“构造”出的这种泛函为驻值，而使该泛函为驻值的位移、应变、应力必为真实的位移、应变、应力。该原理为无条件的变分原理，可在给定的约束条件下求泛函的极值。作为一种工具，该方法为以往的工程实用结构理论提供了能量法观点的解释，在物理学和力学领域应用广泛，尤其对于力学领域，广义变分原理是建立包括有限元法在内的各种近似解法的坚实的理论基础。这篇文章中，根据广义变分原理用里茨法求近似解在当时是一种创举；同时，板、壳、振动、稳定等问题的广义变分原理的提出也具有国际领先的地位。

# 2.7 重点内容的板书讲解

各阶张量举例

| 阶数 | 0 阶 | 1 阶 | 2 阶 | 3 阶 | 4 阶 |
|---|---|---|---|---|---|
| 物理量 | 温度 | 速度 | 应力 | 交错张量 | 弹性矩阵 |
| 符号 | $T$ | $U$ | $\sigma$ | $\varepsilon$ | $C$ |
| 分量 | $t_1$ | $\begin{bmatrix} u_1 \\ u_2 \\ u_3 \end{bmatrix}$ | $\begin{bmatrix} \sigma_{11} & \sigma_{12} & \sigma_{13} \\ \sigma_{21} & \sigma_{22} & \sigma_{23} \\ \sigma_{31} & \sigma_{32} & \sigma_{33} \end{bmatrix}$ | $\begin{bmatrix} \varepsilon_{111} & \varepsilon_{112} & \varepsilon_{113} \\ \varepsilon_{221} & \varepsilon_{222} & \varepsilon_{223} \\ \varepsilon_{331} & \varepsilon_{332} & \varepsilon_{333} \\ \varepsilon_{121} & \varepsilon_{122} & \varepsilon_{123} \\ \varepsilon_{231} & \varepsilon_{232} & \varepsilon_{233} \\ \varepsilon_{311} & \varepsilon_{312} & \varepsilon_{313} \\ \varepsilon_{131} & \varepsilon_{132} & \varepsilon_{133} \\ \varepsilon_{321} & \varepsilon_{322} & \varepsilon_{323} \\ \varepsilon_{211} & \varepsilon_{212} & \varepsilon_{213} \end{bmatrix}$ | $\begin{bmatrix} C_{1111} & C_{1122} & C_{1133} & C_{1112} & C_{1123} & C_{1131} & C_{1113} & C_{1132} & C_{1121} \\ C_{2211} & C_{2222} & C_{2233} & C_{2212} & C_{2223} & C_{2231} & C_{2213} & C_{2232} & C_{2221} \\ C_{3311} & C_{3322} & C_{3333} & C_{3312} & C_{3323} & C_{3331} & C_{3313} & C_{3332} & C_{3321} \\ C_{1211} & C_{1222} & C_{1233} & C_{1212} & C_{1223} & C_{1231} & C_{1213} & C_{1232} & C_{1221} \\ C_{2311} & C_{2322} & C_{2333} & C_{2312} & C_{2323} & C_{2331} & C_{2313} & C_{2332} & C_{2321} \\ C_{3111} & C_{3122} & C_{3133} & C_{3112} & C_{3123} & C_{3131} & C_{3113} & C_{3132} & C_{3121} \\ C_{1311} & C_{1322} & C_{1333} & C_{1312} & C_{1323} & C_{1331} & C_{1313} & C_{1332} & C_{1321} \\ C_{3211} & C_{3222} & C_{3233} & C_{3212} & C_{3223} & C_{3231} & C_{3213} & C_{3232} & C_{3221} \\ C_{2111} & C_{2122} & C_{2133} & C_{2112} & C_{2123} & C_{2131} & C_{2113} & C_{2132} & C_{2121} \end{bmatrix}$ |

保角映射与物理问题

| 学科 | $z$ 平面 | | 映射关系 | $w$ 平面 | |
|---|---|---|---|---|---|
| | 对应区域 | 物理场 | | 对应区域 | 物理场 |
| 流体力学 | 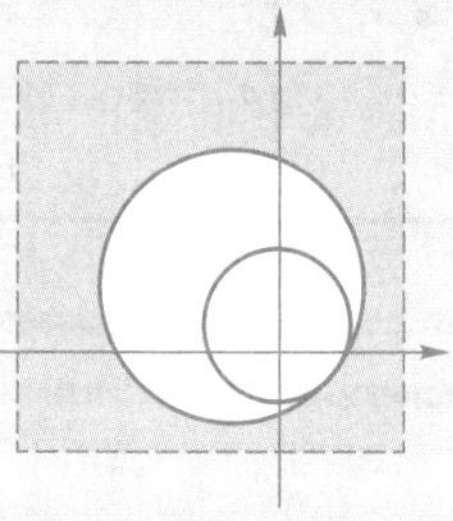 | 圆柱绕流 | $w=\frac{1}{2}\left(z+\frac{a^2}{z}\right)$ | 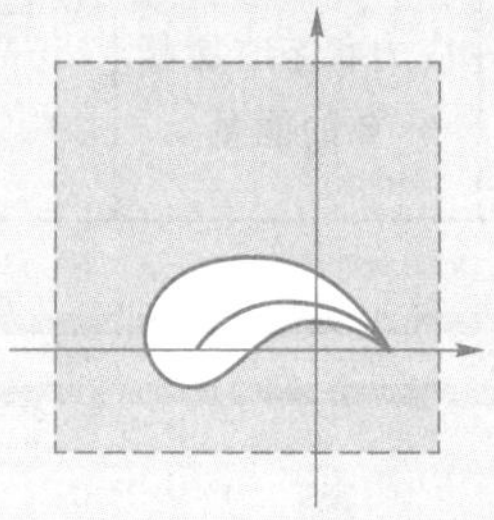 | 机翼绕流 |
| 静电学 | 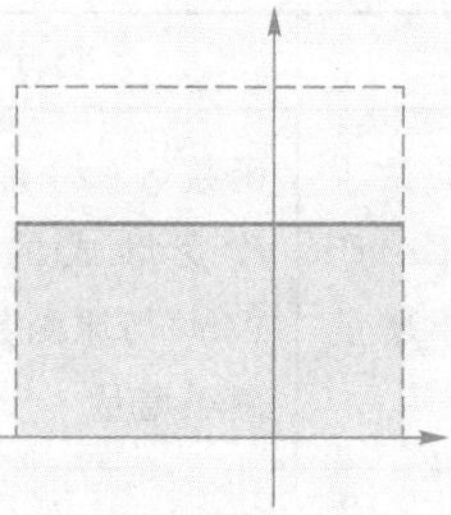 | 无限大平行导体板间电场 | $w=z+e^z+1$ | 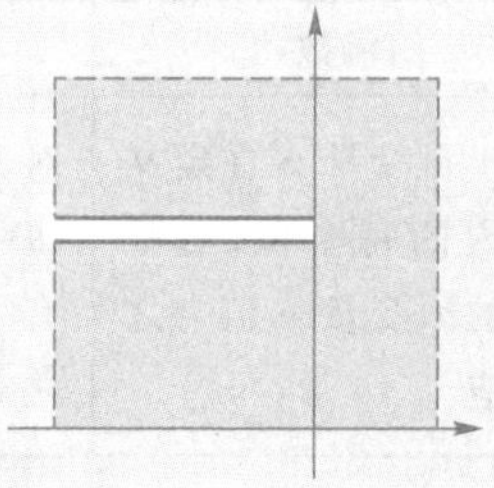 | 有限大平行导体板间电场 |

续表

| 学科 | z 平面 | | 映射关系 | w 平面 | |
|---|---|---|---|---|---|
| | 对应区域 | 物理场 | | 对应区域 | 物理场 |
| 弹性力学 | 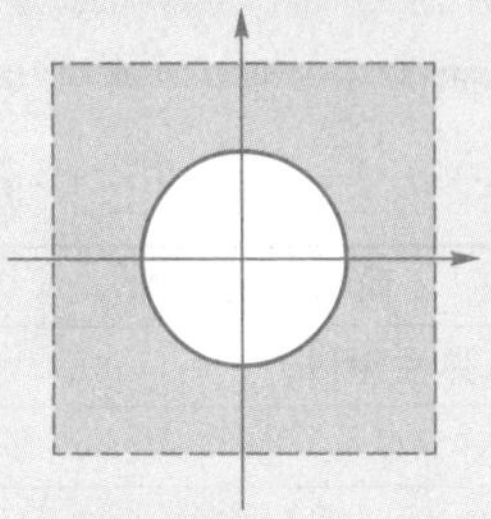 | 圆形孔应力分布 | $w=R\left(\frac{1}{z}+\sum_{k=0}^{n}c_k z^k\right)$ | 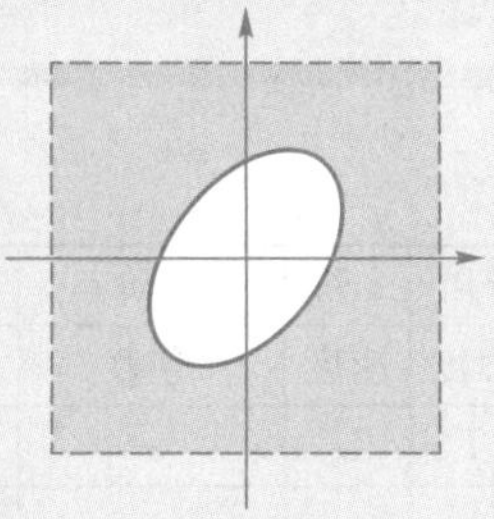 | 异形孔应力分布 |

## 弹性力学变分法中的泛函

| 泛函名称 | 物理含义 | 表达式 | 待求未知量 |
|---|---|---|---|
| 外力势能 | 外力沿可能位移做功引发的势能 | $V_p=-\int_V(f_x u+f_y v+f_z w)\mathrm{d}V-\int_{S_\sigma}(\bar{f}_x u+\bar{f}_y v+\bar{f}_z w)\mathrm{d}S$ | 位移分量 $u_i=\begin{bmatrix}u\\v\\w\end{bmatrix}$ |
| 应变能 | 外力做功使弹性体发生变形时储存于弹性体内部的能量 | $V_\varepsilon=\frac{E}{2(1+\mu)}\int_V\left[\frac{\mu}{1-2\mu}\theta^2+(\varepsilon_x^2+\varepsilon_y^2+\varepsilon_z^2)+2(\varepsilon_{yz}^2+\varepsilon_{zx}^2+\varepsilon_{xy}^2)\right]\mathrm{d}V$ | 应变分量 $\varepsilon_{ij}=\begin{bmatrix}\varepsilon_x & \varepsilon_{xy} & \varepsilon_{xz}\\ \varepsilon_{yx} & \varepsilon_y & \varepsilon_{yz}\\ \varepsilon_{zx} & \varepsilon_{zy} & \varepsilon_z\end{bmatrix}$ |
| 应变余能 | 弹性体恢复到无应力状态时所释放的能量 | $V_c=\frac{1}{2E}\int_V[(\sigma_x^2+\sigma_y^2+\sigma_z^2)-2\mu(\sigma_y\sigma_z+\sigma_z\sigma_x+\sigma_x\sigma_y)+2(1+\mu)(\tau_{yz}^2+\tau_{zx}^2+\tau_{xy}^2)]\mathrm{d}V$ | 应力分量 $\sigma_{ij}=\begin{bmatrix}\sigma_x & \tau_{xy} & \tau_{xz}\\ \tau_{yx} & \sigma_y & \tau_{yz}\\ \tau_{zx} & \tau_{zy} & \sigma_z\end{bmatrix}$ |

## 泛函与变分

| 名称 | 函数 | 泛函 | 微分 | 变分 |
|---|---|---|---|---|
| 定义 | 对于自变量 $x$ 在定义域内的每个值，有唯一的因变量 $y$ 值与之对应 | 对于某一类函数中的每一个函数 $y(x)$，都有一个变量 $I$ 的值与之对应 | 由于自变量 $x$ 的微小增量 $\mathrm{d}x$ 函数 $y(x)$ 产生的对应的微小增量 $\mathrm{d}y$ | 函数 $y(x)$ 形式发生改变形成的新函数 $Y(x)$ 与原函数之间的微小增量 |

续表

| 名称 | 函数 | 泛函 | 微分 | 变分 |
|---|---|---|---|---|
| 图示 | 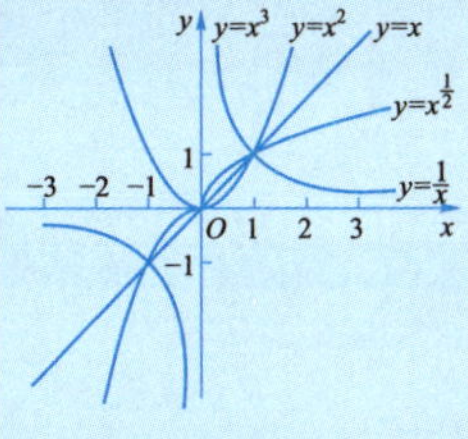 | 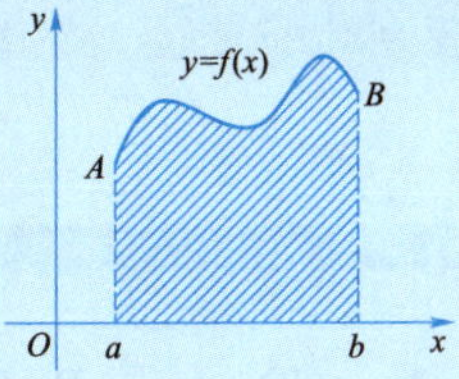 | 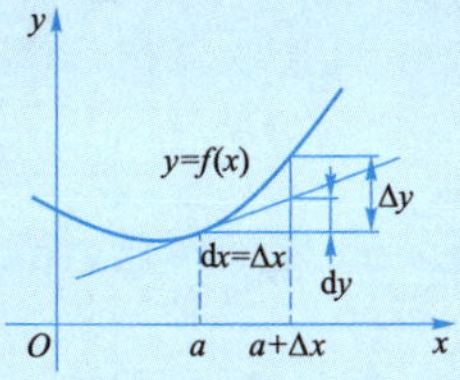 | 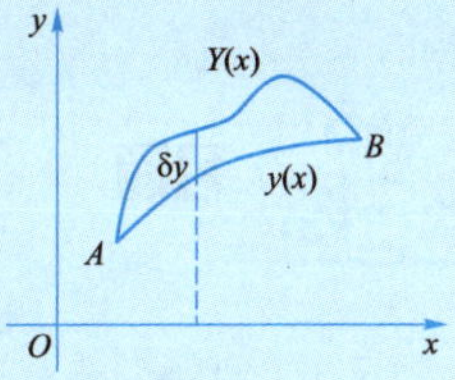 |
| 表达形式 | $y=f(x)$ | $S=\int_a^b f(x)\mathrm{d}x$ | $\mathrm{d}y=f'(x)\mathrm{d}x$ | $\delta y=Y(x)-y(x)$ |

## 思考题

2.1 研究同一问题，建立的坐标系不同，如何交流计算结果？

2.2 弹性力学中为何要引入张量的概念？

2.3 什么是各向同性张量？请举例说明。

2.4 在某坐标系下，物体满足：

$$\sigma_r=\frac{1}{r}\frac{\partial \varphi_f}{\partial r}+\frac{1}{r^2}\frac{\partial^2 \varphi_f}{\partial \theta^2}$$

$$\sigma_\theta=\frac{\partial^2 \varphi_f}{\partial r^2}$$

$$\tau_{r\theta}=\tau_{\theta r}=\frac{1}{r^2}\frac{\partial \varphi_f}{\partial \theta}-\frac{1}{r}\frac{\partial^2 \varphi_f}{\partial r\partial \theta}=-\frac{\partial}{\partial r}\left(\frac{1}{r}\frac{\partial \varphi_f}{\partial \theta}\right)$$

当坐标系发生改变时，有没有必要在其他坐标系中重新考虑上式是否成立，如何证明？

2.5 任意 $3\times3$ 矩阵都是二阶张量吗？请说明原因。

2.6 请举出一个 3 阶张量的例子。

2.7 已知克罗内克符号 $\delta_{ij}=\begin{bmatrix}1&0&0\\0&1&0\\0&0&1\end{bmatrix}$ 和单位矩阵 $\boldsymbol{I}=\begin{bmatrix}1&0&0\\0&1&0\\0&0&1\end{bmatrix}$，可以推出 $\delta_{ij}=\boldsymbol{I}$ 吗？

2.8 线性代数知识中，与交错张量有相似功能的概念叫什么？

2.9 分析二阶矩阵、二阶张量之间的区别。

2.10 一个解析函数所构成的映射在什么条件下具有伸缩率和转动角的不变性？试讨论映射 $w=z^2$ 在复平面上的每点是否都具有这个性质。

2.11 试举例说明保角变换的内涵及其在求解力学问题的应用。

2.12 试在生活中寻找泛函及其变分的例子。

第 2 章自测题

## 习题

2.1　计算：(1) $\delta_{pi}\delta_{iq}\delta_{qj}\delta_{jk}\delta_{kl}$；(2) $\varepsilon_{pqi}\varepsilon_{ijk}A_{jk}$；(3) $\varepsilon_{ijp}\varepsilon_{klp}B_{kl}B_{ij}$

2.2　用指标标记法证明：$(\boldsymbol{a}\times\boldsymbol{b})\cdot(\boldsymbol{c}\times\boldsymbol{d})=(\boldsymbol{a}\cdot\boldsymbol{c})(\boldsymbol{b}\cdot\boldsymbol{d})-(\boldsymbol{a}\cdot\boldsymbol{d})(\boldsymbol{b}\cdot\boldsymbol{c})$

2.3　设 $\boldsymbol{a}$、$\boldsymbol{b}$ 和 $\boldsymbol{c}$ 是三个矢量，试证明：

$$\begin{vmatrix} \boldsymbol{a}\cdot\boldsymbol{a} & \boldsymbol{a}\cdot\boldsymbol{b} & \boldsymbol{a}\cdot\boldsymbol{c} \\ \boldsymbol{b}\cdot\boldsymbol{a} & \boldsymbol{b}\cdot\boldsymbol{b} & \boldsymbol{b}\cdot\boldsymbol{c} \\ \boldsymbol{c}\cdot\boldsymbol{a} & \boldsymbol{c}\cdot\boldsymbol{b} & \boldsymbol{c}\cdot\boldsymbol{c} \end{vmatrix} = |\boldsymbol{a},\boldsymbol{b},\boldsymbol{c}|^2$$

2.4　设有矢量 $\boldsymbol{U}=u_i\boldsymbol{e}_i$。原坐标系绕 $z$ 轴转动 $\theta$ 角度，得到新坐标系，如图 2.13 所示。试求矢量 $\boldsymbol{U}$ 在新坐标系中的分量。

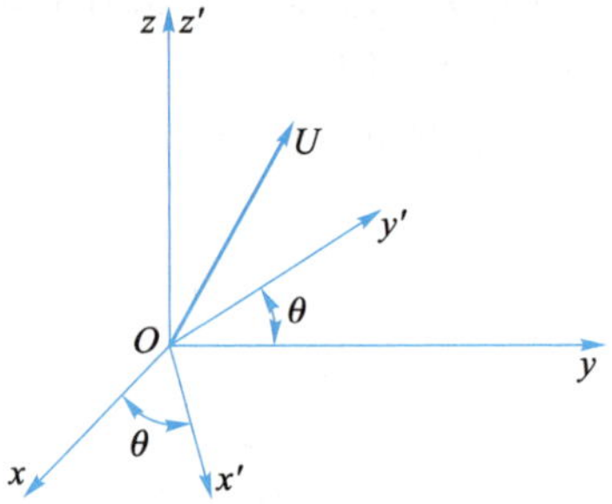


图 2.13　坐标转换示意图

2.5　已知 $\boldsymbol{A}$、$\boldsymbol{B}$、$\boldsymbol{C}$、$\boldsymbol{D}$ 为矢量，利用指标标记法证明：

(1) $\nabla\cdot(\nabla\times\boldsymbol{A})=0$

(2) $\nabla\cdot(\lambda\boldsymbol{A})=(\nabla\lambda)\cdot\boldsymbol{A}+(\nabla\cdot\boldsymbol{A})\lambda$，其中，$\lambda$ 为标量

(3) $\nabla\cdot(\boldsymbol{A}\times\boldsymbol{B})=\boldsymbol{B}\cdot(\nabla\times\boldsymbol{A})-\boldsymbol{A}\cdot(\nabla\times\boldsymbol{B})$

(4) $(\boldsymbol{A}\times\boldsymbol{B})(\boldsymbol{C}\times\boldsymbol{D})+(\boldsymbol{B}\times\boldsymbol{C})(\boldsymbol{A}\times\boldsymbol{D})+(\boldsymbol{C}\times\boldsymbol{A})(\boldsymbol{B}\times\boldsymbol{D})=\boldsymbol{0}$

2.6　已知关系：

$$\sigma_{ij}=s_{ij}+\frac{1}{3}\sigma_{kk}\delta_{ij}$$

$$J_2=\frac{1}{2}s_{ij}s_{ji}$$

$$J_3=\frac{1}{3}s_{ij}s_{jk}s_{kl}$$

其中 $\sigma_{ij}$ 和 $s_{ij}$ 是二阶张量。证明：

(1) $s_{ij}=0$

(2) $\dfrac{\partial J_2}{\partial \sigma_{ij}}=s_{ij}$

(3) $\dfrac{\partial J_3}{\partial \sigma_{ij}}=s_{ik}s_{kj}-\dfrac{2}{3}J_2\delta_{ij}$

2.7 证明:每个二阶张量 $a_{ij}$ 可以用唯一的方法分解成一个对称张量 $b_{ij}=b_{ji}$ 和一个斜对称张量 $c_{ij}=-c_{ji}$ 之和。

2.8 已知关系

$$\boldsymbol{A}=\varepsilon_{ijk}\varepsilon_{ijm}\sigma_{km}$$

$$\boldsymbol{B}=\varepsilon_{ijk}\varepsilon_{imn}\sigma_{jm}\sigma_{kn}$$

$$\boldsymbol{C}=\sigma_{ii}$$

$$\boldsymbol{D}=\sigma_{ij}\sigma_{ji}$$

利用指标标记法,证明

(1) $\boldsymbol{A}=2\boldsymbol{C}$

(2) $\boldsymbol{B}=\boldsymbol{C}^2-\boldsymbol{D}$

其中,$\sigma_{ij}$ 为对称的二阶张量。

2.9 在笛卡儿坐标系中,各向同性材料的弹性关系为

$$\varepsilon_{11}=\frac{1}{E}[\sigma_{11}-\nu(\sigma_{22}+\sigma_{33})],\quad \varepsilon_{12}=\frac{1+\nu}{E}\sigma_{12}$$

$$\varepsilon_{22}=\frac{1}{E}[\sigma_{22}-\nu(\sigma_{33}+\sigma_{11})],\quad \varepsilon_{23}=\frac{1+\nu}{E}\sigma_{23}$$

$$\varepsilon_{33}=\frac{1}{E}[\sigma_{33}-\nu(\sigma_{11}+\sigma_{22})],\quad \varepsilon_{13}=\frac{1+\nu}{E}\sigma_{13}$$

将上式表示为可运用于任意坐标系的张量分量形式。

2.10 证明:$\boldsymbol{a}\times\boldsymbol{b}=\boldsymbol{0}\Leftrightarrow\boldsymbol{a},\boldsymbol{b}$ 线性相关。

# 第3章

# 应力与平衡方程

## 学习目标

掌握体力和面力的定义和特点；掌握应力张量的定义；掌握一点的应力张量和通过该点斜截面的应力矢量的关系；掌握主应力的定义及计算方法，掌握应力张量不变量的概念及常用不变量的计算方法；了解应力张量分解的目的和意义；理解平衡方程的推导过程，包括积分法与微分法。

## 重点难点

应力张量的定义及表达形式；一点处应力张量与应力矢量的关系；主应力、应力张量不变量的概念以及计算方法；平衡方程的推导过程。

## 思维导图

- **第3章 应力与平衡方程**
  - **外力**
    - 体力：$\boldsymbol{f}=\frac{\Delta Q_{Bx}}{\Delta V}\boldsymbol{i}+\frac{\Delta Q_{By}}{\Delta V}\boldsymbol{j}+\frac{\Delta Q_{Bz}}{\Delta V}\boldsymbol{k}$
    - 面力：$\bar{\boldsymbol{f}}=\frac{\Delta Q_{Sx}}{\Delta S}\boldsymbol{i}+\frac{\Delta Q_{Sy}}{\Delta S}\boldsymbol{j}+\frac{\Delta Q_{Sz}}{\Delta S}\boldsymbol{k}$
  - **应力**
    - 应力矢量：$\boldsymbol{T}=T_x\boldsymbol{i}+T_y\boldsymbol{j}+T_z\boldsymbol{k}$
    - 柯西应力公式：$T_i=\sigma_{ij}n_j \quad (i,j=1,2,3)$
    - 应力张量：$\sigma_{ij}=\begin{bmatrix}\sigma_{xx} & \tau_{xy} & \tau_{xz}\\ \tau_{yx} & \sigma_{yy} & \tau_{yz}\\ \tau_{zx} & \tau_{zy} & \sigma_{zz}\end{bmatrix}$
  - **平衡方程**
    - 笛卡儿坐标系
      - 积分法

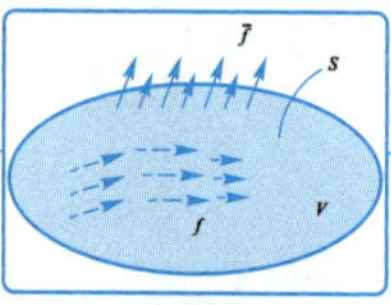


      - 微分法

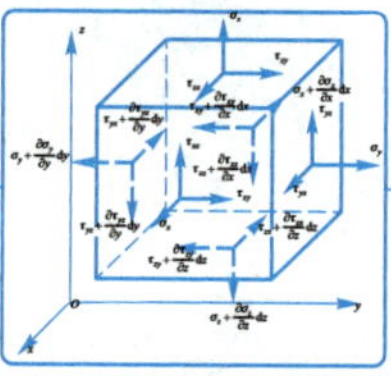

      - $\sigma_{ij,j}+f_i=0$
    - 柱坐标系

$$\begin{cases}\frac{\partial\tau_{r\theta}}{\partial r}+\frac{1}{r}\frac{\partial\sigma_\theta}{\partial\theta}+\frac{\partial\tau_{z\theta}}{\partial z}+\frac{2}{r}\tau_{r\theta}+f_\theta=0\\ \frac{\partial\sigma_r}{\partial r}+\frac{1}{r}\frac{\partial\tau_{\theta r}}{\partial\theta}+\frac{\partial\tau_{zr}}{\partial z}+\frac{1}{r}(\sigma_r-\sigma_\theta)+f_r=0\\ \frac{\partial\tau_{rz}}{\partial r}+\frac{1}{r}\frac{\partial\tau_{\theta z}}{\partial\theta}+\frac{\partial\sigma_z}{\partial z}+\frac{1}{r}\tau_{rz}+f_z=0\end{cases}$$

    - 球坐标系

$$\begin{cases}\frac{\partial\sigma_R}{\partial R}+\frac{1}{R}\frac{\partial\tau_{R\phi}}{\partial\phi}+\frac{1}{R\sin\phi}\frac{\partial\tau_{R\theta}}{\partial\theta}+\frac{1}{R}(2\sigma_R-\sigma_\phi-\sigma_\theta+\tau_{R\phi}\cot\phi)+f_R=0\\ \frac{\partial\tau_{R\phi}}{\partial R}+\frac{1}{R}\frac{\partial\sigma_\phi}{\partial\phi}+\frac{1}{R\sin\phi}\frac{\partial\tau_{\phi\theta}}{\partial\theta}+\frac{1}{R}[(\sigma_\phi-\sigma_\theta)\cot\phi+3\tau_{R\phi}]+f_\phi=0\\ \frac{\partial\tau_{R\theta}}{\partial R}+\frac{1}{R}\frac{\partial\tau_{\phi\theta}}{\partial\phi}+\frac{1}{R\sin\phi}\frac{\partial\sigma_\theta}{\partial\theta}+\frac{1}{R}(2\tau_{\phi\theta}\cot\phi+3\tau_{R\phi})+f_\theta=0\end{cases}$$

  - **特征量**
    - 主应力$T_n$：$\det[\sigma_{ij}-T_n\delta_{ij}]=-T_n^3+I_1T_n^2-I_2T_n+I_3=0$
    - 应力张量的不变量：

$$I_1=\sigma_{ii}$$
$$I_2=\sigma_i\sigma_j+\sigma_i\sigma_k+\sigma_k\sigma_j-\tau_{ij}^2-\tau_{jk}^2-\tau_{ik}^2$$
$$I_3=\sigma_i\sigma_j\sigma_k+2\tau_{ij}\tau_{jk}\tau_{ki}-\sigma_i\tau_{jk}^2-\sigma_j\tau_{ki}^2-\sigma_k\tau_{ij}^2$$

    - 应力球张量、偏张量：

$$\sigma_m\delta_{ij}=\begin{pmatrix}\sigma_m & 0 & 0\\ 0 & \sigma_m & 0\\ 0 & 0 & \sigma_m\end{pmatrix}\quad s_{ij}=\begin{pmatrix}\sigma_x-\sigma_m & \tau_{xy} & \tau_{xz}\\ \tau_{yx} & \sigma_y-\sigma_m & \tau_{yz}\\ \tau_{zx} & \tau_{zy} & \sigma_z-\sigma_m\end{pmatrix}$$

    - 八面体应力：

$$\sigma_8=\frac{1}{3}(\sigma_x+\sigma_y+\sigma_z)$$
$$\tau_8=\frac{1}{3}\sqrt{(\sigma_x-\sigma_y)^2+(\sigma_y-\sigma_z)^2+(\sigma_z-\sigma_x)^2+6(\tau_{xy}^2+\tau_{yz}^2+\tau_{zx}^2)}$$

奥古斯丁·路易斯·柯西
(Augustin-Louis Cauchy, 1789—1857)

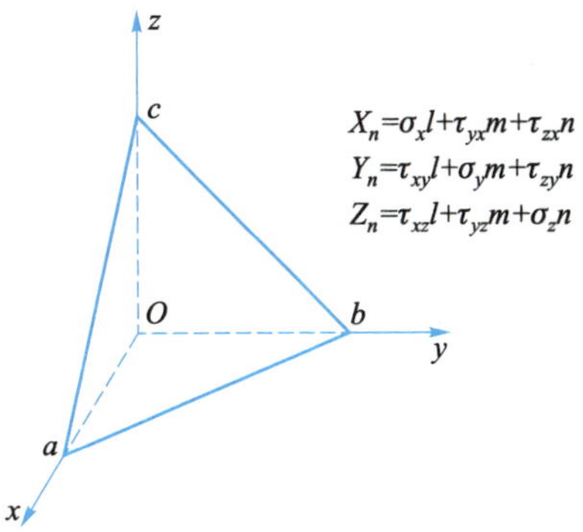


柯西应力公式

Cauchy applies the notion of pressure on a plane and assumes that this pressure is no longer normal to the plane upon which it acts in an elastic body. In this way the idea of stress was introduced in the theory of elasticity. Considering an elemental tetrahedron, Cauchy shows that the three components of stress $X_n$, $Y_n$, $Z_n$ on an inclined plane abc are obtained from the three equations of equilibrium.

——Timoshenko Stephen: History of strength of materials

柯西对弹性力学的发展作出了突出贡献，他提出用作用于平面的压力来描述内力，并且压力不一定垂直于平面，从而将“应力”概念引入弹性力学中，并且定义了应力张量。进一步，他借助弹性体一点处四面微元体的平衡方程，建立了任意截面上应力矢量($X_n$，$Y_n$，$Z_n$)与该点应力张量$\sigma_{ij}$、截面法向方向余弦($l$、$m$、$n$)的关系，即柯西应力公式。

## 3.1 概述

弹性力学研究的问题都属于超静定问题，仅从静力学角度建立弹性体的平衡方程，难以获得弹性体的内力状态；还要借助几何学、物理学方面的条件，分别建立几何方程、本构方程，如图 3.1 所示。本章从静力学的角度出发，介绍弹性体内一点的应力状态，并建立平衡方程。

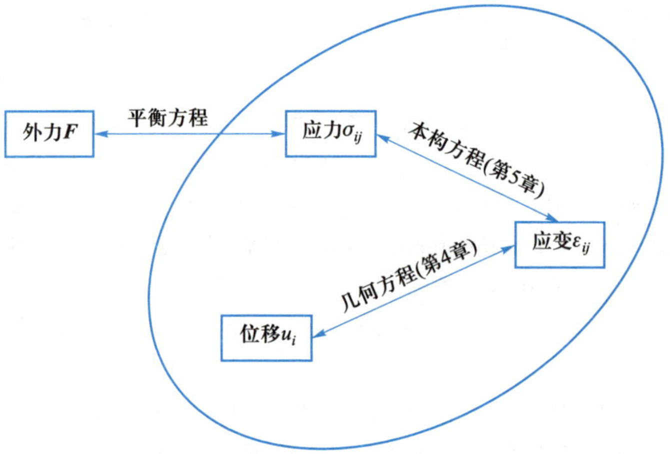


图 3.1　弹性力学中的基本方程和物理量

弹性体在受到外力作用之后，为了定量描述其内部的受力情况，首先需要定义合适的物理量。对于受外力作用的弹性体，其内部相邻各部分之间的相互作用力称为内力；固体内任意点处的内力，即该点周围相邻部分的相互作用力。为了描述一点的内力状态，柯西引入了应力张量的概念(1828 年)，它是经过一点的三个相互正交面上的应力矢量的组合[1]。

本章重点对应力张量(9 个分量)进行定义和解释，在此基础上，介绍平衡方程的建立方法，并给出了柱坐标系、球坐标系下的应力张量与平衡方程。

## 3.2 外力

对所研究的固体而言，力可以划分为外力、内力两种。外力是作用在固体上的力，而内力则是在外力作用下，固体内部各部分之间因相互位置变化而产生的力。外力按照作用区域的不同可分为体力和面力两种。

体力是指作用在固体内部各微小单元上的外力。重力、惯性力、电磁力等是较常见的体力。体力可以用体力集度来表征。如图 3.2 所示的坐标系，在 $P$ 点的邻域内取一包含 $P$ 点在内的微元体 $\Delta V$，设作用在微元体上的体力为 $\Delta \boldsymbol{Q}_B$，则定义体力集度的表达式为

$$\boldsymbol{f} = \lim_{\Delta V \to 0} \frac{\Delta \boldsymbol{Q}_B}{\Delta V} \tag{3-1}$$

体力集度是矢量，将体力集度向坐标轴方向进行投影可得

$$\boldsymbol{f} = \frac{\Delta Q_{Bx}}{\Delta V}\boldsymbol{i} + \frac{\Delta Q_{By}}{\Delta V}\boldsymbol{j} + \frac{\Delta Q_{Bz}}{\Delta V}\boldsymbol{k} \tag{3-2}$$

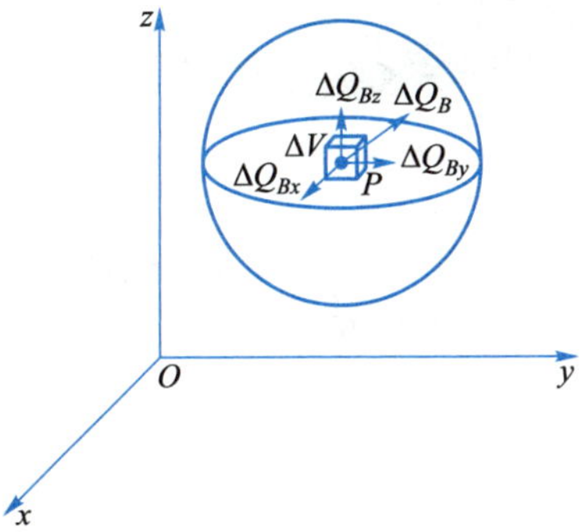


图 3.2　固体内部一点体力的分解

面力是指作用在固体表面上的外力。风力、液体压力、两物体间的接触力等是比较常见的面力。面力可以用面力集度来表征。如图 3.3 所示，取固体表面上任意点 $P$，在 $P$ 点的邻域内取包含 $P$ 点在内的微面元 $\Delta S$，若作用在微面元上的面力为 $\Delta \boldsymbol{Q}_S$，则定义面力集度的表达式为

$$\bar{\boldsymbol{f}} = \lim_{\Delta S \to 0} \frac{\Delta \boldsymbol{Q}_S}{\Delta S} \tag{3-3}$$

面力集度是矢量，将面力集度向各坐标轴方向进行投影可得

$$\bar{\boldsymbol{f}} = \frac{\Delta Q_{Sx}}{\Delta S}\boldsymbol{i} + \frac{\Delta Q_{Sy}}{\Delta S}\boldsymbol{j} + \frac{\Delta Q_{Sz}}{\Delta S}\boldsymbol{k} \tag{3-4}$$

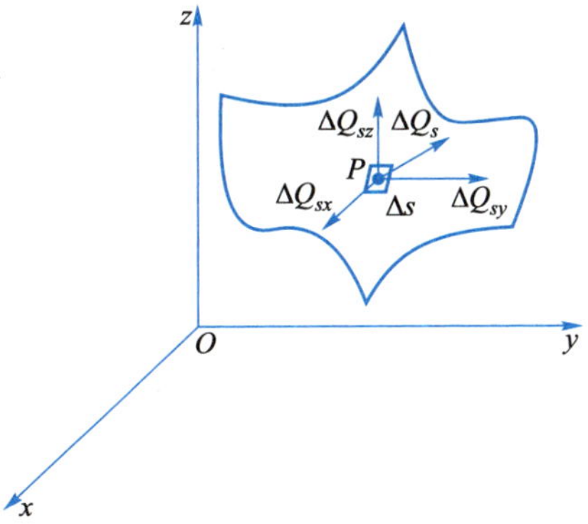


图 3.3　固体表面一点面力的分解

**例题 3.1**

如图 3.4 所示，试分析飞机起飞时所受的外力及其类型。

**解：** 飞机在起飞时受重力、空气阻力、空气升力、发动机推力等外力的作用。

图 3.4　飞机起飞受力示意图

其中重力属于体力;空气阻力和升力实际上都是气动力的表现效果,属于面力;发动机推力以气动力的形式作用在发动机各个部件上,通过发动机安装节传递到飞机,也属于面力。

## 3.3　应力

应力描述了固体内部在受到外力作用后一点的内力集中程度。最早提出应力概念的是雅各布·伯努利,他提出应力矢量的概念。应力矢量描述的是通过一点的一个确定截面的内力集中程度。由于通过一点有无数个截面,所以应力矢量不能反映一点的内力状态。柯西在 1828 年提出了应力张量的概念,它是经过一点的三个相互正交面上的应力矢量的组合,能够反映一点的内力集中程度。柯西以此为基础,推导出了用应力表达的平衡方程。

### 3.3.1　应力矢量

为了研究固体内部某一点 $P$ 处的内力,考虑处于如图 3.5 所示的平衡状态的固体,取一截面 $C$ 将其分成 $A$、$B$ 两部分。以 $A$ 为研究对象,考察 $B$ 通过截面 $C$ 对 $A$ 所作用的内力。截面 $C$ 的外法向用 $\boldsymbol{n}$ 表示,取截面 $C$ 上包含 $P$ 点的面积 $\Delta S$,设作用在 $\Delta S$ 上的内力为 $\Delta \boldsymbol{p}$。

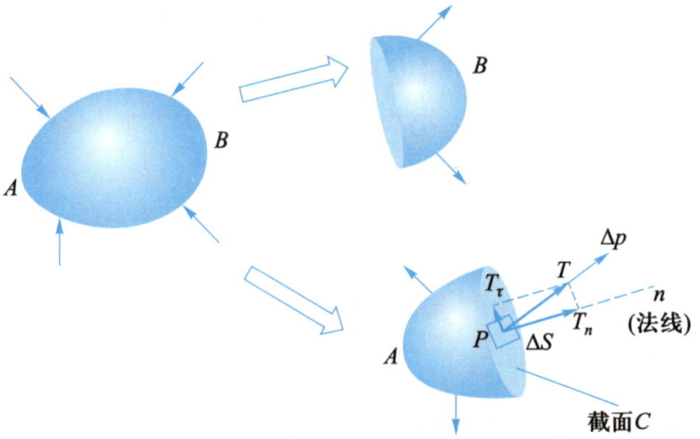


图 3.5　应力矢量的定义

定义内力的平均集度为[2]

$$\boldsymbol{T}=\lim_{\Delta S\to 0}\frac{\Delta \boldsymbol{p}}{\Delta S} \tag{3-5}$$

这个矢量 $\boldsymbol{T}$ 就是通过 $P$ 点的截面 $C$ 上的应力矢量。将应力矢量向各个坐标轴投影可得

$$\boldsymbol{T}=T_x\boldsymbol{i}+T_y\boldsymbol{j}+T_z\boldsymbol{k} \tag{3-6}$$

一般工程上常将应力矢量 $\boldsymbol{T}$ 沿着截面 $C$ 的法向、切向方向分解为 $\boldsymbol{T}_n$ 和 $\boldsymbol{T}_\tau$ 两个分量，如图 3.5 所示。其中 $\boldsymbol{T}_n$ 称为正应力，$\boldsymbol{T}_\tau$ 称为剪应力或切应力。

图 3.5 中关于应力矢量的定义是依赖于截面 $C$ 的。当通过 $P$ 点的截面发生变化时，应力矢量也会发生变化。为了完整表征 $P$ 点的内力状态，需要引入应力张量的概念，以便反映过 $P$ 点所有截面的内力状态。

### 3.3.2 应力张量

在固体内 $P$ 点的邻域中取出微小四面体单元 $PABC$，如图 3.6 所示，斜面 $ABC$ 的外法线为 $\boldsymbol{n}$，其他三个截面 $PAB$、$PBC$、$PCA$ 相互正交。该微元体在力的作用下平衡，面 $ABC$ 上的应力矢量沿 $x$、$y$、$z$ 方向的分量分别为 $T_x$、$T_y$、$T_z$；面 $PAB$ 上的应力矢量沿 $x$、$y$、$z$ 方向的分量分别为 $\tau_{zx}$、$\tau_{zy}$、$\sigma_{zz}$；面 $PBC$ 上的应力矢量沿 $x$、$y$、$z$ 方向的分量分别为 $\sigma_{xx}$、$\tau_{xy}$、$\tau_{xz}$；面 $PCA$ 上的应力矢量沿 $x$、$y$、$z$ 方向的分量分别为 $\tau_{yx}$、$\sigma_{yy}$、$\tau_{yz}$。

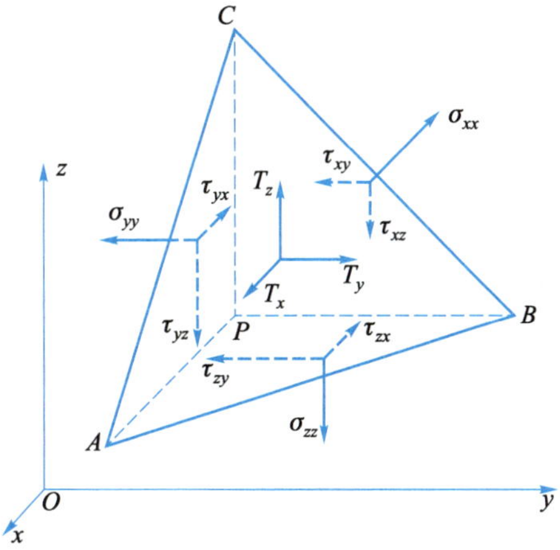


图 3.6 微小四面体 *PABC* 力的平衡示意图

假设△$ABC$ 的面积为 $\mathrm{d}S$，对此微元体沿三个坐标轴方向分别列出力的平衡方程，可得

$$\begin{cases}T_x\mathrm{d}S=\sigma_{xx}n_1\mathrm{d}S+\tau_{yx}n_2\mathrm{d}S+\tau_{zx}n_3\mathrm{d}S\\ T_y\mathrm{d}S=\tau_{xy}n_1\mathrm{d}S+\sigma_{yy}n_2\mathrm{d}S+\tau_{zy}n_3\mathrm{d}S\\ T_z\mathrm{d}S=\tau_{xz}n_1\mathrm{d}S+\tau_{yz}n_2\mathrm{d}S+\sigma_{zz}n_3\mathrm{d}S\end{cases} \tag{3-7}$$

式中 $n_i$ 表示 $\boldsymbol{n}$ 与 $\boldsymbol{i}$ 轴间夹角的余弦值，经过化简可得

$$\begin{cases}T_x=n_1\sigma_{xx}+n_2\tau_{yx}+n_3\tau_{zx}\\ T_y=n_1\tau_{xy}+n_2\sigma_{yy}+n_3\tau_{zy}\\ T_z=n_1\tau_{xz}+n_2\tau_{yz}+n_3\sigma_{zz}\end{cases} \tag{3-8}$$

式(3－8)用指标标记法写为

$$T_i = \sigma_{ij} n_j \quad (i, j = 1, 2, 3) \tag{3-9}$$

式(3－9)即为**柯西应力公式**。该式表明,通过固体一点的任意斜截面的应力矢量可以用通过此点的相互垂直的三个面上的应力分量来表示,即:如果知道了通过一点的三个相互正交平面上的应力矢量,该点的应力状态就确定了。

在三维笛卡儿坐标系中,用六个平行于坐标平面的截面在 $P$ 点的邻域中取出一个正六面微元体,如图 3.7 所示。取图中所示的三个相互正交的面 $A$、$B$、$C$,将各个面上的应力矢量分解成 3 个分量(1 个正应力,2 个切应力)。面 $A$ 上的应力矢量沿 $x$、$y$、$z$ 方向的分量分别为 $\sigma_{xx}$、$\tau_{xy}$、$\tau_{xz}$;面 $B$ 上的应力矢量沿 $x$、$y$、$z$ 方向的分量分别为 $\tau_{yx}$、$\sigma_{yy}$、$\tau_{yz}$;面 $C$ 上的应力矢量沿 $x$、$y$、$z$ 方向的分量分别为 $\tau_{zx}$、$\tau_{zy}$、$\sigma_{zz}$。当微元体趋于无穷小时,微元体上的应力就代表 $P$ 点的应力。由图可知,$P$ 点的应力分量共有 9 个(3 个正应力分量,6 个切应力分量),即垂直于 $x$ 轴平面的 3 个分量 $\sigma_{xx}$、$\tau_{xy}$、$\tau_{xz}$;垂直于 $y$ 轴平面的 3 个分量 $\tau_{yx}$、$\sigma_{yy}$、$\tau_{yz}$;垂直于 $z$ 轴平面的 3 个分量 $\tau_{zx}$、$\tau_{zy}$、$\sigma_{zz}$。

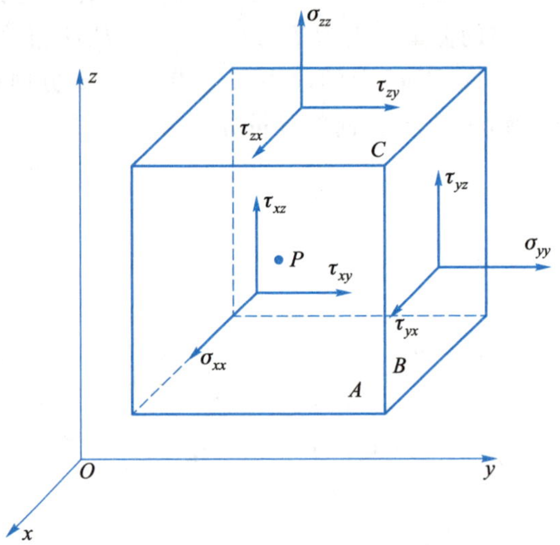


图 3.7　通过一点的相互正交三个平面上的各应力分量

这 9 个应力分量描述了 $P$ 点的应力状态,定义应力张量如下:

$$\sigma_{ij} = \begin{bmatrix} \sigma_{xx} & \tau_{xy} & \tau_{xz} \\ \tau_{yx} & \sigma_{yy} & \tau_{yz} \\ \tau_{zx} & \tau_{zy} & \sigma_{zz} \end{bmatrix} \tag{3-10}$$

当坐标变换时,上述定义的应力张量满足式(2－28)坐标变换公式,故 $\sigma_{ij}$ 满足二阶张量的定义(具体证明见 3.3.3 节)。本书后续提到的应力在没有特殊说明时均指应力张量。

应力张量的各个分量的表达:正应力分量用一个下标来表示,一般直接将 $\sigma_{xx}$、$\sigma_{yy}$、$\sigma_{zz}$ 分别记为 $\sigma_x$、$\sigma_y$、$\sigma_z$。切应力分量一般用两个字母下标来表示,其中第一个字母表示与应力分量所在面垂直的坐标轴,第二个字母表示应力分量的方向与某一坐标轴方向平行。如 $\tau_{xy}$ 表示在垂直于 $x$ 轴的面上,与 $y$ 轴方向平行的应力分量。外法向与坐标轴正方向相同的面称为正面;外法向与坐标轴正方向相反的面称为负面。各应力分量的正负号规定为:正面上与坐标轴同向为正,负面上与坐标轴反向为正。图 3.7 所示的各应力分量均为正。

如图 3.6 所示,任意斜截面 $ABC$ 上的正应力和切应力可表示为

$$\begin{aligned} T_n &= n_1 T_x + n_2 T_y + n_3 T_z \\ T_\tau &= \sqrt{T_x^2 + T_y^2 + T_z^2 - T_n^2} \end{aligned} \tag{3-11}$$

采用应力张量的定义,将式(3-8)代入式(3-11),可得截面 $ABC$ 上的正应力、切应力为

$$\begin{cases} T_n = \sigma_x n_1^2 + \sigma_y n_2^2 + \sigma_z n_3^2 + 2\tau_{xy} n_1 n_2 + 2\tau_{yz} n_2 n_3 + 2\tau_{zx} n_3 n_1 \\ \quad = \begin{bmatrix} n_1 & n_2 & n_3 \end{bmatrix} \begin{bmatrix} \sigma_x & \tau_{xy} & \tau_{xz} \\ \tau_{yx} & \sigma_y & \tau_{yz} \\ \tau_{zx} & \tau_{zy} & \sigma_z \end{bmatrix} \begin{bmatrix} n_1 \\ n_2 \\ n_3 \end{bmatrix} \\ T_\tau^2 = T_x^2 + T_y^2 + T_z^2 - T_n^2 = (\sigma_x n_1 + \tau_{xy} n_2 + \tau_{xz} n_3)^2 + (\tau_{yx} n_1 + \sigma_y n_2 + \tau_{yz} n_3)^2 + \\ \quad (\tau_{zx} n_1 + \tau_{zy} n_2 + \sigma_z n_3)^2 - (\sigma_x n_1^2 + \sigma_y n_2^2 + \sigma_z n_3^2 + 2\tau_{xy} n_1 n_2 + 2\tau_{yz} n_2 n_3 + 2\tau_{zx} n_3 n_1)^2 \end{cases} \tag{3-12}$$

**例题 3.2**

如图 3.8 所示包含点 $P$ 的微元体 $PABC$,已知点 $P$ 在坐标系 $Oxyz$ 下的应力状态为 $\sigma_{ij} = \begin{bmatrix} 1 & 0 & 3 \\ 0 & 2 & 2 \\ 3 & 2 & 4 \end{bmatrix}$(单位:MPa)。已知截面 $ABC$ 的外法线向量为(1,1,1),试求截面 $PAB$、$ABC$ 上的应力矢量。

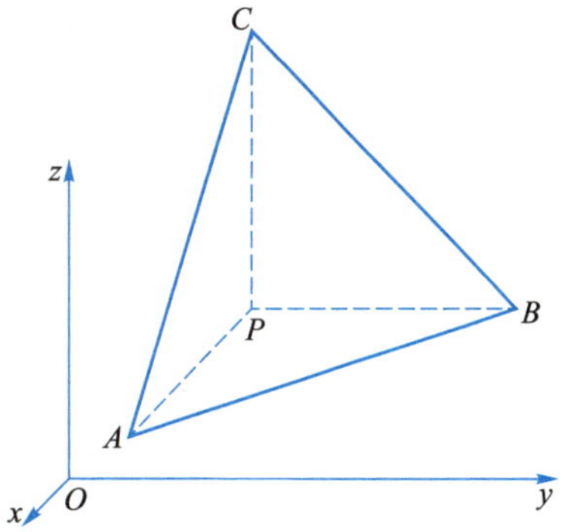


图 3.8 点 $P$ 的应力状态

**解:**截面 $PAB$ 的法向与坐标轴的夹角方向余弦为(0,0,−1),根据式(3-8)得

$$\begin{cases} T_x = 0 \times 1\text{MPa} + 0 \times 0\text{MPa} + (-1) \times 3\text{MPa} = -3\text{MPa} \\ T_y = 0 \times 0\text{MPa} + 0 \times 2\text{MPa} + (-1) \times 2\text{MPa} = -2\text{MPa} \\ T_z = 0 \times 3\text{MPa} + 0 \times 2\text{MPa} + (-1) \times 4\text{MPa} = -4\text{MPa} \end{cases}$$

所以,截面 $PAB$ 的应力矢量为(−3,−2,−4)(单位:MPa)。

根据截面 $ABC$ 的外法线向量,可知截面 $ABC$ 的外法线与坐标轴的夹角余弦分别为 $\left(\frac{\sqrt{3}}{3}, \frac{\sqrt{3}}{3}, \frac{\sqrt{3}}{3}\right)$,根据式(3-8)得

$$\begin{cases} T_x = \frac{\sqrt{3}}{3} \times 1\ \text{MPa} + \frac{\sqrt{3}}{3} \times 0\ \text{MPa} + \frac{\sqrt{3}}{3} \times 3\ \text{MPa} = \frac{4\sqrt{3}}{3}\ \text{MPa} \\ T_y = \frac{\sqrt{3}}{3} \times 0\ \text{MPa} + \frac{\sqrt{3}}{3} \times 2\ \text{MPa} + \frac{\sqrt{3}}{3} \times 2\ \text{MPa} = \frac{4\sqrt{3}}{3}\ \text{MPa} \\ T_z = \frac{\sqrt{3}}{3} \times 3\ \text{MPa} + \frac{\sqrt{3}}{3} \times 2\ \text{MPa} + \frac{\sqrt{3}}{3} \times 4\ \text{MPa} = 3\sqrt{3}\ \text{MPa} \end{cases}$$

所以，截面 $ABC$ 的应力矢量为$\left(\frac{4\sqrt{3}}{3},\frac{4\sqrt{3}}{3},3\sqrt{3}\right)$（单位：MPa）。

### 3.3.3 应力坐标变换

当坐标变换时，应力张量满足坐标变换方程，本节将对其进行证明。如图 3.9 所示，以 $\boldsymbol{i},\boldsymbol{j},\boldsymbol{k}$ 代表三个坐标轴方向的单位矢量，固体内 $P$ 点在坐标系 $Oxyz$ 中的应力分量为

$$\sigma_{ij}=\begin{bmatrix}\sigma_{xx} & \tau_{xy} & \tau_{xz}\\ \tau_{yx} & \sigma_{yy} & \tau_{yz}\\ \tau_{zx} & \tau_{zy} & \sigma_{zz}\end{bmatrix}$$

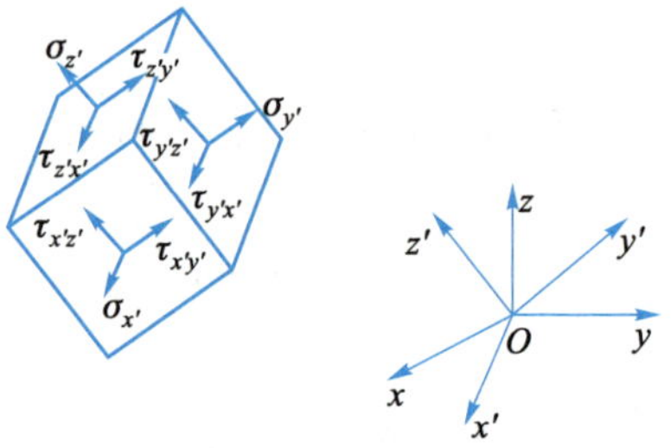

图 3.9　新旧坐标系变换示意图

现让坐标系转过一个角度，得到一个新的坐标系 $Ox'y'z'$。以 $\boldsymbol{i}',\boldsymbol{j}',\boldsymbol{k}'$ 代表新坐标系三个坐标轴方向的单位矢量。$P$ 点在坐标系 $Ox'y'z'$ 中的应力分量为

$$\sigma_{i'j'}=\begin{bmatrix}\sigma_{x'x'} & \tau_{x'y'} & \tau_{x'z'}\\ \tau_{y'x'} & \sigma_{y'y'} & \tau_{y'z'}\\ \tau_{z'x'} & \tau_{z'y'} & \sigma_{z'z'}\end{bmatrix}$$

新坐标系与原坐标系之间的关系如表 3.1 所示，其中 $l_{ij}$ 表示新坐标轴 $Ox'y'z'$ 与原坐标轴 $Oxyz$ 之间的夹角方向余弦。

表 3.1　坐标变换系数

| | $x$ | $y$ | $z$ |
|---|---|---|---|
| $x'$ | $l_{11}$ | $l_{12}$ | $l_{13}$ |
| $y'$ | $l_{21}$ | $l_{22}$ | $l_{23}$ |
| $z'$ | $l_{31}$ | $l_{32}$ | $l_{33}$ |

在固体内作通过 $P$ 点的截面"$P$-$x'$"与 $x'$ 轴垂直，令其应力矢量为 $\boldsymbol{T}$，由式(3－8)可推出

$$\begin{aligned}T_x&=l_{11}\sigma_{xx}+l_{12}\tau_{yx}+l_{13}\tau_{zx}\\ T_y&=l_{11}\tau_{xy}+l_{12}\sigma_{yy}+l_{13}\tau_{zy}\\ T_z&=l_{11}\tau_{xz}+l_{12}\tau_{yz}+l_{13}\sigma_{zz}\end{aligned}\tag{3－13}$$

因为截面"$P$-$x'$"与 $x'$ 轴垂直，所以 $\boldsymbol{T}$ 向 $x'$ 轴投影就得到 $\sigma_{x'x'}$，向 $y'$ 轴投影就得到 $\tau_{x'y'}$，向 $z'$ 轴投影就得到 $\tau_{x'z'}$（类似于图 3.6 中的面 $PBC$）。

$$\begin{aligned}\sigma_{x'x'}&=\boldsymbol{T}\cdot\boldsymbol{i}'=(T_x,T_y,T_z)\cdot(l_{11},l_{12},l_{13})=l_{11}T_x+l_{12}T_y+l_{13}T_z\\ \tau_{x'y'}&=\boldsymbol{T}\cdot\boldsymbol{j}'=(T_x,T_y,T_z)\cdot(l_{21},l_{22},l_{23})=l_{21}T_x+l_{22}T_y+l_{23}T_z\\ \tau_{x'z'}&=\boldsymbol{T}\cdot\boldsymbol{k}'=(T_x,T_y,T_z)\cdot(l_{31},l_{32},l_{33})=l_{31}T_x+l_{32}T_y+l_{33}T_z\end{aligned}\tag{3－14}$$

将式(3－13)代入式(3－14)得

$$
\begin{aligned}
\sigma_{x'x'} &= \sigma_{xx} l_{11}^2 + \sigma_{yy} l_{12}^2 + \sigma_{zz} l_{13}^2 + 2 l_{11} l_{12} \tau_{xy} + 2 l_{12} l_{13} \tau_{yz} + l_{13} l_{11} \tau_{zx} \\
\tau_{x'y'} &= \sigma_{xx} l_{21} l_{11} + \sigma_{yy} l_{22} l_{12} + \sigma_{zz} l_{23} l_{13} + \\
&\quad \tau_{xy}(l_{11} l_{22} + l_{21} l_{12}) + \tau_{yz}(l_{12} l_{23} + l_{22} l_{13}) + \tau_{zx}(l_{13} l_{21} + l_{23} l_{11}) \\
\tau_{x'z'} &= \sigma_{xx} l_{31} l_{11} + \sigma_{yy} l_{32} l_{12} + \sigma_{zz} l_{33} l_{13} + \\
&\quad \tau_{xy}(l_{11} l_{32} + l_{31} l_{12}) + \tau_{yz}(l_{12} l_{33} + l_{32} l_{13}) + \tau_{zx}(l_{13} l_{31} + l_{33} l_{11})
\end{aligned} \tag{3-15a}
$$

同理，作通过 $P$ 点的截面“$P$-$y'$”与 $y'$ 轴垂直可推出式(3－15b)；作通过 $P$ 点的截面“$P$-$z'$”与 $z'$ 轴垂直可推出式(3－15c)。

$$
\begin{aligned}
\tau_{y'x'} &= \sigma_{xx} l_{21} l_{11} + \sigma_{yy} l_{22} l_{12} + \sigma_{zz} l_{23} l_{13} + \\
&\quad \tau_{xy}(l_{21} l_{12} + l_{11} l_{22}) + \tau_{yz}(l_{22} l_{13} + l_{12} l_{23}) + \tau_{zx}(l_{21} l_{13} + l_{11} l_{23}) \\
\sigma_{y'y'} &= \sigma_{xx} l_{21}^2 + \sigma_{yy} l_{22}^2 + \sigma_{zz} l_{23}^2 + 2 l_{21} l_{22} \tau_{xy} + 2 l_{22} l_{23} \tau_{yz} + l_{23} l_{21} \tau_{zx} \\
\tau_{y'z'} &= \sigma_{xx} l_{31} l_{21} + \sigma_{yy} l_{32} l_{22} + \sigma_{zz} l_{33} l_{23} + \\
&\quad \tau_{xy}(l_{21} l_{32} + l_{31} l_{22}) + \tau_{yz}(l_{22} l_{33} + l_{32} l_{23}) + \tau_{zx}(l_{23} l_{31} + l_{33} l_{21})
\end{aligned} \tag{3-15b}
$$

$$
\begin{aligned}
\tau_{z'x'} &= \sigma_{xx} l_{31} l_{11} + \sigma_{yy} l_{32} l_{12} + \sigma_{zz} l_{33} l_{13} + \\
&\quad \tau_{xy}(l_{31} l_{12} + l_{11} l_{32}) + \tau_{yz}(l_{32} l_{13} + l_{12} l_{33}) + \tau_{zx}(l_{33} l_{11} + l_{13} l_{31}) \\
\tau_{z'y'} &= \sigma_{xx} l_{21} l_{31} + \sigma_{yy} l_{22} l_{32} + \sigma_{zz} l_{23} l_{33} + \\
&\quad \tau_{xy}(l_{31} l_{22} + l_{21} l_{32}) + \tau_{yz}(l_{32} l_{23} + l_{22} l_{33}) + \tau_{zx}(l_{31} l_{23} + l_{21} l_{33}) \\
\sigma_{z'z'} &= \sigma_{xx} l_{31}^2 + \sigma_{yy} l_{32}^2 + \sigma_{zz} l_{33}^2 + 2 l_{31} l_{32} \tau_{xy} + 2 l_{32} l_{33} \tau_{yz} + l_{33} l_{31} \tau_{zx}
\end{aligned} \tag{3-15c}
$$

综合式(3－15a)、式(3－15b)、式(3－15c)，可表示为

$$
\begin{aligned}
\sigma_{x'x'} &= \sigma_{xx} l_{11}^2 + \sigma_{yy} l_{12}^2 + \sigma_{zz} l_{13}^2 + 2(\tau_{xy} l_{11} l_{12} + \tau_{yz} l_{12} l_{13} + \tau_{zx} l_{13} l_{11}) \\
\sigma_{y'y'} &= \sigma_{xx} l_{21}^2 + \sigma_{yy} l_{22}^2 + \sigma_{zz} l_{23}^2 + 2(\tau_{xy} l_{21} l_{22} + \tau_{yz} l_{22} l_{23} + \tau_{zx} l_{23} l_{21}) \\
\sigma_{z'z'} &= \sigma_{xx} l_{31}^2 + \sigma_{yy} l_{32}^2 + \sigma_{zz} l_{33}^2 + 2(\tau_{xy} l_{31} l_{32} + \tau_{yz} l_{32} l_{33} + \tau_{zx} l_{33} l_{31}) \\
\tau_{x'y'} &= \tau_{y'x'} = \sigma_{xx} l_{11} l_{21} + \sigma_{yy} l_{12} l_{22} + \sigma_{zz} l_{13} l_{23} + \\
&\quad \tau_{xy}(l_{11} l_{22} + l_{12} l_{21}) + \tau_{yz}(l_{12} l_{23} + l_{13} l_{22}) + \tau_{zx}(l_{13} l_{21} + l_{11} l_{23}) \\
\tau_{y'z'} &= \tau_{z'y'} = \sigma_{xx} l_{21} l_{31} + \sigma_{yy} l_{22} l_{32} + \sigma_{zz} l_{23} l_{33} + \\
&\quad \tau_{xy}(l_{21} l_{32} + l_{22} l_{31}) + \tau_{yz}(l_{22} l_{33} + l_{23} l_{32}) + \tau_{zx}(l_{23} l_{31} + l_{21} l_{33}) \\
\tau_{z'x'} &= \tau_{x'z'} = \sigma_{xx} l_{31} l_{11} + \sigma_{yy} l_{32} l_{12} + \sigma_{zz} l_{33} l_{13} + \\
&\quad \tau_{xy}(l_{31} l_{12} + l_{32} l_{11}) + \tau_{yz}(l_{32} l_{13} + l_{33} l_{12}) + \tau_{zx}(l_{33} l_{11} + l_{31} l_{13})
\end{aligned} \tag{3-16}
$$

式(3－16)用指标标记法可写为

$$
\sigma'_{rs} = l_{rk} l_{sl} \sigma_{kl} \tag{3-17}
$$

因此可以证明“应力张量 $\boldsymbol{\sigma}$”具有张量的性质，是一个二阶张量。

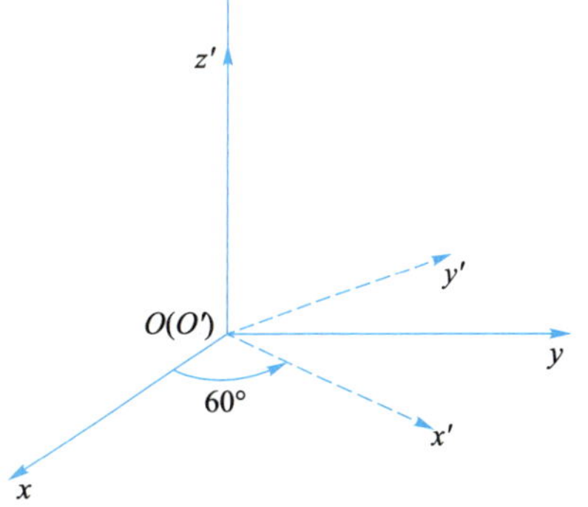

图 3.10　新旧坐标系变换示意图

例题 3.3

已知一点在坐标系 $Oxyz$ 下的应力状态为 $\sigma_{ij} = \begin{bmatrix} 1 & 0 & 3 \\ 0 & 2 & 2 \\ 3 & 2 & 4 \end{bmatrix}$（单位：MPa），将此坐标系沿 $z$ 轴旋转 60°，如图 3.10 所示，求该点在新坐标系 $O'x'y'z'$ 下的应力

状态 $\sigma'_{ij}$。

**解：**

$$l_{ij}=\begin{bmatrix}\cos 60^\circ & \cos 30^\circ & \cos 90^\circ\\ \cos 150^\circ & \cos 60^\circ & \cos 90^\circ\\ \cos 90^\circ & \cos 90^\circ & \cos 0^\circ\end{bmatrix}=\begin{bmatrix}1/2 & \sqrt{3}/2 & 0\\ -\sqrt{3}/2 & 1/2 & 0\\ 0 & 0 & 1\end{bmatrix}$$

$$\sigma'_{ij}=l_{ip}l_{jq}\sigma_{pq}=\begin{bmatrix}1/2 & \sqrt{3}/2 & 0\\ -\sqrt{3}/2 & 1/2 & 0\\ 0 & 0 & 1\end{bmatrix}\begin{bmatrix}1 & 0 & 3\\ 0 & 2 & 2\\ 3 & 2 & 4\end{bmatrix}\begin{bmatrix}1/2 & \sqrt{3}/2 & 0\\ -\sqrt{3}/2 & 1/2 & 0\\ 0 & 0 & 1\end{bmatrix}^{\mathrm{T}}$$

$$=\begin{bmatrix}7/4 & \sqrt{3}/4 & 3/2+\sqrt{3}\\ \sqrt{3}/4 & 5/4 & 1-3\sqrt{3}/2\\ 3/2+\sqrt{3} & 1-3\sqrt{3}/2 & 4\end{bmatrix}\text{(单位:MPa)}$$

### 3.3.4 主应力

如式(3-10)所示，应力张量包含 9 个分量。根据剪应力互等定理(具体推导见 3.4 节)，该张量可以缩减为 6 个分量，是一个二阶对称张量。当坐标系发生变换时[式(3-17)]，根据二阶对称张量的性质，总能找到一个坐标系(主坐标系)，在这个坐标系下，剪应力分量都为 0，这时应力张量只有 3 个正应力分量，如图 3.11 所示。这 3 个相互垂直的方向就称为主方向，对应的坐标系称为主坐标系，而此时对应的正应力就称为主应力[3]。

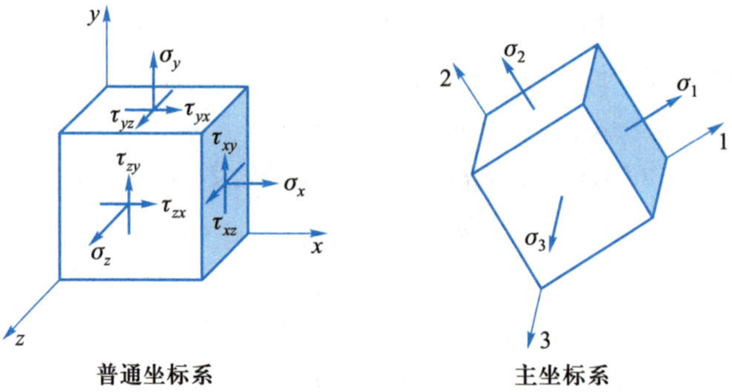


图 3.11　主应力方向示意图

下面推导主应力的求解过程。

假设图 3.6 中的 $ABC$ 平面上只有正应力 $\boldsymbol{T}_n$，将 $\boldsymbol{T}_n$ 沿着三个坐标轴方向进行分解可得

$$\begin{aligned}T_x&=T_n n_1\\ T_y&=T_n n_2\\ T_z&=T_n n_3\end{aligned}\tag{3-18}$$

用指标标记法可写为

$$T_i=T_n n_i\tag{3-19}$$

将式(3-8)代入式(3-19)后整理得

$$
\begin{aligned}
T_n n_1 &= n_1\sigma_x + n_2\tau_{yx} + n_3\tau_{zx} \\
T_n n_2 &= n_1\tau_{xy} + n_2\sigma_y + n_3\tau_{zy} \\
T_n n_3 &= n_1\tau_{xz} + n_2\tau_{yz} + n_3\sigma_z
\end{aligned} \tag{3-20}
$$

用指标标记法可写为

$$T_n n_i = \sigma_{ji} n_j \tag{3-21}$$

将上式写为矩阵形式可得

$$\begin{bmatrix} \sigma_x - T_n & \tau_{xy} & \tau_{xz} \\ \tau_{yx} & \sigma_y - T_n & \tau_{yz} \\ \tau_{zx} & \tau_{zy} & \sigma_z - T_n \end{bmatrix} \begin{bmatrix} n_1 \\ n_2 \\ n_3 \end{bmatrix} = \begin{bmatrix} 0 \\ 0 \\ 0 \end{bmatrix} \tag{3-22}$$

式中 $n_1$、$n_2$ 和 $n_3$ 为方向余弦，满足 $n_2^1 + n_2^2 + n_2^3 = 1$，这样就得到了一组包含四个未知参数 $n_1$、$n_2$、$n_3$ 和 $T_n$ 的四个方程，解此方程组就可以得到主应力和主方向。式(3-22)可看成由 $n_1$、$n_2$ 和 $n_3$ 为未知参数组成的方程组，此方程组若有非零解，则其系数矩阵的行列式为0，即

$$\begin{vmatrix} \sigma_x - T_n & \tau_{xy} & \tau_{xz} \\ \tau_{yx} & \sigma_y - T_n & \tau_{yz} \\ \tau_{zx} & \tau_{zy} & \sigma_z - T_n \end{vmatrix} = 0 \tag{3-23}$$

展开得

$$
\begin{aligned}
T_n^3 - (\sigma_x + \sigma_y + \sigma_z) T_n^2 + (\sigma_x\sigma_y + \sigma_y\sigma_z + \sigma_z\sigma_x - \tau_{xy}^2 - \tau_{yz}^2 - \tau_{zx}^2) T_n - \\
(\sigma_x\sigma_y\sigma_z + 2\tau_{xy}\tau_{yz}\tau_{zx} - \sigma_x\tau_{yz}^2 - \sigma_y\tau_{zx}^2 - \sigma_z\tau_{xy}^2) = 0
\end{aligned} \tag{3-24}
$$

或写为

$$\det(\sigma_{ij} - T_n\delta_{ij}) = -T_n^3 + I_1 T_n^2 - I_2 T_n + I_3 = 0 \tag{3-25}$$

此方程称为**特征方程**，是确定固体中任意点主应力的方程。对比式(3-24)与式(3-25)，可将式中的 $I_1$、$I_2$、$I_3$ 表示为

$$I_1 = \sigma_x + \sigma_y + \sigma_z \tag{3-26}$$

$$
\begin{aligned}
I_2 &= \begin{vmatrix} \sigma_x & \tau_{xy} \\ \tau_{xy} & \sigma_y \end{vmatrix} + \begin{vmatrix} \sigma_y & \tau_{yz} \\ \tau_{yz} & \sigma_z \end{vmatrix} + \begin{vmatrix} \sigma_z & \tau_{zx} \\ \tau_{zx} & \sigma_x \end{vmatrix} \\
&= \sigma_x\sigma_y + \sigma_x\sigma_z + \sigma_z\sigma_y - \tau_{xy}^2 - \tau_{yz}^2 - \tau_{xz}^2
\end{aligned} \tag{3-27}
$$

$$I_3 = \begin{vmatrix} \sigma_x & \tau_{xy} & \tau_{xz} \\ \tau_{xy} & \sigma_y & \tau_{yz} \\ \tau_{zx} & \tau_{yz} & \sigma_z \end{vmatrix} = \sigma_x\sigma_y\sigma_z + 2\tau_{xy}\tau_{yz}\tau_{zx} - \sigma_x\tau_{yz}^2 - \sigma_y\tau_{zx}^2 - \sigma_z\tau_{xy}^2 \tag{3-28}$$

用指标标记法可写为

$$I_1 = \sigma_{ii} \tag{3-29a}$$

$$I_2 = \sigma_i\sigma_j + \sigma_i\sigma_k + \sigma_k\sigma_j - \tau_{ij}^2 - \tau_{jk}^2 - \tau_{ik}^2 \tag{3-29b}$$

$$I_3 = \sigma_i\sigma_j\sigma_k + 2\tau_{ij}\tau_{jk}\tau_{ki} - \sigma_i\tau_{jk}^2 - \sigma_j\tau_{ki}^2 - \sigma_k\tau_{ij}^2 \tag{3-29c}$$

$I_1$、$I_2$ 和 $I_3$ 分别称为应力张量的第一、第二、第三不变量。

因式(3-22)的系数矩阵为实对称矩阵，由线性代数相关知识易知方程组必有三个实根，这三个实根即为三个主应力，用 $\sigma_1$、$\sigma_2$ 和 $\sigma_3$ 来表示。由三次方程根的特性可以证明

$$
\begin{aligned}
I_1 &= \sigma_1 + \sigma_2 + \sigma_3 \\
I_2 &= \sigma_1\sigma_2 + \sigma_2\sigma_3 + \sigma_3\sigma_1 \\
I_3 &= \sigma_1\sigma_2\sigma_3
\end{aligned} \tag{3-30}
$$

应力张量的不变量具有如下性质：

(1) 不变性：由于一点的主应力和应力主轴方向取决于固体所受的外力和约束条件，而与坐标系的选取无关。因此对于任意确定点，特征方程的三个根是确定的，因此 $I_1$，$I_2$，$I_3$ 的值均与坐标轴的选取无关。坐标系的改变导致应力张量各个分量的变化，但该点的应力状态不变。应力不变量正是对应力状态性质的描述。

(2) 实数性：特征方程的三个根，就是一点的三个主应力，根据三次方程根的性质，容易证明三个根均为实根，所以一点的三个主应力均为实数。

(3) 正交性：任意点的应力主方向（即三个应力主轴）是正交的。

### 3.3.5 八面体应力

以主应力 $\sigma_1$、$\sigma_2$、$\sigma_3$ 对应的应力主轴作为坐标轴建立坐标系。选取与三个应力主轴等倾的八个微分面构成一个单元体，如图 3.12 所示。

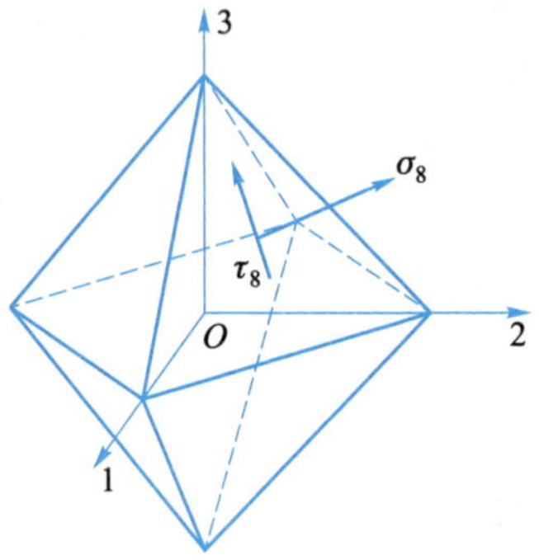


图 3.12　八面体应力示意图

由于单元体的每一个微分面均为等倾面，即其法线与三个坐标轴的夹角相同。设微分面的法线方向余弦分别为 $l$、$m$、$n$，则 $l=m=n$，而 $l^2+m^2+n^2=1$，故

$$
l=m=n=\pm\frac{1}{\sqrt{3}} \tag{3-31}
$$

作用在八面体的每个等倾面上的应力矢量就称为八面体应力。八面体应力包含八面体正应力 $\sigma_8$ 和八面体切应力 $\tau_8$。

将上式代入式(3-12)可得

$$
\begin{aligned}
\sigma_8 &= \sigma_i n_i^2 = \frac{1}{3}(\sigma_1+\sigma_2+\sigma_3) = \frac{1}{3}I_1 \\
\tau_8 &= \frac{1}{3}\sqrt{(\sigma_1-\sigma_2)^2+(\sigma_2-\sigma_3)^2+(\sigma_3-\sigma_1)^2} \\
&= \frac{1}{3}\sqrt{2(\sigma_1+\sigma_2+\sigma_3)^2-6(\sigma_1\sigma_2+\sigma_2\sigma_3+\sigma_3\sigma_1)} \\
&= \frac{1}{3}\sqrt{2I_1^2-6I_2}
\end{aligned} \tag{3-32}
$$

而对于一般情况

$$
\begin{aligned}
\sigma_8 &= \frac{1}{3}(\sigma_x+\sigma_y+\sigma_z) \\
\tau_8 &= \frac{1}{3}\sqrt{(\sigma_x-\sigma_y)^2+(\sigma_y-\sigma_z)^2+(\sigma_z-\sigma_x)^2+6(\tau_{xy}^2+\tau_{yz}^2+\tau_{zx}^2)}
\end{aligned} \tag{3-33}
$$

八面体应力对于八面体的每一个面而言都具有相同的值。对于各向同性材料，其八面体正应力不受单元体形状改变的影响，仅与体积改变有关，而八面体切应力仅与单元体的形状改变有关。另外，从式(3-32)也可以看出，八面体应力也是一种应力张量的不变量，当物体的受力状态确定后，八面体应力不随坐标系变化而变化。

### 3.3.6 应力球张量和应力偏张量

在固体力学研究中，为了研究方便，一般将固体变形分解为两部分：体积改变和形状改变，如图 3.13 所示。

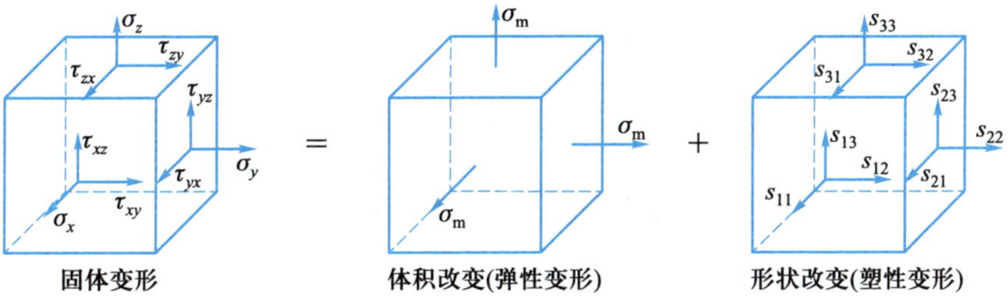


图 3.13 固体变形的分解示意

在一般情况下，某一点处的应力状态也可以分解为两部分：一部分是各向相等的压(拉)应力 $\sigma_m\delta_{ij}$，另一部分记为 $s_{ij}$。即

$$\sigma_{ij}=\sigma_m\delta_{ij}+s_{ij} \tag{3-34}$$

其中

$$s_{ij}=\begin{pmatrix}\sigma_x-\sigma_m & \tau_{xy} & \tau_{xz}\\ \tau_{yx} & \sigma_y-\sigma_m & \tau_{yz}\\ \tau_{zx} & \tau_{zy} & \sigma_z-\sigma_m\end{pmatrix} \tag{3-35}$$

$$\sigma_m=\frac{1}{3}(\sigma_x+\sigma_y+\sigma_z)=\frac{1}{3}(\sigma_1+\sigma_2+\sigma_3)=\sigma_8 \tag{3-36}$$

式中 $\sigma_m\delta_{ij}$ 为应力球张量，$s_{ij}$ 为应力偏张量，$\sigma_m$ 为平均正应力(又称静水压力)。应力球张量表征了一种三向等拉或等压的应力状态，主要引起单元体的体积改变。应力偏张量表征了实际应力状态对其平均应力状态的偏离程度，它主要引起单元体的形状改变，即畸变变形，如图 3.13 所示。实验证明，对于大多数金属材料而言，体积变形主要是纯弹性变形，而畸变变形基本上是塑性变形，所以应力偏张量在塑性力学中有着非常重要的应用。

应力球张量的主方向具有任意性。应力偏张量与原应力张量具有相同的主方向，主值相差 $\sigma_m$。用主应力来表示应力偏张量，可以写为

$$s_{ij}=\begin{pmatrix}\sigma_1-\sigma_m & 0 & 0\\ 0 & \sigma_2-\sigma_m & 0\\ 0 & 0 & \sigma_3-\sigma_m\end{pmatrix} \tag{3-37}$$

或

$$s_{ij}=\begin{pmatrix}\dfrac{2\sigma_1-\sigma_2-\sigma_3}{3} & 0 & 0\\ 0 & \dfrac{2\sigma_2-\sigma_1-\sigma_3}{3} & 0\\ 0 & 0 & \dfrac{2\sigma_3-\sigma_2-\sigma_1}{3}\end{pmatrix} \tag{3-38}$$

为了获得应力偏张量的主值和不变量，可进行类似式(3-22)的推导。进而可以得到

$$\det(s_{ij}-s\delta_{ij})=-s^3+J_1s^2-J_2s+J_3=0 \tag{3-39}$$

式中 $J_1$、$J_2$ 和 $J_3$ 为应力偏张量的第一、第二和第三不变量，易知方程必有三个实根，即为应力偏张量的主值。其中，$J_1$、$J_2$ 和 $J_3$ 可表示为

$$\begin{cases} J_1=s_{11}+s_{22}+s_{33}=s_1+s_2+s_3=0 \\ J_2=\dfrac{1}{2}s_{ij}s_{ji}=-s_{11}s_{22}-s_{11}s_{33}-s_{33}s_{22}+s_{12}^2+s_{23}^2+s_{31}^2 \\ \quad =\dfrac{1}{2}(s_1^2+s_2^2+s_3^2)=-s_1s_2-s_2s_3-s_3s_1 \\ \quad =\dfrac{1}{6}[(\sigma_1-\sigma_2)^2+(\sigma_2-\sigma_3)^2+(\sigma_3-\sigma_1)^2] \\ J_3=s_{11}s_{22}s_{33}+2s_{12}s_{23}s_{31}-s_{11}s_{23}^2-s_{22}s_{31}^2-s_{33}s_{12}^2 \\ \quad =s_1s_2s_3 \end{cases} \tag{3-40}$$

式中 $s_1$、$s_2$ 和 $s_3$ 为应力偏张量的主值，且 $\begin{cases} s_1=\sigma_1-\sigma_m \\ s_2=\sigma_2-\sigma_m \\ s_3=\sigma_3-\sigma_m \end{cases}$

对比式(3-40)和式(3-33)，易得八面体切应力与应力偏张量的第二不变量具有如下关系：

$$\tau_8=\sqrt{\frac{2}{3}J_2} \tag{3-41}$$

## 3.4 平衡方程

在外力作用下，当固体处于平衡状态时，其内部的每一点都应处于平衡状态，因此，可以根据力的平衡原理，推导出外力与表征内力集中程度的应力之间的关系。

针对处于平衡状态的固体，取一个体积为 $V$、表面为 $S$ 的封闭子域，如图 3.14 所示。该子域受到体力 $\boldsymbol{f}$、面力 $\bar{\boldsymbol{f}}$ 的作用。

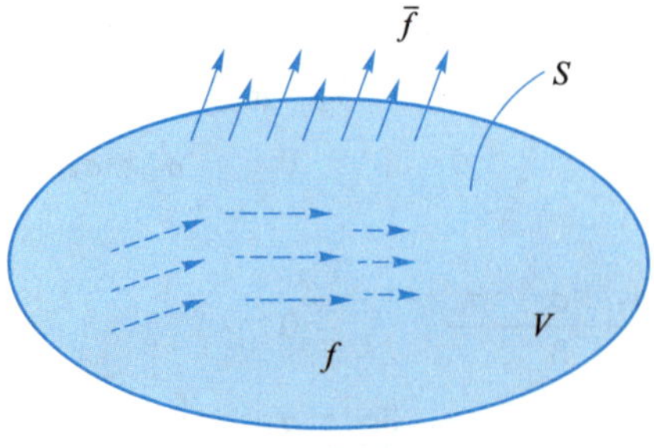


图 3.14 处于平衡状态的子域

该子域处于平衡状态，利用积分方法，可建立平衡方程

$$\iint_S \bar{f}_i \mathrm{d}S + \iiint_V f_i \mathrm{d}V = 0 \tag{3-42}$$

根据式(3-8)，可进一步表示为

$$\iint_S \sigma_{ji} n_j \mathrm{d}S + \iiint_V f_i \mathrm{d}V = 0 \tag{3-43}$$

将散度定理应用于曲面积分，可以将曲面积分转化为体积积分

$$\iiint_V (\sigma_{ji,j} + f_i) \mathrm{d}V = 0 \tag{3-44}$$

因为区域 $V$ 是任意的，并且式(3-43)中的被积函数是连续的，根据零值定理，可得

$$\sigma_{ji,j} + f_i = 0 \tag{3-45}$$

式(3-45)即为弹性体的平衡微分方程，简称平衡方程。

下面从微分方法出发，推导平衡方程，如图 3.15 所示，在固体内任意点 $P$ 处取一微元体，各边长取为 $\mathrm{d}x$、$\mathrm{d}y$、$\mathrm{d}z$。在微元体 $x=x_0$ 的微元面上，各应力分量为 $\sigma_x$、$\tau_{xy}$、$\tau_{xz}$。

在 $x=x_0+\mathrm{d}x$ 处，按泰勒级数展开，并略去高阶项，可得微元体在 $x=x_0+\mathrm{d}x$ 微元面上的应力分量为

$$\sigma_x + \frac{\partial \sigma_x}{\partial x}\mathrm{d}x,\ \tau_{xy} + \frac{\partial \tau_{xy}}{\partial x}\mathrm{d}x,\ \tau_{xz} + \frac{\partial \tau_{xz}}{\partial x}\mathrm{d}x \tag{3-46}$$

同理，可以表示出 $y=y_0$、$y=y_0+\mathrm{d}y$ 和 $z=z_0$、$z=z_0+\mathrm{d}z$ 上的应力分量，如图 3.15 所示。

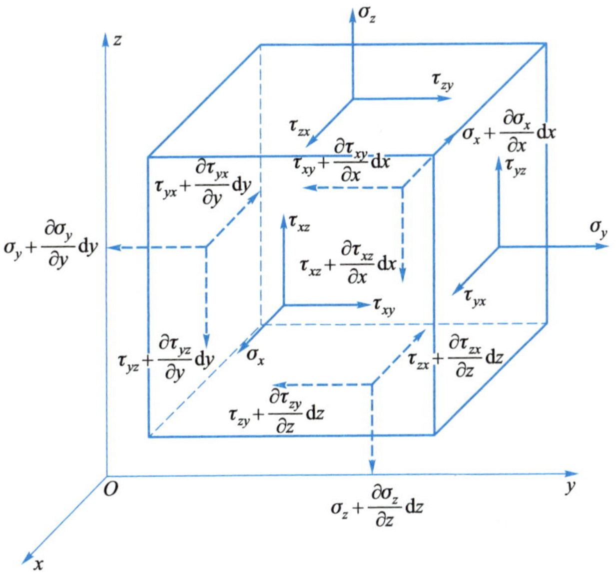


图 3.15　平衡状态下微元体各面上的应力

当固体处于平衡状态时，$P$ 点处的微元体也处在平衡状态，对微元体建立 6 个平衡方程

$$\begin{aligned} &\sum f_x = 0;\quad \sum f_y = 0;\quad \sum f_z = 0 \\ &\sum M_x = 0;\quad \sum M_y = 0;\quad \sum M_z = 0 \end{aligned} \tag{3-47}$$

根据 $\sum f_x = 0$，可得

$$\left(\sigma_x+\frac{\partial \sigma_x}{\partial x}\mathrm{d}x\right)\mathrm{d}y\,\mathrm{d}z-\sigma_x\,\mathrm{d}y\,\mathrm{d}z+\left(\tau_{yx}+\frac{\partial \tau_{yx}}{\partial y}\mathrm{d}y\right)\mathrm{d}x\,\mathrm{d}z-\tau_{yx}\,\mathrm{d}x\,\mathrm{d}z+$$
$$\left(\tau_{zx}+\frac{\partial \tau_{zx}}{\partial z}\mathrm{d}z\right)\mathrm{d}x\,\mathrm{d}y-\tau_{zx}\,\mathrm{d}x\,\mathrm{d}y+f_x\,\mathrm{d}x\,\mathrm{d}y\,\mathrm{d}z=0 \tag{3-48}$$

简化整理得

$$\frac{\partial \sigma_x}{\partial x}+\frac{\partial \tau_{yx}}{\partial y}+\frac{\partial \tau_{zx}}{\partial z}+f_x=0 \tag{3-49}$$

同理，在 $y$ 方向和 $z$ 方向根据力的平衡可得

$$\begin{cases}\dfrac{\partial \tau_{xy}}{\partial x}+\dfrac{\partial \sigma_y}{\partial y}+\dfrac{\partial \tau_{zy}}{\partial z}+f_y=0\\[2mm]\dfrac{\partial \tau_{xz}}{\partial x}+\dfrac{\partial \tau_{yz}}{\partial y}+\dfrac{\partial \sigma_z}{\partial z}+f_z=0\end{cases} \tag{3-50}$$

将式(3-49)与式(3-50)的三个等式按指标标记法可写为

$$\sigma_{ij,j}+f_i=0 \tag{3-51}$$

式(3-51)与式(3-45)分别是从积分、微分角度建立平衡方程，结果形式一致。

此外，根据 $\sum M_x=0$，即所有应力及体力分量对与 $x$ 轴平行的中心轴合力矩为 0，得

$$\left(\tau_{yz}+\frac{\partial \tau_{yz}}{\partial y}\mathrm{d}y\right)\mathrm{d}x\,\mathrm{d}z\ \frac{\mathrm{d}y}{2}+\tau_{yz}\,\mathrm{d}x\,\mathrm{d}z\ \frac{\mathrm{d}y}{2}-\left(\tau_{zy}+\frac{\partial \tau_{zy}}{\partial z}\mathrm{d}z\right)\mathrm{d}x\,\mathrm{d}y\ \frac{\mathrm{d}z}{2}-\tau_{zy}\,\mathrm{d}x\,\mathrm{d}y\ \frac{\mathrm{d}z}{2}=0 \tag{3-52}$$

化简略去高阶项后可得

$$\tau_{yz}\,\mathrm{d}x\,\mathrm{d}y\,\mathrm{d}z-\tau_{zy}\,\mathrm{d}x\,\mathrm{d}y\,\mathrm{d}z=0 \tag{3-53}$$

即

$$\tau_{yz}=\tau_{zy} \tag{3-54}$$

同理，根据另外两个力矩平衡可得

$$\tau_{xz}=\tau_{zx};\quad \tau_{xy}=\tau_{yx} \tag{3-55}$$

式(3-54)、式(3-55)为**切应力互等定理**：在两个相互垂直的平面上，切应力必成对存在且大小相等，方向同时垂直指向或背离两平面的交线方向[3]。

## 3.5 柱坐标系下的应力张量与平衡方程

在柱坐标系中，在固体内任意点的邻域中取微元体，微元体上的应力分量如图 3.16 所示，柱坐标系下的应力张量可以表示为

$$\sigma=\begin{bmatrix}\sigma_r & \tau_{r\theta} & \tau_{rz}\\ \tau_{\theta r} & \sigma_\theta & \tau_{z\theta}\\ \tau_{zr} & \tau_{\theta z} & \sigma_z\end{bmatrix} \tag{3-56}$$

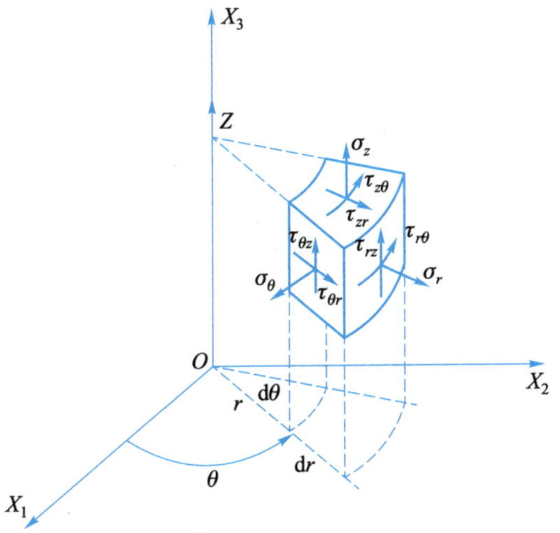

图 3.16　柱坐标下的应力分量

与建立三维直角坐标系下的平衡方程类似，可以分别沿径向 $r$、周向 $\theta$、轴向 $z$ 建立微元体的平衡方程，以周向为例

$$\begin{aligned}&\left(\sigma_\theta+\frac{\partial\sigma_\theta}{\partial\theta}\right)\mathrm{d}r\,\mathrm{d}z\cos\frac{\mathrm{d}\theta}{2}-\sigma_\theta\,\mathrm{d}r\,\mathrm{d}z\cos\frac{\mathrm{d}\theta}{2}+\left(\tau_{r\theta}+\frac{\partial\tau_{r\theta}}{\partial r}\mathrm{d}r\right)(r+\mathrm{d}r)\,\mathrm{d}\theta\,\mathrm{d}z-\\&\tau_{r\theta}r\,\mathrm{d}\theta\,\mathrm{d}z+\left(\tau_{z\theta}+\frac{\partial\tau_{z\theta}}{\partial z}\mathrm{d}z\right)r\,\mathrm{d}\theta-\tau_{z\theta}r\,\mathrm{d}\theta\,\mathrm{d}z+\\&\left(\tau_{\theta r}+\frac{\partial\tau_{\theta r}}{\partial\theta}\mathrm{d}r\right)\mathrm{d}r\,\mathrm{d}z\sin\frac{\mathrm{d}\theta}{2}+f_\theta r\,\mathrm{d}\theta\,\mathrm{d}r\,\mathrm{d}z=0\end{aligned}\tag{3-57}$$

$f_\theta$ 为体力沿周向的分量，化简整理得

$$\frac{\partial\tau_{r\theta}}{\partial r}+\frac{1}{r}\frac{\partial\sigma_\theta}{\partial\theta}+\frac{\partial\tau_{z\theta}}{\partial z}+\frac{2}{r}\tau_{r\theta}+f_\theta=0\tag{3-58}$$

同理，可得径向、轴向的平衡方程

$$\begin{cases}\dfrac{\partial\sigma_r}{\partial r}+\dfrac{1}{r}\dfrac{\partial\tau_{\theta r}}{\partial\theta}+\dfrac{\partial\tau_{zr}}{\partial z}+\dfrac{1}{r}(\sigma_r-\sigma_\theta)+f_r=0\\[2ex]\dfrac{\partial\tau_{rz}}{\partial r}+\dfrac{1}{r}\dfrac{\partial\tau_{\theta z}}{\partial\theta}+\dfrac{\partial\sigma_z}{\partial z}+\dfrac{1}{r}\tau_{rz}+f_z=0\end{cases}\tag{3-59}$$

## 3.6　球坐标系下的应力张量与平衡方程

在球坐标系中，在固体内任意点的邻域中取微元体，微元体上的应力分量如图 3.17 所示，柱坐标系下的应力张量可以表示为

$$\sigma=\begin{bmatrix}\sigma_R & \tau_{R\theta} & \tau_{R\theta}\\ \tau_{R\phi} & \sigma_\phi & \tau_{\phi\theta}\\ \tau_{R\theta} & \tau_{\phi\theta} & \sigma_\theta\end{bmatrix}\tag{3-60}$$

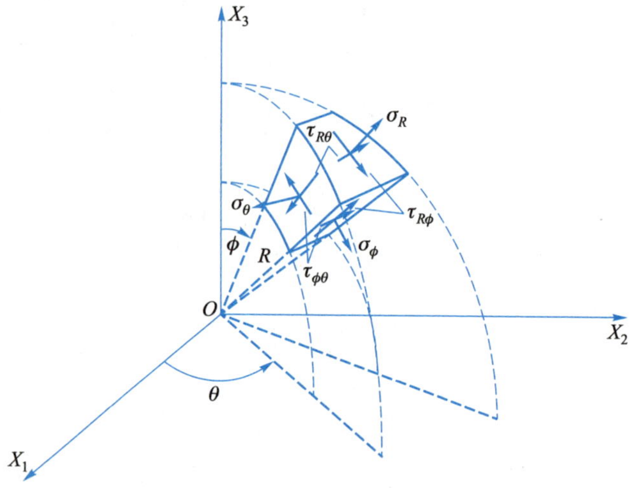


图 3.17 球坐标下的应力分量

球坐标系下的平衡方程可以表示为

$$\begin{cases}\dfrac{\partial\sigma_R}{\partial R}+\dfrac{1}{R}\dfrac{\partial\tau_{R\phi}}{\partial\phi}+\dfrac{1}{R\sin\phi}\dfrac{\partial\tau_{R\theta}}{\partial\theta}+\dfrac{1}{R}(2\sigma_R-\sigma_\phi-\sigma_\theta+\tau_{R\phi}\cot\phi)+f_R=0\\ \dfrac{\partial\tau_{R\phi}}{\partial R}+\dfrac{1}{R}\dfrac{\partial\sigma_\phi}{\partial\phi}+\dfrac{1}{R\sin\phi}\dfrac{\partial\tau_{\phi\theta}}{\partial\theta}+\dfrac{1}{R}[(\sigma_\phi-\sigma_\theta)\cot\phi+3\tau_{R\phi}]+f_\phi=0\\ \dfrac{\partial\tau_{R\theta}}{\partial R}+\dfrac{1}{R}\dfrac{\partial\tau_{\phi\theta}}{\partial\phi}+\dfrac{1}{R\sin\phi}\dfrac{\partial\sigma_\theta}{\partial\theta}+\dfrac{1}{R}(2\tau_{\phi\theta}\cot\phi+3\tau_{R\phi})+f_\theta=0\end{cases}\tag{3-61}$$

## 3.7 重点概念阐释及知识延伸

### 1. 体力与面力的尺寸效应

根据外力的作用特点，一般来说，体力 $F_v\propto L^3$，面力 $F_s\propto L^2$。面力与体力对固体的作用效应会随着研究尺度的变化而发生变化。当尺寸减小时，体力随尺寸变化的速率更快。相对来说，面力的作用就会变得十分明显[4]。因此，当处于微纳米级时，面力相对于体力显得更重要。

例如，静电力在 MEMS（micro-electro-mechanical system，微机电系统）领域起到非常重要的作用，经常被用在微型驱动器中。图 3.18 给出了在 MEMS 中最常用的梳齿驱动器示意图。其工作原理为：在固定梳齿与可动梳齿上加上电压，通过静电力来驱动可动的梳齿[5]。另外，在 MEMS 领域，很多微系统和结构的设计，基本不考虑重力，这和宏观结构的设计存在一定差异。

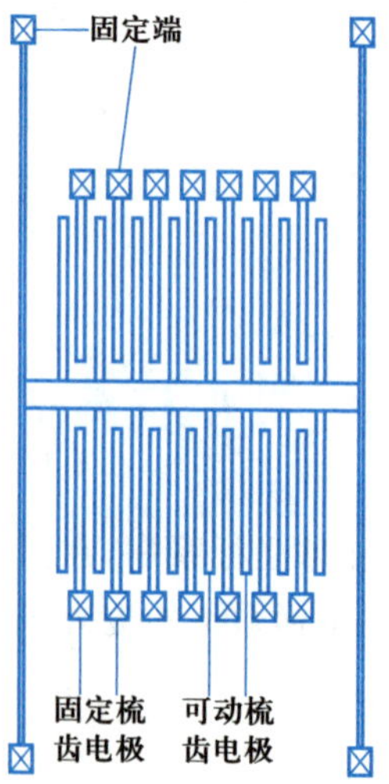


图 3.18 梳齿驱动器示意图

### 2. 用位移表达的平衡方程

式(3－45)是用应力表达的平衡方程。1821 年,纳维推导出了用位移表达的平衡方程

$$C(\nabla^2 u_i + 2u_{k,ki}) + f_i = 0 \tag{3-62}$$

由于当时本构方程的建立还不完善,所以在纳维推导的平衡方程中,弹性常数只有一个。

实际上,位移分量用 $u$、$v$、$w$ 来表示,通过几何方程可以建立应变与位移的关系,从而建立位移与应力的关系。将用位移表示的应力代入平衡方程(3－62),就可以得到用位移表达的平衡方程

$$\begin{cases} \mu \nabla^2 u + (\lambda+\mu)\dfrac{\partial}{\partial x}\left(\dfrac{\partial u}{\partial x}+\dfrac{\partial v}{\partial y}+\dfrac{\partial w}{\partial z}\right)+F_x=0 \\ \mu \nabla^2 v + (\lambda+\mu)\dfrac{\partial}{\partial y}\left(\dfrac{\partial u}{\partial x}+\dfrac{\partial v}{\partial y}+\dfrac{\partial w}{\partial z}\right)+F_y=0 \\ \mu \nabla^2 w + (\lambda+\mu)\dfrac{\partial}{\partial z}\left(\dfrac{\partial u}{\partial x}+\dfrac{\partial v}{\partial y}+\dfrac{\partial w}{\partial z}\right)+F_z=0 \end{cases} \tag{3-63}$$

其中$\nabla^2$称为拉普拉斯(laplace)算子

$$\nabla^2 = \frac{\partial^2}{\partial x^2}+\frac{\partial^2}{\partial y^2}+\frac{\partial^2}{\partial z^2}$$

用位移表达的平衡方程(3－63)按照指标标记法可写为

$$\mu u_{i,jj} + (\lambda+\mu)u_{j,ji} + F_i = 0 \tag{3-64}$$

### 3. 静止流体的应力状态

在静止流体中没有切应力($\tau_{xy}=\tau_{yz}=\tau_{zx}=0$),只有正应力,所以静止流体中的应力始终与作用面垂直,如图 3.19 所示。

并且可以证明,在静止流体中一点的正应力在各个方向均相等。

如图 3.20 所示,截面 $ABC$ 的方向可以是任意的,分别以 $n_1$、$n_2$、$n_3$ 表示截面 $ABC$ 法向 $\boldsymbol{n}$ 与 $x$、$y$、$z$ 方向夹角的余弦值。

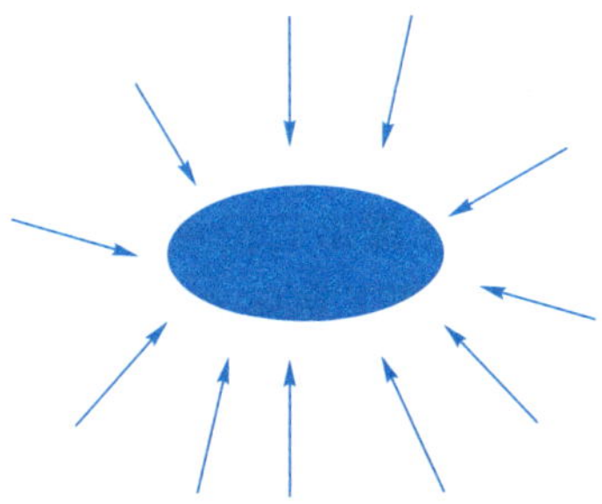

图 3.19　静止流体内部的应力状态

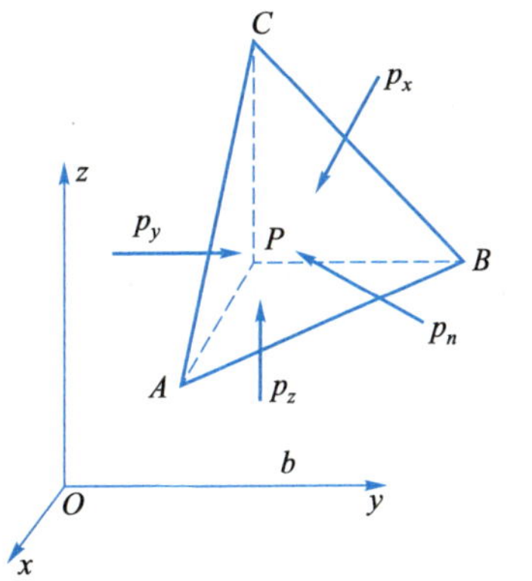


图 3.20　静止流体内部处于平衡状态的微元体

对 $x$ 方向列平衡方程

$$p_x \mathrm{d}y\mathrm{d}z = p_n(\mathrm{d}y\mathrm{d}z/n_1)\times n_1 \tag{3-65}$$

所以

$$p_x = p_n \tag{3-66}$$

对 $y$ 方向列平衡方程

$$p_y \mathrm{d}x\mathrm{d}z = p_n(\mathrm{d}x\mathrm{d}z/n_2) \times n_2 \tag{3-67}$$

所以

$$p_y = p_n \tag{3-68}$$

对 $z$ 方向列平衡方程

$$p_z \mathrm{d}x\mathrm{d}y = p_n(\mathrm{d}x\mathrm{d}y/n_3) \times n_3 + \frac{1}{6}\rho g \mathrm{d}x\mathrm{d}y\mathrm{d}z \tag{3-69}$$

所以

$$p_z = p_n + \frac{1}{6}\rho g \mathrm{d}z \tag{3-70}$$

当 $\mathrm{d}z$ 趋近于 0 时

$$p_z = p_n \tag{3-71}$$

由以上可知，$p_x = p_y = p_z = p_n$。

## 3.8 拓展阅读

1. 博斯考维奇的质点间作用理论

在 18 世纪初，一些科学家希望物体的弹性特性可以通过其基本粒子之间的一些吸引力和排斥力来解释。博斯考维奇(Roger Joseph Boscovich，1711—1787)解释了这个概念，他假设任何两个质点之间，沿它们连线上的作用力在某些距离上是吸力而在其他距离上是斥力；同时，这些力在平衡距离上抵消，并绘制了质点间作用力的变化曲线。这种质点间的作用力，可以看作弹性体内力的早期定义。

2. 柯西：《弹性或非弹性固体平衡和运动的研究》[7]

柯西在 1823 年发表的《弹性或非弹性固体平衡和运动的研究》一文中，系统介绍了弹性力学的研究工作，在此前的 1822 年，他也在法国科学院展示了相关工作。在《弹性或非弹性固体平衡和运动的研究》中，他给出了应力、应变的严格定义，并提出它们可分别用 6 个独立分量表示；同时，他也给出了平衡方程的微分表达形式，并且证明了切应力互等。

3. 拉梅：《固体弹性的数学理论教程》[8]

拉梅在 1852 年出版了《固体弹性的数学理论教程》，这是第一本关于弹性理论的书籍。在这本书里，他分别用纳维的分子力理论、柯西的应力理论建立了相同的平衡方程，并提出了著名的“拉梅应力椭球”，即在弹性体内的任意点处，针对通过该点的任意平面，用从该点出发的向量表示该平面上的应力矢量，那么所有这些向量的终点都位于一个椭圆球体的表面上。

# 3.9　重点内容的板书讲解

各种应力概念之间的联系

| | 应力矢量 | 应力张量 | 主应力 | 八面体应力 | 应力球张量 | 应力偏张量 |
|---|---|---|---|---|---|---|
| 图形表达 | 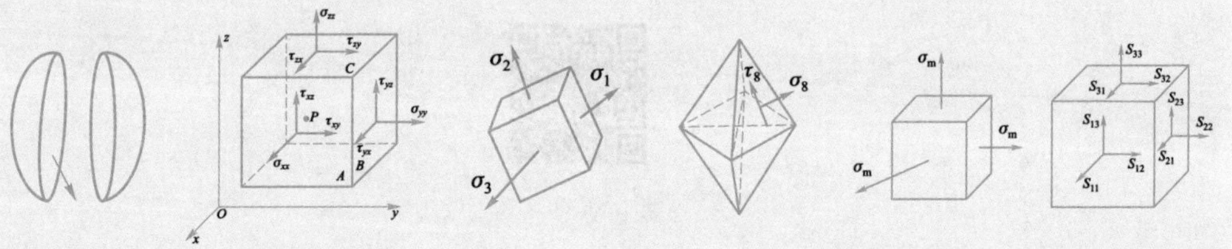 | | | | | |
| 矩阵表达 | $T=\begin{bmatrix}T_x\\T_y\\T_z\end{bmatrix}$ | $\sigma_{ij}=\begin{bmatrix}\sigma_{xx}&\tau_{xy}&\tau_{xz}\\\tau_{yx}&\sigma_{yy}&\tau_{yz}\\\tau_{zx}&\tau_{zy}&\sigma_{zz}\end{bmatrix}$ | $\begin{bmatrix}\sigma_1&0&0\\0&\sigma_2&0\\0&0&\sigma_3\end{bmatrix}$ | $\sigma_8$ $\tau_8$ | $\begin{bmatrix}\sigma_m&0&0\\0&\sigma_m&0\\0&0&\sigma_m\end{bmatrix}$ | $\begin{bmatrix}s_{11}&s_{12}&s_{13}\\s_{21}&s_{22}&s_{23}\\s_{31}&s_{32}&s_{33}\end{bmatrix}$ |
| 分量数目 | 3 | 9→6 | 3 | 1 | 3 | 9→6 |
| 相互关系 | $T_i=\sigma_{ij}n_j$ | $(\sigma_{ij}-\sigma_n\delta_{ij})n_j=0$ | $\begin{cases}\sigma_8=\dfrac{1}{3}(\sigma_1+\sigma_2+\sigma_3)\\\tau_8=\dfrac{1}{3}\sqrt{(\sigma_1-\sigma_2)^2+(\sigma_2-\sigma_3)^2+(\sigma_3-\sigma_1)^2}\end{cases}$ | | $\sigma_{ij}=\sigma_m\delta_{ij}+s_{ij}$ | |

平衡方程推导的积分方法与微分方法对比

| | 积分方法 | 微分方法 |
|---|---|---|
| 物理意义 | 基于弹性体宏观上整体的力平衡 | 1. 基于微元体的力平衡和力矩平衡<br>2. 通过均匀性假设将结论推广至整体 |
| 数学推导 | 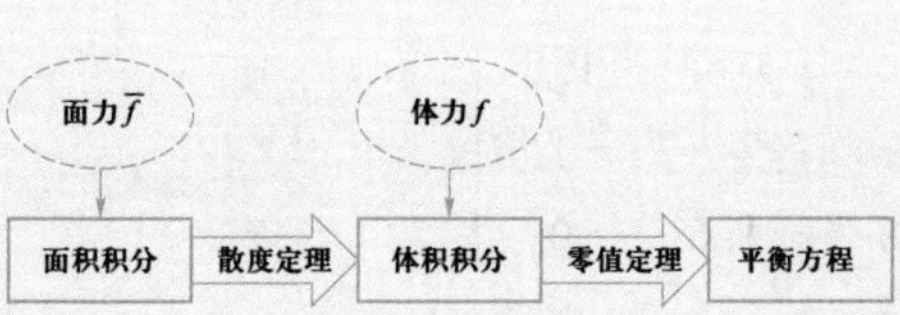 | 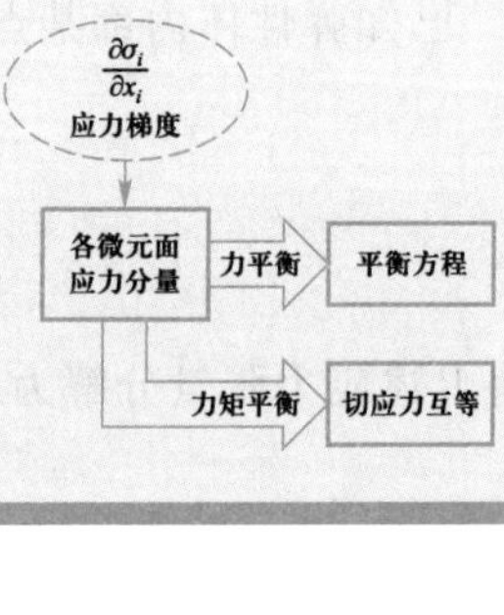 |

## 思考题

3.1　分析任意斜截面的应力矢量与应力张量的关系。

3.2　应力不变量为什么不变？应力不变量是否只有 3 个？

3.3　切应力互等定理有没有前提条件？为什么？

3.4　平衡方程是力的平衡方程还是应力的平衡方程？

3.5　为什么要把应力张量分解为应力球张量和应力偏张量？

第 3 章自测题

## 习题

3.1　已知一点处的应力状态为(单位:MPa)

$$\sigma_{ij}=\begin{bmatrix}0 & 1 & 2\\1 & 2 & 0\\2 & 0 & 1\end{bmatrix}$$

试求该点出的最大主应力及主方向。

3.2　试证在坐标变换时，$I_1$ 为一不变量。

3.3　已知应力分量 $\sigma_x=0.9\sigma_s$，$\sigma_y=0.2\sigma_s$，$\sigma_z=0.1\sigma_s$，$\tau_{xy}=0.1\sigma_s$，$\tau_{yz}=0.2\sigma_s$，$\tau_{zx}=0.1\sigma_s$。其中 $\sigma_s$ 是材料的屈服极限，试求主应力 $\sigma_1$，$\sigma_2$，$\sigma_3$。

3.4　试根据材料力学求出均布载荷作用下的简支梁(矩形截面)的应力状态，并校核所得结果是否满足平衡方程。

3.5　已知弹性体内某点的应力分量为：$\sigma_x=500$、$\sigma_y=0$、$\sigma_z=-300$、$\tau_{xy}=500$、$\tau_{yz}=-750$、$\tau_{zx}=800$(单位:MPa)，试求通过该点，法线方向为 $l=\dfrac{1}{2}$，$m=\dfrac{1}{2}$，$n=\dfrac{1}{\sqrt{2}}$ 平面的正应力和切应力。

3.6　已知弹性体内部某点的应力张量为(单位:MPa)

$$\sigma_{ij}=\begin{bmatrix}0 & 0 & 1.5\\0 & 2 & -1.5\\1.5 & -1.5 & 0\end{bmatrix}$$

试将上述应力张量分解为应力球张量和应力偏张量，并求解应力偏张量的第二不变量。

# 第4章
# 应变

## 学习目标

掌握变形与应变的基本概念，理解应变张量的物理意义，掌握应变张量的坐标变换，理解主应变的概念，了解并掌握应变张量不变量的计算方法与性质，掌握几何方程以及变形协调方程的推导过程与含义。

## 重点难点

主应变，应变张量不变量的概念以及计算过程，几何方程、变形协调方程的概念、推导过程。

## 思维导图

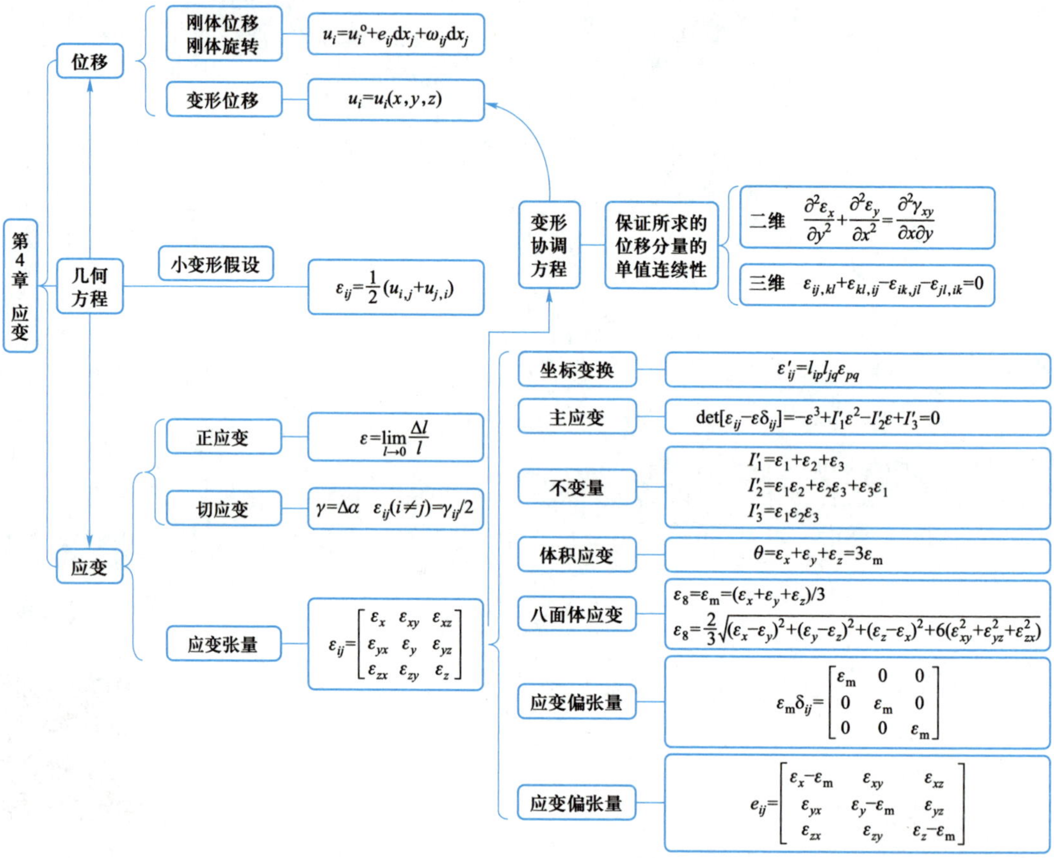
第4章 应变
位移
刚体位移 刚体旋转
$u_i=u_i^{o}+e_{ij}\mathrm{d}x_j+\omega_{ij}\mathrm{d}x_j$
变形位移
$u_i=u_i(x,y,z)$
几何方程
小变形假设
$\varepsilon_{ij}=\frac{1}{2}(u_{i,j}+u_{j,i})$
变形协调方程
保证所求的位移分量的单值连续性
二维 $\frac{\partial^2\varepsilon_x}{\partial y^2}+\frac{\partial^2\varepsilon_y}{\partial x^2}=\frac{\partial^2\gamma_{xy}}{\partial x\partial y}$
三维 $\varepsilon_{ij,kl}+\varepsilon_{kl,ij}-\varepsilon_{ik,jl}-\varepsilon_{jl,ik}=0$
应变
正应变
$\varepsilon=\lim_{l\to 0}\frac{\Delta l}{l}$
切应变
$\gamma=\Delta\alpha \quad \varepsilon_{ij}(i\neq j)=\gamma_{ij}/2$
应变张量
$\varepsilon_{ij}=\begin{bmatrix}\varepsilon_x & \varepsilon_{xy} & \varepsilon_{xz}\\ \varepsilon_{yx} & \varepsilon_y & \varepsilon_{yz}\\ \varepsilon_{zx} & \varepsilon_{zy} & \varepsilon_z\end{bmatrix}$
坐标变换
$\varepsilon'_{ij}=l_{ip}l_{jq}\varepsilon_{pq}$
主应变
$\det[\varepsilon_{ij}-\varepsilon\delta_{ij}]=-\varepsilon^3+I'_1\varepsilon^2-I'_2\varepsilon+I'_3=0$
不变量
$I'_1=\varepsilon_1+\varepsilon_2+\varepsilon_3$
$I'_2=\varepsilon_1\varepsilon_2+\varepsilon_2\varepsilon_3+\varepsilon_3\varepsilon_1$
$I'_3=\varepsilon_1\varepsilon_2\varepsilon_3$
体积应变
$\theta=\varepsilon_x+\varepsilon_y+\varepsilon_z=3\varepsilon_m$
八面体应变
$\varepsilon_8=\varepsilon_m=(\varepsilon_x+\varepsilon_y+\varepsilon_z)/3$
$\varepsilon_8=\frac{2}{3}\sqrt{(\varepsilon_x-\varepsilon_y)^2+(\varepsilon_y-\varepsilon_z)^2+(\varepsilon_z-\varepsilon_x)^2+6(\varepsilon_{xy}^2+\varepsilon_{yz}^2+\varepsilon_{zx}^2)}$
应变偏张量
$\varepsilon_m\delta_{ij}=\begin{bmatrix}\varepsilon_m & 0 & 0\\ 0 & \varepsilon_m & 0\\ 0 & 0 & \varepsilon_m\end{bmatrix}$
应变偏张量
$e_{ij}=\begin{bmatrix}\varepsilon_x-\varepsilon_m & \varepsilon_{xy} & \varepsilon_{xz}\\ \varepsilon_{yx} & \varepsilon_y-\varepsilon_m & \varepsilon_{yz}\\ \varepsilon_{zx} & \varepsilon_{zy} & \varepsilon_z-\varepsilon_m\end{bmatrix}$

柯西

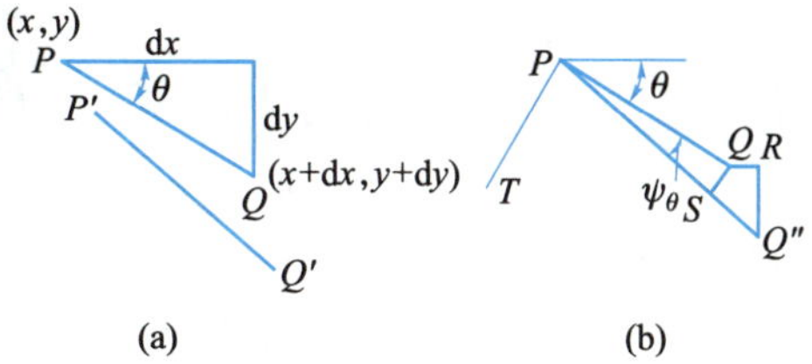


一点的应变

The French mathematician also examines possible deformations of an elastic body around a point O and demonstrates that, when this deformation is small, the unit elongation in any direction and the change of the right angle between any two initially perpendicular directions can be expressed by the six strain components.

——Timoshenko Stephen: History of strength of materials

应变是弹性力学中的一个重要概念,是为了定量描述物体变形而引入的。应变理论的提出与完善,经历了多代科学家的努力,其中,柯西的工作在应变理论的发展过程中占据了重要地位。柯西系统化了应变的理论,且引入了张量数学工具,在小变形假设和应力张量定义的基础上,柯西将应变也通过一个二阶张量来表示,其每一个分量表示物体在一个特定方向上的变形。应变张量能够描述物体在多轴应力作用下的复杂变形行为。通过柯西的工作,应变理论从最初面向直观几何描述的基本概念转变为一个精确的、基于连续介质力学的理论框架,这一理论框架不仅适用于小应变问题,而且也为处理大应变和非线性材料行为提供了理论基础。

## 4.1 概述

与应力定义过程类似，固体在受到外力作用之后，为了定量描述其内部的变形情况，首先需要定义合适的物理量。本章重点对位移矢量（3 个分量）和应变张量（9 个分量）两个物理量进行定义和解释，在此基础上，给出了各物理量之间的关系（其中描述应力-应变关系的本构方程见第 5 章）。

固体在受到外力作用后，其内部各点的位置变化即为位移。如果各点发生位移后，改变了其初始状态的相对位置，则固体就发生了形状的变化，即“变形”。一点的变形程度可以采用通过该点的所有线段的长度变化和相互之间夹角的改变来衡量，为此引入了应变张量。图 4.1 表示出了本章介绍的物理量之间的关系。

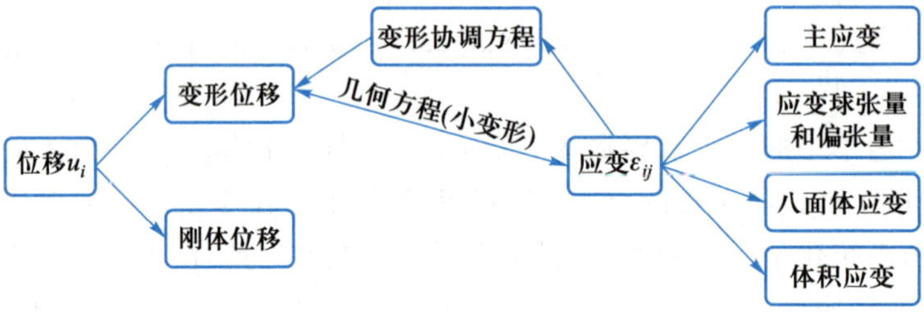


图 4.1　本章重要物理量之间的联系

## 4.2 位移

施加载荷后，弹性固体将改变形状或发生变形，这些变形可以通过物体中一点的位移来量化表征。位移包括刚体位移（刚体平移及转动）以及变形位移。如果固体各点在发生位移后，仍保持其初始状态的相对位置，则其进行了刚体位移、刚体转动或两者均有；如果发生位移后，改变了各点初始状态的相对位置，则固体就发生了变形位移[1]。

### 4.2.1 刚体位移

对于发生位移的固体上的一点 $P$ 及其相邻点 $P_o$，其位移如图 4.2 所示，使用笛卡儿坐标系，将点 $P_o$ 和 $P$ 的位移矢量分别定义为 $u_o$、$v_o$、$w_o$ 和 $u$、$v$、$w$。由于 $P$ 和 $P_o$ 是相邻点，使用围绕点 $P_o$ 的泰勒级数展开来表示 $u$、$v$、$w$ 的分量为

$$\begin{aligned}u&=u_o+\frac{\partial u}{\partial x}r_x+\frac{\partial u}{\partial y}r_y+\frac{\partial u}{\partial z}r_z\\ v&=v_o+\frac{\partial v}{\partial x}r_x+\frac{\partial v}{\partial y}r_y+\frac{\partial v}{\partial z}r_z\\ w&=w_o+\frac{\partial w}{\partial x}r_x+\frac{\partial w}{\partial y}r_y+\frac{\partial w}{\partial z}r_z\end{aligned}\tag{4-1}$$

由于 $r$ 很小,高阶小量可以忽略,从而可以将相对位置 $\Delta r$ 写为

$$\Delta r = r' - r = u - u_o \tag{4-2}$$

将式(4-1)代入式(4-2)可以得到

$$\begin{aligned}
\Delta r_x &= \frac{\partial u}{\partial x} r_x + \frac{\partial u}{\partial y} r_y + \frac{\partial u}{\partial z} r_z \\
\Delta r_y &= \frac{\partial v}{\partial x} r_x + \frac{\partial v}{\partial y} r_y + \frac{\partial v}{\partial z} r_z \\
\Delta r_z &= \frac{\partial w}{\partial x} r_x + \frac{\partial w}{\partial y} r_y + \frac{\partial w}{\partial z} r_z
\end{aligned} \tag{4-3}$$

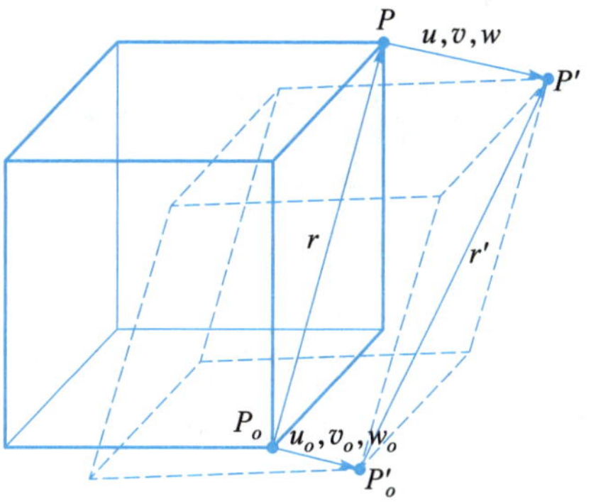


图 4.2 两个相邻点之间的位移

用指标标记法可以写为

$$\Delta r_i = u_{i,j} r_j \tag{4-4}$$

该张量可以分解为对称和反对称部分,即

$$\begin{aligned}
u_{i,j} &= \varepsilon_{ij} + \omega_{ij} \\
\varepsilon_{ij} &= \frac{1}{2}(u_{i,j} + u_{j,i}) \\
\omega_{ij} &= \frac{1}{2}(u_{i,j} - u_{j,i})
\end{aligned} \tag{4-5}$$

结合式(4-2)、式(4-4)和式(4-5),使 $r_j = \mathrm{d}x_j$,结果可以写为

$$u_i = u_{oi} + \varepsilon_{ij}\mathrm{d}x_j + \omega_{ij}\mathrm{d}x_j \tag{4-6}$$

其中 $u_i$ 与 $u_{oi}$ 描述刚体位移,$\omega_{ij}$ 为描述刚体转动位移的刚体转动张量,$\varepsilon_{ij}$ 为描述物体变形位移的应变张量。

### 4.2.2 变形位移

如图 4.3 所示,$A$ 为固体中任意点,在直角坐标系 $Oxyz$ 中,点 $A(x, y, z)$ 变形后移动至点 $A'(x', y', z')$。根据弹性力学的连续性假设,固体在变形前后仍保持为连续体,所以从 $A$ 点变化至 $A'$ 点的过程是连续的。这样矢量 $\overrightarrow{AA'}$ 就表示此变形过程 $A$ 点的位移矢量 $\boldsymbol{U}$,将此矢量分别向 $x$、$y$、$z$ 轴进行投影,记为 $u$、$v$、$w$,为坐标的连续函数,见式(4-7)。

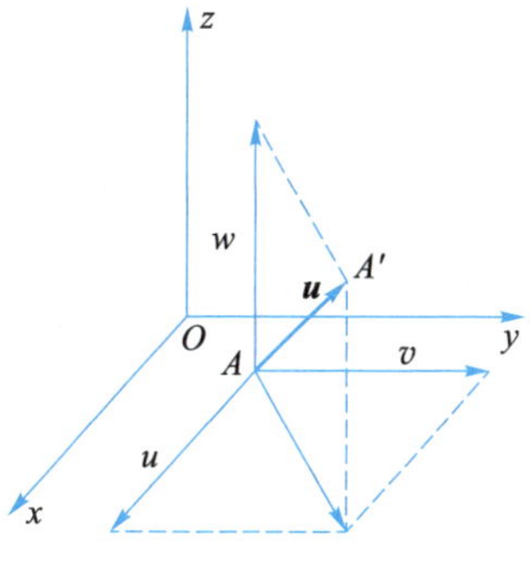


图 4.3 一点位移的分解

$$\begin{aligned}
u &= u(x, y, z) \\
v &= v(x, y, z) \\
w &= w(x, y, z)
\end{aligned} \tag{4-7}$$

用指标标记法可写为

$$u_i = u_i(x, y, z) \tag{4-8}$$

在弹性力学中,关注的是变形位移。

## 4.3 材料力学中的应变概念

在外力作用下，固体发生变形，同时引起应力。为了研究固体的变形及其内部的应力分布，需要了解固体内部各点处的变形。为此，假想地将固体分割成许多微小的单元体，简称微元体。固体受力后，各微元体的位置发生变化，同时，微元体棱边的长度发生改变（图 4.4），相邻棱边之夹角一般也发生改变。

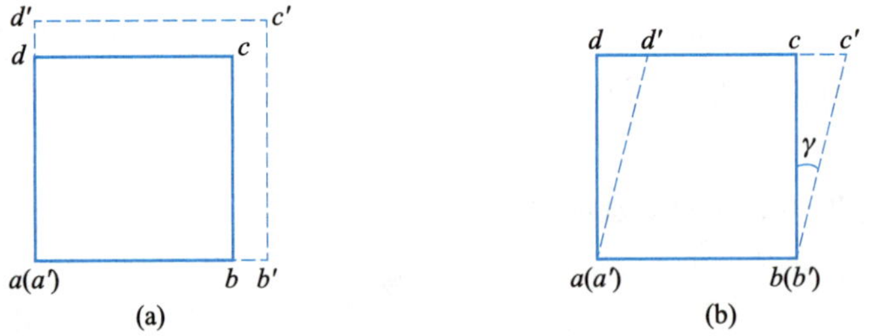


图 4.4　正应变和切应变定义

设棱边 $ab$ 的原长为 $l$，变形后的长度为 $l+\Delta l$，即长度改变量为 $\Delta l$，则 $\Delta l$ 与 $l$ 的比值，称为棱边 $ab$ 的平均正应变，并用 $\varepsilon_{av}$ 表示，即

$$\varepsilon_{av}=\frac{\Delta l}{l} \tag{4-9}$$

一般情况下，棱边 $ab$ 各点处的变形程度并不相同，平均正应变的大小将随 $ab$ 的长度而改变。为了精确描写 $b$ 点沿 $ab$ 方位的变形，宜使 $l$ 趋于零。当 $l$ 趋于零时，平均正应变的极限值，称为 $b$ 点沿棱边 $ab$ 方位的正应变，并用 $\varepsilon$ 表示，即

$$\varepsilon=\lim_{l\to 0}\frac{\Delta l}{l} \tag{4-10}$$

采用类似方法，还可确定 $a$ 点处沿其他任意方位的正应变。

微元体相邻棱边所夹直角的改变量（图 4.4b），称为切应变，并用 $\gamma$ 表示。切应变的单位为 rad（弧度）。

显然，正应变与切应变均为量纲一的量。

综上所述，固体的整体变形，是由各微元体的局部变形组合的结果，而微元体的局部变形，则可用正应变与切应变度量。

## 4.4 应变张量

### 4.4.1 定义

固体内部一点的变形程度可以通过该点的所有线段的长度变化以及线段相互之间夹角

的改变来衡量。可以证明，通过一点的所有线段的长度和相互夹角的变化，可以用通过该点的相互垂直的三个线段的长度、相互夹角的变化来表征。

从 $P$ 点沿坐标轴 $x$、$y$、$z$ 的方向取三个微小的线段 $PA$、$PB$、$PC$，构成六面体微元体如图 4.5 所示，六面体的六个面分别与三个坐标轴相垂直。在固体发生变形的过程中，六面体微元体的各棱边的长度、夹角都会发生相应变化。

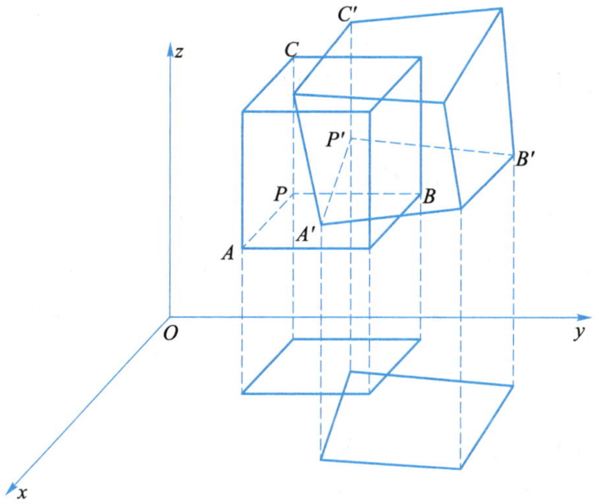


图 4.5　应变定义示意图

如图 4.5 所示，$PA$、$PB$、$PC$ 分别与坐标轴 $x$、$y$、$z$ 平行，变形后三条棱边分别移动至 $P'A'$、$P'B'$、$P'C'$。用 $\varepsilon_x$、$\varepsilon_y$、$\varepsilon_z$ 来表示 $x$、$y$、$z$ 轴方向棱边的相对伸长量，即正应变；用 $\gamma_{xy}$、$\gamma_{yz}$、$\gamma_{zx}$ 来表示 $x$ 和 $y$、$y$ 和 $z$、$z$ 和 $x$ 轴之间的夹角改变量，即切应变。则

$$\varepsilon_x=\frac{P'A'-PA}{PA};\quad \varepsilon_y=\frac{P'B'-PB}{PB};\quad \varepsilon_z=\frac{P'C'-PC}{PC},$$
$$\gamma_{xy}=\frac{\pi}{2}-\angle A'P'B';\quad \gamma_{yz}=\frac{\pi}{2}-\angle B'P'C';\quad \gamma_{zx}=\frac{\pi}{2}-\angle C'P'A' \tag{4-11}$$

$\gamma_{yx}$、$\gamma_{zy}$、$\gamma_{xz}$，这三个切应变分别与 $\gamma_{xy}$、$\gamma_{yz}$、$\gamma_{zx}$ 相等。一般将 $\gamma_{xy}$、$\gamma_{yz}$、$\gamma_{zx}$ 称为工程切应变，工程切应变表征的是两正交线段在变形后夹角的改变量，但应变张量的切应变分量表征的是两正交线段在变形后夹角的改变量的一半。因此将这 9 个变量写成如下矩阵形式：

$$\varepsilon_{ij}=\begin{bmatrix}\varepsilon_x & \frac{1}{2}\gamma_{xy} & \frac{1}{2}\gamma_{xz}\\ \frac{1}{2}\gamma_{yx} & \varepsilon_y & \frac{1}{2}\gamma_{yz}\\ \frac{1}{2}\gamma_{zx} & \frac{1}{2}\gamma_{zy} & \varepsilon_z\end{bmatrix} \tag{4-12}$$

上式就是应变张量的定义表达式，或者引入 $\varepsilon_{xy}$、$\varepsilon_{yz}$ 和 $\varepsilon_{zx}$，可记为

$$\varepsilon_{ij}=\begin{bmatrix}\varepsilon_x & \varepsilon_{xy} & \varepsilon_{xz}\\ \varepsilon_{yx} & \varepsilon_y & \varepsilon_{yz}\\ \varepsilon_{zx} & \varepsilon_{zy} & \varepsilon_z\end{bmatrix} \tag{4-13}$$

$\varepsilon_{xy}$、$\varepsilon_{yz}$ 和 $\varepsilon_{zx}$ 也称为切应变，但是为了区别 $\gamma_{xy}$、$\gamma_{yz}$、$\gamma_{zx}$，；正应变对于式(4－12)和式(4－13)而言是一样的，都表征的是线段长度的相对改变量。

### 4.4.2 应变的坐标变换

在定义了应变张量后，可以证明其为二阶张量，则由第 2 章张量坐标变换式(2－28)可知，应变张量的坐标变换公式为

$$\varepsilon'_{ij}=l_{ip}l_{jq}\varepsilon_{pq} \tag{4-14}$$

将式(4－14)展开，得到应变张量坐标变换的一般表达式为

$$\begin{aligned}
\varepsilon'_x&=\varepsilon_x l_{11}^2+\varepsilon_y l_{12}^2+\varepsilon_z l_{13}^2+2(\varepsilon_{xy}l_{11}l_{12}+\varepsilon_{yz}l_{12}l_{13}+\varepsilon_{zx}l_{13}l_{11})\\
\varepsilon'_y&=\varepsilon_x l_{21}^2+\varepsilon_y l_{22}^2+\varepsilon_z l_{23}^2+2(\varepsilon_{xy}l_{21}l_{22}+\varepsilon_{yz}l_{22}l_{23}+\varepsilon_{zx}l_{23}l_{21})\\
\varepsilon'_z&=\varepsilon_x l_{31}^2+\varepsilon_y l_{32}^2+\varepsilon_z l_{33}^2+2(\varepsilon_{xy}l_{31}l_{32}+\varepsilon_{yz}l_{32}l_{33}+\varepsilon_{zx}l_{33}l_{31})\\
\varepsilon'_{xy}&=\varepsilon_x l_{11}l_{21}+\varepsilon_y l_{12}l_{22}+\varepsilon_z l_{13}l_{23}+\varepsilon_{xy}(l_{11}l_{22}+l_{12}l_{21})+\varepsilon_{yz}(l_{12}l_{23}+l_{13}l_{22})+\varepsilon_{zx}(l_{13}l_{21}+l_{11}l_{23})\\
\varepsilon'_{yz}&=\varepsilon_x l_{21}l_{31}+\varepsilon_y l_{22}l_{32}+\varepsilon_z l_{23}l_{33}+\varepsilon_{xy}(l_{21}l_{32}+l_{22}l_{31})+\varepsilon_{yz}(l_{22}l_{33}+l_{23}l_{32})+\varepsilon_{zx}(l_{23}l_{31}+l_{21}l_{33})\\
\varepsilon'_{zx}&=\varepsilon_x l_{31}l_{11}+\varepsilon_y l_{32}l_{12}+\varepsilon_z l_{33}l_{13}+\varepsilon_{xy}(l_{31}l_{12}+l_{32}l_{11})+\varepsilon_{yz}(l_{32}l_{13}+l_{33}l_{12})+\varepsilon_{zx}(l_{33}l_{11}+l_{31}l_{13})
\end{aligned} \tag{4-15}$$

对于如图 4.6 所示的二维情况，变换矩阵可以表示为

$$Q_{ij}=\begin{bmatrix}\cos\theta & \sin\theta & 0\\ -\sin\theta & \cos\theta & 0\\ 0 & 0 & 1\end{bmatrix} \tag{4-16}$$

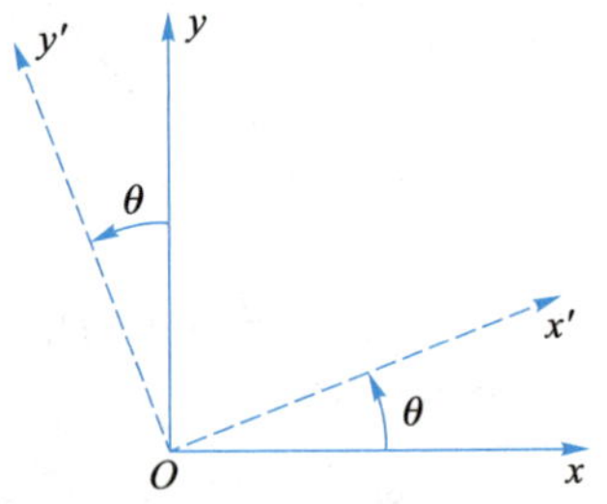

图 4.6　二维旋转转换

在此变换下，平面内应变分量为

$$\begin{aligned}
\varepsilon'_x&=\varepsilon_x\cos^2\theta+\varepsilon_y\sin^2\theta+2\varepsilon_{xy}\sin\theta\cos\theta\\
\varepsilon'_y&=\varepsilon_x\sin^2\theta+\varepsilon_y\cos^2\theta-2\varepsilon_{xy}\sin\theta\cos\theta\\
\varepsilon'_{xy}&=-\varepsilon_x\sin\theta\cos\theta+\varepsilon_y\sin\theta\cos\theta+\varepsilon_{xy}(\cos^2\theta-\sin^2\theta)
\end{aligned} \tag{4-17}$$

可以改写为

$$\begin{aligned}
\varepsilon'_x&=\frac{\varepsilon_x+\varepsilon_y}{2}+\frac{\varepsilon_x-\varepsilon_y}{2}\cos 2\theta+\varepsilon_{xy}\sin 2\theta\\
\varepsilon'_y&=\frac{\varepsilon_x+\varepsilon_y}{2}-\frac{\varepsilon_x-\varepsilon_y}{2}\cos 2\theta-\varepsilon_{xy}\sin 2\theta\\
\varepsilon'_{xy}&=\frac{\varepsilon_y-\varepsilon_x}{2}\sin 2\theta+\varepsilon_{xy}\cos 2\theta
\end{aligned} \tag{4-18}$$

式(4－18)可以直接应用于建立笛卡儿坐标系和极坐标系之间的变换。

### 4.4.3 主应变

与主应力的定义类似，对于固体内任意点，至少存在一组三个相互正交的方向，在该组合中，仅有正应变而切应变为零。这样的三个方向称为应变主轴或应变主方向，该方向的正应变就称为主应变[4]。

与 3.3.3 节中推导式(3－21)类似，可得

$$\det(\varepsilon_{ij}-\varepsilon\delta_{ij})=-\varepsilon^3+I_1'\varepsilon^2-I_2'\varepsilon+I_3'=0 \tag{4-19}$$

式(4-19)即为应变状态的特征方程，是用于确定固体中任意点主应变的方程。式中的$I_1'$、$I_2'$、$I_3'$可表示为

$$\begin{cases} I_1'=\varepsilon_x+\varepsilon_y+\varepsilon_z \\ I_2'=\varepsilon_x\varepsilon_y+\varepsilon_y\varepsilon_z+\varepsilon_z\varepsilon_x-(\varepsilon_{xy}^2+\varepsilon_{yz}^2+\varepsilon_{zx}^2) \\ I_3'=\begin{vmatrix} \varepsilon_x & \varepsilon_{xy} & \varepsilon_{xz} \\ \varepsilon_{yx} & \varepsilon_y & \varepsilon_{yz} \\ \varepsilon_{zx} & \varepsilon_{zy} & \varepsilon_z \end{vmatrix}=\varepsilon_x\varepsilon_y\varepsilon_z+2\varepsilon_{xy}\varepsilon_{yz}\varepsilon_{zx}-(\varepsilon_x\varepsilon_{yz}^2+\varepsilon_y\varepsilon_{xz}^2+\varepsilon_z\varepsilon_{xy}^2) \end{cases} \tag{4-20}$$

用主应变来表示为

$$\begin{cases} I_1'=\varepsilon_1+\varepsilon_2+\varepsilon_3 \\ I_2'=\varepsilon_1\varepsilon_2+\varepsilon_2\varepsilon_3+\varepsilon_3\varepsilon_1 \\ I_3'=\varepsilon_1\varepsilon_2\varepsilon_3 \end{cases} \tag{4-21}$$

$I_1'$、$I_2'$、$I_3'$与应力不变量相似，分别称为第一、第二和第三应变不变量。通过求解式(4-19)可得到三个解，这三个解对应三个主应变。应变不变量同样具有应力不变量所具有的三个性质：不变性、实数性和正交性。

### 4.4.4 八面体应变

变形前与三个应变主轴成相同角度的线段称为八面体线段[4]。在固体变形过程中，八面体线段所产生的应变就称为八面体应变。同样八面体应变也分为八面体正应变 $\varepsilon_8$ 和八面体切应变 $\gamma_8$，则

$$\begin{aligned} \varepsilon_8&=\frac{1}{3}(\varepsilon_1+\varepsilon_2+\varepsilon_3) \\ \gamma_8&=\frac{2}{3}[(\varepsilon_1-\varepsilon_2)^2+(\varepsilon_2-\varepsilon_3)^2+(\varepsilon_3-\varepsilon_1)^2]^{1/2} \end{aligned} \tag{4-22}$$

一般情况下，用应变张量的各分量表示为

$$\begin{aligned} \varepsilon_8&=\frac{1}{3}(\varepsilon_x+\varepsilon_y+\varepsilon_z) \\ \gamma_8&=\frac{2}{3}\sqrt{(\varepsilon_x-\varepsilon_y)^2+(\varepsilon_y-\varepsilon_z)^2+(\varepsilon_z-\varepsilon_x)^2+6(\varepsilon_{xy}^2+\varepsilon_{yz}^2+\varepsilon_{xz}^2)} \end{aligned} \tag{4-23}$$

### 4.4.5 体积应变

对于固体中一点 $P(x,y,z)$，在其邻域内，以 $P$ 为一个角点，变形前以 $\mathrm{d}x\boldsymbol{e}_x$，$\mathrm{d}y\boldsymbol{e}_y$，$\mathrm{d}z\boldsymbol{e}_z$ 为三边的正六面体微元体，变形后变为平行六面体，其三边可以表示为

$$\begin{aligned} x'&=\mathrm{d}x\boldsymbol{e}_x+\frac{\partial u}{\partial x}\mathrm{d}x=(1+\varepsilon_x)\mathrm{d}x \\ y'&=\mathrm{d}y\boldsymbol{e}_y+\frac{\partial u}{\partial y}\mathrm{d}y=(1+\varepsilon_y)\mathrm{d}y \\ z'&=\mathrm{d}z\boldsymbol{e}_z+\frac{\partial u}{\partial z}\mathrm{d}z=(1+\varepsilon_z)\mathrm{d}z \end{aligned} \tag{4-24}$$

对于体积的变化，可令变形固体中的六面体微元体的初始体积为 $V_0$，则

$$V_0 = \mathrm{d}x\mathrm{d}y\mathrm{d}z \tag{4-25}$$

变形后的体积为

$$V = \begin{vmatrix} 1+u_{1,1} & u_{2,1} & u_{3,1} \\ u_{1,2} & 1+u_{2,2} & u_{3,2} \\ u_{1,3} & u_{2,3} & 1+u_{3,3} \end{vmatrix} \mathrm{d}x\mathrm{d}y\mathrm{d}z = |\delta_{ij} + u_{i,j}| \mathrm{d}x\mathrm{d}y\mathrm{d}z \tag{4-26}$$

因此可以求出微元体积相对改变为

$$\frac{V}{V_0} = 1+\theta = |\delta_{ij} + u_{j,i}| \tag{4-27}$$

将式(4-27)平方，即可得到

$$(1+\theta)^2 = |\delta_{ij} + u_{i,j}|^2 = |\delta_{ij} + 2\xi_{ij}| = (1+2\xi_1)(1+2\xi_2)(1+2\xi_3) \tag{4-28}$$

进而可以得到 $\theta$

$$\theta = \sqrt{(1+2\xi_1)(1+2\xi_2)(1+2\xi_3)} - 1 \tag{4-29}$$

$\theta$ 也就是变形前后单位体积的相对体积变化，称为**体积应变**。

而对于变形前以 $P$ 为中心，$\mathrm{d}r$ 为半径的球形微元，变形后将变为一个椭球，其三个主轴长度分别为 $(1+E_1)\mathrm{d}r$，$(1+E_2)\mathrm{d}r$，$(1+E_3)\mathrm{d}r$，同样可以推导得出

$$\begin{aligned} \Delta &= \frac{\frac{4}{3}\pi[(1+E_1)(1+E_2)(1+E_3)-1](\mathrm{d}r)^3}{\frac{4}{3}\pi(\mathrm{d}r)^3} \\ &= (1+E_1)(1+E_2)(1+E_3)-1 \\ &= \sqrt{(1+2\xi_1)(1+2\xi_2)(1+2\xi_3)} - 1 \end{aligned} \tag{4-30}$$

### 4.4.6 应变球张量和应变偏张量

与应力张量一样，应变张量也可以分解为两部分：一部分为只与固体体积改变有关的应变球张量；另一部分为只与固体形状改变有关的应变偏张量，即

$$\varepsilon_{ij} = \begin{pmatrix} \varepsilon_x & \varepsilon_{xy} & \varepsilon_{xz} \\ \varepsilon_{yx} & \varepsilon_y & \varepsilon_{yz} \\ \varepsilon_{zx} & \varepsilon_{zy} & \varepsilon_z \end{pmatrix} = \begin{pmatrix} \varepsilon_m & 0 & 0 \\ 0 & \varepsilon_m & 0 \\ 0 & 0 & \varepsilon_m \end{pmatrix} + \begin{pmatrix} \varepsilon_x - \varepsilon_m & \varepsilon_{xy} & \varepsilon_{xz} \\ \varepsilon_{yx} & \varepsilon_y - \varepsilon_m & \varepsilon_{yz} \\ \varepsilon_{zx} & \varepsilon_{zy} & \varepsilon_z - \varepsilon_m \end{pmatrix} \tag{4-31}$$

式中 $\varepsilon_m = \frac{1}{3}(\varepsilon_x + \varepsilon_y + \varepsilon_z)$。将式(3-69)前部分记为 $\varepsilon_{ij} = \varepsilon_m \delta_{ij} + e_{ij} \varepsilon_m \delta_{ij}$，后部分记为 $e_{ij}$，则上式可写为

$$\varepsilon_{ij} = \varepsilon_m \delta_{ij} + e_{ij} \tag{4-32}$$

其中 $e_{ij}$ 为应变偏张量。将 $e_{ij}$ 写为用主应变表示的矩阵形式

$$e_{ij} = \begin{bmatrix} e_x & e_{xy} & e_{xz} \\ e_{yx} & e_y & e_{yz} \\ e_{zx} & e_{zy} & e_z \end{bmatrix} = \begin{bmatrix} \varepsilon_1 - \varepsilon_m & 0 & 0 \\ 0 & \varepsilon_2 - \varepsilon_m & 0 \\ 0 & 0 & \varepsilon_3 - \varepsilon_m \end{bmatrix} \tag{4-33}$$

或

$$e_{ij}=\begin{bmatrix}\frac{2\varepsilon_1-\varepsilon_2-\varepsilon_3}{3} & 0 & 0\\ 0 & \frac{2\varepsilon_2-\varepsilon_1-\varepsilon_3}{3} & 0\\ 0 & 0 & \frac{2\varepsilon_3-\varepsilon_2-\varepsilon_1}{3}\end{bmatrix} \tag{4-34}$$

为了获得应变偏张量的主值和不变量，同样可进行类似式(4-19)的推导，进而得到

$$\det(e_{ij}-e\delta_{ij})=-e^3+J_1'e^2+J_2'e+J_3'=0 \tag{4-35}$$

式中 $J_1'$、$J_2'$和 $J_3'$就是应变偏张量的第一、第二和第三不变量，方程必有三个实根，即为应变偏张量的主值 $e_1$、$e_2$、$e_3$。$J_1'$、$J_2'$和 $J_3'$可表示为

$$\begin{aligned}J_1'&=e_{11}+e_{22}+e_{33}=e_1+e_2+e_3=0\\ J_2'&=\frac{1}{2}e_{ij}e_{ji}=-e_{11}e_{22}-e_{22}e_{33}-e_{11}e_{33}+e_{12}^2+e_{23}^2+e_{31}^2\\ &=\frac{1}{2}(e_1^2+e_2^2+e_3^2)=-e_1e_2-e_2e_3-e_3e_1\\ &=\frac{1}{6}[(e_1-e_2)^2+(e_2-e_3)^2+(e_3-e_1)^2]\\ J_3'&=e_{11}e_{22}e_{33}+2e_{12}e_{23}e_{31}-e_{11}e_{23}^2-e_{22}e_{31}^2-e_{33}e_{12}^2\\ &=e_1e_2e_3\end{aligned} \tag{4-36}$$

应变偏张量的第二不变量与八面体切应变具有如下关系：

$$\gamma_8=2\sqrt{\frac{2}{3}J_2'} \tag{4-37}$$

## 4.5 小变形几何方程（位移与应变关系）

有了上述位移和应变的定义后，下面推导位移和应变之间的关系，即几何方程。为了推导方便，采用平面情况下的变形示意图，如图 4.7 所示，在变形固体中 $P$ 点的微小邻域内取矩形微元 $PACB$。

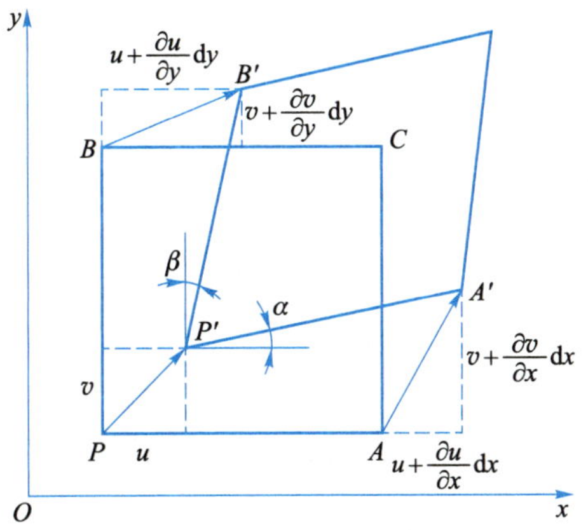


图 4.7 二维应变示意图

变形后 $P$ 点移动至 $P'$点，位移分量为 $u$、$v$；$A$、$B$ 点移至 $A'$、$B'$点。将位移分量进行泰勒级数展开，并根据弹性力学的小变形假设，略去二阶以上的高阶项后可得

$$\begin{aligned} u_A &= u+\frac{\partial u}{\partial x}\mathrm{d}x \\ v_A &= v+\frac{\partial v}{\partial x}\mathrm{d}x \end{aligned} \tag{4-38}$$

$$\begin{aligned} u_B &= u+\frac{\partial u}{\partial y}\mathrm{d}y \\ v_B &= v+\frac{\partial v}{\partial y}\mathrm{d}y \end{aligned} \tag{4-39}$$

故

$$P'A' \approx \mathrm{d}x+u+\frac{\partial u}{\partial x}\mathrm{d}x-u=\mathrm{d}x+\frac{\partial u}{\partial x}\mathrm{d}x \tag{4-40}$$

将式(4-40)代入式(4-11)可得

$$\varepsilon_x=\frac{P'A'-PA}{PA}\approx\frac{\mathrm{d}x+\frac{\partial u}{\partial x}\mathrm{d}x-\mathrm{d}x}{\mathrm{d}x}=\frac{\partial u}{\partial x} \tag{4-41}$$

同理

$$\varepsilon_y=\frac{\partial v}{\partial y},\quad \varepsilon_z=\frac{\partial w}{\partial z} \tag{4-42}$$

上面讨论了正应变与位移分量的关系，接下来讨论切应变与位移分量间的关系。在小变形假设下，参考式(4-11)可知

$$\varepsilon_{xy}=\frac{1}{2}\left(\frac{\pi}{2}-\angle A'P'B'\right)=\frac{1}{2}(\alpha+\beta) \tag{4-43}$$

由小变形假设得

$$\alpha\approx\tan\alpha=\frac{v+\frac{\partial v}{\partial x}\mathrm{d}x-v}{\mathrm{d}x+\frac{\partial u}{\partial x}\mathrm{d}x}=\frac{\frac{\partial v}{\partial x}}{1+\frac{\partial u}{\partial x}}\approx\frac{\partial v}{\partial x} \tag{4-44}$$

同理

$$\beta=\frac{\partial u}{\partial y} \tag{4-45}$$

将式(4-44)、式(4-45)代入式(4-43)可得

$$\varepsilon_{xy}=\frac{1}{2}\left(\frac{\partial u}{\partial y}+\frac{\partial v}{\partial x}\right) \tag{4-46}$$

同理可得

$$\varepsilon_{yz}=\frac{1}{2}\left(\frac{\partial v}{\partial z}+\frac{\partial w}{\partial y}\right),\quad \varepsilon_{zx}=\frac{1}{2}\left(\frac{\partial w}{\partial x}+\frac{\partial u}{\partial z}\right) \tag{4-47}$$

综上所述，应变分量与位移分量之间的关系为

$$\varepsilon_x=\frac{\partial u}{\partial x},\quad \varepsilon_y=\frac{\partial v}{\partial y},\quad \varepsilon_z=\frac{\partial w}{\partial z}$$
$$\varepsilon_{xy}=\frac{1}{2}\left(\frac{\partial u}{\partial y}+\frac{\partial v}{\partial x}\right),\quad \varepsilon_{yz}=\frac{1}{2}\left(\frac{\partial v}{\partial z}+\frac{\partial w}{\partial y}\right),\quad \varepsilon_{zx}=\frac{1}{2}\left(\frac{\partial w}{\partial x}+\frac{\partial u}{\partial z}\right) \tag{4-48}$$

上式就是几何方程，又称为柯西方程[2]。它给出了应变分量与位移分量之间的关系。式(4－48)的指标标记形式为

$$\varepsilon_{ij}=\frac{1}{2}(u_{i,j}+u_{j,i}) \tag{4-49}$$

在极坐标系中，应变分量与位移分量之间的关系为

$$\varepsilon_\rho=\frac{\partial u_\rho}{\partial \rho}$$
$$\varepsilon_\varphi=\frac{u_\rho}{\rho}+\frac{1}{\rho}\frac{\partial u_\varphi}{\partial \varphi} \tag{4-50}$$
$$\gamma_{\rho\varphi}=\frac{1}{\rho}\frac{\partial u_\rho}{\partial \varphi}+\frac{1}{\rho}\frac{\partial u_\varphi}{\partial \rho}-\frac{u_\varphi}{\rho}$$

例题 4.1

已知某点(1,3,4)的位移分量为：$u=(6x^2+15)\times10^{-2}$ mm，$v=(8zy)\times10^{-2}$ mm，$w=(3z^2-2xy)\times10^{-2}$ mm，试求该点的应变状态。

解：根据式(4－48)得

$$\varepsilon_x=\frac{\partial u}{\partial x}=12x\times10^{-2}=0.12$$
$$\varepsilon_y=\frac{\partial v}{\partial y}=8z\times10^{-2}=0.32$$
$$\varepsilon_z=\frac{\partial w}{\partial z}=6z\times10^{-2}=0.24$$
$$\varepsilon_{xy}=\frac{1}{2}\left(\frac{\partial u}{\partial y}+\frac{\partial v}{\partial x}\right)=0$$
$$\varepsilon_{yz}=\frac{1}{2}\left(\frac{\partial v}{\partial z}+\frac{\partial w}{\partial y}\right)=(4y-x)\times10^{-2}=0.11$$
$$\varepsilon_{zx}=\frac{1}{2}\left(\frac{\partial w}{\partial x}+\frac{\partial u}{\partial z}\right)=-y\times10^{-2}=-0.03$$

因此，该点的应变状态为 $\varepsilon_{ij}=\begin{bmatrix}0.12 & 0 & -0.03\\ 0 & 0.32 & 0.11\\ -0.03 & 0.11 & 0.24\end{bmatrix}$

## 4.6 变形协调方程

根据式(4－16)，在已知位移分量的情况下，对于连续固体，可以得到各应变分量，且求得的应变分量是单值连续的。反过来，通过已知的应变分量来反求位移分量，由于此过程为

积分过程，就不能保证所得的位移分量结果的单值连续性。为保证所求的位移分量的单值连续性，各应变分量间必须满足一定的条件，即各应变分量间具有协调性。

在图 4.8a 所示固体内分析连续相邻的 4 个矩形微元(图 4.8b)。由应变场推导位移场时，若不加协调条件，求得的位移场可能会出现重叠(图 4.8c)、撕裂(图 4.8d)和分离(图 4.8e)的现象[3]。

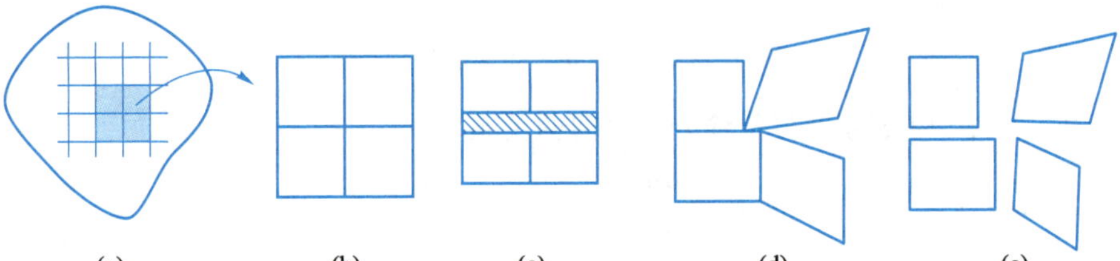


图 4.8　位移场的重叠、撕裂和分离现象

对于单值连续的位移场，位移分量对坐标的偏导数应该与求导顺序无关，由此就可以导出应变分量的协调方程。对二维问题而言，以在 $Oxy$ 坐标平面内为例，将几何方程中 $\varepsilon_x=\frac{\partial u}{\partial x}$，$\varepsilon_y=\frac{\partial v}{\partial y}$ 两项中的 $\varepsilon_x$ 对 $y$ 求两次偏导，$\varepsilon_y$ 对 $x$ 求两次偏导后，可得

$$\frac{\partial^2\varepsilon_x}{\partial y^2}=\frac{\partial^3 u}{\partial x\partial y^2},\quad \frac{\partial^2\varepsilon_y}{\partial x^2}=\frac{\partial^3 v}{\partial y\partial x^2} \tag{4-51}$$

将两式相加，联立 $\gamma_{xy}=\frac{\partial u}{\partial y}+\frac{\partial v}{\partial x}$ 可得

$$\frac{\partial^2\varepsilon_x}{\partial y^2}+\frac{\partial^2\varepsilon_y}{\partial x^2}=\frac{\partial^2\gamma_{xy}}{\partial x\partial y} \tag{4-52}$$

式(4-52)就称为**应变协调方程**或者**变形协调方程**，又称圣维南方程[3]。当应变分量满足了变形协调方程之后，通过几何方程来求解位移时就能保证求得的位移具有单值连续性。式(4-52)是二维情况下用应变分量表示的变形协调方程，类似地，可以推导出三维情况下的变形协调方程

$$\begin{aligned}
&\frac{\partial^2\varepsilon_x}{\partial y^2}+\frac{\partial^2\varepsilon_y}{\partial x^2}=\frac{\partial^2\gamma_{xy}}{\partial x\partial y}\\
&\frac{\partial^2\varepsilon_y}{\partial z^2}+\frac{\partial^2\varepsilon_z}{\partial y^2}=\frac{\partial^2\gamma_{yz}}{\partial y\partial z}\\
&\frac{\partial^2\varepsilon_z}{\partial x^2}+\frac{\partial^2\varepsilon_x}{\partial z^2}=\frac{\partial^2\gamma_{zx}}{\partial z\partial x}\\
&\frac{\partial^2\varepsilon_x}{\partial y\partial z}=\frac{\partial}{\partial x}\left(-\frac{\partial\varepsilon_{yz}}{\partial x}+\frac{\partial\varepsilon_{zx}}{\partial y}+\frac{\partial\varepsilon_{xy}}{\partial z}\right)\\
&\frac{\partial^2\varepsilon_y}{\partial z\partial x}=\frac{\partial}{\partial y}\left(-\frac{\partial\varepsilon_{zx}}{\partial y}+\frac{\partial\varepsilon_{xy}}{\partial z}+\frac{\partial\varepsilon_{yz}}{\partial x}\right)\\
&\frac{\partial^2\varepsilon_z}{\partial x\partial y}=\frac{\partial}{\partial z}\left(-\frac{\partial\varepsilon_{xy}}{\partial z}+\frac{\partial\varepsilon_{yz}}{\partial x}+\frac{\partial\varepsilon_{zx}}{\partial y}\right)
\end{aligned} \tag{4-53}$$

用指标标记法可写为

$$\varepsilon_{ij,kl}+\varepsilon_{kl,ij}-\varepsilon_{ik,jl}-\varepsilon_{jl,ik}=0 \tag{4-54}$$

六个协调方程并不完全独立，它们之间存在三个高一阶的微分关系。引入

$$L_{mn}=e_{mjk}e_{nil}\varepsilon_{ij,kl} \tag{4-55}$$

称为不协调张量。仅当 $L_{mn}=0$ 时，协调方程成立。求导得到

$$L_{mn,n}=e_{mjk}e_{nil}\varepsilon_{ij,kln}$$

上式右端 $e_{nil}$ 对指标 $n$，$l$ 为反对称，而 $\varepsilon_{ij,kln}$ 对 $n$，$l$ 为对称，因此

$$L_{mn,n}=0 \tag{4-56}$$

式(4-56)称为比安奇(Bianchi)恒等式，说明不协调张量 $L_{mn}$ 满足一个与无体力平衡方程 $\sigma_{ij,j}=0$ 类似的微分关系，因此协调方程只有三个是完全独立的。

以上得到的关系式(4-53)或式(4-54)仅是固体在单连通域连续单值位移的充要条件，从定义上可以写成以下形式，也即对于单连通域上的任意闭合线段如下两个积分为 0：

$$\begin{aligned}&\int_l [\mathrm{d}\boldsymbol{l}\cdot\boldsymbol{\varepsilon}\nabla-(\mathrm{d}\boldsymbol{l}\cdot\boldsymbol{\varepsilon}\nabla)]^{\mathrm{T}}=0\\&\int_l \mathrm{d}\boldsymbol{l}\cdot[\boldsymbol{\varepsilon}+\boldsymbol{\varepsilon}\times\nabla\times\boldsymbol{r}]=0\end{aligned} \tag{4-57}$$

单连通一词是指在空间区域中，所有在该区域内绘制的简单闭合曲线都可以连续收缩到一个点，而不超出该区域，而不能连续收缩到一个点的域称为多连通域。

如图 4.9 所示，情形(a)为二维单连通，而在情形(b)的域中存在一个洞，围绕着洞的闭合轮廓不能缩小到一个点。因此，对于二维区域，一个或多个孔洞[情形(c)]的存在会使得域多连通。情形(d)是一个单连通三维实例。三维情形中还存在一种单连通域如情形(e)所示，即使在圆柱体内放置一个球形空腔，该区域仍然是单连通的，因为闭合曲线仍然可以围绕其内部空腔收缩到一点。然而，如果圆柱体具有如情形(f)所示的通孔，则围绕轴向通孔的内部曲线不能在不进入通孔的情况下缩小到一点。

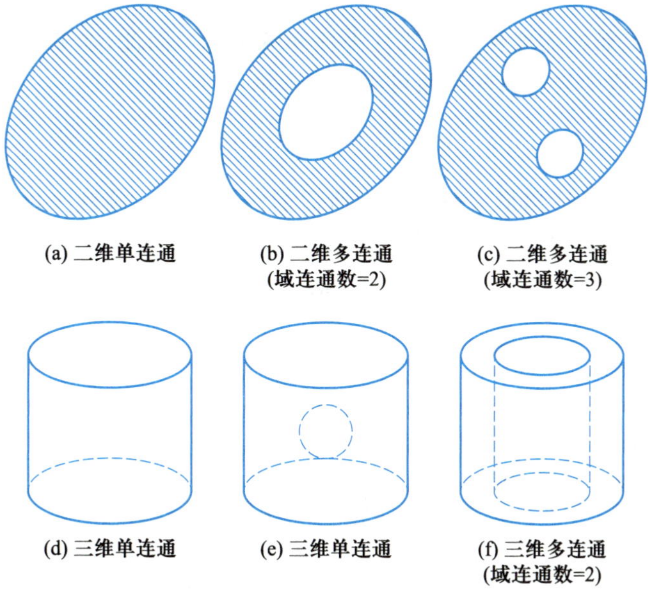


图 4.9　域连通性示例

对于多连通域，变形协调方程无法通过对域内任意闭曲线反推得到式(4－57)，因此变形协调方程仅仅是位移单值的必要条件，要作为充要条件，还需要对多连通域的内边界附加如下位移单值条件：

$$\begin{aligned}&\int_{r_i} \mathrm{d}l \cdot \varepsilon \times \nabla = \int_{r_i} e_{lpq}\varepsilon_{kp,q}\,\mathrm{d}X_k = 0 \\ &\int_{r_i} \mathrm{d}l \cdot [\varepsilon + \varepsilon \times \nabla \times r] = \int_{r_i} [\varepsilon_{kl} - (\varepsilon_{kl,p} - \varepsilon_{kp,l})X_p]\,\mathrm{d}X_k = 0\end{aligned} \qquad i=1,2,\cdots,n \tag{4-58}$$

$n+1$ 为连通域的域连通数量。

## 4.7 应变小结

在固体力学中，一点的变形程度是通过该点三个相互正交线段的长度变化、两两之间的夹角改变的 9 个分量来描述，在此基础上定义了应变张量；和应力张量相同，当坐标变换时，不同坐标系下，应变张量的 9 个分量会不同，在主坐标系下，应变张量只有 3 个应变分量；应变张量也存在不变量；八面体应变也是应变张量的一个不变量，同时也可以将应变张量分解为应变球张量(和体积改变相关)和应变偏张量(和形状改变相关)。变形协调方程描述的是各应变量之间的关系。当应变分量满足了变形协调方程之后，通过几何方程来求解位移时就能保证求得的位移具有单值连续性。

## 4.8 重点概念阐释及知识延伸

### 1. 柱坐标系与球坐标系的几何方程

许多弹性问题的解决需要使用曲线柱坐标和球坐标。因此，本节研究柱坐标和球坐标下应变-位移关系。应变与位移间关系可由下式表示：

$$\boldsymbol{\varepsilon} = \frac{1}{2}[\nabla \boldsymbol{u} + (\nabla \boldsymbol{u})^{\mathrm{T}}] \tag{4-59}$$

用位移梯度项$\nabla u$ 的适当形式可以确定所需的曲线关系。圆柱坐标系如图 4.10 所示，从其出发为位移矢量和应变张量建立新的分量。

$$\boldsymbol{u} = u_r\boldsymbol{e}_r + u_\theta\boldsymbol{e}_\theta + u_z\boldsymbol{e}_z$$

$$\boldsymbol{\varepsilon} = \begin{bmatrix} \varepsilon_r & \varepsilon_{r\theta} & \varepsilon_{rz} \\ \varepsilon_{r\theta} & \varepsilon_\theta & \varepsilon_{\theta z} \\ \varepsilon_{rz} & \varepsilon_{\theta z} & \varepsilon_z \end{bmatrix} \tag{4-60}$$

代入$\nabla u$，可以得到

$$\begin{aligned}\nabla u = {}& \frac{\partial u_r}{\partial r}e_r e_r + \frac{\partial u_\theta}{\partial r}e_r e_\theta + \frac{\partial u_z}{\partial r}e_r e_z + \frac{1}{r}\left(\frac{\partial u_r}{\partial \theta} - u_\theta\right)e_\theta e_r + \frac{1}{r}\left(\frac{\partial u_\theta}{\partial \theta} + u_r\right)e_\theta e_\theta + \frac{1}{r}\frac{\partial u_z}{\partial \theta}e_\theta e_z + \\ & \frac{\partial u_r}{\partial z}e_z e_r + \frac{\partial u_\theta}{\partial z}e_z e_\theta + \frac{\partial u_z}{\partial z}e_z e_z\end{aligned} \tag{4-61}$$

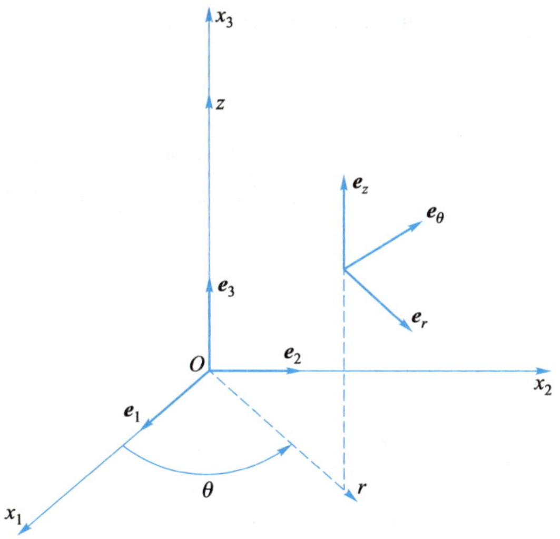


图 4.10　柱坐标系

将结果代入式(4-59),得到柱坐标系下的几何方程

$$
\begin{aligned}
&\varepsilon_r=\frac{\partial u_r}{\partial r},\quad \varepsilon_\theta=\frac{1}{r}\left(\frac{\partial u_\theta}{\partial \theta}+u_r\right),\quad \varepsilon_z=\frac{\partial u_z}{\partial z}\\
&\varepsilon_{r\theta}=\frac{1}{2}\left(\frac{\partial u_\theta}{\partial r}+\frac{1}{r}\frac{\partial u_r}{\partial \theta}-\frac{u_\theta}{r}\right)\\
&\varepsilon_{\theta z}=\frac{1}{2}\left(\frac{1}{r}\frac{\partial u_z}{\partial \theta}+\frac{\partial u_\theta}{\partial z}\right)\\
&\varepsilon_{zr}=\frac{1}{2}\left(\frac{\partial u_z}{\partial r}+\frac{\partial u_r}{\partial z}\right)
\end{aligned}
\tag{4-62}
$$

而对于如图 4.11 所示的球坐标系,位移向量和应变张量可以写成

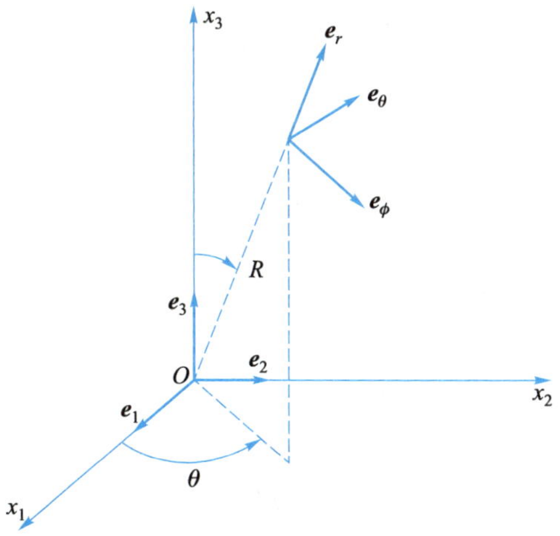


图 4.11　球坐标系

$$\boldsymbol{u}=u_R\boldsymbol{e}_R+u_\phi\boldsymbol{e}_\phi+u_\theta\boldsymbol{e}_\theta$$

$$\boldsymbol{\varepsilon}=\begin{bmatrix}\varepsilon_R & \varepsilon_{R\phi} & \varepsilon_{R\theta}\\ \varepsilon_{R\phi} & \varepsilon_\phi & \varepsilon_{\phi\theta}\\ \varepsilon_{R\theta} & \varepsilon_{\phi\theta} & \varepsilon_\theta\end{bmatrix} \tag{4-63}$$

同理于柱坐标系下的推导过程，球坐标的应变-位移关系变为

$$\begin{aligned}
&\varepsilon_R=\frac{\partial u_R}{\partial R},\quad \varepsilon_\phi=\frac{1}{R}\left(\frac{\partial u_\phi}{\partial \phi}+u_R\right),\quad \varepsilon_\theta=\frac{1}{R\sin\phi}\left(\frac{\partial u_\theta}{\partial \theta}+\sin\phi u_R+\cos\phi u_\phi\right)\\
&\varepsilon_{R\phi}=\frac{1}{2}\left(\frac{\partial u_\phi}{\partial R}+\frac{1}{R}\frac{\partial u_R}{\partial \phi}-\frac{u_\phi}{R}\right)\\
&\varepsilon_{\phi\theta}=\frac{1}{2R}\left(\frac{1}{\sin\phi}\frac{\partial u_\phi}{\partial \theta}+\frac{\partial u_\theta}{\partial \phi}-\cot\phi u_\theta\right)\\
&\varepsilon_{\theta R}=\frac{1}{2}\left(\frac{\partial u_\theta}{\partial R}+\frac{1}{R\sin\phi}\frac{\partial u_R}{\partial \theta}-\frac{u_\theta}{R}\right)
\end{aligned} \tag{4-64}$$

### 2. 大变形下的几何方程

式(4-49)是在小变形的前提下，省略了高阶量 $u_{r,i}u_{r,j}$ 后得到的几何方程。当固体不再满足小变形假设时，高阶量不能再忽略，保留高阶量的应变张量为

$$\varepsilon_{ij}=\frac{1}{2}(u_{i,j}+u_{j,i}+u_{r,i}u_{r,j}) \tag{4-65}$$

上式展开即可得到大变形条件下的几何方程

$$\begin{aligned}
&\varepsilon_x=\frac{\partial u}{\partial x}+\frac{1}{2}\left[\left(\frac{\partial u}{\partial x}\right)^2+\left(\frac{\partial v}{\partial x}\right)^2+\left(\frac{\partial w}{\partial x}\right)^2\right]\\
&\varepsilon_y=\frac{\partial u}{\partial y}+\frac{1}{2}\left[\left(\frac{\partial u}{\partial y}\right)^2+\left(\frac{\partial v}{\partial y}\right)^2+\left(\frac{\partial w}{\partial y}\right)^2\right]\\
&\varepsilon_z=\frac{\partial u}{\partial z}+\frac{1}{2}\left[\left(\frac{\partial u}{\partial z}\right)^2+\left(\frac{\partial v}{\partial z}\right)^2+\left(\frac{\partial w}{\partial z}\right)^2\right]\\
&\varepsilon_{xy}=\frac{1}{2}\left[\frac{\partial u}{\partial y}+\frac{\partial v}{\partial x}+\left(\frac{\partial u}{\partial x}\frac{\partial u}{\partial y}+\frac{\partial v}{\partial x}\frac{\partial v}{\partial y}+\frac{\partial w}{\partial x}\frac{\partial w}{\partial y}\right)\right]\\
&\varepsilon_{yz}=\frac{1}{2}\left[\frac{\partial v}{\partial z}+\frac{\partial w}{\partial y}+\left(\frac{\partial u}{\partial y}\frac{\partial u}{\partial z}+\frac{\partial v}{\partial y}\frac{\partial v}{\partial z}+\frac{\partial w}{\partial y}\frac{\partial w}{\partial z}\right)\right]\\
&\varepsilon_{zx}=\frac{1}{2}\left[\frac{\partial w}{\partial x}+\frac{\partial u}{\partial z}+\left(\frac{\partial u}{\partial z}\frac{\partial u}{\partial x}+\frac{\partial v}{\partial z}\frac{\partial v}{\partial x}+\frac{\partial w}{\partial z}\frac{\partial w}{\partial x}\right)\right]
\end{aligned} \tag{4-66}$$

和小变形下的几何方程相比，大变形下的每个应变分量都考虑了非线性项(高阶项)[4]。

### 3. 逆压电效应

逆压电效应(图 4.12)是指当在某些电介质的极化方向施加电场，这些电介质就在一定方向上产生机械变形或机械压力，当外加电场撤去时，这些变形或应力也随之消失。逆压电效应对应正压电效应，电介质在一定方向上受到外力的作用而变形时，其内部会产生极化现象，同时在它的两个相对表面上出现正负相反的电荷。当外力去掉后，它又会恢复到不带电的状态。如果压力是一种高频振动，则产生的就是高频电流。而高频电信号加在压电陶瓷上时，则产生高频声信号(机械振动)，这就是我们平常所说的超声波信号。

压电材料可以因机械变形产生电场，也可以因电场作用产生机械变形，这种固有的机-电耦合效应使得压电材料在工程中得到了广泛的应用。例如，生活中常见的智能手机镜头模组的调焦功能就可以通过压电马达完成。压电陶瓷的振动输出也可用于驱动厘米级微型机器人，如可以通过压电陶瓷驱动器的高频振动模拟昆虫肌肉的收缩和舒张运动，进而借助传动机构实现扑翼结构的拍动。

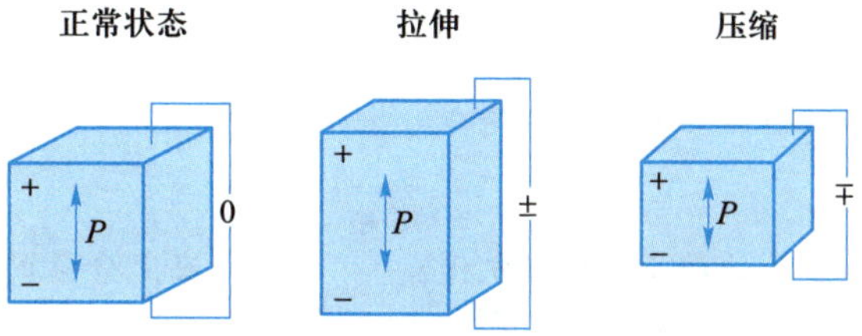


图 4.12　逆压电效应概念图

## 4.9　拓展阅读

1. 泊松比与材料

泊松比是指材料在单向受拉或受压时，横向正应变与轴向正应变的绝对值的比值，也叫横向变形系数，它是反映材料横向变形的弹性常数。1829 年，泊松在《弹性体平衡和运动研究报告》一文中从理论上推导了各向同性弹性杆在受到纵向拉伸时，横向收缩应变与纵向伸长应变之比是常数，其值为 $\frac{1}{4}$，该比值称为泊松比；文章表明泊松比并非定值，而是在 0.5 与 −1 之间并与具体材料有关，这一开创性工作对后世力学研究具有重大意义。

2. 应变率[5]

应变率是材料相对于时间的应变（变形）变化，定义为“应变变化的时间率”，单位为“1/s”。应变率的引入是为了在变形试验中对不同尺寸试样进行对比，因为相同加载速率作用于不同尺寸的试件上时，其变形的速率也并不相同。不同材料受应变率变化的影响程度不同。文献[6]以低碳钢为研究对象，说明应变率对材料影响主要体现在以下几个方面：(1) 强度变化。应变率增加导致低碳钢屈服强度和极限强度增加。(2) 韧性变化。高应变率使得低碳钢的韧性降低，在快速加载下更易发生脆性断裂。(3) 塑性行为的变化。应变率的增加会改变低碳钢的硬化行为，甚至激发新的变形机制，如孪晶或相变。(4) 疲劳寿命。高应变率条件下的变形会引起低碳钢的局部应力集中和应力梯度增大，导致材料的疲劳寿命降低。

3. 圣维南的塑性动力学[6]

历史上对塑性变形进行力学研究始于 1773 年库仑提出的土的屈服条件。在近一个世纪的发展后，针对塑性变形的研究主要集中于金属材料。在 1870 年，圣维南提出了塑性流动方程，包含三条假设：(1) 塑性变形时材料的体积不变；(2) 主应变和主应力的方向一致；

(3) 每一点上的最大剪应力等于特定的常数。利用这些假设，圣维南解出了圆轴扭转、矩形棱柱杆的纯弯曲以及在内压力作用下空心圆筒的塑性变形等问题。这样，圣维南开创了力学中一个全新的研究范畴，即塑性动力学(plasticodynamics)。

## 4.10 重点内容的板书讲解

### 应变分量的推导与相互关系

| | 应变分量的推导(几何方程) | 应变分量的关系(变形协调方程) |
|---|---|---|
| 图形描述 | 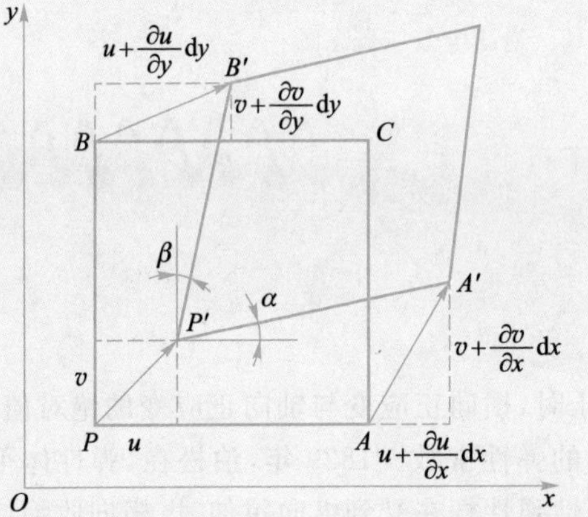 |  |
| 解析表达 | $\varepsilon_x=\dfrac{A'B'-AB}{AB}\approx\dfrac{\mathrm{d}x+\dfrac{\partial u}{\partial x}\mathrm{d}x-\mathrm{d}x}{\mathrm{d}x}=\dfrac{\partial u}{\partial x}$<br>$\varepsilon_{xy}=\dfrac{1}{2}(\alpha+\beta)\approx\dfrac{1}{2}(\tan\alpha+\tan\beta)\approx\dfrac{1}{2}\left(\dfrac{\partial v}{\partial x}+\dfrac{\partial u}{\partial y}\right)$<br>⬇<br>$\varepsilon_{ij}=\dfrac{1}{2}(u_{i,j}+u_{j,i})$ | $\dfrac{\partial^2\varepsilon_x}{\partial y^2}+\dfrac{\partial^2\varepsilon_y}{\partial x^2}=\dfrac{\partial^2\gamma_{xy}}{\partial x\partial y}$(二维) |



位移场的重叠、撕裂和分离现象

### 各种应变概念之间的联系

| | 位移矢量 | 应变张量 | 主应变 | 八面体应变 |
|---|---|---|---|---|
| 矩阵 | $\boldsymbol{U}=\begin{bmatrix}u\\v\\w\end{bmatrix}$ | $\begin{bmatrix}\varepsilon_x & \varepsilon_{xy} & \varepsilon_{xz}\\ \varepsilon_{yx} & \varepsilon_y & \varepsilon_{yz}\\ \varepsilon_{zx} & \varepsilon_{zy} & \varepsilon_z\end{bmatrix}$ | $\begin{bmatrix}\varepsilon_1 & 0 & 0\\ 0 & \varepsilon_2 & 0\\ 0 & 0 & \varepsilon_3\end{bmatrix}$ | $\varepsilon_8$<br>$\gamma_8$ |
| 分量数目 | 3 | 6~9 | 3 | 2 |

| | | | |
|---|---|---|---|
| 相互关系 | $\varepsilon_{ij}=\frac{1}{2}(u_{i,j}+u_{j,i})$ | $(\varepsilon_{ij}-\varepsilon_n\delta_{ij})n_j=0$ | $\begin{cases}\varepsilon_8=\frac{1}{3}(\varepsilon_1+\varepsilon_2+\varepsilon_3)\\ \gamma_8=\frac{2}{3}\sqrt{(\varepsilon_1-\varepsilon_2)^2+(\varepsilon_2-\varepsilon_3)^2+(\varepsilon_3-\varepsilon_1)^2}\end{cases}$ |

| | 应变球张量 | 应变偏张量 |
|---|---|---|
| 矩阵 | $\begin{bmatrix}\varepsilon_m & 0 & 0\\ 0 & \varepsilon_m & 0\\ 0 & 0 & \varepsilon_m\end{bmatrix}$ | $\begin{bmatrix}e_x & e_{xy} & e_{xz}\\ e_{yx} & e_y & e_{yz}\\ e_{zx} & e_{zy} & e_z\end{bmatrix}$ |
| 分量数目 | 3 | 6～9 |
| 相互关系 | $\varepsilon_{ij}=e_m\delta_{ij}+e_{ij}$ | |

## 思考题

4.1　为什么要把应变张量分解为应变球张量和应变偏张量？

4.2　应变张量的矩阵对应的特征值是主应变。请举例说明用矩阵表达的一个物理量，及其矩阵特征值对应的物理量。

4.3　位移分量与应变分量关系为何？是否有位移就有应变？

4.4　已知位移分量可唯一确定其形变分量，反过来是否也能唯一确定？需要什么条件？

4.5　能否证明三个主应变方向一定相互垂直？

4.6　变形协调方程的物理意义是什么？

第 4 章自测题

## 习题

4.1　若物体内各点的位移分量为 $u_i=B_{ij}X_j$；其中 $B_{ij}$ 为常量，试证明物体内各点的应变分量为常量，即均匀变形，并证明这种均匀变形有如下性质：(1) 直线在变形后仍为直线；

(2) 相同方向的直线按同样的比例伸缩。

4.2 根据4.1题目，证明：(1) 平面在变形后仍为平面；(2) 平行平面在变形后仍为平行平面。

4.3 已知一点(1,2,5)的位移分量 $u=(3x^2+15)\times10^{-2}$，$v=(3xz)\times10^{-2}$，$w=(4z^2-5xy)\times10^{-2}$，求出该点的应变状态。

4.4 试证在平面问题中下式成立：

$$\varepsilon_x+\varepsilon_y=\varepsilon_x'+\varepsilon_y'$$

4.5 已知一点的应变张量 $\varepsilon_{ij}$ 为

$$\varepsilon_{ij}=\begin{bmatrix}0.023 & -0.015 & 0.001\\ -0.015 & 0.009 & 0.008\\ 0.001 & 0.008 & 0.013\end{bmatrix}$$

试求：(1) 主应变和主方向；(2) 八面体应变；(3) 应变不变量 $I_1'$、$I_2'$和 $I_3'$。

4.6 试根据通过一点的元线段相对伸长 $\varepsilon=\varepsilon_{ij}n_in_j$ 的条件极值问题（条件为 $n_in_i=1$）确定应变张量的主方向和主值。

4.7 试说明下列应变状态是否可能：

$$(1)\ \varepsilon_{ij}=\begin{bmatrix}A(x^2+y^2) & Axy & 0\\ Axy & Ay^2 & 0\\ 0 & 0 & 0\end{bmatrix};\quad (2)\ \varepsilon_{ij}=\begin{bmatrix}A(x^2+y^2)z & Axyz & 0\\ Axyz & Ay^2z & 0\\ 0 & 0 & 0\end{bmatrix}$$

4.8 取 $E$、$\nu$ 为弹性系数，试将应变能 $U=\dfrac{1}{2}\sigma_{ij}\varepsilon_{ij}$ 用应变不变量 $I_1'$、$I_2'$、$I_3'$表示。

4.9 设物体中任意点的位移分量为

$$u_1=10\times10^{-3}+0.1\times10^{-3}X_1X_2+0.05\times10^{-3}X_3$$
$$u_2=5\times10^{-3}-0.05\times10^{-3}X_1+0.1\times10^{-3}X_2X_3$$
$$u_3=10\times10^{-3}-0.1\times10^{-3}X_1X_2X_3$$

试比较点 $A(1,1,1)$与点 $B(0.5,-1,0)$的最大伸长（绝对值），并求出 $A$、$B$ 两点的主应变方向。

4.10 为测量构件自由表面的应变分量，将三片电阻应变片分别贴在 $X_1$ 方向以及与其成 60°和 120°的方向，测得 $\varepsilon_{(0)}$，$\varepsilon_{(60)}$，$\varepsilon_{(120)}$，试求 $\varepsilon_{11}$，$\varepsilon_{12}$ 和 $\varepsilon_{22}$。

# 第5章 弹性本构方程

## 学习目标

了解应力应变关系的推导以及广义胡克定律的内容，重点掌握弹性常数张量的化简过程以及各向同性弹性体本构方程的推导，了解常用弹性常数的测量方法。

## 重点难点

不同对称性的弹性体所具有的独立弹性常数个数的推导过程，各向同性材料的弹性本构关系。

## 思维导图

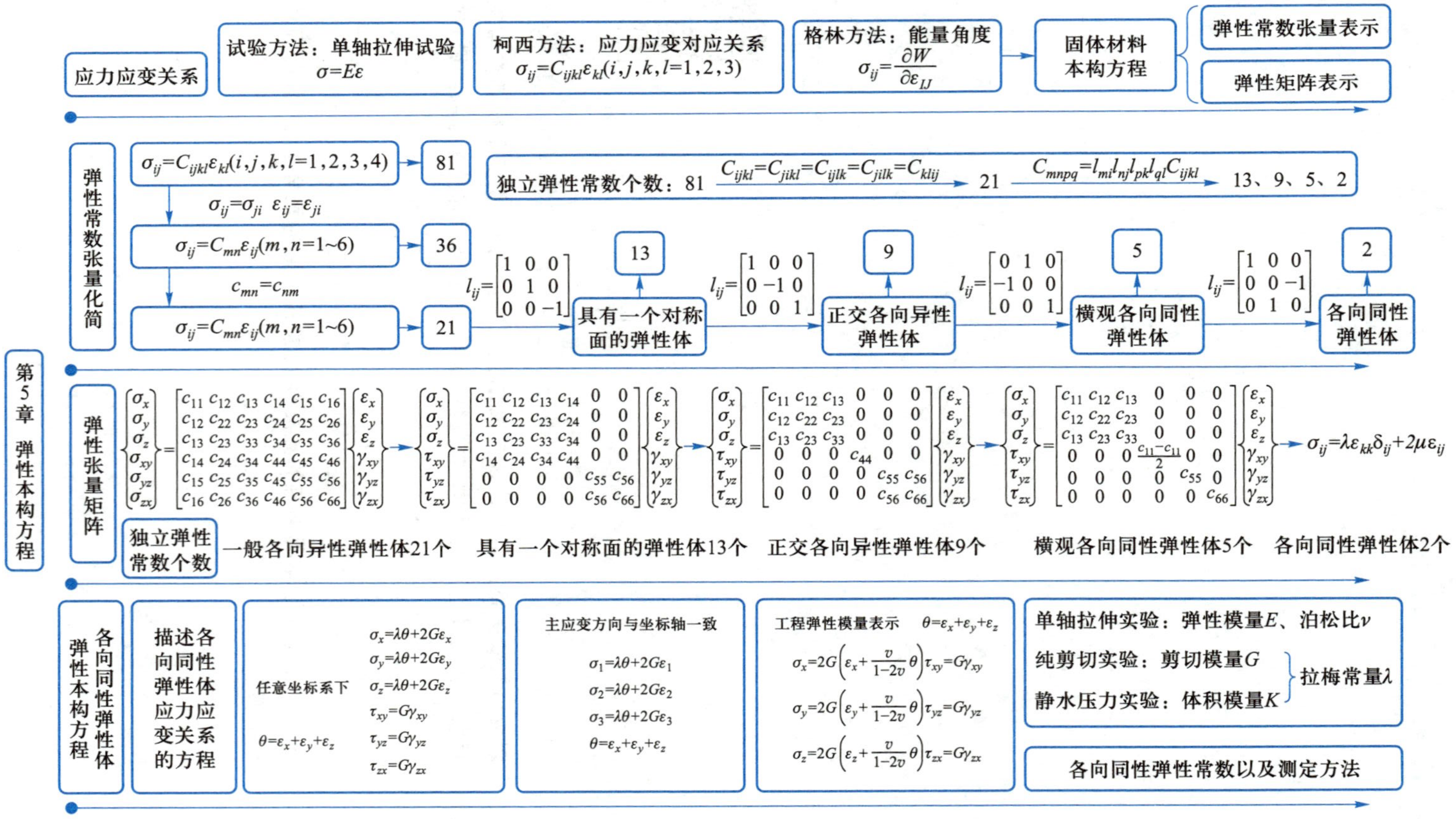
第5章 弹性本构方程
应力应变关系
试验方法：单轴拉伸试验 $\sigma=E\varepsilon$
柯西方法：应力应变对应关系 $\sigma_{ij}=C_{ijkl}\varepsilon_{kl}(i,j,k,l=1,2,3)$
格林方法：能量角度 $\sigma_{ij}=\frac{\partial W}{\partial \varepsilon_{IJ}}$
固体材料本构方程
弹性常数张量表示
弹性矩阵表示
弹性常数张量化简
$\sigma_{ij}=C_{ijkl}\varepsilon_{kl}(i,j,k,l=1,2,3,4)$
81
$\sigma_{ij}=\sigma_{ji}\ \ \varepsilon_{ij}=\varepsilon_{ji}$
$\sigma_{ij}=C_{mn}\varepsilon_{ij}(m,n=1\sim6)$
36
$c_{mn}=c_{nm}$
$\sigma_{ij}=C_{mn}\varepsilon_{ij}(m,n=1\sim6)$
21
独立弹性常数个数：81 $C_{ijkl}=C_{jikl}=C_{ijlk}=C_{jilk}=C_{klij}$ 21 $C_{mnpq}=l_{mi}l_{nj}l_{pk}l_{ql}C_{ijkl}$ 13、9、5、2
$l_{ij}=\begin{bmatrix}1&0&0\\0&1&0\\0&0&-1\end{bmatrix}$
具有一个对称面的弹性体
13
$l_{ij}=\begin{bmatrix}1&0&0\\0&-1&0\\0&0&1\end{bmatrix}$
正交各向异性弹性体
9
$l_{ij}=\begin{bmatrix}0&1&0\\-1&0&0\\0&0&1\end{bmatrix}$
横观各向同性弹性体
5
$l_{ij}=\begin{bmatrix}1&0&0\\0&0&-1\\0&1&0\end{bmatrix}$
各向同性弹性体
2
弹性张量矩阵
$\begin{Bmatrix}\sigma_x\\\sigma_y\\\sigma_z\\\sigma_{xy}\\\sigma_{yz}\\\sigma_{zx}\end{Bmatrix}=\begin{bmatrix}c_{11}&c_{12}&c_{13}&c_{14}&c_{15}&c_{16}\\c_{12}&c_{22}&c_{23}&c_{24}&c_{25}&c_{26}\\c_{13}&c_{23}&c_{33}&c_{34}&c_{35}&c_{36}\\c_{14}&c_{24}&c_{34}&c_{44}&c_{45}&c_{46}\\c_{15}&c_{25}&c_{35}&c_{45}&c_{55}&c_{56}\\c_{16}&c_{26}&c_{36}&c_{46}&c_{56}&c_{66}\end{bmatrix}\begin{Bmatrix}\varepsilon_x\\\varepsilon_y\\\varepsilon_z\\\gamma_{xy}\\\gamma_{yz}\\\gamma_{zx}\end{Bmatrix}$
$\begin{Bmatrix}\sigma_x\\\sigma_y\\\sigma_z\\\tau_{xy}\\\tau_{yz}\\\tau_{zx}\end{Bmatrix}=\begin{bmatrix}c_{11}&c_{12}&c_{13}&c_{14}&0&0\\c_{12}&c_{22}&c_{23}&c_{24}&0&0\\c_{13}&c_{23}&c_{33}&c_{34}&0&0\\c_{14}&c_{24}&c_{34}&c_{44}&0&0\\0&0&0&0&c_{55}&c_{56}\\0&0&0&0&c_{56}&c_{66}\end{bmatrix}\begin{Bmatrix}\varepsilon_x\\\varepsilon_y\\\varepsilon_z\\\gamma_{xy}\\\gamma_{yz}\\\gamma_{zx}\end{Bmatrix}$
$\begin{Bmatrix}\sigma_x\\\sigma_y\\\sigma_z\\\tau_{xy}\\\tau_{yz}\\\tau_{zx}\end{Bmatrix}=\begin{bmatrix}c_{11}&c_{12}&c_{13}&0&0&0\\c_{12}&c_{22}&c_{23}&0&0&0\\c_{13}&c_{23}&c_{33}&0&0&0\\0&0&0&c_{44}&0&0\\0&0&0&0&c_{55}&c_{56}\\0&0&0&0&c_{56}&c_{66}\end{bmatrix}\begin{Bmatrix}\varepsilon_x\\\varepsilon_y\\\varepsilon_z\\\gamma_{xy}\\\gamma_{yz}\\\gamma_{zx}\end{Bmatrix}$
$\begin{Bmatrix}\sigma_x\\\sigma_y\\\sigma_z\\\tau_{xy}\\\tau_{yz}\\\tau_{zx}\end{Bmatrix}=\begin{bmatrix}c_{11}&c_{12}&c_{13}&0&0&0\\c_{12}&c_{22}&c_{23}&0&0&0\\c_{13}&c_{23}&c_{33}&0&0&0\\0&0&0&\frac{c_{11}-c_{11}}{2}&0&0\\0&0&0&0&c_{55}&0\\0&0&0&0&0&c_{66}\end{bmatrix}\begin{Bmatrix}\varepsilon_x\\\varepsilon_y\\\varepsilon_z\\\gamma_{xy}\\\gamma_{yz}\\\gamma_{zx}\end{Bmatrix}$
$\sigma_{ij}=\lambda\varepsilon_{kk}\delta_{ij}+2\mu\varepsilon_{ij}$
独立弹性常数个数
一般各向异性弹性体21个
具有一个对称面的弹性体13个
正交各向异性弹性体9个
横观各向同性弹性体5个
各向同性弹性体2个
各向同性弹性体本构方程
描述各向同性弹性体应力应变关系的方程
任意坐标系下
$\theta=\varepsilon_x+\varepsilon_y+\varepsilon_z$
$\sigma_x=\lambda\theta+2G\varepsilon_x$
$\sigma_y=\lambda\theta+2G\varepsilon_y$
$\sigma_z=\lambda\theta+2G\varepsilon_z$
$\tau_{xy}=G\gamma_{xy}$
$\tau_{yz}=G\gamma_{yz}$
$\tau_{zx}=G\gamma_{zx}$
主应变方向与坐标轴一致
$\sigma_1=\lambda\theta+2G\varepsilon_1$
$\sigma_2=\lambda\theta+2G\varepsilon_2$
$\sigma_3=\lambda\theta+2G\varepsilon_3$
$\theta=\varepsilon_x+\varepsilon_y+\varepsilon_z$
工程弹性模量表示 $\theta=\varepsilon_x+\varepsilon_y+\varepsilon_z$
$\sigma_x=2G\left(\varepsilon_x+\frac{v}{1-2v}\theta\right)\tau_{xy}=G\gamma_{xy}$
$\sigma_y=2G\left(\varepsilon_y+\frac{v}{1-2v}\theta\right)\tau_{yz}=G\gamma_{yz}$
$\sigma_z=2G\left(\varepsilon_z+\frac{v}{1-2v}\theta\right)\tau_{zx}=G\gamma_{zx}$
单轴拉伸实验：弹性模量$E$、泊松比$\nu$
纯剪切实验：剪切模量$G$
静水压力实验：体积模量$K$
拉梅常量$\lambda$
各向同性弹性常数以及测定方法

**罗伯特·胡克**
(Robert Hooke, 1635—1703)

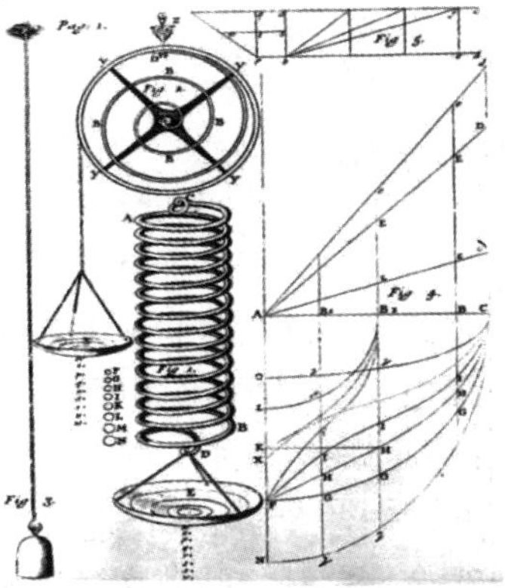

**胡克定律的原始记录**

It is very evident that the Rule or Law of Nature in every springing body is, that the force or power thereof to restore itself to its natural position is always proportionate to the distance or space it is removed therefrom.

——Timoshenko Stephen: History of strength of materials

胡克定律是弹性力学中的一项基本定律,用于描述弹性体变形与受力之间的关系,其最初形式由英国著名科学家罗伯特·胡克提出。1678 年,胡克提出:“弹簧的伸长力与伸展长度成正比”,这便是弹性体胡克定律的最初形式。将胡克定律推广到复杂的三向应力和应变状态,可以得到应力分量和应变分量之间的线性关系,即广义胡克定律。

## 5.1 概述

描述一个物质特性的方程，称为本构方程。例如，理想气体的状态方程就是其本构方程，它给出了气体压力、温度、体积之间的关系。在第 3 章中，平衡方程(3-39)给出了外力和应力(内力的集中程度)的关系，几何方程(3-62)给出了位移与应变的关系，但仅从平衡方程和几何方程不足以确定固体的应力和应变，其主要原因是没有考虑固体本身的特性。例如，几何尺寸相同的两个物体，一种材料是钢，另一种材料是铝，即使在相同外力的作用下，其变形程度也会不同；同样，若两者变形程度相同，则需要施加不同的外力。因此，除平衡方程和几何方程之外，还必须建立另外一组方程，用以描述应力与应变的关系，这就是本章将要讨论的本构方程(图 5.1)。

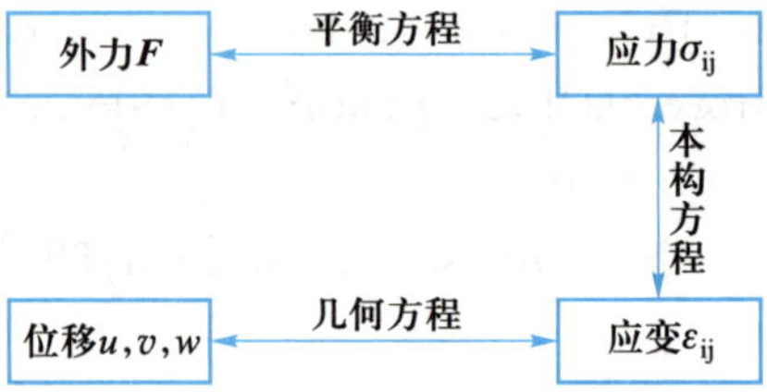


图 5.1　弹性力学几类物理量的关系图

固体材料的线弹性本构关系可用弹性常数张量或弹性矩阵来表达，即广义胡克定律。弹性常数张量为完全对称的四阶张量，包含 $3^4$ 个分量，即 81 个弹性常数，其中 21 个相互独立。材料的对称性越好，弹性常数张量中独立的弹性常数越少，工程上一般采用实验方法确定材料的弹性常数。

## 5.2 应力-应变关系

对于材料应力-应变关系，试验方法通常采用单轴拉伸来获取；理论研究方面，从不同的角度出发，主要通过柯西(Cauchy)方法和格林(Green)方法来描述。

### 5.2.1 试验方法

工程上通常采用单轴拉伸试验来获取材料的应力-应变关系。图 5.2 给出了不同金属材料典型的单轴拉伸应力-应变曲线，根据变形后是否有残余应变，可将其分为弹性阶段和塑性阶段。在弹性阶段，应力和应变基本呈线性关系，在此阶段卸载，变形可以完全恢复；在塑性阶段，应力变化不大，应变的改变量却很大，在此阶段卸载，材料有残余应变出现。而对于脆性材料(如铸铁)，其单轴拉伸曲线的塑性阶段不明显，当加载拉力大于一定值后，材料在线弹性阶段之后很快发生破坏。

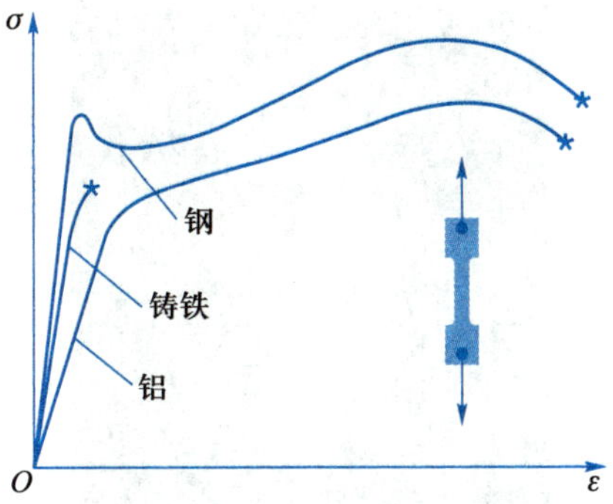


图 5.2　不同金属材料的单轴拉伸应力-应变曲线

## 5.2.2　柯西方法

柯西方法从应力-应变的对应关系出发，认为材料当前的应力状态只与当前的变形状况有关，即应力作为应变的函数，在数学上可以直接表示为[1]

$$\sigma_{ij}=F(\varepsilon_{kl}) \tag{5-1}$$

其中 $F$ 为弹性响应函数。如果 $F$ 选用线性应力-应变关系，则式(5－1)可以表示为

$$\sigma_{ij}=D_{ij}+(\beta_{ijkl}+\beta_{klij})\varepsilon_{kl}\quad (i,j,k,l=1,2,3) \tag{5-2}$$

其中 $D_{ij}$ 表征初始应力状态，$\beta_{ijkl}+\beta_{klij}$ 表征线性项系数，假设初始无应变状态对应无应力状态，即上式中初始应力张量 $D_{ij}=0$，令 $C_{ijkl}=\beta_{ijkl}+\beta_{klij}$，上式可继续化简为

$$\sigma_{ij}=C_{ijkl}\varepsilon_{kl}\quad (i,j,k,l=1,2,3) \tag{5-3}$$

## 5.2.3　格林方法

格林方法从能量角度出发，认为加载时外界对材料做功，功转化为材料应变能；卸载时变形消失，应变能释放。以 $W$ 表示材料应变能密度，在绝热和等温过程中，存在如下关系：

$$\sigma_{ij}=\frac{\partial W}{\partial \varepsilon_{ij}} \tag{5-4}$$

将上式按泰勒级数展开，根据小变形的基本假设，忽略 $\varepsilon_{ij}$ 二次以上的项，同样可以得到式(5－2)，进而可以得到式(5－3)给出的应力-应变关系，该关系通常称为**广义胡克定律**或**弹性本构关系**，$C_{ijkl}$ 称为弹性常数张量。

对比两种方法，格林方法从能量的角度出发，总能满足热力学定律；柯西方法直接从数学上给出应力-应变关系，在一些情况下给出的应力-应变关系(如非线性应力-应变关系)可能不满足热力学定律。

在单轴拉伸下，图 5.2 所示的弹性阶段属于比例弹性阶段，此时，式(5－3)中的应力和应变完全呈线性关系，可将应力与应变关系写为

$$\sigma=E\varepsilon \tag{5-5}$$

式中，$E$ 为比例常数，由英国物理学家托马斯·杨(图 5.3)提出，也称为杨氏弹性模量。对于不同的材料，弹性模量一般不同。式(5－5)也称**胡克定律**。

图 5.3　托马斯·杨

一般弹性体在单轴拉伸变形的过程中，还会产生横向应变 $\varepsilon'$：

$$\varepsilon' = -\nu\varepsilon = -\nu\frac{\sigma}{E} \tag{5-6}$$

式中，$\nu$ 为泊松比，由法国物理学家西莫恩·德尼·泊松(图 5.4)提出，定义为横向应变与纵向应变的比值。

图 5.4　西莫恩·德尼·泊松

## 5.2.4　温度对线弹性本构关系的影响

材料的弹性常数并不是恒定值，温度就是影响弹性常数的一个重要因素。弹性常数如果发生变化，材料的本构关系也会随着变化

在小变形理论的基础上，总应变可以分解为弹性应变和热应变

$$\varepsilon_{ij} = \varepsilon_{ij}^{(M)} + \varepsilon_{ij}^{(T)} \tag{5-7}$$

取 $T_0$ 为参考温度，则温度为 $T$ 的无约束固体热应变为

$$\varepsilon_{ij}^{(T)} = \alpha_{ij}(T - T_0) \tag{5-8}$$

其中 $\alpha_{ij}$ 为热膨胀张量系数。若材料为各向同性，则上式可化简为

$$\varepsilon_{ij}^{(T)}=\alpha(T-T_0)\delta_{ij} \tag{5-9}$$

$\alpha$ 为热膨胀系数。此时应力-应变关系表达式为

$$\sigma_{ij}=C_{ijkl}\varepsilon_{kl}+\alpha(T-T_0)\delta_{ij} \tag{5-10}$$

由式(5－10)可知，产生热应变后，相较于仅有弹性应变的变形，材料的弹性常数发生了变化，即温度可以引起材料弹性常数的变化，继而影响材料性能。

图 5.5 给出了 GH4169 高温合金不同温度下的拉伸性能曲线，随着温度的升高，材料拉伸性能下降，弹性比例阶段缩短，屈服点提前出现，同时弹性模量降低，这说明该材料在高温下被软化，更易发生屈服，承载能力下降。航空发动机涡轮叶片一般会采用高温合金材料，因此在设计涡轮叶片时要综合考虑温度的影响。

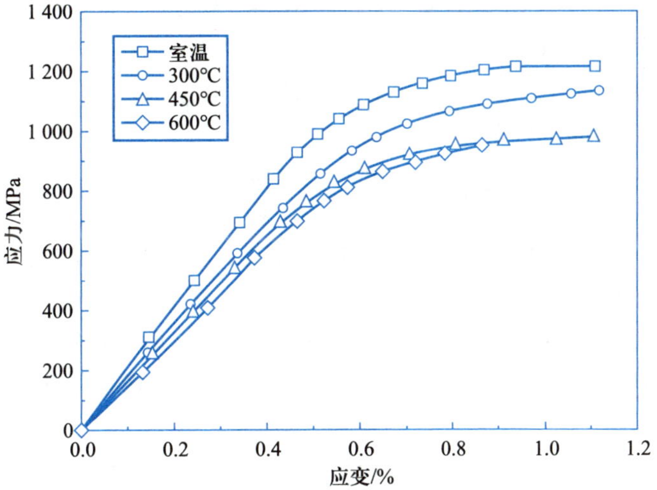


图 5.5　GH4169 高温合金不同温度下拉伸曲线

## 5.3　广义胡克定律

5.2.2 节中给出的广义胡克定律，即式(5－3)，将弹性常数张量用矩阵形式表达，可得

$$\begin{bmatrix}\sigma_{11}\\\sigma_{22}\\\sigma_{33}\\\sigma_{12}\\\sigma_{23}\\\sigma_{31}\\\sigma_{13}\\\sigma_{32}\\\sigma_{21}\end{bmatrix}=\begin{bmatrix}C_{1111}&C_{1122}&C_{1133}&C_{1112}&C_{1123}&C_{1131}&C_{1113}&C_{1132}&C_{1121}\\C_{2211}&C_{2222}&C_{2233}&C_{2212}&C_{2223}&C_{2231}&C_{2213}&C_{2232}&C_{2221}\\C_{3311}&C_{3322}&C_{3333}&C_{3312}&C_{3323}&C_{3331}&C_{3313}&C_{3332}&C_{3321}\\C_{1211}&C_{1222}&C_{1233}&C_{1212}&C_{1223}&C_{1231}&C_{1213}&C_{1232}&C_{1221}\\C_{2311}&C_{2322}&C_{2333}&C_{2312}&C_{2323}&C_{2331}&C_{2313}&C_{2332}&C_{2321}\\C_{3111}&C_{3122}&C_{3133}&C_{3112}&C_{3123}&C_{3131}&C_{3113}&C_{3132}&C_{3121}\\C_{1311}&C_{1322}&C_{1333}&C_{1312}&C_{1323}&C_{1331}&C_{1313}&C_{1332}&C_{1321}\\C_{3211}&C_{3222}&C_{3233}&C_{3212}&C_{3223}&C_{3231}&C_{3213}&C_{3232}&C_{3221}\\C_{2111}&C_{2122}&C_{2133}&C_{2112}&C_{2123}&C_{2131}&C_{2113}&C_{2132}&C_{2121}\end{bmatrix}\begin{bmatrix}\varepsilon_{11}\\\varepsilon_{22}\\\varepsilon_{33}\\\varepsilon_{12}\\\varepsilon_{23}\\\varepsilon_{31}\\\varepsilon_{13}\\\varepsilon_{32}\\\varepsilon_{21}\end{bmatrix} \tag{5-11}$$

一般而言，四阶张量应有 81 个独立分量，具有完全对称性的四阶张量，其独立的分量缩减为 21 个。可以证明，弹性常数张量 $C_{ijkl}$ 具有完全对称性，即 $C_{ijkl}$ 满足

$$C_{ijkl}=C_{jikl}=C_{ijlk}=C_{jilk}=C_{klij} \tag{5-12}$$

证明过程如下：

由于 $\sigma_{ij}$ 与 $\varepsilon_{ij}$ 都是对称张量，剪应力互等，因而上式中前三个等号成立，此时弹性常数缩减为 36 个。若用工程剪应变代替应变张量中的剪应变分量，式 (5-11)可以简化为

$$\begin{bmatrix}\sigma_{11}\\ \sigma_{22}\\ \sigma_{33}\\ \sigma_{12}\\ \sigma_{23}\\ \sigma_{31}\end{bmatrix}=\begin{bmatrix}C_{1111} & C_{1122} & C_{1133} & C_{1112} & C_{1123} & C_{1131}\\ C_{2211} & C_{2222} & C_{2233} & C_{2212} & C_{2223} & C_{2231}\\ C_{3311} & C_{3322} & C_{3333} & C_{3312} & C_{3323} & C_{3331}\\ C_{1211} & C_{1222} & C_{1233} & C_{1212} & C_{1223} & C_{1231}\\ C_{2311} & C_{2322} & C_{2333} & C_{2312} & C_{2323} & C_{2331}\\ C_{3111} & C_{3122} & C_{3133} & C_{3112} & C_{3123} & C_{3131}\end{bmatrix}\begin{bmatrix}\varepsilon_{11}\\ \varepsilon_{22}\\ \varepsilon_{33}\\ \gamma_{12}\\ \gamma_{23}\\ \gamma_{31}\end{bmatrix} \tag{5-13}$$

同时由式(5-2)可知

$$C_{ijkl}=\frac{\partial^2 W}{\partial\varepsilon_{ij}\partial\varepsilon_{kl}}=\frac{\partial^2 W}{\partial\varepsilon_{kl}\partial\varepsilon_{ij}}=C_{klij} \tag{5-14}$$

易证式(5-12)中第 4 个等号成立，从而证明了 $C_{ijkl}$ 为完全对称的四阶张量，所以式(5-13)中的系数矩阵是一个对称矩阵。系数矩阵中互异参数的个数表示材料具有的独立弹性常数的个数。在系数矩阵中，最多有 21 个独立的参数，即任意材料最多只有 21 个独立的弹性常数。材料的对称性越好，系数矩阵中独立的参数越少，独立的弹性常数越少(表 5.1)。

表 5.1　弹性常数化简过程

| 材料特点 | 材料对称性 | 独立弹性常数个数 |
|---|---|---|
| 一般各向异性 | 无对称性 | 21 |
| 具有一个对称面各向异性 | 一个对称面 | 13 |
| 正交各向异性 | 两个对称面 | 9 |
| 横观各向同性 | 正交各向异性＋一根对称轴 | 5 |
| 各向同性 | 正交各向异性＋两根对称轴 | 2 |

## 5.4　各向异性弹性体

不同工程材料具有不同的对称特性，其所对应的弹性常数的个数也不尽相同。若材料的任意单元在不同方向上的弹性性质不完全相同，则称该材料为各向异性。下面介绍几种典型各向异性弹性体及其弹性常数的特点。

### 5.4.1　一般各向异性弹性体

若弹性体任意单元在不同方向的弹性性质都不同，则称此弹性体为一般各向异性。对

于一般各向异性弹性体，当作用正应力时不仅会像各向同性材料那样引起正应变，而且还会引起剪应变；反之，作用剪力时也可能引起作用对象的伸长或缩短。如果用这种材料来做成一根拉杆，其受到沿杆长方向的单向拉力后，杆不但会被拉长，还会被拉歪。

在 5.2 节中已经证明，弹性常数张量具有完全对称性，为了表述方便，弹性常数张量 $C_{ijkl}$ 也可以用弹性矩阵 $c_{mn}$ 代替，可将本构方程写为

$$\begin{bmatrix}\sigma_x\\ \sigma_y\\ \sigma_z\\ \tau_{xy}\\ \tau_{yz}\\ \tau_{zx}\end{bmatrix}=\begin{bmatrix}c_{11} & c_{12} & c_{13} & c_{14} & c_{15} & c_{16}\\ c_{21} & c_{22} & c_{23} & c_{24} & c_{25} & c_{26}\\ c_{31} & c_{32} & c_{33} & c_{34} & c_{35} & c_{36}\\ c_{41} & c_{42} & c_{43} & c_{44} & c_{45} & c_{46}\\ c_{51} & c_{52} & c_{53} & c_{54} & c_{55} & c_{56}\\ c_{61} & c_{62} & c_{63} & c_{64} & c_{65} & c_{66}\end{bmatrix}\begin{bmatrix}\varepsilon_x\\ \varepsilon_y\\ \varepsilon_z\\ \gamma_{xy}\\ \gamma_{yz}\\ \gamma_{zx}\end{bmatrix} \tag{5-15}$$

其中，$c_{mn}=c_{nm}$，需要指出，$C_{ijkl}$ 与 $c_{mn}$ 存在相应的对应关系，$c$ 下标中的 1,2,3,4,5,6 分别对应 $C_{ijkl}$ 中的 11,22,33,12,23,31，如 $C_{1111}=c_{11}$，$C_{1212}=c_{44}$。这样，式(5-3)的弹性矩阵形式可写为

$$\begin{bmatrix}\sigma_x\\ \sigma_y\\ \sigma_z\\ \tau_{xy}\\ \tau_{yz}\\ \tau_{zx}\end{bmatrix}=\begin{bmatrix}c_{11} & c_{12} & c_{13} & c_{14} & c_{15} & c_{16}\\ c_{12} & c_{22} & c_{23} & c_{24} & c_{25} & c_{26}\\ c_{13} & c_{23} & c_{33} & c_{34} & c_{35} & c_{36}\\ c_{14} & c_{24} & c_{34} & c_{44} & c_{45} & c_{46}\\ c_{15} & c_{25} & c_{35} & c_{35} & c_{55} & c_{56}\\ c_{16} & c_{26} & c_{36} & c_{46} & c_{56} & c_{66}\end{bmatrix}\begin{bmatrix}\varepsilon_x\\ \varepsilon_y\\ \varepsilon_z\\ \gamma_{xy}\\ \gamma_{yz}\\ \gamma_{zx}\end{bmatrix} \tag{5-16}$$

一般各向异性弹性体具有 21 个独立的弹性常数。

### 5.4.2 具有一个对称面的弹性体

如果弹性体的每一点都存在这样一个平面，关于该平面对称的两个方向具有相同的弹性性质，则该平面称为弹性体的弹性对称平面，而垂直于弹性对称面的方向，称为弹性体的弹性主方向。单斜晶系的晶体(例如云母、蓝铜矿等)属于这种材料，如图 5.6 所示的单斜晶系晶体，垂直于 $y$ 轴的平面即为弹性对称平面。

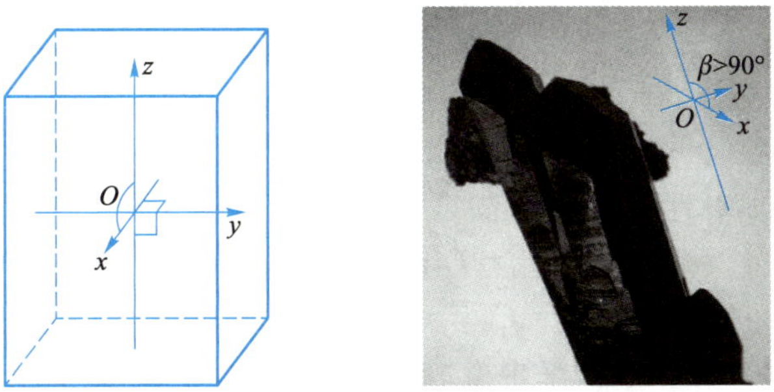


单斜晶系　　蓝铜矿

图 5.6　具有一个弹性对称平面的各向异性弹性体

由张量的知识可知，在坐标变换时，任意分量满足

$$C'_{mnpq}=l_{mi}l_{nj}l_{pk}l_{ql}C_{ijkl} \tag{5-17}$$

设 $Oxy$ 平面为弹性对称平面，$z$ 轴为弹性主方向，由于材料在 $Oxy$ 平面两侧具有相同的弹性性质，即弹性常数张量沿 $Oxy$ 平面翻转 180°后各分量保持不变。对应的坐标系变换矩阵为(详细推导见 2.5 节)

$$l_{ij}=\begin{bmatrix}1 & 0 & 0\\ 0 & 1 & 0\\ 0 & 0 & -1\end{bmatrix} \tag{5-18}$$

由式(5-17)可知，弹性常数 $C_{2223}$ 应满足

$$C'_{2223}=C_{2223}=l_{22}l_{22}l_{22}l_{33}C_{2223}=-C_{2223} \tag{5-19}$$

易知 $C_{2223}=0$，同理可以得到 $\begin{cases}C_{1113}=C_{1123}=C_{1223}=C_{1213}=0\\ C_{2213}=C_{2223}=C_{3313}=C_{3323}=0\end{cases}$，即 $c_{m5}=c_{m6}=0, m=1,2,3,4$。这样，式(5-3)的弹性矩阵形式可简化为

$$\begin{bmatrix}\sigma_x\\ \sigma_y\\ \sigma_z\\ \tau_{xy}\\ \tau_{yz}\\ \tau_{zx}\end{bmatrix}=\begin{bmatrix}c_{11} & c_{12} & c_{13} & c_{14} & 0 & 0\\ c_{12} & c_{22} & c_{23} & c_{24} & 0 & 0\\ c_{12} & c_{23} & c_{33} & c_{34} & 0 & 0\\ c_{14} & c_{24} & c_{34} & c_{44} & 0 & 0\\ 0 & 0 & 0 & 0 & c_{55} & c_{56}\\ 0 & 0 & 0 & 0 & c_{56} & c_{66}\end{bmatrix}\begin{bmatrix}\varepsilon_x\\ \varepsilon_y\\ \varepsilon_z\\ \gamma_{xy}\\ \gamma_{yz}\\ \gamma_{xz}\end{bmatrix} \tag{5-20}$$

具有一个对称面的各向异性弹性体具有 13 个独立的弹性常数。

### 5.4.3 具有两个对称面的弹性体

在一个弹性对称平面的基础上，若与该弹性对称平面垂直的另一个平面也是弹性对称平面，即弹性体存在两个正交的弹性对称平面，这样的材料也称为正交各向异性弹性体。增强纤维复合材料、木材都属于这类材料，如图 5.7 所示。

假设 $Oxz$ 平面和 $Oxy$ 平面分别为材料的两个对称平面，那么绕这些平面翻转 180°之后材料的弹性矩阵不变。5.4.2 节已经讨论了具有一个弹性对称平面的材料，在此基础上，将坐标系沿平面 $Oxz$ 翻转 180°，变换矩阵为(类似推导见 2.5 节)

$$l_{ij}=\begin{bmatrix}1 & 0 & 0\\ 0 & -1 & 0\\ 0 & 0 & 1\end{bmatrix} \tag{5-21}$$

由式(5-17)可知，弹性常数 $C_{1211}$ 满足

$$C'_{1211}=C_{1211}=l_{11}l_{22}l_{11}l_{11}C_{1211}=-C_{1211} \tag{5-22}$$

易知 $C_{1211}=0$，同理，可以得到 $C_{1222}=C_{1233}=C_{1332}=0$，即 $c_{14}=c_{24}=c_{34}=c_{56}=0$。此时，弹性常数进一步减至 13－4＝9 个。如果再增加一个弹性对称平面，按照上述方法分析，弹性常数数目不会进一步减少，这表明如果材料内部存在两个正交的弹性对称平面，那么和这两个平面垂直的第三个平面也是弹性对称平面。因此，式(5-3)的弹性矩阵形式可简化为

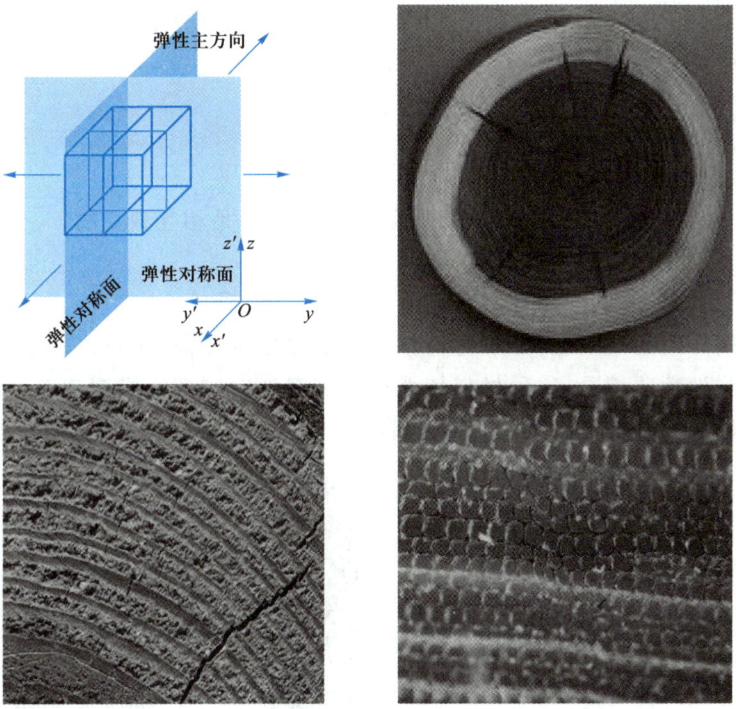


图 5.7　正交各向异性弹性体以及木材的微观结构图

$$\begin{bmatrix}\sigma_x\\\sigma_y\\\sigma_z\\\tau_{xy}\\\tau_{yz}\\\tau_{zx}\end{bmatrix}=\begin{bmatrix}c_{11}&c_{12}&c_{13}&0&0&0\\c_{12}&c_{22}&c_{23}&0&0&0\\c_{13}&c_{23}&c_{33}&0&0&0\\0&0&0&c_{44}&0&0\\0&0&0&0&c_{55}&0\\0&0&0&0&0&c_{66}\end{bmatrix}\begin{bmatrix}\varepsilon_x\\\varepsilon_y\\\varepsilon_z\\\gamma_{xy}\\\gamma_{yz}\\\gamma_{zx}\end{bmatrix}\tag{5-23}$$

具有两个对称面的各向异性弹性体具有 9 个独立的弹性常数。

若采用弹性模量和泊松比的工程定义，上式也可写为

$$\begin{bmatrix}\varepsilon_x\\\varepsilon_y\\\varepsilon_z\\\gamma_{xy}\\\gamma_{yz}\\\gamma_{zx}\end{bmatrix}=\begin{bmatrix}\frac{1}{E_x}&-\frac{\nu_{yx}}{E_y}&-\frac{\nu_{zx}}{E_z}&0&0&0\\-\frac{\nu_{xy}}{E_x}&\frac{1}{E_y}&-\frac{\nu_{zy}}{E_z}&0&0&0\\-\frac{\nu_{xz}}{E_x}&-\frac{\nu_{yz}}{E_y}&\frac{1}{E_z}&0&0&0\\0&0&0&\frac{1}{G_{xy}}&0&0\\0&0&0&0&\frac{1}{G_{yz}}&0\\0&0&0&0&0&\frac{1}{G_{zx}}\end{bmatrix}\begin{bmatrix}\sigma_x\\\sigma_y\\\sigma_z\\\tau_{xy}\\\tau_{yz}\\\tau_{zx}\end{bmatrix}\tag{5-24}$$

其中，$E_i(i=x,y,z)$为 $i$ 方向的弹性模量；$G_{ij}(i,j=x,y,z)$ 为平行于 $i-j$ 平面的剪切模

量；$\nu_{ij}(i,j=x,y,z)$为泊松比，表征 $i$ 方向的拉应力在 $j$ 方向上产生的压缩应变。由对称性要求，容易得到

$$\begin{cases}E_x\nu_{yx}=E_y\nu_{xy}\\E_y\nu_{zy}=E_z\nu_{yz}\\E_z\nu_{xz}=E_x\nu_{zx}\end{cases}\tag{5-25}$$

因此式(5-24)虽然包含 12 个弹性常数，但只有 9 个是相互独立的。

### 5.4.4 横观各向同性弹性体

在正交各向异性的基础上，如果材料存在一个弹性对称轴，在与该轴垂直的平面内，材料各个方向的弹性性质相同，这种材料特性称为横观各向同性。横观各向同性材料表现出关于某一坐标轴的旋转对称性，例如定向凝固合金、轧制板等，如图 5.8 所示。

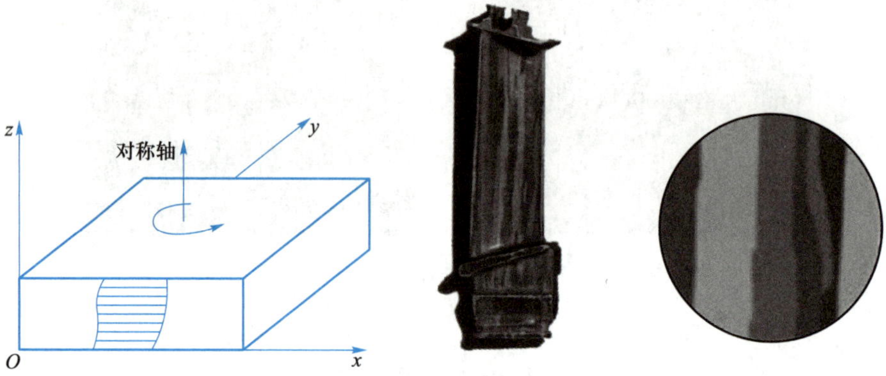


图 5.8 横观各向同性弹性体

假设 $z$ 轴为弹性对称轴，将 $Oxy$ 平面绕 $z$ 轴逆时针旋转角度 90°，对应的变换矩阵为(类似推导见 2.5 节)

$$l_{ij}=\begin{bmatrix}0&1&0\\-1&0&0\\0&0&1\end{bmatrix}\tag{5-26}$$

此时，对于分量 $C_{1111}$，有以下等式

$$C'_{1111}=C_{1111}=l_{12}l_{12}l_{12}l_{12}C_{2222}=C_{2222}\tag{5-27}$$

采用相同的方法，可以得到 $C_{2323}=C_{1313}$， $C_{1133}=C_{2233}$， $2C_{1212}=C_{1111}-C_{1122}$，即

$$c_{11}=c_{22},\quad c_{55}=c_{66},\quad c_{13}=c_{23},\quad 2c_{44}=c_{11}-c_{12}\tag{5-28}$$

这样弹性常数由 9 个减至 5 个，式(5-3)的弹性矩阵形式可简化为

$$\begin{bmatrix}\sigma_x\\\sigma_y\\\sigma_z\\\tau_{xy}\\\tau_{yz}\\\tau_{zx}\end{bmatrix}=\begin{bmatrix}c_{11}&c_{12}&c_{13}&0&0&0\\c_{12}&c_{11}&c_{13}&0&0&0\\c_{13}&c_{13}&c_{33}&0&0&0\\0&0&0&\dfrac{c_{11}-c_{12}}{2}&0&0\\0&0&0&0&c_{55}&0\\0&0&0&0&0&c_{55}\end{bmatrix}\begin{bmatrix}\varepsilon_x\\\varepsilon_y\\\varepsilon_z\\\gamma_{xy}\\\gamma_{yz}\\\gamma_{zx}\end{bmatrix}\tag{5-29}$$

横观各向同性弹性体具有 5 个独立的弹性常数。同样，若使用弹性模量与泊松比，上式也可写为

$$\begin{bmatrix} \varepsilon_x \\ \varepsilon_y \\ \varepsilon_z \\ \gamma_{xy} \\ \gamma_{yz} \\ \gamma_{zx} \end{bmatrix} = \begin{bmatrix} \frac{1}{E} & -\frac{\nu}{E} & -\frac{\nu}{E'} & 0 & 0 & 0 \\ -\frac{\nu}{E} & \frac{1}{E} & -\frac{\nu'}{E'} & 0 & 0 & 0 \\ -\frac{\nu'}{E'} & -\frac{\nu'}{E'} & \frac{1}{E'} & 0 & 0 & 0 \\ 0 & 0 & 0 & \frac{1}{G} & 0 & 0 \\ 0 & 0 & 0 & 0 & \frac{1}{G'} & 0 \\ 0 & 0 & 0 & 0 & 0 & \frac{1}{G'} \end{bmatrix} \begin{bmatrix} \sigma_x \\ \sigma_y \\ \sigma_z \\ \tau_{xy} \\ \tau_{yz} \\ \tau_{zx} \end{bmatrix} \tag{5-30}$$

其中 $E$、$E'$分别是同性平面及垂直于该平面的弹性模量；$G$、$G'$分别是同性平面及垂直于该平面的剪切模量；$\nu$ 为泊松比，表征由同性平面内拉应力引起同性平面上的横向应变减小量；$\nu'$为泊松比，表征由垂直于同性平面方向的拉应力引起同性平面上的横向应变减小量，5 个独立的弹性常数是 $E$、$E'$、$G$、$G'$和 $\nu'$。

## 5.5 各向同性弹性体

在横观各向同性的基础上，若弹性体再增加一条弹性对称轴，两条弹性对称轴相互垂直，此时弹性体各方向的弹性性质都相同，这样的材料被称为各向同性材料。对于各向同性材料，无论坐标系作何变换，弹性常数张量都保持不变，此时，独立弹性常数缩减为 2 个。本节简要介绍各向同性材料弹性常数的简化过程和工程上测定弹性常数的方法。

### 5.5.1 弹性常数的简化

在横观各向同性材料的基础上，将坐标系绕 $x$ 轴顺时针旋转 90°，对应的变换矩阵为（类似推导见 2.5 节）

$$l_{ij} = \begin{bmatrix} 1 & 0 & 0 \\ 0 & 0 & -1 \\ 0 & 1 & 0 \end{bmatrix} \tag{5-31}$$

在坐标变换下，根据各向同性假设有

$$C'_{3333} = C_{3333} = l_{32} l_{32} l_{32} l_{32} C_{2222} = C_{2222} \tag{5-32}$$

同理，可以得到

$$\begin{aligned} & C_{1111} = C_{2222} = C_{3333}, \quad c_{11} = c_{22} = c_{33} \\ & C_{1122} = C_{2233} = C_{1133}, \quad c_{12} = c_{23} = c_{13} \\ & C_{1212} = C_{2323} = C_{1313}, \quad c_{44} = c_{55} = c_{66} \end{aligned} \tag{5-33}$$

将上式后两行所对应的弹性常数分别记为 $\lambda$，$\mu$，若将坐标系绕 $z$ 轴逆时针旋转 45°，对

应的变换矩阵为

$$l_{ij}=\begin{bmatrix}\sqrt{2}/2 & \sqrt{2}/2 & 0\\ -\sqrt{2}/2 & \sqrt{2}/2 & 0\\ 0 & 0 & 1\end{bmatrix} \tag{5-34}$$

在上述变换矩阵作用下，弹性常数 $C_{1111}$ 满足

$$\begin{aligned}C_{1111}=C'_{1111}&=l_{11}l_{11}l_{11}l_{11}C_{1111}+l_{11}l_{11}l_{12}l_{12}C_{1122}+\\ &\quad l_{12}l_{12}l_{11}l_{11}C_{2211}+l_{11}l_{12}l_{11}l_{12}C_{1212}+\\ &\quad l_{12}l_{11}l_{12}l_{11}C_{2121}+l_{11}l_{12}l_{12}l_{11}C_{1221}+\\ &\quad l_{12}l_{11}l_{11}l_{12}C_{2112}+l_{12}l_{12}l_{12}l_{12}C_{2222}\\ &=\frac{1}{4}C_{1111}+\frac{1}{2}(\lambda+2\mu)+\frac{1}{4}C_{2222}\end{aligned} \tag{5-35}$$

结合 $C_{1111}=C_{2222}$，可以得到 $C_{1111}=\lambda+2\mu$，即 $c_{11}=c_{12}+2c_{55}$，此时弹性矩阵全部分量都可由 $c_{11}$，$c_{12}$ 表示。

结合上述坐标变换，弹性常数张量可以表示为

$$C_{ijkl}=\lambda\delta_{ij}\delta_{kl}+\mu(\delta_{ik}\delta_{jl}+\delta_{il}\delta_{jk}) \tag{5-36}$$

代入广义胡克定律，可以得到

$$\sigma_{ij}=\lambda\varepsilon_{kk}\delta_{ij}+2\mu\varepsilon_{ij} \tag{5-37}$$

基于上述分析，各向同性材料弹性常数缩减为 2 个，它们也被称为拉梅常量，工程上 $\mu$ 一般也称剪切模量 $G$。

将式(5-37)展开，可以得到任意坐标系下的弹性本构关系

$$\begin{cases}\sigma_x=\lambda\theta+2G\varepsilon_x\\ \sigma_y=\lambda\theta+2G\varepsilon_y\\ \sigma_z=\lambda\theta+2G\varepsilon_z\\ \tau_{xy}=G\gamma_{xy}\\ \tau_{yz}=G\gamma_{yz}\\ \tau_{xz}=G\gamma_{xz}\end{cases} \tag{5-38}$$

其中，$\theta=\varepsilon_{kk}=\varepsilon_x+\varepsilon_y+\varepsilon_z$ 是体积应变。相反地，应变 $\varepsilon_{ij}$ 也可以用应力 $\sigma_{ij}$ 表示。由式(5-38)可知：$\sigma_{kk}=(3\lambda+2G)\varepsilon_{kk}$，$\sigma_{kk}=\sigma_x+\sigma_y+\sigma_z$，是体积应力。代入式(5-37)可得

$$\varepsilon_{ij}=\frac{-\lambda\delta_{ij}}{2G(3\lambda+2G)}\sigma_{kk}+\frac{1}{2G}\sigma_{ij} \tag{5-39}$$

特殊地，当主应变的方向与三维坐标轴的方向一致时，应变主轴与应力主轴重合[2]，可以建立

$$\begin{cases}\sigma_1=\lambda\theta+2G\varepsilon_1\\ \sigma_2=\lambda\theta+2G\varepsilon_2\\ \sigma_3=\lambda\theta+2G\varepsilon_3\end{cases} \tag{5-40}$$

此时 $\theta=\varepsilon_{kk}=\varepsilon_1+\varepsilon_2+\varepsilon_3$。

若存在一各向同性弹性体，沿 $x$ 方向两侧受均匀拉应力 $\sigma_x$ 作用，$y$、$z$ 方向处于自由状

态，由材料力学知识可得到

$$\varepsilon_x=\frac{\sigma_x}{E}$$

$$\varepsilon_y=-\nu\varepsilon_x=-\nu\frac{\sigma_x}{E} \tag{5-41}$$

$$\varepsilon_z=-\nu\varepsilon_x=-\nu\frac{\sigma_x}{E}$$

对比式(5－19)和式(5－41)，可以得到拉梅常量与杨氏弹性模量及泊松比的关系

$$G=\frac{E}{2(1+\nu)}$$

$$\lambda=\frac{E\nu}{(1+\nu)(1-2\nu)} \tag{5-42}$$

采用工程弹性模量进行表示，各向同性材料的本构关系可以表示为

$$\begin{cases}\sigma_x=2G\left(\varepsilon_x+\dfrac{\nu}{1-2\nu}\theta\right)\\ \sigma_y=2G\left(\varepsilon_y+\dfrac{\nu}{1-2\nu}\theta\right)\\ \sigma_z=2G\left(\varepsilon_z+\dfrac{\nu}{1-2\nu}\theta\right)\\ \tau_{xy}=G\gamma_{xy}\\ \tau_{yz}=G\gamma_{yz}\\ \tau_{zx}=G\gamma_{zx}\end{cases} \tag{5-43}$$

由式(5－43)可知

$$\theta=\varepsilon_x+\varepsilon_y+\varepsilon_z=\frac{1-2\nu}{E}(\sigma_x+\sigma_y+\sigma_z) \tag{5-44}$$

其中，$\theta$ 为体应变。根据第 3 章应力球张量 $\sigma_x+\sigma_y+\sigma_z=3\sigma_{\mathrm{m}}$ 有

$$\theta=\frac{3(1-2\nu)\sigma_{\mathrm{m}}}{E} \tag{5-45}$$

或

$$K=\frac{\sigma_{\mathrm{m}}}{\theta}=\frac{E}{3(1-2\nu)} \tag{5-46}$$

其中 $K$ 为弹性体积膨胀系数，称为体积模量，物理意义为产生单位体积应变所需要的平均正应力（或静水压力）。

### 5.5.2 各向同性弹性常数的测定

对于各向同性材料，建立其对应的本构方程只需要两个弹性常量即可，由式(5－38)以及式(5－43)可知，可以选用 $G$、$E$、$\nu$、$\lambda$ 等弹性常量进行描述。工程上这些常量一般通过实验测得，下面就介绍一下常用的测量方法。

1. 单轴拉伸实验

单轴拉伸实验如图 5.9 所示，试件只受到轴向方向的应力，即 $\sigma_{11}=\sigma$。

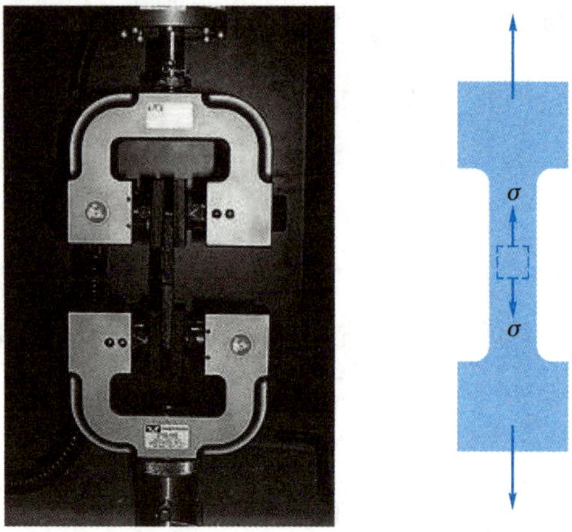


图 5.9　单轴拉伸实验

此时的应力状态可描述为 $\sigma_{ij}=\begin{bmatrix}\sigma & 0 & 0\\0 & 0 & 0\\0 & 0 & 0\end{bmatrix}$，将其代入式(5-43)中得

$$\varepsilon_{ij}=\begin{bmatrix}\dfrac{\sigma}{E} & 0 & 0\\ 0 & -\dfrac{\nu}{E}\sigma & 0\\ 0 & 0 & -\dfrac{\nu}{E}\sigma\end{bmatrix} \tag{5-47}$$

将 $E$ 和 $\nu$ 表示为：$E=\dfrac{\sigma}{\varepsilon_{11}}$，$\nu=-\dfrac{\varepsilon_{22}}{\varepsilon_{11}}=-\dfrac{\varepsilon_{33}}{\varepsilon_{11}}$。这样，通过测量 $\varepsilon_{11}$，$\varepsilon_{22}(\varepsilon_{33})$就可求出 $E$ 和 $\nu$。

### 2. 纯剪切实验

纯剪切实验是用来测量材料剪切模量的实验。图 5.10 给出了一种实验方法，当薄板

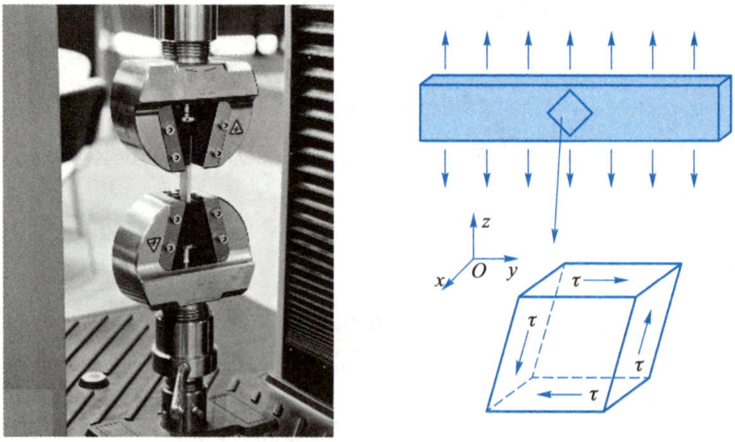


图 5.10　纯剪切实验[3]

($xy$ 向尺寸约为 $z$ 向尺寸 10 倍)在 $z$ 向受到均匀拉力作用时,在 $xy$ 面内就会产生压缩趋势的内力。这样就会在与拉力成 45°方向的单元体上产生纯剪切状态。

当单元体处于纯剪切时,其对应的应力状态为 $\sigma_{ij}=\begin{bmatrix}0 & \tau & 0\\ \tau & 0 & 0\\ 0 & 0 & 0\end{bmatrix}$。将其代入式(5-43)得

$$\varepsilon_{ij}=\begin{bmatrix}0 & \frac{\tau}{2G} & 0\\ \frac{\tau}{2G} & 0 & 0\\ 0 & 0 & 0\end{bmatrix} \tag{5-48}$$

这样剪切模量可以表述为 $G=\frac{\tau}{2\varepsilon_{12}}$。其中,$\varepsilon_{12}$ 通过应变片测出,$\tau$ 可以通过几何关系由施加的应力 $\sigma$ 表示出来,进而就可以测出材料的剪切模量 $G$。

3. 静水压力实验

静水压力状态就是单元体的三个主平面上受到大小相等的正应力作用。实验室中常采用如图 5.11 所示的实验装备来测量体积模量 $K$。体积模量定义为静水压力 $p$ 与相应体积改变量的比值。

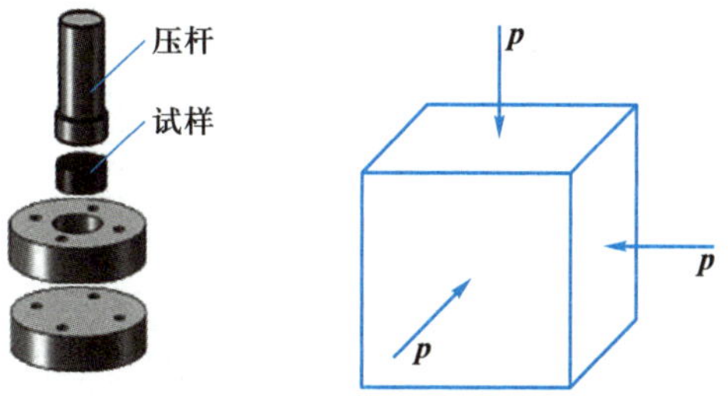


图 5.11　静水压力实验[4]

测定压杆压下的高度后通过几何关系计算出体积改变量,通过压杆施加的力来计算静水压力。体积的改变量可用 $\varepsilon_{kk}$ 表示,静水压力 $-p=\frac{\sigma_{kk}}{3}$。这样,体积模量表示为

$$K=\frac{\sigma_{kk}}{3\varepsilon_{kk}} \tag{5-49}$$

将式(5-20)与式(5-49)对比可得 $K=\lambda+\frac{2}{3}G$。因此,可通过纯剪切实验和静水压力实验求得拉梅常量 $\lambda$。

在上述所提到的 5 个材料参数 $G$、$E$、$\nu$、$\lambda$ 和 $K$,只有两个是相互独立的。实验表明,常数 $E$、$G$、$K$ 都是正值,即:$E>0$、$G>0$、$K>0$。对于一般材料而言,泊松比 $\nu$ 的取值范围为 $-1\leqslant\nu\leqslant\frac{1}{2}$。表 5.2 给出了一些常用典型材料的弹性常量取值,表 5.3 所示为各种弹性常量之间的关系。

表 5.2　典型材料的弹性常量取值

| | $E$/GPa | $\nu$ | $G$/GPa | $\lambda$/GPa | $K$/GPa |
|---|---|---|---|---|---|
| 铝 | 68.9 | 0.34 | 25.7 | 54.6 | 71.8 |
| 混凝土 | 27.6 | 0.20 | 11.5 | 7.7 | 15.3 |
| 铜 | 89.6 | 0.34 | 33.4 | 71 | 93.3 |
| 玻璃 | 68.9 | 0.25 | 27.6 | 27.6 | 45.9 |
| 尼龙 | 28.3 | 0.40 | 10.1 | 4.04 | 47.2 |
| 橡胶 | 0.001 9 | 0.499 9 | $0.654\times10^{-3}$ | 0.326 | 0.326 |
| 钢 | 207 | 0.29 | 80.2 | 111 | 164 |

表 5.3　常用弹性常数间的关系

| | 剪切模量 $G$ | 弹性模量 $E$ | 体积模量 $K$ | 拉梅常量 $\lambda$ | 泊松比 $\nu$ |
|---|---|---|---|---|---|
| $G$、$E$ | $G$ | $E$ | $\dfrac{GE}{9G-3E}$ | $\dfrac{G(E-2G)}{3G-E}$ | $\dfrac{E-2G}{2G}$ |
| $G$、$K$ | $G$ | $\dfrac{9GK}{3K+G}$ | $K$ | $K-\dfrac{2}{3}G$ | $\dfrac{3K-2G}{2(3K+G)}$ |
| $G$、$\lambda$ | $G$ | $\dfrac{G(3\lambda+2G)}{\lambda+G}$ | $\lambda+\dfrac{2}{3}G$ | $\lambda$ | $\dfrac{\lambda}{2(\lambda+G)}$ |
| $G$、$\nu$ | $G$ | $2G(1+\nu)$ | $\dfrac{2G(1+\nu)}{3(1-2\nu)}$ | $\dfrac{2G\nu}{1-2\nu}$ | $\nu$ |
| $E$、$K$ | $\dfrac{3KE}{9K-E}$ | $E$ | $K$ | $\dfrac{K(9K-3E)}{9K-E}$ | $\dfrac{3K-E}{6K}$ |
| $E$、$\nu$ | $\dfrac{E}{2(1+\nu)}$ | $E$ | $\dfrac{E}{3(1-2\nu)}$ | $\dfrac{E\nu}{(1+\nu)(1-2\nu)}$ | $\nu$ |
| $K$、$\lambda$ | $\dfrac{3(K-\lambda)}{2}$ | $\dfrac{9K(K-\lambda)}{3K-\lambda}$ | $K$ | $\lambda$ | $\dfrac{\lambda}{3K-\lambda}$ |
| $K$、$\nu$ | $\dfrac{3K(1-2\nu)}{2(1+\nu)}$ | $3K(1-2\nu)$ | $K$ | $\dfrac{3K\nu}{1+\nu}$ | $\nu$ |

## 5.6　重点概念阐释及知识延伸

1. 脆性材料与韧性材料

根据材料对塑性变形的敏感程度，可将材料分为脆性和韧性材料。脆性材料在外力作用下，当外力达到一定值后，会发生突然破坏，且破坏时无明显的塑性变形。典型的脆性材料有岩石、陶瓷、铸铁等。与脆性材料相反，韧性材料（如大多数钢材）在屈服后能产生显著的塑性变形，容易观察到，因此能够采取预防措施。

典型的韧性和脆性材料的应力-应变曲线如图 5.12a 所示。当加载达到一定值时，韧性材料发生屈服并进入塑性区，断裂时在断口处产生明显的颈缩特征；脆性材料则不产生明显的塑性变形而是直接破坏，断口无颈缩现象。从扭转断口来看，由于韧性材料的抗拉能力优于抗剪能力，所以引起其断裂的主要原因是最大切应力，而扭转过程中，最大切应力作用面为与轴线垂直的截面，所以其断面与轴线垂直，而脆性材料的抗拉能力低于其抗剪能力，引起其断裂的主要原因为最大拉应力，在扭转过程中，材料在与轴线成 45°方向的螺旋面上承受最大拉应力，所以其断面大体与轴线呈 45°夹角，如图 5.12b 所示。

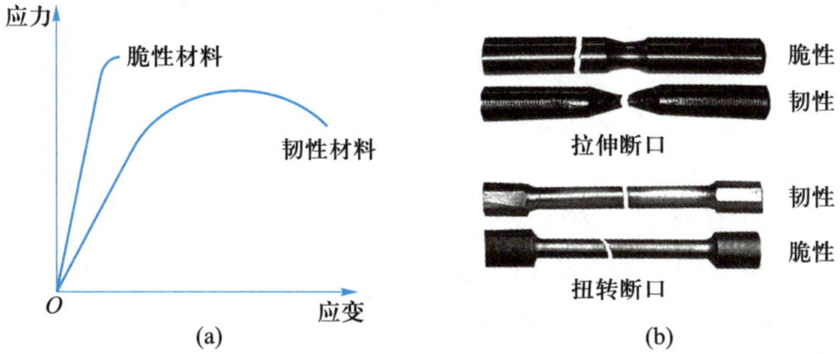

图 5.12　脆性和韧性材料拉伸曲线及断口

脆性材料与韧性材料对于材料缺陷的敏感程度也不同。材料在制造过程中不可避免地存在缺陷或夹杂，在使用过程中，缺陷或夹杂的存在会引起附近应力水平的提高。对于韧性材料来说，应力水平达到屈服强度后，还能继续产生塑性变形，使得缺陷周围的应力水平能够平均化，不至于很快断裂失效；对于脆性材料而言，应力水平达到屈服后，局部就会出现断裂，缺陷周围的应力水平因为承载面积的减小而急剧上升，造成裂纹迅速扩展，结构失效。因此，相对于韧性材料，脆性材料对材料制造缺陷的敏感程度更高。

2. 脆性材料的单轴性能测试

通过拉伸力学试验，可以得到韧性材料的应力-应变曲线。对于脆性材料而言，很难直接采用单轴拉伸试验来测试其抗拉强度，主要原因是容易在试件两端夹持部位出现应力集中现象，导致夹持段断裂，不易测得有效数据。

硬-$\alpha$ 缺陷是钛合金中的一种主要缺陷，由于这种缺陷的存在，严重影响了钛合金的材料性能，从而影响到钛合金构件（如航空发动机压气机轮盘）的寿命，因此，研究这种缺陷的力学性能，从而预估缺陷对寿命的影响是一项极为重要的工作。对于硬-$\alpha$ 缺陷这类脆性材料的抗拉强度测试可采用间接法（巴西圆盘试验法或劈裂法），该方法采用圆盘状试样，试验时沿着圆盘的直径方向施加一对等值的线载荷，使试样沿着受力方向的直径裂开成两个半圆盘（图 5.13）。在这种受力条件下，试样受到纵向压缩载荷的作用，而试样的横向截面处于拉伸状态，这样，通过压缩试验，也能测得材料的抗拉强度。通过巴西圆盘试验法，可得到材料的抗拉强度如下

$$\sigma_T = \frac{2P}{\pi D t} \tag{5-50}$$

其中，圆盘试样的直径为 $D$，厚度为 $t$，破坏载荷为 $P$。

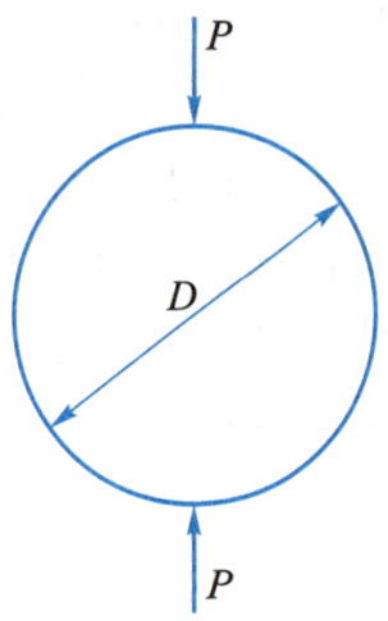


(a) 示意图

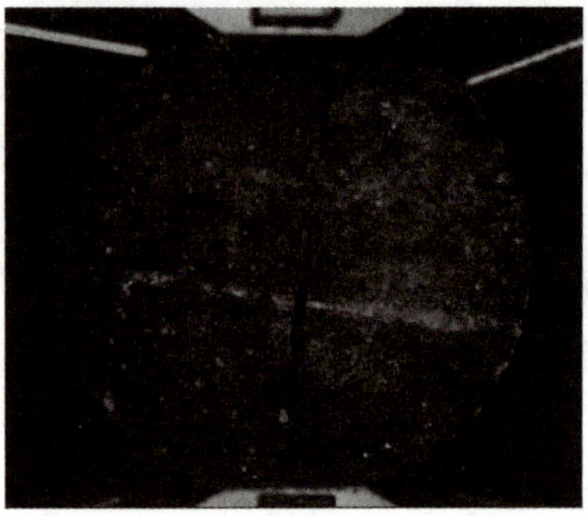

(b) 试验破坏

图 5.13 脆性材料巴西圆盘试验

### 3. 牛顿流体的本构方程

牛顿流体指流体中任意点上的剪应力都与剪切变形速率呈线性关系。最简单的牛顿流体流动为(图 5.14):两无限大平板以相对速度 $v$ 相互平行运动时,两板间黏性流体的低速定常剪切运动(或库埃特流动)[5]。牛顿流体的本构方程就是反映流体应力与变形速率之间的关系,可表示为

$$\sigma_{ij} = -p\delta_{ij} + 2\nu(S_{ij} - S_{kk}\delta_{ij}) \tag{5-51}$$

其中,$\nu$ 为牛顿流体的黏度,$S_{ij}$ 为流体的变形速率张量或应变率张量,$p$ 为流体的压强。在牛顿流体的本构方程中,流体正应力与三个速度偏导数有关(即线变形率),这点与固体力学中的胡克定律类似。从流体流动的角度来看,线变形率的正负反映了流体的流动是加速还是减速,由于黏性正应力的存在,流动流体的正应力数值上一般不等于流体的压力;流体的剪应力与角变形率有关,剪应力互等定理依然成立,这与固体力学中是相似的。

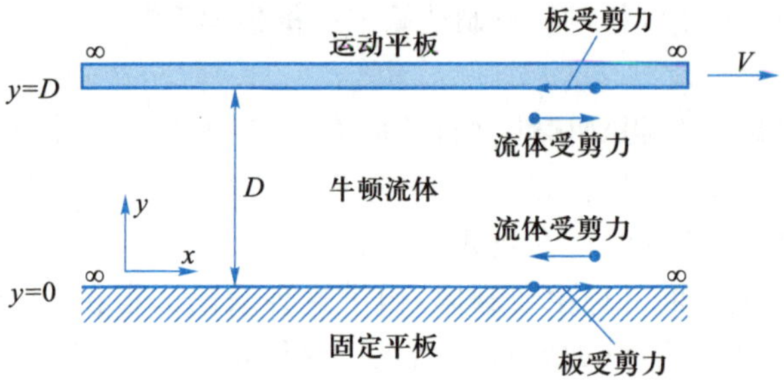


图 5.14 两板间黏性流体的低速定常剪切运动

### 4. 复合材料及其本构方程

复合材料是指由两种或两种以上不同材料通过某种方式结合而成的新材料,其中各组分材料仍然保持其原有特性,但是所组成的新材料性能优于各组分材料。复合材料层合板结构是多层复合材料单层板黏合在一起组成的结构体系,与单一材料的板结构相比,具有明显的几何非线性和材料非线性等特点。典型的层合板结构如图 5.15 所示。

当层合板受到一般载荷作用时,可以把载荷分解为作用于结构中面的纵向载荷以及垂直于中面的横向载荷。层合板的本构方程为[6]

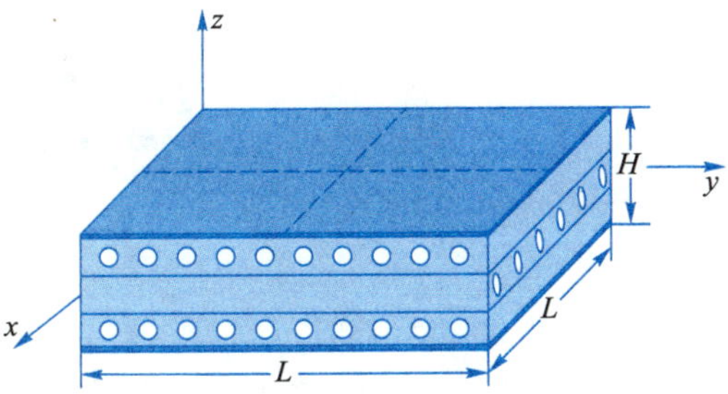


图 5.15　层合板结构示意

$$\begin{bmatrix} N_x \\ N_y \\ N_{xy} \end{bmatrix} = \begin{bmatrix} A_{11} & A_{12} & A_{16} \\ A_{12} & A_{22} & A_{26} \\ A_{16} & A_{26} & A_{66} \end{bmatrix} \begin{bmatrix} \varepsilon_x \\ \varepsilon_y \\ \varepsilon_{xy} \end{bmatrix} + \begin{bmatrix} B_{11} & B_{12} & B_{16} \\ B_{12} & B_{22} & B_{26} \\ B_{16} & B_{26} & B_{66} \end{bmatrix} \begin{bmatrix} \chi_x \\ \chi_y \\ \chi_{xy} \end{bmatrix}$$
$$\begin{bmatrix} M_x \\ M_y \\ M_{xy} \end{bmatrix} = \begin{bmatrix} B_{11} & B_{12} & B_{16} \\ B_{12} & B_{22} & B_{26} \\ B_{16} & B_{26} & B_{66} \end{bmatrix} \begin{bmatrix} \varepsilon_x \\ \varepsilon_y \\ \varepsilon_{xy} \end{bmatrix} + \begin{bmatrix} D_{11} & D_{12} & D_{16} \\ D_{12} & D_{22} & D_{26} \\ D_{16} & D_{26} & D_{66} \end{bmatrix} \begin{bmatrix} \chi_x \\ \chi_y \\ \chi_{xy} \end{bmatrix} \tag{5-52}$$

其中，$M_x$，$M_y$，$M_{xy}$ 为层合板横向弯曲内力；$N_x$，$N_y$，$N_{xy}$ 为作用于中面的薄膜内力；$\varepsilon_x$，$\varepsilon_y$，$\varepsilon_{xy}$ 为层合板的中层应变；$\chi_x$，$\chi_y$，$\chi_{xy}$ 是中面曲率、扭曲率；$A_{ij}$ 为层合板的拉伸刚度，表示薄膜内力与中面应变的刚度关系；$D_{ij}$ 为弯曲刚度，表示弯曲内力力矩与曲率以及扭曲率相关的刚度系数；$B_{ij}$ 为耦合刚度，表示弯曲、拉伸之间的耦合关系。

复合材料不同于单一材料，其本构模型往往涉及复合材料中的多种组成成分，对其描述的难度也较大。

5. 形状记忆合金及其本构方程[7]

形状记忆合金是一种能“记忆”其初始形状的智能材料，它在发生变形后，对其加热升温能消除变形，恢复到其变形前形状。由于这种特殊的性质，形状记忆合金的本构方程不仅仅具有应力、应变两个变量，还具有温度变量，随着环境温度的变化，其应力-应变曲线会发生巨大变化，如图 5.16 所示，其典型的一维本构方程可以表达为

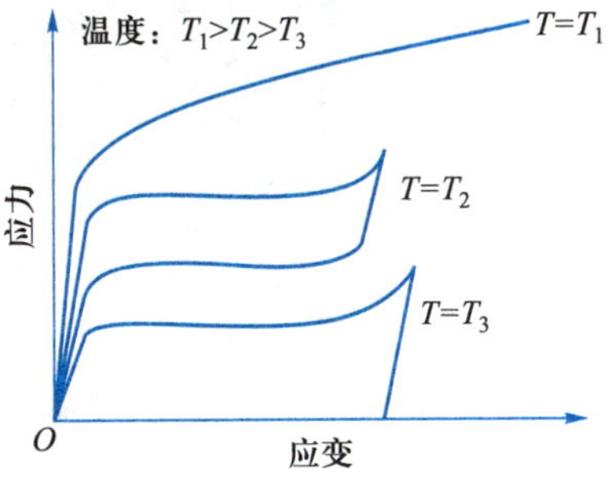


图 5.16　不同温度下形状记忆合金应力-应变曲线

$$\sigma=\sigma_0+E(\xi)(\varepsilon-\varepsilon_0)+\Theta(T-T_0)+\Omega(\xi)(\xi-\xi_0) \tag{5-53}$$

其中 $E$、$\Theta$、$\Omega$ 分别为弹性模量、热弹性张量、相变张量，$T$、$\sigma$、$\varepsilon$ 分别为温度、应力和应变，$\xi$ 为本构方程的内变量——马氏体含量，下标“0”表示初始状态量。由该本构方程可以看出，形状记忆合金材料弹性模量是变量，而且其应力由应变、温度共同确定，这和普通的金属材料

相比有非常大的区别。

## 5.7 拓展阅读

1. 乔治·格林:各向异性材料独立弹性常数个数的推导[8]

1837 年,在柯西的研究基础上,格林根据能量守恒定律,从应变能的角度得到了“各向异性弹性体的 36 个弹性常数中只有 21 个是互相独立的”的结论,两年后,格林在《论光在晶体介质中的传播》中进行了各向异性材料弹性常数的推导。格林将微元体中各个粒子之间的相互作用定义为微元体变形的三个正交方向的位移、相互夹角变化相关的 6 个参量的函数,对函数按幂次展开并忽略高阶量,得到了各向异性材料弹性常数的个数。格林在材料弹性常数方向上的研究解决了对于弹性常数个数的争论,为弹性力学理论的建立做出了贡献。

2. 定向结晶材料与单晶材料的弹性本构关系[9]

对于晶体弹性性质的研究可以追溯至 19 世纪中期。1850 年,法国物理学家奥古斯特·布拉维(Bravais Auguste)在《晶体学研究》(*Études cristallographiques*)中对晶体不同方向的弹性性质进行了研究,为后续单晶材料以及定向结晶材料弹性性质的研究奠定了基础。航空发动机涡轮转子部件在工作过程中承受热机械交变载荷,其恶劣的工作环境对涡轮转子结构选材提出了极为苛刻的要求,使用定向结晶和单晶材料可以提高材料在高温下的性能,目前,先进航空发动机涡轮转子部件大多采用定向结晶或单晶高温合金材料(图 5.17)。研究表明:不同于各向同性材料,定向结晶材料和单晶材料因晶体的方向性而呈现各向异性,其中,定向结晶材料具有横观各向同性特点,其垂直于结晶轴的平面内材料性能相同,其独立的弹性常数为 5 个。对于单晶材料而言,其在三个材料主轴方向的弹性性质相同,独立的弹性常数为 3 个。

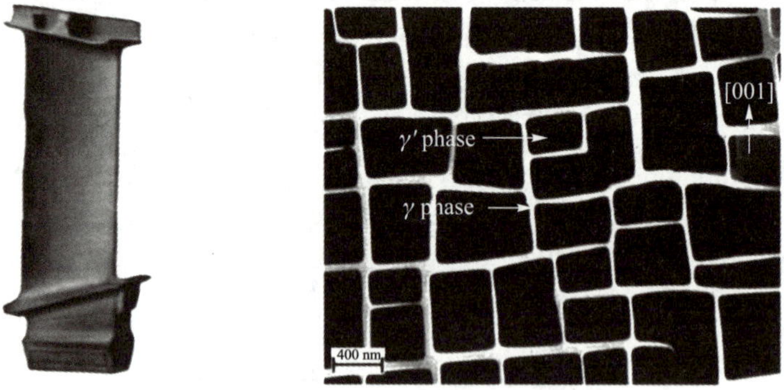


图 5.17 单晶涡轮叶片及其微观组织

3. 霍普金森杆[10]

19 世纪初,人们逐渐意识到材料在动载下的力学性能与静载下的力学性能显著不同,对此,科学家进行了一系列探索,托马斯·扬、瑞利(Rayleigh)、邓恩(Dunn)等人都进行了相关的研究与探索。1914 年,英国工程师约翰·贝雷斯福德·霍普金森(John Beresford Hopkinson)首次提出了霍普金森杆,用于测量冲击载荷下的脉冲波形,1949 年,在考尔斯基的改进下，可以测量冲击载荷下的应力-应变关系。霍普金森杆可以获得材料在高速冲击下的动态性能、应力波传播速度等信息，极大程度上方便了材料在爆炸、碰撞和其他高速冲击条件下的行为探究，被广泛应用于力学、材料科学等领域。

## 5.8 重点内容的板书讲解

**弹性常数的化简**

| 材料种类 | 一般材料 | 一个弹性对称面材料 | 正交各向异性材料 | 横观各向同性材料 | 各向同性材料 |
|---|---|---|---|---|---|
| 材料对称特性 | 无对称特性 | 一个弹性对称面 | 2个弹性对称面（对称面互相垂直） | 正交各向异性＋一根对称轴 | 正交各向异性＋两根对称轴 |
| 弹性常数个数 | 21个独立常数 | 13个独立常数 | 9个独立常数 | 5个独立常数 | 2个独立常数 |
| 化简过程 | $\sigma_{ij}=\sigma_{ji}$<br>$\varepsilon_{ij}=\varepsilon_{ji}$<br>$c_{mn}=c_{nm}$ | $I_{ij}=\begin{bmatrix}1&0&0\\0&1&0\\0&0&-1\end{bmatrix}$ | $I_{ij}=\begin{bmatrix}1&0&0\\0&-1&0\\0&0&1\end{bmatrix}$ | $I_{ij}=\begin{bmatrix}0&1&0\\-1&0&0\\0&0&1\end{bmatrix}$ | $I_{ij}=\begin{bmatrix}1&0&0\\0&0&-1\\0&1&0\end{bmatrix}$ |

$$81 \longrightarrow 36 \longrightarrow 21 \longrightarrow 9 \longrightarrow 5 \longrightarrow 2$$

应力应变关系：$\sigma_{ij}=C_{ijkl}\varepsilon_{kl}$　　坐标变换：$C'_{mnpq}=l_{mn}l_{nj}l_{pk}l_{ql}C_{ijkl}$

**脆性材料与韧性材料**

| 材料种类 | 脆性材料 | 韧性材料 |
|---|---|---|
| 材料举例 | 铸铁、陶瓷 | 低碳钢、铝合金 |
| 本构关系 | 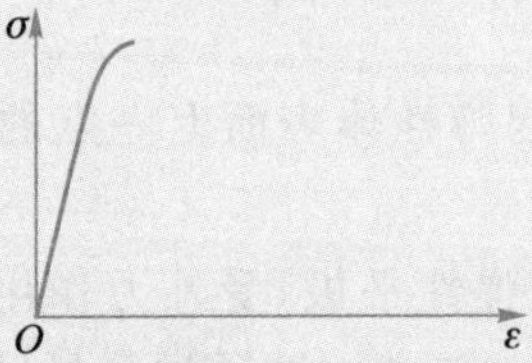 | 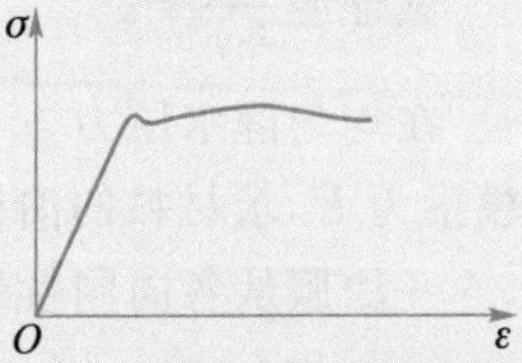 |
| 力学性能 | 抗拉性能＜抗剪性能 | 抗拉性能＞抗剪性能 |
| 拉伸断口 | 直接破坏、无颈缩 | 产生明显颈缩现象 |
| 扭转断口 | 断面与轴线45° | 断面与轴线垂直 |

## 思考题

5.1　柯西方法和格林方法给出应力-应变本构关系的出发点有何不同？

5.2　弹性常数张量的 81 个分量为什么只有 21 个是相互独立的？弹性常数张量和弹性矩阵有何对应关系？

5.3　各向同性材料弹性常数如何从 81 个缩减为 2 个？

5.4　为什么巴西圆盘试验可以通过加压缩载荷的方法测量脆性材料的抗拉极限？

5.5　工程上为什么不常用拉梅常量？

5.6　请举例工程中使用的正交各向异性弹性体和横观各向同性弹性体。这些材料有何优点？

5.7　如何理解牛顿流体本构方程和固体本构方程的联系和区别？

5.8　低碳钢为什么在低温下表现出明显的脆性特征？

第 5 章自测题

## 习题

5.1　试证明弹性体在应力状态下有 $\gamma_8=\dfrac{1}{G}\tau_8$。

5.2　试推导正交各向异性弹性体的广义胡克定律表达形式。

提示：假定材料的弹性性质对三个相互垂直的平面 $x=0, y=0, z=0$ 对称，首先令任意坐标轴转动 180°，考察应力分量及应变分量的正负号变化。由任意两相反方向的弹性性质相同，可得一些等于 0 的弹性常数。之后，再分别转动其他两坐标轴，又可得一些等于 0 的弹性常数。

5.3　试证明$\dfrac{\partial J_2}{\partial \sigma_{ij}}=s_{ij}$。

5.4　在均匀静水压力 $p$ 作用下，引起弹性体表面上一点的线应变为 $\varepsilon$，如已知弹性体的弹性模量为 $E$，求材料的泊松比 $\nu$。

5.5　一块服从各向同性胡克定律的弹性平板，受外力作用后板内某点处于纯剪切状态，即 $\sigma_{xy}=\sigma_{yx}=\tau, \sigma_{xx}=\sigma_{yy}=\sigma_{zz}=\sigma_{zx}=\sigma_{zy}=0$。试通过分析此微元体应力状态和应变状态，证明 $G=\dfrac{E}{2(1+\nu)}$。其中，$E$、$G$、$\nu$ 分别为材料的弹性模量、剪切模量和泊松比。

5.6　对于各向同性弹性体，试证明：当 $\sigma_1\geqslant\sigma_2\geqslant\sigma_3$ 时，$\varepsilon_1\geqslant\varepsilon_2\geqslant\varepsilon_3$。

5.7　如果泊松比为 0.5，试证明：$G=\dfrac{E}{3}, \lambda=\infty, K=\infty, \varepsilon_{ii}=u_{i,i}=0$。

5.8　应力张量和应变张量可以分解为球张量和偏张量之和，即

$$\sigma_{ij}=\sigma_{ij}^{p}+\sigma_{ij}^{D},\quad \sigma_{ij}^{p}=\frac{1}{3}\sigma_{kk}\delta_{ij}$$

$$\varepsilon_{ij}=\varepsilon_{ij}^{p}+\varepsilon_{ij}^{D},\quad \varepsilon_{ij}^{p}=\frac{1}{3}\varepsilon_{kk}\delta_{ij}$$

试写出 $\sigma_{ij}^{p}$ 与 $\varepsilon_{ij}^{p}$ 和 $\sigma_{ij}^{D}$ 与 $\varepsilon_{ij}^{D}$ 之间的关系。

5.9　对于各向同性材料，证明应力主轴和应变主轴重合。

5.10　对于正交各向异性弹性体，当应力主轴与正交轴重合时，证明应力主轴和应变主轴重合。

5.11　对于各向同性圆柱形弹性体，在轴向施加均匀压力 $P$，限制圆柱体的周向位移为 0，设圆柱体轴向为 $z$ 方向，求此时$\dfrac{\sigma_{zz}}{\varepsilon_{zz}}$的值（已知弹性模量 $E$ 和泊松比 $\nu$）。

5.12　对于各向同性线弹性材料，已知某点的应力分量 $\sigma_{ij}$ 为

$$\sigma_{ij}=\begin{bmatrix}68.95 & 6.895 & -55.16\\ 6.895 & -41.37 & 41.37\\ -55.16 & 41.37 & 137.9\end{bmatrix}\text{MPa},\quad E=207\ \text{GPa},\quad \nu=0.3$$

求：(a) 该点的主应力 $\sigma_1,\sigma_2,\sigma_3$；(b) 该点的应变张量 $\varepsilon_{ij}$。

5.13　对于正交各向异性线弹性材料，已知某一点的应力状态 $\sigma_{ij}$ 为

$$\sigma_{ij}=\begin{bmatrix}5.52 & -0.69 & 0.35\\ -0.69 & 0.55 & 0.83\\ 0.35 & 0.83 & -1.38\end{bmatrix}\text{MPa},$$

材料常数为

$$E_x=15\ \text{MPa}\quad \frac{E_y}{E_x}=0.064\quad \frac{E_z}{E_x}=0.109$$

$$\frac{G_{xy}}{E_x}=0.041\quad \frac{G_{yz}}{E_x}=0.017\quad \frac{G_{zx}}{E_x}=0.057$$

$$\nu_{xy}=0.18\quad \nu_{yz}=0.12\quad \nu_{zx}=0.13$$

求：(a) 该点的应变分量 $\varepsilon_{ij}$；(b) 该点的主应力和主应变。

# 第 6 章
# 方程组求解方法与原理

## 学习目标

理解弹性力学中的边值问题；能准确表述边值问题的边界条件，了解边值问题的两种求解方法；掌握叠加原理和圣维南原理的内容和适用条件。

## 重点难点

弹性力学边值问题的边界条件和求解方法；叠加原理；圣维南原理。

## 思维导图

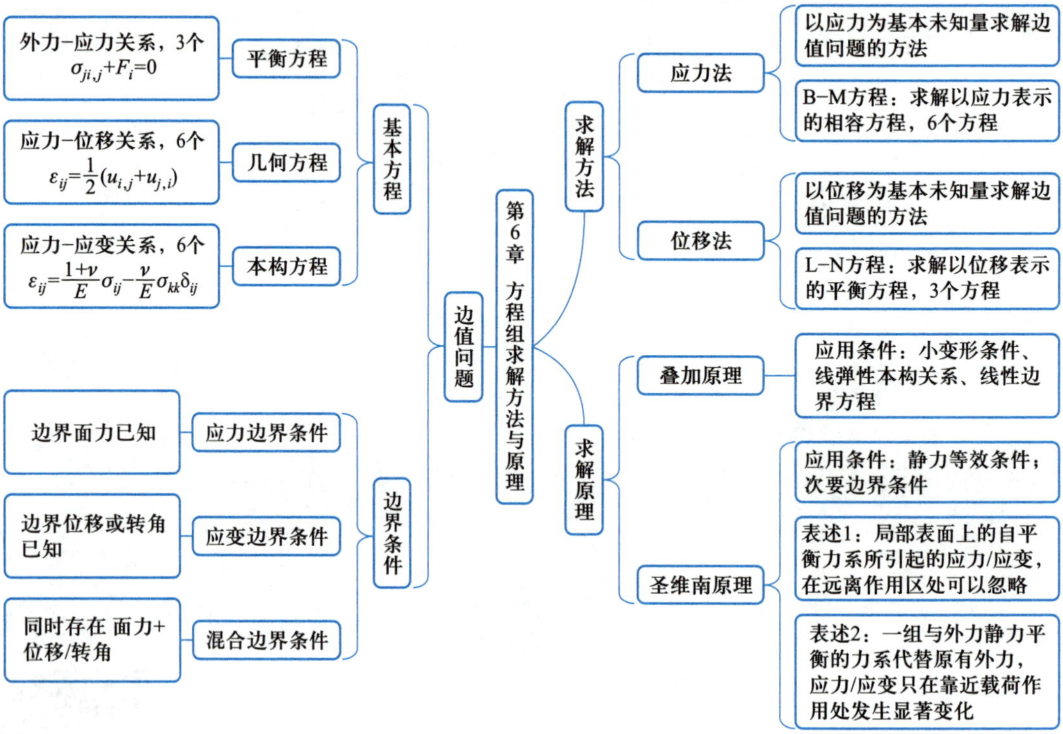

第6章 方程组求解方法与原理
边值问题
基本方程
平衡方程
外力–应力关系，3个
$\sigma_{ji,j}+F_i=0$
几何方程
应力–位移关系，6个
$\varepsilon_{ij}=\frac{1}{2}(u_{i,j}+u_{j,i})$
本构方程
应力–应变关系，6个
$\varepsilon_{ij}=\frac{1+\nu}{E}\sigma_{ij}-\frac{\nu}{E}\sigma_{kk}\delta_{ij}$
边界条件
应力边界条件
边界面力已知
应变边界条件
边界位移或转角已知
混合边界条件
同时存在 面力+位移/转角
求解方法
应力法
以应力为基本未知量求解边值问题的方法
B–M方程：求解以应力表示的相容方程，6个方程
位移法
以位移为基本未知量求解边值问题的方法
L–N方程：求解以位移表示的平衡方程，3个方程
求解原理
叠加原理
应用条件：小变形条件、线弹性本构关系、线性边界方程
圣维南原理
应用条件：静力等效条件；次要边界条件
表述1：局部表面上的自平衡力系所引起的应力/应变，在远离作用区处可以忽略
表述2：一组与外力静力平衡的力系代替原有外力，应力/应变只在靠近载荷作用处发生显著变化

**圣维南**
(Saint-Venant, 1797—1886)

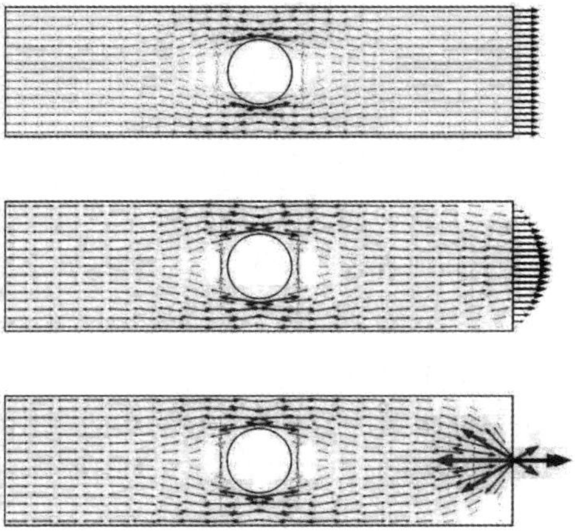

**不同端部载荷形成的相同孔边应力分布**

If the forces acting on a small portion of the surface of an elastic body are replaced by another statically equivalent system of forces acting on the same portion of the surface, this redistribution of loading produces substantial changes in the stresses locally, but has a egligible effect on the stresses at distances which are large in comparison with the linear imensions of the surface on which the forces are changed.

——Saint-Venant[1]

圣维南原理是由法国学者圣维南于 1855 年在柱体扭转和弯曲的研究中提出的，可以将其表述为：在远离加载点的部位，两种不同的静力等效力系所引起的应力、应变和位移场近似相同。圣维南原理强调两个要点：一是力系作用范围是局部的，二是所作用的力系必须是静力等效的。圣维南原理的正确性和实用性已经在大量的实验观测和工程实例中得到验证，对于解决弹性力学中边界条件难以完全确定和只知合力未知分布的问题起着重要作用。

## 6.1 概述

为了描述弹性体在外力作用下的受力和变形情况，在第 3、4 章中，引入了应力（6 个分量）、位移（3 个分量）、应变（6 个分量）三个物理量（共 15 个分量），建立了平衡方程（应力-外力关系，3 个）、几何方程（应变-位移关系，6 个）、弹性体本构方程（应力-应变关系，6 个）共 15 个方程，这些方程构成了一个线性偏微分方程组。建立和求解弹性力学边值问题，构成了弹性理论的基本内容。

本章主要介绍弹性力学线性偏微分方程组的边界条件、求解方法，以及求解过程中用到的叠加原理、用来处理边界条件的圣维南原理，如图 6.1 所示。

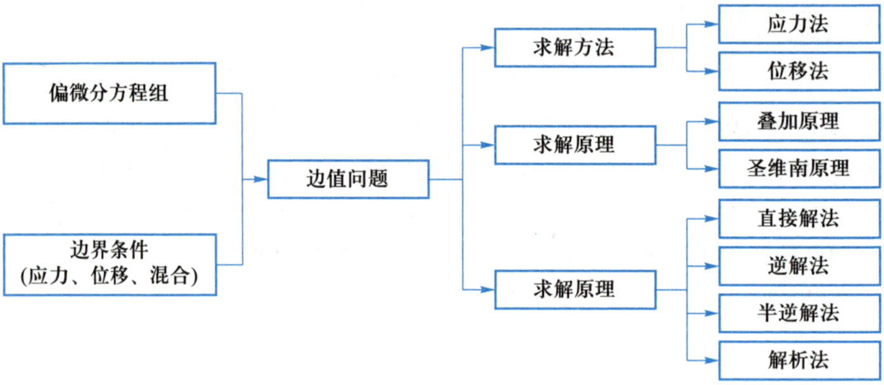


图 6.1 弹性力学边值问题的求解方法和原理

## 6.2 基本方程

三维情况下，各向同性材料的弹性力学基本方程包括：

### 1. 平衡方程

根据第 3 章式(3－39)，平衡方程的指标标记法为

$$\sigma_{ji,j}+F_i=0$$

### 2. 几何方程

根据第 3 章式(3－61)，几何方程的指标标记法为

$$\varepsilon_{ij}=\frac{1}{2}(u_{i,j}+u_{j,i})$$

### 3. 本构方程

对于各向同性弹性体而言，用应力表达应变的本构方程的指标标记法为

$$\varepsilon_{ij}=\frac{1+\nu}{E}\sigma_{ij}-\frac{\nu}{E}\sigma_{kk}\delta_{ij} \tag{6-1}$$

用应变表达应力的本构方程的指标标记法为

$$\sigma_{ij}=2G\varepsilon_{ij}+\lambda\theta\delta_{ij} \tag{6-2}$$

概括起来，各向同性弹性体满足 3 个平衡方程式(3-39)、6 个几何方程式(3-61)、6 个本构方程式(6-1)或式(6-2)，共 15 个基本方程。可以简单地用广义算符表达为[1]

$$\zeta\{u_i,\varepsilon_{ij},\sigma_{ij};\quad \lambda,G,F_i\}=0 \tag{6-3}$$

其中包括 3 个位移分量 $u_i$、6 个应变分量 $\varepsilon_{ij}$、6 个应力分量 $\sigma_{ij}$，共 15 个未知量。

## 6.3 边界条件及边值问题

边界条件表示在边界上位移与约束，或应力与面力之间的关系式。当弹性体处于平衡状态时，其内部各点的应力分量、应变分量、位移分量等 15 个未知数要满足平衡方程(3-39)、几何方程(3-61)、本构方程(6-1)、(6-2)，在边界上还要满足边界条件。因此，弹性力学的边值问题可描述为

弹性力学边值问题＝方程(6-3)＋边界条件的描述方程

根据边界条件的不同，可以将弹性力学边值问题分为应力边值问题、位移边值问题、混合边值问题。图 6.2 给出了三种边界条件的示意图，接着分别讨论三类边值问题中边界条件的描述方程[2]。

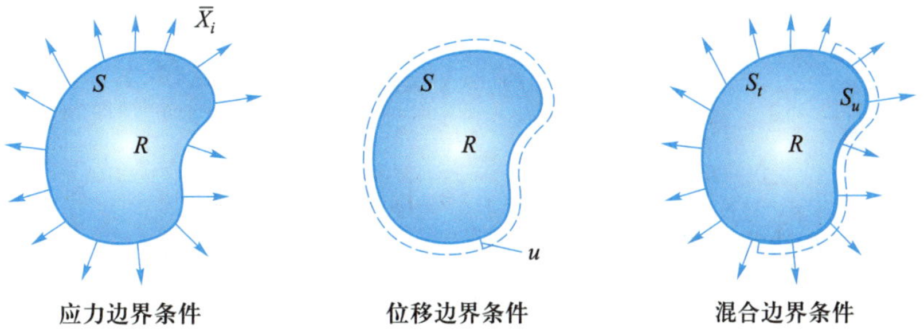


图 6.2　三种边界条件

### 6.3.1 应力边界条件

应力边界条件，就是指当弹性体在边界上给定面力时，边界上应满足内力与外力平衡的条件。

当弹性体的微元体位于边界时，边界相当于微元体的一个斜截面，作用在斜截面上的面力分量可以用微元体处的应力状态来表达。因此，边界上的平衡条件可由方程(3-7)得出，即应力边界条件为

$$\bar{X}=\sigma_x n_1+\tau_{yx}n_2+\tau_{zx}n_3$$
$$\bar{Y}=\tau_{xy}n_1+\sigma_y n_2+\tau_{zy}n_3$$

$$\overline{Z}=\tau_{xz}n_1+\tau_{yz}n_2+\sigma_z n_3 \tag{6-4}$$

其中，$\overline{X}$、$\overline{Y}$、$\overline{Z}$ 为给定边界上的面力分量，$n_1$、$n_2$、$n_3$ 为边界面外法线的方向余弦。

对于平面问题，应力边界条件简化为

$$\begin{aligned}\overline{X}&=\sigma_x n_1+\tau_{yx}n_2\\ \overline{Y}&=\tau_{xy}n_1+\sigma_y n_2\end{aligned} \tag{6-5}$$

**例题 6.1**

如图 6.3 所示，试分别写出 $y=0$、$y=h$ 边界上的应力边界条件，其中 $\theta=60°$。

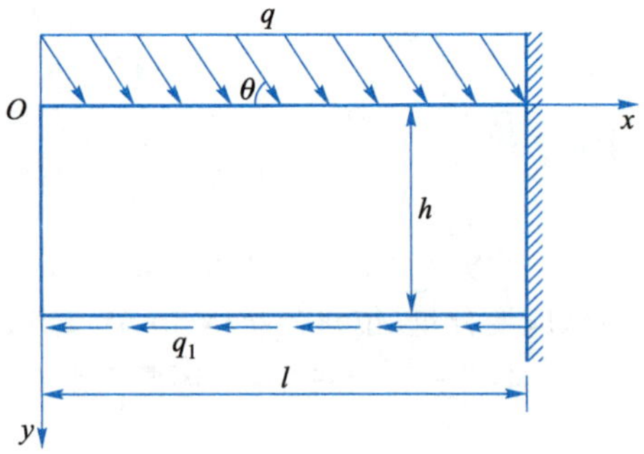


图 6.3　弹性体边界示意图

**解**：根据平面问题的应力边界条件式(6-5)可得

(1) $y=0$ 边界上的方向余弦

$$n_1=0,\quad n_2=-1$$

应力边界条件

$$\overline{X}=q/2,\quad \overline{Y}=\sqrt{3}q/2$$

由此得

$$\tau_{xy}\big|_{y=0}=-q/2,\quad \sigma_y\big|_{y=0}=-\sqrt{3}q/2$$

(2) 同理，$y=h$ 边界上的应力边界条件

$$\tau_{xy}\big|_{y=h}=-q_1,\quad \sigma_y\big|_{y=h}=0$$

### 6.3.2 位移边界条件

位移边界条件，就是指当弹性体在边界上给定约束位移分量时，边界上位移与约束之间的关系式。

对于三维问题，位移边界条件为

$$u=\bar{u},\quad v=\bar{v},\quad w=\bar{w} \tag{6-6}$$

指标标记法为

$$u_i=\bar{u}_i \tag{6-7}$$

其中，$u$、$v$ 和 $w$ 为边界上的位移分量，而 $\bar{u}$、$\bar{v}$ 和 $\bar{w}$ 分别为边界上的已知位移分量。

对于平面问题，则有

$$u=\bar{u},\quad v=\bar{v} \tag{6-8}$$

**例题 6.2**

试写出图 6.3 中 $x=l$ 边界上的位移边界条件。

**解：**

$x=l$ 边界为固定端，满足所有点位移为 0，即

$$u|_{x=l}=0, \quad v|_{x=l}=0$$

同时，所有点的转角为 0，根据式(3-57)、式(3-58)，可得

$$\left.\frac{\partial u}{\partial y}\right|_{x=l}=0, \quad \left.\frac{\partial v}{\partial x}\right|_{x=l}=0$$

### 6.3.3 混合边界条件

混合边界条件，就是在边界上部分给定面力，部分给定位移的条件。混合边界条件有两种情况：

(1) 弹性体一部分边界具有已知面力，因而具有应力边界条件，如式(6-4)所示；另一部分边界具有已知位移，因而具有位移边界条件，如式(6-6)所示；

(2) 在同一部分边界上已知位移和应力，即给定位移与应力的混合条件[3]。

**例题 6.3**

如图 6.4 所示的对称结构，对称轴为 $y$ 轴，试写出截面 $x=0$ 处的边界条件，并判断其为哪类边界条件。

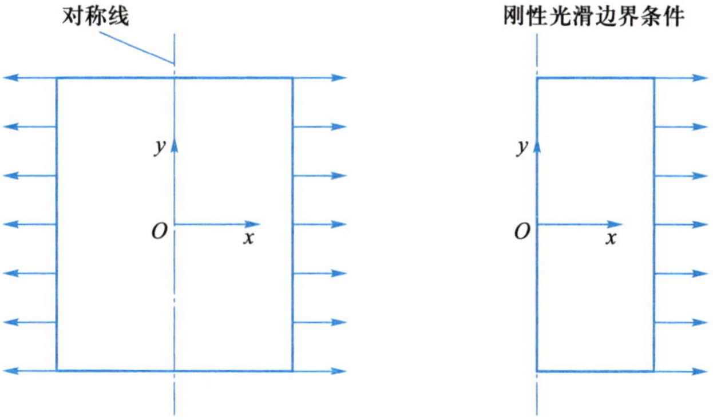


图 6.4 对称结构边界条件

**解：**

对于此类对称问题，在研究时往往沿着对称线将结构分成两部分，求解其中一部分。在截面 $x=0$ 处，由对称性可知，对称轴上法向位移为零，切应力也为零，即图中所示的刚性光滑边界条件

$$u|_{x=0}=0, \quad \tau_{xy}|_{x=0}=0$$

可以看出，该边界条件属于混合边界条件。

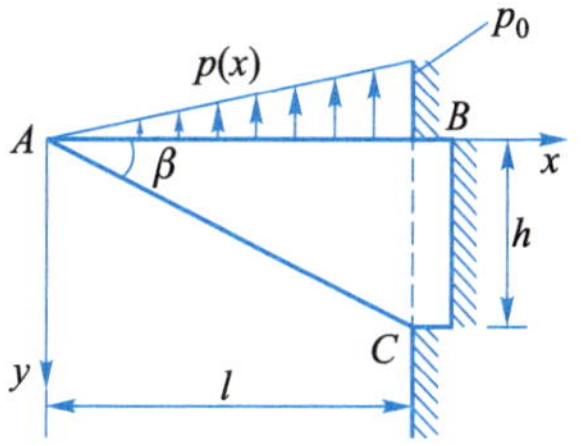


图 6.5 弹性体边界示意图

**例题 6.4**

试写出如图 6.5 所示结构的边界条件。

**解：**

(1) $AB$ 边界($y=0$)

$$n_1 = \cos 90° = 0$$
$$n_2 = \cos 180° = -1$$

已知 $\overline{X}=0, \overline{Y}=-p(x)=-\frac{x}{l}p_0$，由式(6－7)可得

$$\tau_{xy}\big|_{y=0}=0$$
$$\sigma_y\big|_{y=0}=\frac{x}{l}p_0$$

(2) $AC$ 边界

$$n_1=\cos(90°+\beta)=-\sin\beta$$
$$n_2=\cos\beta$$

$AC$ 为自由边界，满足 $\overline{X}=0, \overline{Y}=0$，则由式(6－7)得

$$\tau_{xy}\cos\beta-\sigma_x\sin\beta=0$$
$$-\tau_{xy}\sin\beta+\sigma_y\cos\beta=0$$

(3) $BC$ 边界($x=l$)

$BC$ 边界为固定端，易得位移边界条件为

$$u\big|_{x=l}=0,\quad v\big|_{x=l}=0$$
$$\frac{\partial u}{\partial y}\bigg|_{x=l}=0,\quad \frac{\partial v}{\partial x}\bigg|_{x=l}=0$$

## 6.4 边值问题求解方法

### 6.4.1 应力法

用应力作为基本未知量来求解边值问题，称为应力法。这就需要从式(6－3)的 15 个方程中消去位移和应变分量，得出包含 6 个应力分量的方程。因为平衡方程不包含位移和应变，所以只需从几何和本构方程中消去这两组物理量[4]。

首先，从几何方程中消去位移分量，可得到一组应变协调方程。本构方程式(6－1)代入式(3－78)，整理可得应力分量表示的协调方程

$$\begin{aligned}
(1+\nu)\left(\frac{\partial^2\sigma_y}{\partial z^2}+\frac{\partial^2\sigma_z}{\partial y^2}\right)-\nu\left(\frac{\partial^2\Theta}{\partial z^2}+\frac{\partial^2\Theta}{\partial y^2}\right)&=2(1+\nu)\frac{\partial^2\tau_{yz}}{\partial y\partial z}\\
(1+\nu)\left(\frac{\partial^2\sigma_z}{\partial x^2}+\frac{\partial^2\sigma_x}{\partial z^2}\right)-\nu\left(\frac{\partial^2\Theta}{\partial x^2}+\frac{\partial^2\Theta}{\partial z^2}\right)&=2(1+\nu)\frac{\partial^2\tau_{zx}}{\partial z\partial x}\\
(1+\nu)\left(\frac{\partial^2\sigma_x}{\partial y^2}+\frac{\partial^2\sigma_y}{\partial x^2}\right)-\nu\left(\frac{\partial^2\Theta}{\partial y^2}+\frac{\partial^2\Theta}{\partial x^2}\right)&=2(1+\nu)\frac{\partial^2\tau_{xy}}{\partial x\partial y}
\end{aligned}\tag{6-9}$$

$$(1+\nu)\frac{\partial}{\partial x}\left(-\frac{\partial\tau_{yz}}{\partial x}+\frac{\partial\tau_{zx}}{\partial y}+\frac{\partial\tau_{xy}}{\partial z}\right)=\frac{\partial^2}{\partial y\partial z}[(1+\nu)\sigma_x-\nu\Theta]$$

$$(1+\nu)\frac{\partial}{\partial y}\left(-\frac{\partial\tau_{zx}}{\partial y}+\frac{\partial\tau_{xy}}{\partial z}+\frac{\partial\tau_{yz}}{\partial x}\right)=\frac{\partial^2}{\partial z\partial x}[(1+\nu)\sigma_y-\nu\Theta] \tag{6-10}$$

$$(1+\nu)\frac{\partial}{\partial z}\left(-\frac{\partial\tau_{xy}}{\partial z}+\frac{\partial\tau_{yz}}{\partial x}+\frac{\partial\tau_{zx}}{\partial y}\right)=\frac{\partial^2}{\partial x\partial y}[(1+\nu)\sigma_z-\nu\Theta]$$

其中 $\Theta=\sigma_x+\sigma_y+\sigma_z=I_1$。

将平衡方程(3-39)对式(6-9)简化,使每一式只包含体积力和应力分量。式(6-9)第一式右边可写为

$$\frac{\partial^2\tau_{yz}}{\partial y\partial z}=\frac{\partial}{\partial y}\left(\frac{\partial\tau_{yz}}{\partial z}\right)=\frac{\partial}{\partial y}\left(-\frac{\partial\sigma_y}{\partial y}-\frac{\partial\tau_{xy}}{\partial x}-F_y\right)$$

$$=\frac{\partial}{\partial z}\left(\frac{\partial\tau_{yz}}{\partial y}\right)=\frac{\partial}{\partial z}\left(-\frac{\partial\sigma_z}{\partial z}-\frac{\partial\tau_{zx}}{\partial x}-F_z\right) \tag{6-11}$$

于是式(6-9)第一式可写为

$$(1+\nu)\left(\frac{\partial^2}{\partial y^2}+\frac{\partial^2}{\partial z^2}\right)(\sigma_z+\sigma_y)-\nu\left(\frac{\partial^2\Theta}{\partial z^2}+\frac{\partial^2\Theta}{\partial y^2}\right)$$

$$=-(1+\nu)\left[\frac{\partial}{\partial x}\left(\frac{\partial\tau_{zx}}{\partial z}+\frac{\partial\tau_{xy}}{\partial y}\right)+\frac{\partial F_z}{\partial z}+\frac{\partial F_y}{\partial y}\right] \tag{6-12}$$

或

$$(1+\nu)\left(\nabla^2\Theta-\nabla^2\sigma_x-\frac{\partial^2\Theta}{\partial x^2}\right)-\nu\left(\nabla^2\Theta-\frac{\partial^2\Theta}{\partial x^2}\right)$$

$$=(1+\nu)\left(\frac{\partial F_x}{\partial x}-\frac{\partial F_z}{\partial z}-\frac{\partial F_y}{\partial y}\right) \tag{6-13}$$

根据应变协调方程中的其他表达式,可推导出类似于式(6-13)的2个方程

$$(1+\nu)\left(\nabla^2\Theta-\nabla^2\sigma_y-\frac{\partial^2\Theta}{\partial y^2}\right)-\nu\left(\nabla^2\Theta-\frac{\partial^2\Theta}{\partial y^2}\right)$$

$$=(1+\nu)\left(\frac{\partial F_y}{\partial y}-\frac{\partial F_x}{\partial x}-\frac{\partial F_z}{\partial z}\right)$$

$$(1+\nu)\left(\nabla^2\Theta-\nabla^2\sigma_z-\frac{\partial^2\Theta}{\partial z^2}\right)-\nu\left(\nabla^2\Theta-\frac{\partial^2\Theta}{\partial z^2}\right)$$

$$=(1+\nu)\left(\frac{\partial F_z}{\partial z}-\frac{\partial F_y}{\partial y}-\frac{\partial F_x}{\partial x}\right)$$

将此3式相加,得

$$\nabla^2\Theta=-\frac{1+\nu}{1-\nu}\left(\frac{\partial F_x}{\partial x}+\frac{\partial F_z}{\partial z}+\frac{\partial F_y}{\partial y}\right) \tag{6-14}$$

将式(6-14)代入式(6-13),最终得

$$\nabla^2\sigma_x+\frac{1}{1+\nu}\frac{\partial^2\Theta}{\partial x^2}=-\frac{1}{1-\nu}\left(\frac{\partial F_x}{\partial x}+\frac{\partial F_y}{\partial y}+\frac{\partial F_z}{\partial z}\right)-2\frac{\partial F_x}{\partial x} \tag{6-15}$$

类似地可得出其他5个方程。这样,就得到6个用应力表示的应变协调方程,分别为

$$
\begin{aligned}
&\nabla^2\sigma_x+\frac{1}{1+\nu}\frac{\partial^2\Theta}{\partial x^2}=-\frac{1}{1-\nu}\left(\frac{\partial F_x}{\partial x}+\frac{\partial F_y}{\partial y}+\frac{\partial F_z}{\partial z}\right)-2\frac{\partial F_x}{\partial x}\\
&\nabla^2\sigma_y+\frac{1}{1+\nu}\frac{\partial^2\Theta}{\partial y^2}=-\frac{1}{1-\nu}\left(\frac{\partial F_x}{\partial x}+\frac{\partial F_y}{\partial y}+\frac{\partial F_z}{\partial z}\right)-2\frac{\partial F_y}{\partial y}\\
&\nabla^2\sigma_z+\frac{1}{1+\nu}\frac{\partial^2\Theta}{\partial z^2}=-\frac{1}{1-\nu}\left(\frac{\partial F_x}{\partial x}+\frac{\partial F_x}{\partial x}+\frac{\partial F_z}{\partial z}\right)-2\frac{\partial F_z}{\partial z}\\
&\nabla^2\tau_{xy}+\frac{1}{1+\nu}\frac{\partial^2\Theta}{\partial x\partial y}=-\left(\frac{\partial F_x}{\partial y}+\frac{\partial F_y}{\partial x}\right)\\
&\nabla^2\tau_{yz}+\frac{1}{1+\nu}\frac{\partial^2\Theta}{\partial y\partial z}=-\left(\frac{\partial F_z}{\partial y}+\frac{\partial F_y}{\partial z}\right)\\
&\nabla^2\tau_{zx}+\frac{1}{1+\nu}\frac{\partial^2\Theta}{\partial x\partial z}=-\left(\frac{\partial F_x}{\partial z}+\frac{\partial F_z}{\partial x}\right)
\end{aligned}
\tag{6-16}
$$

用指标标记法表示为

$$
\nabla^2\sigma_{ij}+\frac{1}{1+\nu}\Theta_{ij}=-\frac{1}{1-\nu}\delta_{ij}F_{k,k}-(F_{i,j}+F_{j,i})
\tag{6-17}
$$

式(6－16)、式(6－17)称为贝尔特拉米-米歇尔(Beltrami-Michell)方程，简称 B-M 方程，也称为应力协调方程。

当体力为常量，特别是不计体力时，B-M 方程可简化为

$$
\begin{aligned}
&(1+\nu)\nabla^2\sigma_x+\frac{\partial^2\Theta}{\partial x^2}=0\\
&(1+\nu)\nabla^2\sigma_y+\frac{\partial^2\Theta}{\partial y^2}=0\\
&(1+\nu)\nabla^2\sigma_z+\frac{\partial^2\Theta}{\partial z^2}=0\\
&(1+\nu)\nabla^2\tau_{xy}+\frac{\partial^2\Theta}{\partial x\partial y}=0\\
&(1+\nu)\nabla^2\tau_{yz}+\frac{\partial^2\Theta}{\partial y\partial z}=0\\
&(1+\nu)\nabla^2\tau_{zx}+\frac{\partial^2\Theta}{\partial x\partial z}=0
\end{aligned}
\tag{6-18}
$$

用指标标记法表示为

$$
(1+\nu)\nabla^2\sigma_{ij}+\Theta_{,ij}=0
\tag{6-19}
$$

由此可知，**用应力法求解弹性力学问题归结为求满足平衡方程(3－39)、应力协调方程(B－M 方程)(6－16)、边界条件的应力分量 $\sigma_x,\sigma_y,\sigma_z,\tau_{xy},\tau_{yz},\tau_{xz}$ 的数学问题**。对于全部边界条件给定外力的边值问题，应力解法可以避开几何方程直接求解出工程中关心的应力分量。

应力法求解过程如图 6.6 所示。

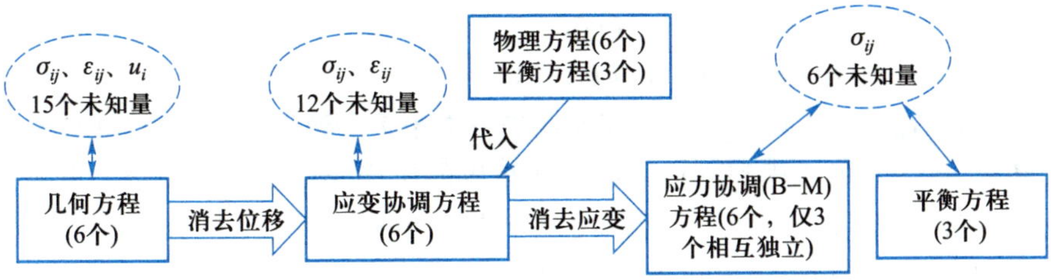


图 6.6　应力法求解过程

对于单连体(只有一个连续边界的物体,即**单连通域**),上述条件是确定应力的全部条件。对于多连体(具有两个或两个以上的连续边界条件的物体,即**多连通域**),为保证物体变形后仍连续,除应变协调方程式(6-9)、式(6-10)外,还必须满足位移单值条件。这种情况下,对几何方程积分才能得到单值连续的位移分量。

### 6.4.2　位移法

用位移作为基本未知量来求解边值问题,称为位移法。这需要将泛定方程(6-5)中的应力、应变等未知量均用位移来表示。位移法的具体推导过程如下。

利用几何方程(3-61)及本构方程(6-2),得

$$\begin{aligned}
\sigma_x &= \lambda\left(\frac{\partial u}{\partial x}+\frac{\partial v}{\partial y}+\frac{\partial w}{\partial z}\right)+2G\frac{\partial u}{\partial x} \quad \tau_{xy}=G\left(\frac{\partial u}{\partial y}+\frac{\partial v}{\partial x}\right)\\
\sigma_y &= \lambda\left(\frac{\partial u}{\partial x}+\frac{\partial v}{\partial y}+\frac{\partial w}{\partial z}\right)+2G\frac{\partial v}{\partial y} \quad \tau_{yz}=G\left(\frac{\partial v}{\partial z}+\frac{\partial w}{\partial y}\right)\\
\sigma_z &= \lambda\left(\frac{\partial u}{\partial x}+\frac{\partial v}{\partial y}+\frac{\partial w}{\partial z}\right)+2G\frac{\partial w}{\partial z} \quad \tau_{xz}=G\left(\frac{\partial w}{\partial x}+\frac{\partial u}{\partial z}\right)
\end{aligned} \tag{6-20}$$

代入平衡方程(3-39),可得

$$\begin{aligned}
G\,\nabla^2 u+(\lambda+G)\frac{\partial\theta}{\partial x}+F_x=0\\
G\,\nabla^2 v+(\lambda+G)\frac{\partial\theta}{\partial y}+F_y=0\\
G\,\nabla^2 w+(\lambda+G)\frac{\partial\theta}{\partial z}+F_z=0
\end{aligned} \tag{6-21}$$

其中$\nabla^2=\frac{\partial^2}{\partial x^2}+\frac{\partial^2}{\partial y^2}+\frac{\partial^2}{\partial z^2}$,$\theta=\frac{\partial u}{\partial x}+\frac{\partial v}{\partial y}+\frac{\partial w}{\partial z}$。

在不计体力时,上式可简化为

$$\begin{aligned}
G\,\nabla^2 u+(\lambda+G)\frac{\partial\theta}{\partial x}=0\\
G\,\nabla^2 v+(\lambda+G)\frac{\partial\theta}{\partial y}=0\\
G\,\nabla^2 w+(\lambda+G)\frac{\partial\theta}{\partial z}=0
\end{aligned} \tag{6-22}$$

用指标标记法表示为

$$(\lambda+G)u_{j,ji}+Gu_{i,jj}=0 \tag{6-23}$$

上式称为拉梅-纳维(Lame-Navier)方程。

由此可知,用位移法求解弹性力学问题归结为按给定的边界条件积分[式(6-21)]。位移分量求解后,则由几何方程和本构方程求出相应的应变分量和应力分量。当部分或全部边界给定应力边界条件时,应将应力边界条件转换成位移边界条件,再按位移法来求解,但在给定应力边界条件转换成位移边界来求解时较困难。

位移法求解过程如图 6.7 所示。

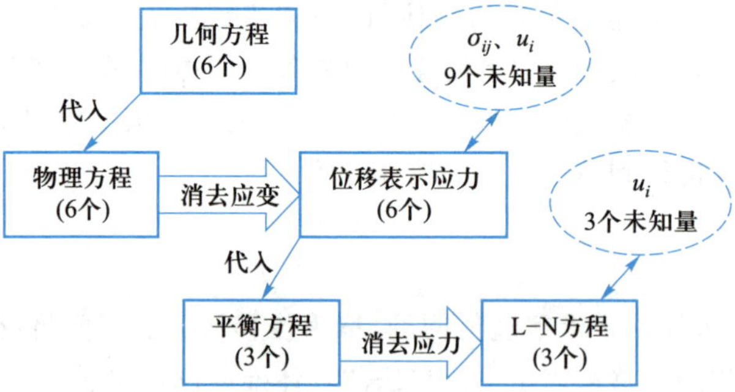


图 6.7　位移法求解过程

由以上讨论可以看出,对于简单的弹性力学边值问题,当满足严格的边界条件时,可以直接应用上述方法求解:

(1) 给定边界面力问题,应用应力法;

(2) 给定边界位移问题,应用位移法;

(3) 混合边值问题,即部分边界给定外力,其他部分给定位移,应用混合求解。

混合求解思路为:在位移边界处,应用几何方程(3-61)、本构方程(6-1)以及已知应变积分得到的位移表达式,可用应力分量的积分将位移分量表示出来,这时边界条件是积分型的,求解将会比较困难[5]。

由前面求解弹性力学的边值问题可知,无论采用上述哪种解法,要真正得到一个给定弹性力学问题的解都是十分困难的,因此有必要寻找多种解法,包括解析方法、数值方法及实验方法等,这些方法在后续章节中都会进行介绍。

## 6.5　求解原理

### 6.5.1　叠加原理

在弹性力学中,通常采用叠加原理来简化各种复杂问题。其成立的条件为小变形、线弹性本构方程、线性边界方程。

叠加原理表述为,对于一个给定的弹性力学问题,如果[$\sigma_{ij}^{(1)}$　$\varepsilon_{ij}^{(1)}$　$u_i^{(1)}$]为结构承受体力 $F_i^{(1)}$ 和面力 $T_i^{(1)}$ 的方程的解,而[$\sigma_{ij}^{(2)}$　$\varepsilon_{ij}^{(2)}$　$u_i^{(2)}$]为承受体力 $F_i^{(2)}$ 和面力 $T_i^{(2)}$ 的方程的

解，则$[\sigma_{ij}^{(1)}+\sigma_{ij}^{(2)} \quad \varepsilon_{ij}^{(1)}+\varepsilon_{ij}^{(2)} \quad u_i^{(1)}+u_i^{(2)}]$就为承受体力$F_i^{(1)}+F_i^{(2)}$和面力$T_i^{(1)}+T_i^{(2)}$的问题的解。

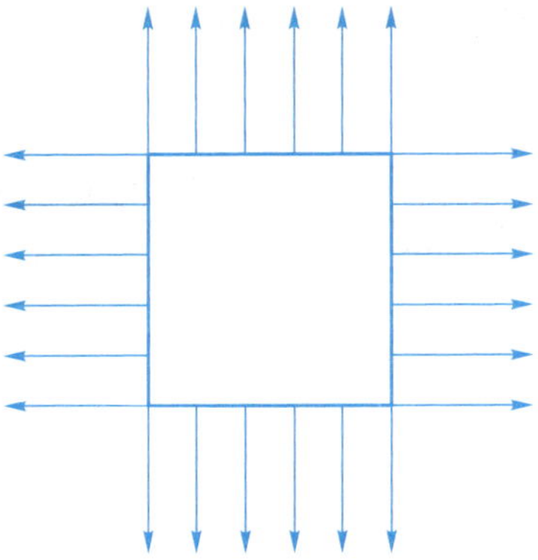

图 6.8 弹性体两个方向受拉伸

**例题 6.5**

如图 6.8 所示，试用叠加原理对问题进行求解。

**解：**

对于一个相对复杂的双轴载荷(1)+(2)$[\sigma_{ij}^{(1)}+\sigma_{ij}^{(2)} \quad \varepsilon_{ij}^{(1)}+\varepsilon_{ij}^{(2)} \quad u_i^{(1)}+u_i^{(2)}]$的问题，可应用叠加原理将其分解为简单的单轴拉伸状态(1)$[\sigma_{ij}^{(1)} \quad \varepsilon_{ij}^{(1)} \quad u_i^{(1)}]$、状态(2)$[\sigma_{ij}^{(2)} \quad \varepsilon_{ij}^{(2)} \quad u_i^{(2)}]$，则复杂问题的解可由两个简单问题的解叠加得到，如图 6.9 所示。

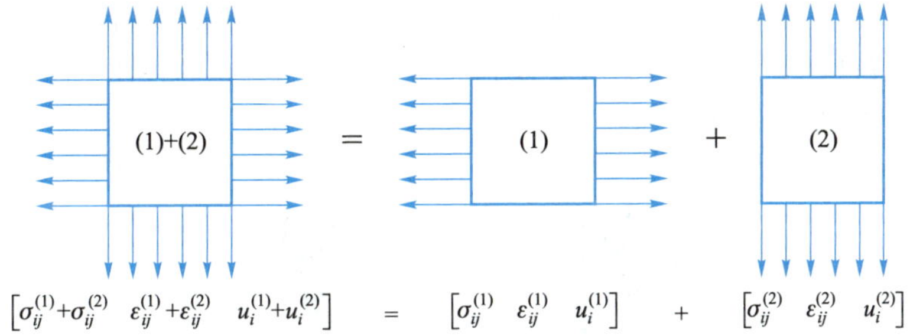


图 6.9 叠加原理求解示意图

对于大变形情况，几何方程出现二次非线性项，平衡微分方程将受到变形的影响，叠加原理不再适用。对于非线弹性或弹塑性材料，应力应变关系是非线性的，叠加原理也不成立。对载荷随变形而变的非保守力系或边界为用非线性弹簧支承的情况，边界条件是非线性的，此时叠加原理也不适用。

### 6.5.2 圣维南原理

严格来讲，弹性力学边值问题要求物体表面的边界条件(位移或应力)应当是逐点满足的，而实际工程问题往往只知道弹性体表面某一小部分的总载荷，不知道其具体的分布形式。在这种情况下，需采取一定的方法进行处理。

1855 年，圣维南在梁理论的研究中提出：由于作用在物体局部表面上的自平衡力系(即合力与合力矩为零的力系)所引起的应力和应变，在远离作用区(距离远大于该局部作用区的线性尺寸)的地方将衰减到可以忽略不计的程度。这就是著名的圣维南原理，又称局部原理[2]。

圣维南原理的另外一种表述：若把作用在物体局部表面上的外力，用另一组与它静力等效(即合力与合力矩与它相等)的力系来代替，则载荷的这种重新分布只在离载荷作用处很近的地方才使应力的分布发生显著的变化，在离载荷较远处只有极小的影响[3]。

大量的实验观察和工程经验也证明了圣维南原理的正确性。

**例题 6.6**

如图 6.10 所示，用一个钳子夹住铁杆，钳子对铁杆的作用相当于一组平衡力系。实验及有限元方法均证明，无论作用力多大，在距离力作用区域比较远处，几乎没有应力产生。

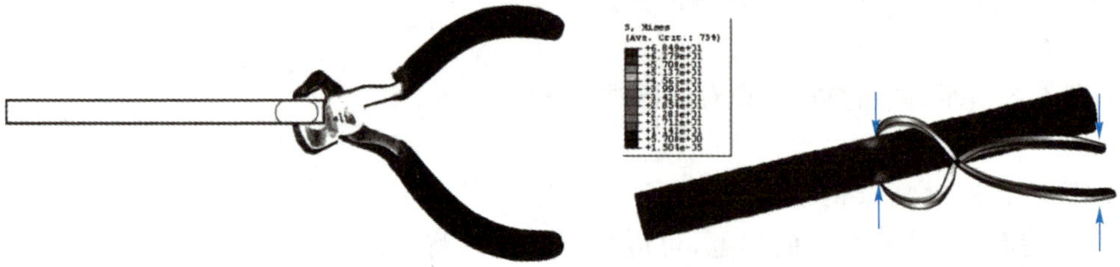

(a) 力作用区域(虚线部分)示意图　　(b) 有限元计算结果(单位：MPa)

图 6.10　钳子夹铁杆实验

### 例题 6.7

柱体受压问题如图 6.11 所示，分别受集中力和与其静力等效的均布力的压缩，柱体在两种情况下只有接近受力部位应力的分布不同，在远离受力部位的柱体中间和底部处，应力分布基本相同，如图 6.12 所示。

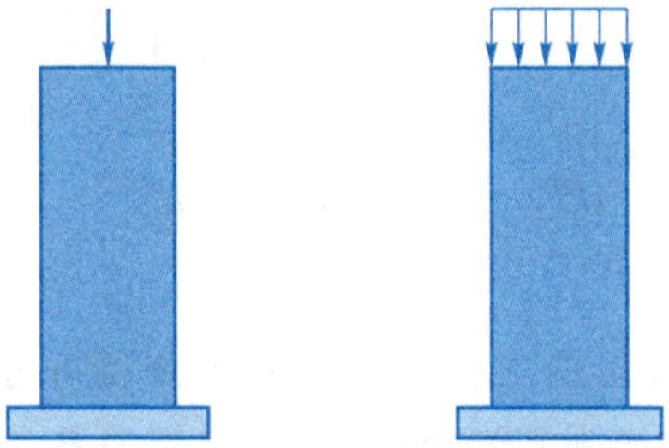

(a) 柱体受集中力压缩　　(b) 柱体受等效均布力压缩

图 6.11　柱体受力图

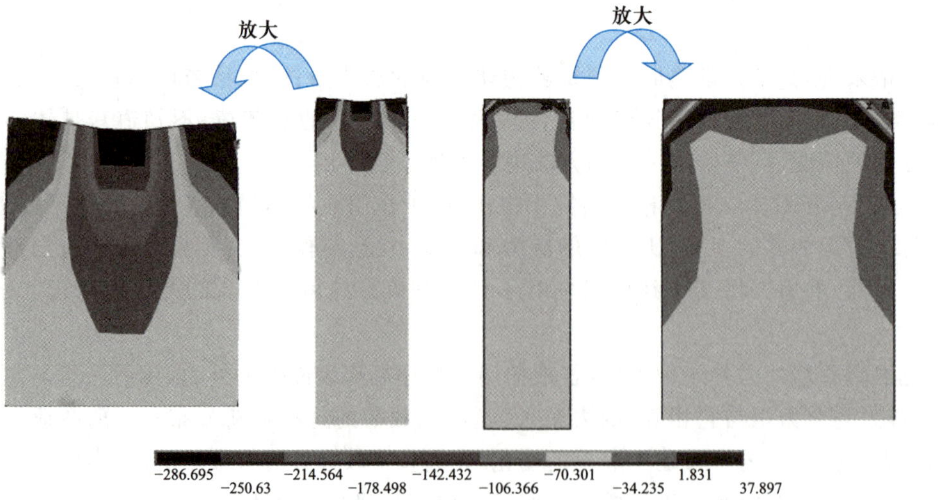


图 6.12　有限元计算得到的柱体受压缩后的应力分布(左图受集中力，右图受均布力。单位：MPa)

需要指出的是，圣维南原理只能应用于一小部分边界(小边界：尺寸相对很小的边界；次要边界:面力分布复杂的小边界)。对于主要边界条件,圣维南原理不再适用。例如,对于较长的梁,其端部可以应用圣维南原理,而在梁的侧面,则不能应用。

**例题 6.8**

如图 6.13 所示,弹性体右端($x=a$)受集中力 $P$ 的作用,试写出 $x=a$ 处边界方程。

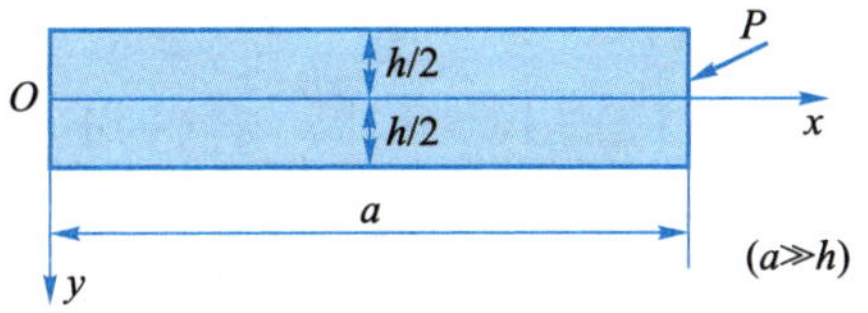


图 6.13 物体受集中力情况

**解:**

应力边界条件式(6-7)中 $\overline{X}$、$\overline{Y}$ 为分布力,对此问题,需要利用圣维南原理将集中力 $P$ 转化为与其静力等效的分布力系,如图 6.14 所示,满足

$$\sum \overline{X}=\int_{-h/2}^{h/2}\overline{X}\,\mathrm{d}y=P_x$$

$$\sum \overline{Y}=\int_{-h/2}^{h/2}\overline{Y}\,\mathrm{d}y=P_y$$

$$\sum (M_p)_x=\int_{-h/2}^{h/2}\overline{X}y\,\mathrm{d}y=P_x\cdot L$$

其中 $P_x$、$P_y$ 为集中力 $P$ 的分量,$L$ 为集中力 $P$ 到 $x$ 轴距离。

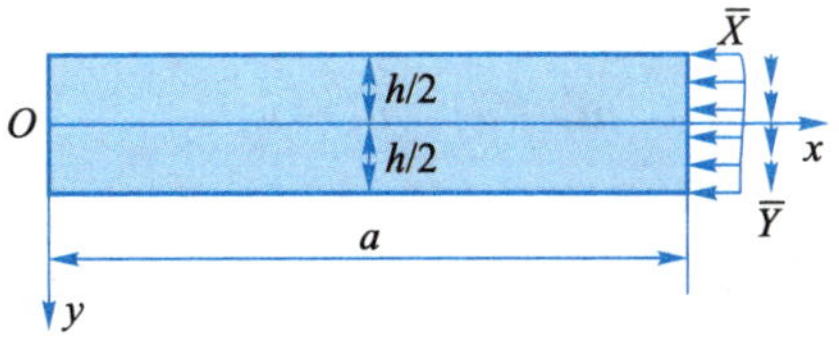


图 6.14 物体静力等效情况

进而得到 $x=a$ 处的应力边界条件

$$\sigma_x=\overline{X},\quad \tau_{xy}=\overline{Y}$$

**例题 6.9**

如图 6.15 所示的梁,左右端($x=\pm l$)的边界上分布面力 $\bar{q}_x(y)$,$\bar{q}_y(y)$,写出 $x=\pm l$ 边界上的应力边界条件和圣维南原理等效应力边界条件。

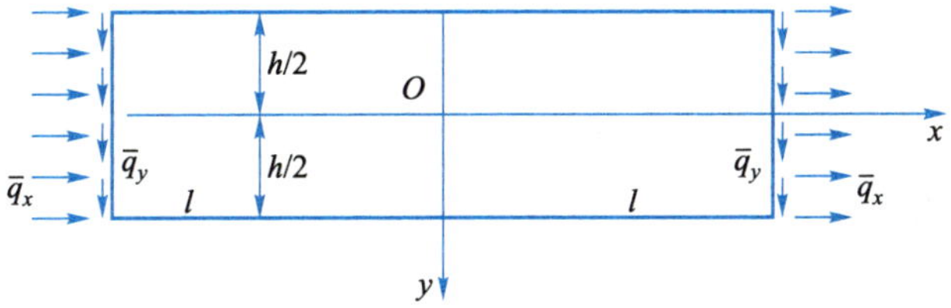


图 6.15 梁边界条件

**解：**

根据式(6－7)，$x=\pm l$ 边界上的应力边界条件为

$$(\sigma_x)_{x=\pm l}=\pm\bar{q}_y(y),\quad (\tau_{xy})_{x=\pm l}=\pm\bar{q}_y(y)$$

当 $l\gg h$ 时，$x=\pm l$ 是梁边界的一小部分，即为次要边界条件，可以应用圣维南原理对其进行简化，等效的应力边界条件为

$$\int_{-h/2}^{h/2}(\sigma_x)_{x=\pm l}\mathrm{d}y=\pm\int_{-h/2}^{h/2}\bar{q}_x(y)\mathrm{d}y$$
$$\int_{-h/2}^{h/2}(\sigma_x)_{x=\pm l}y\mathrm{d}y=\pm\int_{-h/2}^{h/2}\bar{q}_x(y)y\mathrm{d}y$$
$$\int_{-h/2}^{h/2}(\tau_{xy})_{x=\pm l}\mathrm{d}y=\pm\int_{-h/2}^{h/2}\bar{q}_y(y)\mathrm{d}y$$

### 6.5.3 解的唯一性

对于弹性力学问题的15个基本方程，即泛定方程(5－3)，在给定边界条件的情况下，不但有解，而且只有唯一解。这个问题又称基尔霍夫唯一性定理。

证明：采用反证法，先假设存在两组不同的解，它们的位移场和应力场分别为($u_i'$，$\sigma_{ij}'$)和($u_i''$，$\sigma_{ij}''$)。然后证明，对于线弹性问题两解之差等于零，因而只能有唯一解。

根据假设，($u_i'$，$\sigma_{ij}'$)和($u_i''$，$\sigma_{ij}''$)是同一弹性体在同一载荷($F_i$，$p_i$)及相同边界条件下的两组解，将其代入平衡方程(3－39)及边界条件式(6－4)、式(6－6)

$$\begin{gathered}\sigma_{ji,j}'+F_i=0\quad \sigma_{ji,j}''+F_i=0\\ \sigma_{ij}'n_j=\bar{X}_i\quad \sigma_{ij}''n_j=\bar{X}_i\\ u_i'=\bar{u}_i\quad u_i''=\bar{u}_i\end{gathered}\tag{6－24}$$

根据叠加原理，两组解求差，得

$$u_i=u_i'-u_i'';\quad \sigma_{ij}=\sigma_{ij}'-\sigma_{ij}''\tag{6－25}$$

则 $\sigma_{ij}$ 满足无体力平衡方程

$$\sigma_{ji,j}=0\tag{6－26}$$

且 $\sigma_{ij}$、$u_i$ 在边界满足齐次条件

$$\sigma_{ji}n_j=0\tag{6－27}$$

$$u_i=0\tag{6－28}$$

将式(6－26)两边乘 $u_i$，对体积 $V$ 积分，并利用高斯公式得

$$\int_V u_i\sigma_{ji,j}\mathrm{d}V=\int_S u_i\sigma_{ji}n_j\mathrm{d}S-\int_V\sigma_{ij}u_{i,j}\mathrm{d}V=0\tag{6－29}$$

其中第一项面积分的积分域为 $S=S_\sigma+S_u$，$S_\sigma$、$S_u$ 分别为应力边界、位移边界。根据式(6－27)、式(6－28)，被积函数在边界上总有一个因子 $u_i$ 或 $\sigma_{ij}n_j$ 为零，所以第一项等于零。再利用 $\sigma_{ij}$ 的对称性和线弹性应变能公式 $W=\frac{1}{2}\sigma_{ij}\varepsilon_{ij}$，上式可化为

$$\int_V\sigma_{ij}u_{i,j}\mathrm{d}V=\int_V\sigma_{ij}\cdot\frac{1}{2}(u_{i,j}+u_{j,i})\mathrm{d}V=\int_V\sigma_{ij}\varepsilon_{ij}\mathrm{d}V=2\int_V W\mathrm{d}V\tag{6－30}$$

对于线弹性问题应变能处处正定，故上式要求 $W=0$，由上式最后一个等式和本构方程(6-3)可知，两解之差满足 $\sigma_{ij}=0$，$\varepsilon_{ij}=0$，因此 $\sigma'_{ij}=\sigma''_{ij}$，$\varepsilon'_{ij}=\varepsilon''_{ij}$。这就证明了应力场和位移场的解是唯一的。

由解的唯一性定理可知，无论用什么方法求得的解，只要能够满足全部基本方程和边界条件就一定是问题的真解。这是弹性力学中各种试凑解法(如逆解法、半逆解法)的理论基础。对于非线性问题，解的唯一性原理不再满足。

## 6.6 通用解方法

在介绍完相关的解原理后，将进一步介绍常用于解决弹性问题的通用解法，即直接解法、逆解法和半逆解法。

### 6.6.1 直接解法

该方法通过场方程的直接积分来求解应力、位移分量。由于所得解需要精确地满足边界条件，直接法在应用过程中通常面临较大的计算困难，从而限制了其在复杂结构、边界条件下的应用。

### 6.6.2 逆解法

该方法通过选择满足基本方程的特定位移或应力形式，然后依据问题边界条件对解的适用性进行检验，从而得到最终的应力、应变、位移分布。由于这种方法十分依赖于最初选定的位移或应力形式，当边界条件不满足时需再次尝试其他形式，从而很大程度上降低了求解的效率。

### 6.6.3 半逆解法

在该方法中，位移、应力形式是部分被指定的，而未被指定部分需通过求解基本方程(通常使用直接积分)和边界条件而确定，其核心是构造适当的位移、应力函数，采用圣维南原理可有效提高这种方法的有效性。

## 6.7 重点概念阐释及知识延伸

#### 1. 叠加原理证明

设弹性体所受第一组载荷为体力 $F'_i$ 和面力 $p'_i$，第二组载荷为体力 $F''_i$ 和面力 $p''_i$，由它们所引起的应力和位移场分别为 $\sigma'_{ij}$ 和 $u'_i$ 及 $\sigma''_{ij}$ 和 $u''_i$，在仅考虑线弹性小变形情况下，总的载荷为

$$F_i=F'_i+F''_i; \quad p_i=p'_i+p''_i \tag{6-31}$$

其引起的应力场和位移场分别为

$$\sigma_{ij}=\sigma'_{ij}+\sigma''_{ij} \tag{6-32}$$

$$u_i=u'_i+u''_i \tag{6-33}$$

现在以按应力求解为基础来证明应力场(6-32)是载荷(6-31)作用下的解，即能满足平衡方程

$$(\sigma'_{ij}+\sigma''_{ij})_{,j}+(F'_i+F''_i)=0 \tag{6-34}$$

应力协调方程

$$\nabla^2(\sigma'_{ij}+\sigma''_{ij})+\frac{1}{1+\nu}(\Theta'+\Theta'')_{,ij}+\frac{\nu}{1-\nu}\delta_{ij}(F'_k+F''_k)_{,k}+(F'_i+F''_i)_{,j}+(F'_j+F''_j)_{,i}=0 \tag{6-35}$$

以及应力边界条件

$$(\sigma'_{ij}+\sigma''_{ij})n_j-(p'_i+p''_i)=0 \tag{6-36}$$

易知式(6-34)、式(6-35)、式(6-36)均为线性方程。根据线性方程的性质，三个式子可分别改写为

$$(\sigma'_{ij,j}+F'_i)+(\sigma''_{ij,j}+F''_i)=0 \tag{6-37}$$

$$\left(\nabla^2\sigma'_{ij}+\frac{1}{1+\nu}\Theta'_{,ij}+\frac{\nu}{1-\nu}\delta_{ij}F'_{k,k}+F'_{i,j}+F'_{j,i}\right)+\left(\nabla^2\sigma''_{ij}+\frac{1}{1+\nu}\Theta''_{,ij}+\frac{\nu}{1-\nu}\delta_{ij}F''_{k,k}+F''_{i,j}+F''_{j,i}\right)=0 \tag{6-38}$$

$$(\sigma'_{ij}n_j-p'_i)+(\sigma''_{ij}n_j-p''_i)=0 \tag{6-39}$$

由前述假设：$\sigma'_{ij}$ 和 $\sigma''_{ij}$ 分别为载荷($F'_i$，$p'_i$)和($F''_i$，$p''_i$)单独作用时的解，则可以知道式(6-37)、式(6-38)、式(6-39)括号内表达式的值均为零，即三个式子均成立。从而证明了叠加后的应力场(6-32)能满足应力解法的全部方程和边界条件，即其为总的载荷(6-31)引起的应力场。

同理，由于本构方程和几何方程也是线性的，也可证明位移叠加原理的正确性。

### 2. 有限元计算边界条件施加

在有限元求解过程中，需要对模型添加边界条件，精确地定义边界条件才能保证求解的正确性。图 6.16 是航空发动机涡轮盘的典型结构，下面以涡轮盘的应力分布计算过程来说明圣维南原理的应用。

图 6.16 典型涡轮盘结构

首先，利用涡轮盘周期对称的结构特征，可以取 1/37 模型(共 37 个榫槽)进行分析，如图 6.17 所示，以减少计算量。在有限元分析过程中，叶片对涡轮盘的离心力(165 MPa)，通过榫头/榫槽结构施加给涡轮盘，而榫头/榫槽接触面之间的力则以面力形式施加。

涡轮盘工作过程中，榫槽各接触面(本例为 4 个)受力情况不相同。但是在有限元分析中，常将叶片的离心力平均施加到 4 个接触面上。由圣维南原理可知，上述平均加载的方式仅会对接触区域的应力分布产生影响，对于涡轮盘其他部分应力分布影响很小，因此这种做法是可以接受的。

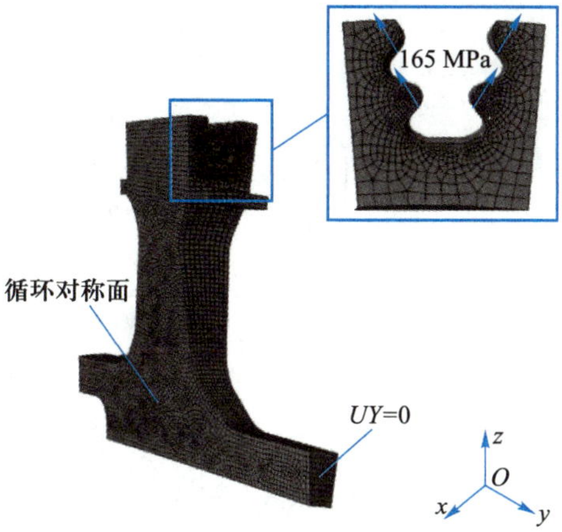


图 6.17　涡轮盘载荷边界条件

涡轮盘应力计算结果如图 6.18 所示，最大等效应力为 1 153 MPa，位于涡轮盘榫槽底部和涡轮盘中心孔边。

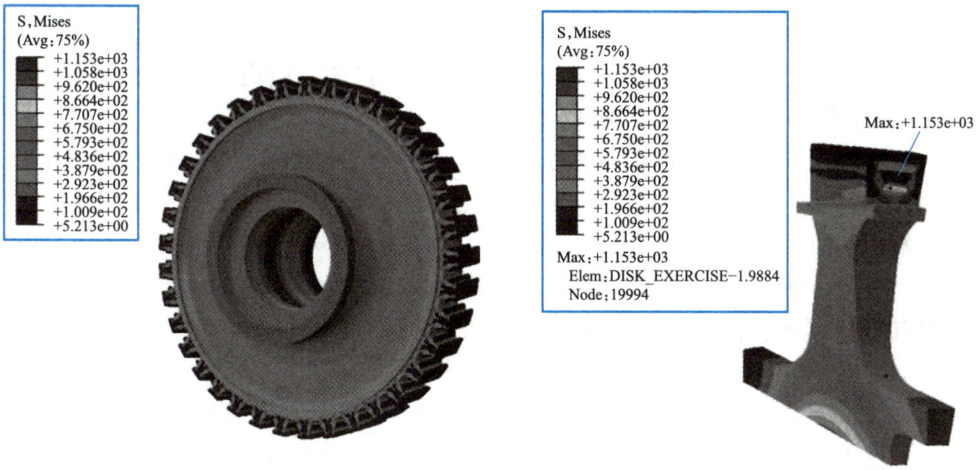


图 6.18　涡轮盘等效应力分布(单位:MPa)

需要指出的是，上述在榫槽部位平均加载的方法在考虑涡轮盘其他部位应力分布时是适用的，若以榫槽为研究对象(关注榫槽部位的应力分布)，就不能应用上述的加载方法，可以采用接触分析求解每一个接触面上的应力分布情况。

3. 应力解法中的方程个数

在应力解法中，未知量为 6 个应力分量 $\sigma_x$，$\sigma_y$，$\sigma_z$，$\tau_{xy}$，$\tau_{yz}$ 和 $\tau_{xz}$，需求解式(3－39)的 3 个平衡方程和式(3－78)的 6 个应力协调方程，共 9 个方程。方程个数(9 个)大于未知量个数(6 个)，容易引起误解。实际上由应变表示的 6 个应变协调方程，并不是相互独立的，它们等价于 3 个相互独立的四阶应变协调方程(6－40)，因而方程个数与未知量个数相等[2]。

$$
\left.\begin{array}{l}
\dfrac{\partial^2 \varepsilon_y}{\partial z^2}+\dfrac{\partial^2 \varepsilon_z}{\partial y^2}=\dfrac{\partial^2 \gamma_{yz}}{\partial y \partial z} \\
\dfrac{\partial^2 \varepsilon_z}{\partial x^2}+\dfrac{\partial^2 \varepsilon_x}{\partial z^2}=\dfrac{\partial^2 \gamma_{zx}}{\partial z \partial x} \\
\dfrac{\partial^2 \varepsilon_x}{\partial y^2}+\dfrac{\partial^2 \varepsilon_y}{\partial x^2}=\dfrac{\partial^2 \gamma_{xy}}{\partial x \partial y} \\
\dfrac{\partial}{\partial x}\left(-\dfrac{\partial \varepsilon_{yz}}{\partial x}+\dfrac{\partial \varepsilon_{zx}}{\partial y}+\dfrac{\partial \varepsilon_{xy}}{\partial z}\right)=\dfrac{\partial^2 \varepsilon_x}{\partial y \partial z} \\
\dfrac{\partial}{\partial y}\left(-\dfrac{\partial \varepsilon_{zx}}{\partial y}+\dfrac{\partial \varepsilon_{xy}}{\partial z}+\dfrac{\partial \varepsilon_{yz}}{\partial x}\right)=\dfrac{\partial^2 \varepsilon_y}{\partial z \partial x} \\
\dfrac{\partial}{\partial z}\left(-\dfrac{\partial \varepsilon_{xy}}{\partial z}+\dfrac{\partial \varepsilon_{yz}}{\partial x}+\dfrac{\partial \varepsilon_{zx}}{\partial y}\right)=\dfrac{\partial^2 \varepsilon_z}{\partial x \partial x}
\end{array}\right\}
\Leftrightarrow
\begin{cases}
\dfrac{\partial^4 \varepsilon_x}{\partial y^2 \partial z^2}=\dfrac{\partial^3}{\partial x \partial y \partial z}\left(-\dfrac{\partial \varepsilon_{yz}}{\partial x}+\dfrac{\partial \varepsilon_{zx}}{\partial y}+\dfrac{\partial \varepsilon_{xy}}{\partial z}\right) \\
\dfrac{\partial^4 \varepsilon_y}{\partial z^2 \partial x^2}=\dfrac{\partial^3}{\partial x \partial y \partial z}\left(-\dfrac{\partial \varepsilon_{zx}}{\partial y}+\dfrac{\partial \varepsilon_{xy}}{\partial z}+\dfrac{\partial \varepsilon_{yz}}{\partial x}\right) \\
\dfrac{\partial^4 \varepsilon_z}{\partial x^2 \partial y^2}=\dfrac{\partial^3}{\partial x \partial y \partial z}\left(-\dfrac{\partial \varepsilon_{xy}}{\partial z}+\dfrac{\partial \varepsilon_{yz}}{\partial x}+\dfrac{\partial \varepsilon_{zx}}{\partial y}\right)
\end{cases}
\tag{6-40}
$$

## 6.8 拓展阅读

### 1. 帕特奈克:B-M 方程的相容边界条件[8]

本章在 6.4.1 节提出 B-M 方程，即应力协调方程，它是在使用应力法求解弹性力学问题过程中，推导得到的用应力表示的相容方程。

1860 年，圣维南发展了变形协调方程，这是应力法求解的基础，但是应变协调方程只包含场方程，圣维南并没有给出它的边界条件，这使得位移边界条件问题不能采用应力法来解决。这一缺失的边界条件被称为边界协调条件(boundary compatibility condition)，由帕特奈克(Patnaik)于 1986 年提出。在经典应力法中加入边界协调条件后，就可以将补充完整的 B-M 方程用于求解弹性力学中的位移和混合边值问题。

### 2. 韦伯兄弟:叠加原理[9]

本章在 6.5.1 节提出叠加原理，使复杂问题简化为几个简单问题的叠加。

在线弹性理论中，平衡方程、几何方程、物理方程均为线性方程，同样也满足加法原理和乘法原理，即满足叠加原理。威廉·韦伯，以研究电磁学而著名，哥哥恩斯特·海因里希·韦伯，德国著名物理学家和生理学家，并于 1825 年带领弟弟在莱比锡出版了《基于实验的波的理论》(*Wellenlehre, auf Experimente gegründet*)一书，在这本书中提出了弹性板振动的叠加原理。后来，惠斯通在他于 1833 年发表的文章中将弹性理论中的叠加原理归功于韦伯兄弟。

### 3. 冯·米塞斯:圣维南原理的推广[10]

1945 年，冯·米塞斯用一些例子说明有必要精确地叙述圣维南原理。例如，弹性半空间上给定一个垂直于边界的集中力，虽然该力不是平衡力系，但在远离载荷的地方，位移和应力都是可以忽略的。另外，在无体力的弹性体上加一个平衡力系，由于问题的齐次性，平衡力系可以选择任意大小的力，在任意给定点上，可得到任意大小的应力和位移。这两个例子表明，不满足圣维南原理条件的，可以满足它的结论，反之满足条件的，又可以不满足它的结论。此外，冯·米塞斯对圣维南原理在具有一个或两个无穷小尺寸物体(如薄板、壳或梁)

中的使用进行理论陈述。并证明了无法将圣维南原理推广到有限维度的物体。

## 6.9 重点内容的板书讲解

**弹性力学的边值问题**

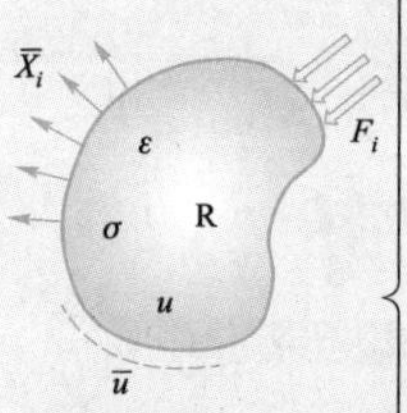


弹性力学边值问题

基要方程

$$\sigma_{ji,j}+F_i=0 \qquad \varepsilon_{ij}=\frac{1}{2}(u_{i,j}+u_{j,i}) \qquad \varepsilon_{ij}=\frac{1+\nu}{E}\sigma_{ij}-\frac{\nu}{E}\sigma_{kk}\delta_{ij},\quad \sigma_{ij}=2G\varepsilon_{ij}+\lambda\theta\delta_{ij}$$

平衡方程　　几何方程　　本构方程

边界条件

$$\overline{X}=\sigma_x n_1+\tau_{yx}n_2+\tau_{zx}n_3 \qquad u_s=\overline{u}$$

$$\overline{Y}=\tau_{xy}n_1+\sigma_y n_2+\tau_{zy}n_3 \qquad v_s=\overline{v}$$

$$\overline{Z}=\tau_{xz}n_1+\tau_{yz}n_2+\sigma_z n_3 \qquad w_s=\overline{w}$$

应力边界条件　　位移边界条件

↘ 混合边界条件 ↙

**边值问题的图形化**

应力边界条件

⬇

混合边界条件

⬆

位移边界条件

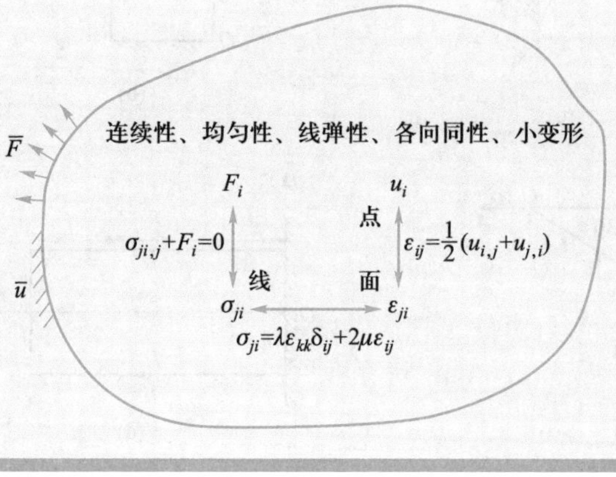


复杂边值问题的简化：

- ➢ 叠加原理
- ➢ 圣维南原理

边值问题的求解策略

- ➢ 直接解法
- ➢ 逆解法
- ➢ 半逆解法

## 思考题

6.1　解决弹性力学问题为什么需要引入边界条件？三类边界条件各是什么，试举例说明。

6.2　弹性体边界可能存在哪几种情况？试举例说明。

6.3　用位移法求解弹性力学边值问题时，是否需要考虑应变协调方程？请说明原因。

6.4　说明叠加原理的适用性。

6.5　为什么线弹性力学问题可以应用叠加原理，而其他情况叠加原理不适用？

6.6　为什么要引入圣维南原理？

6.7　说明圣维南原理的适用性。

6.8　请举出圣维南原理不适用的一个例子，并思考应该采用什么方法处理该问题。

6.9　试概述应力法的求解过程。

6.10　试概述位移法的求解过程。

第 6 章自测题

## 习题

6.1　写出图 6.19 所示的边界条件。

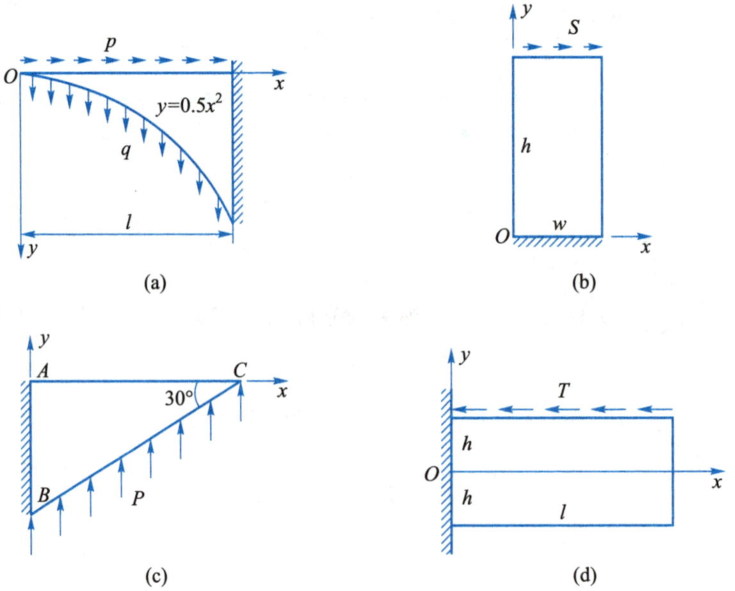


图 6.19　边界条件示意图

6.2　写出图 6.20 所示的边界条件，在其端部边界上，应用圣维南原理列出三个积分的应力边界条件（板厚 $\delta=1$，即一个单位长度）。

6.3　矩形横截面悬臂梁作用线性分布载荷，如图 6.21 所示。试根据材料力学应力解答

$$\sigma_x=-2q_0\frac{x^3y}{h^3l}$$

$$\tau_{xy}=-\frac{3q_0x^2}{4h^3l}(h^2-4y^2)$$

推导挤压应力 $\sigma_y$ 的表达式。

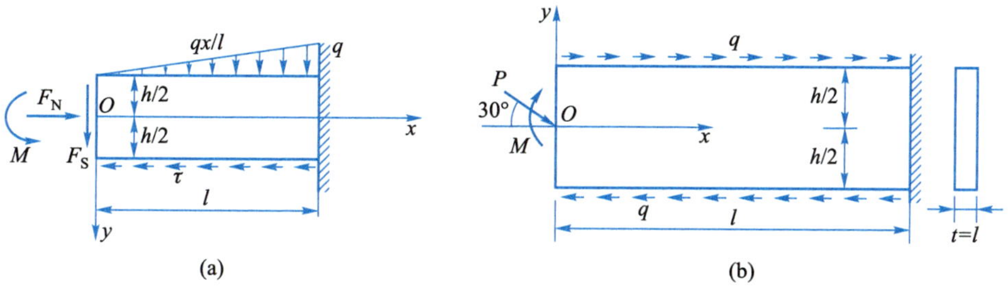


图 6.20　边界条件示意图

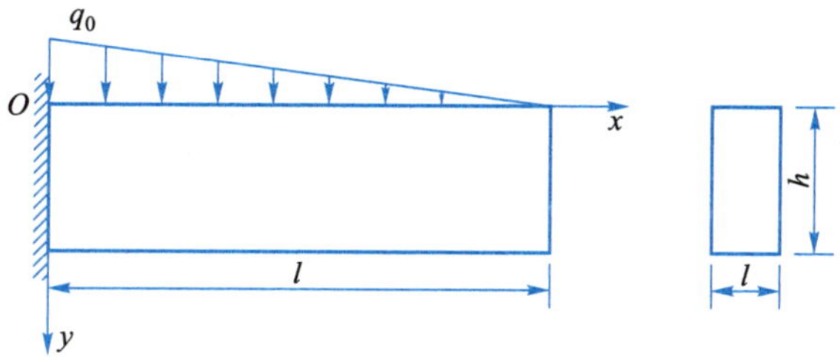


图 6.21　悬臂梁载荷分布示意图

6.4　在应力法中，试以其他任意应变协调方程为例，推导相应应力协调方程，体会应力法思路。

6.5　证明拉梅-纳维方程的另一种表达式

$$G\nabla^2\boldsymbol{u}+(\lambda+G)\nabla(\nabla\cdot\boldsymbol{u})=0$$

其中 $\boldsymbol{u}=u\boldsymbol{i}+v\boldsymbol{j}+w\boldsymbol{k}$ 为位移矢量。

6.6　给定应力分量为

$$\sigma_x=3x^2+4xy-8y^2,\quad \sigma_y=2x^2+xy+3y^2,\quad \tau_{xy}=-\frac{1}{2}x^2-6xy-2y^2,\quad \sigma_z=\tau_{zy}=\tau_{yz}=0$$

证明无体力时，该应力分量满足平衡微分方程。

6.7　如果体积力为零，验证下述位移满足平衡方程

$$\boldsymbol{u}=\boldsymbol{p}-\frac{1}{4(1-\nu)}\nabla(P_0+\boldsymbol{p}\cdot\boldsymbol{r})$$

其中$\nabla^2\boldsymbol{p}=\boldsymbol{0}$，$\nabla^2P_0=0$。

6.8　试证明任何形状的平板，在边界上作用均匀压力 $p$ 时，内部的应力分量为

$$\sigma_x=\sigma_y=-p,\quad \tau_{xy}=0$$

6.9　验证下列应力场是否为无体力时弹性体中可能存在的应力场。

(1) $\sigma_x=ax+by$，$\sigma_y=cx+dy$，$\sigma_z=0$，$\tau_{xy}=fx+gy$，$\tau_{yz}=\tau_{zx}=0$

(2) $\sigma_x=ax^2y^2+bx$，$\sigma_y=cy^2$，$\sigma_z=0$，$\tau_{xy}=dxy$，$\tau_{yz}=\tau_{zx}=0$

其中 $a$，$b$，$c$，$d$，$f$ 和 $g$ 均为常数，不同时为零。

6.10 将橡皮块放在与它同尺寸的铁盒内，用铁盖盖上。在铁盖上作用均匀压力 $p$（图 6.22）。假设铁盒与铁盖可视为刚体，在橡皮块与铁之间无摩擦。试用位移法求橡皮块中的位移、应变和应力。

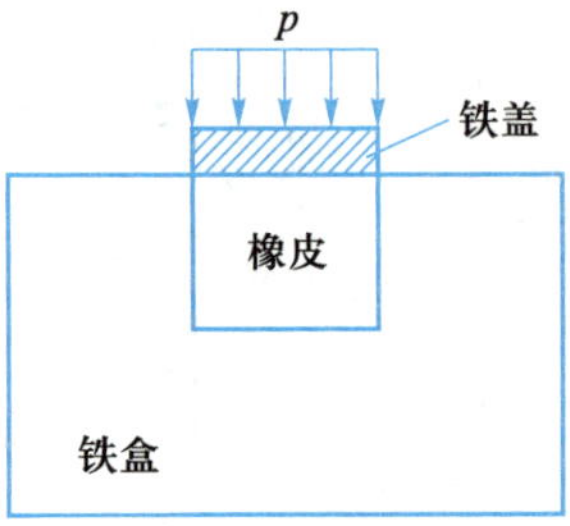


图 6.22 橡皮块受力图

第 7 章

# 方程组的化简与求解

## 学习目标

掌握弹性力学中平面问题(平面应力问题和平面应变问题)的几何特征、载荷特征和求解方法。理解应力函数的物理意义和数学特性。掌握柱体扭转和薄板弯曲问题的边界条件和求解方法。

## 重点难点

平面应力问题和平面应变问题的几何特征、载荷特征和求解方法。应力函数的理解与应用。柱体扭转问题和薄板弯曲问题的求解。

## 思维导图

- 第7章 方程组的化简与求解
  - 平面问题
    - 平面应力
      - 边界条件：$(\sigma_z)_{z=\pm h}=0,(\tau_{zx})_{z=\pm h}=0,(\tau_{zy})_{z=\pm h}=0$
      - 求解方程：
        - 平衡方程：$\dfrac{\partial\sigma_x}{\partial x}+\dfrac{\partial\tau_{xy}}{\partial y}+F_x=0$，$\dfrac{\partial\tau_{yx}}{\partial x}+\dfrac{\partial\sigma_y}{\partial y}+F_y=0$
        - 相容方程：$\dfrac{\partial^2\varepsilon_x}{\partial y^2}+\dfrac{\partial^2\sigma_y}{\partial x^2}=\dfrac{\partial^2\gamma_{xy}}{\partial x\partial y}$
    - 平面应变
      - 边界条件：$u=u(x,y)$，$v=v(x,y)$，$w=0$
      - 求解方程：
        - 平衡方程：$\dfrac{\partial\sigma_x}{\partial x}+\dfrac{\partial\tau_{xy}}{\partial y}+F_x=0$，$\dfrac{\partial\tau_{yx}}{\partial x}+\dfrac{\partial\sigma_y}{\partial y}+F_y=0$
        - 相容方程：$\nabla^2(\sigma_x+\sigma_y)=-\dfrac{1}{1-v}\left(\dfrac{\partial F_x}{\partial x}+\dfrac{\partial F_y}{\partial y}\right)$
    - 应力函数
      - 双调和方程：$\nabla^2\nabla^2\Phi=0$
      - 逆解法：选择满足相容方程的应力函数，再根据应力边界条件和几何边界条件找出能用所选取的应力函数解决的问题
      - 半逆解法：假定部分或全部应力分量为某种形式的双调和函数，从而导出应力函数，再考察由这个应力函数得到的应力分量是否满足全部边界条件
  - 柱体扭转
    - 几何特征：弹性体为长柱体，外表面是由两端互相平行的截面和垂直于这两个截面的侧面所构成
    - 载荷特征：弹性体两端面承受沿轴线方向的扭矩
    - 位移法：在给定边界条件下求解拉普拉斯方程
      - 拉普拉斯方程：$\nabla^2\varphi=\dfrac{\partial^2\varphi}{\partial x^2}+\dfrac{\partial^2\varphi}{\partial y^2}=0$
    - 应力法：在给定边界条件下求解泊松方程
      - 泊松方程：$\nabla^2\Phi=-2$
  - 薄板弯曲
    - 几何特征：弹性体厚度远小于长度和宽度
    - 载荷特征：载荷方向垂直于薄板平面
    - 位移法
      - 挠曲微分方程：$D\nabla^4w=q$
      - 边界条件
        - 固定边
        - 简支边
        - 自由边

**艾里**

(George Biddell Airy, 1801—1892)

$$\sigma_x=\frac{\partial^2\Phi}{\partial y^2}\qquad \tau_{xy}=\frac{\partial^2\Phi}{\partial x\partial y}\qquad \sigma_y=\frac{\partial^2\Phi}{\partial x^2}$$

$$\nabla^2\nabla^2\Phi=0$$

**注释：**

$x$、$y$、$z$——空间坐标

$\Phi$——应力函数

$\nabla^2$——拉普拉斯算子

**平面问题的艾里应力函数和双调和方程**

The use of Airy Stress Functions is a powerful technique for solving 2-D equilibrium problems. The curious fact about Airy stress functions is that their use typically leads one to obtain a solution first, and then the next step is to determine what is the actual problem to which the solution applies. It's as if the answer comes before the question.

—— Bob McGinty: Fracture Mechanics

艾里于 1862 年通过引入艾里应力函数，将平面问题归结为在给定边界条件下求解双调和方程，这样就使平面问题的求解得到很大的简化：待求的未知函数从 3 个变为 1 个，并从求解应力分量变为求解应力函数。艾里应力函数的一个重要特性是，只要它满足双调和方程，就可以保证由它导出的应力和应变场处于平衡状态，适用于各向同性的固体且不受体力作用。艾里应力函数作为弹性力学中的重要概念，对于理解弹性力学问题中方程组的化简与求解具有重要意义。

## 7.1　概述

第 6 章中的弹性力学偏微分方程组，完美地刻画了弹性体的位移、应力和应变的关系，共包含 15 个方程，15 个未知量。针对具体的实际问题，在一定边界条件约束下，大部分情况下很难直接求解偏微分方程组。如果针对具体问题的几何、受力、变形等特点，以偏微分方程组为基础，抓住研究对象的本质特征，在此基础上对方程组进行化简，就可以得到满足工程和实际需求的求解结果。

本章针对平面问题、柱体扭转和薄板弯曲三类问题，介绍了弹性力学方程组的化简和求解过程，如图 7.1～图 7.3 所示。

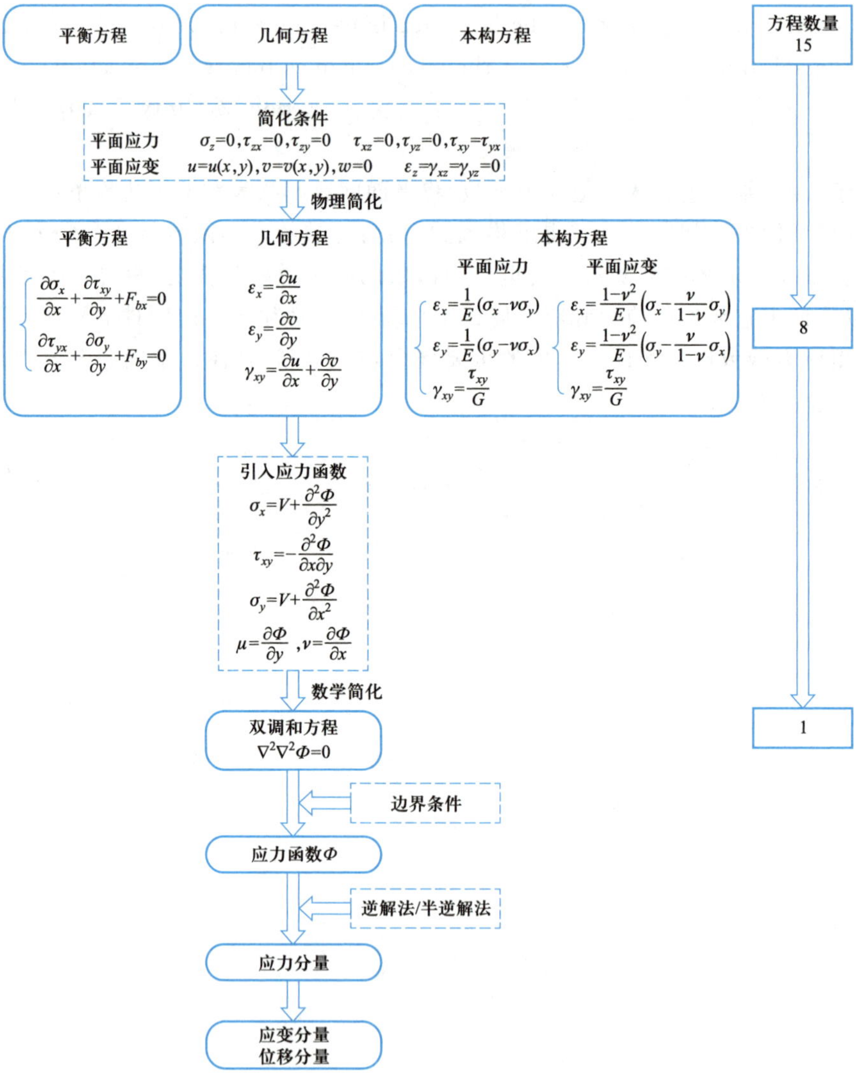


图 7.1　平面问题求解过程

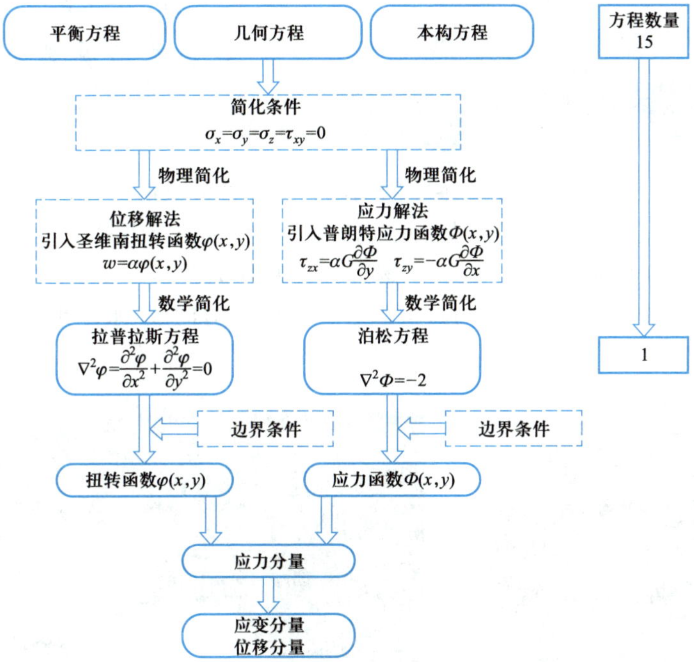


图 7.2　柱体扭转问题求解过程

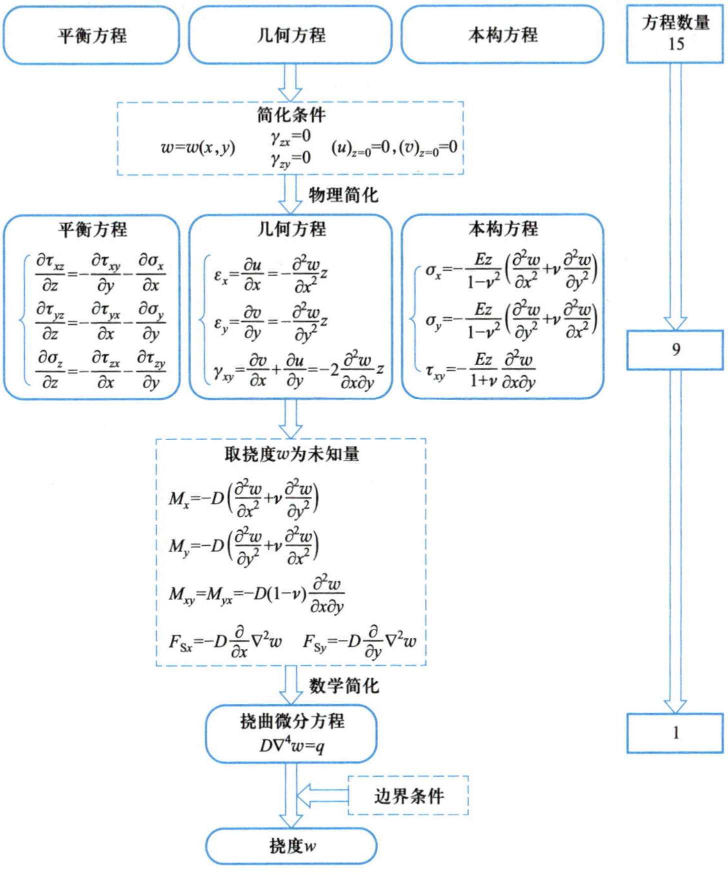


图 7.3　薄板弯曲问题求解过程

## 7.2 平面问题

严格来说，弹性力学问题都是三维空间问题。当弹性体具有一定的特殊形状，且外力满足一定要求时，就可以化简成平面问题，从而得到足够精度的求解结果。平面问题可以分为平面应力和平面应变两类问题，二者的求解过程具有相似性。许多实际工程结构可以看作平面问题，如高速旋转的光盘(图 7.4a)可以看作平面应力问题，水坝坝体(图 7.4b)可以化简成平面应变问题。

(a) 旋转光盘(平面应力)　　(b) 水坝坝体(平面应变)

图 7.4　工程结构中的两类平面问题举例

### 7.2.1 平面应力

平面应力问题的几何特征是：弹性体是很薄的平板，横截面的大小和形状沿轴线不变。载荷特征是：作用于板边的所有载荷都平行于板面，而且不沿厚度变化。

如图 7.5 所示，薄板轴向($z$ 轴方向)长度远小于 $x—y$ 界面尺寸，外力在 $z$ 轴方向没有分量，外力沿 $z$ 轴方向均匀分布，此问题属于平面应力问题。

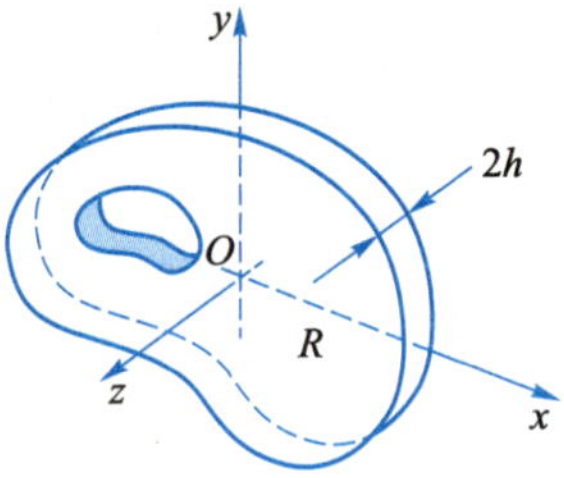


图 7.5　薄板示意图

首先，由平面应力问题的假设可知，薄板上下表面的应力边界条件为

$$(\sigma_z)_{z=\pm h}=0,(\tau_{zx})_{z=\pm h}=0,(\tau_{zy})_{z=\pm h}=0$$

由于薄板厚度远小于 $Oxy$ 界面尺寸，因此假设在整个区域内

$$\sigma_z=0,\tau_{zx}=0,\tau_{zy}=0 \tag{7-1}$$

根据切应力互等定理

$$\tau_{xz}=0,\tau_{yz}=0,\tau_{xy}=\tau_{yx} \tag{7-2}$$

这样平面问题只有三个应力分量 $\sigma_x$、$\tau_{xy}$、$\sigma_y$，而且是 $x$、$y$ 的函数。

$$\begin{cases}\sigma_x=\sigma_x(x,y)\\ \sigma_y=\sigma_y(x,y)\\ \tau_{xy}=\tau_{xy}(x,y)\end{cases} \tag{7-3}$$

下面，对第 5 章的基本方程进行化简。将式(7-1)代入平衡方程式(3-39)可得

$$
\begin{cases}
\dfrac{\partial \sigma_x}{\partial x}+\dfrac{\partial \tau_{xy}}{\partial y}+F_x=0 \\
\dfrac{\partial \tau_{yx}}{\partial x}+\dfrac{\partial \sigma_y}{\partial y}+F_y=0
\end{cases}
\tag{7-4}
$$

将式(7-1)代入本构方程式(5-1)可得

$$
\begin{cases}
\varepsilon_x=\dfrac{1}{E}(\sigma_x-\nu\sigma_y) \\
\varepsilon_y=\dfrac{1}{E}(\sigma_y-\nu\sigma_x) \\
\gamma_{xy}=\dfrac{\tau_{xy}}{G}
\end{cases}
\tag{7-5}
$$

$\gamma_{xz}=\gamma_{yz}=0$，$\varepsilon_z=-\dfrac{\nu}{E}(\sigma_x+\sigma_y)$，易知 $\varepsilon_z$ 不是独立的未知数。

平面应力问题中的几何方程化简为

$$
\begin{cases}
\varepsilon_x=\dfrac{\partial u}{\partial x} \\
\varepsilon_y=\dfrac{\partial v}{\partial y} \\
\gamma_{xy}=\dfrac{\partial u}{\partial x}+\dfrac{\partial v}{\partial y}
\end{cases}
\tag{7-6}
$$

在此基础上得到平面应力问题的应变协调方程为

$$
\frac{\partial^2 \varepsilon_x}{\partial y^2}+\frac{\partial^2 \varepsilon_y}{\partial x^2}=\frac{\partial^2 \gamma_{xy}}{\partial x \partial y}
\tag{7-7}
$$

采用应力法求解平面应力问题。将式(7-5)代入式(7-7)，得到用应力分量表示的协调方程

$$
\frac{1}{E}\frac{\partial^2 \sigma_x}{\partial y^2}-\frac{\nu}{E}\frac{\partial^2 \sigma_y}{\partial y^2}+\frac{1}{E}\frac{\partial^2 \sigma_y}{\partial x^2}-\frac{\nu}{E}\frac{\partial^2 \sigma_x}{\partial x^2}=\frac{1}{G}\frac{\partial^2 \tau_{xy}}{\partial x \partial y}
\tag{7-8}
$$

根据 $G=\dfrac{E}{2(1+\nu)}$，可得

$$
\nabla^2(\sigma_x+\sigma_y)=-(1+\nu)\left(\frac{\partial F_x}{\partial x}+\frac{\partial F_y}{\partial y}\right)
\tag{7-9}
$$

结合式(7-9)、平衡方程(7-4)以及边界条件，可求得应力分量，进而求得应变分量和位移分量。

### 7.2.2 平面应变

平面应变问题的几何特征是：弹性体是在一个方向尺寸很长（一般视作 $z$ 轴，且远大于其他两个方向的尺寸）的柱形物体，横截面的大小和形状沿轴线不变，任意横截面均可视为对称面。载荷特征是：外力与 $z$ 轴垂直，并且沿长度不变；柱体在 $z$ 轴方向位移受到约束。

如图 7.6 所示的坝体，坝体长度（$z$ 轴方向）远大于 $Oxy$ 界面尺寸，外力作用沿 $z$ 轴方向

无变化，此问题属于平面应变问题。

下面，对第 5 章的基本方程进行化简。在平面应变问题里，轴向位移 $w$ 在各处均为零，$u$、$v$ 只是 $x$、$y$ 的函数，即

$$u=u(x,y),v=v(x,y),w=0 \tag{7-10}$$

代入几何方程式(3-61)可得

$$\varepsilon_x=\frac{\partial u}{\partial x},\varepsilon_y=\frac{\partial v}{\partial y},\gamma_{xy}=\frac{\partial u}{\partial y}+\frac{\partial v}{\partial x} \tag{7-11}$$

$$\varepsilon_z=\gamma_{xz}=\gamma_{yz}=0 \tag{7-12}$$

平面应变问题中，用应变表示应力的本构方程为

$$\begin{cases}\sigma_x=2G\left(\varepsilon_x+\dfrac{\nu(\varepsilon_x+\varepsilon_y)}{1-2\nu}\right)\\ \sigma_y=2G\left(\varepsilon_y+\dfrac{\nu(\varepsilon_x+\varepsilon_y)}{1-2\nu}\right)\\ \tau_{xy}=G\gamma_{xy}\end{cases} \tag{7-13}$$

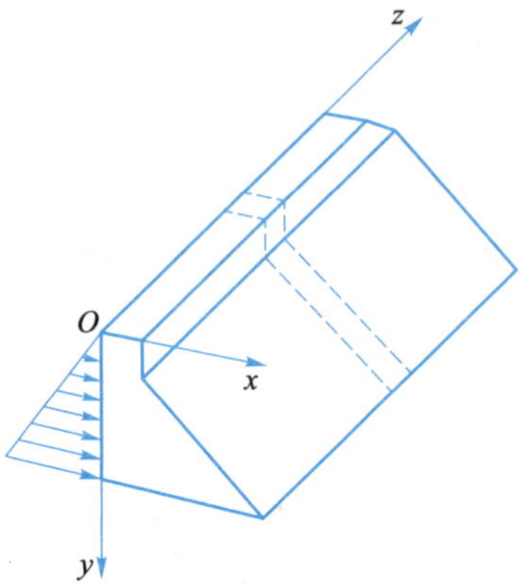


图 7.6 坝体的受力情况

$$\tau_{xz}=\tau_{yz}=0,\sigma_z=\lambda(\varepsilon_x+\varepsilon_y) \tag{7-14}$$

平面应变问题中，用应力表示应变的本构方程为

$$\begin{cases}\varepsilon_x=\dfrac{1-\nu^2}{E}\left(\sigma_x-\dfrac{\nu}{1-\nu}\sigma_y\right)\\ \varepsilon_y=\dfrac{1-\nu^2}{E}\left(\sigma_y-\dfrac{\nu}{1-\nu}\sigma_x\right)\\ \gamma_{xy}=\dfrac{\tau_{xy}}{G}\end{cases} \tag{7-15}$$

平面应变问题的平衡方程、几何方程分别为式(7-4)、式(7-6)。根据平衡方程、几何方程、本构方程等三类基本方程，采用应力法求解平面应变问题时的协调方程为

$$\nabla^2(\sigma_x+\sigma_y)=-\frac{1}{1-\nu}\left(\frac{\partial F_x}{\partial x}+\frac{\partial F_y}{\partial y}\right) \tag{7-16}$$

式(7-9)与式(7-16)只差一个常数系数。对比平面应力与平面应变问题中的基本方程可以发现，若将平面应力问题基本方程中的 $E$ 换成$\dfrac{E}{1-\nu^2}$、$\nu$ 换成$\dfrac{\nu}{1-\nu}$，则变成平面应变问题中的基本方程。

## 7.2.3 平面问题直角坐标求解

1862 年，艾里发表了关于弹性力学平面问题的求解理论。他引入一个应力函数，使平面问题归结为在给定边界条件下求解双调和方程。下面介绍具体推导过程。

假如体力 $F_x$、$F_y$ 是由有势力场引起的，则它们可以写成

$$F_x=-\frac{\partial V}{\partial x},F_y=-\frac{\partial V}{\partial y} \tag{7-17}$$

其中 $V$ 是势函数。代入平衡方程，可得

$$\begin{cases}\dfrac{\partial}{\partial x}(\sigma_x-V)+\dfrac{\partial\tau_{yx}}{\partial y}=0\\[2ex]\dfrac{\partial\tau_{xy}}{\partial x}+\dfrac{\partial}{\partial y}(\sigma_y-V)=0\end{cases}\tag{7-18}$$

由微分方程理论，必存在函数 $\mu(x,y)$、$\nu(x,y)$，使其具有如下关系

$$\begin{cases}\sigma_x-V=\dfrac{\partial\mu}{\partial y},\ \tau_{yx}=-\dfrac{\partial\mu}{\partial x}\\[2ex]\sigma_y-V=\dfrac{\partial\nu}{\partial x},\ \tau_{xy}=-\dfrac{\partial\nu}{\partial y}\end{cases}\tag{7-19}$$

根据切应力互等定理，得

$$\frac{\partial\mu}{\partial x}=\frac{\partial\nu}{\partial y}\tag{7-20}$$

由微分方程理论，必存在一个函数 $\Phi(x,y)$，满足

$$\mu=\frac{\partial\Phi}{\partial y},\ \nu=\frac{\partial\Phi}{\partial x}\tag{7-21}$$

将式(7-21)代入式(7-19)，得

$$\sigma_x=V+\frac{\partial^2\Phi}{\partial y^2},\ \tau_{xy}=-\frac{\partial^2\Phi}{\partial x\partial y},\ \sigma_y=V+\frac{\partial^2\Phi}{\partial x^2}\tag{7-22}$$

若体力为常数或不计体力，将式(7-22)分别代入式(7-9)或式(7-16)可得

$$\frac{\partial^4\Phi}{\partial x^4}+2\frac{\partial^4\Phi}{\partial x^2\partial y^2}+\frac{\partial^4\Phi}{\partial y^4}=0\tag{7-23}$$

式(7-23)即为用应力函数 $\Phi$ 表示的协调方程，称为双调和方程，简写为

$$\nabla^2\nabla^2\Phi=0\tag{7-24}$$

这样，通过引入应力函数后，就将平面问题求解中的 3 个未知量化简为只求解包含应力函数 $\Phi$ 的双调和方程，此种方法称为平面问题的应力函数解法，这个应力函数称为艾里应力函数。

平面问题应力函数解法的具体思路为：在给定边界条件下，求解满足双调和方程的应力函数 $\Phi$，从而得到应力分量，进而求出应变分量和位移分量。

艾里应力函数是解决平面问题常用的方法，有以下几点需要注意：

(1) 只限于应力边界或可转化为应力边界的混合边界条件；

(2) 可用于体力是有势的情况(包括无体力及常体力情况)；

(3) 函数的单值条件为作用于物体边界上的全部外力构成自平衡力系；

(4) 增减一个线性函数不影响应力分量的值。

可以看出，对于全部边界条件为应力边界的无(常)体力平面问题，只要几何形状和加载情况相同，而且是各向同性材料，无论哪类平面问题，弹性体平面内应力分量的大小和分布情况都相同。这也是光弹性测量实验方法(第 13 章)的理论依据。

用应力函数表示的双调和方程一般不容易直接求解，常用逆解法与半逆解法进行求解。根据第 6 章对逆解法和半逆解法的介绍，针对应力函数，逆解法是选择满足相容方程的应力函数，进而求得相应的应力分量，然后根据应力边界条件和几何边界条件找出能用所选取的应力函数解决的问题。半逆解法则先针对所要求解的问题，根据弹性体的边界形状和受力

情况，假定部分或全部应力分量为某种形式的双调和函数，从而推导出应力函数，然后考察这个应力函数是否满足相容方程，以及原来假设的应力分量和由应力函数得到的应力分量是否满足全部边界条件。

下面分类讨论应力函数为多项式时对应的弹性体的受力情况。

1. 一次多项式应力函数

$$\Phi = ax + by + c \tag{7-25}$$

不论系数取何值，都能满足双调和方程，其应力分量为

$$\sigma_x = \frac{\partial^2 \Phi}{\partial y^2} = 0,\ \tau_{xy} = -\frac{\partial^2 \Phi}{\partial x \partial y} = 0,\ \sigma_y = \frac{\partial^2 \Phi}{\partial x^2} = 0 \tag{7-26}$$

因此，一次多项式应力函数对应无应力状态，即无外力作用的边界条件。这也说明在应力函数中增加或减少一个 $x$、$y$ 的线性函数，不影响应力分量的值。

2. 二次多项式应力函数

$$\Phi = ax^2 + bxy + cy^2 \tag{7-27}$$

不论系数取何值，都能满足双调和方程，应力分量为

$$\sigma_x = \frac{\partial^2 \Phi}{\partial y^2} = 2c,\ \tau_{xy} = -\frac{\partial^2 \Phi}{\partial x \partial y} = -b,\ \sigma_y = \frac{\partial^2 \Phi}{\partial x^2} = 2a \tag{7-28}$$

二次多项式应力函数对应于均匀应力状态。如果 $b=c=0$ 或 $a=b=0$，表示单向拉伸应力状态；如果 $a=c=0$，则表示纯剪切应力状态。

3. 三次多项式应力函数

$$\Phi = ax^3 + bx^2y + cxy^2 + dy^3 \tag{7-29}$$

不论系数取何值，都能满足双调和方程，对应的应力分量为

$$\begin{cases} \sigma_x = \dfrac{\partial^2 \Phi}{\partial y^2} = 2cx + 6dy \\ \tau_{xy} = -\dfrac{\partial^2 \Phi}{\partial x \partial y} = -2bx - 2cy \\ \sigma_y = \dfrac{\partial^2 \Phi}{\partial x^2} = 6ax + 2by \end{cases} \tag{7-30}$$

三次多项式应力函数对应于线性分布应力状态。

### 7.2.4 平面问题极坐标求解

对于圆形、圆环形、楔形、扇形等弹性体，采用极坐标求解可以使边界条件和基本方程得到很大简化。在极坐标系中，极坐标系与直角坐标系之间的关系(图 7.7)为

$$\begin{cases} x = r\cos\theta \\ y = r\sin\theta \end{cases} \tag{7-31}$$

或

$$\begin{cases} r = \sqrt{x^2 + y^2} \\ \theta = \arctan \dfrac{y}{x} \end{cases} \tag{7-32}$$

首先来推导极坐标系下平面问题的平衡方程。取极坐标下的微元体，受力如图 7.8 所示。

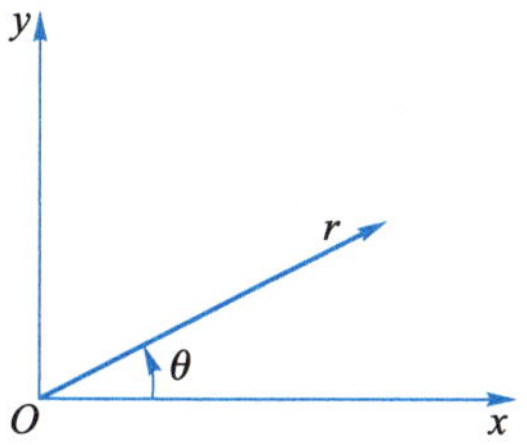

图 7.7 极坐标系与直角坐标系的关系

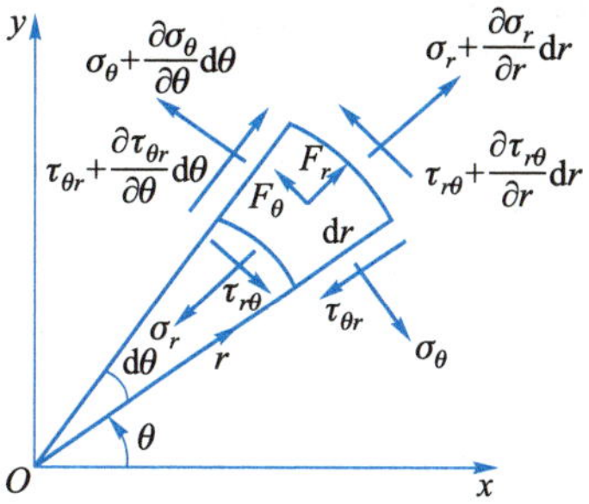

图 7.8 微元体受力分析

将微元体所受各力投影到径向 $r$ 上，得到径向方向的平衡方程

$$\begin{aligned}&\left(\sigma_r+\frac{\partial\sigma_r}{\partial r}\mathrm{d}r\right)(r+\mathrm{d}r)\mathrm{d}\theta-\sigma_r r\mathrm{d}\theta+\left(\tau_{\theta r}+\frac{\partial\tau_{\theta r}}{\partial\theta}\mathrm{d}\theta\right)\mathrm{d}r\cos\frac{\mathrm{d}\theta}{2}-\\&\tau_{\theta r}\mathrm{d}r\cos\frac{\mathrm{d}\theta}{2}-\left(\sigma_\theta+\frac{\partial\sigma_\theta}{\partial\theta}\mathrm{d}\theta\right)\mathrm{d}r\sin\frac{\mathrm{d}\theta}{2}-\sigma_\theta\mathrm{d}r\sin\frac{\mathrm{d}\theta}{2}+F_r r\mathrm{d}\theta\mathrm{d}r=0\end{aligned}\tag{7-33}$$

由于 $\mathrm{d}\theta$ 很小，$\cos\dfrac{\mathrm{d}\theta}{2}$ 和 $\sin\dfrac{\mathrm{d}\theta}{2}$ 分别近似为 1 和 $\dfrac{\mathrm{d}\theta}{2}$，合并同类项并略去高阶项，得到平面问题极坐标系下径向方向的平衡方程

$$\frac{\partial\sigma_r}{\partial r}+\frac{1}{r}\frac{\partial\tau_{\theta r}}{\partial\theta}+\frac{\sigma_r-\sigma_\theta}{r}+F_r=0\tag{7-34}$$

将微元体所受各力投影到周向 $\theta$ 上，得到

$$\begin{aligned}&\left(\sigma_\theta+\frac{\partial\sigma_\theta}{\partial\theta}\mathrm{d}\theta\right)\mathrm{d}r\cos\frac{\mathrm{d}\theta}{2}-\sigma_\theta\mathrm{d}r\cos\frac{\mathrm{d}\theta}{2}+\left(\tau_{r\theta}+\frac{\partial\tau_{r\theta}}{\partial r}\mathrm{d}r\right)(r+\mathrm{d}r)\mathrm{d}\theta-\\&\tau_{r\theta}r\mathrm{d}\theta+\left(\tau_{\theta r}+\frac{\partial\tau_{\theta r}}{\partial\theta}\mathrm{d}\theta\right)\mathrm{d}r\sin\frac{\mathrm{d}\theta}{2}+\tau_{\theta r}\mathrm{d}r\sin\frac{\mathrm{d}\theta}{2}+F_\theta r\mathrm{d}\theta\mathrm{d}r=0\end{aligned}\tag{7-35}$$

类似的，可得平面问题极坐标系下周向方向的平衡方程

$$\frac{\partial\tau_{r\theta}}{\partial r}+\frac{1}{r}\frac{\partial\sigma_\theta}{\partial\theta}+\frac{2\tau_{r\theta}}{r}+F_\theta=0\tag{7-36}$$

综合起来，极坐标系下平面问题的平衡方程为

$$\begin{cases}\dfrac{\partial\sigma_r}{\partial r}+\dfrac{1}{r}\dfrac{\partial\tau_{\theta r}}{\partial\theta}+\dfrac{\sigma_r-\sigma_\theta}{r}+F_r=0\\[2ex]\dfrac{\partial\tau_{r\theta}}{\partial r}+\dfrac{1}{r}\dfrac{\partial\sigma_\theta}{\partial\theta}+\dfrac{2\tau_{r\theta}}{r}+F_\theta=0\end{cases}\tag{7-37}$$

接着，推导极坐标系下平面问题的几何方程。如图 7.9 所示，位移 $\boldsymbol{u}$ 在直角坐标系和极坐标系下的分量分别为 $u_x$、$u_y$ 和 $u_r$、$u_\theta$，它们满足

$$\begin{cases}u_x=u_r\cos\theta-u_\theta\sin\theta\\u_y=u_r\sin\theta+u_\theta\cos\theta\end{cases}\tag{7-38}$$

根据式(7-31)和式(7-32)，得

$$\begin{cases}\dfrac{\partial r}{\partial x}=\dfrac{x}{r}=\cos\theta \\ \dfrac{\partial r}{\partial y}=\dfrac{y}{r}=\sin\theta \\ \dfrac{\partial\theta}{\partial x}=\dfrac{\dfrac{\partial}{\partial x}\left(\dfrac{y}{x}\right)}{1+\left(\dfrac{y}{x}\right)^2}=-\dfrac{y}{r^2}=-\dfrac{\sin\theta}{r} \\ \dfrac{\partial\theta}{\partial y}=\dfrac{\dfrac{\partial}{\partial y}\left(\dfrac{y}{x}\right)}{1+\left(\dfrac{y}{x}\right)^2}=\dfrac{x}{r^2}=\dfrac{\cos\theta}{r}\end{cases} \qquad (7-39)$$

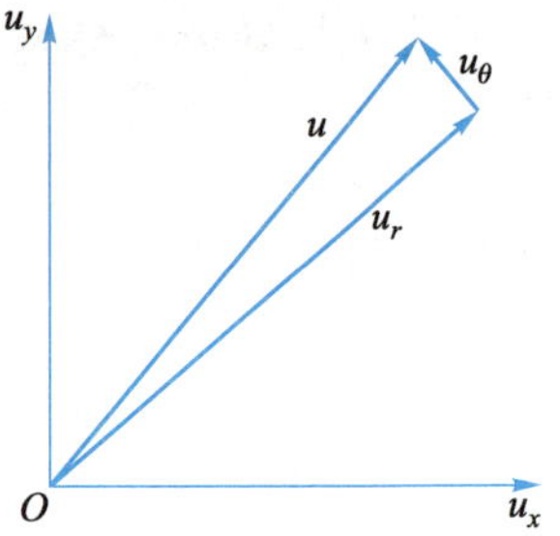


图 7.9　直角坐标与极坐标的位移关系

引入函数 $f(x,y)$，则

$$\begin{cases}\dfrac{\partial f}{\partial x}=\dfrac{\partial f}{\partial r}\dfrac{\partial r}{\partial x}+\dfrac{\partial f}{\partial\theta}\dfrac{\partial\theta}{\partial x}=\left(\cos\theta\dfrac{\partial}{\partial r}-\dfrac{\sin\theta}{r}\dfrac{\partial}{\partial\theta}\right)f \\ \dfrac{\partial f}{\partial y}=\dfrac{\partial f}{\partial r}\dfrac{\partial r}{\partial y}+\dfrac{\partial f}{\partial\theta}\dfrac{\partial\theta}{\partial y}=\left(\sin\theta\dfrac{\partial}{\partial r}+\dfrac{\cos\theta}{r}\dfrac{\partial}{\partial\theta}\right)f\end{cases} \qquad (7-40)$$

其中，偏微分算子$\dfrac{\partial}{\partial x}=\cos\theta\dfrac{\partial}{\partial r}-\dfrac{\sin\theta}{r}\dfrac{\partial}{\partial\theta}$，$\dfrac{\partial}{\partial y}=\sin\theta\dfrac{\partial}{\partial r}+\dfrac{\cos\theta}{r}\dfrac{\partial}{\partial\theta}$。

由式(7-40)，得

$$\begin{cases}\dfrac{\partial u_x}{\partial x}=\left(\cos\theta\dfrac{\partial}{\partial r}-\dfrac{\sin\theta}{r}\dfrac{\partial}{\partial\theta}\right)(u_r\cos\theta-u_\theta\sin\theta) \\ \qquad =\cos^2\theta\dfrac{\partial u_r}{\partial r}+\sin^2\theta\left(\dfrac{u_r}{r}+\dfrac{1}{r}\dfrac{\partial u_\theta}{\partial\theta}\right)-\cos\theta\sin\theta\left(\dfrac{\partial u_\theta}{\partial r}+\dfrac{1}{r}\dfrac{\partial u_r}{\partial\theta}-\dfrac{u_\theta}{r}\right) \\ \dfrac{\partial u_y}{\partial y}=\left(\sin\theta\dfrac{\partial}{\partial r}+\dfrac{\cos\theta}{r}\dfrac{\partial}{\partial\theta}\right)(u_r\sin\theta+u_\theta\cos\theta) \\ \qquad =\sin^2\theta\dfrac{\partial u_r}{\partial r}+\cos^2\theta\left(\dfrac{u_r}{r}+\dfrac{1}{r}\dfrac{\partial u_\theta}{\partial\theta}\right)+\cos\theta\sin\theta\left(\dfrac{\partial u_\theta}{\partial r}+\dfrac{1}{r}\dfrac{\partial u_r}{\partial\theta}-\dfrac{u_\theta}{r}\right) \\ \dfrac{\partial u_x}{\partial y}+\dfrac{\partial u_y}{\partial x}=\left(\sin\theta\dfrac{\partial}{\partial r}+\dfrac{\cos\theta}{r}\dfrac{\partial}{\partial\theta}\right)(u_r\cos\theta-u_\theta\sin\theta)+ \\ \qquad \left(\cos\theta\dfrac{\partial}{\partial r}-\dfrac{\sin\theta}{r}\dfrac{\partial}{\partial\theta}\right)(u_r\sin\theta+u_\theta\cos\theta) \\ \qquad =\sin^2\theta\left(\dfrac{\partial u_r}{\partial r}-\dfrac{1}{r}\dfrac{\partial u_\theta}{\partial\theta}-\dfrac{u_r}{r}\right)+\cos^2\theta\left(\dfrac{\partial u_\theta}{\partial r}+\dfrac{1}{r}\dfrac{\partial u_r}{\partial\theta}-\dfrac{u_\theta}{r}\right)\end{cases} \qquad (7-41)$$

令 $r$ 轴与 $x$ 轴重合(即 $\theta=0$)，从而得到极坐标系下平面问题的几何方程

$$\begin{cases}\varepsilon_r=\dfrac{\partial u_r}{\partial r} \\ \varepsilon_\theta=\dfrac{u_r}{r}+\dfrac{1}{r}\dfrac{\partial u_\theta}{\partial\theta} \\ \gamma_{r\theta}=\dfrac{\partial u_\theta}{\partial r}+\dfrac{1}{r}\dfrac{\partial u_r}{\partial\theta}-\dfrac{u_\theta}{r}\end{cases} \qquad (7-42)$$

对于极坐标系下平面问题的本构方程，由于极坐标系和直角坐标系都是正交坐标系，只需将直角坐标系中的 $x$、$y$ 分别换为 $r$、$\theta$ 即可。

平面应力情况下的本构方程为

$$\begin{cases}\varepsilon_r=\dfrac{1}{E}(\sigma_r-\nu\sigma_\theta)\\ \varepsilon_\theta=\dfrac{1}{E}(\sigma_\theta-\nu\sigma_r)\\ \gamma_{r\theta}=\dfrac{1}{G}\tau_{r\theta}\end{cases} \tag{7-43}$$

平面应变情况下的本构方程为

$$\begin{cases}\varepsilon_r=\dfrac{1+\nu}{E}[(1-\nu)\sigma_r-\nu\sigma_\theta]\\ \varepsilon_\theta=\dfrac{1+\nu}{E}[(1-\nu)\sigma_\theta-\nu\sigma_r]\\ \gamma_{r\theta}=\dfrac{1}{G}\tau_{r\theta}\end{cases} \tag{7-44}$$

参考直角坐标系应变协调方程的推导方法，极坐标系下平面问题的应变协调方程为

$$\frac{\partial^2\varepsilon_\theta}{\partial r^2}+\frac{1}{r^2}\frac{\partial^2\varepsilon_r}{\partial\theta^2}+\frac{2}{r}\frac{\partial\varepsilon_\theta}{\partial r}-\frac{1}{r}\frac{\partial\varepsilon_r}{\partial r}=\frac{1}{r}\frac{\partial^2\gamma_{r\theta}}{\partial r\partial\theta}-\frac{1}{r^2}\frac{\partial\gamma_{r\theta}}{\partial\theta} \tag{7-45}$$

在用应力函数求解时，应力函数 $\Phi_f(r,\theta)$ 满足

$$\nabla^2\Phi_f=\frac{\partial^2\Phi_f}{\partial x^2}+\frac{\partial^2\Phi_f}{\partial y^2}=\frac{\partial^2\Phi_f}{\partial r^2}+\frac{1}{r}\frac{\partial\Phi_f}{\partial r}+\frac{1}{r^2}\frac{\partial^2\Phi_f}{\partial\theta^2} \tag{7-46}$$

于是，极坐标系下平面问题应力函数解法的双调和方程为

$$\nabla^2\nabla^2\Phi_f=\left(\frac{\partial^2}{\partial r^2}+\frac{1}{r}\frac{\partial}{\partial r}+\frac{1}{r^2}\frac{\partial^2}{\partial\theta^2}\right)\cdot\left(\frac{\partial^2\Phi_f}{\partial r^2}+\frac{1}{r}\frac{\partial\Phi_f}{\partial r}+\frac{1}{r^2}\frac{\partial^2\Phi_f}{\partial\theta^2}\right)=0 \tag{7-47}$$

用应力函数表示的应力分量为

$$\begin{cases}\sigma_r=\dfrac{1}{r}\dfrac{\partial\Phi_f}{\partial r}+\dfrac{1}{r^2}\dfrac{\partial^2\Phi_f}{\partial\theta^2}\\ \sigma_\theta=\dfrac{\partial^2\Phi_f}{\partial r^2}\\ \tau_{r\theta}=\tau_{\theta r}=\dfrac{1}{r^2}\dfrac{\partial\Phi_f}{\partial\theta}-\dfrac{1}{r}\dfrac{\partial^2\Phi_f}{\partial r\partial\theta}=-\dfrac{\partial}{\partial r}\left(\dfrac{1}{r}\dfrac{\partial\Phi_f}{\partial\theta}\right)\end{cases} \tag{7-48}$$

### 7.2.5 平面轴对称问题

平面轴对称问题的特征是：弹性体的几何形状、载荷绕对称轴旋转任意角度依然能与原几何形状、载荷分布重合。部分工程构件，例如圆柱形管道（图 7.10）就属于平面轴对称问题。

对于平面轴对称问题，应力分量、应变分量和位移分量都是坐标 $r$ 的函数，而与 $\theta$ 无关。此时，以应力函数 $\varphi_f(r)$ 表示的应力分量为

图 7.10　平面轴对称问题工程实例(石油管道)

$$\begin{cases}\sigma_r=\dfrac{1}{r}\dfrac{\partial \Phi_f}{\partial r}\\[2mm] \sigma_\theta=\dfrac{\partial^2 \Phi_f}{\partial r^2}\\[2mm] \tau_{r\theta}=\tau_{\theta r}=0\end{cases} \tag{7-49}$$

同时,应力函数的双调和方程化简为

$$\frac{\mathrm{d}^4\Phi_f}{\mathrm{d}r^4}+\frac{2}{r}\frac{\mathrm{d}^3\Phi_f}{\mathrm{d}r^3}-\frac{2}{r^2}\frac{\mathrm{d}^2\Phi_f}{\mathrm{d}r^2}+\frac{1}{r^3}\frac{\mathrm{d}\Phi_f}{\mathrm{d}r}=0 \tag{7-50}$$

这样,平面轴对称问题求解化简为根据式(7-50)求解应力函数 $\varphi_f(r)$。

**例题 7.1**

有一内、外半径分别为 $a$ 和 $b$ 的圆环(或圆筒),受到均布压力 $q_a$,$q_b$ 的作用,如图 7.11 所示。试求其应力、位移及厚度的改变值。

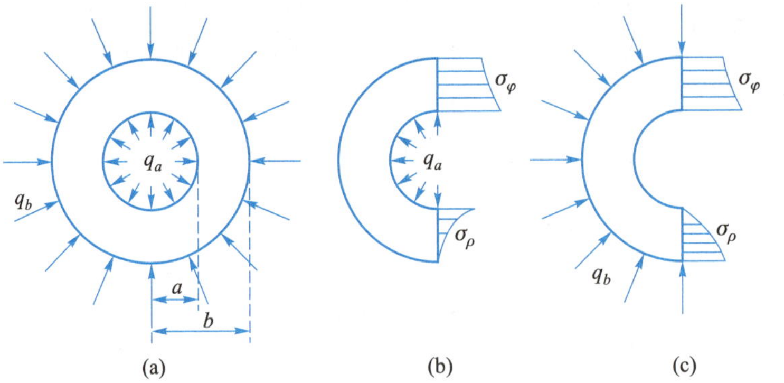


图 7.11

**解:** 本题属于平面轴对称位移问题,其应力分量的一般表达式为

$$\sigma_r=\frac{A}{r^2}+2C,\quad \sigma_\theta=-\frac{A}{r^2}+2C,\quad \tau_{r\theta}=0$$

本问题的应力边界条件为

$$(\sigma_r)_{r=a}=-q_a,\quad (\sigma_r)_{r=b}=-q_b$$

于是,可求得待定系数 $A$、$C$ 的值为

$$A=\frac{a^2b^2(q_b-q_a)}{b^2-a^2},\quad 2C=\frac{a^2q_a-b^2q_b}{b^2-a^2}$$

对于圆环(属于平面应力问题),其位移分量的一般表达式为

$$u_r=\frac{1}{E}\left[-(1+\nu)\frac{A}{r}+2C(1-\nu)r\right]$$

$$u_\theta=0$$

将 $A$ 和 $C$ 的表达式代入方程组可得

$$u_r=\frac{1}{E^{(b^2-a^2)}}\left[(a^2q_a-b^2q_b)(1-\nu)r-a^2b^2(q_b-q_a)(1+\nu)\frac{1}{r}\right]$$

圆环厚度的改变值 $\Delta$ 为

$$\Delta=(u_r)_{r=b}-(u_r)_{r=a}=\frac{1}{E(a+b)}[(1-\nu)(a^2q_a-b^2q_b)+(1+\nu)ab(q_b-q_a)]$$

分析:

(1) 若只受内压力 $q_a$ 的作用,即 $q_b=0$,则圆环的应力为

$$\sigma_r=-\frac{\frac{b^2}{r^2}-1}{\frac{b^2}{a^2}-1}q_a$$

$$\sigma_\theta=\frac{\frac{b^2}{r^2}+1}{\frac{b^2}{a^2}-1}q_a$$

$$\tau_{r\theta}=0$$

显然,$\sigma_r$ 总是压应力,$\sigma_\theta$ 总是拉应力,其应力分布如图 7.11c。因 $\tau_{r\theta}=0$,故最大拉(压)应力均发生在内周边,其值为

$$\sigma_{\max}=(\sigma_\theta)_{r=a}=\frac{b^2+a^2}{b^2-a^2}q_a$$

$$\sigma_{\min}=(\sigma_r)_{r=a}=-q_a$$

同时,当外半径 $b$ 趋于无穷大时,它成为具有圆孔的无限大薄板问题,可得

$$\sigma_r=-\frac{a^2}{r^2}q_a,\quad \sigma_\theta=\frac{a^2}{r^2}q_b,\quad \tau_{r\theta}=0$$

在远离孔边($\rho\gg a$)处的应力很小,可以不计,这也进一步验证了圣维南原理。

(2) 若只受外压力 $q_b$的作用,即 $q_a=0$,则圆环的应力为

$$\sigma_r=-\frac{1-\frac{a^2}{r^2}}{1-\frac{a^2}{b^2}}q_b$$

$$\sigma_\theta=-\frac{1+\frac{a^2}{r^2}}{1-\frac{a^2}{b^2}}q_b$$

$$\tau_{r\theta}=0$$

显然,$\sigma_r$ 和 $\sigma_\theta$ 都总是压应力,其应力分布如图 7.11c 所示。最大压应力发生在内周壁,其值为 $(\sigma_\theta)_{r=a}=-\dfrac{2b^2}{b^2-a^2}q_b$。若 $b\gg a$,得到

$$\sigma_r=-\left(1-\frac{a^2}{r^2}\right)q_b$$

$$\sigma_\theta=-\left(1+\frac{a^2}{r^2}\right)q_b$$

$$\tau_{r\theta}=0$$

此时,最大压应力值 $(\sigma_\theta)_{r=a}=-2q_b$,即环向应力比无孔时增加了一倍,这种现象称为应力集中。

(3) 对于圆筒问题(属于平面应变问题),只需将上述各式中的 $E$ 和 $\nu$ 分别换成 $\dfrac{E}{1-\nu^2}$ 和 $\dfrac{\nu}{1-\nu}$ 即可。

## 7.3 柱体扭转

柱体扭转问题的几何特征是:弹性体为长柱体,外表面是由两端互相平行的截面和垂直于这两个截面的侧面所构成。载荷特征是:弹性体在两端面承受沿轴线方向的扭矩。

柱体扭转在航空、土木及机械工程中是常见的,如电动机、发电机、航空发动机、燃气轮机、水轮机的转轴等。图 7.12 是发动机转子的示意图,发动机转子工作时,通过轴和连接结构来传递转子间的扭矩。图 7.13 为汽车方向盘转向柱的受扭情况。

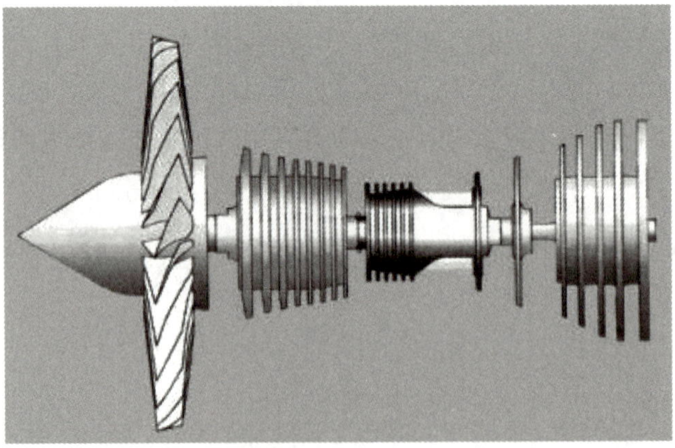

图 7.12 发动机转子

柱体扭转的问题研究已经有 200 多年的历史(图 7.14)。法国物理学家库仑(Charles-Augustin de Coulomb,1736—1806)在 1784 年研究了扭转问题,并提出了剪切的概念。之

后，英国科学家托马斯·杨在库仑研究的基础上提出切应力与圆轴轴线的距离和扭转角成正比的结论[1]。1829 年，柯西研究了矩形截面柱体问题，并提出矩形截面柱体扭转时会出现“翘曲”现象[2]。1855 年，法国科学家圣维南应用半逆解法求解了柱体的扭转和弯曲问题，并提出了著名的圣维南原理[3]。1903 年，德国的普朗特(Ludwig Prandtl，1875—1953)提出了柱体扭转问题的薄膜比拟法，从而可求解复杂柱体扭转问题[4]。

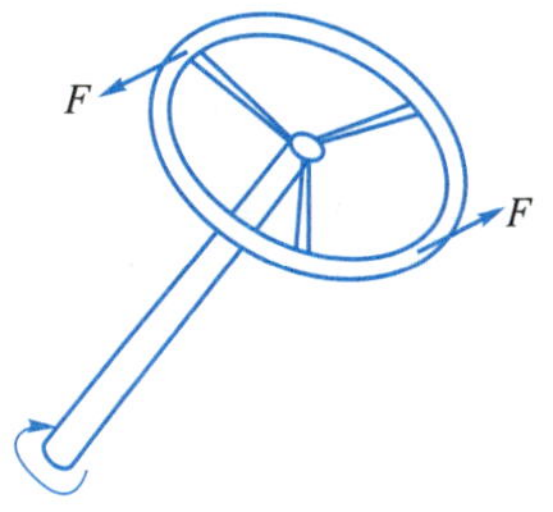

图 7.13　汽车方向盘受扭简图

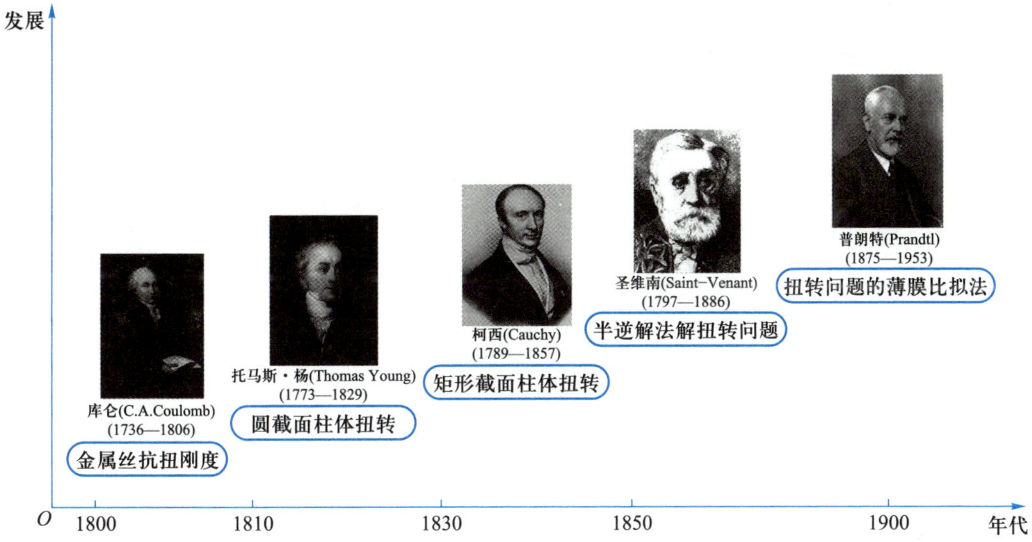

图 7.14　柱体扭转的研究历史

## 7.3.1　基本假设

对于任意形状的横截面(图 7.15)在弹性力学基本假设之外，再作如下假设：

1. 每个截面在 $Oxy$ 面的投影绕中心轴作刚体旋转，距离截面形心 $O$ 点 $r$ 处的 $P$ 点扭转后移动到 $P'$点，则 $P$ 点在 $x$、$y$ 方向的位移为

$$\begin{cases} u=-r\beta\sin\theta=-\beta y \\ v=r\beta\cos\theta=\beta x \end{cases} \tag{7-51}$$

2. 旋转量是 $z$ 的线性函数，其中 $\alpha$ 为单位长度柱体扭转的角度，有

$$\beta=\alpha z \tag{7-52}$$

将式(7-52)代入式(7-51)，可得

$$\begin{cases} u=-\alpha yz \\ v=\alpha xz \end{cases} \tag{7-53}$$

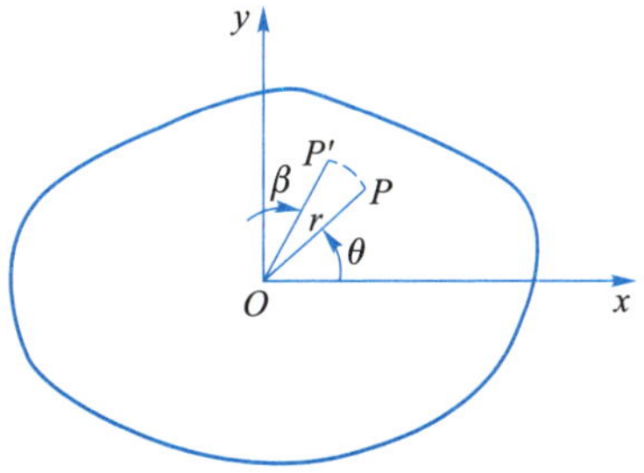

图 7.15　任意形状的横截面

3. 变形后横截面发生翘曲，但翘曲函数 $w$ 与 $z$ 坐标无关，即为等翘曲情况，则

$$w=w(x,y) \tag{7-54}$$

对于任意截面形状的实心柱体(图 7.16),$z$ 为形心轴,$x$、$y$ 为截面的形心主轴,由平行于 $z$ 轴的母线沿截面边界绕行一周所生成的柱面称为侧面,两端的横截面称为端面。假设柱体仅受端部载荷的情况,不计体力,侧面自由。$R$ 为横截面包含的区域,$S$ 为其边界。

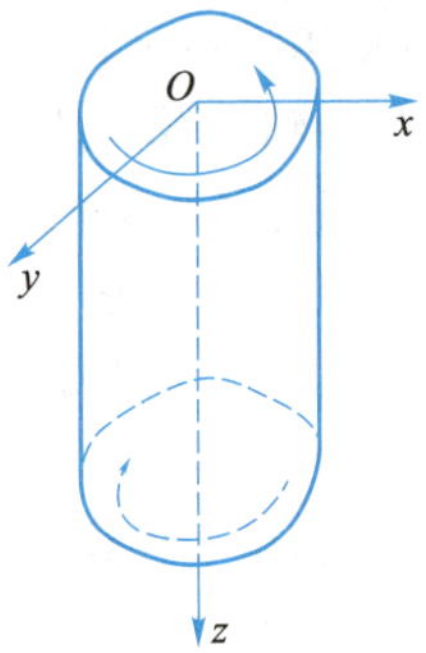


图 7.16 任意截面形状的实心柱体

在侧面,面力 $\bar{X}=\bar{Y}=\bar{Z}=0$,方向余弦 $n_3=0$,由应力边界条件得到

$$\begin{cases}\sigma_x n_1+\tau_{xy}n_2=0\\ \tau_{yx}n_1+\sigma_y n_2=0\\ \tau_{zx}n_1+\tau_{zy}n_2=0\end{cases}\tag{7-55}$$

在端面,通常只知道端部载荷的合力 $F$、合力矩 $M$,而不能给出端面上每一点的载荷分布。为此,应用圣维南原理采用放松的积分边界条件。这类在端部载荷作用下,用放松边界条件求解的柱体问题称为圣维南问题。

$z=l$ 端面的边界条件可写为

$$\begin{cases}\iint_R \tau_{zx}\,\mathrm{d}x\,\mathrm{d}y=F_x\\ \iint_R \tau_{zy}\,\mathrm{d}x\,\mathrm{d}y=F_y\\ \iint_R \sigma_z\,\mathrm{d}x\,\mathrm{d}y=F_z\\ \iint_R \sigma_z y\,\mathrm{d}x\,\mathrm{d}y=M_x\\ \iint_R \sigma_z x\,\mathrm{d}x\,\mathrm{d}y=-M_y\\ \iint_R (\tau_{zy}x-\tau_{zx}y)\,\mathrm{d}x\,\mathrm{d}y=M_z\end{cases}\tag{7-56}$$

$z=0$ 端面的边界条件可写为

$$\begin{cases}\iint_R \tau_{zx}\,\mathrm{d}x\,\mathrm{d}y=F_x\\ \iint_R \tau_{zy}\,\mathrm{d}x\,\mathrm{d}y=F_y\\ \iint_R \sigma_z\,\mathrm{d}x\,\mathrm{d}y=F_z\\ \iint_R \sigma_z y\,\mathrm{d}x\,\mathrm{d}y=M_x-lF_y\\ \iint_R \sigma_z x\,\mathrm{d}x\,\mathrm{d}y=-M_y-lF_x\\ \iint_R (\tau_{zy}x-\tau_{zx}y)\,\mathrm{d}x\,\mathrm{d}y=M_z\end{cases}\tag{7-57}$$

其中,$l$ 表示柱体长度。

对于柱体扭转问题可应用位移法、应力法、凑合法、级数法等方法进行求解。本章主要介绍位移法和应力法。

### 7.3.2 等截面柱体扭转的位移解法

对于任意横截面形状的柱体,考虑扭转后横截面的翘曲,令

$$w=\alpha\varphi(x,y) \tag{7-58}$$

其中 $\varphi(x,y)$称为圣维南扭转函数。接下来推导 $\varphi(x,y)$所满足的条件。

将式(7-53)和式(7-58)代入位移表示的平衡方程式(6-23),有

$$\nabla^2\varphi=\frac{\partial^2\varphi}{\partial x^2}+\frac{\partial^2\varphi}{\partial y^2}=0 \tag{7-59}$$

上式称为拉普拉斯(Laplace)方程。这说明要使式(7-53)和式(7-58)给出的位移分量满足平衡方程,扭转函数 $\varphi(x,y)$必须是调和函数。将式(7-53)和式(7-58)代入几何方程和本构方程,得到应力分量

$$\sigma_x=\sigma_y=\sigma_z=\tau_{xy}=0 \tag{7-60}$$

$$\tau_{zx}=\alpha G\left(\frac{\partial\varphi}{\partial x}-y\right) \tag{7-61}$$

$$\tau_{zy}=\alpha G\left(\frac{\partial\varphi}{\partial y}+x\right) \tag{7-62}$$

可见在上述假设下,横截面内只作用切应力 $\tau_{zx}$ 和 $\tau_{zy}$,且其分布与 $z$ 轴无关,即在任意横截面上有相同的分布。

考察柱体侧面的边界条件,将式(7-60)代入边界条件式(7-55),前两式自动满足,第三式变为

$$\left(\frac{\partial\varphi}{\partial x}-y\right)n_1+\left(\frac{\partial\varphi}{\partial y}+x\right)n_2=0(\text{在横截面边界 } S \text{ 上}) \tag{7-63}$$

利用

$$\frac{\mathrm{d}\varphi}{\mathrm{d}n}=\frac{\partial\varphi}{\partial x}n_1+\frac{\partial\varphi}{\partial y}n_2 \tag{7-64}$$

式(7-63)变为

$$\frac{\mathrm{d}\varphi}{\mathrm{d}n}=yn_1-xn_2(\text{在横截面边界 } S \text{ 上}) \tag{7-65}$$

这就是扭转函数 $\varphi(x,y)$在柱体侧面所要满足的边界条件。

再考察柱体端面的边界条件,对于式(7-56)或式(7-57),由于第 3、4、5 式自动满足,仅考察第 1、2、6 式

$$\iint_R\tau_{zx}\,\mathrm{d}x\,\mathrm{d}y=0 \tag{7-66}$$

$$\iint_R\tau_{zy}\,\mathrm{d}x\,\mathrm{d}y=0 \tag{7-67}$$

$$\iint_R(\tau_{zy}x-\tau_{zx}y)\,\mathrm{d}x\,\mathrm{d}y=M \tag{7-68}$$

现证明式(7-66)恒成立。考虑式(7-66)

$$\begin{aligned}\iint_R\tau_{zx}\,\mathrm{d}x\,\mathrm{d}y&=\alpha G\iint_R\left(\frac{\partial\varphi}{\partial x}-y\right)\mathrm{d}x\,\mathrm{d}y\\&=\alpha G\iint_R\left\{\frac{\partial}{\partial x}\left[x\left(\frac{\partial\varphi}{\partial x}-y\right)\right]+\frac{\partial}{\partial y}\left[x\left(\frac{\partial\varphi}{\partial y}+x\right)\right]\right\}\mathrm{d}x\,\mathrm{d}y\end{aligned} \tag{7-69}$$

利用斯托克斯(Stokes)公式,并考虑式(7-65),得

$$\begin{aligned}\iint_R \tau_{zx}\,\mathrm{d}x\,\mathrm{d}y &= \alpha G\int_S \left[n_1 x\left(\frac{\partial\varphi}{\partial x}-y\right)+n_2 x\left(\frac{\partial\varphi}{\partial y}+x\right)\right]\mathrm{d}s \\ &= \alpha G\int_S x\left(\frac{\mathrm{d}\varphi}{\mathrm{d}n}-yn_1+xn_2\right)\mathrm{d}s \\ &= 0\end{aligned} \tag{7-70}$$

同理可证明式(7-67)恒成立。

对于式(7-68)

$$M=\alpha G\iint_R\left(x^2+y^2+x\frac{\partial\varphi}{\partial y}-y\frac{\partial\varphi}{\partial x}\right)\mathrm{d}x\,\mathrm{d}y \tag{7-71}$$

令

$$D=\iint_R\left(x^2+y^2+x\frac{\partial\varphi}{\partial y}-y\frac{\partial\varphi}{\partial x}\right)\mathrm{d}x\,\mathrm{d}y \tag{7-72}$$

则

$$M=\alpha GD \tag{7-73}$$

式(7-73)给出了柱体单位长度扭转角 $\alpha$ 与扭矩 $M$ 的关系，其中 $GD$ 称为抗扭刚度，$D$ 表示截面的几何特性。值得注意的是，对于圆截面柱体，由于横截面无翘曲，此时扭转函数 $\varphi(x,y)=0$，$D$ 即为极惯性矩 $I_p$。对于给定柱体，$G$ 与 $D$ 均已知，则可根据 $M$ 求出 $\alpha$，亦可根据 $\alpha$ 求出 $M$。

柱体扭转的位移解法，归结为在给定边界条件下求解拉普拉斯方程(7-59)，来得到扭转函数 $\varphi(x,y)$，便可以得到应力分量，从而求出应变分量和位移分量，扭转角 $\alpha$ 可由式(7-73)确定。在边界条件(7-65)下求解方程(7-59)属于冯·诺依曼(John von Neumann，1903—1957)边值问题，其求解过程比较复杂。

### 7.3.3 等截面柱体扭转的应力解法

由式(7-53)、式(7-58)以及几何方程和本构方程，可得

$$\sigma_x=\sigma_y=\sigma_z=\tau_{xy}=0 \tag{7-74}$$

分别代入平衡方程和应变协调方程，化简可得

$$\begin{cases}\dfrac{\partial\tau_{zx}}{\partial z}=0\\[2ex]\dfrac{\partial\tau_{zy}}{\partial z}=0\\[2ex]\dfrac{\partial\tau_{zx}}{\partial x}+\dfrac{\partial\tau_{zy}}{\partial y}=0\end{cases} \tag{7-75}$$

$$\nabla^2\tau_{zx}=0,\nabla^2\tau_{zy}=0 \tag{7-76}$$

引入普朗特应力函数 $\Phi(x,y)$，使

$$\tau_{zx}=\frac{\partial\Phi}{\partial y},\tau_{zy}=-\frac{\partial\Phi}{\partial x} \tag{7-77}$$

将式(7-77)代入式(7-76)，得

$$\frac{\partial}{\partial x}\nabla^2\Phi=0,\frac{\partial}{\partial y}\nabla^2\Phi=0 \tag{7-78}$$

由此可知

$$\nabla^2\Phi=C \tag{7-79}$$

其中 $C$ 为常数。现在来确定其具体数值，将式(7－77)代入式(7－61)和式(7－62)，得到应力函数和扭转函数之间的关系

$$\begin{cases}\dfrac{\partial \Phi}{\partial y}=\dfrac{\partial \varphi}{\partial x}-y \\ \dfrac{\partial \Phi}{\partial x}=-\left(\dfrac{\partial \varphi}{\partial y}+x\right)\end{cases} \tag{7-80}$$

令式(7－80)的第 1、2 式分别对 $y$ 和 $x$ 求偏导，然后两式相加，得

$$\nabla^2 \Phi=-2\alpha G \tag{7-81}$$

该式属于泊松方程，它表示应力函数 $\Phi(x,y)$ 在横截面 $R$ 内所需要满足的条件。

下面考察 $\Phi(x,y)$ 在柱体侧面要满足的边界条件，将式(7－74)、式(7－77)代入式(7－55)，前两式自动满足，注意到 $n_1=\dfrac{\mathrm{d}y}{\mathrm{d}s}$，$n_2=-\dfrac{\mathrm{d}x}{\mathrm{d}s}$，第三式变为

$$\frac{\partial \Phi}{\partial y}n_1-\frac{\partial \Phi}{\partial x}n_2=\frac{\partial \Phi}{\partial y}\frac{\mathrm{d}y}{\mathrm{d}s}+\frac{\partial \Phi}{\partial x}\frac{\mathrm{d}x}{\mathrm{d}s}=2\frac{\mathrm{d}\Phi}{\mathrm{d}s}=0 \tag{7-82}$$

可见

$$\Phi(x,y)=k\text{（在横截面边界 } S \text{ 上）} \tag{7-83}$$

这里，常数 $k$ 并不对应力分量产生影响。对于横截面为单连通域(若无特别声明，本教材均假设横截面为单连通域)的情况，不妨取 $k=0$，即

$$\Phi(x,y)=0\text{（在横截面边界 } S \text{ 上）} \tag{7-84}$$

在柱体端面，边界条件见式(7－66)、式(7－67)、式(7－68)。

和位移解法相同，前面第一、二式恒成立，对于第三式，将应力分量表达式代入，有

$$\begin{aligned} M&=\iint_R(\tau_{zy}x-\tau_{zx}y)\mathrm{d}x\mathrm{d}y=-\alpha G\iint_R\left(x\frac{\partial \Phi}{\partial x}+y\frac{\partial \Phi}{\partial y}\right)\mathrm{d}x\mathrm{d}y \\ &=-\alpha G\iint_R\left[\frac{\partial}{\partial x}(x\Phi)+\frac{\partial}{\partial y}(y\Phi)\right]\mathrm{d}x\mathrm{d}y+2\alpha G\iint_R \Phi\mathrm{d}x\mathrm{d}y \\ &=-\alpha G\int_S \Phi(xn_1+yn_2)\mathrm{d}S+2\alpha G\iint_R \Phi\mathrm{d}x\mathrm{d}y \\ &=2\alpha G\iint_R \Phi\mathrm{d}x\mathrm{d}y \end{aligned} \tag{7-85}$$

令

$$D=2\iint_R \Phi\mathrm{d}x\mathrm{d}y \tag{7-86}$$

则

$$M=\alpha GD \tag{7-87}$$

柱体扭转问题的应力解法，可归结为在给定边界条件下求解泊松方程(7－81)，从而得到应力分量，进而求出应变分量和位移分量，其中扭转角 $\alpha$ 由式(7－87)确定。

## 7.4 薄板弯曲

两个平行面和垂直于这两个平行面的柱面所围成的物体，称为平板，或简称为板，如图 7.17

所示。两个板面之间的距离称为板的厚度 $\delta$，而平分厚度 $\delta$ 的平面称为板的中间面，简称为中面。如果板的厚度 $\delta$ 与中面的最小尺寸 $b$ 之比满足：

$$\left(\frac{1}{100}\sim\frac{1}{80}\right)\leqslant\delta/b\leqslant\left(\frac{1}{8}\sim\frac{1}{5}\right),$$

这个板称为薄板。薄板弯曲问题的几何特征是：弹性体厚度远小于长度和宽度。载荷特征是：载荷方向垂直于薄板平面。

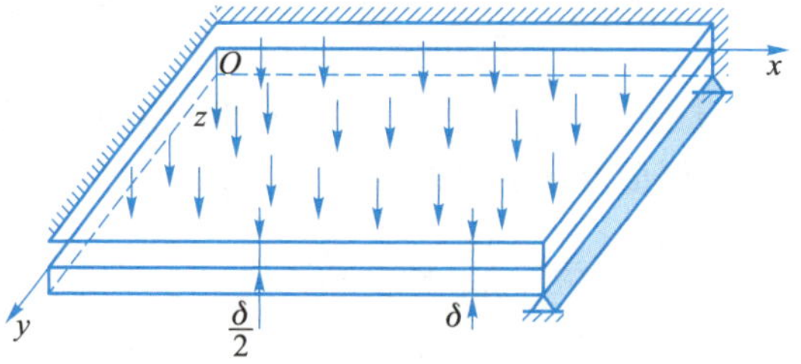


图 7.17　薄板模型

薄板结构的弯曲问题在航空、土木及机械工程中非常常见，图 7.18a 是跳板的弯曲问题，图 7.18b 给出多块木板拼接成的木板桥弯曲问题。

(a) 跳板　　(b) 木板桥

图 7.18　薄板弯曲问题的工程实例

针对薄板弯曲的问题研究已经有一百多年的历史(图 7.19)。法国力学家纳维于 1820 年提出用双三角级数求解薄板弯曲边值问题的一种精确解法，并可推广用于垂直于板面和板面内载荷共同作用下的简支边矩形板。1850 年，德国物理学家基尔霍夫发表了关于板的重要论文《弹性圆板的平衡与运动》，从三维弹性力学的变分开始，引进了板变形假设，建立了平板理论。美国科学家冯・卡门(Theodore von Kármán，1881—1963)在 1910 年给出了圆薄板大挠度问题的非线性微分方程。我国科学家钱伟长(1912—2010)在 1947 年提出圆薄板大挠度问题的摄动解法[5]。

## 7.4.1　基本假设

当板受到一般载荷时，总可以把每一个载荷分解为作用于薄板中面的纵向载荷和垂直于中面的横向载荷。对于纵向载荷，其沿板的厚度方向均匀分布，所引起的位移、应变、应力可按平面应力问题进行计算；横向载荷使薄板弯曲，所引起的位移、应变、应力可按薄板弯曲问题进行计算。

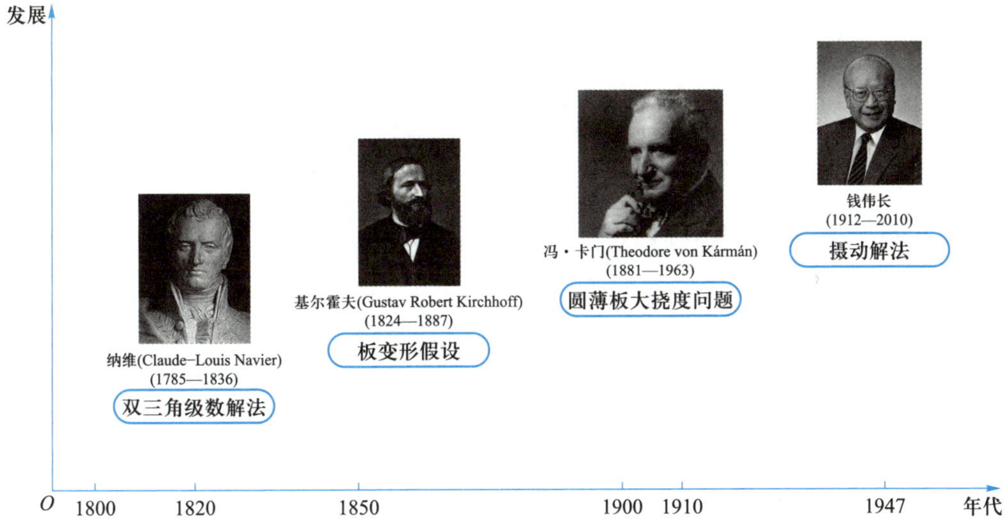


图 7.19　薄板弯曲的研究历史

当薄板弯曲时，中面弯曲形成的曲面称为薄板的弹性曲面，中面内各点横向(垂直于中面方向)方向的位移称为挠度。本节只讲述小挠度弯曲理论，即薄板的弯曲挠度远小于厚度，所有推导均基于以下基尔霍夫假定：

1. 变形前垂直于中面的直线变形后仍然保持直线，而且长度不变。垂直于中面方向的正应变，即 $\varepsilon_z$ 可以不计。由几何方程 $\frac{\partial w}{\partial z}=0$，得

$$w=w(x,y) \tag{7-88}$$

即中面上任意法线上，薄板厚度内所有各点具有相同的位移 $w$。

2. 应力分量 $\tau_{zx}$、$\tau_{yz}$ 和 $\sigma_z$ 远小于其余三个应力分量，其引起的变形可以不计，即

$$\gamma_{zx}=0,\gamma_{zy}=0 \tag{7-89}$$

由几何方程得

$$\frac{\partial u}{\partial z}=-\frac{\partial w}{\partial x},\frac{\partial v}{\partial z}=-\frac{\partial w}{\partial y} \tag{7-90}$$

3. 薄板中面各点只有垂直中面的位移 $w$，没有平行中面的位移，即

$$(u)_{z=0}=0,(v)_{z=0}=0 \tag{7-91}$$

由于

$$\begin{cases}\varepsilon_x=\dfrac{\partial u}{\partial x}\\ \varepsilon_y=\dfrac{\partial v}{\partial y}\\ \gamma_{xy}=\dfrac{\partial v}{\partial x}+\dfrac{\partial u}{\partial y}\end{cases} \tag{7-92}$$

则

$$\begin{cases}(\varepsilon_x)_{z=0}=0\\(\varepsilon_y)_{z=0}=0\\(\gamma_{xy})_{z=0}=0\end{cases}\tag{7-93}$$

### 7.4.2 薄板弯曲的位移解法

取薄板挠度 $w$ 为未知量，将 $\varepsilon_x$、$\varepsilon_y$、$\gamma_{xy}$ 用 $w$ 表示。将方程(7-90)对 $z$ 进行积分，结合式(7-88)可得

$$\begin{cases}u=-\dfrac{\partial w}{\partial x}z+f_1(x,y)\\[2ex]v=-\dfrac{\partial w}{\partial y}z+f_2(x,y)\end{cases}\tag{7-94}$$

其中，$f_1$ 和 $f_2$ 为任意函数。由式(7-91)可知 $f_1(x,y)=0$，$f_2(x,y)=0$。这样

$$\begin{cases}u=-\dfrac{\partial w}{\partial x}z\\[2ex]v=-\dfrac{\partial w}{\partial y}z\end{cases}\tag{7-95}$$

于是，将应变分量 $\varepsilon_x$、$\varepsilon_y$、$\gamma_{xy}$ 用 $w$ 表示的几何方程为

$$\begin{cases}\varepsilon_x=\dfrac{\partial u}{\partial x}=-\dfrac{\partial^2 w}{\partial x^2}z\\[2ex]\varepsilon_y=\dfrac{\partial v}{\partial y}=-\dfrac{\partial^2 w}{\partial y^2}z\\[2ex]\gamma_{xy}=\dfrac{\partial v}{\partial x}+\dfrac{\partial u}{\partial y}=-2\dfrac{\partial^2 w}{\partial x\partial y}z\end{cases}\tag{7-96}$$

代入本构方程得

$$\begin{cases}\sigma_x=-\dfrac{Ez}{1-\nu^2}\left(\dfrac{\partial^2 w}{\partial x^2}+\nu\dfrac{\partial^2 w}{\partial y^2}\right)\\[2ex]\sigma_y=-\dfrac{Ez}{1-\nu^2}\left(\dfrac{\partial^2 w}{\partial y^2}+\nu\dfrac{\partial^2 w}{\partial x^2}\right)\\[2ex]\tau_{xy}=-\dfrac{Ez}{1+\nu}\dfrac{\partial^2 w}{\partial x\partial y}\end{cases}\tag{7-97}$$

平衡方程变形为

$$\begin{cases}\dfrac{\partial\tau_{zx}}{\partial z}=-\dfrac{\partial\sigma_x}{\partial x}-\dfrac{\partial\tau_{yx}}{\partial y}\\[2ex]\dfrac{\partial\tau_{zy}}{\partial z}=-\dfrac{\partial\sigma_y}{\partial y}-\dfrac{\partial\tau_{xy}}{\partial x}\\[2ex]\dfrac{\partial\sigma_z}{\partial z}=-\dfrac{\partial\tau_{xz}}{\partial x}-\dfrac{\partial\tau_{yz}}{\partial y}\end{cases}\tag{7-98}$$

结合上下表面边界条件

$$\begin{cases}(\tau_{zx})_{z=\pm\frac{\delta}{2}}=0\\(\tau_{zy})_{z=\pm\frac{\delta}{2}}=0\\(\sigma_z)_{z=\frac{\delta}{2}}=0\end{cases}\tag{7-99}$$

得

$$\begin{cases}\tau_{zx}=\dfrac{E}{2(1-\nu^2)}\left(z^2-\dfrac{\delta^2}{4}\right)\dfrac{\partial}{\partial x}\nabla^2 w\\\tau_{zy}=\dfrac{E}{2(1-\nu^2)}\left(z^2-\dfrac{\delta^2}{4}\right)\dfrac{\partial}{\partial y}\nabla^2 w\\\sigma_z=-\dfrac{E\delta^3}{6(1-\nu^2)}\left(\dfrac{1}{2}-\dfrac{z}{\delta}\right)^2\left(1+\dfrac{z}{\delta}\right)\nabla^4 w\end{cases}\tag{7-100}$$

由薄板上板面的边界条件

$$(\sigma_z)_{z=-\frac{\delta}{2}}=-q\tag{7-101}$$

将式(7-100)中 $\sigma_z$ 的表达式代入上述边界条件中，可得

$$\frac{E\delta^3}{12(1-\nu^2)}\nabla^4 w=q\tag{7-102}$$

定义广义刚度 $D=\dfrac{E\delta^3}{12(1-\nu^2)}$，则

$$D\nabla^4 w=q\tag{7-103}$$

上式称为**薄板的弹性曲面微分方程**，或挠曲微分方程。

### 7.4.3 薄板内力

薄板截面上的内力是指在截面的每单位宽度上，由应力向中面化简而合成的主矢量和主矩。在设计过程中，薄板往往是按内力来进行设计的。对于薄板弯曲问题，应用圣维南原理，利用内力的边界条件代替应力边界条件便于求解，下面推导挠度 $w$ 来表示内力。

$\sigma_x$、$\sigma_y$、$\tau_{xy}$ 为 $z$ 的奇函数，因此它们在薄板全厚度上的代数和为零，只能在截面上分别形成弯矩 $M_x$、$M_y$ 及 $M_{xy}$ 扭矩。而剪应力 $\tau_{xz}$、$\tau_{yz}$ 将分别形成横剪力 $F_{Sx}$、$F_{Sy}$，如图 7.20 所示。

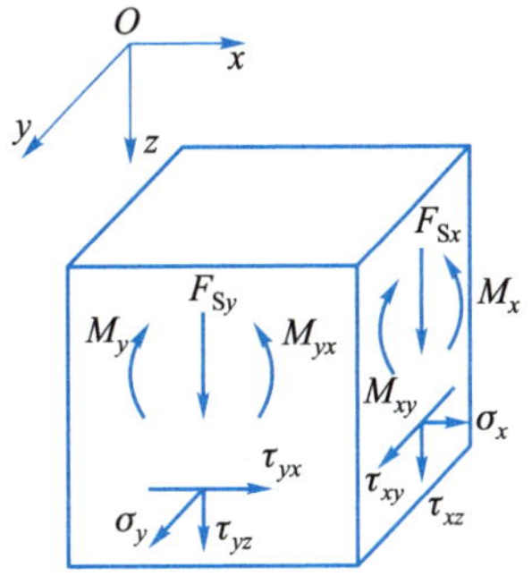

图 7.20　薄板内力示意图

其中

$$M_x=\int_{-\frac{\delta}{2}}^{\frac{\delta}{2}}z\sigma_x\mathrm{d}z=-\frac{E}{1-\nu^2}\left(\frac{\partial^2 w}{\partial x^2}+\nu\frac{\partial^2 w}{\partial y^2}\right)\int_{-\frac{\delta}{2}}^{\frac{\delta}{2}}z^2\mathrm{d}z$$

$$=-\frac{E\delta^3}{12(1-\nu^2)}\left(\frac{\partial^2 w}{\partial x^2}+\nu\frac{\partial^2 w}{\partial y^2}\right)$$

$$M_{xy}=\int_{-\frac{\delta}{2}}^{\frac{\delta}{2}}z\tau_{xy}\mathrm{d}z=-\frac{E}{1+\nu}\frac{\partial^2 w}{\partial x\partial y}\int_{-\frac{\delta}{2}}^{\frac{\delta}{2}}z^2\mathrm{d}z$$

$$=-\frac{E\delta^3}{12(1+\nu)}\frac{\partial^2 w}{\partial x\partial y}$$

$$F_{Sx}=\int_{-\frac{\delta}{2}}^{\frac{\delta}{2}}\tau_{xz}\mathrm{d}z=\frac{E}{2(1-\nu^2)}\frac{\partial}{\partial x}\nabla^2 w\int_{-\frac{\delta}{2}}^{\frac{\delta}{2}}\left(z^2-\frac{\delta^2}{4}\right)\mathrm{d}z$$
$$=-\frac{E\delta^3}{12(1-\nu^2)}\frac{\partial}{\partial x}\nabla^2 w \tag{7-104}$$

定义广义力

$$\begin{cases}M_x=-D\left(\dfrac{\partial^2 w}{\partial x^2}+\nu\dfrac{\partial^2 w}{\partial y^2}\right)\\ M_y=-D\left(\dfrac{\partial^2 w}{\partial y^2}+\nu\dfrac{\partial^2 w}{\partial x^2}\right)\\ M_{xy}=M_{yx}=-D(1-\nu)\dfrac{\partial^2 w}{\partial x\partial y}\\ F_{Sx}=-D\dfrac{\partial}{\partial x}\nabla^2 w,F_{Sy}=-D\dfrac{\partial}{\partial y}\nabla^2 w\end{cases} \tag{7-105}$$

### 7.4.4 边界条件

如图 7.21 所示，薄板弯曲问题的边界条件大致可以分为三类：

1. 固定边（如图 7.21 中 $x=0$ 边界所示）

广义的固定边边界条件为

$$\begin{cases}(w)_{x=0}=f_1(y)\\ \left(\dfrac{\partial w}{\partial x}\right)_{x=0}=f_2(y)\end{cases} \tag{7-106}$$

其中，$f_1$、$f_2$ 为给定的函数；如果薄板边界完全固定，那么有 $f_1=f_2=0$，上式变为

$$\begin{cases}(w)_{x=0}=0\\ \left(\dfrac{\partial w}{\partial x}\right)_{x=0}=0\end{cases} \tag{7-107}$$

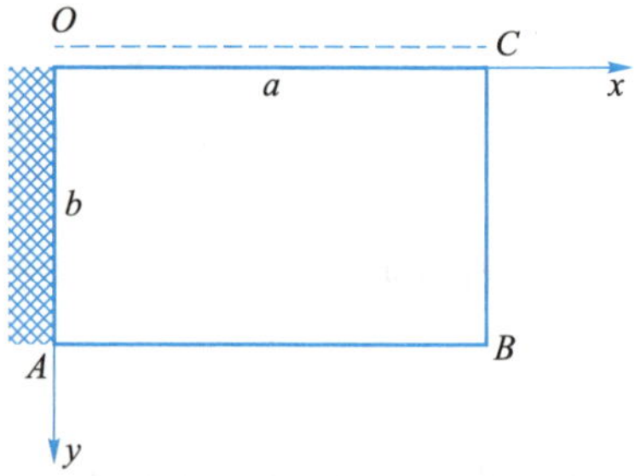

图 7.21 薄板弯曲问题边界条件种类

2. 简支边（如图 7.21 中 $y=0$ 边界所示）

简支边的边界条件为混合边界条件，既包括位移边界条件，也包括应力边界条件。广义的简支边边界条件为

$$\begin{cases}(w)_{y=0}=f_3(x)\\ (M_y)_{y=0}=f_4(x)\end{cases} \tag{7-108}$$

其中，$f_3$、$f_4$ 为给定的函数；如果 $f_3=f_4=0$，式(7-108)变为

$$\begin{cases}(w)_{y=0}=0\\ (M_y)_{y=0}=0\end{cases} \tag{7-109}$$

3. 自由边（如图 7.21 中 $x=a$ 和 $y=b$ 边界所示）

自由边的边界条件为单纯的应力边界条件。广义的自由边边界条件是指边界上的弯矩、扭矩和剪力等于某些给定值。狭义的自由边边界条件为

$$\begin{cases}(M_x,M_{xy},F_{Sx})_{x=a}=0\\ (M_y,M_{yx},F_{Sy})_{y=b}=0\end{cases} \tag{7-110}$$

泊松提出的自由边边界条件(7-110)包含三个边界条件,但是薄板弹性曲面微分方程只能通过两个边界定解,这使得自由边的薄板弯曲问题无法求解。基尔霍夫于1850年解决了这个问题,将扭矩转化为等效剪力,从而将自由边的边界条件减少为两个:

$$\begin{cases}(M_x, F'_{Sx})_{x=a}=0\\(M_y, F'_{Sy})_{y=b}=0\end{cases} \tag{7-111}$$

其中,扭矩转化为等效的分布剪力,即

$$\begin{cases}F'_{Sx}=F_{Sx}+\dfrac{\partial M_{xy}}{\partial y}\\F'_{Sy}=F_{Sy}+\dfrac{\partial M_{yx}}{\partial x}\end{cases} \tag{7-112}$$

此外,在薄板自由边的角点还可能存在角点条件。

薄板弯曲问题的求解可归结为在给定边界条件下,求解薄板的弹性曲面微分方程(7-103),得到挠度 $w$,按照薄板内力与挠度的关系可求出其他分量。

**例题 7.2**

如图 7.22 所示为四边简支矩形薄板,边长分别为 $a$ 和 $b$,受任意分布的横向载荷 $q(x, y)$作用。

**解:**

此问题的边界条件为

$$\begin{cases}(w)_{x=0}=0, \left(\dfrac{\partial^2 w}{\partial x^2}\right)_{x=0}=0\\(w)_{x=a}=0, \left(\dfrac{\partial^2 w}{\partial x^2}\right)_{x=a}=0\\(w)_{y=0}=0, \left(\dfrac{\partial^2 w}{\partial x^2}\right)_{y=0}=0\\(w)_{y=b}=0, \left(\dfrac{\partial^2 w}{\partial x^2}\right)_{y=b}=0\end{cases} \tag{7-113}$$

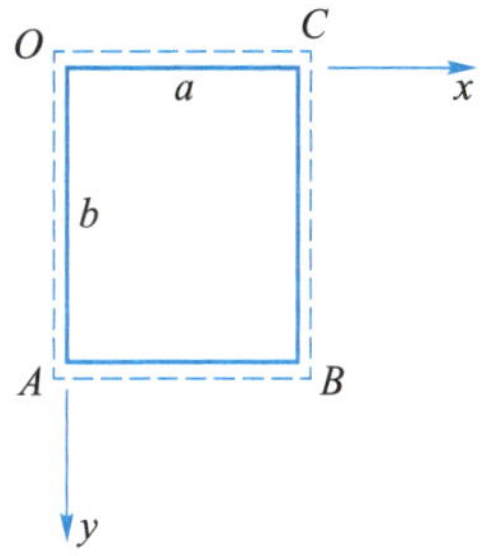

图 7.22 四边简支矩形薄板

为满足薄板的弹性曲面微分方程,挠度函数 $w$ 取重三角级数形式

$$w=\sum_{m=1}^{\infty}\sum_{n=1}^{\infty}A_{mn}\sin\frac{m\pi x}{a}\sin\frac{n\pi y}{b} \tag{7-114}$$

其中 $m$,$n$ 为正整数,$A_{mn}$ 为待定系数,显然 $w$ 满足所有边界条件,将其代入弹性曲面微分方程得

$$\pi^4 D\sum_{m=1}^{\infty}\sum_{n=1}^{\infty}\left(\frac{m^2}{a^2}+\frac{n^2}{b^2}\right)^2 A_{mn}\sin\frac{m\pi x}{a}\sin\frac{n\pi y}{b}=q \tag{7-115}$$

将式(7-114)两边分别对 $x$,$y$ 积分,并利用下列三角函数系的正交性

$$\begin{cases}\displaystyle\int_0^a \sin\frac{i\pi x}{a}\sin\frac{m\pi x}{a}\mathrm{d}x=\begin{cases}0 & (m\neq i)\\ \dfrac{a}{2} & (m=i)\end{cases}\\ \displaystyle\int_0^a \sin\frac{i\pi x}{a}\sin\frac{m\pi x}{a}\mathrm{d}x=\begin{cases}0 & (m\neq i)\\ \dfrac{a}{2} & (m=i)\end{cases}\end{cases} \tag{7-116}$$

得

$$A_{mn}=\frac{4\int_0^a\int_0^b q(x,y)\sin\frac{m\pi x}{a}\sin\frac{n\pi y}{b}\mathrm{d}x\mathrm{d}y}{\pi^4 abD\left(\frac{m^2}{a^2}+\frac{n^2}{b^2}\right)^2} \tag{7-117}$$

所以有

$$w=\sum_{m=1}^{\infty}\sum_{n=1}^{\infty}\frac{4\int_0^a\int_0^b q(x,y)\sin\frac{m\pi x}{a}\sin\frac{n\pi y}{b}\mathrm{d}x\mathrm{d}y}{\pi^4 abD\left(\frac{m^2}{a^2}+\frac{n^2}{b^2}\right)^2}\sin\frac{m\pi x}{a}\sin\frac{n\pi y}{b} \tag{7-118}$$

## 7.5 重点概念阐释及知识延伸

### 1. 位移函数

平面问题的求解可应用艾里应力函数方法。针对弹性力学问题的特点，学者还提出了位移函数方法，其目的都是为了方程组的化简和求解。下面以弹性半空间表面受集中力问题为例，介绍位移函数。

根据弹性半空间表面受集中力作用的问题特点，可将其视为轴对称空间问题，采用柱坐标系进行分析(图 7.23)。

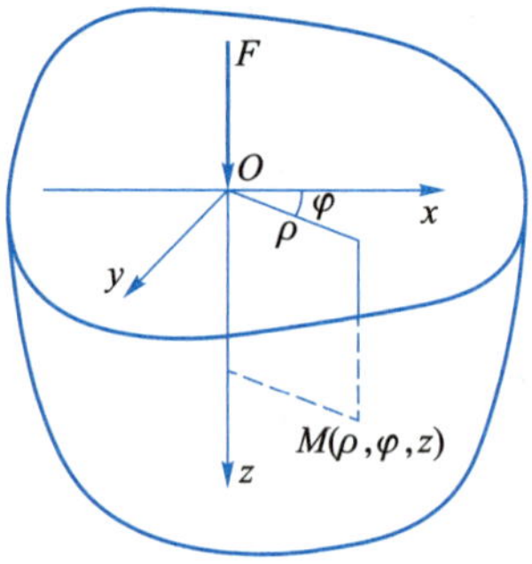


图 7.23　弹性半空间表面受集中力作用

坐标系内一点 $M$ 的位置用 $M(\rho,\varphi,z)$ 来表示，应力分量、应变分量和位移分量分别用 $\sigma_\rho,\sigma_\varphi,\sigma_z,\tau_{\rho\varphi},\tau_{\rho z},\tau_{z\varphi}$；$\varepsilon_\rho,\varepsilon_\varphi,\varepsilon_z,\gamma_{\rho\varphi},\gamma_{\rho z},\gamma_{z\varphi}$ 和 $u,v,w$ 表示。有

$$u=u(\rho,z),v=0,w=w(\rho,z)$$

从而

$$\gamma_{\rho\varphi}=\gamma_{z\varphi}=\tau_{\rho\varphi}=\tau_{z\varphi}=0$$

其他应力分量和应变分量均与 $\varphi$ 无关，而仅为 $\rho$、$z$ 的函数。此时空间任意微元体的平衡方程为

$$\begin{cases}\dfrac{\partial\sigma_\rho}{\partial\rho}+\dfrac{\partial\tau_{\rho z}}{\partial z}+\dfrac{\sigma_\rho-\sigma_\varphi}{\rho}+F_\rho=0\\[2ex]\dfrac{\partial\tau_{\rho z}}{\partial\rho}+\dfrac{\partial\sigma_z}{\partial z}+\dfrac{\tau_{\rho z}}{\rho}+F_z=0\end{cases} \tag{7-119}$$

由该微小单元的轴对称变形状态，可得几何方程

$$\varepsilon_\rho=\frac{\partial u}{\partial\rho},\varepsilon_z=\frac{\partial w}{\partial z},\varepsilon_\varphi=\frac{u}{\rho},\gamma_{\rho z}=\frac{\partial u}{\partial z}+\frac{\partial w}{\partial\rho} \tag{7-120}$$

本构方程为

$$
\begin{cases}
\sigma_\rho = \dfrac{E}{1+\nu}\left(\dfrac{\nu}{1-2\nu}\varphi + \varepsilon_\rho\right) \\
\sigma_\varphi = \dfrac{E}{1+\nu}\left(\dfrac{\nu}{1-2\nu}\varphi + \varepsilon_\varphi\right) \\
\sigma_z = \dfrac{E}{1+\nu}\left(\dfrac{\nu}{1-2\nu}\varphi + \varepsilon_z\right) \\
\tau_{\rho z} = \dfrac{E}{2(1+\nu)}\gamma_{\rho\varphi} \\
\varphi = \varepsilon_\rho + \varepsilon_\varphi + \varepsilon_z
\end{cases}
\tag{7-121}
$$

采用位移法求解，将平衡方程改写为用位移分量表示的形式，即将式(7－120)代入式(7－121)及式(7－119)，可得

$$
\begin{cases}
G\left(\dfrac{1}{1-2\nu}\dfrac{\partial\varphi}{\partial\rho} + \nabla^2 u - \dfrac{u}{\rho^2}\right) + F_{b\rho} = 0 \\
G\left(\dfrac{1}{1-2\nu}\dfrac{\partial\varphi}{\partial z} + \nabla^2 w\right) + F_{bz} = 0
\end{cases}
\tag{7-122}
$$

其中，拉普拉斯算子为

$$
\nabla^2 = \frac{\partial^2}{\partial\rho^2} + \frac{1}{\rho}\frac{\partial}{\partial\rho} + \frac{\partial^2}{\partial z^2}
$$

若不计体力，得

$$
\begin{cases}
\dfrac{1}{1-2\nu}\dfrac{\partial\varphi}{\partial\rho} + \nabla^2 u - \dfrac{u}{\rho^2} = 0 \\
\dfrac{1}{1-2\nu}\dfrac{\partial\varphi}{\partial z} + \nabla^2 w = 0
\end{cases}
\tag{7-123}
$$

现在，问题转化为在给定边界条件下如何求解方程组(7－123)。为此，可借助勒夫位移函数求解。采用勒夫位移函数的目的是将式(7－123)化为 $\psi$ 的双调和函数。此时位移分量为

$$
\begin{cases}
u = \dfrac{1}{2G}\dfrac{\partial^2\psi}{\partial\rho\partial z} \\
w = \dfrac{1}{2G}\left[2(1-\nu)\nabla^2 - \dfrac{\partial^2}{\partial z^2}\right]\psi
\end{cases}
\tag{7-124}
$$

将式(7－124)代入式(7－123)，得到位移函数 $\psi(\rho,z)$ 所满足的双调和方程。于是，弹性半空间表面受集中力作用的问题便归结为在给定边界条件下求双调和位移函数 $\psi(\rho,z)$。

### 2. 流体力学中的势函数

势函数是流体力学中研究无旋流场中引入的一个标量函数。在流体力学的无旋流场中，存在势函数 $\varphi$，它和速度 $\mathbf{V}$ 之间有如下关系：

$$
\mathbf{V} = \nabla\varphi
$$

$$
u = \frac{\partial\varphi}{\partial x},\quad v = \frac{\partial\varphi}{\partial y},\quad w = \frac{\partial\varphi}{\partial z}
$$

$\varphi$ 称为速度势函数，它具有如下性质：

（1）速度势沿任意方向的方向导数$\dfrac{\partial\varphi}{\partial l}$等于速度在该方向上的投影$\dfrac{\partial\varphi}{\partial l}=v_l$；

（2）等势面与流面垂直；

（3）不可压缩流体的势函数为调和函数；

（4）势函数 $\varphi$ 具有可叠加性。

速度势函数和应力函数具有相同点，两者的偏导数均可表示为速度或应力的函数，在一定条件下，两者均为调和函数。但是流体中的速度势函数具有可叠加性，弹性力学中的应力函数则没有这一性质。

3. 柱体扭转的薄膜比拟

在求解复杂截面的柱体扭转问题时，可以借助薄膜比拟（Prandtl 比拟）法，使对应的扭转问题运算和分析变得更为直观。薄膜比拟的基本思想：假设一个与柱体横截面形状相同的孔，孔上敷以张紧的均匀薄膜。则受均匀压力的薄膜与柱体的扭转问题，有着相似的微分方程和边界条件。因此，可以通过测试薄膜弯曲的情况，分析柱体扭转时横截面的应力分布。

设薄膜承受微小的均匀压力 $q$ 作用时，薄膜上各点将产生微小的垂度，薄膜的垂度用 $Z$ 表示。将边界所在水平面作为 $Oxy$ 平面，$z$ 轴垂直向下。由于薄膜的柔顺性，可以假设它不承受弯矩、扭矩、剪力和压力，而只承受均匀的张力。

可以推导得到薄膜的平衡方程：

$$\frac{\partial^2 Z}{\partial x^2}+\frac{\partial^2 Z}{\partial y^2}=\nabla^2 Z=-\frac{q}{F_{\mathrm{T}}} \tag{7-125}$$

垂度 $Z$ 所满足的微分方程与扭转应力函数相同，均为泊松方程，只是常数不同。

考察薄膜垂度 $Z$ 所满足的边界条件。讨论薄膜所围的体积，有

$$2V=2\iint_S Z\,\mathrm{d}x\,\mathrm{d}y \tag{7-126}$$

上述分析表明，薄膜垂度 $Z$ 与扭转应力具有相同的函数形式，边界条件仅差一个常数。因此可以通过薄膜曲面形象地表示出柱体扭转问题横截面上的应力分布情况。假想一个与 $Oxy$ 平行的平面，用该平面截取薄膜曲面得到一系列曲线，这些曲线是薄膜的等高线。薄膜的等高线对应于扭转杆件横截面上的曲线，线上各点的切应力与曲线相切，这些曲线称为切应力线，如图 7.24 所示。

这个结论对于研究柱体扭转时截面上的应力分布是很重要的。虽然很难完全通过薄膜比拟测定柱体扭转时横截面的应力分布，但是通过这种比拟，可以定性地描述出横截面上应力分布情况。薄膜上斜率最大的点，对应横截面上切应力最大的点。因此，最大切应力一定发生在横截面的边界上，且横截面的边界是一条切应力线。

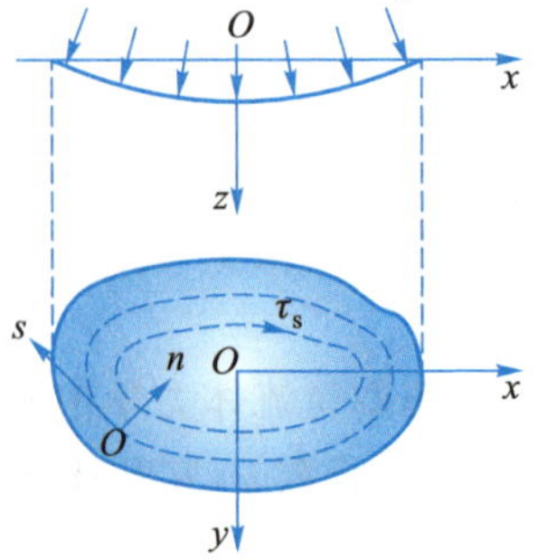

图 7.24　柱体扭转的薄膜比拟

## 7.6 拓展阅读

1. 基尔霍夫对弹性板变形的研究[6]

基尔霍夫是德国著名物理学家，他于柏林大学任教期间研究了薄板的变形问题，发表了论文《弹性板的平衡与运动》。这篇论文着重研究了薄板在外力作用下的弯曲行为，引进了关于板变形的直法线假设：假定当薄板在外力作用下发生弯曲时，板中任何原本垂直于未变形板面的直线，在板变形后仍保持为直线，并且仍然垂直于变形后的板面。基尔霍夫的研究成果对弹性力学的发展产生了重要影响，基尔霍夫假设使工程师可以忽略薄板弯曲时复杂的三维应力状态，将问题简化为更易于处理的二维问题，为工程实践中的结构设计和材料选取提供了重要的指导。

2. 圣维南柱体扭转研究[7]

圣维南在 1855 年发表的论文《关于柱体扭转的研究》(*Mémoire sur la torsion des prismes*)是弹性理论领域一个里程碑式的工作。这篇论文首次系统地提出了柱状弹性体在扭转负荷作用下的应力和应变分布理论。论文中提出的柱体扭转理论不仅适用于圆形截面，还扩展到了非圆形截面，例如矩形或任意多边形截面，从而大大增强了扭转理论的适用范围。

## 7.7 重点内容的板书讲解

### 平面应力问题和平面应变问题对比

| | 平面应力 | 平面应变 |
|---|---|---|
| 典型问题 | 薄板拉压问题 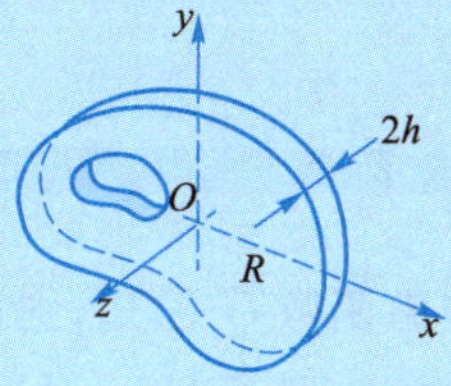  | 水坝侧向水压问题 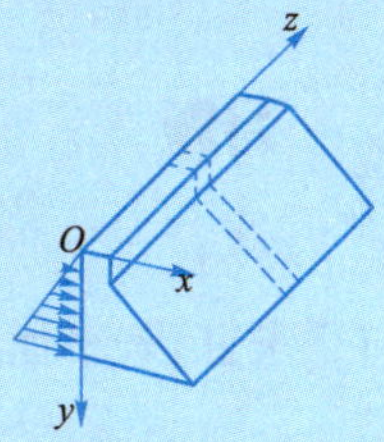  |
| 载荷特征 | 作用于板边所有载荷都平行于板面，而且不沿厚度变化 | 外力与纵向轴垂直，并且沿长度不变；柱体在纵向轴方向应变受到约束 |
| 状态特点 | | |
| $z$ 方向应力分量 | $\sigma_z=0, \tau_{zx}=0, \tau_{zy}=0$ | $\sigma_z\neq0, \tau_{zx}\neq0, \tau_{zy}\neq0$ |
| $z$ 方向应变分量 | $\varepsilon_z\neq0, \gamma_{zx}\neq0, \gamma_{zy}\neq0$ | $\varepsilon_z=0, \gamma_{zx}=0, \gamma_{zy}=0$ |

**多项式应力函数**

| | 一次多项式 | 二次多项式 | 三次多项式 |
| --- | --- | --- | --- |
| 数学表达 | $\Phi=ax+by+c$ | $\Phi=ax^2+bxy+cy^2$ | $\Phi=ax^3+bx^2y+cxy^2+dy^3$ |
| 应力分量 | $\sigma_x=\dfrac{\partial^2\Phi}{\partial y^2}=0$,<br>$\tau_{xy}=-\dfrac{\partial^2\Phi}{\partial x\partial y}=0$,<br>$\sigma_y=\dfrac{\partial^2\Phi}{\partial x^2}=0$ | $\sigma_x=\dfrac{\partial^2\Phi}{\partial y^2}=2c$,<br>$\tau_{xy}=-\dfrac{\partial^2\Phi}{\partial x\partial y}=-b$,<br>$\sigma_y=\dfrac{\partial^2\Phi}{\partial x^2}=2a$ | $\sigma_x=\dfrac{\partial^2\Phi}{\partial y^2}=2cx+6dy$<br>$\tau_{xy}=-\dfrac{\partial^2\Phi}{\partial x\partial y}=-2bx-2cy$<br>$\sigma_y=\dfrac{\partial^2\Phi}{\partial x^2}=6ax+2by$ |
| 应力状态 | 无应力状态 | 均匀应力状态 | 线性分布应力状态 |

## 思考题

7.1　在体力为常量、材料相同、边界条件相同的情况下，为什么平面应力和平面应变问题的应力分布是相同的？

7.2　什么样的问题可以化简成平面应力问题或平面应变问题？

7.3　为什么非圆形截面柱体受扭后，其截面要发生翘曲？

7.4　弹性力学中柱体扭转的基本假设有哪些，与材料力学中的假设有哪些不同？

7.5　薄板理论的基本假设在哪些方面使问题得到化简，为什么？

第 7 章自测题

## 习题

7.1　求证：若平面应力问题的艾里应力函数 $U$ 已知，则位移可如下给出：

$$u=\frac{p}{E}-\frac{1+\nu}{E}\frac{\partial U}{\partial x}$$

$$v=\frac{q}{E}-\frac{1+\nu}{E}\frac{\partial U}{\partial y}$$

其中

$$\frac{\partial p}{\partial x}=\frac{\partial q}{\partial y}=\nabla^2 U,\quad \frac{\partial p}{\partial y}=-\frac{\partial q}{\partial x}$$

7.2　现有埋于地下的输油管道如图 7.25 所示，试写出求解应力场用到的边界条件。

7.3 对于一端部受扭等截面杆，若应力函数 $\Phi = Ar^{\alpha}\cos\beta\theta + f(\theta)r^2$，其中 $A$、$\alpha$、$\beta$、$f(\theta)$满足什么条件时，$\Phi$ 可作为扭转问题的应力函数？

7.4 矩形薄板具有固定边 $OA$、简支边 $OC$ 及自由边 $AB$ 和 $BC$，角点 $B$ 处有链杆支承，板边所受载荷如图 7.26 所示。试将板边的边界条件用挠度表示。

7.5 如图 7.27 所示的薄板条在 $y$ 方向受均匀拉力作用，试证明在板中间突出部分的尖端 $A$ 处无应力存在。

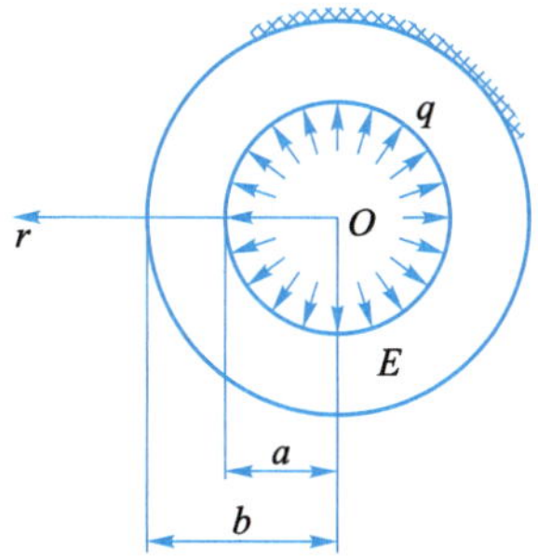

图 7.25 边界条件示意图

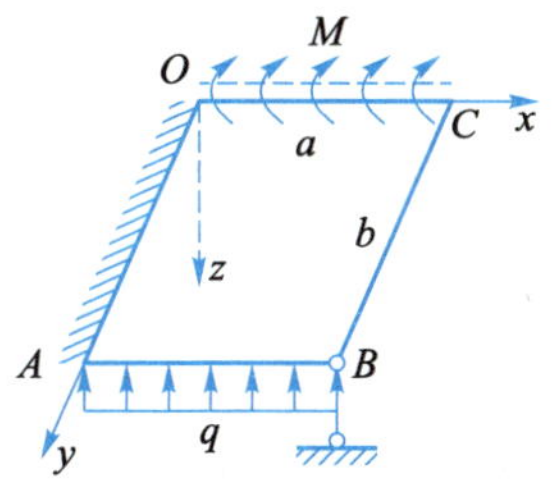

图 7.26 边界条件示意图

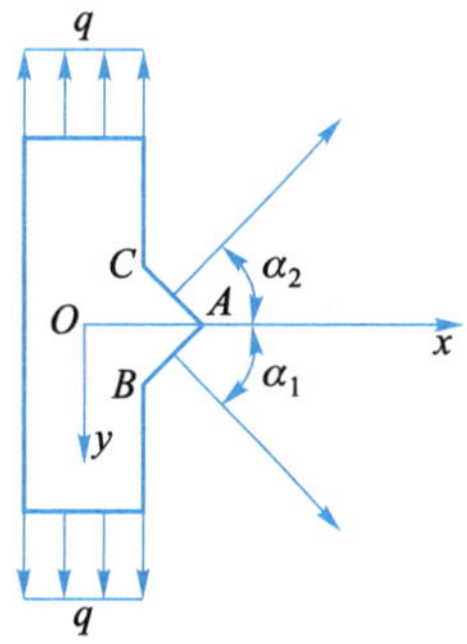

图 7.27 边界条件示意图

7.6 如图 7.28 所示矩形板，长度为 $l$，高度为 $h$，体力不计，试证以下函数可作为求解问题的应力函数，并指出能解决什么问题。

$$\Phi = \frac{2kxy^3}{h^3} - \frac{3kxy}{2h}（k\ 为常数）$$

7.7 如图 7.29 所示，半平面体表面受有均布水平力 $q$，试用应力函数 $\Phi = \rho^2(B\sin 2\varphi + C\varphi)$求解应力分量。

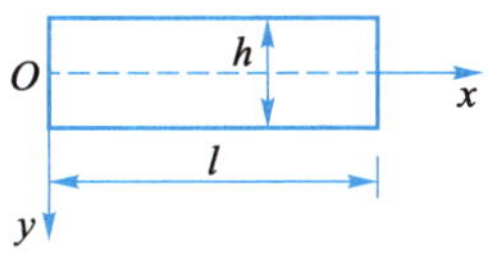

图 7.28 矩形板示意图

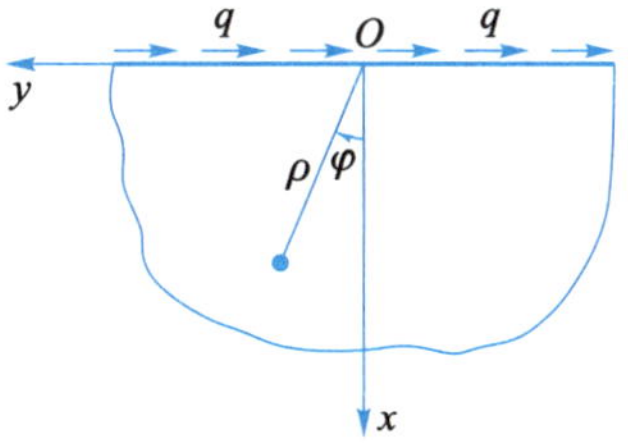

图 7.29 半平面体受力示意图

# 第 8 章 经典例题求解

## 学习目标

掌握并理解弹性力学的几类典型问题的求解方法；理解每个经典例题所代表的物理模型；了解每种典型问题工程背景及应用；了解弹性力学与材料力学在求解同一问题时的不同假设，了解弹性力学在解决实际问题时的优势和局限。

## 重点难点

半逆解法求解不同问题时的运用；针对不同典型问题建立物理模型的方法；弹性力学和材料力学求解相同问题结果的差异。

## 思维导图

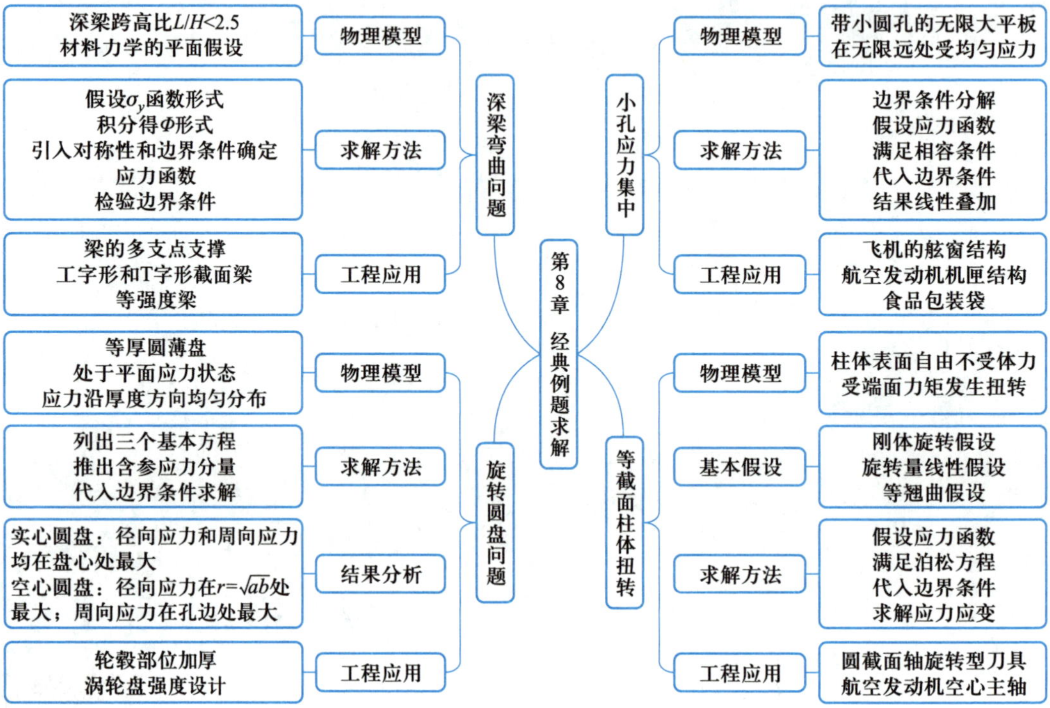
第8章 经典例题求解
深梁弯曲问题
物理模型
深梁跨高比L/H<2.5
材料力学的平面假设
求解方法
假设σy函数形式
积分得Φ形式
引入对称性和边界条件确定
应力函数
检验边界条件
工程应用
梁的多支点支撑
工字形和T字形截面梁
等强度梁
旋转圆盘问题
物理模型
等厚圆薄盘
处于平面应力状态
应力沿厚度方向均匀分布
求解方法
列出三个基本方程
推出含参应力分量
代入边界条件求解
结果分析
实心圆盘：径向应力和周向应力
均在盘心处最大
空心圆盘：径向应力在r=√ab处
最大；周向应力在孔边处最大
工程应用
轮毂部位加厚
涡轮盘强度设计
小孔应力集中
物理模型
带小圆孔的无限大平板
在无限远处受均匀应力
求解方法
边界条件分解
假设应力函数
满足相容条件
代入边界条件
结果线性叠加
工程应用
飞机的舷窗结构
航空发动机机匣结构
食品包装袋
等截面柱体扭转
物理模型
柱体表面自由不受体力
受端面力矩发生扭转
基本假设
刚体旋转假设
旋转量线性假设
等翘曲假设
求解方法
假设应力函数
满足泊松方程
代入边界条件
求解应力应变
工程应用
圆截面轴旋转型刀具
航空发动机空心主轴

古斯塔夫·基尔斯

(Ernst Gustav Kirsch, 1841—1907)

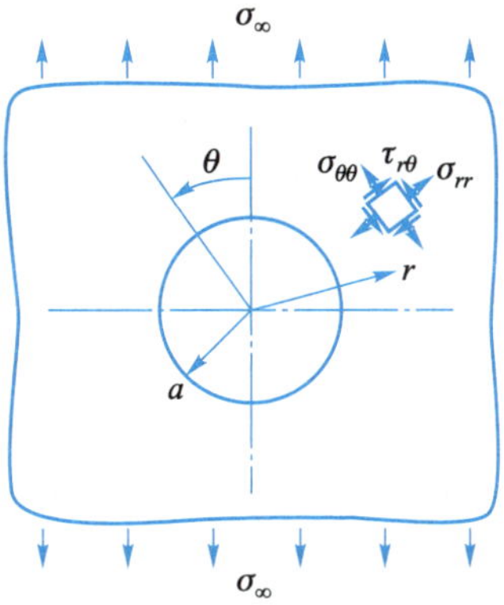


小孔应力集中示意图

Ernst Gustav Kirsch was the one who began to analyze the stresses that occur around a hole in an infinite plate, presenting us with the linear elastic solution for the analysis of stress concentrations in these geometric circumstances. Kirsch's solution contains the well-known factor-of-three stress concentration at the hole under uniaxial loading but can vary from two to four for more complex loading condition like biaxial tension or multiple forces interacting with the geometry in different directions.

——Leonel Gamboa Soto: Die Theorie der Elastizität und die Bedürfnisse der Festigkeitslehre

应力集中:对于外载荷作用下的结构,当沿受力方向的横截面存在不连续或突变时(如小孔、凹槽、裂纹、尖角等),在截面变化处,局部的应力值远高于该截面平均应力的现象。当结构构件的几何形状或材料存在不规则性导致应力流动中断(单向拉伸的屈服极限产生变化)时,就会发生应力集中。1898 年,德国科学家古斯塔夫·基尔斯提出了无限板孔周围应力的线弹性解。基尔斯解包含三倍应力集中,在单轴载荷作用下,孔处的应力集中系数等于 3。对于更复杂的载荷条件,即不同于单轴张力的应力状态,应力集中系数实际上可以从 2 到 4 不等。

## 8.1 概述

第 7 章针对弹性力学的几类典型问题，介绍了在直角、极坐标系下方程组的化简和求解方法，本章针对上述几类问题，给出了经典例题的求解过程和结果。

为了加深对例题的理解，本教材和其他教材不同，在介绍每个例题时，都详细介绍了相关的工程背景、物理模型、求解过程、结果分析、工程应用五方面的内容，以期给读者留下深刻的印象，帮助其掌握弹性力学的知识和方法。图 8.1 给出了本章的内容安排。

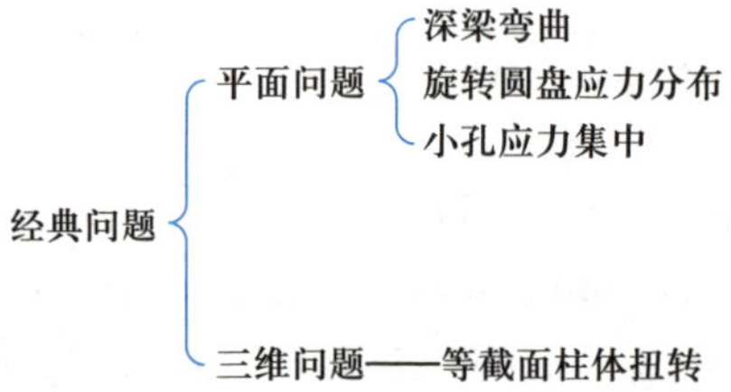


图 8.1 第 8 章内容

## 8.2 深梁弯曲

### 8.2.1 工程背景

在材料力学中，梁是指以弯曲变形为主的杆件，其特征是外力作用方向一般以横向(垂直于杆件的长度方向)为主。在材料力学中基于平面、单轴应力的假设，对梁的弯曲问题进行了求解。实际上，平面假设仅对于梁的跨度和高度之比 $2l/h$ 较大时(图 8.2)近似成立，而对于比值较小(一般 $2l/h \leqslant 2.5$)的深梁，计算得到的结果将会产生较大误差。工程中深梁的例子有建筑结构中的桥梁(图 8.2)，起重机的大梁(图 8.3)等。

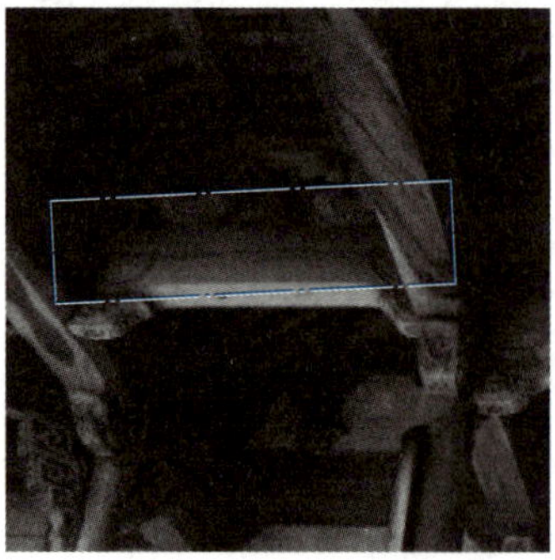

图 8.2 建筑结构中的深梁

图 8.3 机械结构中的深梁

如第 1 章所述，达·芬奇和伽利略都曾对梁进行过力学试验和研究。雅各布·伯努利通过研究得到了悬臂梁的挠度曲线。欧拉和丹尼尔·伯努利(Daniel Bernoulli,1700—1782)首次提出了具有实用意义的梁理论,并将研究应用到工程领域。直至 19 世纪后期,梁理论才被广泛应用于桥梁和建筑设计之中。

### 8.2.2 物理模型

图 8.4 所示为矩形截面的简支梁,梁的长度为 $2l$,高度为 $h$,体力不计,在梁的上表面施加均布载荷 $q$,由静力平衡方程求得梁两端的支反力为 $ql$,方向竖直向上。为了研究方便,取梁的宽度为单位长度。建立坐标系如图 8.5 所示。

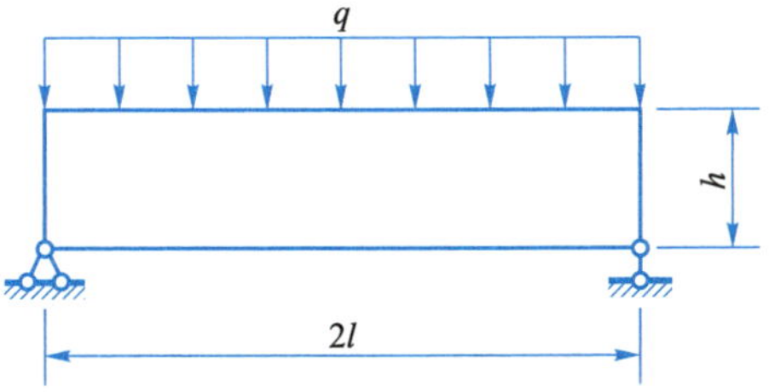


图 8.4 简支梁示意图

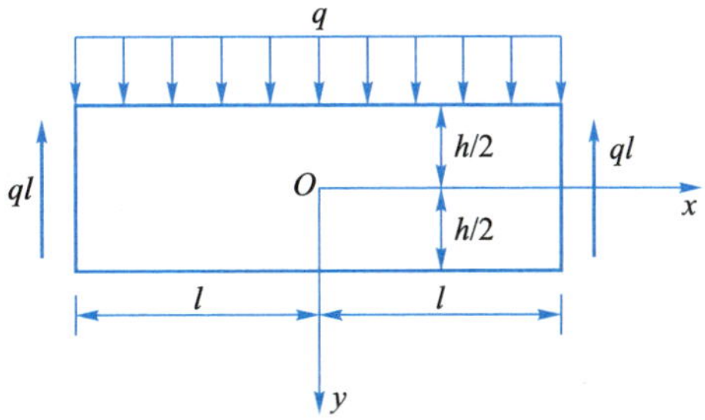


图 8.5 简支梁求解坐标系

### 8.2.3 求解过程

1. 引入应力函数

采用半逆解法进行求解[1]。

由材料力学可知,正应力 $\sigma_x$ 主要由弯矩引起,切应力 $\tau_{xy}$ 主要由剪力引起,正应力 $\sigma_y$ 主要由均布载荷 $q$ 引起。由于均布载荷 $q$ 不随 $x$ 发生变化,因而假设 $\sigma_y$ 仅为 $y$ 的函数,即

$$\sigma_y=f(y) \tag{8-1}$$

由应力分量与应力函数的关系式(7-26)得

$$\frac{\partial^2\Phi}{\partial x^2}=f(y) \tag{8-2}$$

上式对 $x$ 积分得

$$\frac{\partial\Phi}{\partial x}=xf(y)+f_1(y) \tag{8-3}$$

$$\Phi=\frac{x^2}{2}f(y)+xf_1(y)+f_2(y) \tag{8-4}$$

其中,$f_1(y)$和 $f_2(y)$为待定函数。

考虑应力函数 $\Phi$ 满足相容方程。求出应力函数 $\Phi$ 的四阶导数:

$$\frac{\partial^4\Phi}{\partial x^4}=0 \tag{8-5}$$

$$\frac{\partial^4\Phi}{\partial x^2\partial y^2}=\frac{\mathrm{d}^2f(y)}{\mathrm{d}y^2} \tag{8-6}$$

$$\frac{\partial^4 \Phi}{\partial y^4}=\frac{\mathrm{d}^4 f(y)}{2\mathrm{d}y^4}x^2+\frac{\mathrm{d}^4 f_1(y)}{\mathrm{d}y^4}x+\frac{\mathrm{d}^4 f_2(y)}{\mathrm{d}y^4} \tag{8-7}$$

将式(8-5)～式(8-7)代入相容方程，各待定函数应满足

$$\frac{1}{2}\frac{\mathrm{d}^4 f(y)}{\mathrm{d}y^4}x^2+\frac{\mathrm{d}^4 f_1(y)}{\mathrm{d}y^4}x+\frac{\mathrm{d}^4 f_2(y)}{\mathrm{d}y^4}+2\frac{\mathrm{d}^2 f(y)}{\mathrm{d}y^2}=0 \tag{8-8}$$

此为关于 $x$ 的二次方程，相容方程要求其对梁内任意截面都满足，即方程(8-8)存在无穷多根，则方程(8-8)的系数应满足

$$\frac{\mathrm{d}^4 f(y)}{\mathrm{d}y^4}=0 \tag{8-9}$$

$$\frac{\mathrm{d}^4 f_1(y)}{\mathrm{d}y^4}=0 \tag{8-10}$$

$$\frac{\mathrm{d}^4 f_2(y)}{\mathrm{d}y^4}+2\frac{\mathrm{d}^2 f(y)}{\mathrm{d}y^2}=0 \tag{8-11}$$

由方程(8-9)和(8-10)得

$$f(y)=Ay^3+By^2+Cy+D,\quad f_1(y)=Ey^3+Fy^2+Gy \tag{8-12}$$

此处略去 $f_1(y)$中的常数项，其在应力函数 $\Phi$ 中为$x$ 的一次项，不影响应力分量。方程(8-11)要求

$$\frac{\mathrm{d}^4 f_2(y)}{\mathrm{d}y^4}=-2\frac{\mathrm{d}^2 f(y)}{\mathrm{d}y^2}=-12Ay-4B \tag{8-13}$$

则

$$f_2(y)=-\frac{A}{10}y^5-\frac{B}{6}y^4+\frac{H}{6}y^3+\frac{K}{2}y^2 \tag{8-14}$$

其中一次项和常数项同样因为不影响应力分量而被略去。

将方程(8-12)和(8-14)代入应力函数得

$$\Phi=\frac{x^2}{2}(Ay^3+By^2+Cy+D)+x(Ey^3+Fy^2+Gy)-\frac{A}{10}y^5-\frac{B}{6}y^4+\frac{H}{6}y^3+\frac{K}{2}y^2 \tag{8-15}$$

2. 应力场求解

在得到应力函数的表达式(8-15)后，根据式(7-26)得

$$\sigma_x=\frac{x^2}{2}(6Ay+2B)+x(6Ey+2F)-2Ay^3-2By^2+Hy+K \tag{8-16}$$

$$\sigma_y=Ay^3+By^2+Cy+D \tag{8-17}$$

$$\tau_{xy}=-x(3Ay^2+2By+C)-(3Ey^2+2Fy+G) \tag{8-18}$$

各应力分量满足平衡方程和相容方程。如果能够适当地选择待定常数 $A$、$B$、$C$、$D$、$E$、$F$、$G$、$H$、$K$，使得所有边界条件得到满足，则可得到应力分量的解答。

3. 利用几何对称性

如图 8.5 所示，由于 $y-z$ 平面为梁的几何和载荷的对称面，应力分布应关于 $y-z$ 平面对称，进而可知，$\sigma_x$ 和$\sigma_y$ 为 $x$ 的偶函数，$\tau_{xy}$ 为 $x$ 的奇函数。由式(8-18)可知

$$E=F=G=0 \tag{8-19}$$

### 4. 引入边界条件

通常情况下，梁的长度大于梁的高度，梁的上下两个边界占全部边界的绝大部分，因而为主要边界。在主要边界上，边界条件需精确满足；在次要边界上，如果边界条件不能精确满足，应采用圣维南原理，使边界条件近似满足。

考虑主要边界条件，对于上下边界：

$$\sigma_y\Big|_{y=\frac{h}{2}}=0,\quad \sigma_y\Big|_{y=-\frac{h}{2}}=-q,\quad \tau_{xy}\Big|_{y=\pm\frac{h}{2}}=0 \tag{8-20}$$

将应力分量代入，并注意已经得出的 $E=F=G=0$，则有

$$\frac{h^3}{8}A+\frac{h^2}{4}B+\frac{h}{2}C+D=0 \tag{8-21}$$

$$-\frac{h^3}{8}A+\frac{h^2}{4}B-\frac{h}{2}C+D=-q \tag{8-22}$$

$$-x\left(\frac{3}{4}h^2A+hB+C\right)=0\rightarrow\frac{3}{4}h^2A+hB+C=0 \tag{8-23}$$

$$-x\left(\frac{3}{4}h^2A-hB+C\right)=0\rightarrow\frac{3}{4}h^2A-hB+C=0 \tag{8-24}$$

由于以上四个方程线性无关，存在四个未知数，因而可以联立求得

$$A=-\frac{2q}{h^3},\quad B=0,\quad C=\frac{3q}{2h},\quad D=-\frac{q}{2} \tag{8-25}$$

将以上确定的待定系数代入应力分量，得

$$\sigma_x=-\frac{6q}{h^3}x^2y+\frac{4q}{h^3}y^3+6Hy+2K \tag{8-26}$$

$$\sigma_y=-\frac{2q}{h^3}y^3+\frac{3q}{2h}y-\frac{q}{2} \tag{8-27}$$

$$\tau_{xy}=\frac{6q}{h^3}xy^2-\frac{3q}{2h}x \tag{8-28}$$

对于左右边界，由于梁的几何和载荷的对称性，现仅考虑右端边界条件。

梁的右端，由于没有水平力作用，即当 $x=l$ 时，不论 $y$ 取任何值，都有 $\sigma_x=0$。由式(8-26)可知，当 $q\neq0$ 时，此条件无法满足。此时采用圣维南原理，只能要求 $\sigma_x$ 在边界上构成平衡力系满足边界条件，即

$$\int_{-\frac{h}{2}}^{\frac{h}{2}}\sigma_x\Big|_{x=l}\mathrm{d}y=0 \tag{8-29}$$

$$\int_{-\frac{h}{2}}^{\frac{h}{2}}\sigma_x\Big|_{x=l}y\,\mathrm{d}y=0 \tag{8-30}$$

将式(8-26)代入式(8-29)，得

$$\int_{-\frac{h}{2}}^{\frac{h}{2}}\left(-\frac{6ql^2}{h^3}y+\frac{4q}{h^3}y^3+6Hy+2K\right)\mathrm{d}y=0 \tag{8-31}$$

积分得

$$K=0 \tag{8-32}$$

将式(8-26)代入式(8-30)，并注意 $K=0$，得

$$\int_{-\frac{h}{2}}^{\frac{h}{2}}\left(-\frac{6ql^2}{h^3}y+\frac{4q}{h^3}y^3+6Hy\right)y\mathrm{d}y=0 \tag{8-33}$$

积分得

$$H=\frac{ql^2}{h^3}-\frac{q}{10h} \tag{8-34}$$

对于梁的右端，切应力 $\tau_{xy}$ 合成竖直向上的支反力 $ql$，即

$$\int_{-\frac{h}{2}}^{\frac{h}{2}}\tau_{xy}\Big|_{x=l}\mathrm{d}y=-ql \tag{8-35}$$

其中右端切应力向下为正，负号表示切应力 $\tau_{xy}$ 的合力竖直向上，与坐标轴方向相反。将式(8-28)代入，得

$$\int_{-\frac{h}{2}}^{\frac{h}{2}}\left(\frac{6ql}{h^3}y^2-\frac{3ql}{2h}\right)\mathrm{d}y=-ql \tag{8-36}$$

积分可知，此条件满足。

将所得的 $H$ 和 $K$ 代入式(8-26)、(8-27)、(8-28)并整理，得

$$\sigma_x=\frac{6q}{h^3}(l^2-x^2)y+\frac{q}{h}y\left(\frac{4y^2}{h^2}-\frac{3}{5}\right) \tag{8-37}$$

$$\sigma_y=-\frac{q}{2}\left(1+\frac{y}{h}\right)\left(1-\frac{2y}{h}\right)^2 \tag{8-38}$$

$$\tau_{xy}=-\frac{6q}{h^3}x\left(\frac{h^2}{4}-y^2\right) \tag{8-39}$$

### 8.2.4 结果分析

#### 1. 弹性力学解和材料力学解的差异

材料力学求解结果为

$$\sigma_x=\frac{M}{I}y \tag{8-40}$$

$$\tau_{xy}=\frac{F_SS}{bI} \tag{8-41}$$

其中，$M=\frac{q}{2}(l^2-x^2)$ 为截面弯矩，$I=\frac{h^3}{12}$ 为惯性矩，$F_S=-qx$ 为剪力，$S=\frac{h^2}{8}-\frac{y^2}{2}$ 为静矩[2]。

下面根据弹性力学对三个应力分量的求解结果，对比材料力学，以研究二者的差异。

由于梁的矩形截面宽度 $b=1$(单位长度)，惯性矩 $I=\frac{h^3}{12}$，静矩 $S=\frac{h^2}{8}-\frac{y^2}{2}$，而梁的任意横截面上的弯矩和剪力分别为

$$M=ql(l-x)-\frac{q}{2}(l-x)^2=\frac{q}{2}(l^2-x^2) \tag{8-42}$$

$$F_S=-ql+q(l-x)=-qx \tag{8-43}$$

所以应力分量可以改写为

$$\sigma_x=\frac{M}{I}y+\frac{q}{h}y\left(\frac{4y^2}{h^2}-\frac{3}{5}\right) \tag{8-44}$$

$$\sigma_y=-\frac{q}{2}\left(1+\frac{y}{h}\right)\left(1-\frac{2y}{h}\right)^2 \tag{8-45}$$

$$\tau_{xy}=\frac{F_S S}{bI} \tag{8-46}$$

在弯曲正应力 $\sigma_x$ 的表达式(8-44)中，第一项为主要项，其数值与材料力学中的解答相同；第二项为弹性力学对材料力学结果提出的修正项，对于 $l \gg h$ 的浅梁，弹性力学和材料力学的差别不大；对于深梁，修正项则较大，需要考虑。

正应力 $\sigma_y$ 源于梁内各纤维之间的相互挤压，其最大值为 $q$，发生在梁的上表面，在材料力学中并未考虑此分量。切应力 $\tau_{xy}$ 表达式与材料力学中完全相同。各应力分量计算公式对比如表 8.1 所示。

表 8.1 弹性力学和材料力学计算公式对比

| 应力分量 | 弹性力学 | 材料力学 |
|---|---|---|
| $\sigma_x$ | $\frac{M}{I}y+\frac{q}{h}y\left(\frac{4y^2}{h^2}-\frac{3}{5}\right)$ | $\frac{M}{I}y$ |
| $\sigma_y$ | $-\frac{q}{2}\left(1+\frac{y}{h}\right)\left(1-\frac{2y}{h}\right)^2$ | 0 |
| $\tau_{xy}$ | $\frac{F_S S}{bI}$ | $\frac{F_S S}{bI}$ |

为了进一步考查各应力分量的弹性力学解和材料力学解的差异，取 $x=0$ 截面(即梁的中间截面)作为考查截面，弹性力学与材料力学求解结果如表 8.2、图 8.6、图 8.7 所示。

表 8.2 弹性力学和材料力学求解结果对比

| 跨高比 $2l/h$ | $\sigma_x/q$ | | $\sigma_y/q$ | |
|---|---|---|---|---|
| | 弹性力学解 | 材料力学解 | 弹性力学解 | 材料力学解 |
| 5 | $4\left(\frac{y}{h}\right)^3+36.9\left(\frac{y}{h}\right)$ | $37.4\left(\frac{y}{h}\right)$ | | |
| 2.5 | $4\left(\frac{y}{h}\right)^3+8.775\left(\frac{y}{h}\right)$ | $9.375\left(\frac{y}{h}\right)$ | $-\frac{1}{2}\left(1+\frac{y}{h}\right)\left(1-\frac{2y}{h}\right)^2$ | 0 |
| 1 | $4\left(\frac{y}{h}\right)^3+0.9\left(\frac{y}{h}\right)$ | $1.5\left(\frac{y}{h}\right)$ | | |

分析可知，考虑 $\sigma_x$，对于跨高比较大的浅梁而言，弹性力学与材料力学求解结果基本一致；对于跨高比较小的深梁而言，弹性力学与材料力学结果差异较大。

(a) 跨高比 $\frac{2l}{h}=5$

(b) 跨高比 $\frac{2l}{h}=2.5$

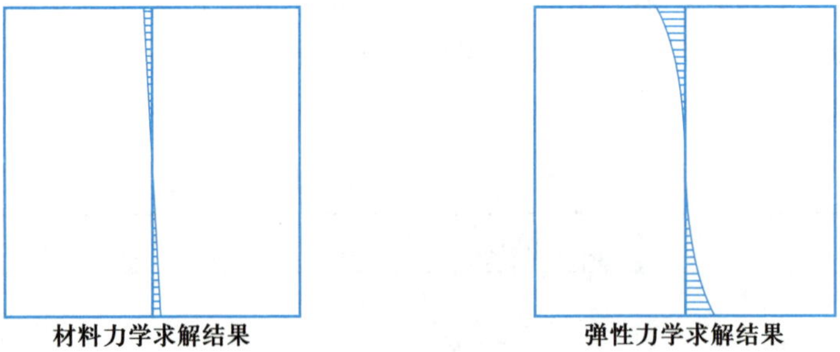


(c) 跨高比 $\frac{2l}{h}=1$

图 8.6 弹性力学和材料力学求解结果对比($\sigma_x$)

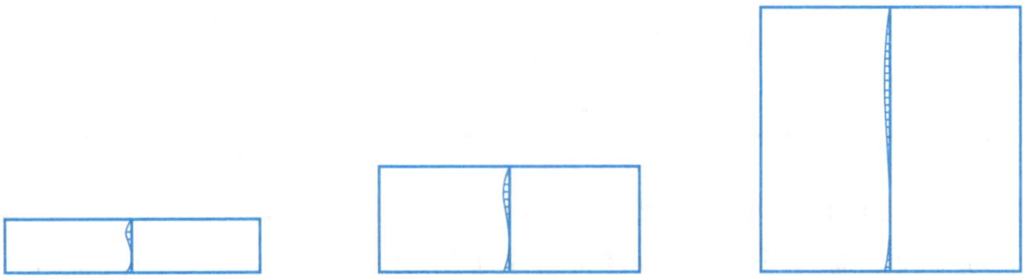

(a) 跨高比 $\frac{2l}{h}=5$　(b) 跨高比 $\frac{2l}{h}=2.5$　(c) 跨高比 $\frac{2l}{h}=1$

图 8.7 不同跨高比下弹性力学解 $\sigma_y$

### 2. 弹性力学求解结果中各横截面的差异

为反映深梁特性，取 $\frac{2l}{h}=1$ 的深梁，分别针对横截面 $x=-\frac{l}{2}$，$x=0$，$x=\frac{l}{2}$，求解结果如表 8.3、图 8.8 所示。

表 8.3 不同横截面深梁的求解结果对比

| | $\sigma_x$ | $\sigma_y$ | $\tau_{xy}$ |
|---|---|---|---|
| $x=-\frac{l}{2}$ | $4\left(\frac{y}{h}\right)^3-8.475\left(\frac{y}{h}\right)$ | $-\frac{1}{2}\left(1+\frac{y}{h}\right)\left(1-\frac{2y}{h}\right)^2$ | $\frac{7.4q}{h^2}\left(\frac{h^2}{4}-y^2\right)$ |
| $x=0$ | $4\left(\frac{y}{h}\right)^3+0.9\left(\frac{y}{h}\right)$ | | 0 |

续表

| | $\sigma_x$ | $\sigma_y$ | $\tau_{xy}$ |
|---|---|---|---|
| $x=\frac{l}{2}$ | $4\left(\frac{y}{h}\right)^3-8.475\left(\frac{y}{h}\right)$ | $-\frac{1}{2}\left(1+\frac{y}{h}\right)\left(1-\frac{2y}{h}\right)^2$ | $-\frac{7.4q}{h^2}\left(\frac{h^2}{4}-y^2\right)$ |

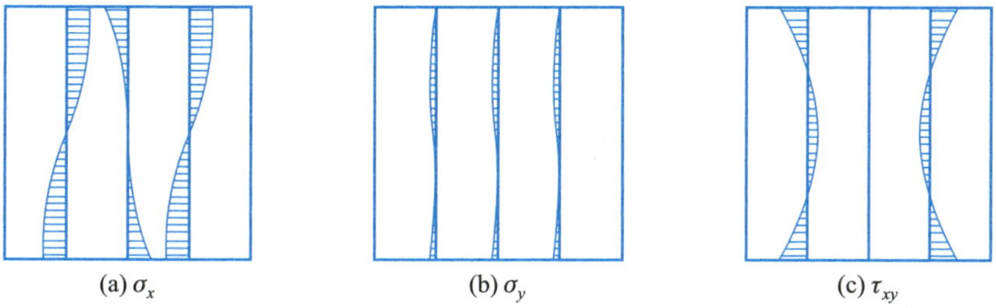


图 8.8 $\frac{2l}{h}=1$，不同横截面深梁的求解结果对比

按照所得应力分量表达式，在梁的左边和右边，有水平面力：

$$\bar{f}_x=\pm\sigma_x|_{x=\pm l}=\pm\frac{q}{h}y\left(\frac{4y^2}{h^2}-\frac{3}{5}\right) \tag{8-47}$$

实际上，对于简支梁左右端部不存在此种面力，但由于其在端部横截面内构成平衡力系，根据圣维南原理，对于远离端部的区域无影响，因此应力分量公式对于梁的大部分区域都适用。

### 8.2.5 工程应用

#### 1. 梁的多支点支撑

由式(8-37)可以看出，梁的各应力分量中较大的弯曲正应力 $\sigma_x$ 正比于梁跨度的平方 $l^2$。在工程设计中，为保证梁具有足够的强度储备，通常在梁的跨度方向增加支点数量，以降低梁的应力水平。图 8.9 为典型的采用多支点设计的桥梁结构。

图 8.9 多支点桥梁结构

#### 2. 工字形与 T 字形截面梁

由式(8-37)～(8-39)可知，在横截面上，正应力关于中性轴成单调分布，距中性轴最远的材料承受最大的拉应力和压应力。对于一般的钢材，由于材料的许用拉应力和许用压应力相等，可以将梁的横截面设计成关于中性轴对称，如工字形截面(图 8.10(a))；对于铸铁

等脆性材料，由于材料许用压应力高于许用拉应力，可以将横截面设计为关于中性轴非对称，如 T 字形截面，并将较宽侧置于材料受拉一侧（图 8.10(b)）。

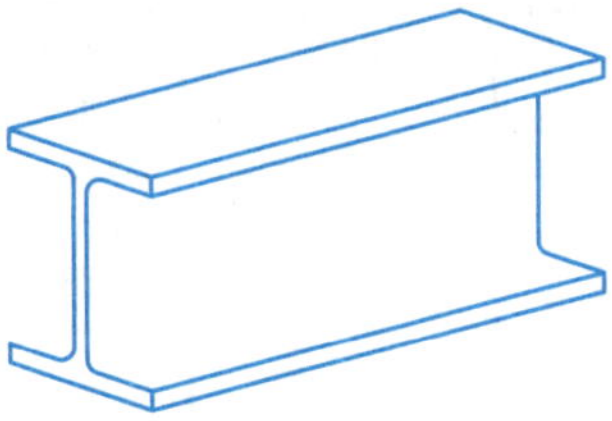

(a) 工字形

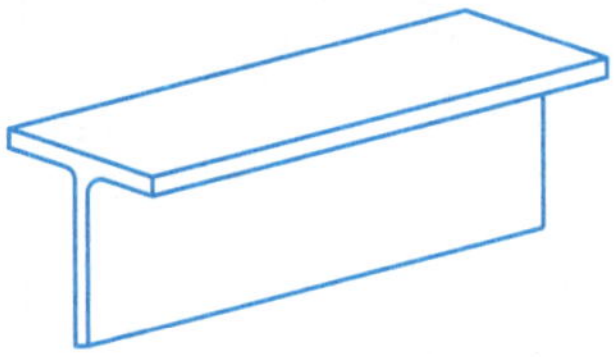

(b) T字形

图 8.10 典型的梁截面

3. 等强度梁

在梁结构中，最大正应力位于横截面上弯矩最大、距中性轴最远的各点上。为了充分利用材料，可以在弯矩大的截面，保持较大横截面面积；而弯矩较小截面处，减小横截面面积，将梁截面设计为沿轴向变化的，即变截面梁。最理想的变截面梁是使各个截面的最大正应力基本一致，即等强度梁。图 8.11 所示为依据等强度梁概念设计的汽车减震叠板弹簧结构。

图 8.11 汽车减震叠板弹簧结构

# 8.3 旋转圆盘

## 8.3.1 工程背景

工程结构中的很多圆盘结构在旋转状态下工作，而且工作转速往往很高，离心载荷很大，圆盘破裂后会造成严重甚至灾难性后果，因此，需要对结构的应力分布进行研究，使其满足一定的强度设计准则。常见的圆盘结构：用来存储文件的光盘，其转速可以达到每分钟几千转；内燃机中的飞轮，工作转速一般在每分钟几千转；燃气轮机中的压气机或涡轮盘，其转速可达每分钟数万转以上，如图 8.12 所示。

圆盘结构弹性问题的求解从 20 世纪 60 年代开始。1962 年，英国学者约翰逊和梅勒[3]通过推导得出结论：径向应力在旋转圆盘中心取有限值，并且在自由外圆边界为零。1970 年，美籍俄罗斯力学家铁摩辛柯和英国力学家古迪尔（James Norman Goodier，1905—1969）[4]首先给出了外边界自由旋转圆盘的完整弹性解。

## 8.3.2 物理模型

实际圆盘大多剖面形状较为复杂，而且同时受自身离心、热等多种载荷的共同作用，受

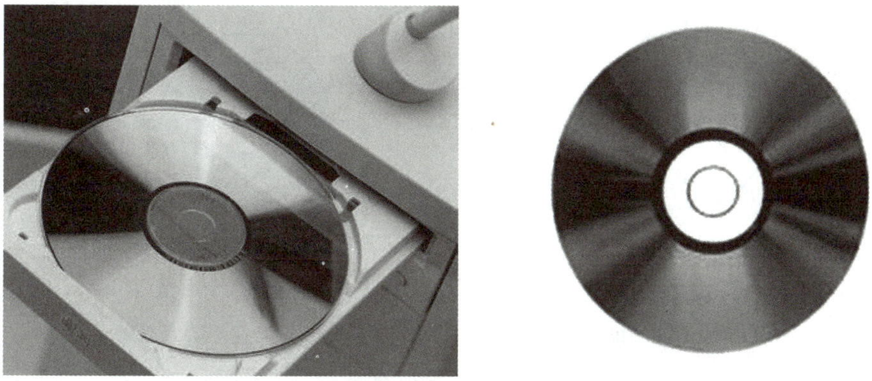

(a) 光盘

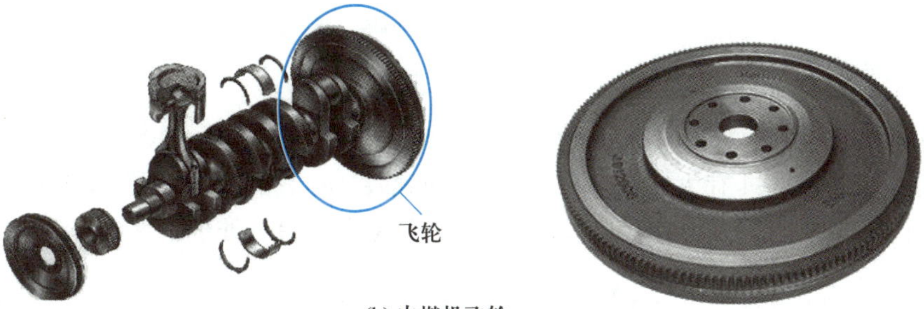


(b) 内燃机飞轮

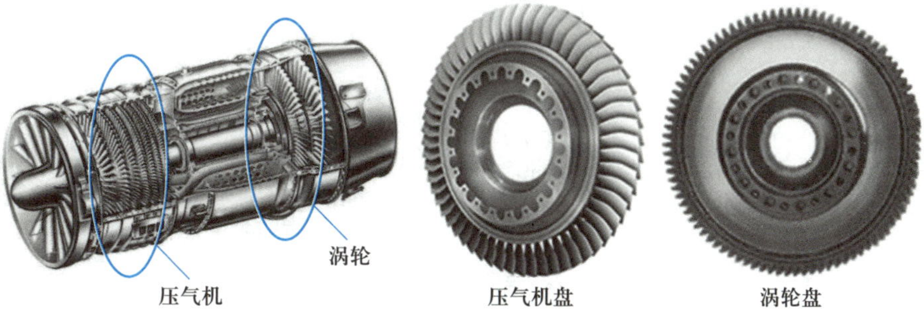


(c) 航空发动机压气机盘及涡轮盘

图 8.12　常见的圆盘结构

力状态较为复杂。此次求解针对等厚度圆盘，且仅受自身的离心载荷，并做以下假设：

(1) 圆盘是薄盘，应力沿厚度方向均匀分布。在等厚度轮盘情况下，当轮盘厚度小于轮盘外径的 1/4 时，可以认为应力在任何半径上沿厚度为均匀分布；

(2) 轮盘处于平面应力状态($\sigma_z=\tau_{zr}=\tau_{z\theta}=0$)。

在求解和分析中，圆盘分为两类，实心圆盘和空心圆盘。

实心圆盘物理模型：半径为 $b$，厚度为 $h(h<b/4)$的实心圆盘如图 8.13 所示，外边界为自由边界。圆盘工作时绕其中心轴 $z$（过圆心且垂直于圆盘，即图 8.13 上图中垂直于纸面的方向）旋转，其角速度为 $\omega$，圆盘材料密度为 $\rho$。

空心圆盘物理模型：内径为 $a$，外径为 $b$，厚度为 $h(h<b/4)$的空心圆盘如图 8.14 所示，内孔表面与外边界为自由边界。载荷条件及材料属性与实心圆盘相同。

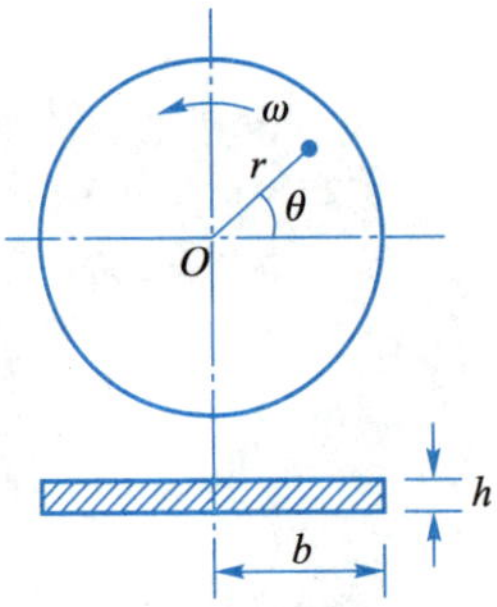


图 8.13 实心圆盘模型

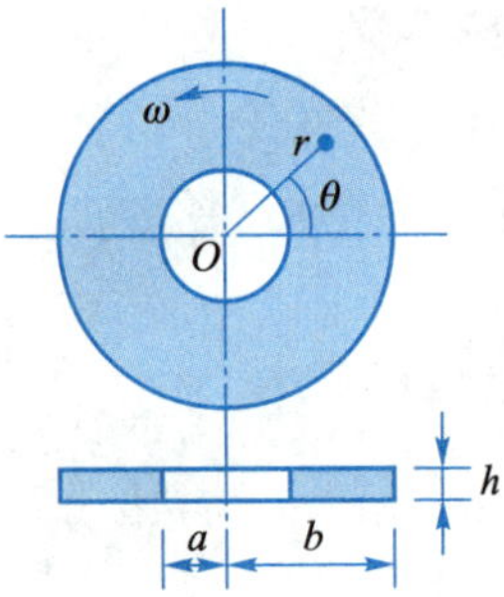


图 8.14 空心圆盘模型

实心圆盘和空心圆盘在求解时，基本方程及其推导过程相同，仅在具体边界条件上会有差异，进而导致求解结果差异。

### 8.3.3 求解过程

可以看出，旋转圆盘问题为位移轴对称问题，其特征为 $u_\theta=0$，$u_r$ 只是 $r$ 的函数。

圆盘上任意一点具有大小为 $\omega r^2$ 的向心加速度，每单位体积上受到的离心惯性力为 $\rho\omega r^2$。不计圆盘自身重力，则圆盘可以看作在如下受力作用下处于平衡状态：

$$F_r=\rho r\omega^2,\quad F_z=0 \tag{8-48}$$

结合轮盘平面应力状态假设，并将式(8-48)代入平衡微分方程，得

$$\frac{\partial\sigma_r}{\partial r}+\frac{\sigma_r-\sigma_\theta}{r}=-\rho\omega r^2 \tag{8-49}$$

几何方程为

$$\varepsilon_r=\frac{\partial u_r}{\partial r},\varepsilon_\theta=\frac{u_r}{r},\gamma_{r\theta}=0 \tag{8-50}$$

弹性本构方程为

$$\begin{cases}\varepsilon_r=\dfrac{1}{E}(\sigma_r-\nu\sigma_\theta)\\ \varepsilon_\theta=\dfrac{1}{E}(\sigma_\theta-\nu\sigma_r)\end{cases} \tag{8-51}$$

将式(8-50)代入式(8-51)，得到用位移表示的应力分量：

$$\begin{cases}\sigma_r=\dfrac{E}{1-\nu^2}\left(\dfrac{\mathrm{d}u_r}{\mathrm{d}r}+\nu\dfrac{u_r}{r}\right)\\ \sigma_\theta=\dfrac{E}{1-\nu^2}\left(\dfrac{u_r}{r}+\nu\dfrac{\mathrm{d}u_r}{\mathrm{d}r}\right)\end{cases} \tag{8-52}$$

将式(8-52)代入平衡方程式(8-49)得

$$\frac{\mathrm{d}^2u_r}{\mathrm{d}r^2}+\frac{1}{r}\frac{\mathrm{d}u_r}{\mathrm{d}r}-\frac{u_r}{r^2}+\frac{1-\nu^2}{E}\rho\omega^2r=0 \tag{8-53}$$

解得

$$u_r=C_1r+\frac{C_2}{r}-\frac{1-\nu^2}{8E}\rho\omega^2r^2 \tag{8-54}$$

将上式代入式(8-52)得

$$
\begin{cases}
\sigma_r = C_1 + \dfrac{C_2}{r^2} - \dfrac{3+\nu}{8}\rho\omega^2 r^2 \\
\sigma_\theta = C_1 - \dfrac{C_2}{r^2} - \dfrac{1+3\nu}{8}\rho\omega^2 r^2
\end{cases}
\tag{8-55}
$$

### 1. 实心圆盘求解结果

考虑实际工作中的实心圆盘，盘心处应力一定为有限值，可得 $C_2=0$。外边界为自由边界，$r=b$ 处无面力：

$$
\sigma_r\big|_{r=b} = F_r = 0 \tag{8-56}
$$

由此解得

$$
C_1 = \frac{3+\nu}{8}\rho\omega^2 b^2 \tag{8-57}
$$

对应的应力分量为

$$
\begin{cases}
\sigma_r = \dfrac{3+\nu}{8}\rho\omega^2 (b^2 - r^2) \\
\sigma_\theta = \dfrac{3+\nu}{8}\rho\omega^2 \left(b^2 - \dfrac{1+3\nu}{3+\nu} r^2\right)
\end{cases}
\tag{8-58}
$$

### 2. 空心圆盘求解结果

考虑实际工作中的空心圆盘，内孔表面与外边界为自由边界，即 $r=a$ 处、$r=b$ 处无面力：

$$
\sigma_r\big|_{r=a} = \sigma_r\big|_{r=b} = 0 \tag{8-59}
$$

由此解得

$$
\begin{cases}
C_1 = \dfrac{\rho\omega^2}{8(a^2+b^2)}[(3+\nu)a^4 + (1+3\nu)b^4] \\
C_2 = \dfrac{\rho\omega^2 a^2 b^2}{8(a^2+b^2)}[(3+\nu)a^2 - (1+3\nu)b^2]
\end{cases}
\tag{8-60}
$$

对应的应力分量为

$$
\begin{cases}
\sigma_r = \dfrac{3+\nu}{8}\rho\omega^2 \left(b^2 + a^2 - \dfrac{a^2 b^2}{r^2} - r^2\right) \\
\sigma_\theta = \dfrac{3+\nu}{8}\rho\omega^2 \left(b^2 + a^2 + \dfrac{a^2 b^2}{r^2} - \dfrac{1+3\nu}{3+\nu} r^2\right)
\end{cases}
\tag{8-61}
$$

## 8.3.4 结果分析

### 1. 实心圆盘

由应力分量解析式可得实心圆盘应力分布规律如图 8.15 所示。

根据应力分量的计算结果可知，应力分量的大小随着到中心轴的距离 $r$ 变化，如图 8.15 所示。通过图中曲线，可以明显发现，旋转中的实心圆盘，径向应力和周向应力均在盘心处达到最大值：

$$
\begin{cases}
\sigma_{r\max}\big|_{r=0}=\dfrac{3+\nu}{8}\rho\omega^2 b^2 \\
\sigma_{\theta\max}\big|_{r=0}=\dfrac{3+\nu}{8}\rho\omega^2 b^2
\end{cases}
\tag{8-62}
$$

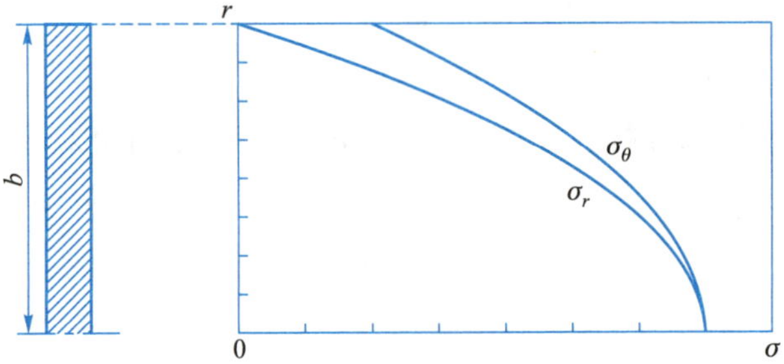


图 8.15 实心圆盘应力分量分布规律

### 2. 空心圆盘

由应力分量解析式可得空心圆盘应力分布规律，与实心圆盘应力分布对比如图 8.16 所示。

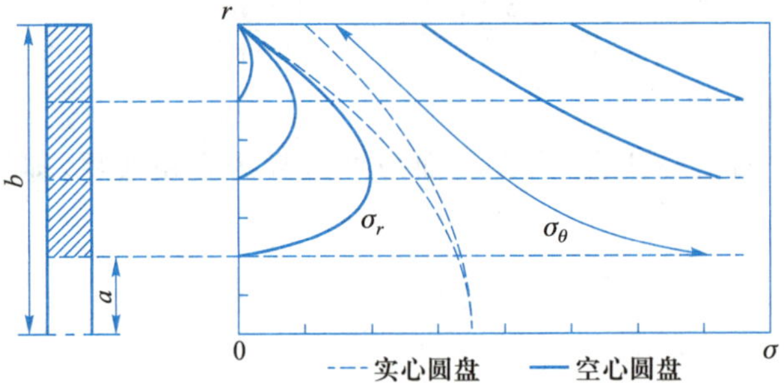


图 8.16 空心圆盘应力分量分布规律

实心、空心圆盘应力分量的大小随着到中心轴距离 $r$ 的变化规律如图 8.16 所示。通过图中曲线，可以明显发现，旋转中的空心圆盘，周向应力在孔边处有最大应力：

$$
\sigma_{\theta\max}\big|_{r=a}=\frac{3+\nu}{4}\rho\omega^2\left(b^2+\frac{1-\nu}{3+\nu}a^2\right) \tag{8-63}
$$

径向应力在 $r=\sqrt{ab}$ 处有最大应力：

$$
\sigma_{r\max}\big|_{r=\sqrt{ab}}=\frac{3+\nu}{8}\rho\omega^2(b-a)^2 \tag{8-64}
$$

## 8.3.5 工程应用

### 1. 轮毂部位加厚

由式(8-62)和式(8-63)可知，空心圆盘周向应力比实心圆盘的大，当 $a\approx 0$ 时，空心圆盘中心周向应力为实心圆盘中心周向应力的两倍。所以，圆盘中心有孔时，尽管孔的直径很小，其最大周向应力至少比实心圆盘增大一倍。因此，在设计轮盘等结构时，会针对轮毂高应力的特点，对轮毂部位进行加厚处理(图 8.17a)。

对于航空发动机涡轮盘,需要在满足强度要求的前提下,尽量减轻其重量。在设计过程中,以涡轮盘重量为优化目标函数,选取轮盘的几何尺寸作为设计变量,以内外径大小为几何约束条件,以盘心、辐板等部位的强度准则为强度约束条件,采用罚函数法进行迭代计算,可以得到优化后的涡轮盘剖面形状,实现涡轮盘减重的目的。涡轮盘优化前后的剖面形状,如图 8.17b 所示。

(a) 轮盘轮毂加厚

(b) 优化前后涡轮盘几何模型对比图[5]

图 8.17　涡轮盘

### 2. 辐板处的应力要求

由式(8－63)和式(8－64)可知,空心圆盘在旋转工作时,最大周向应力出现在盘心,最大径向应力出现在盘心和盘缘之间,即“辐板”部位。因此,涡轮盘在进行强度设计校核时,往往会针对盘心的周向应力和辐板的最大径向应力提出明确的强度设计要求。如斯贝 MK 202 发动机(图 8.18)应力标准(EGD-3)中[6],涡轮盘的强度设计准则就明确规定:内径处的周向应力必须小于涡轮盘材料 $\sigma_{0.1}$(指产生 0.1%的塑性应变所对应的应力值)的 95%,最大离心径向应力必须小于涡轮盘材料 $\sigma_{0.1}$ 的 75%。

### 3. 多轴应力状态

由式(8－52)可知,空心圆盘在旋转时,大部分部位的应力状态是:受互相垂直的周向应力和径向应力的共同作用,为多轴应力状态。为了研究多轴应力下的疲劳寿命,可以通过设计,开展十字形试验件(图 8.19)的疲劳试验,对圆盘结构的多轴受力状态进行模拟。

图 8.18　斯贝 MK 202 发动机

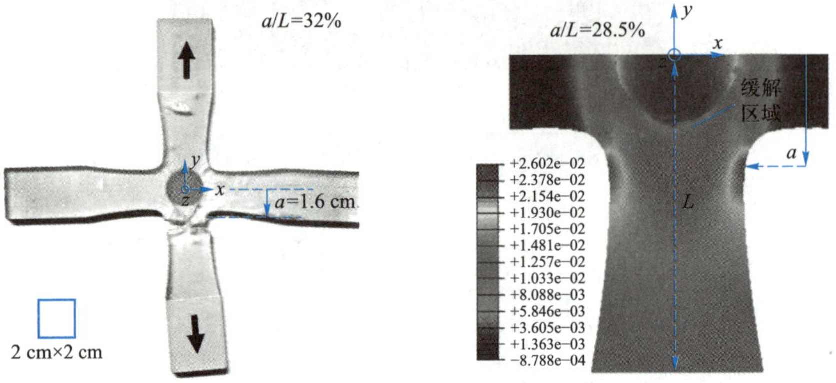


图 8.19　十字形多轴疲劳试验件及其应力分布[7]

# 8.4　小孔应力集中

## 8.4.1　工程背景

课程导学中介绍了应力集中[8]现象的定义，其中应力集中系数 $k$ 可以反映局部应力增大的程度，其定义如下：

$$k=\frac{\sigma_{\max}}{\sigma_{\mathrm{n}}} \tag{8-65}$$

式中：$\sigma_{\mathrm{n}}$ 为名义应力，是指在不考虑应力集中条件下，直接计算力与横截面面积之比求得的应力；$\sigma_{\max}$ 为最大局部应力。根据应力集中系数 $k$ 的定义可以知道，应力集中系数 $k$ 一定恒大于 1，并且其取值仅与结构本身的具体形状有关，与结构所受外载荷大小无关。显然，应力集中系数 $k$ 越大，表明该处的应力集中越严重，局部最大应力越大。因此，在实际工程应用中，在不可避免应力集中的情况下，应当采取一切措施使应力集中系数 $k$ 尽可能降到最低。

应力集中现象在现实生活以及实际工程应用中普遍存在。例如，易拉罐开口处往往会有一道刻痕(图 8.20),这是因为刻痕会引起该处产生应力集中,在外载荷作用下应力水平会显著增高,因此在开启易拉罐时拉环会很轻易地沿着刻痕撕开。除此之外,在工程结构中,用于定位不同内径零件的阶梯轴的轴肩处(图 8.21a),金属平板的铆钉连接孔处(图 8.21b),方形门窗结构的拐角处(图 8.22)等都会出现不同程度的应力集中。

图 8.20 易拉罐的刻痕

(a) 阶梯轴

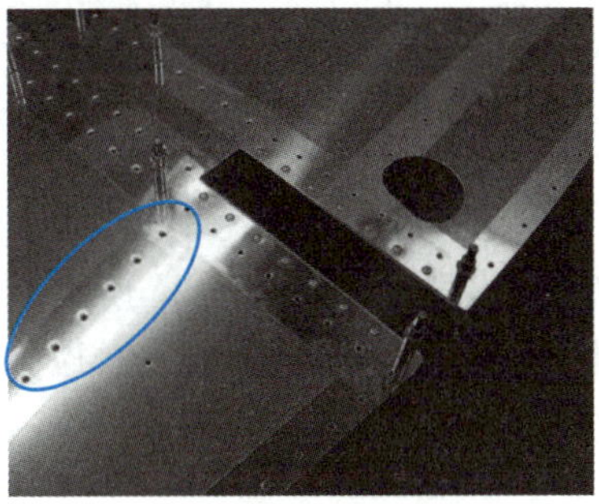

(b) 平板铆连接孔

图 8.21 应力集中现象

针对应力集中问题解析理论的研究,最早可以追溯到 19 世纪末。1898 年,德国科学家基尔斯[9]首次研究了带小孔的无限大平板在均布单轴拉应力条件下,小孔边缘的应力分布情况以及应力集中的最大应力问题。1907 年和 1914 年,俄国的科洛索夫[10]以及英国工程师因格里斯(Charles Edward Inglis,1875—1952)[11]分别独立地研究了椭圆孔附近应力集中问题,研究结果表明,当椭圆孔短轴与长轴相比越来越小时,椭圆孔短边处的应力集中会越来越大。

图 8.22 建筑房屋开窗

## 8.4.2 物理模型

一般来说,许多工程问题中的应力集中可以简化为带圆孔的平板平面应力问题,本章将应力集中问题简化为带圆孔的无限大平板的平面应力问题。物理模型如图 8.23 所示,圆孔半径为 $a$,板的特征尺寸远大于 $a$,并在无限远处受到均匀拉应力 $q$ 的作用。

### 8.4.3 求解过程

1. 边界条件转化

根据求解问题的几何特点，同时求解结果主要是关注小孔附近的应力分布，因此，选择在极坐标系下进行求解。

首先为了便于求解，将边界条件转换到极坐标系下。以孔心为圆心、$b(b\gg a)$为半径作一个圆。因为 $b$ 远大于 $a$，所以这种转换不会影响孔边的应力状态，那么原问题就转化为无限大圆板中间开一圆孔的问题，如图 8.24 所示。

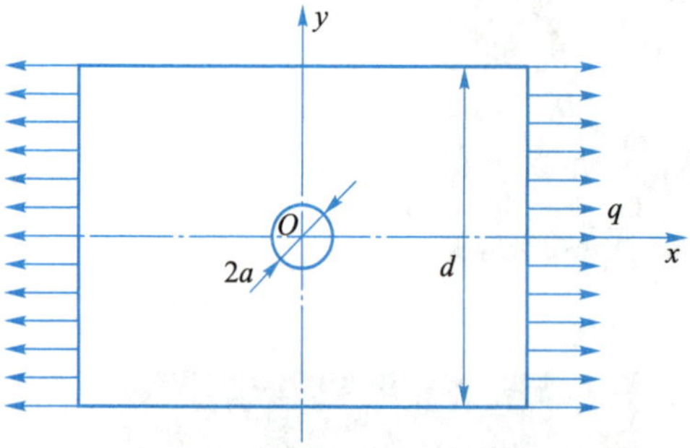


图 8.23 带圆孔的无限大平板在两端受均布拉伸载荷

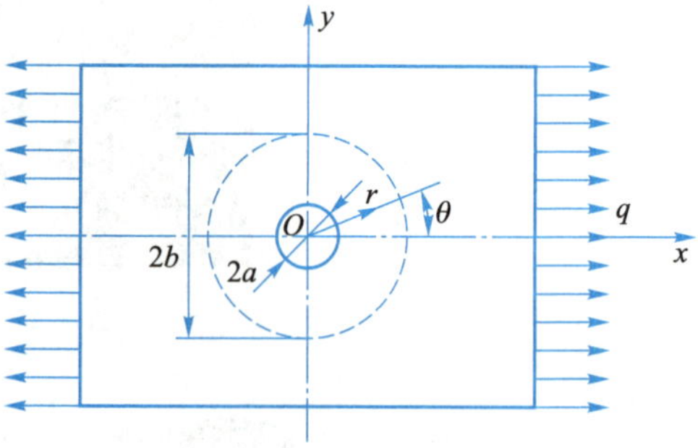


图 8.24 带孔的无限大圆板模型

根据圣维南原理，在图 8.24 所示坐标系中，离圆孔较远处局部应力集中的影响将消失，其应力为 $\sigma_x=q$，$\sigma_y=0$，$\tau_{xy}=0$。对应力边界条件进行坐标变换，可以得到极坐标系中的边界条件如下：

$$\begin{cases}\sigma_r\big|_{r=a}=0\\ \tau_{r\theta}\big|_{r=a}=0\end{cases} \tag{8-66}$$

$$\begin{cases}\sigma_r\big|_{r=b}=\dfrac{\sigma_x+\sigma_y}{2}+\dfrac{\sigma_x-\sigma_y}{2}\cos 2\theta+\tau_{xy}\sin 2\theta=\dfrac{q}{2}+\dfrac{q}{2}\cos 2\theta\\ \tau_{r\theta}\big|_{r=b}=-\dfrac{\sigma_x-\sigma_y}{2}\sin 2\theta+\tau_{xy}\cos 2\theta=-\dfrac{q}{2}\sin 2\theta\end{cases} \tag{8-67}$$

上述两式中，式(8－66)为内边界条件，式(8－67)为外边界条件。为了便于求解，把外边界条件分为条件 A 和条件 B，并分别对两种边界条件进行求解后，利用线性叠加原理，将求解结果进行叠加。两种边界条件分别如式(8－68)和式(8－69)所示：

条件 A

$$\begin{cases}\sigma_r\big|_{r=b}=\dfrac{q}{2}\\ \tau_{r\theta}\big|_{r=b}=0\end{cases} \tag{8-68}$$

条件 B

$$\begin{cases}\sigma_r\big|_{r=b}=\dfrac{q}{2}\cos 2\theta\\ \tau_{r\theta}\big|_{r=b}=-\dfrac{q}{2}\sin 2\theta\end{cases} \tag{8-69}$$

(1) 外边界条件 A 和内边界条件下的应力分布为轴对称问题，根据 7.2.5 小节轴对称问题的求解结果式(7-49)，可以直接得到该条件下的应力分布：

$$\begin{cases}\sigma_{r1}=\dfrac{1-\dfrac{a^2}{r^2}}{1-\dfrac{a^2}{b^2}}\dfrac{q}{2}\\ \sigma_{\theta1}=\dfrac{1+\dfrac{a^2}{r^2}}{1-\dfrac{a^2}{b^2}}\dfrac{q}{2}\\ \tau_{r\theta1}=0\end{cases}\tag{8-70}$$

(2) 外边界条件 B 和内边界条件下的应力分布为非轴对称问题，可以通过半逆解法来进行求解。

2. 应力函数选取

选取应力函数 $\varPhi$，根据式(7-47)应力函数应满足相容条件

$$\left(\frac{\partial^2}{\partial r^2}+\frac{1}{r}\frac{\partial}{\partial r}+\frac{1}{r^2}\frac{\partial^2}{\partial\theta^2}\right)^2\varPhi=0\tag{8-71}$$

根据外边界条件 B 的表达形式以及极坐标下的应力分量表达形式(7-48)

$$\begin{cases}\sigma_r=\dfrac{1}{r}\dfrac{\partial\varPhi}{\partial r}+\dfrac{1}{r^2}\dfrac{\partial^2\varPhi}{\partial\theta^2}\\ \tau_{r\theta}=-\dfrac{\partial}{\partial r}\left(\dfrac{1}{r}\dfrac{\partial\varPhi}{\partial\theta}\right)\end{cases}\tag{8-72}$$

可以假设应力函数的表达式为

$$\varPhi=f(r)\cos 2\theta\tag{8-73}$$

将式(7-48)和式(8-73)代入式(8-71)，得

$$\left(\frac{\mathrm{d}^4 f(r)}{\mathrm{d}r^4}+\frac{2}{r}\frac{\mathrm{d}^3 f(r)}{\mathrm{d}r^3}-\frac{9}{r^2}\frac{\mathrm{d}^2 f(r)}{\mathrm{d}r^2}+\frac{9}{r^3}\frac{\mathrm{d}f(r)}{\mathrm{d}r}\right)\cos 2\theta=0\tag{8-74}$$

进一步化简得

$$\frac{\mathrm{d}^4 f(r)}{\mathrm{d}r^4}+\frac{2}{r}\frac{\mathrm{d}^3 f(r)}{\mathrm{d}r^3}-\frac{9}{r^2}\frac{\mathrm{d}^2 f(r)}{\mathrm{d}r^2}+\frac{9}{r^3}\frac{\mathrm{d}f(r)}{\mathrm{d}r}=0\tag{8-75}$$

令 $r=\mathrm{e}^t$，得

$$\frac{\mathrm{d}^4 f(t)}{\mathrm{d}t^4}-4\frac{\mathrm{d}^3 f(t)}{\mathrm{d}t^3}-4\frac{\mathrm{d}^2 f(t)}{\mathrm{d}t^2}+16\frac{\mathrm{d}f(t)}{\mathrm{d}t}=0\tag{8-76}$$

可得特征方程

$$\lambda^4-4\lambda^3+4\lambda^2+16\lambda=0\tag{8-77}$$

得到特征根为

$$\lambda_1=4,\quad \lambda_2=2,\quad \lambda_3=0,\quad \lambda_4=-2\tag{8-78}$$

则有

$$f(t)=A\mathrm{e}^{4t}+B\mathrm{e}^{2t}+C+D\mathrm{e}^{-2t}\tag{8-79}$$

进一步可得

$$f(r)=Ar^4+Br^2+C+D\frac{1}{r^2} \tag{8-80}$$

则应力函数和应力分量分别为

$$\Phi=\left(Ar^4+Br^2+C+D\frac{1}{r^2}\right)\cos 2\theta \tag{8-81}$$

$$\begin{cases}\sigma_{r2}=\dfrac{1}{r}\dfrac{\partial\phi}{\partial r}+\dfrac{1}{r^2}\dfrac{\partial^2\phi}{\partial\theta^2}=-\left(2B+\dfrac{4C}{r^2}+\dfrac{6D}{r^4}\right)\cos 2\theta \\ \sigma_{\theta2}=\dfrac{\partial^2\phi}{\partial r^2}=\left(12Ar^2+2B+\dfrac{6D}{r^4}\right)\cos 2\theta \\ \tau_{r\theta2}=-\dfrac{\partial}{\partial r}\left(\dfrac{1}{r}\dfrac{\partial\phi}{\partial\theta}\right)=\left(6Ar^2+2B-\dfrac{2C}{r^2}-\dfrac{6D}{r^4}\right)\sin 2\theta\end{cases} \tag{8-82}$$

3. 确定系数

将内边界条件(8-66)和外边界条件 B(8-67)代入式(8-82),得

$$\begin{cases}-\left(2B+\dfrac{4C}{a^2}+\dfrac{6D}{a^4}\right)\cos 2\theta=0 \\ \left(6Aa^2+2B-\dfrac{2C}{a^2}-\dfrac{6D}{a^4}\right)\sin 2\theta=0 \\ -\left(2B+\dfrac{4C}{b^2}+\dfrac{6D}{b^4}\right)\cos 2\theta=\dfrac{q}{2}\cos 2\theta \\ \left(6Ab^2+2B-\dfrac{2C}{b^2}-\dfrac{6D}{b^4}\right)\sin 2\theta=-\dfrac{q}{2}\sin 2\theta\end{cases} \tag{8-83}$$

即

$$\begin{cases}(1):2B+\dfrac{4C}{a^2}+\dfrac{6D}{a^4}=0 \\ (2):6Aa^2+2B-\dfrac{2C}{a^2}-\dfrac{6D}{a^4}=0 \\ (3):2B+\dfrac{4C}{b^2}+\dfrac{6D}{b^4}=-\dfrac{q}{2} \\ (4)6Ab^2+2B-\dfrac{2C}{b^2}-\dfrac{6D}{b^4}=-\dfrac{q}{2}\end{cases} \tag{8-84}$$

将式(8-84)中(1)、(2)式相减,(3)、(4)式相减,得

$$\begin{cases}(1):Aa^2-\dfrac{C}{a^2}-\dfrac{2D}{a^4}=0 \\ (2):Ab^2-\dfrac{C}{b^2}-\dfrac{2D}{b^4}=0\end{cases} \tag{8-85}$$

式(8-85)中,(1)式除以 $a^2$,(2)式除以 $b^2$ 后,再相减,并考虑到 $b$ 远大于 $a$,得

$$C+\frac{2D}{a^2}=0 \tag{8-86}$$

将式(8-84)中(1)、(3)式相减,并考虑到 $b$ 远大于 $a$,得

$$2C+\frac{3D}{a^2}=\frac{qa^2}{4} \tag{8-87}$$

联立式(8-86)与式(8-87),解得

$$C=\frac{qa^2}{2},\quad D=-\frac{qa^4}{4} \tag{8-88}$$

将式(8-88)代入式(8-85),解得

$$A=0 \tag{8-89}$$

将式(8-88)与式(8-89)代入式(8-84),解得

$$B=-\frac{q}{4} \tag{8-90}$$

因此

$$A=0,\ B=-\frac{1}{4}q,\ C=\frac{qa^2}{2},\ D=-\frac{qa^4}{4} \tag{8-91}$$

4. 应力分量

将式(8-91)代入式(8-82),得到各应力分量

$$\begin{cases}\sigma_{r2}=\dfrac{q}{2}\left(1-\dfrac{a^2}{r^2}\right)\left(1-\dfrac{3a^2}{r^2}\right)\cos 2\theta \\ \sigma_{\theta 2}=-\dfrac{q}{2}\left(1+3\dfrac{a^4}{r^4}\right)\cos 2\theta \\ \tau_{r\theta 2}=\tau_{\theta r}=-\dfrac{q}{2}\left(1-\dfrac{a^2}{r^2}\right)\left(1+\dfrac{3a^2}{r^2}\right)\sin 2\theta\end{cases} \tag{8-92}$$

综合对称问题和非对称问题的应力分布,得到小孔应力集中问题的解

$$\begin{cases}\sigma_r=\dfrac{q}{2}\left(1-\dfrac{a^2}{r^2}\right)+\dfrac{q}{2}\left(1-\dfrac{a^2}{r^2}\right)\left(1-\dfrac{3a^2}{r^2}\right)\cos 2\theta \\ \sigma_\theta=\dfrac{q}{2}\left(1+\dfrac{a^2}{r^2}\right)-\dfrac{q}{2}\left(1+3\dfrac{a^4}{r^4}\right)\cos 2\theta \\ \tau_{r\theta}=-\dfrac{q}{2}\left(1-\dfrac{a^2}{r^2}\right)\left(1+\dfrac{3a^2}{r^2}\right)\sin 2\theta\end{cases} \tag{8-93}$$

式(8-93)的应力分量解也称作基尔斯解。若需要考虑直角坐标系下的应力分布情况,可将式(8-93)按下式进行转换:

$$\begin{bmatrix}\sigma_x \\ \sigma_y \\ \tau_{xy}\end{bmatrix}=\begin{bmatrix}\cos^2\theta & \sin^2\theta & -2\sin\theta\cos\theta \\ \sin^2\theta & \cos^2\theta & 2\sin\theta\cos\theta \\ \sin\theta\cos\theta & -\sin\theta\cos\theta & \cos^2\theta-\sin^2\theta\end{bmatrix}\begin{bmatrix}\sigma_r \\ \sigma_\theta \\ \tau_{r\theta}\end{bmatrix} \tag{8-94}$$

其中,$r=\sqrt{x^2+y^2}$,$\theta=\arctan(y/x)$。

## 8.4.4 结果分析

对于式(8-93)及式(8-94)的计算结果,往往需要关注孔边的应力分布情况,以及不同部位的 $x$、$y$ 方向正应力和切应力分布情况。

(1) 对于孔边应力,由于 $r=a$,则

$$\sigma_r = \tau_{r\theta} = 0, \quad \sigma_\theta = q - 2q\cos 2\theta \tag{8-95}$$

可以看出，孔边仅有沿小孔周向的正应力，径向正应力及切应力均为零。小孔周向正应力的分布如图 8.25 所示。可以看出，当 $\theta = 90°$ 或 $\theta = 270°$ 时，孔边的周向应力最大，最大应力为 $3q$。根据应力集中系数的定义，对于两端受均布载荷的带有圆孔的平板，其圆孔处的应力集中系数 $k=3$。

(2) 不同位置的 $x$ 方向的正应力分布如图 8.26 所示。从图中可以看出，随着离圆孔中心的位置越来越远，$x$ 方向正应力的大小趋向于 $q$。

(3) 不同位置的 $y$ 方向的正应力分布如图 8.27 所示。从图中可以看出，随着离圆孔中心的位置越来越远，周向正应力的大小逐渐趋向于 0。

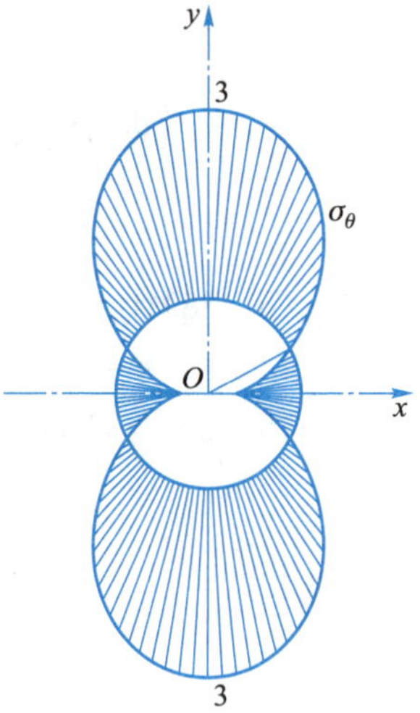


图 8.25 小孔边缘的周向正应力分布

## 8.4.5 工程应用

应力集中会使得结构在局部出现应力过大，而这种局部应力过大的现象在实际工程应用中需要有区别地避免或者利用。下面是 3 个应力集中现象的工程应用。

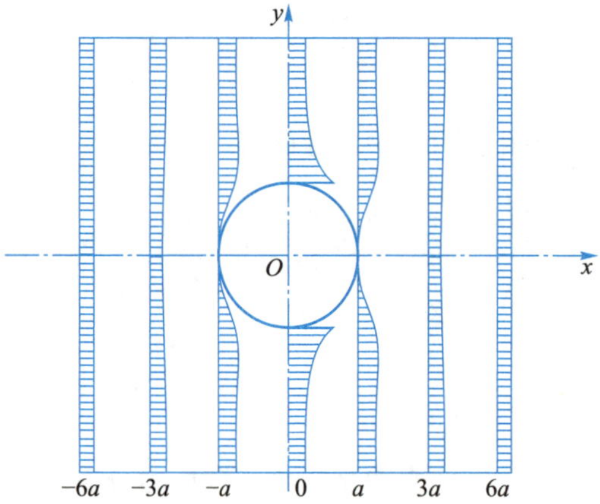


图 8.26 $x$ 方向正应力分布

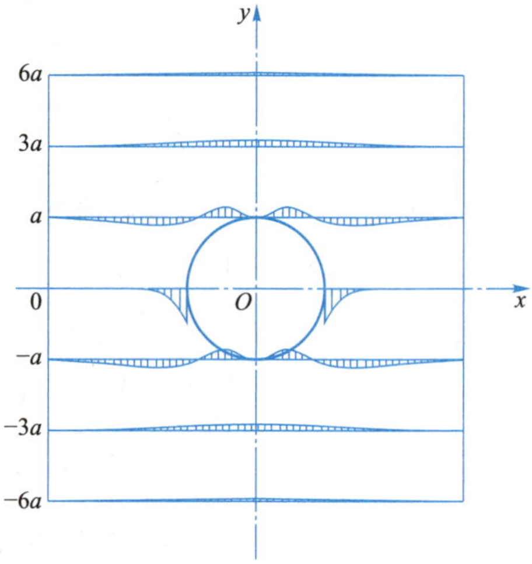


图 8.27 $y$ 方向正应力分布

### 1. 飞机的舷窗结构

1954 年，一架英国海外航空公司的“彗星”Ⅰ型客机(图 8.28)从意大利罗马飞往英国伦敦的途中，在空中解体，坠入地中海，机上所有乘客和机组人员全部遇难。同年，又有两架该型飞机发生解体事故。事故调查结果表明[12]，由于该型飞机采用了方形舷窗结构，使得舷窗拐角处出现较大应力集中，飞机在多次起降过程中，造成该处结构破坏。此后，飞机舷窗均采用圆形结构或设计有很大的圆角(图 8.29)。

### 2. 航空发动机机匣结构

由于圆孔的应力集中系数小于其他形式的孔，因此在某些情况下，对出现细小裂纹的结构，在裂纹处可以进行倒圆处理，可以使结构在该处的应力集中现象明显减少，达到止裂的目的。如某型航空发动机机匣，存在一个拐角(图 8.30)，由于原始设计不合理，结构拐角处未采用圆角过渡，导致应力集中明显，易发生裂纹。通过在该拐角处加工内圆角(图 8.31)，可以降低该处的应力集中效应，有效阻止裂纹的进一步扩展。

图 8.28 "彗星"Ⅰ型客机

图 8.29 飞机舷窗改进设计

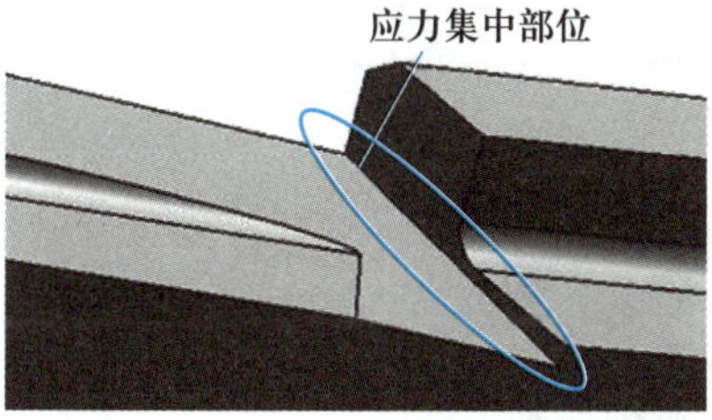


图 8.30 原始机匣拐角处设计

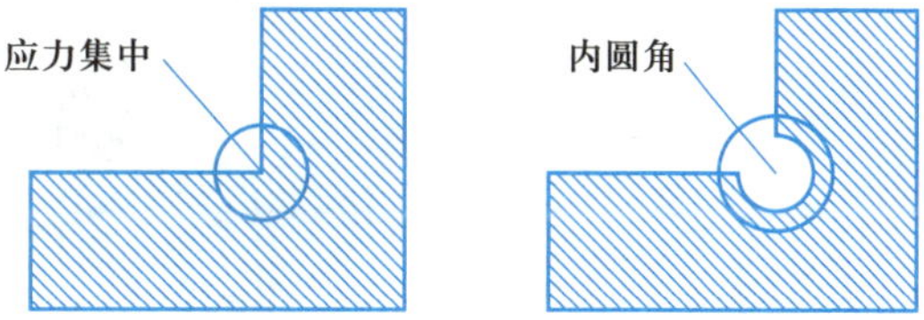


图 8.31 加工内圆角前后的机匣拐角处对比

3. 食品包装袋

实际工程应用中，有时候会利用结构的应力集中，达到结构较易断裂的目的。例如食品包装袋开口处设计成锯齿结构(图 8.32)，其目的是利用应力集中现象，用较小的力使锯齿处产生较大应力，使得在撕开包装袋时变得较为容易。

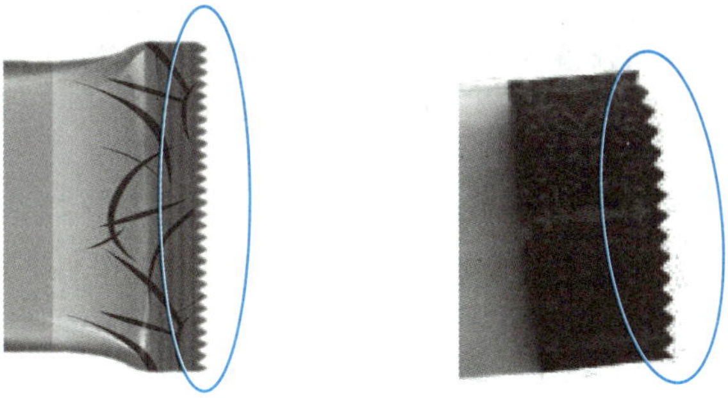

图 8.32 食品包装袋的锯齿封口

## 8.5 等截面柱体扭转

### 8.5.1 工程背景

各类旋转机械一般都是通过轴的扭转来实现能量的传递。例如，在航空发动机中，涡轮产生的巨大扭矩通过发动机主轴带动压气机转子高速旋转(图 8.33);在发动机前置、后驱驱动的汽车中,发动机产生的扭矩需要通过传动轴传递到驱动轮,从而驱动汽车前进(图 8.34)。

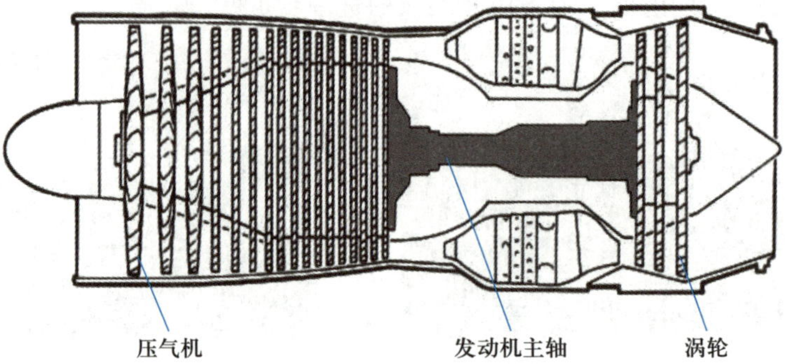


图 8.33 航空涡轮喷气发动机结构简图

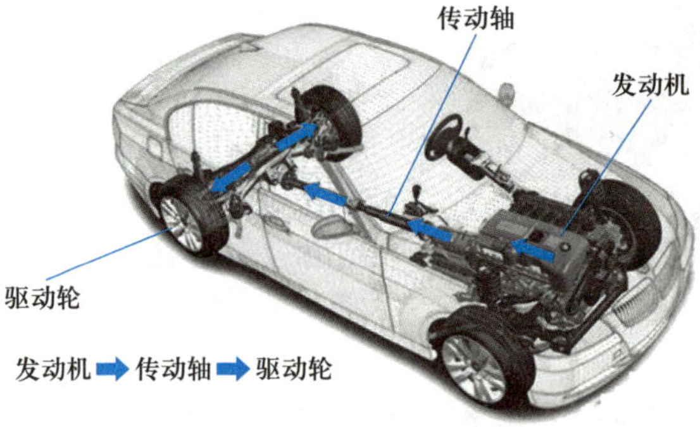


图 8.34 汽车扭矩传递简图

如第 6 章所述,针对柱体扭转问题的研究经过了漫长的发展过程,直到 1853 年,才由法国科学家圣维南采用半逆解法求解,精确给出了各种截面柱体受扭后求解结果的解析表达式,全面完善了柱体扭转问题求解的理论体系。再到后来普朗特(Ludwig Prandtl,1875—1953)提出扭转问题的薄膜比拟法,使得柱体扭转问题的工程应用变得更加简单、方便[13]。

## 8.5.2 物理模型

如图 8.35 所示,柱体表面自由,不计体力,在端面力矩 $M$ 作用下发生扭转。柱体横截面如图 8.36 所示,椭圆长半轴为 $a$,短半轴为 $b$,其边界方程为

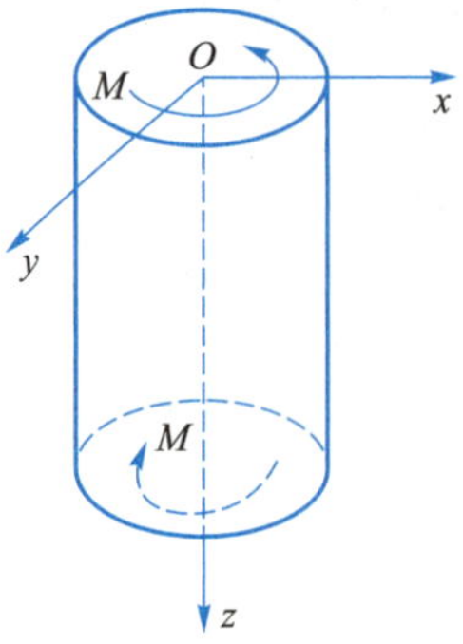


图 8.35 柱体及受力情况

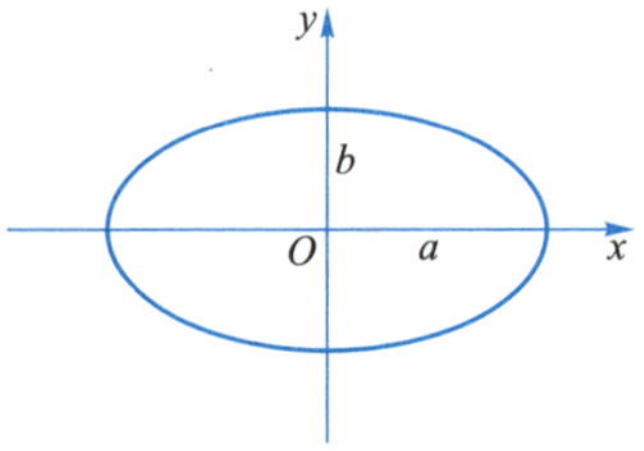


图 8.36 柱体截面示意图

$$\frac{x^2}{a^2}+\frac{y^2}{b^2}-1=0 \tag{8-96}$$

## 8.5.3 求解过程

本节以半逆解法求解椭圆等截面柱体的扭转。

1. 基本假设

如 7.3 节所述，对于柱体扭转问题的求解，除了弹性力学的基本假设之外，还假设：(1) 每个截面在 $x-y$ 面的投影绕中心轴作刚体旋转；(2) 旋转量是 $z$ 的线性函数，单位长度旋转角度为 $\alpha$；(3) 变形后横截面发生翘曲，但是翘曲情况与 $z$ 坐标无关，即每个横截面翘曲情况都是一样的，令 $w=\alpha\varphi(x,y)$。根据这些假设，结合几何方程和本构方程可得(详细推导见 7.3 节)

$$\sigma_x=\sigma_y=\sigma_z=\tau_{xy}=0 \tag{8-97}$$

$$\varepsilon_x=\varepsilon_y=\varepsilon_z=\gamma_{xy}=0 \tag{8-98}$$

待求未知量有 $\tau_{zx}$，$\tau_{zy}$，$\gamma_{zx}$，$\gamma_{zy}$。

2. 应力函数确定

因应力函数在横截面的边界上应该等于 0，故可假设应力函数为

$$\Phi(x,y)=m\left(\frac{x^2}{a^2}+\frac{y^2}{b^2}-1\right) \tag{8-99}$$

式中，$m$ 为常数。现在来考查应力函数 $\Phi(x,y)$ 是否可以满足一切条件。

在截面内部，$\Phi(x,y)$ 应满足由平衡方程、应变协调方程推导得来的式(7-81)，故将式(8-99)代入式(7-81)，得

$$m=-G\alpha\frac{a^2b^2}{a^2+b^2} \tag{8-100}$$

将上式代入式(8-99)，得到应力函数的表达式

$$\Phi(x,y)=-G\alpha\frac{a^2b^2}{a^2+b^2}\left(\frac{x^2}{a^2}+\frac{y^2}{b^2}-1\right) \tag{8-101}$$

3. 应力、应变求解

求得应力函数的表达式后，根据应力函数定义式(7-77)得到应力分量

$$\begin{cases}\tau_{zx}=\dfrac{\partial\Phi}{\partial y}=-\dfrac{2a^2}{a^2+b^2}\alpha Gy\\[2ex]\tau_{zy}=-\dfrac{\partial\Phi}{\partial x}=\dfrac{2b^2}{a^2+b^2}\alpha Gx\end{cases} \tag{8-102}$$

其中，柱体单位长度上扭转的角度 $\alpha$ 仍未知，现在根据边界条件求之。将应力函数代入式(7-86)，得

$$D=-\frac{2a^2b^2}{a^2+b^2}\left(\frac{1}{a^2}\iint_R x^2\mathrm{d}x\mathrm{d}y+\frac{1}{b^2}\iint_R y^2\mathrm{d}x\mathrm{d}y-\iint_R\mathrm{d}x\mathrm{d}y\right)=\frac{\pi a^3b^3}{a^2+b^2} \tag{8-103}$$

式(8-103)代入式(7-73)，并经过适当变形，得

$$\alpha=\frac{a^2+b^2}{\pi Ga^3b^3}M \tag{8-104}$$

将式(8-104)代入式(8-102)，得到

$$\begin{cases}\tau_{zx}=-\dfrac{2M}{\pi ab^3}y\\ \tau_{zy}=\dfrac{2M}{\pi a^3b}x\\ \tau=\sqrt{\tau_{zx}^2+\tau_{zy}^2}=\dfrac{2M}{\pi ab}\sqrt{\dfrac{x^2}{a^4}+\dfrac{y^2}{b^4}}\end{cases} \tag{8-105}$$

根据上式即可知道柱体内任意一点的应力状态。值得注意的是，由于求解过程中根据圣维南原理假设采用了放松的积分边界条件，因此在远离端面的位置是准确的，在端面误差较大。

根据本构方程，由应力可以得出工程应变

$$\begin{cases}\gamma_{zx}=-\dfrac{2M}{\pi Gab^3}y\\ \gamma_{zy}=\dfrac{2M}{\pi Ga^3b}x\end{cases} \tag{8-106}$$

4. 求解位移

求得应力、应变后，下面考察横截面的翘曲情况。为此，需要建立翘曲函数与应力函数之间的关系，对式(7-80)适当变换并考虑式(8-101)，得

$$\begin{cases}\dfrac{\partial\varphi}{\partial x}=-\dfrac{a^2-b^2}{a^2+b^2}y\\ \dfrac{\partial\varphi}{\partial y}=-\dfrac{a^2-b^2}{a^2+b^2}x\end{cases} \tag{8-107}$$

对式(8-107)中的两个式子分别积分，得

$$\begin{cases}\varphi=-\dfrac{a^2-b^2}{a^2+b^2}xy+f_1(y)\\ \varphi=-\dfrac{a^2-b^2}{a^2+b^2}xy+f_2(x)\end{cases} \tag{8-108}$$

代入式(7-58)，得

$$w=\alpha\varphi(x,y)=-\alpha\frac{a^2-b^2}{a^2+b^2}xy+\alpha f_1(y)=-\alpha\frac{a^2-b^2}{a^2+b^2}xy+\alpha f_2(x) \tag{8-109}$$

可以看出

$$\alpha f_1(y)=\alpha f_2(x)=w_0 \tag{8-110}$$

$w_0$ 表示横截面沿 $z$ 方向的刚体位移，对横截面的变形无影响，故忽略之。将式(8-104)代入式(8-109)，得到翘曲函数

$$w=\alpha\varphi(x,y)=-\alpha\frac{a^2-b^2}{a^2+b^2}xy=-\frac{a^2-b^2}{\pi Ga^3b^3}Mxy \tag{8-111}$$

## 8.5.4 结果分析

根据求解得到的应力和位移的结果，绘制出应力的分布图和翘曲面的等高线如图 8.37

和图 8.38 所示。图 8.37 展示了剪应力沿径向线性分布的规律，且越远离形心应力越大，在边界上达到最大；最大剪应力发生在离截面形心最近的边界点。而图 8.38 表示翘曲面的等高线，从 $z$ 轴正方向看去，实线部分表示抛物面上凸，虚线部分表示抛物面下凹。由此可知椭圆截面柱体扭转后会发生翘曲的现象。

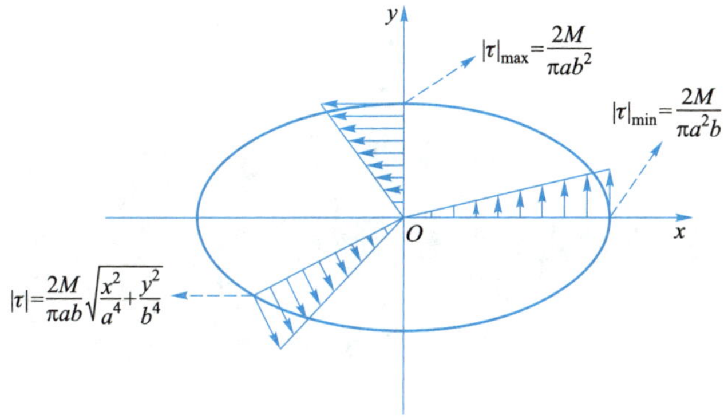


图 8.37 切应力分布

## 8.5.5 工程应用

柱体扭转在工程上具有广泛的应用。下面是等截面柱体扭转现象的工程应用。

1. 薄壁筒扭转

薄壁筒在只受到平行于端口横截面的扭矩作用时，薄壁筒中间段所受应力状态就处于纯剪切应力状态[14]。基于薄壁筒扭转的单向应力状态特性，在薄壁筒端同时施加扭矩和拉伸力就可以实现多轴应力状态（图 8.39），据此可开展多轴应力状态下的屈服和破坏试验研究。

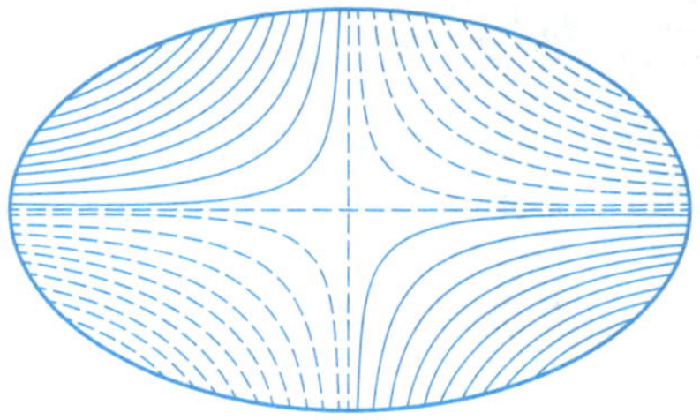

图 8.38 扭转后截面翘曲情况

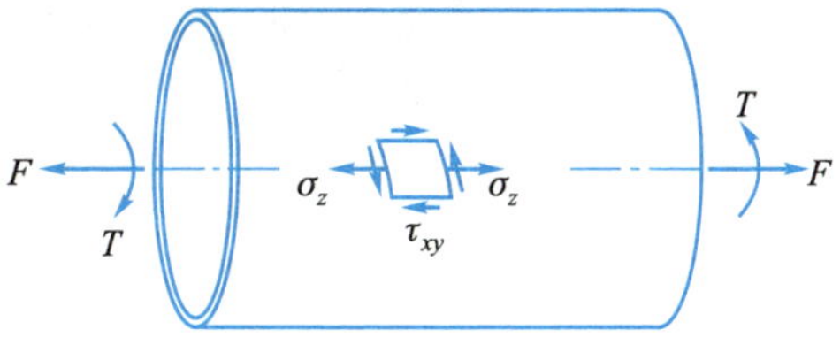


图 8.39 薄壁筒多轴受力状态[15]

2. 圆截面轴

若柱体截面采用圆截面的形式，则式(8－95)中 $a=b$，翘曲恒等于 0，此时柱体在受到扭转载荷作用时就不会发生翘曲，这就能保证轴受扭矩作用后不会因为发生翘曲而变弯。进一步，利用式(8－91)计算可以发现，相同截面面积的椭圆柱体和圆柱体在承受相同扭矩的情况下，椭圆柱体的最大应力要比圆柱体的最大应力高。因此在使用相同材料的情况下，圆柱轴承受扭矩的能力更强。所以工程结构受扭时多设计成圆截面轴。如图 8.40 所示，机械加工机床上使用的旋转型刀具多为圆截面轴设计[16]。

3. 空心轴

由图 8.38 知，轴在远离形心的位置应力较大，在靠近截面形心的位置应力水平很低，因此靠近形心材料的性能没有被充分利用。因此应当将材料分布到离形心较远的地方，提高材料的利用效率，减轻轴的重量。所以空心轴是比较合理的一种结构形式，因而在工程上得到了广泛应用，像前面提到的汽车传动轴就是空心轴。航空发动机主轴更是采用了空心轴套空心轴的形式，构成了独特的多转子结构(图 8.41)。

图 8.40　机械加工刀具

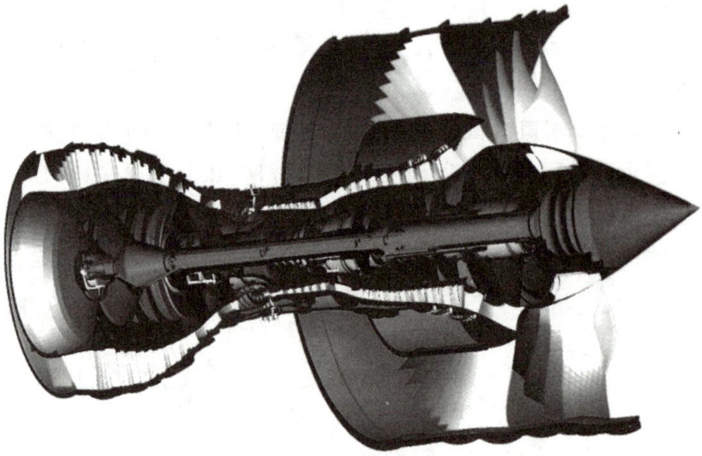

图 8.41　某航空发动机主轴

## 8.6　重点概念阐释及知识延伸

### 1. 强度理论

根据本章几个例题的求解结果可知，一般情况下，结构上危险点的应力往往是复杂应力状态，为了判断危险点的应力状态是否能够满足工作条件下的强度需要，工程上常用的强度理论包括 4 个：最大拉应力理论(第一强度理论)、最大拉应变理论(第二强度理论)、最大切应力理论(第三强度理论)和形状改变比能理论(第四强度理论)。其中前两个理论是针对断裂失效的理论，后两个理论是针对屈服失效的理论。

第一强度理论：最大拉应力理论，认为最大拉应力是引起断裂的主要因素。对应的表达式为

$$\sigma_{r1}=\sigma_1\leqslant[\sigma] \tag{8-112}$$

式中 $\sigma_{r1}$ 为当量应力，$\sigma_1$ 为第一主应力，$[\sigma]$为材料的许用应力。

第二强度理论：最大拉应变理论，认为最大伸长正应变是引起构件断裂的主要原因。对应的表达式为

$$\sigma_{r2}=\sigma_1-\nu(\sigma_2+\sigma_3)\leqslant[\sigma] \tag{8-113}$$

第三强度理论：最大切应力理论，认为最大切应力是引起构件屈服的主要原因。对应的表达式为

$$\sigma_{r3}=\sigma_1-\sigma_3\leqslant[\sigma] \tag{8-114}$$

第四强度理论：形状改变比能理论，认为形状改变比能是引起构件屈服的主要原因。对应的表达式为

$$\sigma_{r4}=\frac{1}{\sqrt{2}}\sqrt{(\sigma_1-\sigma_2)^2+(\sigma_2-\sigma_3)^2+(\sigma_3-\sigma_1)^2}\leqslant[\sigma] \tag{8-115}$$

### 2. 结构静强度设计

一般工程结构的静强度设计过程主要包括 3 个基本步骤：(1) 物理模型建立；(2) 数学方程求解；(3) 结构强度评估。

以某型航空发动机涡轮叶片静强度设计为例来说明以上流程。某型航空发动机的涡轮叶片结构，其工作时主要受到气动力、离心力、热应力等载荷的作用，建立对应的物理模型及边界条件如图 8.42 所示。根据叶片所受的载荷，采用有限元方法计算得到涡轮叶片的应力分布云图如图 8.43 所示。根据计算结果，再利用式(8-97)可以计算叶片各个部位的安全储备系数。

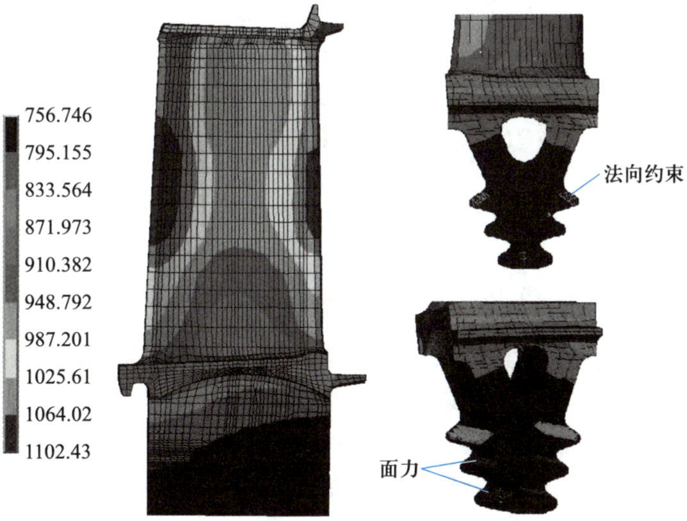


图 8.42　涡轮叶片有限元模型及边界条件

$$n_{b/t}=\frac{\sigma_{b/t}^{T}}{\sigma_{TOT\max}} \tag{8-116}$$

式中 $\sigma_{b/t}^{T}$ 为材料的持久强度（$\sigma_{b/t}^{T}$ 表示 $t$ 小时内 $b\%$ 的蠕变强度），$\sigma_{TOT\max}$ 为危险截面的最大合成应力。

表 8.4 给出了涡轮叶片不同部位安全储备系数的许用值，最后只要设计的叶片各个部位的安全储备系数满足许用值要求，就认为叶片设计满足静强度要求。

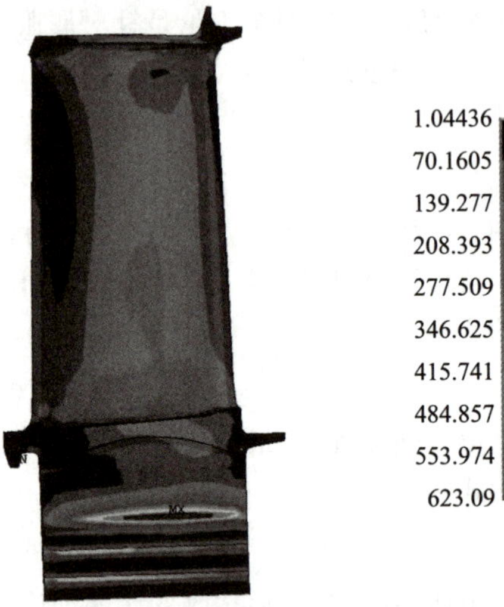


图 8.43　涡轮叶片应力分布云图（单位：MPa）

3. 应力集中手册

对于一些简单结构，应力集中系数可以通过弹性力学解析理论进行求解。在实际工程应用中，很多复杂结构无法解析求出应力集中系数。因此，为了方便实际工程应用，可以针对常见的典型结构，综合采用解析计算、实验分析等手段，获得应力集中系数与结构关键尺寸间的关系曲线，在此基础上，编写成应力集中手册。

表 8.4　涡轮叶片安全储备系数要求[17]

| 部位和应力 | 储备系数 |
|---|---|
| 叶冠弯曲应力<br>叶冠挤压应力 | $n_{b/t}\geqslant1.30$<br>$n_{b/t}\geqslant1.56$ |
| 叶身局部合成应力（拉应力＋弯曲应力＋热应力）<br>无冠叶片<br>冷却叶片<br>有冠叶片<br>冷却叶片 | <br><br>$n_{b/t}\geqslant1.30$<br><br>$n_{b/t}\geqslant1.25$ |
| 有冠叶片枞树形榫头第一喉部合成应力（拉应力＋弯曲应力）<br>铸造合金 | <br>$n_{b/t}\geqslant2.6$ |
| 枞树形榫头剪应力 | $n_{h/t}=\frac{0.6\sigma_{b/t}^{T}}{\tau}\geqslant2.0$ |

应力集中手册为工程师在结构设计过程中提供了很大的便利。图 8.44 和图 8.45 给出了两类典型结构的应力集中系数曲线[18]。

4. 断裂力学：结构缺陷/裂纹描述

弹性力学的一个重要假设是连续性假设，在此假设下，表征物体变形和内力的量就可以表示为坐标的连续函数。如果弹性体或者结构存在裂纹，如图 8.46 所示的椭圆孔应力集中问题，根据如下椭圆孔最大应力公式[19]，可以看出，当 $b$ 趋于零时，椭圆孔可以近似看作裂纹：

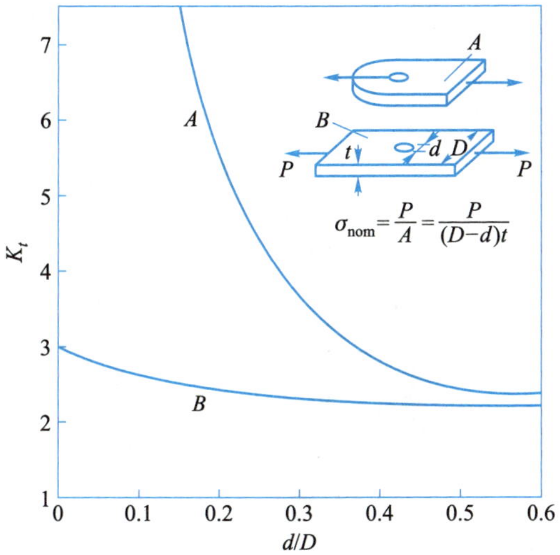


图 8.44　带孔平板受拉力时的应力集中系数

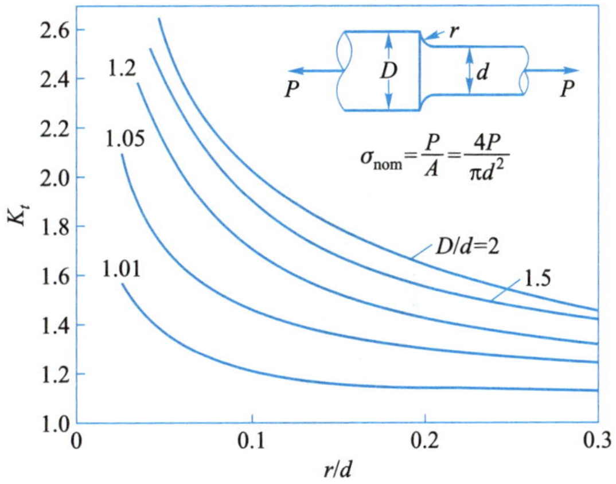


图 8.45　阶梯轴受轴向拉力时的应力集中系数

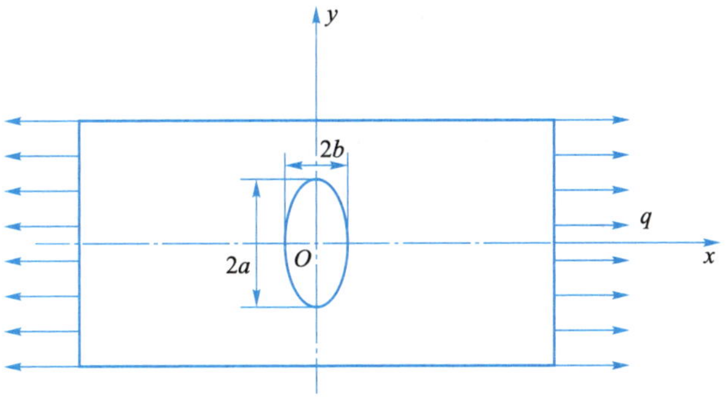


图 8.46　带椭圆孔的无限大平板模型

$$(\sigma_\theta)_{max}=q\left(1+\frac{2a}{b}\right) \tag{8-117}$$

此时若根据弹性力学解析解，即使结构所受载荷很小，也会在裂纹尖端处产生趋于无穷大的应力，不符合实际情况。为了解决这一问题，英国航空工程师格里菲斯等人创立了断裂力学。在断裂力学中，通常采用应力强度因子 $K$、$J$ 积分等参数来描述裂纹和缺陷的特性，并研究裂纹扩展规律、裂纹起始及其失稳判据等内容。

5. 温度对结构的影响

本章在求解弹性力学解析解问题时，仅考虑了结构所受的机械载荷，而未考虑温度对结构应力的影响。温度对结构应力分布的影响，主要体现在由于温度而引起的热应力以及材料在不同温度下强度有差异两个方面。

热应力是指由于固体内部不同部位因为其所处的温度不同而引起结构的膨胀或收缩差异，从而引起的应力。图 8.47 所示是某叶片的温度场与热应力分布图[20]。

温度对材料强度方面的影响，主要表现为：对于金属材料，材料强度一般会随着温度的升高而降低，材料的塑性会随着温度的升高而增加。如表 8.5 所示，15 号钢 20 ℃时的极限

强度 $\sigma_b$ 为 422 MPa，断面收缩率 $\psi$ 为 69.5%；当温度升高至 450 ℃时，$\sigma_b$ 降低为 294 MPa，而 $\psi$ 升高为 75%。

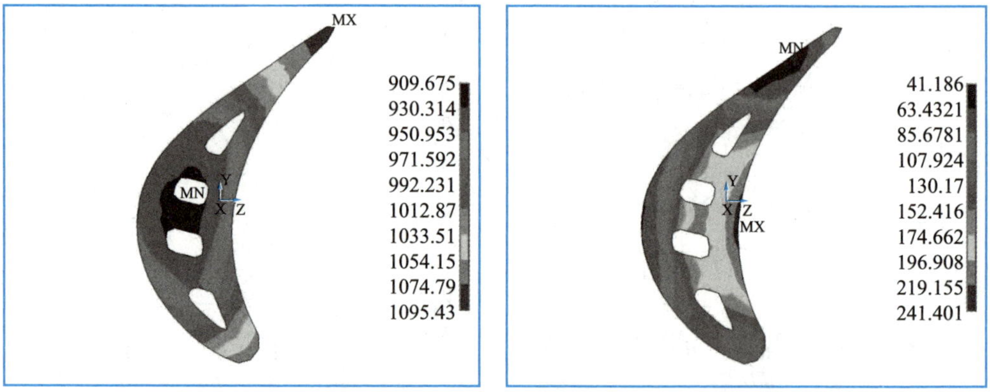


(a) 某叶片温度场分布(单位：K)　　(b) 叶片热应力分布(单位：MPa)

图 8.47　叶片温度场与热应力分布

表 8.5　材料性能参数随温度变化[21]

| 温度 $\theta$/℃ | $\sigma_b$/MPa | $\sigma_{0.2}$/MPa | $\delta_5$/% | $\psi$/% |
|---|---|---|---|---|
| 20 | 422 | 216 | 33.0 | 69.5 |
| 200 | 402 | 196 | 24.0 | 68.0 |
| 300 | 422 | 172 | 24.0 | 63.0 |
| 400 | 378 | 152 | 32.5 | 71.0 |
| 450 | 294 | 162 | 35.0 | 75.0 |
| 500 | 235 | 147 | 36.0 | 75.0 |
| 550 | 172 | 132 | 30.0 | 75.5 |
| 600 | 137 | 98 | 34.5 | 76.0 |

## 8.7　拓展阅读

### 1. 铁摩辛柯梁理论[22]

铁摩辛柯于 1921 年提出了两广义位移深梁理论，为了更准确地描述深梁的变形和应力分布，铁摩辛柯在这一理论中通过引入两个广义位移参数——挠曲位移和纵向切变位移，改进了对深梁结构的分析方法，允许深梁的挠曲和切变位移可以同时存在。该理论为描述深梁的变形和应力分布提供了更准确的方法，特别是在高应力或高变形情况下。正是由于铁摩辛柯的学术思想是用工程师看得懂的数学介绍力学知识，使得铁摩辛柯梁理论简单、求解方便、应用最广而在众多深梁理论中脱颖而出成为经典。

2. 无限大平板应力集中基尔斯解[23]

1898 年，基尔斯在德国第 39 届工程学会一般会议上发表了他关于无限大体中含圆孔时孔口应力分布的成果。他首先回顾了拉梅-克拉珀龙解（外边界条件的轴对称部分的求解），并将其推广到无限大板开圆孔问题，但也指出了这种条件在实际工程中的有限性。基尔斯解中圆孔周边应力最大为远端应力的 3 倍，即圆孔的应力集中系数等于 3。当需要在结构开多个孔时，孔间的距离应在 3 倍半径之上，这样就可近似忽略两孔之间的相互影响。无限大平板应力集中基尔斯解的意义不仅在于为解决工程上的开孔问题提供了依据，也为断裂力学奠定了发展基础。

3. 圣维南对柱体扭转问题的贡献[24]

1853 年，圣维南向法国科学院提出了关于扭转的研究报告，其中提到的半逆解法，只要假定位移和力的一些特征，即可推出这些量的其余特征使其能满足所有的弹性方程，于是他作出了计算各种截面形状的棱柱杆受扭和受弯的解析式。1855 年用半逆解法求解出了柱体的扭转和弯曲问题，并提出了著名的圣维南原理。圣维南原理所描述的现象不仅存在于固体力学中，在流体力学、传热学、电磁学等领域也存在。这一原理放松边界条件，使问题得到简化，在实践中被工程力学以及相关的学科分支广泛应用。

## 8.8 重点内容的板书讲解

半逆解法求解过程

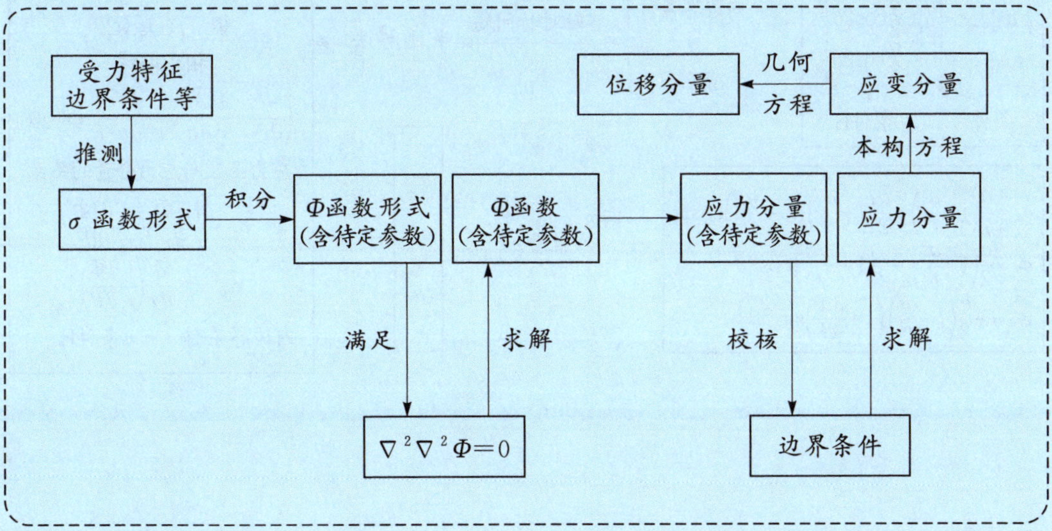

## 旋转圆盘问题求解过程

**平衡方程**

$$\frac{\partial \sigma_r}{\partial r}+\frac{\sigma_r-\sigma_\theta}{r}=-\rho\omega r^2$$

**几何方程**

$$\varepsilon_r=\frac{\partial u_r}{\partial r},\varepsilon_\theta=\frac{u_r}{r},\gamma_{r\theta}=0$$

**本构方程**

$$\varepsilon_r=\frac{1}{E}(\sigma_r-\nu\sigma_\theta),\varepsilon_\theta=\frac{1}{E}(\sigma_\theta-\nu\sigma_r)$$

↓

**待求应力分量**

$$\sigma_r=C_1+\frac{C_2}{r^2}-\frac{3+\nu}{8}\rho\omega^2r^2$$

$$\sigma_\theta=C_1-\frac{C_2}{r^2}-\frac{1+3\nu}{8}\rho\omega^2r^2$$

\+ **边界条件**

实心圆盘

$$\sigma_r|_{r=b}=F_r=0$$

空心圆盘

$$\sigma_r|_{r=a}=\sigma_r|_{r=b}=0$$

→ **应力分量**

实心圆盘

$$\sigma_r=\frac{3+\nu}{8}\rho\omega^2(b^2-r^2)$$

$$\sigma_\theta=\frac{3+\nu}{8}\rho\omega^2\left(b^2-\frac{1+3\nu}{3+\nu}r^2\right)$$

空心圆盘

$$\sigma_r=\frac{3+\nu}{8}\rho\omega^2\left(b^2+a^2-\frac{a^2b^2}{r^2}-r^2\right)$$

$$\sigma_\theta=\frac{3+\nu}{8}\rho\omega^2\left(b^2+a^2+\frac{a^2b^2}{r^2}-\frac{1+3\nu}{3+\nu}r^2\right)$$

## 小孔应力集中问题求解过程

**边界条件**

内边界条件

$$\sigma_r|_{r=a}=0$$

$$\tau_{r\theta}|_{r=a}=0$$

外边界条件

$$\sigma_r|_{r=b}=\frac{q}{2}+\frac{q}{2}\cos2\theta$$

$$\tau_{r\theta}|_{r=b}=0-\frac{q}{2}\sin2\theta$$

条件A（$\frac{q}{2}$，0） 条件B（$\frac{q}{2}\cos2\theta$，$-\frac{q}{2}\sin2\theta$）

内边界条件 + 条件A → 轴对称问题 →

$$\sigma_{r1}=\frac{1-\frac{a^2}{r^2}}{1-\frac{a^2}{b^2}}\frac{q}{2}\qquad\sigma_{\theta1}=\frac{1+\frac{a^2}{r^2}}{1-\frac{a^2}{b^2}}\frac{q}{2}\qquad\tau_{r\theta1}=0$$

内边界条件 + 条件B → 非轴对称问题 → 半逆解法 →

**假设应力函数**

$$\Phi=f(r)\cos2\theta$$

**相容条件**

$$\left(\frac{\partial^2}{\partial r^2}+\frac{1}{r}\frac{\partial}{\partial r}+\frac{1}{r^2}\frac{\partial^2}{\partial\theta^2}\right)^2\Phi=0$$

**应力函数与应力分量的关系**

$$\sigma_r=\frac{1}{r}\frac{\partial\Phi}{\partial r}+\frac{1}{r^2}\frac{\partial^2\Phi}{\partial\theta^2}$$

$$\tau_{r\theta}=-\frac{\partial}{\partial r}\left(\frac{1}{r}\frac{\partial\Phi}{\partial\theta}\right)$$

内边界条件 + 条件B

→ $\sigma_{r2}$，$\sigma_{\theta2}$，$\tau_{r\theta2}$

→ 与$\sigma_{r1}$，$\sigma_{\theta1}$，$\tau_{r\theta1}$线性叠加 →

$$\sigma_r=\frac{q}{2}\left(1-\frac{a^2}{r^2}\right)+\frac{q}{2}\left(1-\frac{a^2}{r^2}\right)\left(1-\frac{3a^2}{r^2}\right)\cos2\theta$$

$$\sigma_\theta=\frac{q}{2}\left(1+\frac{a^2}{r^2}\right)-\frac{q}{2}\left(1+3\frac{a^4}{r^4}\right)\cos2\theta$$

$$\tau_{r\theta}=-\frac{q}{2}\left(1-\frac{a^2}{r^2}\right)\left(1+\frac{3a^4}{r^4}\right)\sin2\theta$$

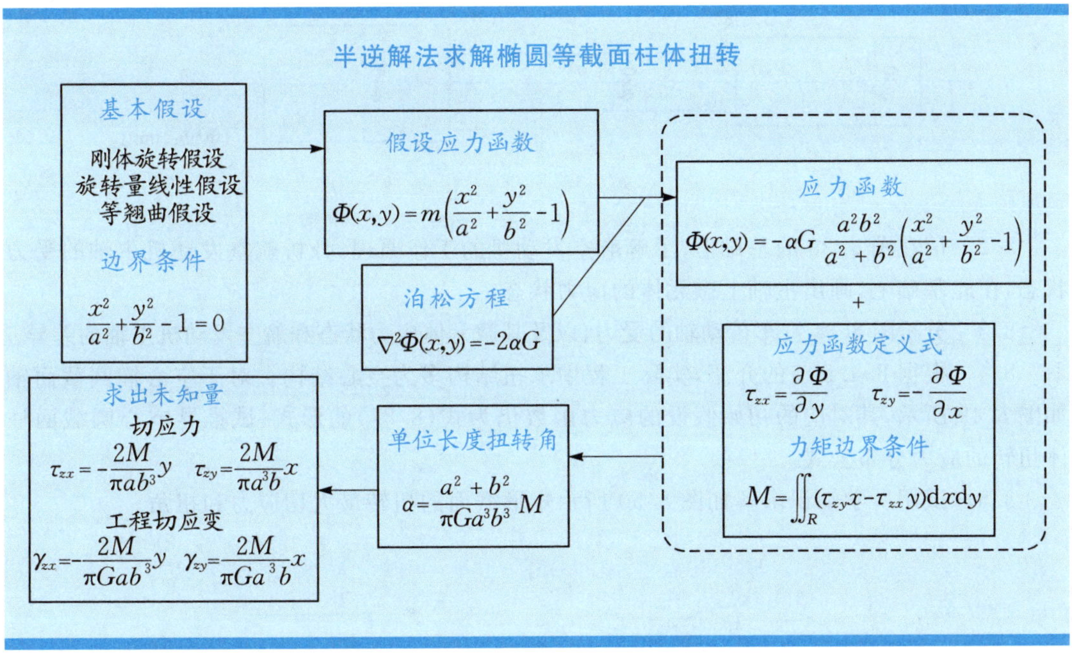


## 思考题

8.1 在使用玻璃刀切割玻璃的过程中,应力集中现象是如何体现的?

8.2 试列举应力集中现象在实际工程应用中的具体体现。

8.3 对比说明深梁和材料力学中梁的应力分布有何差异。

8.4 请说明工程中打孔止裂的力学原理。

8.5 工程应用中,常根据梁的受载情况,依据梁理论对截面进行优化,例如,工字形、T字形截面梁、等强度梁,请再举出此类应用实例。

8.6 实际工作时,涡轮盘除了承受离心载荷,还会承受温度载荷,往往盘缘温度高,盘心温度低,这样的温度载荷对盘缘和盘心的周向应力的大小会分别产生怎样的影响?

8.7 工程上使用的花键在工作中会产生翘曲吗?试简述理由。

8.8 薄壁筒扭转时筒中间段处于纯剪切应力状态,那么厚壁筒扭转时筒中间段处于什么应力状态?

第 8 章自测题

## 习题

8.1 如图 8.48 所示的阶梯轴,其材料的强度极限为 427 MPa,试求轴两端所能施加的最大拉力。

图 8.48

8.2　请在图 8.33 的基础上，了解航空发动机的工作原理，分析航空发动机主轴的受力状态，在此基础上，画出主轴上微元体的应力状态。

8.3　分析图 8.34 汽车传动轴的受力，以及其微元体应力状态和航空发动机主轴的差异。

8.4　根据 8.4.5 节的介绍，实际工程中承扭结构多为空心结构。对于空心椭圆截面轴如图 8.49 所示，其对应的初始假设的应力函数仍为式(8.87)的形式，试推导空心圆截面柱体扭转的应力分布公式。

8.5　试用所学知识求解如图 8.50 所示矩形截面的扭转最大切应力和扭角。

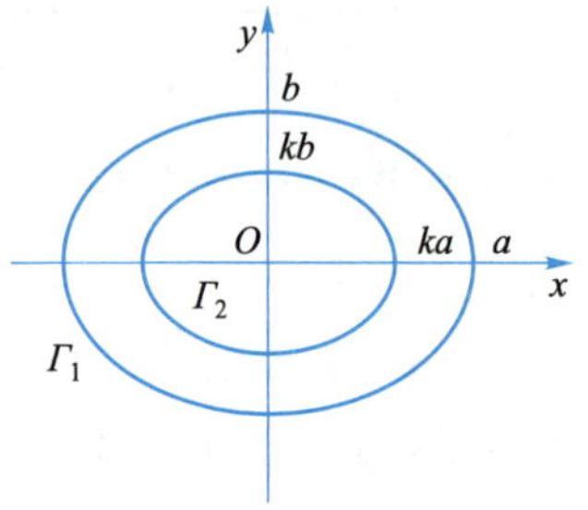


图 8.49

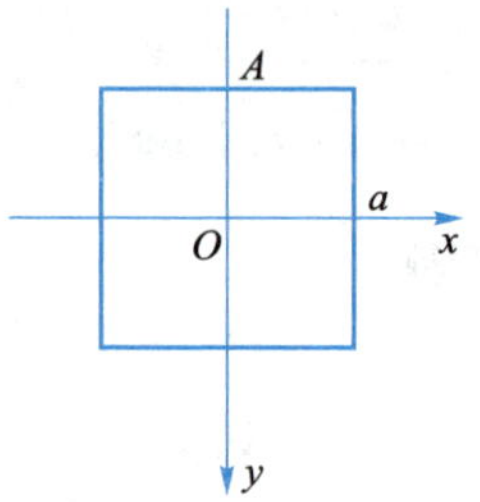


图 8.50

8.6　试确定应力函数 $\varphi=cr^2(\cos 2\theta-\cos 2\alpha)$中的常数 $c$。使其满足图 8.51 所示的条件：

(1) 在 $\theta=\alpha$ 面上，$\sigma_\theta=0$，$\tau_{r\theta}=s$；

(2) 在 $\theta=-\alpha$ 面上，$\sigma_\theta=0$，$\tau_{r\theta}=-s$，并证明楔顶没有集中力与力偶作用。

8.7　设单位厚度的悬臂梁在左端受到集中力和力矩作用，体力可以不计，$l\gg h$，如图 8.52 所示，试用应力函数 $\Phi=Axy+By^2+Cy^3+Dxy^3$ 求解应力分量。

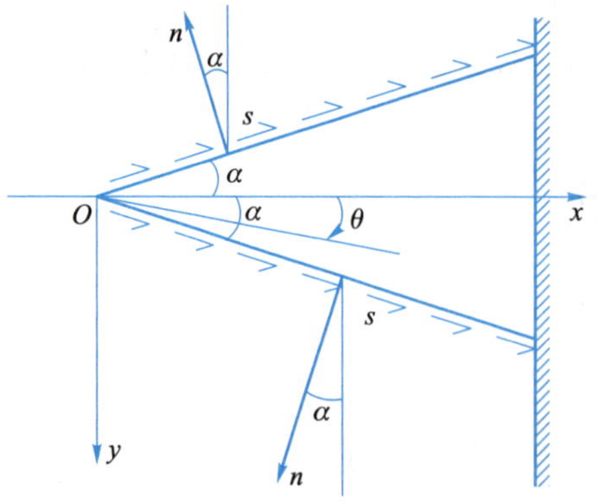


图 8.51

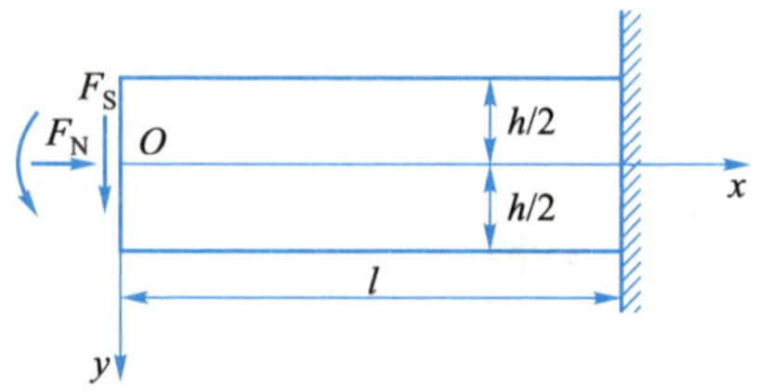


图 8.52

8.8　采用逆解法，考查以下应力分布满足何种二维问题的求解结果：

$$\sigma_x = Axy, \quad \tau_{xy} = B + Cy^2, \quad \sigma_y = 0$$

其中，$A$、$B$、$C$ 均为常数。

(1) 证明 $C = -A/2$。

(2) 假设平面直角坐标系中的梁，其范围可表示为 $0 < x < l$，$-h < y < h$，证明上述应力分布为梁在某种端部载荷下的求解结果。

8.9　工程中设计实心轮盘型面时，为了达到最小重量，将轮盘设计成等强度的剖面形式，在一定的转速下有等强度条件：

$$\sigma_r = \sigma_\theta = \sigma = \text{const}$$

设旋转圆盘的厚度 $h$ 为 $r$ 的函数，$r=0$ 时厚度为 $h_0$，试根据微元体平衡方程：

$$r\frac{d(h\sigma_r)}{hdr} + \sigma_r - \sigma_\theta + \rho\omega^2 r^2 = 0$$

推导厚度 $h$ 的函数表达式。

8.10　如图 8.53 所示的带孔圆盘，厚度为 6 mm，内孔边与轴固定，并与轴一起绕 $O$ 点旋转。盘材料的强度极限为 427 MPa，试求轴能旋转的最大转速。

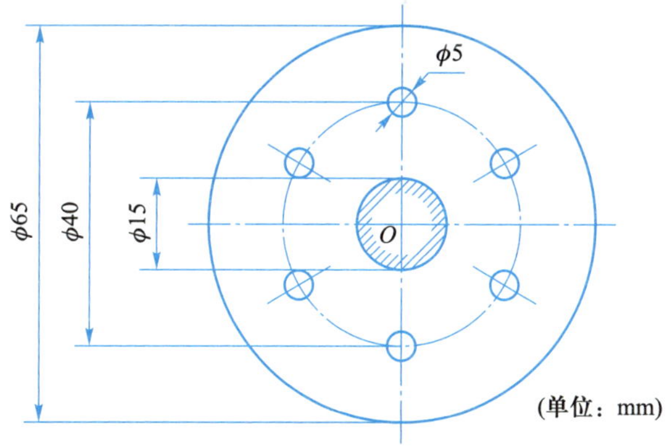


图 8.53

8.11　如图 8.54 所示，两个耳片通过铆钉固连在一起，耳片两端分别施加 $q = 500$ N/m 的均布载荷。试分别求耳片铆钉孔和铆钉的最大应力。

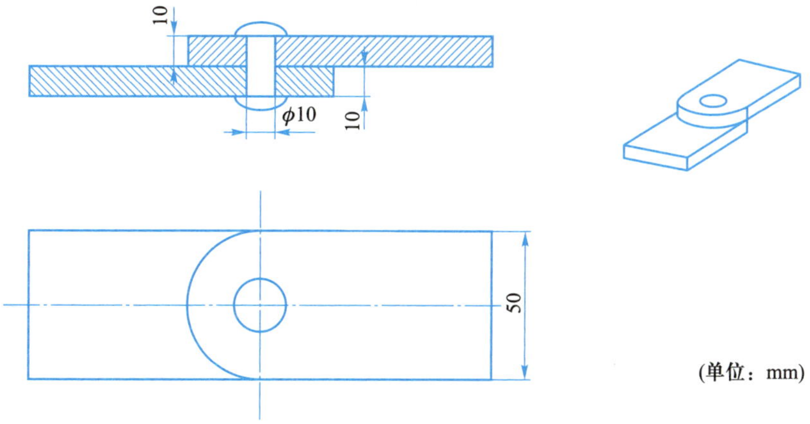


图 8.54

# 第 9 章 平面问题的复变函数解法

## 学习目标

掌握并理解使用复变函数对弹性力学平面问题中应力函数和边界条件的化简和表示；了解极坐标中应力和位移的复变函数表示和保角变换；掌握具有单孔的无限大弹性体和椭圆孔口弹性体的复变函数解；了解裂纹尖端应力集中和无限大体多连通域的复变函数解。

## 重点难点

双调和方程的复变函数形式；边界条件的表达；应力和位移的复变函数表示；单孔的无限大弹性体和椭圆孔口弹性体的复变函数解；复变函数在断裂力学中的应用。

## 思维导图

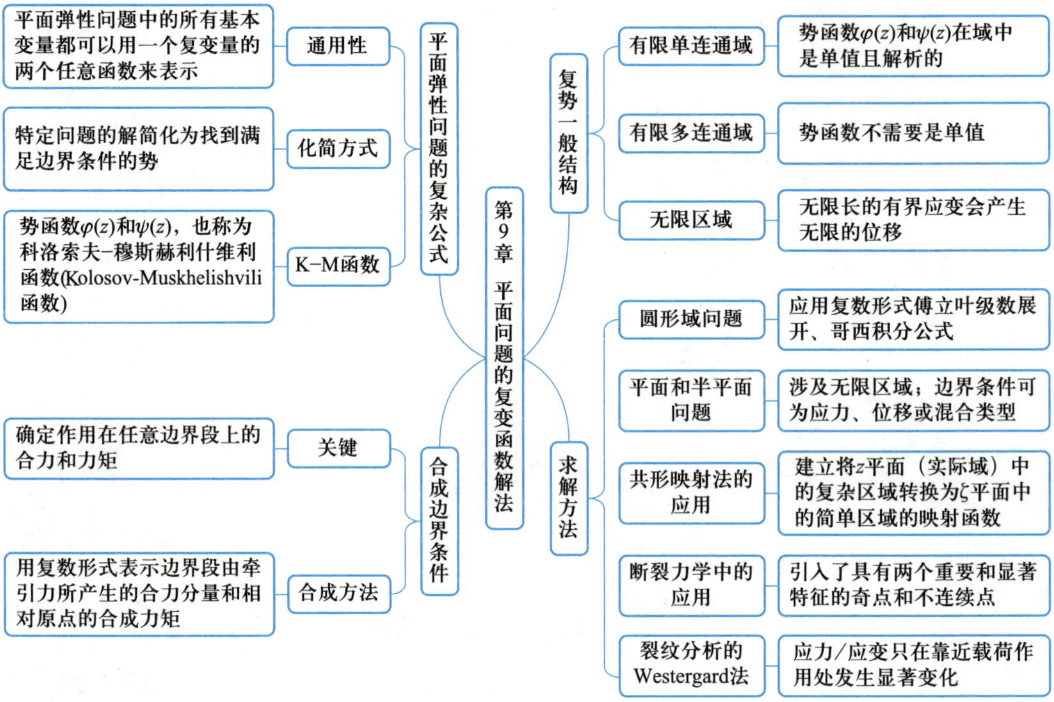
第9章 平面问题的复变函数解法
平面弹性问题的复杂公式
通用性
平面弹性问题中的所有基本变量都可以用一个复变量的两个任意函数来表示
化简方式
特定问题的解简化为找到满足边界条件的势
K-M函数
势函数φ(z)和ψ(z)，也称为科洛索夫–穆斯赫利什维利函数(Kolosov-Muskhelishvili函数)
合成边界条件
关键
确定作用在任意边界段上的合力和力矩
合成方法
用复数形式表示边界段由牵引力所产生的合力分量和相对原点的合成力矩
复势一般结构
有限单连通域
势函数φ(z)和ψ(z)在域中是单值且解析的
有限多连通域
势函数不需要是单值
无限区域
无限长的有界应变会产生无限的位移
求解方法
圆形域问题
应用复数形式傅立叶级数展开、哥西积分公式
平面和半平面问题
涉及无限区域；边界条件可为应力、位移或混合类型
共形映射法的应用
建立将z平面（实际域）中的复杂区域转换为ζ平面中的简单区域的映射函数
断裂力学中的应用
引入了具有两个重要和显著特征的奇点和不连续点
裂纹分析的Westergard法
应力/应变只在靠近载荷作用处发生显著变化

**科洛索夫**

(Gury Vasilievich Kolosov, 1867—1936)

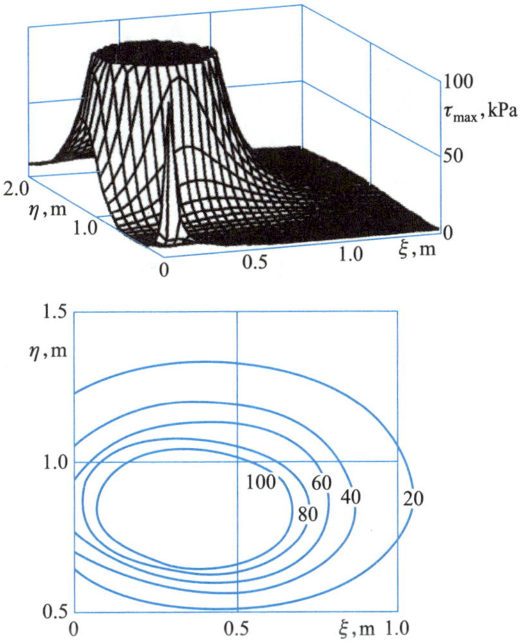


**椭圆形孔口应力集中问题的求解**

It will know be shown that every biharmonic function U(x, y) of the two variables x, y may be represented in a very simple manner by the help of two function of the complex variable z=x+iy.

——Gury Vasilievich Kolosov

1909 年，科洛索夫在研究开椭圆形孔口应力集中问题时，首次将应力分量和位移分量表示为两个复变函数，用于求解二维弹性力学问题。这一开创性工作开启了平面弹性力学问题的复变函数解法研究的大门，标志着弹性力学复变函数解法的诞生。复变函数解法将常体力问题中的应力函数表达为两个复平面的势函数，基于保角变换将势函数由复平面变换至标准平面，结合边界条件求解标准平面上的势函数，并基于保角变换的逆变换确定复平面上的势函数，最终结合应力函数定义确定应力分量与位移分量。

## 9.1 概述

弹性力学平面问题的求解本质上是求解应力函数，在本书的第 7 章中首先求解实数的应力函数，然后根据应力函数和应力分量的关系求得应力，之后借助几何方程和本构方程得到应变和位移。而对于几何形状特殊、边界形状复杂的平面问题，应用实函数解法往往难以确定适当的应力函数表达形式，例如复杂几何孔口应力集中或裂纹尖端应力集中等问题，导致其应用受限。

弹性力学应力解法的基本方程是双调和方程，问题求解的关键是建立满足边界条件的双调和函数。对于复变函数解，重要问题是将双调和函数表达为复变函数形式。本节首先将双调和方程表示为复变函数形式，然后通过积分用解析函数表示双调和函数，而该双调和函数满足“应力函数为实函数”的前提条件，因此函数虚部等于零。

弹性力学平面问题的复变函数解法的求解过程可归纳为以下步骤：

(1) 依据弹性体几何特征，确定保角变换关系式；

(2) 依据保角变换关系，推导 $\zeta$ 平面上势函数 $\varphi(\zeta)$ 和 $\psi(\zeta)$ 的表达形式；

(3) 依据势函数，推导应力分量、位移分量的表达形式；

(4) 代入边界条件，应用柯西积分公式，确定 $\zeta$ 平面上势函数；

(5) 依据保角变换的逆变换关系，确定 $z$ 平面上势函数的表达形式 $\varphi_1(z)$ 和 $\psi_1(z)$；

(6) 依据应力、位移分量与势函数的关系，确定应力、位移分量表达式。

具体流程如图 9.1 所示。

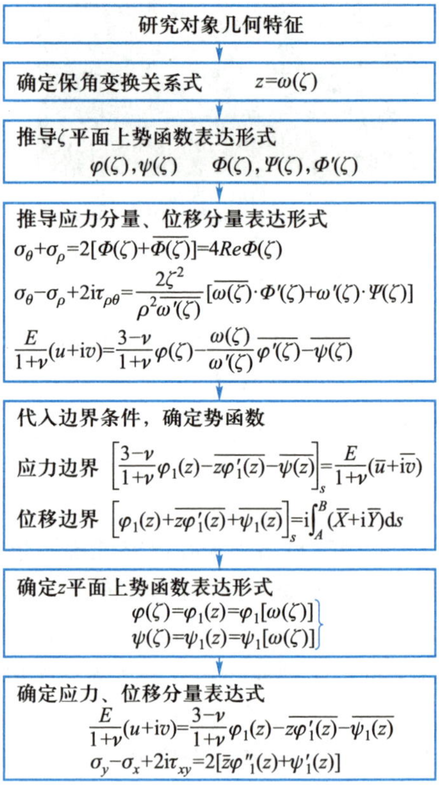


图 9.1 弹性力学平面问题复变函数解法的求解步骤

## 9.2 应力函数的复变函数表示

对于常体力的平面问题，一定存在一个应力函数 $U$（在本章中采用 $U$ 表示应力函数，$\Phi$ 另有他用)，是坐标 $x$、$y$ 的双调和函数。引用复数 $z=x+iy$ 及其共轭复数 $\bar{z}=x-iy$，结合式(2-81)得到变换式

$$\begin{cases}\dfrac{\partial^2}{\partial x^2}=\dfrac{\partial^2}{\partial z^2}+2\dfrac{\partial^2}{\partial z\partial \bar{z}}+\dfrac{\partial^2}{\partial \bar{z}^2}\\ \dfrac{\partial^2}{\partial y^2}=-\dfrac{\partial^2}{\partial z^2}+2\dfrac{\partial^2}{\partial z\partial \bar{z}}-\dfrac{\partial^2}{\partial \bar{z}^2}\end{cases} \tag{9-1}$$

$$\frac{\partial^2}{\partial x^2}+\frac{\partial^2}{\partial y^2}=4\frac{\partial^2}{\partial z\partial \bar{z}} \tag{9-2}$$

将上述各式代入相容方程$\nabla^4 U=0$，则有

$$\frac{\partial^4 U}{\partial z^2\partial \bar{z}^2}=0 \tag{9-3}$$

将式(9－3)对$z$和$\bar{z}$各积分两次，得

$$U=f_1(z)+\bar{z}f_2(z)+f_3(\bar{z})+zf_4(\bar{z}) \tag{9-4}$$

其中$f_1(z)$、$f_2(z)$、$f_3(\bar{z})$、$f_4(\bar{z})$均为表示任意函数。

弹性力学平面问题中的应力函数$U$是实函数，式右边四项必须两两共轭，即

$$\begin{cases}f_3(\bar{z})=\overline{f_1(z)}\\ f_4(\bar{z})=\overline{f_2(z)}\end{cases} \tag{9-5}$$

于是式(9－4)成为

$$\Phi=f_1(z)+\bar{z}f_2(z)+\overline{f_1(z)}+z\overline{f_2(z)} \tag{9-6}$$

将$f_1(z)$和$f_2(z)$分别改写成$\dfrac{1}{2}\theta_1(z)$和$\dfrac{1}{2}\varphi_1(z)$，即古萨(Goursat)公式，则

$$U=\frac{1}{2}[\bar{z}\varphi_1(z)+z\overline{\varphi_1(z)}+\theta_1(z)+\overline{\theta_1(z)}] \tag{9-7}$$

或写成

$$U=\mathrm{Re}[\bar{z}\varphi_1(z)+\theta_1(z)] \tag{9-8}$$

可见，在常体力的平面问题中，应力函数$U$总可以用复数$z$的两个解析函数$\varphi_1(z)$和$\theta_1(z)$表示，势函数$\varphi_1(z)$和$\theta_1(z)$称为科洛索夫－穆斯赫利什维利函数(Kolosov-Muskhelishvili函数)，简称K－M函数，均为单值解析函数。

## 9.3 应力和位移的复变函数表示

在第5章中已详细介绍了基于应力函数的平面问题求解过程。在不计体力时，应力分量可写为

$$\begin{cases}\sigma_x=\dfrac{\partial^2 U}{\partial y^2}\\ \sigma_y=\dfrac{\partial^2 U}{\partial x^2}\\ \tau_{xy}=-\dfrac{\partial^2 U}{\partial x\partial y}\end{cases} \tag{9-9}$$

由式(9－2)和式(9－7)可得

$$\sigma_y+\sigma_x=2[\varphi_1'(z)+\overline{\varphi_1'(z)}]=4\mathrm{Re}[\varphi_1'(z)] \tag{9-10}$$

而由式(2－81)和式(9－7)可得

$$\sigma_y-\sigma_x+2\mathrm{i}\tau_{xy}=2[\bar{z}\varphi_1''(z)+\theta_1''(z)] \tag{9-11}$$

引用另一个解析函数 $\psi_1(z)=\theta_1'(z)$，则上式可写成

$$\sigma_y-\sigma_x+2\mathrm{i}\tau_{xy}=2[\bar{z}\varphi_1''(z)+\psi_1'(z)] \tag{9-12}$$

式(9－10)和式(9－12)就是应力分量的复变函数表示式。在已知解析函数 $\varphi_1(z)$ 和 $\psi_1(z)$ 的前提下，可将式(9－12)右边的实部和虚部分开，由实部求得 $\sigma_y-\sigma_x$，由虚部求得 $\tau_{xy}$，并将前者与由式(9－10)给出的 $\sigma_y+\sigma_x$ 联立，便可求得 $\sigma_y$ 和 $\sigma_x$。

由几何方程和物理方程有

$$\frac{\partial u}{\partial x}=\frac{1}{E}(\sigma_x-\nu\sigma_y)=\frac{1}{E}[(\sigma_x+\sigma_y)-(1+\nu)\sigma_y] \tag{9-13}$$

$$\frac{\partial v}{\partial y}=\frac{1}{E}(\sigma_y-\nu\sigma_x)=\frac{1}{E}[(\sigma_x+\sigma_y)-(1+\nu)\sigma_x] \tag{9-14}$$

$$\frac{\partial v}{\partial x}+\frac{\partial u}{\partial y}=\frac{2(1+y)}{E}\tau_{xy} \tag{9-15}$$

将式(9－10)代入式(9－13)，并应用 $\sigma_x$ 的应力函数表达形式，有

$$\frac{\partial u}{\partial x}=\frac{1}{E}\left\{2[\varphi_1'(z)+\overline{\varphi_1'(z)}]-(1+\nu)\frac{\partial^2 U}{\partial x^2}\right\} \tag{9-16}$$

上式可改写成

$$\frac{\partial u}{\partial x}=\frac{1}{E}\left\{2\frac{\partial}{\partial x}[\varphi_1(z)+\overline{\varphi_1(z)}]-(1+\nu)\frac{\partial^2 U}{\partial x^2}\right\} \tag{9-17}$$

对 $x$ 积分，得

$$u=\frac{1}{E}\left\{2[\varphi_1(z)+\overline{\varphi_1(z)}]-(1+\nu)\frac{\partial U}{\partial x}+f_1(y)\right\} \tag{9-18}$$

其中 $f_1(y)$ 为 $y$ 的任意函数。

同样，由式(9－14)可得

$$v=\frac{1}{E}\left\{-2\mathrm{i}[\varphi_1(z)-\overline{\varphi_1(z)}]-(1+\nu)\frac{\partial U}{\partial y}+f_2(x)\right\} \tag{9-19}$$

其中 $f_2(x)$ 为 $x$ 的任意函数。

将式(9－18)和式(9－19)代入式(9－15)，再应用 $\tau_{xy}$ 的应力函数表达形式可得

$$\frac{\mathrm{d}f_2(x)}{\mathrm{d}x}+\frac{\mathrm{d}f_1(y)}{\mathrm{d}y}=0 \tag{9-20}$$

移项后，有

$$-\frac{\mathrm{d}f_1(y)}{\mathrm{d}y}=\frac{\mathrm{d}f_2(x)}{\mathrm{d}x} \tag{9-21}$$

方程左边是 $y$ 的函数，而右边是 $x$ 的数。因此，只可能两边都等于同一常数 $\omega$。于是得

$$\begin{cases}\dfrac{\mathrm{d}f_1(y)}{\mathrm{d}y}=-\omega\\[2ex]\dfrac{\mathrm{d}f_2(x)}{\mathrm{d}x}=\omega\end{cases} \tag{9-22}$$

积分以后，得到刚体位移

$$
\begin{cases} f_1(y)=u_0-\omega y \\ f_2(x)=v_0+\omega x \end{cases} \tag{9-23}
$$

不计刚体位移，由式(9－17)和式(9－18)得

$$
u+\mathrm{i}v=\frac{1}{E}\left[4\varphi_1(z)-(1+\nu)\left(\frac{\partial\Phi}{\partial x}+\mathrm{i}\frac{\partial\Phi}{\partial y}\right)\right] \tag{9-24}
$$

按式(9－7)，有：

$$
\frac{\partial U}{\partial x}+\mathrm{i}\frac{\partial U}{\partial y}=\varphi_1(z)+z\overline{\varphi_1'(z)}+\overline{\psi_1(z)} \tag{9-25}
$$

代入式(9－24)，得

$$
\frac{E}{1+\nu}(u+\mathrm{i}v)=\frac{3-\nu}{1+\nu}\varphi_1(z)-z\overline{\varphi_1'(z)}-\overline{\psi_1(z)} \tag{9-26}
$$

上式就是位移分量的复变函数表示式。如已知函数 $\varphi_1(z)$ 和 $\psi_1(z)$，就可将该式右边的实部和虚部分开，便可求得 $u$ 和 $v$。对于平面应变问题，需将式中的 $E$ 和 $\nu$ 分别换为 $\frac{E}{1-\nu^2}$ 和 $\frac{\nu}{1-\nu}$。

## 9.4 边界条件的复变函数表示

设图 9.2 中的曲线 $AB$ 表示任一段边界，其外法线为 $N$，作用在 ds 上的面力为 $\bar{X}$ 和 $\bar{Y}$。由图可见

$$
\begin{cases} l=\dfrac{\mathrm{d}y}{\mathrm{d}s} \\ m=-\dfrac{\mathrm{d}x}{\mathrm{d}s} \end{cases} \tag{9-27}
$$

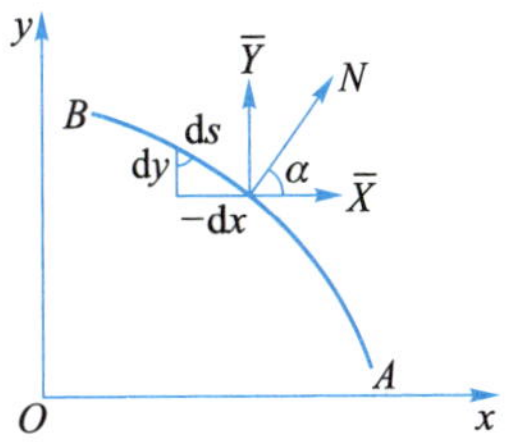


图 9.2 边界 $AB$ 上的面力分量

代入应力分量和面力分量的求解关系式，有

$$
\begin{cases} \bar{X}=l\left(\dfrac{\partial^2 U}{\partial y^2}\right)_s-m\left(\dfrac{\partial^2 U}{\partial x\partial y}\right)_s=\dfrac{\mathrm{d}y}{\mathrm{d}s}\left(\dfrac{\partial^2 U}{\partial y^2}\right)_s+\dfrac{\mathrm{d}x}{\mathrm{d}s}\left(\dfrac{\partial^2 U}{\partial x\partial y}\right)_s=\dfrac{\mathrm{d}}{\mathrm{d}s}\left(\dfrac{\partial U}{\partial y}\right)_s \\ \bar{Y}=m\left(\dfrac{\partial^2 U}{\partial x^2}\right)_s-l\left(\dfrac{\partial^2 U}{\partial x\partial y}\right)_s=-\dfrac{\mathrm{d}x}{\mathrm{d}s}\left(\dfrac{\partial^2 U}{\partial x^2}\right)_s-\dfrac{\mathrm{d}y}{\mathrm{d}s}\left(\dfrac{\partial^2 U}{\partial x\partial y}\right)_s=-\dfrac{\mathrm{d}}{\mathrm{d}s}\left(\dfrac{\partial U}{\partial x}\right)_s \end{cases} \tag{9-28}
$$

进而写成复数形式

$$
\bar{X}+\mathrm{i}\bar{Y}=\frac{\mathrm{d}}{\mathrm{d}s}\left(\frac{\partial U}{\partial y}\right)_s-\mathrm{i}\frac{\mathrm{d}}{\mathrm{d}s}\left(\frac{\partial U}{\partial x}\right)_s=-\mathrm{i}\frac{\mathrm{d}}{\mathrm{d}s}\left(\frac{\partial U}{\partial x}+\mathrm{i}\frac{\partial U}{\partial y}\right) \tag{9-29}
$$

将式(9－24)代入，在左右两边乘以 ids，沿边界从 $A$ 点到 $B$ 点积分，有

$$
\left[\varphi_1(z)+z\overline{\varphi_1{}'(z)}+\overline{\psi_1(z)}\right]_A^B=\mathrm{i}\int_A^B(\bar{X}+\mathrm{i}\bar{Y})\mathrm{d}s \tag{9-30}
$$

如将 $A$ 点当作边界上选定的基点，把 $B$ 点作为边界上的任意点，则上式可写成

$$[\varphi_1(z)+z\overline{\varphi_1'(z)}+\overline{\psi_1(z)}]_s-[\varphi_1(z_A)+z\overline{\varphi_1'(z_A)}+\overline{\psi_1(z_A)}]=\mathrm{i}\int_A^B(\bar{X}+\mathrm{i}\bar{Y})\mathrm{d}s \tag{9-31}$$

由式(9－10)不难看出，在函数 $\varphi_1(z)$和 $\psi_1(z)$中增加或减去一个复常数不会影响应力。因此，可以调整 $\varphi_1(z)$和 $\psi_1(z)$的常数值，使上式左边第二个方括号的积分常数被抵消，则式(9－30)可简化为

$$[\varphi_1(z)+z\overline{\varphi_1'(z)}+\overline{\psi_1(z)}]_s=\mathrm{i}\int_A^B(\bar{X}+\mathrm{i}\bar{Y})\mathrm{d}s \tag{9-32}$$

此即应力边界条件的复变函数表达形式。该式表明，$\varphi_1(z)+z\overline{\varphi_1'(z)}+\overline{\psi_1(z)}$在边界上任意点 $z$，等于基点与该点之间的面力主矢量乘以 i。对于边界上的位移边界条件

$$\begin{cases}u_s=\bar{u}\\ v_s=\bar{v}\end{cases} \tag{9-33}$$

其中 $\bar{u}$ 及 $\bar{v}$ 为边界上的已知位移，则由式(9－25)得到

$$\left[\frac{3-\nu}{1+\nu}\varphi_1(z)-z\overline{\varphi_1{}'(z)}-\overline{\psi(z)}\right]_s=\frac{E}{1+\nu}(\bar{u}+\mathrm{i}\bar{v}) \tag{9-34}$$

此即位移边界条件的复变函数表达形式。对于平面应变问题，需将式中的 $E$ 和 $\nu$ 分别换为$\dfrac{E}{1-\nu^2}$和$\dfrac{\nu}{1-\nu}$。

## 9.5 无限大多连体的单值条件

一般情况下，多连体(图 9.3)有 $m$ 个内边界 $s_1,s_2,\cdots,s_k,\cdots s_m$ 和一个外边界 $s_{m+1}$。为了简单起见，先考虑仅有一个内边界 $s_k$ 和一个外边界 $s_{m+1}$ 的情形。这时，复变函数 $\varphi_1(z)$和 $\psi_1(z)$可能表现为多值的，但应力分量必须是单值的。由式(9－10)可知，$\varphi_1'(z)$的实部必须是单值的，而它的虚部不一定是单值的。设在环绕内边界 $s_k$ 一周后，$\varphi_1'(z)$的虚部有一个虚数增量 $2\pi\mathrm{i}A_k$，其中 $A_k$ 是实数。

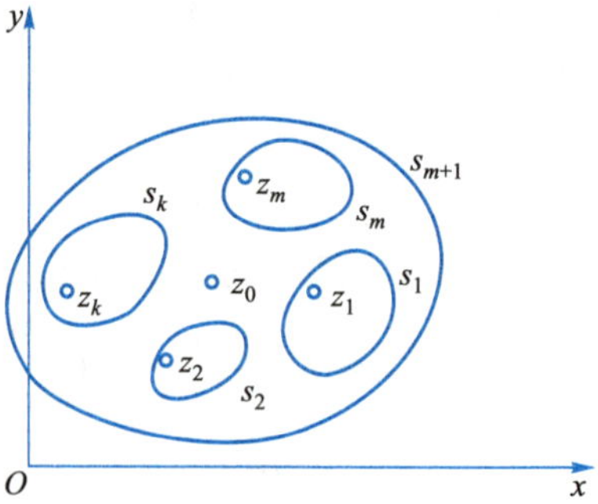

图 9.3　多连体示意图

取复变函数

$$\varphi_1'(z)=A_k\ln(z-z_k)+\varphi_{1*}'(z) \tag{9-35}$$

环绕 $s_k$ 一周后，式中右边的第一项将有增量 $2\pi\mathrm{i}A_k$，第二项 $\varphi_{1*}'(z)$是多连体中的单值解析函数。对 $z$ 积分，得

$$\varphi_1(z)=A_k[(z-z_k)\ln(z-z_k)-(z-z_k)]+\int_{z_0}^z\varphi_{1*}'(z)\mathrm{d}z+c(\text{常数}) \tag{9-36}$$

其中 $z_0$ 为弹性体之内的任意点。环绕一周后，积分 $\int_{z_0}^z\varphi_{1*}'(z)\mathrm{d}z$ 可能有一个增量 $2\pi\mathrm{i}C_k$，其中 $C_k$ 一般为复数。可将积分写成

$$\int_{z_0}^{z} \varphi'_{1^*}(z)\mathrm{d}z = C_k \ln(z - z_k) + s_0 \tag{9-37}$$

式中，$s_0$ 为单值解析函数，注意 $A_k(z-z_k)$ 是单值解析函数，得

$$\varphi_1(z) = A_k z \ln(z - z_k) + \gamma_k \ln(z - z_k) + \varphi_{1^*}(z) \tag{9-38}$$

其中 $\varphi_{1^*}(z)$ 是多连体中的单值解析函数，$\gamma_k = C_k - A_k z_k$。再按式(9-12)可知，$\psi'_1(z)$ 是多连体中的单值解析函数。类比式(9-38)的推导过程，有

$$\psi_1(z) = \gamma'_k \ln(z - z_k) + \psi_{1^*}(z) \tag{9-39}$$

式中，$\gamma'_k$ 为复数；$\psi_{1^*}(z)$ 是多连体中的单值解析函数。在逆时针方向环绕 $s_k$ 一周后，表达式 $\dfrac{E}{1+\nu}(u+\mathrm{i}v)$ 得到增量 $2\pi\mathrm{i}\left[\left(\dfrac{3-\nu}{1+\nu}+1\right)A_k z + \dfrac{3-\nu}{1+\nu}\gamma_k + \overline{\gamma'_k}\right]$，于是，位移的单值条件为

$$\begin{cases} A_k = 0 \\ \dfrac{3-\nu}{1+\nu}\gamma_k + \overline{\gamma'_k} = 0 \end{cases} \tag{9-40}$$

式中常数 $\gamma_k$ 和 $\gamma'_k$ 可用内边界上 $s_k$ 的面力来表示。将式(9-30)用于内边界 $s_k$ 上，令 $B$ 点与 $A$ 点重合，有

$$\left[\varphi_1(z) + z\overline{\varphi'_1(z)} + \overline{\psi_1(z)}\right]_{s_k} = \mathrm{i}(\bar{X}_k + \mathrm{i}\bar{Y}_k) \tag{9-41}$$

其中 $\bar{X}_k + \mathrm{i}\bar{Y}_k$ 是作用在整个内边界 $s_k$ 上的面力主矢量。在顺时针方向环绕 $s_k$ 一周后，得

$$-2\pi\mathrm{i}(\gamma_k - \gamma_k) = \mathrm{i}(\bar{X}_k + \mathrm{i}\bar{Y}_k) \tag{9-42}$$

解得

$$\begin{cases} A_k = 0 \\ \gamma_k = -\dfrac{1+\nu}{8\pi}(\bar{X}_k + \mathrm{i}\bar{Y}_k) \\ \gamma'_k = \dfrac{3-\nu}{8\pi}(\bar{X}_k - \mathrm{i}\bar{Y}_k) \end{cases} \tag{9-43}$$

有

$$\begin{cases} \varphi_1(z) = -\dfrac{1+\nu}{8\pi}(\bar{X}_k + \mathrm{i}\bar{Y}_k)\ln(z - z_k) + \varphi_{1*}(z) \\ \psi_1(z) = \dfrac{3-\nu}{8\pi}(\bar{X}_k - \mathrm{i}\bar{Y}_k)\ln(z - z_k) + \psi_{1*}(z) \end{cases} \tag{9-44}$$

对于具有 $m$ 个内边界和一个外边界的一般多连体，上式可写成

$$\begin{cases} \varphi_1(z) = -\dfrac{1+\nu}{8\pi}\sum\limits_{k=1}^{m}(\bar{X}_k + \mathrm{i}\bar{Y}_k)\ln(z - z_k) + \varphi_{1^*}(z) \\ \phi_1(z) = \dfrac{3-\nu}{8\pi}\sum\limits_{k=1}^{m}(\bar{X}_k - \mathrm{i}\bar{Y}_k)\ln(z - z_k) + \psi_{1^*}(z) \end{cases} \tag{9-45}$$

上述结果的推导基于有限的多连体，当令外边界 $s_{m+1}$ 趋向无限远，则该多连体可成为无限大的多连体。上节的公式对于此无限大多连体的任意有限部分均适用，但要考虑解析函数 $\varphi_1(z)$ 和 $\psi_1(z)$ 在无限远处的性质。下面对无限大多连体的情况进行讨论：以坐标原点为圆心，作半径为 $R$ 的大圆周 $S_R$，将所有内边界 $s_k(k=1,2,\cdots,m)$ 包围在内。则对于 $S_R$

之外的任意点 $z$ 有 $|z|>|z_k|$，而

$$
\begin{aligned}
\left(1-\frac{z_k}{z}\right) &= \ln z+\ln\left(1-\frac{z_k}{z}\right) \\
&= \ln z-\frac{z_k}{z}-\frac{1}{2}\left(\frac{z_k}{z}\right)^2-\frac{1}{3}\left(\frac{z_k}{z}\right)^3-\cdots \\
&= \ln z+s_{k0}
\end{aligned} \tag{9-46}
$$

式中，$s_{k0}$ 是 $s_k$ 的单值解析函数。将式(9-46)带入式(9-45)中，得到

$$
\begin{cases}
\varphi_1(z)=-\dfrac{1+\nu}{8\pi}(\bar{X}+\mathrm{i}\bar{Y})\ln z+\varphi_{1**}(z) \\
\psi_1(z)=\dfrac{3-\nu}{8\pi}(\bar{X}-\mathrm{i}\bar{Y})\ln z+\psi_{1**}(z)
\end{cases} \tag{9-47}
$$

式中，$\bar{X}=\sum\limits_{k=1}^{m}\bar{X}_k$，$\bar{Y}=\sum\limits_{k=1}^{m}\bar{Y}_k$ 为 $m$ 个边界上沿 $x$ 和 $y$ 方向的面力之和；$\varphi_{1**}(z)$ 和 $\psi_{1**}(z)$ 为 $S_R$ 之外的解析函数，在 $S_R$ 外将它们展为洛朗(Laurent)级数

$$
\begin{cases}
\varphi_{1**}(z)=\sum\limits_{-\infty}^{\infty}a_n z^n \\
\psi_{1**}(z)=\sum\limits_{-\infty}^{\infty}b_n z^n
\end{cases} \tag{9-48}
$$

代入式(9-10)，得

$$
\sigma_y+\sigma_x=2\left[-\frac{1+\nu}{8\pi}(\bar{X}+\mathrm{i}\bar{Y})\frac{1}{z}-\frac{1+\nu}{8\pi}(\bar{X}-\mathrm{i}\bar{Y})\frac{1}{\bar{z}}+\sum_{-\infty}^{\infty}n(a_n z^{\pi}+\overline{a_n z^{n-1}})\right] \tag{9-49}
$$

可见，当 $|z|\to\infty$ 时，应力保持为有限值的条件是洛朗级数 $\varphi_{1**}(z)$ 和 $\psi_{1**}(z)$ 从 $n=2$ 往后的系数 $a_n$ 和 $b_n$ 等于 0，即 $a_n=0(n\geqslant 2)$，$b_n=0(n\geqslant 2)$ 。因此，有

$$
\begin{aligned}
\varphi_1(z) &= -\frac{1+\nu}{8\pi}(\bar{X}+\mathrm{i}\bar{Y})\ln z+(B+\mathrm{i}C)z+\varphi_1^0(z) \\
\psi_1(z) &= \frac{3-\nu}{8\pi}(\bar{X}-\mathrm{i}\bar{Y})\ln z+(B'+\mathrm{i}C')z+\psi_1^0(z)
\end{aligned} \tag{9-50}
$$

式中，$B$、$C$、$B'$ 和 $C'$ 为实常数；$\varphi_1^0(z)$ 和 $\psi_1^0(z)$ 为在 $S_R$ 之外的解析函数，可展成如下幂函数

$$
\begin{aligned}
\varphi_1^0(z) &= \frac{a_1}{z}+\frac{a_2}{z^2}+\cdots \\
\psi_1^0(z) &= \frac{b_1}{z}+\frac{b_2}{z^2}+\cdots
\end{aligned} \tag{9-51}
$$

考虑到常数 $B$ 和 $B'+\mathrm{i}C'$ 有物理意义，令 $|z|\to\infty$，有

$$
\begin{aligned}
\sigma_y+\sigma_x &= 4B \\
\sigma_y-\sigma_x+2\mathrm{i}\tau_{xy} &= 2(B'+\mathrm{i}C')
\end{aligned} \tag{9-52}
$$

设 $\sigma_1$ 和 $\sigma_2$ 为无限远处的主应力，$\alpha$ 为主应力 $\sigma_1$ 与 $Ox$ 轴的夹角，则

$$
\begin{aligned}
\sigma_y+\sigma_x &= \sigma_1+\sigma_2 \\
\sigma_y-\sigma_x+2\mathrm{i}\tau_{xy} &= -(\sigma_1-\sigma_2)\mathrm{e}^{-2\mathrm{i}\alpha}
\end{aligned} \tag{9-53}
$$

进一步得到

$$B=\frac{1}{4}(\sigma_1+\sigma_2)$$

$$B'+\mathrm{i}C'=-\frac{1}{2}(\sigma_1-\sigma_2)\mathrm{e}^{-2\mathrm{i}\alpha} \tag{9-54}$$

可见，常数 $B$ 与无限远处的主应力之和成正比，常数 $B+\mathrm{i}C'$ 与无限远处主应力之差或最大剪应力成正比。

## 9.6 保角变换和曲线坐标

弹性力学问题的求解有赖于边界条件的简化。对于复杂的边界形状，如果利用空间的变换，将是简化问题求解的最好途径。保角变换充分发挥复变函数的特长，将孔口问题映射到 $\zeta$ 平面的单位圆。这一节将介绍保角变换和曲线坐标的概念。由于应用保角变换，矢量-位移，张量-应力公式以及 K-M 函数等均必须做出曲线坐标描述。保角变换使问题的公式变得复杂，但是边界条件的简化以及柯西积分的应用将简化问题的分析。

保角变换的目标是：将 $z$ 平面上的孔口边界 $L$ 映射为 $\zeta$ 平面上的单位圆，将 $L$ 以外的无限区域 $S$ 映射为 $\zeta$ 平面上的单位圆内的有限区域 $\Sigma$，将 $z$ 平面上的无穷远点映射为 $\zeta$ 平面的坐标原点，如图 9.4 所示。

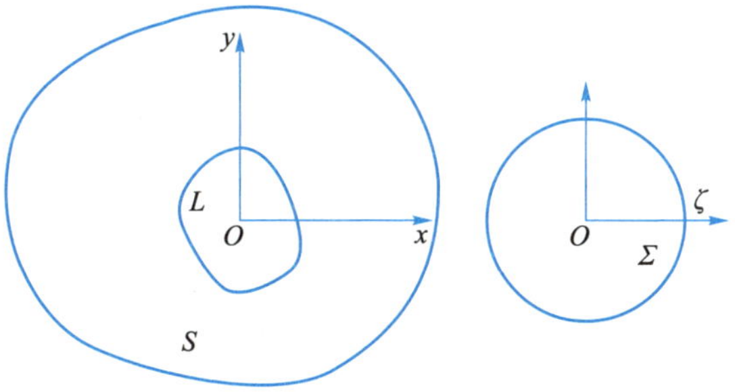


图 9.4 保角变换示意图

通过 2.4.5 节的介绍可知，利用保角映射，弹性体在 $z$ 平面上所占的区域可变换为 $\zeta$ 平面上的区域，即 $z=\omega(\zeta)$。此时，解析函数 $\varphi_1(z)$ 和 $\psi_1(z)$ 可表示为 $\zeta$ 的函数。引用记号

$$\begin{cases}\varphi(\zeta)=\varphi_1(z)=\varphi_1[\omega(\zeta)]\\ \psi(\zeta)=\psi_1(z)=\psi_1[\omega(\zeta)]\end{cases} \tag{9-55}$$

$$\begin{cases}\Phi(\zeta)=\varphi_1'(z)=\dfrac{\varphi'(\zeta)}{\omega'(\zeta)}\\ \Psi(\zeta)=\psi_1'(z)=\dfrac{\psi'(\zeta)}{\omega'(\zeta)}\\ \Phi'(\zeta)=\varphi_1''(\zeta)\omega'(\zeta)\end{cases} \tag{9-56}$$

据此，将位移分量变换为

$$\frac{E}{1+\nu}(u+\mathrm{i}v)=\frac{3-\nu}{1+\nu}\varphi(\zeta)-\frac{\omega(\zeta)}{\omega'(\zeta)}\overline{\varphi'(\zeta)}-\overline{\psi(\zeta)} \tag{9-57}$$

令位移分量在 $z$ 平面 $\rho$ 轴和 $\theta$ 轴上的投影分别为 $u_\rho$ 和 $u_\theta$，则有

$$u_\rho+\mathrm{i}u_\theta=\frac{\bar{\zeta}}{\rho}\frac{\overline{\omega'(\zeta)}}{|\omega'(\zeta)|}(u+\mathrm{i}v) \tag{9-58}$$

此时，位移分量又可以表示为

$$\frac{E}{1+\nu}(u_\rho+\mathrm{i}u_\theta)=\frac{\bar{\zeta}}{\rho}\frac{\overline{\omega'(\zeta)}}{|\omega'(\zeta)|}\left[\frac{3-\nu}{1+\nu}\varphi(\zeta)-\frac{\omega(\zeta)}{\overline{\omega'(\zeta)}}\overline{\varphi'(\zeta)}-\overline{\psi(\zeta)}\right] \tag{9-59}$$

此即曲线坐标中位移分量的复变函数表示。类似地，将应力分量表示为

$$\begin{cases}\sigma_y+\sigma_x=2[\phi(\zeta)+\overline{\phi(\zeta)}]=4\mathrm{Re}\dfrac{\varphi'(\zeta)}{\omega'(\zeta)}\\ \sigma_y-\sigma_x+2\mathrm{i}\tau_{xy}=\dfrac{2}{\omega'(\zeta)}[\overline{\omega(\zeta)}\phi'(\zeta)+\omega'(\zeta)]\end{cases} \tag{9-60}$$

在保角变换后，曲线坐标中应力分量的复变函数表示为

$$\begin{cases}\sigma_\theta+\sigma_\rho=2[\Phi(\zeta)+\overline{\Phi(\zeta)}]=4\mathrm{Re}\Phi(\zeta)\\ \sigma_\theta-\sigma_\rho+2\mathrm{i}\tau_{\rho\theta}=\dfrac{2\zeta^2}{\rho^2\overline{\omega'(\zeta)}}[\overline{\omega(\zeta)}\cdot\Phi'(\zeta)+\omega'(\zeta)\cdot\Psi(\zeta)]\end{cases} \tag{9-61}$$

## 9.7 孔口问题

设一无限大弹性体，中间开有某一形状的孔。进行保角变换时，可将弹性体在 $z$ 平面上所占的区域变换成 $\xi$ 平面上的中心单位圆。依据孔口边界变换式(2-115)，$\ln z$ 可变换成

$$\begin{aligned}\ln z&=\ln\left[\frac{R}{\zeta}(1+c_0\zeta+c_1\zeta^2-\cdots+c_n\zeta^{n+1})\right]\\&=-\ln\zeta+\ln R+\ln[1+(c_0\zeta+c_1\zeta^2+\cdots+c_n\zeta^{n+1})]\end{aligned} \tag{9-62}$$

在单位圆之内及圆周上，有 $|\zeta|\leqslant 1$，由于 $|c_0|+|c_1|+|c_2|+\cdots+|c_n|<1$，故 $|c_0\zeta+c_1\zeta^2+\cdots+c_n\zeta^n|<1$，于是

$$\begin{aligned}&\ln[1+(c_0\zeta+c_1\zeta^2+\cdots+c_n\zeta^{n+1})]\\&=(c_0\zeta+c_1\zeta^2+\cdots)-\frac{1}{2}(c_n\zeta+c_1\zeta^2+\cdots)^2+\cdots\end{aligned} \tag{9-63}$$

从而有 $\ln z=-\ln\zeta+\zeta$ 的在圆内的单值解析函数。

对于无限大体情形，$\varphi_1^0(z)$ 和 $\psi_1^0(z)$ 的各项，例如 $\dfrac{a_1}{z}$ 等可展开为

$$\frac{a_1}{z}=\frac{a_1}{\dfrac{R}{\zeta}(1+c_0\zeta+c_1\zeta^2+\cdots)}=\frac{a_1\zeta}{R}(1-c_0\zeta-\cdots) \tag{9-64}$$

可见，$\varphi_1^0(z)$ 和 $\psi_1^0(z)$ 的所有项都是 $\xi$ 在圆内的单值解析函数。按上述结果，式(9-50)可写成

$$
\begin{cases}
\varphi(\zeta)=\dfrac{1+\nu}{8\pi}(\bar{X}+\mathrm{i}\bar{Y})\ln\zeta+B\omega(\zeta)+\varphi_0(\zeta) \\
\psi(\zeta)=-\dfrac{3-\nu}{8\pi}(\bar{X}-\mathrm{i}\bar{Y})\ln\zeta+(B'+\mathrm{i}C')\omega(\zeta)+\psi_0(\zeta)
\end{cases}
\tag{9-65}
$$

式中

$$
\begin{cases}
\varphi_0(\zeta)=\sum\limits_{k=1}^{\infty}\alpha_k\zeta^k \\
\psi_0(\zeta)=\sum\limits_{k=1}^{\infty}\beta_k\zeta^k
\end{cases}
\tag{9-66}
$$

在中心单位圆之内是 $\zeta$ 的解析函数，且在圆内及圆周上是连续的。上式中的常数项已略去，因为它们并不影响应力。设孔边界是应力边界。在边界上 $\zeta=\mathrm{e}^{\mathrm{i}\theta}$，引用记号

$$
\sigma=\mathrm{e}^{\mathrm{i}\theta} \tag{9-67}
$$

则

$$
\varphi(\sigma)+\frac{\omega(\sigma)}{\overline{\omega'(\sigma)}}\overline{\varphi'(\sigma)}+\overline{\psi(\sigma)}=\mathrm{i}\int(\bar{X}+\mathrm{i}\bar{Y})\,\mathrm{d}s \tag{9-68}
$$

取式(9－65)的边界值，可将函数 $\varphi_0(\zeta)$ 和 $\psi_0(\zeta)$ 的边界条件写成

$$
\varphi_0(\sigma)+\frac{\omega(\sigma)}{\overline{\omega'(\sigma)}}\overline{\varphi_0'(\sigma)}+\overline{\psi_0(\sigma)}=f_0 \tag{9-69}
$$

式中

$$
f_0=\mathrm{i}\int(\bar{X}+\mathrm{i}\bar{Y})\,\mathrm{d}s-\frac{X+\mathrm{i}Y}{2\pi}\ln\sigma-\frac{1+\nu}{8\pi}(\bar{X}-\mathrm{i}\bar{Y})\frac{\omega(\sigma)}{\overline{\omega'(\sigma)}}\sigma-
$$
$$
2B\omega(\sigma)-(B'-\mathrm{i}C')\overline{\omega(\sigma)} \tag{9-70}
$$

式(9－69)的共轭式为：

$$
\overline{\varphi_0(\sigma)}+\frac{\overline{\omega(\sigma)}}{\omega'(\sigma)}\varphi_0'(\sigma)+\psi_0(\sigma)=\overline{f_0} \tag{9-71}
$$

为把式(9－69)和式(9－71)转换为确定函数 $\varphi_0(\zeta)$ 和 $\psi_0(\zeta)$ 的条件，将式(9－69)的两边乘以 $\dfrac{1}{2\pi\mathrm{i}}\dfrac{\mathrm{d}\sigma}{\sigma-\zeta}$，并沿整个孔边进行积分，有

$$
\frac{1}{2\pi\mathrm{i}}\int_\sigma\frac{\varphi_0(\sigma)}{\sigma-\zeta}\mathrm{d}\sigma+\frac{1}{2\pi\mathrm{i}}\int_\sigma\frac{\omega(\sigma)}{\overline{\omega'(\sigma)}}\frac{\overline{\varphi_0'(\sigma)}}{\sigma-\zeta}\mathrm{d}\sigma+\frac{1}{2\pi\mathrm{i}}\int_\sigma\frac{\psi_0(\bar{\sigma})}{\sigma-\zeta}\mathrm{d}\sigma=\frac{1}{2\pi\mathrm{i}}\int_\sigma\frac{f_0}{\sigma-\zeta}\mathrm{d}\sigma \tag{9-72}
$$

由式(9－66)的第一式可知，函数 $\varphi_0(\zeta)$ 在中心单位圆内是有解析的，且在圆内和圆周上是连续的，按内部区域柯西积分公式，有

$$
\frac{1}{2\pi\mathrm{i}}\int_\sigma\frac{\varphi_0(\sigma)}{\sigma-\zeta}\mathrm{d}\sigma=\varphi_0(\zeta) \tag{9-73}
$$

又由式(9－66)的第二式可知，$\overline{\phi_0(\sigma)}$ 在单位圆外是解析的，且在圆外和圆周上是连续的，按外部区域的柯西积分公式，有

$$
\frac{1}{2\pi\mathrm{i}}\int_\sigma\frac{\overline{\psi_0(\sigma)}}{\sigma-\zeta}\mathrm{d}\sigma=\overline{\psi_0(\infty)}=0 \tag{9-74}
$$

将式(9－73)和式(9－74)代入式(9－62)，得

$$\varphi_0(\zeta)+\frac{1}{2\pi \mathrm{i}}\int_\sigma \frac{\omega(\sigma)}{\overline{\omega'(\sigma)}}\frac{\overline{\varphi_0'(\sigma)}}{\sigma-\zeta}\mathrm{d}\sigma=\frac{1}{2\pi \mathrm{i}}\int_\sigma \frac{f_0}{\sigma-\zeta}\mathrm{d}\sigma \tag{9-75}$$

同样，由式(9－71)可得

$$\psi_0(\zeta)+\frac{1}{2\pi \mathrm{i}}\int_\sigma \frac{\overline{\omega(\sigma)}}{\omega'(\sigma)}\frac{\varphi_0'(\sigma)}{\sigma-\zeta}\mathrm{d}\sigma=\frac{1}{2\pi \mathrm{i}}\int_\sigma \frac{\overline{f_0}}{\sigma-\zeta}\mathrm{d}\sigma \tag{9-76}$$

为便于读者理解，以椭圆孔口为例，介绍其具体求解过程。设有薄板或长柱，在距边界较远处有椭圆形孔口，它的长半轴和短半轴分别为 $a$ 和 $b$，如图 9.5 所示。将 $z$ 平面的椭圆边界变换成 $\zeta$ 平面上的中心单位圆的变换为

$$z=\omega(\zeta)=R\left(\frac{1}{\zeta}+m\zeta\right) \tag{9-77}$$

其中

$$R=\frac{a+b}{2},\quad m=\frac{a-b}{a+b} \tag{9-78}$$

按式(9－74)，可导出下列各式

$$\begin{cases}\omega(\sigma)=R\left(\dfrac{1}{\sigma}+m\sigma\right),\quad \overline{\omega(\sigma)}-R\left(\sigma+\dfrac{m}{\sigma}\right)\\ \omega'(\sigma)=R\left(m-\dfrac{1}{\sigma^2}\right),\quad \overline{\omega'(\sigma)}=R(m-\sigma^2)\\ \dfrac{\omega(\sigma)}{\overline{\omega'(\sigma)}}=-\dfrac{1}{\sigma}\dfrac{m\sigma^2+1}{\sigma^2-m},\quad \dfrac{\overline{\omega(\sigma)}}{\omega'(\sigma)}=\sigma\dfrac{\sigma^2+m}{m\sigma^2-1}\end{cases} \tag{9-79}$$

代入式(9－75)，按式(9－66)和外部区域的柯西积分公式，可得

$$\varphi_0(\zeta)=\frac{1}{2\pi \mathrm{i}}\int_\sigma \frac{f_0\mathrm{d}\sigma}{\sigma-\zeta} \tag{9-80}$$

将式(9－79)代入式(9－75)，按式(9－66)和内部区域的柯西积分公式，可得

$$\psi_0(\zeta)=\frac{1}{2\pi \mathrm{i}}\int_\sigma \frac{\overline{f_0}}{\sigma-\zeta}\mathrm{d}\sigma-\zeta\frac{\zeta^2+m}{m\zeta^2-1}\varphi_0'(\zeta) \tag{9-81}$$

**例题 9.1**

设薄板或长柱在与 $Ox$ 轴成 $\alpha$ 角的方向受有均匀拉应力 $q$，孔边不受面力，如图 9.6 所示，试求应力分量。

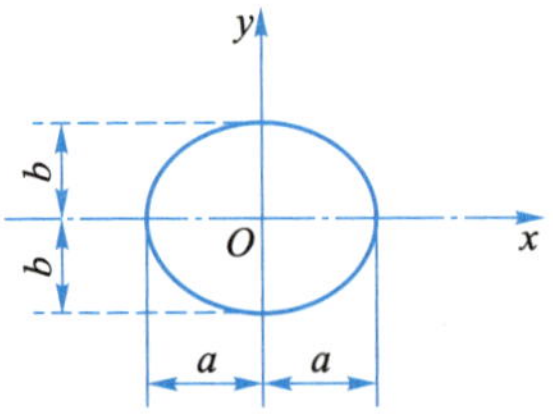


图 9.5　椭圆形孔口

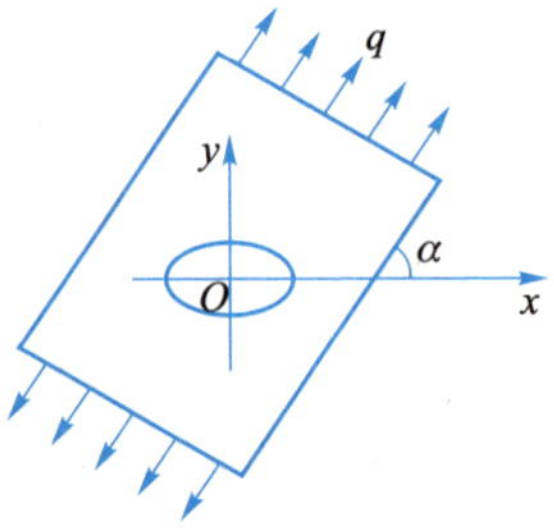


图 9.6　薄板或长柱受力示意图

**解：**

由边界条件知

$$\begin{cases}\sigma_1=q\\ \sigma_2=0\\ X=Y=0\\ \bar{X}=\bar{Y}=0\end{cases}\tag{9-82}$$

由

$$\begin{cases}B=\dfrac{1}{4}(\sigma_1+\sigma_2)\\ B'+\mathrm{i}C'=-\dfrac{1}{2}(\sigma_1-\sigma_2)\mathrm{e}^{-2\mathrm{i}\alpha}\end{cases}\tag{9-83}$$

有

$$\begin{cases}B=\dfrac{q}{4}\\ B'+\mathrm{i}C'=-\dfrac{q}{2}\mathrm{e}^{-2\mathrm{i}\alpha}\end{cases}\tag{9-84}$$

于是，由式(9－70)得

$$f_0=-\frac{qR}{2}\left(\frac{1}{\sigma}+m\sigma\right)+\frac{qR}{2}\left(\sigma+\frac{m}{\sigma}\right)\mathrm{e}^{2\mathrm{i}\alpha}\tag{9-85}$$

将上式代入式(9－80)，应用柯西积分公式，得

$$\varphi_0(\zeta)=\frac{qR}{2}(\mathrm{e}^{2\mathrm{i}\sigma}-m)\zeta\tag{9-86}$$

同理，将式(9－85)和式(9－86)代入式(9－81)，有

$$\varphi_0(\zeta)=-\frac{qR}{2}\left[(1-m\mathrm{e}^{-2\mathrm{i}\alpha})\zeta+(m-\mathrm{e}^{2\mathrm{i}\alpha})\frac{m+\zeta^2}{1-m\zeta^2}\zeta\right]\tag{9-87}$$

将式(9－86)和式(9－87)代入式(9－65)，考虑式(9－82)和式(9－83)，得

$$\begin{cases}\varphi(\zeta)=\dfrac{qR}{4}\left[\dfrac{1}{\zeta}+(2\mathrm{e}^{2\mathrm{i}\alpha}-m)\zeta\right]\\ \psi(\zeta)=-\dfrac{qR}{2}\left[\dfrac{1}{\zeta}\mathrm{e}^{2\mathrm{i}\alpha}+\dfrac{\zeta^3\mathrm{e}^{2\mathrm{i}\alpha}+(m\mathrm{e}^{2\mathrm{i}\alpha}-m^2-1)\zeta}{m\zeta^2-1}\right]\end{cases}\tag{9-88}$$

求得

$$\begin{cases}\varphi(\zeta)=\dfrac{q}{4}\dfrac{(2\mathrm{e}^{2\mathrm{i}\alpha}-m)\zeta^2-1}{m\zeta^2-1}\\ \psi(\zeta)=-\dfrac{q}{2}(I+J+K)\end{cases}\tag{9-89}$$

其中

$$\begin{cases}I=-\dfrac{\mathrm{e}^{-2\mathrm{i}\alpha}}{m\zeta^2-1}\\ J=\dfrac{3\mathrm{e}^{2\mathrm{i}\alpha}\zeta^2+(m\mathrm{e}^{2\mathrm{i}\alpha}-m^2-1)}{(m\zeta^2+1)^2}\zeta^2\\ K=-\dfrac{\zeta^3\mathrm{e}^{2\mathrm{i}\alpha}+(m\mathrm{e}^{2\mathrm{i}\alpha}-m^2-1)\zeta}{(m\zeta^2-1)^3}2m\zeta^3\end{cases}\tag{9-90}$$

有

$$\sigma_\theta+\sigma_\rho=q\mathrm{Re}\,\frac{(2\mathrm{e}^{2\mathrm{i}\alpha}-m)\zeta^2-1}{m\zeta^2-1}$$

$$\sigma_\theta-\sigma_\rho+2\mathrm{i}\tau_{\rho\theta}=\frac{q(m\rho^4+\zeta^2)\zeta^2}{\rho^4\left(m-\dfrac{\zeta^2}{\rho^3}\right)(m\zeta^2+1)}\left[2\mathrm{e}^{2\mathrm{i}\alpha}-m+m\,\frac{1+m\zeta^2-2\mathrm{e}^{2\mathrm{i}\alpha}\zeta^2}{m\zeta^2-1}\right]+$$
$$\frac{q}{\rho^2\left(m-\dfrac{\zeta^2}{\rho^4}\right)}\left[\mathrm{e}^{-2\mathrm{i}\alpha}-\frac{3\mathrm{e}^{2\mathrm{i}\alpha}\zeta^2+m\mathrm{e}^{2\mathrm{i}\alpha}-m^2-1}{m\zeta^2-1}\zeta^2+\frac{\mathrm{e}^{2\mathrm{i}\alpha}\zeta^2+m\mathrm{e}^{2\mathrm{i}\alpha}-m^2-1}{(m\zeta^2-1)^2}2m\zeta^4\right]$$

(9-91)

又已知

$$\zeta=\rho(\cos\theta+\mathrm{i}\sin\theta)\tag{9-92}$$

代入上列两式，分开实部和虚部后，即得应力分量 $\sigma_\rho$，$\sigma_\theta$ 和 $\tau_{\rho\theta}$。在孔边 $\sigma_\rho=0$，$\zeta=\sigma$ 由式(9-90)得孔边应力

$$\sigma_\theta=q\,\frac{1-m^2+2m\cos 2\alpha-2\cos 2(\theta-\alpha)}{1+m^2-2m\cos 2\theta}\tag{9-93}$$

**例题 9.2**

设一无限大薄板，孔边受均匀压力，集度为 $q$，如图 9.7 所示，求孔边应力。

**解：**

由边界条件知

$$\begin{cases}\bar{X}=-ql\\ \bar{Y}=-qm\\ X=Y=0\end{cases}\tag{9-94}$$

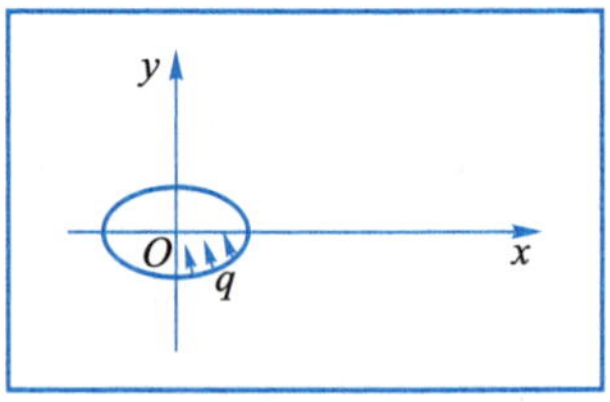

图 9.7　薄板受力示意图

且

$$\begin{cases}B=0\\ B'-\mathrm{i}C'=0\end{cases}\tag{9-95}$$

在弧长 ds 上的面力主矢量为

$$\begin{aligned}(X+\mathrm{i}\bar{Y})\mathrm{d}s&=-q(l\mathrm{d}s+\mathrm{i}m\mathrm{d}s)\\&=-q(\mathrm{d}y-\mathrm{i}\mathrm{d}x)\\&=\mathrm{i}q(\mathrm{d}x+\mathrm{i}\mathrm{d}y)\\&=-\mathrm{i}q\mathrm{d}z\end{aligned}\tag{9-96}$$

于是，由式(9-70)得

$$f_0=-qz=-qR\left(\frac{1}{\zeta}+m\zeta\right)\tag{9-97}$$

同上例运算可得

$$\begin{cases}\varphi_0(\zeta)=\varphi(\zeta)=-qRm\zeta\\ \psi_0(\zeta)=\psi(\zeta)=-qR(1+m^2)\dfrac{\zeta}{1-m\zeta^2}\end{cases}\tag{9-98}$$

从而得到孔边应力

$$
\begin{cases}
\sigma_\rho = -q \\
\sigma_\theta = q\dfrac{1-3m^2+2m\cos 2\theta}{1+m^2-2m\cos 2\theta}
\end{cases}
\tag{9-99}
$$

最大和最小正应力分别为

$$
\begin{cases}
\sigma_{\max} = (\sigma_\theta)_{\theta=0,\pi} = q\left(2\dfrac{a}{b}-1\right) \\
\sigma_{\min} = \sigma_s = -q
\end{cases}
\tag{9-100}
$$

## 9.8 重点概念阐释及知识延伸

### 1. 裂纹尖端应力集中的复变函数解

裂纹问题可以看作椭圆孔口问题在短轴长度接近零时的极限情况。令图 9.6 中椭圆孔口的短半轴 $b$ 趋向于零，则该孔口便成为 $x$ 方向的、长度为 $2a$ 的贯穿裂纹，如图 9.8 所示。

这时保角映射关系可简化为

$$
z = \frac{a}{2}\left(\frac{1}{\zeta}+\zeta\right) \tag{9-101}
$$

并令

$$
\begin{cases}
R = \dfrac{a}{2} \\
m = 1
\end{cases}
\tag{9-102}
$$

将上式代入式(9－88)，得

$$
\begin{cases}
\varphi(\zeta) = \dfrac{qa}{8}\left[\dfrac{1}{\zeta}+(2e^{2i\alpha}-1)\zeta\right] \\
\psi(\zeta) = \dfrac{qa}{4}\left[\dfrac{1}{\zeta}e^{2i\alpha}+\dfrac{\zeta^3 e^{2i\alpha}+(e^{2i\alpha}-2)\zeta}{\zeta^2-1}\right]
\end{cases}
\tag{9-103}
$$

当拉力垂直于裂纹时(图 9.9)，令式(9－103)中的 $\alpha=\dfrac{\pi}{2}$，有

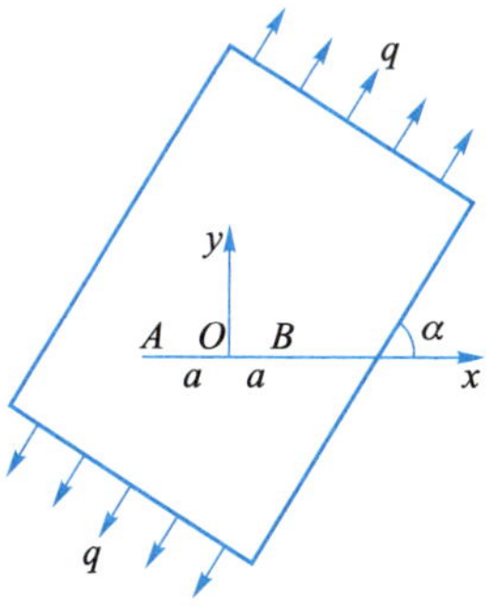


图 9.8　孔口贯穿裂纹示意图

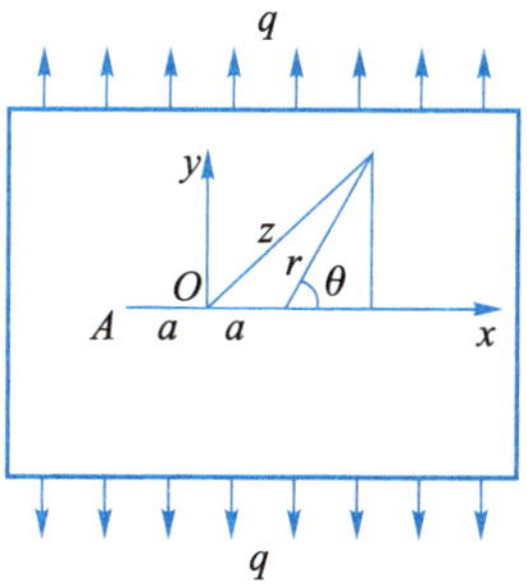


图 9.9　拉力垂直裂纹示意图

$$
\begin{cases}
\varphi(\zeta)=\dfrac{qa}{8}\left(\dfrac{1}{\zeta}-3\zeta\right) \\
\psi(\zeta)=\dfrac{qa}{4}\left(\dfrac{1}{\zeta}-\dfrac{\zeta^3+3\zeta}{1-\zeta^2}\right)
\end{cases}
\tag{9-104}
$$

为了便于求得直角坐标系中的应力分量 $\sigma_x$,$\sigma_y$ 和 $\tau_{xy}$,将 $\zeta$ 用 $z$ 表示,因此,由式(9-101)解得

$$
\zeta=\frac{z}{a}\pm\sqrt{\frac{z^2}{a^2}-1}
\tag{9-105}
$$

注意,$z$ 平面上距离孔口或裂纹无限远处的点,是和 $\zeta$ 平面上单位圆的圆心相对应的。当 $|z|$ 趋于无限大时,$|\zeta|$ 应当趋于零。因此,在上式中应取负号。于是得

$$
\zeta=\frac{z}{a}-\sqrt{\frac{z^2}{a^2}-1}
\tag{9-106}
$$

带入式(9-104),得

$$
\begin{cases}
\varphi_1(z)=\varphi(\zeta)=\dfrac{q}{4}\left(2\sqrt{z^2-a^2}-z\right) \\
\psi_1(z)=\psi(\zeta)=\dfrac{q}{2}\left(z-\dfrac{a^2}{\sqrt{z^2-a^2}}\right)
\end{cases}
\tag{9-107}
$$

进一步求得

$$
\begin{cases}
\sigma_y+\sigma_x=q\left[2\mathrm{Re}\,\dfrac{z}{\sqrt{z^2-a^2}}-1\right] \\
\sigma_y-\sigma_x+2\mathrm{i}\tau_{xy}=q\left[\dfrac{2\mathrm{i}a^2y}{(z^2-a^2)^{3/2}}+1\right]
\end{cases}
\tag{9-108}
$$

考虑到 $r\ll a$,略去次要项后,可解出用极坐标 $r$ 和 $\theta$ 表示 $\sigma_x$,$\sigma_y$ 和 $\tau_{xy}$ 的表达式

$$
\begin{cases}
\sigma_x=q\sqrt{\dfrac{a}{2r}}\cos\dfrac{\theta}{2}\left(1-\sin\dfrac{\theta}{2}\sin\dfrac{3\theta}{2}\right) \\
\sigma_y=q\sqrt{\dfrac{a}{2r}}\cos\dfrac{\theta}{2}\left(1+\sin\dfrac{\theta}{2}\sin\dfrac{3\theta}{2}\right) \\
\tau_{xy}=q\sqrt{\dfrac{a}{2r}}\sin\dfrac{\theta}{2}\cos\dfrac{\theta}{2}\cos\dfrac{3\theta}{2}
\end{cases}
\tag{9-109}
$$

### 2. 柯西—黎曼微分方程

柯西—黎曼微分方程是复变函数论的重要内容,其深刻地揭示了解析函数在“结构”上的特征:解析函数的实部与虚部在区域 D 内可微且满足柯西—黎曼条件。柯西—黎曼微分方程的最初形式是达朗贝尔—欧拉方程,是 18 世纪法国数学家达朗贝尔在复变函数积分学研究和瑞士数学家欧拉在流体力学研究中得到的两个方程,19 世纪,法国数学家柯西和德国数学家黎曼对这两个方程作了更深入、更详细的研究,将其与复变函数的基础联系起来,成为了复变函数可微性或解析性研究的重要工具:满足柯西—黎曼微分方程是复变函数可微或解析的必要条件,但并非充分条件。柯西—黎曼微分方程建立起了复分析与偏微方程理论之间的一座桥梁,在复变函数论、物理学、数值计算等领域中具有重要地位和应用价值。

### 3. 平面问题的复分析方法

严格的二维平面边值问题的数学求解始于穆斯赫利什维利在 1933 年出版的 *Some Basic*

*Problems of the Mathematical Theory of Elasticity* 一书。20 世纪 70 年代以前，弹性力学的数学理论只局限于特殊形状（半平面、圆盘、一些对称几何体等）上的二维平面边值问题，且大部分集中于平衡态问题，而只有少部分文献考查震荡和动态问题。本书中，作者使用了复分析函数方法、弗雷德、霍姆（Fredholm）理论和一维奇异积分理论严格解决了二维平面弹性力学的边值问题。

## 9.9 拓展阅读

1. 矩形孔应力集中问题的复变函数解[13]

贝斯科斯（Theocaris）等针对无限弹性各向同性板上的矩形孔，在承受均布拉应力条件下给出了详细的求解结果。该研究假设矩形孔的角部为圆角，其曲率半径远小于矩形的短边长度。通过将矩形边界映射到单位圆，应用复变应力函数确定势函数 $\varphi(\zeta)$ 和 $\psi(\zeta)$，准确地确定了孔边界以及矩形短边前方有限区域内的应力和应变分布。

2. 非零体力平面问题的复变函数解[14]

沙拉夫特季诺夫（Sharafutdinov）利用复变函数理论，推导了体力非零条件下的平面应变问题解析解。将弹性理论的一般方程简化为一个四阶方程，假设位移矢量的第三分量对第三坐标有线性依赖性，并且存在质量力势。使用两个复数的科洛索夫-穆斯赫利什维利势给出了该方程的解。进一步引入第三种势函数，利用这三个复势，得到了位移矢量分量和考虑体力的应力和应变张量的表达式。在弹性理论中分析了三种势函数的应用，并给出了几种平面应变问题的解析解。

## 9.10 重点内容的板书讲解

**平面应力函数的复变函数表示**

• 平面应变的基本方程：

$$\sigma_x=\lambda\left(\frac{\partial u}{\partial x}+\frac{\partial v}{\partial y}\right)+2\mu\frac{\partial u}{\partial x}$$

$$\sigma_y=\lambda\left(\frac{\partial u}{\partial x}+\frac{\partial v}{\partial y}\right)+2\mu\frac{\partial v}{\partial y}$$

$$\tau_{xy}=\mu\left(\frac{\partial u}{\partial y}+\frac{\partial v}{\partial x}\right)$$

⇩ 零体力

• 双调和方程：$\nabla^4\Phi=\Phi_{xxxx}+2\Phi_{xxyy}+\Phi_{yyyy}=0$　$\sigma_x=\dfrac{\partial^2\Phi}{\partial y^2},\sigma_y=\dfrac{\partial^2\Phi}{\partial x^2},\tau_{xy}=-\dfrac{\partial^2\Phi}{\partial x\partial y}$

⇩ $\Phi=u+\mathrm{i}v$

- 复位移解析式：$(\lambda+\mu)\dfrac{\partial}{\partial \bar{z}}\left(\dfrac{\partial \Phi}{\partial z}+\overline{\dfrac{\partial \Phi}{\partial z}}\right)+2\mu\dfrac{\partial^2 \Phi}{\partial \bar{z}\partial z}=0 \xrightarrow{\text{积分}} 2\mu\Phi=\kappa\gamma(z)-z\overline{\gamma'(z)}-\overline{\psi(z)}$

⇩

- 应力分量：$$T_x^n+iT_y^n=\frac{\mathrm{d}}{\mathrm{d}s}\left(\frac{\partial \Phi}{\partial y}-i\frac{\partial \Phi}{\partial x}\right)=-i\frac{\mathrm{d}}{\mathrm{d}s}\left(\frac{\partial \Phi}{\partial x}+i\frac{\partial \Phi}{\partial y}\right)$$
$$=-i\frac{\mathrm{d}}{\mathrm{d}s}\left(\gamma(z)+z\overline{\gamma'(z)}+\overline{\psi(z)}\right)$$

**有限单连通域、有限多连通域、无限区域的表示**

有限单连通域

$$\gamma(z)=\sum_{n=0}^{\infty}a_n z^n$$

$$\psi(z)=\sum_{n=0}^{\infty}b_n z^n$$

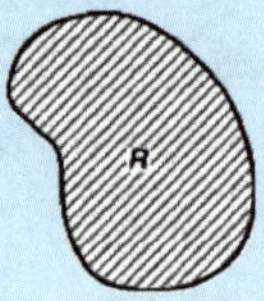


有限多连通域

$$\gamma(z)=-\sum_{k=1}^{n}\frac{F_k}{2\pi(1+\kappa)}\log(z-z_k)+\gamma^*(z)$$

$$\psi(z)=\sum_{k=1}^{n}\frac{\kappa\overline{F}_k}{2\pi(1+\kappa)}\log(z-z_k)+\psi^*(z)$$

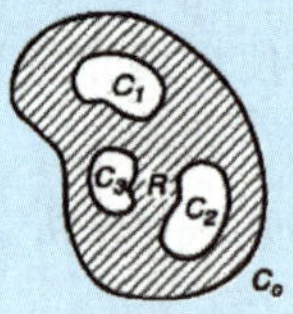


无限区域

$$\gamma^{**}(z)=\sum_{n=1}^{\infty}a_n z^{-n}$$

$$\psi^{**}(z)=\sum_{n=1}^{\infty}b_n z^{-n}$$

## 思考题

9.1 为什么对于单连通区域弹性体，科洛索夫-穆斯赫利什维利函数为单值解析函数，而对于多连通区域弹性体，则不为单值解析函数？

9.2 简述使用复变函数求解平面问题的过程和步骤。

9.3 列举无限大多连体弹性力学问题的具体实例。

9.4 请论述多连体中应力和位移的单值条件对提出弹性力学复变函数解的作用。

9.5 请论述在保角映射中，采用多项式变换函数的数学本质，以及多项式阶次提升的具体作用。

第 9 章自测题

## 习题

9.1 已知下列复应力函数，讨论对应的应力状态和位移分量：

$$\varphi(z)=Az$$

$$\psi(z)=Bz^2$$

式中，$A$，$B$ 为复常数。

9.2 已知下列复应力函数，讨论对应的应力状态和位移分量：

$$\varphi(z)=2\mathrm{i}k(z^3-3az^2)$$

$$\psi(z)=-\mathrm{i}k(z^4-2az^3+12b^2z^2)$$

式中，$a$ ，$b$，$k$ 为实常数。

9.3 内半径为 $a$，外半径为 $b$ 的圆环受内压力 $qa$，外压力 $qb$，已知下列复应力函数，用极坐标求解对应的应力：

$$\varphi(z)=Az$$

$$\psi(z)=B\ln z$$

式中，$A$，$B$ 为复常数。

9.4 证明下列两变换都将 $z$ 平面上的椭圆变换成 $\xi$ 平面上的单位圆，但一个变为圆内部分，另一个变为圆外部分：

$$z=\frac{a+b}{2}\left(\zeta+\frac{a-b}{a+b}\zeta^{-1}\right)$$

$$z=\frac{a+b}{2}\left(\zeta^{-1}+\frac{a-b}{a+b}\xi\right)$$

式中，$a$，$b$ 为长短半轴。

9.5 有一矩形薄板(图 9.10)，分析求解下列复变函数所解决的问题(其中 $q$ 为实数)：

(1) $\varphi_1(z)=\frac{q}{4}z, \psi_1(z)=\frac{q}{2}z$ ；

(2) $\varphi_1(z)=\frac{q}{4}z, \psi_1(z)=-\frac{q}{2}z$ ；

(3) $\varphi_1(z)=0, \psi_1(z)=\mathrm{i}qz$。

9.6 有一个薄圆环(图 9.11)，分析求解下列复变函数所解决的问题(其中 $q$ 和 $M$ 为实数)：

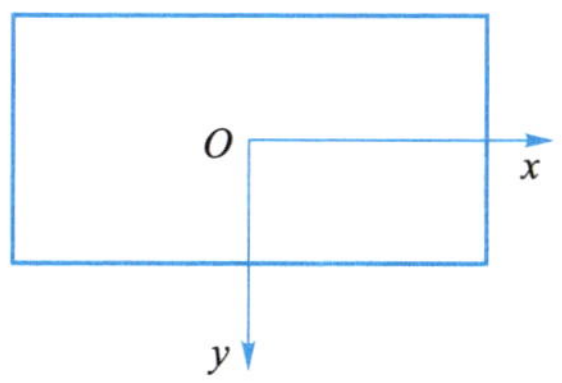


图 9.10 矩形薄板示意图

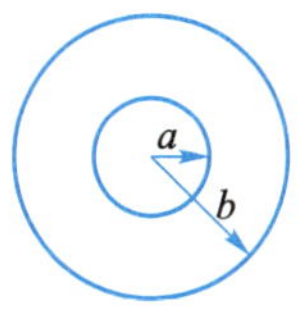


图 9.11 薄圆环示意图

(1) $\varphi_1(z)-\frac{q}{2}z, \psi_1(z)=0$ ；

(2) $\varphi_1(z)=0, \psi_1(z)=\dfrac{\mathrm{i}M}{2\pi z}$ 。

9.7　试给出等边三角形、正方形、正六边形孔口的保角映射公式，并分析阶次对近似精度的影响规律。

9.8　试推导纯剪切条件下，椭圆孔口及裂纹尖端应力分量的复合函数解，并解释二者之间的关系。

# 第 10 章 能量原理

## 学习目标

掌握弹性体能量的概念；掌握位移变分方程、虚功方程、最小势能原理的推导过程；理解位移解法中的里茨法与伽辽金法；掌握应力变分方程、余虚功方程、最小余能原理的推导过程；理解应力解法中的里茨法。

## 重点难点

应变能密度与应变余能密度的泛函表达；最小势能原理与基于变分法的位移解法推导过程，包括里茨法和伽辽金法；最小余能原理的推导过程。

## 思维导图

- **第10章 能量原理**
  - **位移解法**
    - **虚位移**：$\delta u$、$\delta v$、$\delta w$
    - **位移变分方程**：$\delta V_\varepsilon=\int_\Omega(f_x\delta u+f_y\delta v+f_z\delta w)\mathrm{d}\Omega+\int_{S_f}(\bar{f}_x\delta u+\bar{f}_y\delta v+\bar{f}_z\delta w)\mathrm{d}S$
    - **最小势能原理**：$\delta(V_\varepsilon+V)=0$
    - **位移变分法**
      - **里茨法**：$\begin{cases}\dfrac{\partial U}{\partial A_m}=\iint f_x u_m\mathrm{d}x\mathrm{d}y+\int_{S_f}\bar{f}_x u_m\mathrm{d}S\\ \dfrac{\partial U}{\partial B_m}=\iint f_y v_m\mathrm{d}x\mathrm{d}y+\int_{S_f}\bar{f}_y v_m\mathrm{d}S\end{cases}$
      - **伽辽金法**：$$\int_\Omega(\sigma_{ij,j}+f_i)\delta u_i\mathrm{d}\Omega=\sum_m\delta A_m\int_\Omega\left(\frac{\partial\sigma_x}{\partial x}+\frac{\partial\tau_{xy}}{\partial y}+\frac{\partial\tau_{zx}}{\partial z}+f_x\right)u_m\mathrm{d}\Omega+\sum_m\delta B_m\int_\Omega\left(\frac{\partial\sigma_y}{\partial y}+\frac{\partial\tau_{yz}}{\partial z}+\frac{\partial\tau_{xy}}{\partial x}+f_y\right)v_m\mathrm{d}\Omega+\sum_m\delta C_m\int_\Omega\left(\frac{\partial\sigma_z}{\partial z}+\frac{\partial\tau_{xz}}{\partial x}+\frac{\partial\tau_{zy}}{\partial y}+f_z\right)w_m\mathrm{d}\Omega$$
  - **弹性体能量表达**
    - **应变能**：$V_\varepsilon=\dfrac{E}{2(1+\mu)}\iiint\left[\dfrac{\mu}{1-2\mu}\theta^2+(\varepsilon_x^2+\varepsilon_y^2+\varepsilon_z^2)+\dfrac{1}{2}(\gamma_{xy}^2+\gamma_{xz}^2+\gamma_{yz}^2)\right]\mathrm{d}x\mathrm{d}y\mathrm{d}z$
    - **外力势能**：$V=-W=-\int_\Omega(f_xu+f_yv+f_zw)\mathrm{d}\Omega-\int_{S_f}(\bar{f}_xu+\bar{f}_yv+\bar{f}_zw)\mathrm{d}S$
    - **应变余能**：$V_c=\dfrac{1}{2E}\iiint[(\sigma_x+\sigma_y+\sigma_z)^2-2\mu(\sigma_y\sigma_z+\sigma_z\sigma_x+\sigma_x\sigma_y)+2(1+\mu)(\tau_{yz}^2+\tau_{xz}^2+\tau_{xy}^2)]\mathrm{d}x\mathrm{d}y\mathrm{d}z$
  - **应力解法**
    - **虚应力**：$\delta\sigma_x$、$\delta\sigma_y$、$\delta\sigma_z$、$\delta\tau_{xy}$、$\delta\tau_{yz}$、$\delta\tau_{xz}$
    - **应力变分方程**：$\delta U^*=\int_{S_u}\bar{u}_i\delta\sigma_{ij}n_j\mathrm{d}S=\int_{S_u}(u\delta\bar{f}_x+v\delta\bar{f}_y+w\delta\bar{f}_z)\mathrm{d}S$
    - **最小余能原理**：$\delta\Pi^*=\delta(V^*+U^*)=0$
    - **应力变分法**：$\sum_m\dfrac{\partial U^*}{\partial A_m}\delta A_m=\int_{S_u}(u\delta\bar{f}_x+v\delta\bar{f}_y+w\delta\bar{f}_z)\mathrm{d}S=\sum_m B_m\delta A_m$

阿尔贝托·卡斯蒂利亚诺
(Alberto Castigliano, 1784—1884)

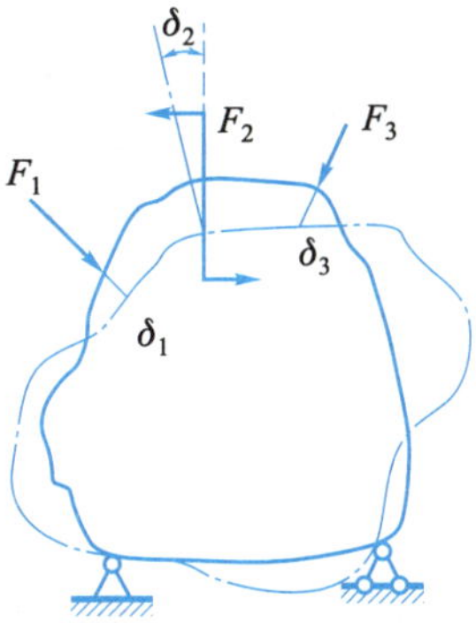


卡氏定理

If the strain energy V is written as a function of the independent external forces, the derivative of that function with respect to any one of the forces gives the corresponding displacement of the point of application of the force in the direction of the force.

——G. Colonnette: Alberto Castigliano, Selecta

"将应变能看作作用于弹性体外力的函数,则在力的作用点上,弹性体沿各外力方向上的相应位移大小由应变能函数对该外力的偏导数给出",这是意大利工程师卡斯蒂利亚诺在1873年提出的卡氏第一定理。卡斯蒂利亚诺首先将上述定理用于分析桁架结构,之后推广到任意形状的弹性体上。卡氏定理从能量角度研究了弹性体受载与变形的关系,可分别由位移变分和应力变分导出,该定理奠定了能量原理的基础。

## 10.1 概述

之前各章已详细讨论了弹性问题的微分方法。微分方法首先取出弹性体内一个微小单元，在受给定位移和应力边界条件下，研究其平衡、几何变形和本构特性，然后建立一组弹性力学的偏微分方程，进而将弹性力学问题转化为偏微分方程在给定边界条件下的定解问题。

本章将介绍弹性力学问题的另一种方法：变分方法。体力和面力作用在弹性体上，引发弹性体变形，进而会对弹性体做功，并以应变能的形式存储在弹性体内部。变分方法针对弹性体的能量（即弹性力学问题中的泛函）进行分析，建立弹性体的泛函变分方程，把弹性力学基本偏微分方程的定解问题变为在给定约束条件下求泛函极值（或驻值）的变分问题。

变分解法是一种数学和物理问题求解的方法，通过寻找能量泛函的最小值来获得问题的近似解。在弹性力学中，变分解法有位移解法和应力解法两种主要方法。

早期的变分解法主要是通过将变分方程转化为微分方程来求解，这一方法被称为欧拉法，欧拉做了大量的工作来发展这个方法。通过这些研究，人们开始认识到弹性力学变分方法和微分方法之间的关系。利用弹性系统的能量泛函，可以得到域内的偏微分方程和相应的边界条件，从而间接地得到变分问题的精确解。然而，这种方法并没有改变弹性力学问题的求解本质，因此并没有得到广泛的应用。

之后，里茨、伽辽金等人提出了直接求解变分问题的近似解法，统称为直接法。这些方法开辟了求解弹性力学问题的新途径。直接变分解法的优点在于，针对复杂问题，可以利用能量法获得近似解中的最优解，并将定解问题转变为线性方程组的求解问题。同时，这些方法也为有限单元法的发展提供了基础，使得可以利用计算机进行求解弹性力学问题，大大降低了求解难度。

本章节主要讲解直接法的各种近似解法推导和求解过程。首先给出了外力势能、应变能和应变余能等弹性体能量的表达形式；进一步地，介绍了能量法中的两种求解方式：位移解法与应力解法。位移解法从虚位移的角度出发，介绍了最小势能原理，以此为基础利用变分法对弹性体的应变能进行分析，并给出弹性体能量原理的两种位移解法；应力解法从虚应力出发，介绍了最小余能原理，最后给出了对弹性体余能进行分析的应力解法。

## 10.2 弹性体的能量

弹性力学能量原理涉及的弹性体能量包括外力势能、应变能和应变余能。

(1) 外力势能

外力势能定义为外力沿可能位移做功引发的势能，规定 $u=v=w=0$ 时弹性体的势能

为零。外力势能可表示为

$$V=-W=-\int_{\Omega}(f_x u+f_y v+f_z w)\mathrm{d}\Omega-\int_{S_f}(\bar{f}_x u+\bar{f}_y v+\bar{f}_z w)\mathrm{d}S \tag{10-1}$$

其中，$V$ 为外力势能，$W$ 为外力功，$\Omega$ 为弹性体全域，$S_f$ 为弹性体的力边界，$f_i$ 为弹性体所受体力，$\bar{f}_i$ 为弹性体所受面力。

(2) 应变能

假设弹性体在受力作用的过程中始终保持平衡，即没有动能的改变，而且弹性体的非机械能也未发生变化，则外力势能的减少(即外力所做的功)完全转变为弹性体的应变能(又称为“形变势能”)，并存储在弹性体内部。

应变能可以用应力在其相应应变上所做的功来计算，假设弹性体仅在某一方向，例如 $x$ 方向，受均匀的正应力 $\sigma_x$，相应的正应变为 $\varepsilon_x$，则弹性体单位体积内具有的应变能，即应变能密度可以表示为

$$v_\varepsilon=\int_0^\varepsilon \sigma_x \mathrm{d}\varepsilon_x \tag{10-2}$$

应变能密度是以应变分量为自变量的泛函。在图 10.1 中，应变能密度可以表示为应力-应变曲线右下方的面积。假设弹性体的应力-应变之间为线性关系，则应变能密度可以表示为

$$v_\varepsilon=\int_0^\varepsilon \sigma_x \mathrm{d}\varepsilon_x=\frac{1}{2}\sigma_x\varepsilon_x \tag{10-3}$$

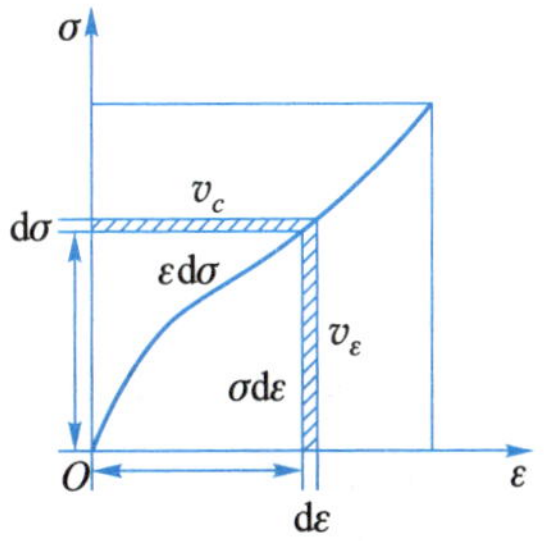

图 10.1 应变能密度和应变余能密度

根据能量守恒原理，弹性体应变能的大小与其受力的次序无关，完全取决于应力及形变的最终大小。因此，对受有六个应力分量 $\sigma_x$、$\sigma_y$、$\sigma_z$、$\tau_{xy}$、$\tau_{yz}$、$\tau_{xz}$ 的弹性体而言，可以假定六个应力分量和六个应变分量同时按照相同的比例增加到最后的大小，叠加后即可得到弹性体总的应变能密度

$$v_\varepsilon(\varepsilon)=\frac{1}{2}(\sigma_x\varepsilon_x+\sigma_y\varepsilon_y+\sigma_z\varepsilon_z+\tau_{xy}\gamma_{xy}+\tau_{yz}\gamma_{yz}+\tau_{xz}\gamma_{xz}) \tag{10-4}$$

一般情况下，弹性体的应力和应变是坐标的函数，将应变能密度在整个弹性体体积内积分，即可得到弹性体的应变能

$$\begin{aligned}V_\varepsilon&=\iiint v_\varepsilon \mathrm{d}x\mathrm{d}y\mathrm{d}z\\&=\frac{1}{2}\iiint(\sigma_x\varepsilon_x+\sigma_y\varepsilon_y+\sigma_z\varepsilon_z+\tau_{xy}\gamma_{xy}+\tau_{yz}\gamma_{yz}+\tau_{xz}\gamma_{xz})\mathrm{d}x\mathrm{d}y\mathrm{d}z\end{aligned} \tag{10-5}$$

根据第 5 章中所述各向同性弹性体的本构方程(5-38)，并以弹性模量 $E$ 与泊松比 $\nu$ 进行表达，有如下表达式：

$$
\begin{cases}
\sigma_x = \dfrac{E}{1+\nu}\left(\dfrac{\nu}{1-2\nu}\theta + \varepsilon_x\right) \\
\sigma_y = \dfrac{E}{1+\nu}\left(\dfrac{\nu}{1-2\nu}\theta + \varepsilon_y\right) \\
\sigma_z = \dfrac{E}{1+\nu}\left(\dfrac{\nu}{1-2\nu}\theta + \varepsilon_z\right) \\
\tau_{xy} = \dfrac{E}{2(1+\nu)}\gamma_{xy} \\
\tau_{yz} = \dfrac{E}{2(1+\nu)}\gamma_{yz} \\
\tau_{xz} = \dfrac{E}{2(1+\nu)}\gamma_{xz}
\end{cases}
\tag{10-6}
$$

将其代入式(10－4)、式(10－5)，可得到只用应变分量表示的应变能密度和应变能，如式(10－7)、式(10－8)所示，其中 $\theta=\varepsilon_x+\varepsilon_y+\varepsilon_z$

$$
v_\varepsilon = \frac{E}{2(1+\nu)}\left[\frac{\nu}{1-2\nu}\theta^2 + (\varepsilon_x^2+\varepsilon_y^2+\varepsilon_z^2) + \frac{1}{2}(\gamma_{xy}^2+\gamma_{xz}^2+\gamma_{yz}^2)\right] \tag{10-7}
$$

$$
V_\varepsilon = \frac{E}{2(1+\nu)}\iiint\left[\frac{\nu}{1-2\nu}\theta^2 + (\varepsilon_x^2+\varepsilon_y^2+\varepsilon_z^2) + \frac{1}{2}(\gamma_{xy}^2+\gamma_{xz}^2+\gamma_{yz}^2)\right]\mathrm{d}x\mathrm{d}y\mathrm{d}z \tag{10-8}
$$

将式(10－7)分别对应变分量求导，可以得到

$$
\begin{cases}
\dfrac{\partial v_\varepsilon}{\partial \varepsilon_x} = \sigma_x, \quad \dfrac{\partial v_\varepsilon}{\partial \varepsilon_y} = \sigma_y, \quad \dfrac{\partial v_\varepsilon}{\partial \varepsilon_z} = \sigma_z \\
\dfrac{\partial v_\varepsilon}{\partial \gamma_{xy}} = \tau_{xy}, \quad \dfrac{\partial v_\varepsilon}{\partial \varepsilon_{yz}} = \tau_{yz}, \quad \dfrac{\partial v_\varepsilon}{\partial \varepsilon_{xz}} = \tau_{xz}
\end{cases}
\tag{10-9}
$$

即弹性体的应变能密度对任意应变分量的导数，等于相应的应力分量。

(3) 应变余能

应变能是变形能的一种，除应变能以外，还有应变余能。图 10.1 中，应力-应变曲线左上方的面积称为应变余能密度，即单位体积内的应变余能，可以表示为

$$
v_c(\sigma,\varepsilon) = \int_0^{\sigma_x} \varepsilon_x \mathrm{d}\sigma_x \tag{10-10}
$$

应变余能密度是以应力分量为自变量的泛函。假设弹性体的应力-应变之间为线性关系，应变余能密度可以表示为

$$
v_c = \frac{1}{2}(\varepsilon_x\sigma_x + \varepsilon_y\sigma_y + \varepsilon_z\sigma_z + \gamma_{xy}\tau_{xy} + \gamma_{yz}\tau_{yz} + \gamma_{xz}\tau_{xz}) \tag{10-11}
$$

应变余能密度和应变余能可以只用应力分量来表示，同样地，将本构方程(10－6)代入式(10－11)，得到应变余能密度的表达式

$$
v_c = \frac{1}{2E}[(\sigma_x^2+\sigma_y^2+\sigma_z^2) - 2\nu(\sigma_y\sigma_z+\sigma_z\sigma_x+\sigma_x\sigma_y) + 2(1+\nu)(\tau_{xy}^2+\tau_{yz}^2+\tau_{xz}^2)] \tag{10-12}
$$

将应变余能密度在整个弹性体体积内积分，即可得到弹性体的应变余能

$$V_c=\frac{1}{2E}\iiint[(\sigma_x+\sigma_y+\sigma_z)^2-2\nu(\sigma_y\sigma_z+\sigma_z\sigma_x+\sigma_x\sigma_y)+ \\ 2(1+\nu)(\tau_{yz}^2+\tau_{xz}^2+\tau_{xy}^2)]\mathrm{d}x\mathrm{d}y\mathrm{d}z \tag{10-13}$$

此外，将应变余能密度对各应力分量求导，可以得到

$$\begin{cases}\dfrac{\partial v_c}{\partial\sigma_x}=\varepsilon_x, \quad \dfrac{\partial v_c}{\partial\varepsilon_y}=\varepsilon_y, \quad \dfrac{\partial v_c}{\partial\varepsilon_{zz}}=\varepsilon_z \\ \dfrac{\partial v_c}{\partial\tau_{xy}}=\gamma_{xy}, \quad \dfrac{\partial v_c}{\partial\tau_{yz}}=\gamma_{yz}, \quad \dfrac{\partial v_c}{\partial\tau_{xz}}=\gamma_{xz}\end{cases} \tag{10-14}$$

即弹性体的应变余能密度对任意应力分量的导数，等于相应的应变分量。

## 10.3 位移解法

本节主要讲解位移解法中各种方程的推导和问题求解方法。首先基于变分方法引入弹性体虚位移的表达形式。根据能量守恒定理，表示出含有虚位移的位移变分方程；再引入应力在虚应变上产生的应变能，得到虚功方程；然后，根据平衡状态下总势能取极小值，给出最小势能原理。进一步地，根据最小势能原理，弹性体势能最小化时对应的偏微分方程就是弹性体的平衡方程和边界条件，也即满足该边界条件的平衡方程的位移解就是能将弹性体势能最小化的位移函数。最后，以最小势能原理为基础，介绍求解弹性体位移函数的两种近似求解方法：里茨法与伽辽金法。

### 10.3.1 虚位移

假设图 10.2 中的弹性体受给定外力且处于平衡状态，此时系统处于实位移状态 $u$，须满足：① 位移边界条件和几何方程(变形协调条件)；② 应力边界条件和平衡微分方程(力平衡条件)；③ 物理方程。

现在假设在该平衡状态下发生了满足变形协调条件的微小位移，称该微小位移为虚位移，数学上称为位移变分，用 $\delta u$ 表示，此时的虚位移状态为 $u+\delta u$。推广到三维问题中，产生的虚位移可表示为 $\delta u$，$\delta v$，$\delta w$，用指标标记法表示为 $\delta u_i$。

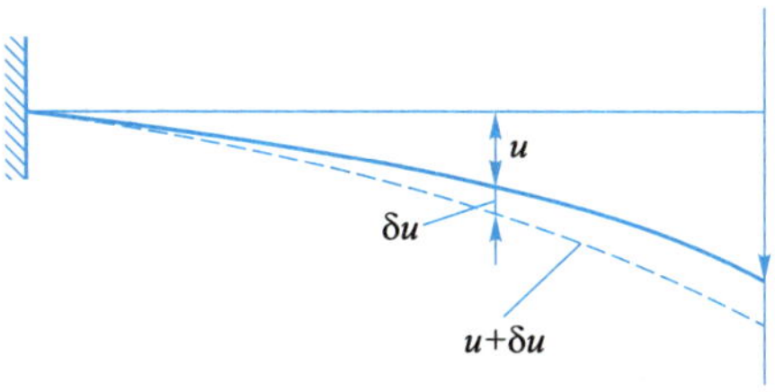


图 10.2 实位移和虚位移

由于实位移状态和虚位移状态都满足变形协调条件，则虚位移需满足

位移边界条件

$$\delta u_i=0，在边界\ S_u\ 上 \tag{10-15}$$

几何方程

$$\delta\varepsilon_{ij}=\frac{1}{2}(\delta u_{i,j}+\delta u_{j,i}) \tag{10-16}$$

### 10.3.2 位移变分方程

接下来从能量角度对系统进行分析。首先分析由于位移变分导致的外力功变分，又称为外力虚功

$$\begin{aligned}\delta W &= \int_{\Omega}(f_x\delta u+f_y\delta v+f_z\delta w)\mathrm{d}\Omega+\int_{S_f}(\bar{f}_x\delta u+\bar{f}_y\delta v+\bar{f}_z\delta w)\mathrm{d}S \\ &= \int_{\Omega}f_i\delta u_i\mathrm{d}\Omega+\int_{S_f}\bar{f}_i\delta u_i\mathrm{d}S\end{aligned} \tag{10-17}$$

假设在产生虚位移的过程中，弹性体的速度和温度都保持不变，即没有动能和热能的变化。根据能量守恒定理可知，应变能的增加，等于外力势能的减少，就等于外力做功，即

$$\delta V_{\varepsilon}=\delta W \tag{10-18}$$

将外力功的表达式(10－17)代入得

$$\delta V_{\varepsilon}=\int_{\Omega}(f_x\delta u+f_y\delta v+f_z\delta w)\mathrm{d}\Omega+\int_{S_f}(\bar{f}_x\delta u+\bar{f}_y\delta v+\bar{f}_z\delta w)\mathrm{d}S \tag{10-19}$$

上式被称为位移变分方程，又称为拉格朗日变分方程。其表示为在已知弹性体某平衡状态的面力和体力的情况下，位移变分导致的应变能的变分和外力功的变分相等。

### 10.3.3 虚功方程

根据变分原理，变分的运算与定积分的运算可以交换顺序，则

$$\delta V_{\varepsilon}=\delta\iiint v_{\varepsilon}\mathrm{d}x\mathrm{d}y\mathrm{d}z=\iiint\delta v_{\varepsilon}\mathrm{d}x\mathrm{d}y\mathrm{d}z \tag{10-20}$$

若将应变能密度看作应变分量的函数，则式(10－20)可以表示为

$$\delta V_{\varepsilon}=\iiint\left(\frac{\partial v_{\varepsilon}}{\partial\varepsilon_x}\delta\varepsilon_x+\frac{\partial v_{\varepsilon}}{\partial\varepsilon_y}\delta\varepsilon_y+\frac{\partial v_{\varepsilon}}{\partial\varepsilon_z}\delta\varepsilon_z+\frac{\partial v_{\varepsilon}}{\partial\gamma_{xy}}\delta\gamma_{xy}+\frac{\partial v_{\varepsilon}}{\partial\gamma_{yz}}\delta\gamma_{yz}+\frac{\partial v_{\varepsilon}}{\partial\gamma_{xz}}\delta\gamma_{xz}\right)\mathrm{d}x\mathrm{d}y\mathrm{d}z \tag{10-21}$$

将式(10－9)代入上式，可以进一步得到

$$\delta V_{\varepsilon}=\iiint(\sigma_x\delta\varepsilon_x+\sigma_y\delta\varepsilon_y+\sigma_z\delta\varepsilon_z+\tau_{xy}\delta\gamma_{xy}+\tau_{yz}\delta\gamma_{yz}+\tau_{xz}\delta\gamma_{xz})\mathrm{d}x\mathrm{d}y\mathrm{d}z \tag{10-22}$$

需要注意的是，上式中的应力与应变是两个相互独立的自变量，式中的应力是平衡状态的应力，而应变是由虚位移引发的应变，二者没有关联。

将式(10－22)代入位移变分方程(10－19)，可得

$$\begin{aligned}&\int_{\Omega}(f_x\delta u+f_y\delta v+f_z\delta w)\mathrm{d}\Omega+\int_{S_f}(\bar{f}_x\delta u+\bar{f}_y\delta v+\bar{f}_z\delta w)\mathrm{d}S \\ &=\iiint(\sigma_x\delta\varepsilon_x+\sigma_y\delta\varepsilon_y+\sigma_z\delta\varepsilon_z+\tau_{xy}\delta\gamma_{xy}+\tau_{yz}\delta\gamma_{yz}+\tau_{xz}\delta\gamma_{xz})\mathrm{d}x\mathrm{d}y\mathrm{d}z\end{aligned} \tag{10-23}$$

该方程即虚功方程，其表示在虚位移过程中，外力在虚位移上产生的外力虚功等于应力在虚应变上所做的虚功。

从能量角度出发，若式(10－23)成立，弹性体的位移变分应满足以下条件。由于位移分量

的变分，应变分量也有相应的变分。将位移分量的变分代入第4章中的几何方程(4-48)，应变分量的变分可以表示为

$$\begin{cases}\delta\varepsilon_x=\delta\dfrac{\partial u}{\partial x}=\dfrac{\partial}{\partial x}\delta u\\ \delta\varepsilon_y=\delta\dfrac{\partial v}{\partial y}=\dfrac{\partial}{\partial y}\delta v\\ \delta\varepsilon_z=\delta\dfrac{\partial w}{\partial z}=\dfrac{\partial}{\partial z}\delta w\\ \delta\gamma_{xy}=\delta\left(\dfrac{\partial v}{\partial x}+\dfrac{\partial u}{\partial y}\right)=\dfrac{\partial}{\partial x}\delta v+\dfrac{\partial}{\partial y}\delta u\\ \delta\gamma_{yz}=\delta\left(\dfrac{\partial w}{\partial y}+\dfrac{\partial v}{\partial z}\right)=\dfrac{\partial}{\partial y}\delta w+\dfrac{\partial}{\partial z}\delta v\\ \delta\gamma_{xz}=\delta\left(\dfrac{\partial w}{\partial x}+\dfrac{\partial u}{\partial z}\right)=\dfrac{\partial}{\partial x}\delta w+\dfrac{\partial}{\partial z}\delta u\end{cases}\tag{10-24}$$

由于应变分量的变分，应变能也有相应的变分，将式(10-24)代入式(10-22)得到

$$\begin{aligned}\delta V_\varepsilon=&\iiint\left[\sigma_x\frac{\partial}{\partial x}\delta u+\sigma_y\frac{\partial}{\partial y}\delta v+\sigma_z\frac{\partial}{\partial z}\delta w+\tau_{xy}\left(\frac{\partial}{\partial x}\delta v+\frac{\partial}{\partial y}\delta u\right)+\right.\\&\left.\tau_{yz}\left(\frac{\partial}{\partial y}\delta w+\frac{\partial}{\partial z}\delta v\right)+\tau_{xz}\left(\frac{\partial}{\partial x}\delta w+\frac{\partial}{\partial z}\delta u\right)\right]\mathrm{d}x\,\mathrm{d}y\,\mathrm{d}z\end{aligned}\tag{10-25}$$

对上式右边中的每一项进行积分，并应用高斯公式进行积分。以第一项为例

$$\begin{aligned}\iiint\sigma_x\frac{\partial}{\partial x}\delta u\,\mathrm{d}x\,\mathrm{d}y\,\mathrm{d}z&=\iiint\frac{\partial}{\partial x}(\sigma_x\delta u)\,\mathrm{d}x\,\mathrm{d}y\,\mathrm{d}z-\iiint\frac{\partial\sigma_x}{\partial x}\delta u\,\mathrm{d}x\,\mathrm{d}y\,\mathrm{d}z\\&=\iint l\sigma_x\delta u\,\mathrm{d}S-\iiint\frac{\partial\sigma_x}{\partial x}\delta u\,\mathrm{d}x\,\mathrm{d}y\,\mathrm{d}z\end{aligned}\tag{10-26}$$

对式(10-25)右边其余各项进行同样的积分后，式(10-25)可表示为

$$\begin{aligned}\delta V_\varepsilon=&\iint[(l\sigma_x+m\tau_{xy}+n\tau_{xz})\delta u+(m\sigma_y+n\tau_{yz}+l\tau_{xy})\delta v+\\&(n\sigma_z+l\tau_{xz}+m\tau_{yz})\delta w]\mathrm{d}S-\iiint\left[\left(\frac{\partial\sigma_x}{\partial x}+\frac{\partial\tau_{xy}}{\partial y}+\frac{\partial\tau_{xz}}{\partial z}\right)\delta u+\right.\\&\left.\left(\frac{\partial\sigma_y}{\partial y}+\frac{\partial\tau_{yz}}{\partial z}+\frac{\partial\tau_{xy}}{\partial x}\right)\delta v+\left(\frac{\partial\sigma_z}{\partial z}+\frac{\partial\tau_{xz}}{\partial x}+\frac{\tau_{yz}}{\partial y}\right)\delta w\right]\mathrm{d}x\,\mathrm{d}y\,\mathrm{d}z\\=&\int_S\sigma_{ij}n_j\delta u_i\,\mathrm{d}S-\int_\Omega\sigma_{ij,j}\delta u_i\,\mathrm{d}\Omega\end{aligned}\tag{10-27}$$

上式中的 $S$ 为弹性体的边界面，包括位移边界 $S_u$ 和应力边界 $S_f$，则上式可以进一步表示为

$$\delta V_\varepsilon=\int_{S_u}\sigma_{ij}n_j\delta u_i\,\mathrm{d}S+\int_{S_f}\sigma_{ij}n_j\delta u_i\,\mathrm{d}S-\int_\Omega\sigma_{ij,j}\delta u_i\,\mathrm{d}\Omega\tag{10-28}$$

虚位移满足位移边界条件，即在位移边界 $S_u$ 上满足 $\delta u_i=0$，因此虚位移只在应力边界上对弹性体的能量有影响，上式可以表示为

$$\delta V_\varepsilon=\int_{S_f}\sigma_{ij}n_j\delta u_i\,\mathrm{d}S-\int_\Omega\sigma_{ij,j}\delta u_i\,\mathrm{d}\Omega\tag{10-29}$$

代入位移变分方程(10-19)后,可以得到

$$
\begin{aligned}
&\int_{S_f}[(l\sigma_x+m\tau_{xy}+n\tau_{zx}-\bar{f}_x)\delta u+(m\sigma_y+n\tau_{zy}+l\tau_{xy}-\bar{f}_y)\delta v+\\
&(n\sigma_z+l\tau_{xz}+m\tau_{zy}-\bar{f}_z)\delta w]\mathrm{d}S-\int_{\Omega}\left[\left(\frac{\partial\sigma_x}{\partial x}+\frac{\partial\tau_{xy}}{\partial y}+\frac{\partial\tau_{zx}}{\partial z}+f_x\right)\delta u+\right.\\
&\left.\left(\frac{\partial\sigma_y}{\partial y}+\frac{\partial\tau_{yz}}{\partial z}+\frac{\partial\tau_{xy}}{\partial x}+f_y\right)\delta v+\left(\frac{\partial\sigma_z}{\partial z}+\frac{\partial\tau_{xz}}{\partial x}+\frac{\partial\tau_{zy}}{\partial y}+f_z\right)\delta w\right]\mathrm{d}\Omega\\
=&\int_{S_f}(\sigma_{ij}n_j-\bar{f}_i)\delta u_i\,\mathrm{d}S-\int_{\Omega}(\sigma_{ij,j}+f_i)\delta u_i\,\mathrm{d}\Omega=0
\end{aligned}
\tag{10-30}
$$

假设弹性体处于平衡状态,则上式中两个括号都等于零,可以分别推出虚功原理和位移变分方程。从另一个角度分析,由于虚位移 $\delta u_i$ 是任意的,位移变分方程成立则要求括号内的式子全为零,即

$$
\begin{cases}\sigma_{ij}n_j-\bar{f}_i=0,\text{在应力边界上}\\ \sigma_{ij,j}+f_i=0,\text{在弹性体内}\end{cases}
\tag{10-31}
$$

虚功原理逆定理可以表述为:凡是总能满足虚功原理的应力场,必定是与外力相平衡,且满足力边界条件的静力可能应力场。即满足虚功原理与满足平衡方程和应力边界条件是等价的。若位移分量同时也满足应力边界条件,则式(10-30)可写为

$$
\begin{aligned}
\int_{\Omega}(\sigma_{ij,j}+f_i)\delta u_i\,\mathrm{d}\Omega=&\int_{\Omega}\left[\left(\frac{\partial\sigma_x}{\partial x}+\frac{\partial\tau_{xy}}{\partial y}+\frac{\partial\tau_{zx}}{\partial z}+f_x\right)\delta u+\right.\\
&\left(\frac{\partial\sigma_y}{\partial y}+\frac{\partial\tau_{yz}}{\partial z}+\frac{\partial\tau_{xy}}{\partial x}+f_y\right)\delta v+\\
&\left.\left(\frac{\partial\sigma_z}{\partial z}+\frac{\partial\tau_{xz}}{\partial x}+\frac{\partial\tau_{zy}}{\partial y}+f_z\right)\delta w\right]\mathrm{d}\Omega\\
=&0
\end{aligned}
\tag{10-32}
$$

这就是当位移分量满足位移边界条件及应力边界条件时,位移变分所应满足的方程,该方程称为伽辽金变分方程。

### 10.3.4 最小势能原理

对位移变分方程(10-19)继续推导,可以得出最小势能原理。由于弹性体初始为平衡状态,且虚位移是极小的,可以认为在虚位移作用过程中,外力的大小和方向不变,视为常数,只是作用点发生了改变。方程(10-19)可以改写为

$$
\delta V_\varepsilon=\int_{\Omega}[\delta(f_xu)+\delta(f_yv)+\delta(f_zw)]\mathrm{d}\Omega+\int_{S_f}[\delta(\bar{f}_xu)+\delta(\bar{f}_yv)+\delta(\bar{f}_zw)]\mathrm{d}S
\tag{10-33}
$$

将变分与定积分交换顺序,可以得到

$$
\delta\left[V_\varepsilon-\int_{\Omega}(f_x\delta u+f_y\delta v+f_z\delta w)\mathrm{d}\Omega-\int_{S_f}(\bar{f}_x\delta u+\bar{f}_y\delta v+\bar{f}_z\delta w)\mathrm{d}S\right]=0
\tag{10-34}
$$

根据外力势能的表达式(10-1),可以得到

$$
\delta(V_\varepsilon+V)=0
\tag{10-35}
$$

将外力势能与应变能(即形变势能)的总和称为总势能,则在给定的外力作用下,实际存在的位移应使总势能的变分为零。进一步可以推出:在给定外力作用下,所有满足位移边界条件的可能位移中,实际位移应使总势能取极值。如果计算总势能的二阶变分,可得 $\delta^2(V_\varepsilon+V)\geqslant 0$。由此可知,若要达到稳定的平衡状态,总势能极值取极小值,该原理称为最小势能原理。

### 10.3.5 位移解法 1—里茨法

通过之前的分析可以看出,通过变分法将弹性体势能最小化得到的偏微分方程就是弹性体的平衡方程和边界条件,也即满足该边界条件的平衡方程的位移解就是能将弹性体势能最小化的位移函数。因此,我们有两种近似方式求得弹性体的位移函数:① 直接从弹性体势能出发,找出可以使其最小化的函数;② 通过变分法求得偏微分方程,然后采用一些方法求得偏微分方程的近似解。本节首先介绍其中的第一种方法里茨法。

里茨法的核心思想是:将发生在无穷维空间的变分问题,通过在无穷维空间上选取有限个线性无关的基,在全域上利用基函数的线性组合,尽可能地去逼近真实解。这样我们只需使用有限维的线性代数方法进行分析即可。

试取位移分量的表达式如下:

$$u=u_0+\sum_m A_m u_m,\quad v=v_0+\sum_m B_m v_m,\quad w=w_0+\sum_m C_m w_m \tag{10-36}$$

其中 $A_m$、$B_m$、$C_m$ 为互不依赖的 $3m$ 个系数;$u_0$、$v_0$、$w_0$ 为设定的函数,在给定位移的边界上,它们的边界值等于边界上的已知位移;$u_m$、$v_m$、$w_m$ 为在该边界上等于零的设定函数。这样,不论系数 $A_m$、$B_m$、$C_m$ 如何取值,$u$、$v$、$w$ 总能满足位移边界条件。值得注意的是,位移的变分只是由系数 $A_m$、$B_m$、$C_m$ 的变分来实现,至于各个设定函数,则仅随坐标而变,与位移的变分完全无关。

在位移分量表达式(10-36)的基础上,位移分量的变分可表示为

$$\delta u=\sum_m A_m\delta u_m,\quad \delta v=\sum_m B_m\delta v_m,\quad \delta w=\sum_m C_m\delta w_m \tag{10-37}$$

应变能的变分可表示为

$$\delta V_\varepsilon=\sum_m\left(\frac{\partial V_\varepsilon}{\partial A_m}\delta A_m+\frac{\partial V_\varepsilon}{\partial B_m}\delta B_m+\frac{\partial V_\varepsilon}{\partial C_m}\delta C_m\right) \tag{10-38}$$

将式(10-37)、式(10-38)代入位移变分方程(10-19),可以得到

$$\begin{aligned}&\sum_m\left(\frac{\partial V_\varepsilon}{\partial A_m}\delta A_m+\frac{\partial V_\varepsilon}{\partial B_m}\delta B_m+\frac{\partial V_\varepsilon}{\partial C_m}\delta C_m\right)\\&=\sum_m\int_\Omega(f_x u_m\delta A_m+f_y v_m\delta B_m+f_z w_m\delta C_m)\mathrm{d}\Omega+\\&\sum_m\int_{S_f}(\bar f_x u_m\delta A_m+\bar f_y v_m\delta B_m+\bar f_z w_m\delta C_m)\mathrm{d}S\end{aligned} \tag{10-39}$$

对上式进行移项、化简,得到

$$\begin{aligned}&\sum_m\left(\frac{\partial V_\varepsilon}{\partial A_m}-\int_\Omega f_x u_m\mathrm{d}\Omega-\int_{S_f}\bar f_x u_m\mathrm{d}S\right)\delta A_m+\\&\sum_m\left(\frac{\partial V_\varepsilon}{\partial B_m}-\int_\Omega f_y v_m\mathrm{d}\Omega-\int_{S_f}\bar f_y v_m\mathrm{d}S\right)\delta B_m+\end{aligned}$$

$$\sum_{m}\left(\frac{\partial V_{\varepsilon}}{\partial C_{m}}-\int_{\Omega} f_{z} w_{m} \mathrm{d} \Omega-\int_{S_{f}} \bar{f}_{z} w_{m} \mathrm{d} S\right) \delta C_{m}=0 \tag{10-40}$$

因为上式中的变分 $\delta A_m$,$\delta B_m$,$\delta C_m$ 是完全任意的,而且互不依赖,所以上式成立的条件是系数必须等于零,于是得

$$\begin{cases}\dfrac{\partial V_{\varepsilon}}{\partial A_{m}}=\displaystyle\int_{\Omega} f_{x} u_{m} \mathrm{d} \Omega+\int_{S_{f}} \bar{f}_{x} u_{m} \mathrm{d} S \\ \dfrac{\partial V_{\varepsilon}}{\partial B_{m}}=\displaystyle\int_{\Omega} f_{y} v_{m} \mathrm{d} \Omega+\int_{S_{f}} \bar{f}_{y} v_{m} \mathrm{d} S \\ \dfrac{\partial V_{\varepsilon}}{\partial C_{m}}=\displaystyle\int_{\Omega} f_{z} w_{m} \mathrm{d} \Omega+\int_{S_{f}} \bar{f}_{z} w_{m} \mathrm{d} S\end{cases} \tag{10-41}$$

根据应变能的表达式及位移分量的表达式,形变势能 $V_\varepsilon$ 是系数 $A_m$、$B_m$、$C_m$ 的二次函数,因而式(10-41)将是各个系数的一次方程。同时各个系数是互不依赖的,由这些方程可以求得各个系数,从而由式(10-36)求得位移分量。该方法称为里茨法。

下面对常见的几种问题尝试采用里茨法进行求解。

(1) 一维问题

一维问题中,$v=0$, $w=0$,且 $u$ 只随 $x$ 发生变化,较为简单,但能比较清晰地反映出里茨法的求解步骤。

**例题 10.1**

如图 10.3 所示,梁的长度为 $l$,抗弯刚度为 $EI$,上臂承受均布压力 $q$,用里茨法求均载悬臂梁的挠度。

**解:**

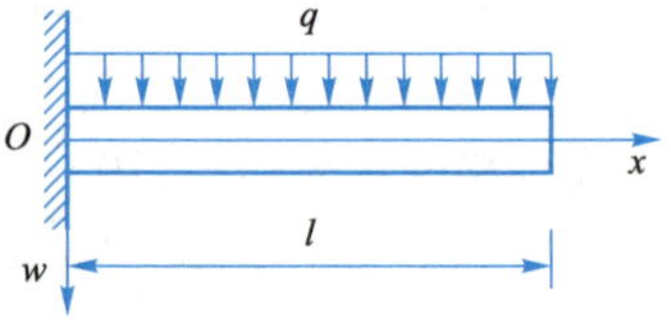

图 10.3 受均布压力的矩形梁

1) 总势能

$$\Pi(w)=\int_{0}^{l} \frac{1}{2} E I\left(w''\right)^{2} \mathrm{d} x-\int_{0}^{l} q w \mathrm{d} x$$

2) 边界条件

$$w\big|_{x=0}=0$$

$$w'\big|_{x=0}=0$$

3) 选择试函数

$$w=\sum_{m}^{M} a_{m}\left(1-\cos \frac{(2 m-1) \pi x}{2 l}\right) \quad(m=1,2, \cdots, M)$$

4) 求极值

$$\begin{aligned}\Pi(w)&=\int_{0}^{l} \frac{1}{2} E I\left(w''\right)^{2} \mathrm{d} x-\int_{0}^{l} q w \mathrm{d} x \\ &=\frac{1}{2} E I\left[\frac{(2 m-1) \pi}{2 l}\right]^{4} a_{m}{}^{2} \int_{0}^{l} \cos ^{2} \frac{(2 m-1) \pi x}{2 l} \mathrm{d} x-q a_{m} \int_{0}^{l}\left[1-\cos \frac{(2 m-1) \pi x}{2 l}\right] \mathrm{d} x \\ &=\frac{1}{2} E I\left[\frac{(2 m-1) \pi}{2 l}\right]^{4} a_{m}{}^{2}\left(\frac{l}{2}\right)-q a_{m} l\left[1-\frac{2}{(2 m-1) \pi}\right] \\ &=\Pi\left(a_{m}\right)\end{aligned}$$

由$\frac{\partial \Pi(a_m)}{\partial a_m}=0$,可解得

$$a_m=\frac{32}{EI(2m-1)^4\pi^4}\left[1-\frac{2}{(2m-1)\pi}\right]ql^4$$

5）问题的解

$$w=\sum_m^M a_m\left[1-\cos\frac{(2m-1)\pi x}{2l}\right]=\sum_m^M\frac{32}{EI\pi^4}\left[1-\frac{2}{(2m-1)\pi}\right]ql^4\left[1-\cos\frac{(2m-1)\pi x}{2l}\right]$$

6）误差分析

梁的弯矩 $M=EIw''$,同时该问题的精确解为 $w=\frac{q}{2EI}\left(\frac{l^2x^2}{2}-\frac{lx^3}{3}+\frac{x^4}{12}\right)$,该解的误差如表 10.1 所示。

表 10.1 误 差 分 析

| 参数 | $N=1$ 时的近似解 | 精确解 | $N=1$ 时的误差/% | $N=5$ 时的误差/% |
|---|---|---|---|---|
| $w_{\max}^{x=l}\Big/\left(\frac{ql^4}{EI}\right)$ | 0.119 37 | 0.125 | −4.5 | −0.03 |
| $M_{\max}^{x=0}/ql^2$ | 0.294 5 | 0.5 | −41 | −8.1 |

弯矩和挠度随位置的变化如图 10.4、图 10.5 所示：

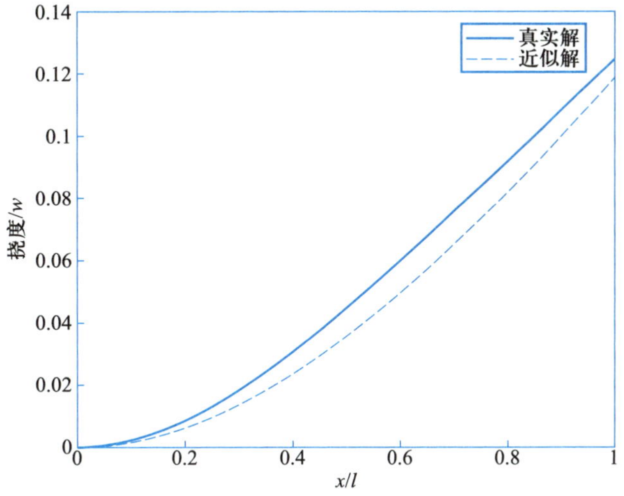


图 10.4 挠度对比图

根据上两例可以看出,里茨法通过假设位移的近似函数,求得的位移一般小于精确解。

(2) 二维问题

在平面应变问题中,我们有 $w=0$,而且 $u$ 和 $v$ 都不随坐标 $z$ 而变。在 $z$ 方向取一个单位长度,则用位移分量表示的形变势能表达式简化为

$$U(u,v)=\frac{E}{2(1+\nu)}\iint\left[\frac{\nu}{1-2\nu}\left(\frac{\partial u}{\partial x}+\frac{\partial v}{\partial y}\right)^2+\left(\frac{\partial u}{\partial x}\right)^2+\left(\frac{\partial v}{\partial y}\right)^2+\frac{1}{2}\left(\frac{\partial y}{\partial x}+\frac{\partial u}{\partial y}\right)^2\right]\mathrm{d}x\,\mathrm{d}y \tag{10-42}$$

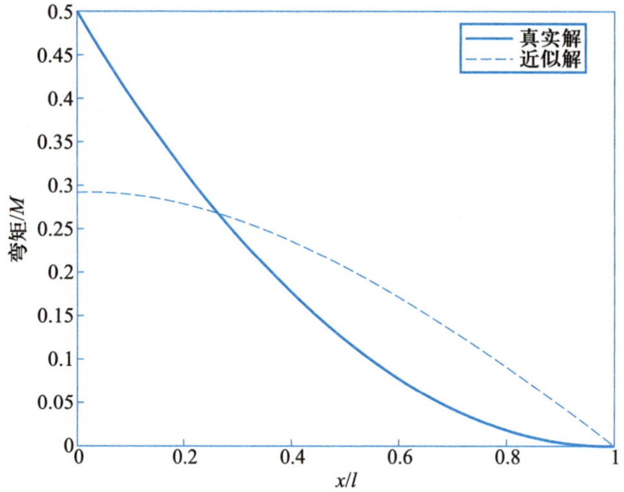


图 10.5　弯矩对比图

对于平面应力问题，只需将上式中的 $E$ 换为 $\frac{E(1+2\nu)}{(1+\nu)^2}$，$\nu$ 换为 $\frac{\nu}{1+\nu}$，这样就得到

$$U(u,v)=\frac{E}{2(1-\nu^2)}\iint\left[\left(\frac{\partial u}{\partial x}\right)^2+\left(\frac{\partial v}{\partial y}\right)^2+2\nu\frac{\partial u}{\partial x}\frac{\partial v}{\partial y}+\frac{(1-\nu)}{2}\left(\frac{\partial v}{\partial x}+\frac{\partial u}{\partial y}\right)^2\right]\mathrm{d}x\,\mathrm{d}y \tag{10-43}$$

因为在两种平面问题中都不必考虑 $w$，所以在位移分量的表达式中只需保留其前两式，即

$$u=u_0+\sum_m A_m u_m,\quad v=v_0+\sum_m B_m v_m \tag{10-44}$$

在采用里茨法时，为了决定系数 $A_m$ 及 $B_m$，只需应用式(10－36)中的前两式。在 $z$ 方向取一个单位长度，并注意所有各量都不随 $z$ 而变，可见该二式成为

$$\begin{cases}\dfrac{\partial U}{\partial A_m}=\iint f_x u_m\,\mathrm{d}x\,\mathrm{d}y+\int_{S_f}\bar{f}_x u_m\,\mathrm{d}S\\[2mm]\dfrac{\partial U}{\partial B_m}=\iint f_y v_m\,\mathrm{d}x\,\mathrm{d}y+\int_{S_f}\bar{f}_y v_m\,\mathrm{d}S\end{cases} \tag{10-45}$$

**例题 10.2**

有一尺寸为 $a\times b$ 的薄板，单位厚度，受力如图 10.6 所示，左边及下边受连杆支承，右边及上边分别受有均布压力 $q_1$ 及 $q_2$，不计体力，试求薄板的位移。

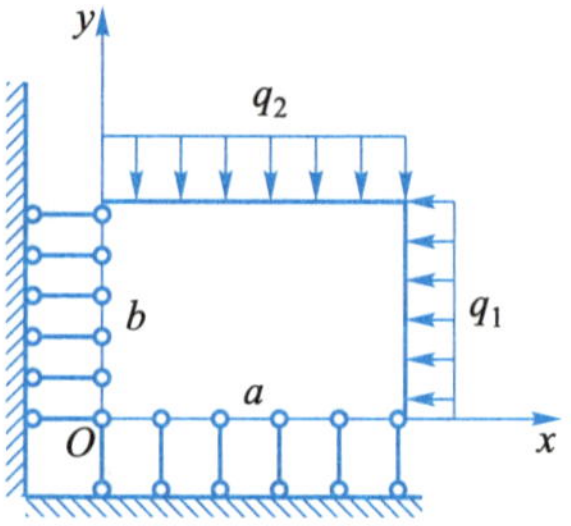


图 10.6　受均匀压力的薄板

**解：**

1）总势能

根据之前的推导，该薄板为平面应力问题，应变能为

$$U(u,v)=\frac{E}{2(1-\nu^2)}\iint\left[\left(\frac{\partial u}{\partial x}\right)^2+\left(\frac{\partial v}{\partial y}\right)^2+2\nu\frac{\partial u}{\partial x}\frac{\partial v}{\partial y}+\frac{(1-\nu)}{2}\left(\frac{\partial v}{\partial x}+\frac{\partial u}{\partial y}\right)^2\right]\mathrm{d}x\,\mathrm{d}y$$

$$V=-W=-\int_\Omega(f_x u+f_y v)\,\mathrm{d}\Omega-\int_{S_f}(\bar{f}_x u+\bar{f}_y v)\,\mathrm{d}S$$

$$\Pi(u,v)=U+V$$

2）边界条件

$$
\begin{aligned}
&x=0: \quad \bar{u}=0, \qquad \bar{f}_y=0 \\
&y=0: \quad \bar{v}=0, \qquad \bar{f}_x=0 \\
&x=a: \quad \bar{f}_x=-q_1, \quad \bar{f}_y=0 \\
&x=b: \quad \bar{f}_x=0, \qquad \bar{f}_y=-q_2
\end{aligned}
$$

3）选择试函数

根据位移边界可设 $u_0=0, v_0=0$，此时试函数可取为

$$
u=u_0+\sum_m A_m u_m=\sum_m A_m u_m=x(A_1+A_2x+A_3y+\cdots)
$$

$$
v=v_0+\sum_m B_m v_m=\sum_m B_m v_m=y(B_1+B_2x+B_3y+\cdots)
$$

当项次取得越多，求解的方程也就越多，解也越与真实解接近，最简单的取一次式 $u=A_1x, v=B_1y$。

4）求极值

将试函数 $u(x), v(x)$ 代入总势能的泛函中，可得

$$
\Pi(u,v)=\Pi(A_1,B_1)=\frac{Eab}{2(1-\nu^2)}(A_1^2+B_1^2+2\nu A_1B_1)+q_1A_1ab+q_2B_1ab
$$

接下来，令

$$
\boldsymbol{a}=\begin{bmatrix} A_1 \\ B_1 \end{bmatrix}
$$

$$
\boldsymbol{K}=\frac{Eab}{1-\nu^2}\begin{bmatrix} 1 & \nu \\ \nu & 1 \end{bmatrix}
$$

$$
\boldsymbol{F}=\begin{bmatrix} -q_1ab \\ -q_2ab \end{bmatrix}
$$

总势能泛函可表示为

$$
\Pi(\boldsymbol{a})=\frac{1}{2}\boldsymbol{a}^{\mathrm{T}}\boldsymbol{K}\boldsymbol{a}-\boldsymbol{F}^{\mathrm{T}}\boldsymbol{a}
$$

此时求泛函的极值问题 $\min \Pi(a)$ 可表示为

$$
\frac{\mathrm{d}\Pi(\boldsymbol{a})}{\mathrm{d}\boldsymbol{a}}=\boldsymbol{K}\boldsymbol{a}-\boldsymbol{F}=\boldsymbol{0}
$$

写成式(10－38)的形式如下：

$$
\frac{\mathrm{d}\Pi(\boldsymbol{a})}{\mathrm{d}\boldsymbol{a}} \Leftrightarrow \frac{\partial U(\boldsymbol{a})}{\partial \boldsymbol{a}}=-\frac{\partial V(\boldsymbol{a})}{\partial \boldsymbol{a}}
$$

$$
=\begin{cases}
\dfrac{\partial U}{\partial A_1}=-\dfrac{\partial V}{\partial A_1} \rightarrow \dfrac{Eab}{2(1-\nu^2)}(2A_1+2\nu B_1)=-q_1ab \\[2ex]
\dfrac{\partial U}{\partial B_1}=-\dfrac{\partial V}{\partial B_1} \rightarrow \dfrac{Eab}{2(1-\nu^2)}(2B_1+2\nu A_1)=-q_2ab
\end{cases}
$$

由上式解得

$$A_1=-\frac{q_1-\nu q_2}{E},\quad B_1=-\frac{q_2-\nu q_1}{E}$$

5）问题的解

最终得出问题的解为

$$u=A_1x=-\frac{q_1-\nu q_2}{E}x,\quad v=B_1y=-\frac{q_2-\nu q_1}{E}y$$

将其代入平衡微分方程，发现满足，本题的近似解为真实解。当然，这只是一个非常特殊的情况。在一般的情况下，如果在设定的位移分量表达式中只取少数几个待定系数，是不可能求得精确解答的。

### 10.3.6 位移解法 2—伽辽金法

精确解要求在整个弹性体区域 $\Omega$ 内，处处都满足平衡微分方程，也即欧拉方程，显然难以找到。为此迦辽金法尝试寻找一个近似解，它只要求该近似解在 $S_u$ 上满足位移边界条件，在 $S_f$ 上满足力边界条件，而将近似解代入欧拉方程则不一定满足，会产生一个误差 $R$，通过采用一定的方式使其误差变为零

$$\int_\Omega u_i R\,\mathrm{d}\Omega=0 \tag{10-46}$$

其中可将位移 $u_i$ 视为权函数，伽辽金法就是将整个域内的余量加权积分为零，从而得到整个域内的近似解。伽辽金法又可称为加权余量法，即 $\int_\Omega W_i R\,\mathrm{d}\Omega$，其中 $W_i$ 可视为权函数。根据所采用的权函数的不同，又可将加权余量法分为：① 配点法，② 子域法，③ 最小二乘法，④ 力矩法，⑤ 伽辽金法。具体方法可参阅相关有限元教材。下面对弹性力学问题的伽辽金法进行详细分析，将式(10－31)代入式(10－25)可得

$$\begin{aligned}\int_\Omega(\sigma_{ij,j}+f_i)\delta u_i\,\mathrm{d}\Omega=&\sum_m\delta A_m\int_\Omega\left(\frac{\partial\sigma_x}{\partial x}+\frac{\partial\tau_{xy}}{\partial y}+\frac{\partial\tau_{zx}}{\partial z}+f_x\right)u_m\,\mathrm{d}\Omega+\\&\sum_m\delta B_m\int_\Omega\left(\frac{\partial\sigma_y}{\partial y}+\frac{\partial\tau_{yz}}{\partial z}+\frac{\partial\tau_{xy}}{\partial x}+f_y\right)v_m\,\mathrm{d}\Omega+\\&\sum_m\delta C_m\int_\Omega\left(\frac{\partial\sigma_z}{\partial z}+\frac{\partial\tau_{xz}}{\partial x}+\frac{\partial\tau_{zy}}{\partial y}+f_z\right)w_m\,\mathrm{d}\Omega\\=&0\end{aligned} \tag{10-47}$$

于是，把寻找精确解的难题转化为只求整体满足积分平衡条件的近似解的问题。和里茨法一样，引进位移试验函数，把 $\sigma_{ij}$ 表示成位移参数的函数，代入上式后注意到 $\delta A_{im}$ 相互独立，令它们的系数分别为零，得

$$\begin{cases}\sum_m\int_\Omega\left(\frac{\partial\sigma_x}{\partial x}+\frac{\partial\tau_{xy}}{\partial y}+\frac{\partial\tau_{zx}}{\partial z}+f_x\right)u_m\,\mathrm{d}\Omega=0\\\sum_m\int_\Omega\left(\frac{\partial\sigma_y}{\partial y}+\frac{\partial\tau_{yz}}{\partial z}+\frac{\partial\tau_{xy}}{\partial x}+f_y\right)v_m\,\mathrm{d}\Omega=0\\\sum_m\int_\Omega\left(\frac{\partial\sigma_z}{\partial z}+\frac{\partial\tau_{xz}}{\partial x}+\frac{\partial\tau_{zy}}{\partial y}+f_z\right)w_m\,\mathrm{d}\Omega=0\end{cases} \tag{10-48}$$

将上列三方程中的应力分量通过物理方程用应变分量表示，再通过几何方程用位移分量表示，简化以后，即得

$$\begin{cases}\int_\Omega\left[\frac{E}{2(1+2\nu)}\left(\frac{1}{1-2\nu}\frac{\partial\theta}{\partial x}+\nabla^2 u\right)+f_x\right]u_m\,\mathrm{d}\Omega\\ \int_\Omega\left[\frac{E}{2(1+2\nu)}\left(\frac{1}{1-2\nu}\frac{\partial\theta}{\partial y}+\nabla^2 v\right)+f_y\right]v_m\,\mathrm{d}\Omega\\ \int_\Omega\left[\frac{E}{2(1+2\nu)}\left(\frac{1}{1-2\nu}\frac{\partial\theta}{\partial z}+\nabla^2 w\right)+f_z\right]w_m\,\mathrm{d}\Omega\end{cases}\tag{10-49}$$

由式(10－30)见，位移分量 $u$、$v$、$w$ 是系数 $A_m$、$B_m$、$C_m$ 的一次式，所以方程(10－43)将是这些系数的一次方程。既然各个系数是互不依赖的，就总可以由这些方程求得系数 $A_m$、$B_m$、$C_m$，从而由式(10－30)求得位移分量。这个方法就是所谓的伽辽金法。接下来对几种简单问题进行分析。

(1) 一维问题

**例题 10.3**

条件同例题 10.1，使用伽辽金法求受均布载荷悬臂梁的挠度。

**解：**

1）平衡方程的选取

此时梁的挠曲线微分方程有以下两种表示方式

力的形式：$EI\frac{\mathrm{d}^4 w}{\mathrm{d}x^4}-q=0$

弯矩的形式：$EI\frac{\mathrm{d}^2 w}{\mathrm{d}x^2}+M=0$ 或 $EI\frac{\mathrm{d}^2 w}{\mathrm{d}x^2}-\frac{q(1-x)^2}{2}=0$

2）边界条件

$w''|_{x=l}=0$；$w'''|_{x=l}=0$ 应力边界条件($x=l$ 处弯矩和剪力为零)

$w|_{x=0}=0$；$w'|_{x=0}=0$ 位移边界条件

3）选取试函数

若此时继续选取之前里茨法的位移函数 $w=a\left(1-\cos\frac{\pi x}{2l}\right)$，并不满足应力边界条件，采用伽辽金算法求得的 $x=l$ 处的最大挠度为

$$w|_{x=l}=a=-0.441\frac{ql^4}{EI}$$

向下的力，反而引起向上的位移，显然不能作为近似解。现取试函数

$$\frac{\mathrm{d}^2 w}{\mathrm{d}x^2}=a\left(1-\sin\frac{\pi x}{2l}\right)$$

满足应力和位移边界条件，此时求出挠度表达式

$$w=a\left[\frac{x^2}{2}+\left(\frac{2l}{\pi}\right)^2\sin\frac{\pi x}{2l}+Ax+B\right]$$

利用左端位移边界条件，得

$$A=-\frac{2l}{\pi},\quad B=0$$

4）伽辽金方程

① 伽辽金法可表示为

$$\int_0^l (EIw''''-q)w_1\,\mathrm{d}x=\int_0^l\left[EIa\left(\frac{\pi}{2l}\right)^2\sin\frac{\pi x}{2l}-q\right]\cdot\left[\frac{x^2}{2}-\frac{2l}{\pi}x+\left(\frac{2l}{\pi}\right)^2\sin\frac{\pi x}{2l}\right]\mathrm{d}x=0$$

通过求解上式积分后可得

$$a=\frac{\dfrac{1}{6}-\dfrac{1}{\pi}+\dfrac{8}{\pi^3}}{\dfrac{3}{2}-\dfrac{4}{\pi}}\frac{ql^2}{EI}=0.469\frac{ql^2}{EI}$$

② 或表示为

$$\int_0^l (EJw''-M)w_1''\,\mathrm{d}x=\int_0^l\left[EJa\left(1-\sin\frac{\pi x}{2l}\right)-\frac{q(l-x)^2}{2}\right]\cdot\left(1-\sin\frac{\pi x}{2l}\right)\mathrm{d}x=0$$

同样解得

$$a=\frac{\dfrac{1}{6}-\dfrac{1}{\pi}+\dfrac{8}{\pi^3}}{\dfrac{3}{2}-\dfrac{4}{\pi}}\frac{ql^2}{EI}=0.469\frac{ql^2}{EI}$$

③ 但若取式如下

$$\int_0^l (EIw''-M)w_1\,\mathrm{d}x=\int_0^l\left[EIa\left(1-\sin\frac{\pi x}{2l}\right)-\frac{q(l-x)^2}{2}\right]\cdot\left[\frac{x^2}{2}-\frac{2l}{\pi}x+\left(\frac{2l}{\pi}\right)^2\sin\frac{\pi x}{2l}\right]\mathrm{d}x=0$$

此时解得

$$a=\frac{\dfrac{1}{60}-\dfrac{1}{6\pi}+\dfrac{8}{\pi^3}-\dfrac{64}{\pi^5}}{\dfrac{1}{6}+\dfrac{24}{\pi^3}-\dfrac{6}{\pi^2}-\dfrac{1}{\pi}}\frac{ql^2}{2EI}=0.432\frac{ql^2}{EI}$$

5）问题的解

$$w=0.469\frac{ql^2}{EI}\left[\frac{x^2}{2}-\frac{2l}{\pi}x+\left(\frac{2l}{\pi}\right)^2\sin\frac{\pi x}{2l}\right]$$

6）误差分析(表 10.2)

$$w\Big|_{\max}^{x=l}=0.126\frac{ql^4}{EI}$$

表 10.2 误差分析

| 参数 | $N=1$ 时的近似解 | 精确解 | $N=1$ 时的误差/% |
|---|---|---|---|
| $w_{\max}^{x=l}\Big/\left(\dfrac{ql^4}{EI}\right)$ | 0.126 03 | 0.125 | 0.82 |
| $M_{\max}^{x=0}/ql^2$ | 0.469 | 0.5 | 6.2 |

伽辽金方法的特点为，假设应力的近似函数，求得的位移一般大于精确解。但将③式求出的 $a$ 代入可求得 $w|_{\max}^{x=l}=0.115\,98\dfrac{ql^4}{EI}$，比精确解小 7.2%。应该指出，在伽辽金法的求解方程中，被积函数的物理意义是功，可从量纲进行分析。若把平衡方程看作广义力，则权函数应取为相应的广义位移。所以若把式①②换为下式，则不是伽辽金法的求解方程，求解出精度较差。

$$\int_0^l (EIw''-M)w_1\mathrm{d}x=0$$

$$\int_0^l (EIw''''-q)w_1''\mathrm{d}x=0$$

(2) 二维问题

**例题 10.4**

设有尺寸为 $2a\times b$ 的矩形薄板，如图 10.7 所示，左右两边及下边均被固定，不计体力。上边的位移给定为

$$u=0,\quad v=-\eta\left[1-\left(\frac{x}{a}\right)^2\right]$$

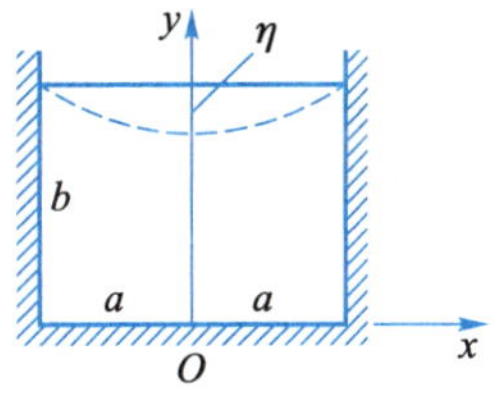

图 10.7 矩形薄板

试求薄板的位移和应力。

**解：**

1) 平衡微分方程的选取

采用平面问题的平衡微分方程

2) 边界条件

$$(u)_{x=\pm a}=0,\quad (v)_{x=\pm a}=0$$

$$(u)_{y=0}=0,\quad (v)_{y=0}=0$$

$$(u)_{y=b}=0,\quad (v)_{y=b}=-\eta\left[1-\left(\frac{x}{a}\right)^2\right]$$

3) 选取试函数

$$u=A_1\left[1-\left(\frac{x}{a}\right)^2\right]\frac{x}{a}\frac{y}{b}\left(1-\frac{y}{b}\right)$$

$$v=-\eta\left[1-\left(\frac{x}{a}\right)^2\right]\frac{y}{b}+B_1\left[1-\left(\frac{x}{a}\right)^2\right]\frac{y}{b}\left(1-\frac{y}{b}\right)$$

此外，由于 $u$ 是 $x$ 的奇函数而 $v$ 是 $x$ 的偶函数，对称条件也是满足的（这就是在 $u$ 的表达式中放置因子 $x/a$ 的理由）。在这一问题中，并没有应力边界条件，因此可以认为，试函数的位移既然满足了位移边界条件，也就满足了全部边界条件。这就可以应用伽辽金法求解，使数学运算比较简单一些。

4) 伽辽金方程

$$\begin{cases}\displaystyle\int_{-a}^{a}\int_0^b\left(\frac{\partial^2 u}{\partial x^2}+\frac{1-\nu}{2}\frac{\partial^2 u}{\partial y^2}+\frac{1+\nu}{2}\frac{\partial^2 v}{\partial x\partial y}\right)u_1\mathrm{d}x\mathrm{d}y=0\\ \displaystyle\int_{-a}^{a}\int_0^b\left(\frac{\partial^2 v}{\partial y^2}+\frac{1-\nu}{2}\frac{\partial^2 v}{\partial x^2}+\frac{1+\nu}{2}\frac{\partial^2 u}{\partial x\partial y}\right)v_1\mathrm{d}x\mathrm{d}y=0\end{cases}$$

求得

$$A_1=\frac{35(1+\nu)\eta}{42\dfrac{b}{a}+20(1-\nu)\dfrac{a}{b}},\quad B_1=\frac{5(1-\nu)\eta}{16\dfrac{a^2}{b^2}+2(1-\nu)}$$

5）问题的解

$$u=\frac{35(1+\nu)\eta}{42\dfrac{b}{a}+20(1-\nu)\dfrac{a}{b}}\left(1-\frac{x^2}{a^2}\right)\frac{x}{a}\frac{y}{b}\left(1-\frac{y}{b}\right)$$

$$v=-\eta\left(1-\frac{x^2}{a^2}\right)\frac{y}{b}+\frac{5(1-\nu)\eta}{16\dfrac{a^2}{b^2}+2(1-\nu)}\left(1-\frac{x^2}{a^2}\right)\frac{y}{b}\left(1-\frac{y}{b}\right)$$

## 10.4 应力解法

与最小势能原理相似，我们可以推出用应力变分形式表示的虚功方程，进而推导出最小余能原理。

### 10.4.1 虚应力

现同样假设弹性体受给定外力且处于平衡状态，此时系统中的实际产生的应力称为实应力，需满足：① 应力边界条件和平衡微分方程（力平衡条件）；② 位移边界条件和几何方程（变形协调条件）；③ 为满足条件二，需利用应力求出应变，然后再求出位移，因此必须满足应力应变间的物理方程。

现在假设在该平衡状态下，体力和应力边界上的给定面力保持不变，应力发生了满足力平衡条件的微小改变，称该应力的微小改变为虚应力，数学上称为应力变分，用 $\delta\sigma$ 表示，此时的虚应力状态为 $\sigma+\delta\sigma$。推广到三维问题中产生的虚应力可表示为 $\delta\sigma_x$、$\delta\sigma_y$、$\delta\sigma_z$、$\delta\tau_{xy}$、$\delta\tau_{yz}$、$\delta\tau_{xz}$，用指标标记法表示为 $\delta\sigma_{ij}$。

由于实应力状态 $\sigma$ 和虚应力状态 $\sigma+\delta\sigma$ 都满足变形协调条件，则虚应力需满足：

（1）力平衡条件

$$\sigma_{ij,j}+\delta\sigma_{ij,j}+f_i=0 \tag{10-50}$$

因此在整个弹性体 $\Omega$ 内

$$\delta\sigma_{ij,j}=\begin{bmatrix}\dfrac{\partial}{\partial x}\delta\sigma_x+\dfrac{\partial}{\partial y}\delta\tau_{xy}+\dfrac{\partial}{\partial z}\delta\tau_{xz}\\ \dfrac{\partial}{\partial x}\delta\tau_{yx}+\dfrac{\partial}{\partial y}\delta\sigma_y+\dfrac{\partial}{\partial z}\delta\tau_{yz}\\ \dfrac{\partial}{\partial x}\delta\tau_{zx}+\dfrac{\partial}{\partial y}\delta\tau_{xy}+\dfrac{\partial}{\partial z}\delta\sigma_z\end{bmatrix}=0 \tag{10-51}$$

（2）力边界条件

$$\sigma_{ij}n_j+\delta\sigma_{ij}n_j-\bar{f}_i=0 \tag{10-52}$$

在给定面力边界 $S_f$ 上

$$\delta\sigma_{ij}n_j=\begin{bmatrix} l(\delta\sigma_x)+m(\delta\tau_{xy})+n(\delta\tau_{xz}) \\ l(\delta\tau_{yx})+m(\delta\sigma_y)+n(\delta\tau_{yz}) \\ l(\delta\tau_{zx})+m(\delta\tau_{zy})+n(\delta\sigma_z) \end{bmatrix}=0 \tag{10-53}$$

在给定位移边界 $S_u$ 上，面力不是给定的，内部应力分量的改变必然导致该边界上的面力发生改变，二者应能保持平衡，即应力的变分在边界上必满足

$$\delta\sigma_{ij}n_j=\begin{bmatrix} l(\delta\sigma_x)+m(\delta\tau_{xy})+n(\delta\tau_{xz}) \\ l(\delta\tau_{yx})+m(\delta\sigma_y)+n(\delta\tau_{yz}) \\ l(\delta\tau_{zx})+m(\delta\tau_{zy})+n(\delta\sigma_z) \end{bmatrix}=\begin{bmatrix} \delta\bar{f}_x \\ \delta\bar{f}_y \\ \delta\bar{f}_z \end{bmatrix}=\delta\bar{f}_i \tag{10-54}$$

## 10.4.2 应力变分方程

接下来从能量角度对系统进行分析。首先分析由于内力变分导致位移边界条件上的面力变分，从而引发外力功变分，又称外力余功，假设虚应力并没有导致平衡位移发生明显变化，即 $u,v,w=\bar{u},\bar{v},\bar{w}$

$$\begin{aligned}\delta W^*&=\int_{S_u}(\delta\bar{f}_x u+\delta\bar{f}_y v+\delta\bar{f}_z w)\mathrm{d}S \\ &=\int_{S_u}\delta\bar{f}_i u_i\mathrm{d}S\end{aligned} \tag{10-55}$$

由于应力变分引发的应变余能的变分，可表示为

$$\begin{aligned}\delta U^*(\sigma,\varepsilon)&=\int_\Omega(\varepsilon_x\delta\sigma_x+\varepsilon_y\delta\sigma_y+\varepsilon_z\delta\sigma_z+\gamma_{xy}\delta\tau_{xy}+\gamma_{yz}\delta\tau_{yz}+\gamma_{xz}\delta\tau_{xz})\mathrm{d}\Omega \\ &=\int_\Omega\varepsilon_{ij}\delta\sigma_{ij}\mathrm{d}\Omega\end{aligned} \tag{10-56}$$

需要注意的是，此时还未引入应力-应变之间的关系，应力和应变是相互独立的两个自变量，式(10－56)中的应力和应变是弹性体在某一变形状态时的分量，二者之间是有联系的。而此处的应变是平衡状态的应变，而应力是由虚应力引发的应变，二者没有关联。将上式和几何方程联立，并应用分部积分和高斯积分可得

$$\begin{aligned}\delta U^*&=\int_\Omega\left[\frac{\partial u}{\partial x}\delta\sigma_x+\cdots+\left(\frac{\partial w}{\partial y}+\frac{\partial v}{\partial z}\right)\delta\tau_{yz}+\cdots\right]\mathrm{d}\Omega \\ &=\int_S[u(l\delta\sigma_x+m\delta\tau_{xy}+n\delta\tau_{xz})+\cdots]\mathrm{d}S- \\ &\quad\int_\Omega\left[u\left(\frac{\partial}{\partial x}\delta\sigma_x+\frac{\partial}{\partial y}\delta\tau_{xy}+\frac{\partial}{\partial z}\delta\tau_{xz}\right)+\cdots\right]\mathrm{d}\Omega \\ &=\int_S u_i\delta\sigma_{ij}n_j\mathrm{d}S-\int_\Omega u_i\delta\sigma_{ij,j}\mathrm{d}\Omega\end{aligned} \tag{10-57}$$

体力积分项为零，应力边界 $S_f$ 上面力积分为零。只保留边界 $S_u$，而且在边界 $S_u$ 上，有

约束边界条件，$u_i=\bar{u}_i$，将 $u_i=\bar{u}_i$ 代入式(10－49)可得

$$\delta U^*=\int_{S_u}\bar{u}_i\delta\sigma_{ij}n_j\mathrm{d}S=\int_{S_u}(u\delta\bar{f}_x+v\delta\bar{f}_y+w\delta\bar{f}_y)\mathrm{d}S \tag{10-58}$$

上式被称为应力变分方程，表示为在已知弹性体处于平衡状态时，应力的变分导致的应变余能的变分和外力余功的变分相等。

### 10.4.3 余虚功方程

如果将应变余能的变分代入，就得到余虚功方程，即

$$\int_{\Omega}\varepsilon_{ij}\delta\sigma_{ij}\mathrm{d}\Omega=\int_{S_u}\bar{u}_i\delta\sigma_{ij}n_j\mathrm{d}S \tag{10-59}$$

上式左边，是相应的应力余功；右边是相应的外力的余功。因此，余虚功正定理表示为位移边界上的虚反力在给定位移上做的余虚功等于虚应力在可能应变上做的余虚功。

接下来讨论该等式成立，弹性体需满足什么条件。根据平衡微分方程和应力边界条件，可将式(10－59)改写为

$$\int_{\Omega}(\varepsilon_{ij}\delta\sigma_{ij}+u_i\delta\sigma_{ij,j})\mathrm{d}\Omega=\int_{S_\sigma}u_i\delta\sigma_{ij}n_j\mathrm{d}S+\int_{S_u}\bar{u}_i\delta\sigma_{ij}n_j\mathrm{d}S \tag{10-60}$$

根据分部积分和格林公式，有

$$\begin{aligned}\int_{\Omega}u_i\delta\sigma_{ij,j}\mathrm{d}\Omega&=\int_{\Omega}(u_i\delta\sigma_{ij})_{,j}\mathrm{d}\Omega-\int_{\Omega}\delta\sigma_{ij}u_{i,j}\mathrm{d}\Omega\\&=\int_{S}u_i\delta\sigma_{ij}n_j\mathrm{d}S-\int_{\Omega}\delta\sigma_{ij}\ \frac{1}{2}(u_{i,j}+u_{j,i})\mathrm{d}\Omega\end{aligned} \tag{10-61}$$

将其代入式(10－60)，可得

$$\int_{\Omega}\delta\sigma_{ij}\left[\varepsilon_{ij}-\frac{1}{2}(u_{i,j}+u_{j,i})\right]\mathrm{d}\Omega+\int_{S_u}\delta\sigma_{ij}n_j(u_i-\bar{u}_i)\mathrm{d}S=0 \tag{10-62}$$

由于 $\delta\sigma_{ij}$ 在域内的任意性及 $\delta\sigma_{ij}n_j$ 在力边界上的任意性，可得

$$\begin{cases}\varepsilon_{ij}-\dfrac{1}{2}(u_{i,j}+u_{j,i})=0, & \text{在 }\Omega\text{ 内}\\ u_i-\bar{u}_i=0 & \text{在 }S_u\text{ 上}\end{cases}$$

余虚功逆定理表述为，凡是能满足余虚功原理的变形状态，必定是满足位移边界条件和变形协调的变形状态。

### 10.4.4 最小余能原理

对应力变分方程继续进行推导，可以得出最小余能原理。由于弹性体初始为平衡状态，且虚应力是极小的，可以认为在虚应力作用过程中，边界 $S_u$ 上的位移 $\bar{u}_i$ 的大小和方向不变，视为常数。可以将变分和积分交换顺序，即

$$\begin{aligned}\delta W^*&=\int_{S_u}\bar{u}_i\delta\sigma_{ij}n_j\mathrm{d}S\\&=\delta\left(\int_{S_u}\bar{u}_i\sigma_{ij}n_j\mathrm{d}S\right)\\&=\delta[W^*]\end{aligned} \tag{10-63}$$

同理对应变能的变分进行推导，可得

$$\delta[U^*]=\delta\left[\int_\Omega v_c(\sigma,\varepsilon)\mathrm{d}\Omega\right]=\int_\Omega \frac{\partial v_c(\sigma,\varepsilon)}{\partial\sigma_{ij}}\delta\sigma_{ij}\,\mathrm{d}\Omega=\int_\Omega \varepsilon_{ij}\,\delta\sigma_{ij}\,\mathrm{d}\Omega=\delta U^* \quad (10-64)$$

对于受上述外力作用的弹性系统，该弹性系统的总余能可定义为外力余能和应变余能之和

$$\Pi^*=V^*+U^* \quad (10-65)$$

于是位移变分方程又可表示为

$$\delta\Pi^*=\delta(V^*+U^*)=0 \quad (10-66)$$

由该式可知，在给定的外力作用下，实际应力应使总余能的变分为零。可推出：在给定外力作用下，所有满足应力边界的可能应力中，实际应力应使总余能取极值。此时再计算总余能的二阶变分，可得 $\delta^2\Pi^*=\delta^2(V^*+U^*)$。由此得：若要达到稳定的平衡状态，总余能的极值取极小值。该原理称为最小余能原理。

## 10.4.5 应力解法——里茨法

(1) 解法的基本思路

基于最小余能原理的近似解法的基本思路是，以应力作为未知函数，按里茨法求解；选取应力试函数

$$\left.\begin{aligned}
\sigma_x&=(\sigma_x)_0+\sum_m A_m(\sigma_x)_m\\
\sigma_y&=(\sigma_y)_0+\sum_m A_m(\sigma_y)_m\\
\sigma_z&=(\sigma_z)_0+\sum_m A_m(\sigma_z)_m\\
\tau_{yz}&=(\tau_{yz})_0+\sum_m A_m(\tau_{yz})_m\\
\tau_{zx}&=(\tau_{zx})_0+\sum_m A_m(\tau_{zx})_m\\
\tau_{xy}&=(\tau_{xy})_0+\sum_m A_m(\tau_{xy})_m
\end{aligned}\right\}\Leftrightarrow \sigma_{ij}=(\sigma_{ij})_0+\sum_m A_m(\sigma_{ij})_m \quad (10-67)$$

其中 $A_m$ 是相互独立的 $m$ 个系数，其中，$(\sigma_{ij})_0$ 满足平衡微分方程和应力边界条件，而 $(\sigma_{ij})_m$ 满足“没有体力和面力作用时的平衡微分方程和应力边界条件”的设定函数。这样，不论系数 $A_m$ 如何取值，$\sigma_{ij}$ 总能满足平衡微分方程和应力边界条件。值得注意的是，应力的变分只是由系数 $A_m$ 的变分来实现，至于各个设定函数，则仅随坐标而变，与应力的变分完全无关。

如果在弹性体边界上，应力给定，且位移是给定的，则在这一部分边界上需直接应用变分方程，即

$$\delta U^*=\int_{S_u}\bar{u}_i\,\delta\sigma_{ij}n_j\,\mathrm{d}S=\int_{S_u}(u\delta\bar{f}_x+v\delta\bar{f}_y+w\delta\bar{f}_y)\mathrm{d}S \quad (10-68)$$

在这里，$u$、$v$、$w$ 是已知的，积分只包括该部分边界，而在该部分边界上，面力的变分与应力的变分两者之间的关系如前一节中的式(10-54)所示，即

$$\delta\sigma_{ij}n_j=\begin{bmatrix}l(\delta\sigma_x)+m(\delta\tau_{xy})+n(\delta\tau_{xz})\\ l(\delta\tau_{yx})+m(\delta\sigma_y)+n(\delta\tau_{yz})\\ l(\delta\tau_{zx})+m(\delta\tau_{zy})+n(\delta\sigma_z)\end{bmatrix}=\begin{bmatrix}\delta\bar{f}_x\\ \delta\bar{f}_y\\ \delta\bar{f}_z\end{bmatrix}=\delta\bar{f}_i \tag{10-69}$$

将应力分量代入，计算积分可得

$$\delta U^*=\int_{S_u}(u\delta\bar{f}_x+v\delta\bar{f}_y+w\delta\bar{f}_y)\mathrm{d}S=\sum_m B_m\delta A_m \tag{10-70}$$

其中 $B_m$ 是常数。另一方面，根据变分原理

$$\delta U^*=\sum_m\frac{\partial U^*}{\partial A_m}\delta A_m \tag{10-71}$$

上两式相等，且各个 $A_m$ 是互不相关的，可以得出如下方程：

$$\frac{\partial U^*}{\partial A_m}=B_m \tag{10-72}$$

这将仍是 $A_m$ 的一次方程，可以求出系数 $A_m$，从而可以求出应力分量。当然，如果给定位移都为零，上式可简化为

$$\frac{\partial U^*}{\partial A_m}=0 \tag{10-73}$$

若要使用应力变分法，则事先假设的应力分量需满足应力边界条件同时满足平衡微分方程，往往很难找到。但是，一些问题中可以找到应力函数，而且用应力函数表示的应力分量自动满足平衡微分方程。这时，我们需要考虑的只有设定给出的应力分量能满足应力边界条件的应力函数的表达式，大大降低了求解难度。以接下来的二维平面问题为例。

(2) 二维问题

之前已经证明在平面问题中，如果体力分量 $f_x$ 和 $f_y$ 是常量，就存在着应力函数。应力分量 $\sigma_x$，$\sigma_y$，$\tau_{xy}$ 用应力函数 $\Phi$ 可表示为

$$\sigma_x=\frac{\partial^2\Phi}{\partial y^2}-f_xx,\quad \sigma_y=\frac{\partial^2\Phi}{\partial x^2}-f_yy,\quad \tau_{xy}=-\frac{\partial^2\Phi}{\partial x\partial y} \tag{10-74}$$

在应用应力变分法时，可以把应力函数 $\Phi$ 设为

$$\Phi=\Phi_0+\sum_m A_m\Phi_m \tag{10-75}$$

其中 $A_m$ 为互不相关的 $m$ 个系数。这样只需使 $\Phi_0$ 产生的应力分量满足实际的应力边界条件，并且 $\Phi_m$ 产生的应力分量满足无面力时的应力边界条件。

由之前的平面应力问题的分析可知，$\sigma_z=\tau_{xz}=\tau_{yz}=0$ 且 $\sigma_x$，$\sigma_y$，$\tau_{xy}$ 不受坐标 $z$ 的影响，其应变余能可简化为

$$U^*=\frac{1}{2E}\iint[\sigma_x^2+\sigma_y{}^2-2\mu\sigma_x\sigma_y+2(1+\nu)\tau_{xy}{}^2]\mathrm{d}x\,\mathrm{d}y \tag{10-76}$$

对于平面应变问题，同样只需将上式中的 $E$ 换为 $\frac{E}{1-\nu^2}$，$\nu$ 换为 $\frac{\nu}{1-\nu}$，可得

$$U^* = \frac{1+\nu}{2E}\iint[(1-\nu)(\sigma_x^2+\sigma_y{}^2)-2\nu\sigma_x\sigma_y+2\tau_{xy}{}^2]\mathrm{d}x\mathrm{d}y \tag{10-77}$$

假设讨论的弹性体问题是单连体应力边界问题，体力是常量，则应力分量 $\sigma_x$、$\sigma_y$、$\tau_{xy}$ 应当与 $\nu$ 无关，可令 $\nu=0$。上式可简化为

$$U^* = \frac{1}{2E}\iint(\sigma_x^2+\sigma_y{}^2+2\tau_{xy}{}^2)\mathrm{d}x\mathrm{d}y \tag{10-78}$$

将应力函数代入上式可得用应力函数表达的应变余能的表达式

$$U^* = \frac{1}{2E}\iint\left[\left(\frac{\partial^2\Phi}{\partial y^2}-f_x x\right)^2+\left(\frac{\partial^2\Phi}{\partial x^2}-f_y y\right)^2+2\left(\frac{\partial^2\Phi}{\partial x\partial y}\right)^2\right]\mathrm{d}x\mathrm{d}y \tag{10-79}$$

在应力边界问题中，因为面力给定，面力变分为零。可得

$$\delta U^* = 0 \tag{10-80}$$

另一方面，因为应力分量以及应变余能的变分是通过系数 $A_m$ 的变分来实现的，所以上式归结为

$$\frac{\partial U^*}{\partial A_m}=0 \tag{10-81}$$

将式(10-78)代入可得

$$\iint\left[\left(\frac{\partial^2\Phi}{\partial y^2}-f_x x\right)\frac{\partial}{\partial A_m}\left(\frac{\partial^2\Phi}{\partial y^2}\right)+\left(\frac{\partial^2\Phi}{\partial x^2}-f_y y\right)\frac{\partial}{\partial A_m}\left(\frac{\partial^2\Phi}{\partial x^2}\right)+2\frac{\partial^2\Phi}{\partial x\partial y}\frac{\partial}{\partial A_m}\left(\frac{\partial^2\Phi}{\partial x\partial y}\right)^2\right]\mathrm{d}x\mathrm{d}y=0 \tag{10-82}$$

可以用来确定 $A_m$。

**例题 10.5**

设有矩形薄板或长柱，体力不计，在两对边上受有按抛物线分布的拉力，其最大集度为 $q$，如图 10.8 所示，试求其应力分布。

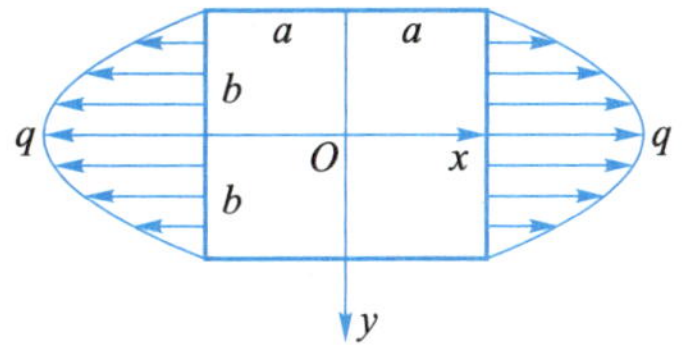


图 10.8 矩形平板拉力分布图

**解：**

1）总势能

计算公式可采用式(10-67)；

2）边界条件

$$x=a,\quad \sigma_x=q\left(1-\frac{y^2}{b^2}\right),\quad \tau_{xy}=0$$

$$x=-a,\quad \sigma_x=q\left(1-\frac{y^2}{b^2}\right),\quad \tau_{xy}=0$$

$$y=b,\quad \sigma_x=0,\quad \tau_{xy}=0$$

$$y=-b,\quad \sigma_x=0,\quad \tau_{xy}=0$$

3）选取应力函数

$$\Phi_0=\frac{q}{2}y^2\left(1-\frac{y^2}{6b^2}\right)$$

可满足边界条件的要求。为了使得 $\Phi_m$ 所对应的应力能满足无面力时的边界条件，取 $\Phi_m$ 具有因子 $(x^2-a^2)^2(y^2-b^2)^2$，或 $\left(1-\frac{x^2}{a^2}\right)^2\left(1-\frac{y^2}{b^2}\right)^2$，以使 $\Phi_m$ 对 $y$ 的二阶导数在 $x=\pm a$ 的两对边上为零，$\Phi_m$ 对 $x$ 的二阶导数在 $y=\pm b$ 的两对边为零，$\Phi_m$ 对 $x$ 及 $y$ 各一阶的二阶导数在所有四边上成为零。因此，取

$$\Phi=\Phi_0+\sum_m A_m\Phi_m=\frac{q}{2}y^2\left(1-\frac{y^2}{6b^2}\right)+qb^2\left(1-\frac{x^2}{a^2}\right)^2\left(1-\frac{y^2}{b^2}\right)^2\cdot$$
$$\left[A_1+A_2\frac{x^2}{a^2}+A_3\frac{y^2}{b^2}+A_4\frac{x^4}{a^4}+A_5\frac{x^2}{a^2}\frac{y^2}{b^2}+A_6\frac{y^4}{b^4}+\cdots\right]$$

在这里，因为应力分布应当对称于 $x$ 轴及 $y$ 轴，所以在级数中只取 $x$ 和 $y$ 的偶次幂。为了将 $A_1$、$A_2$ 等系数量纲一化，所以选用因子 $qb^2$，$\frac{1}{a^2}$，$\frac{1}{b^2}$。

4）求极值

① 选取一个待定系数 $A_1$

$$\Phi=\frac{q}{2}y^2\left(1-\frac{y^2}{6b^2}\right)+A_1qb^2\left(1-\frac{x^2}{a^2}\right)^2\left(1-\frac{y^2}{b^2}\right)^2$$

注意 $\Phi$ 是 $x$ 及 $y$ 的偶函数，可写为

$$4\int_0^a\int_0^b\left[\frac{\partial^2\Phi}{\partial y^2}\frac{\partial}{\partial A_m}\left(\frac{\partial^2\Phi}{\partial y^2}\right)+\frac{\partial^2\Phi}{\partial x^2}\frac{\partial}{\partial A_m}\left(\frac{\partial^2\Phi}{\partial x^2}\right)+2\frac{\partial^2\Phi}{\partial x\partial y}\frac{\partial}{\partial A_m}\left(\frac{\partial^2\Phi}{\partial x\partial y}\right)^2\right]\mathrm{d}x\,\mathrm{d}y=0$$

将应力函数代入，进行积分，简化以后，得

$$\left(\frac{64}{7}+\frac{256}{49}\frac{b^2}{a^2}+\frac{64}{7}\frac{b^4}{a^4}\right)A_1=1$$

对于正方形的薄板或正方形截面的柱体，$\frac{b}{a}=1$，得

$$A_1=0.042\,5$$

可求出各应力分量

$$\sigma_x=\frac{\partial^2\Phi}{\partial y^2}=q\left(1-\frac{y^2}{a^2}\right)-0.170q\left(1-\frac{x^2}{a^2}\right)^2\left(1-\frac{3y^2}{a^2}\right)$$
$$\sigma_y=\frac{\partial^2\Phi}{\partial x^2}=-0.170q\left(1-\frac{3x^2}{a^2}\right)\left(1-\frac{y^2}{a^2}\right)^2$$
$$\tau_{xy}=-\frac{\partial^2\Phi}{\partial x\partial y}=-0.681q\left(1-\frac{x^2}{a^2}\right)\left(1-\frac{y^2}{a^2}\right)\frac{xy}{a^2}$$

在薄板或长柱的中心，$x=y=0$，得出此处的 $\sigma_x=0.830q$。

② 取三个系数 $A_1$、$A_2$、$A_3$，也就是取

$$\Phi=\frac{q}{2}y^2\left(1-\frac{y^2}{6b^2}\right)+qb^2\left(1-\frac{x^2}{a^2}\right)^2\left(1-\frac{y^2}{b^2}\right)^2\left(A_1+A_2\frac{x^2}{a^2}+A_3\frac{y^2}{b^2}\right)$$

进行与之前相同的运算，可得

$$\begin{cases}\left(\frac{64}{7}+\frac{256}{49}\frac{b^2}{a^2}+\frac{64}{7}\frac{b^4}{a^4}\right)A_1+\left(\frac{64}{77}+\frac{64}{49}\frac{b^4}{a^4}\right)A_2+\left(\frac{64}{49}+\frac{64}{77}\frac{b^4}{a^4}\right)A_3=1\\ \left(\frac{64}{11}+\frac{64}{7}\frac{b^4}{a^4}\right)A_1+\left(\frac{192}{143}+\frac{256}{77}\frac{b^2}{a^2}+\frac{192}{7}\frac{b^4}{a^4}\right)A_2+\left(\frac{64}{77}+\frac{64}{77}\frac{b^4}{a^4}\right)A_3=1\\ \left(\frac{64}{7}+\frac{64}{11}\frac{b^4}{a^4}\right)A_1+\left(\frac{64}{77}+\frac{64}{77}\frac{b^4}{a^4}\right)A_2+\left(\frac{192}{7}+\frac{256}{77}\frac{b^2}{a^2}+\frac{192}{143}\frac{b^4}{a^4}\right)A_3=1\end{cases}$$

此时若仍取正方形薄板或正方形截面的柱体，可得

$$A_1=0.040\,405,\quad A_2=A_3=0.011\,716$$

由此的 $x=0$ 的截面上的 $\sigma_x$ 为

$$(\sigma_x)_{x=0}=q\left(0.862-0.796\frac{y^2}{a^2}+0.352\frac{y^4}{a^4}\right)$$

在其中心 $y=0$，$\sigma_x=0.862q$。

当试函数不取待定系数、取一个待定系数和取三个待定系数时，在薄板和柱体中心的 $\sigma_x$ 分别为 $1.000q$、$0.830q$ 和 $0.862q$。可见计算收敛得比较快，估计精确数值余额在 $0.862q$ 左右。

## 10.5 拓展阅读

1. 钱令希的余能理论[10]

1950 年，钱令希在《中国科学》1、2 期期刊上发表论文《余能理论》，论文给出了余能的定义，并对这一物理概念作了形象地描述，给出了包括最小余能原理在内的五个定理。此外，论文将余能原理应用于三维弹性力学问题，推导出了变形协调方程。钱令希的余能理论开创了我国力学工作者对变分原理的研究，此后，力学变分原理的研究和应用在我国有了很大进展，作出了许多可喜的成果，其中包括国际闻名的胡海昌-鹫津一般变分原理。

2. 卡斯蒂利亚诺的弹性系统平衡理论[11]

卡斯蒂利亚诺提出了卡氏第一定理与第二定理，是从能量角度研究弹性体受载与变形关系而得到的定理。二者可分别由虚位移原理和虚应力原理导出。其中第一定理可表述为：系统应变能对某一真实位移的偏导数，在数值上等于在这一真实位移处所施加的与之相对应的外力。而卡氏第二定理被用于求解弹性体的位移，也被用于求解静不定结构问题。

3. 胡海昌：论弹性体力学与受范性体力学中的一般变分原理[12]

最小势能原理和最小余能原理可称为弹性力学的基本变分原理。由基本变分原理出发，还可以导出一些广义变分原理。胡海昌和鹫津久一郎分别于 1954 年和 1955 年提出的变分原理便是在此基础上得到的，称为胡海昌-鹫津变分原理，简称为 H－W 原理。可表述为，在弹性力学小位移平衡问题中，与任意的位移、应变、应力相比，真实的位移、应变、应力可使 H－W 原理的泛函为驻值；反之，如果位移、应变、应力使该原理的泛函为驻值，则该位移、应变、应力必为真实的位移、应变、应力。

## 10.6 重点内容的板书讲解

**弹性力学的变分方法与微分方法对比**

| | 变分方法 | 微分方法 |
|---|---|---|
| 研究内容 | 弹性体整体 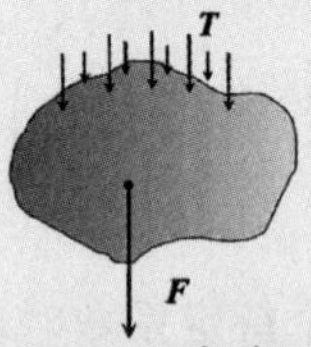  | 弹性体一点处的微元体 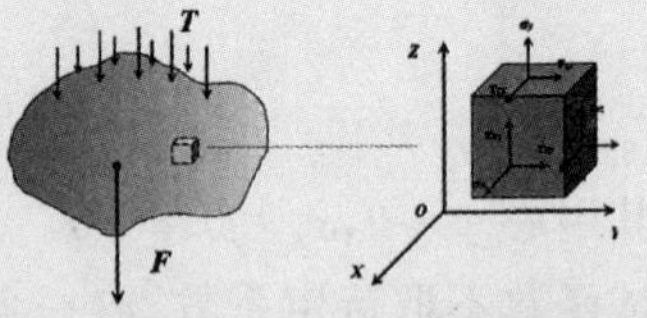  |
| 数学方法 | 求解泛函在给定约束条件下的极值或驻值可简化为求解线性方程组 | 求解偏微分方程组在给定边界条件下的定解 |
| 张量表示 | $\delta V_{\varepsilon}=\iiint \delta v_{\varepsilon}\,\mathrm{d}x\mathrm{d}y\mathrm{d}z$ | $\sigma_{ji,j}+F_i=0,\varepsilon_{ij}=\frac{1}{2}(u_{i,j}+u_{j,i})$，$\varepsilon_{ij}=\frac{1+\nu}{E}\sigma_{ij}-\frac{\nu}{E}\sigma_{kk}\delta_{ij}$ |
| 求解结果 | 近似解 | 精确解 |

**能量原理的位移解法与应力解法**

| | 位移解法 | 应力解法 |
|---|---|---|
| 基本参数 | 虚位移 | 虚应力 |
| 变分方程 | 位移变分方程 $\delta V_{\varepsilon}=\iiint\left[\sigma_x\frac{\partial}{\partial x}\delta u+\sigma_y\frac{\partial}{\partial y}\delta v+\sigma_z\frac{\partial}{\partial z}\delta w+\tau_{xy}\left(\frac{\partial}{\partial x}\delta v+\frac{\partial}{\partial y}\delta u\right)+\tau_{yz}\left(\frac{\partial}{\partial y}\delta w+\frac{\partial}{\partial z}\delta v\right)+\tau_{xz}\left(\frac{\partial}{\partial x}\delta w+\frac{\partial}{\partial z}\delta u\right)\right]\mathrm{d}x\mathrm{d}y\mathrm{d}z$ | 应力变分方程 $\delta U^*=\int_{S_u}(u\delta\overline{f}_x+v\delta\overline{f}_y+w\delta\overline{f}_y)\mathrm{d}S$ |
| 能量方程 | 虚功方程 $\int_{\Omega}(f_x\delta u+f_y\delta v+f_z\delta w)\mathrm{d}\Omega+\int_{S_f}(\overline{f}_x\delta u+\overline{f}_y\delta v+\overline{f}_z\delta w)\mathrm{d}S=\iiint(\sigma_x\delta\varepsilon_x+\sigma_y\delta\varepsilon_y+\sigma_z\delta\varepsilon_z+\tau_{xy}\delta\gamma_{xy}+\tau_{yz}\delta\gamma_{yz}+\tau_{xz}\delta\gamma_{xz})\mathrm{d}x\mathrm{d}y\mathrm{d}z$ | 余虚功方程 $\int_{\Omega}\delta\sigma_{ij}\left[\varepsilon_{ij}-\frac{1}{2}(u_{i,j}+u_{j,i})\right]\mathrm{d}V+\int_{S_u}\delta\sigma_{ij}n_j(u_i-\overline{u}_i)\mathrm{d}S=0$ |
| 求解原理 | 最小势能原理 $\delta\left[V_s-\int_{\Omega}(f_x\delta u+f_y\delta v+f_z\delta w)\mathrm{d}\Omega-\int_{S_f}(\overline{f}_x\delta u+\overline{f}_y\delta v+\overline{f}_z\delta w)\mathrm{d}S\right]=0$ | 最小余能原理 $\delta\Pi^*=\delta(V^*+U^*)=0$ |

## 思考题

10.1 什么是里茨法？对试函数有什么要求？它的解有什么特点？

10.2　什么是伽辽金法？对试函数有什么要求？它的解有什么特点？可以举出其他形式的加权余量法吗？

10.3　虚功原理有哪两种不同形式？分别和弹性力学中的什么方程等效？

第 10 章自测题

## 习题

10.1　铅垂平面内的正方形薄板，边长为 $2a$，四边固定，如图 10.9 所示，只受重力的作用。设 $\nu=0$，试取位移分量的表达式为

$$u=\left(1-\frac{x^2}{a^2}\right)\left(1-\frac{y^2}{a^2}\right)\frac{x}{a}\frac{y}{a}\left(A_1+A_2\frac{x^2}{a^2}+A_3\frac{y^2}{a^2}+\cdots\right)$$

$$v=\left(1-\frac{x^2}{a^2}\right)\left(1-\frac{y^2}{a^2}\right)\left(B_1+B_2\frac{x^2}{a^2}+B_3\frac{y^2}{a^2}+\cdots\right)$$

用里茨法或伽辽金法求解（在 $u$ 的表达式中，布置了因子 $x$ 和 $y$，因为按照问题的对称条件 $u$ 应为 $x$ 和 $y$ 的奇函数）。

10.2　正方形薄板，边长为 $2a$，如图 10.10 所示，在左右两边受有按抛物线分布的拉力，即

$$(\sigma_x)_{x=\pm a}=q\left(\frac{y}{a}\right)^2$$

试用应力变分法按如下应力函数求解：

$$\Phi=\frac{qy^4}{12a^2}+qa^2\left(1-\frac{x^2}{a^2}\right)^2\left(1-\frac{y^2}{a^2}\right)^2\left(A_1+A_2\frac{x^2}{a^2}+A_3\frac{y^2}{a^2}+\cdots\right)$$

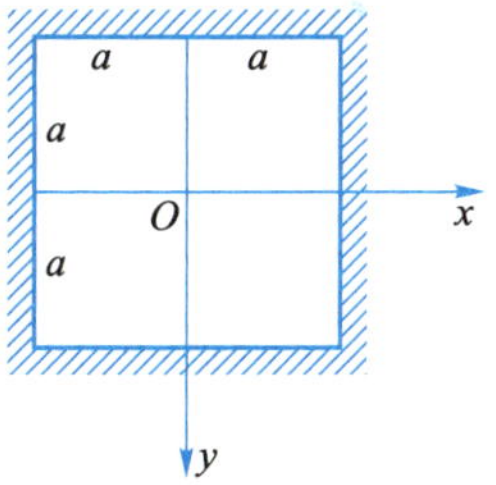


图 10.9　只受重力的正方形薄板

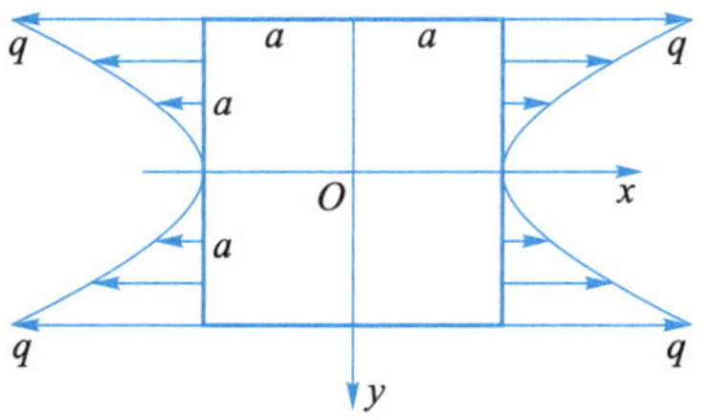


图 10.10　受抛物线拉力的正方形平板

10.3　矩形薄板三边固定，一边受有均布压力 $q$，如图 10.11 所示，试用应力变分法按如下应力函数求解（取 $\nu=0$）：

$$\Phi=-\frac{qx^2}{2}+\frac{qa^2}{2}\left(A_1\frac{x^2y^2}{a^2b^2}+A_2\frac{y^2}{b^2}\right)$$

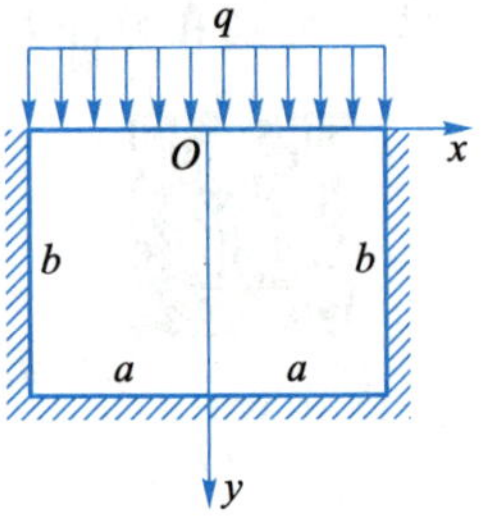


图 10.11　受均布压力的矩形薄板

# 第 11 章
# 热弹性问题

## 学习目标

了解热弹性力学的传热学基础；掌握热弹性理论中各向同性固体的本构方程以及热传导方程，理解热弹性力学中的平面问题；掌握热弹性平面应力问题的具体解法和实例。

## 重点难点

热传导方程的推导；热弹性基本方程及位移法、位移势法求解。

## 思维导图

- **第11章 热弹性问题**
  - **热弹性问题基本方程**
    - **热传导方程**
      - 有热源非稳态 $kT_{,ii}=\rho c\dot{T}-\rho W$
      - 无热源稳态 $T_{,ii}=\nabla^2 T=\dfrac{\partial^2 T}{\partial x^2}+\dfrac{\partial^2 T}{\partial y^2}+\dfrac{\partial^2 T}{\partial z^2}=0$
    - **热边界条件**
      - 边界初始温度 $T(X_i,t)=\bar{T}_0(X_i,t),\forall(X_i)\in S$
      - 边界热流密度 $q(X_i,t)=f(X_i,t),\forall(X_i)\in S$
      - 介质温度及传热系数 $q(X_i,t)=h(T_a-T_s)=0,\forall(X_i)\in S$
    - **弹性力学基本方程**
      - 几何方程 $\varepsilon_{ij}=\dfrac{1}{2}(u_{i,j}+u_{j,i})$
      - 平衡方程 $\sigma_{i,j}+F_i=0$
      - 本构方程 $\sigma_{ij}=\lambda\varepsilon_{kk}\sigma_{ij}+2\mu\varepsilon_{ij}-(3\lambda+2\mu)\alpha(T-T_0)\delta_{ij}$
    - **位移或应力边界条件**
      - 位移边界条件 $u_i=\bar{u}_i$
      - 应力边界条件 $\bar{X}=\sigma_x n_1+\tau_{yx}n_2+\tau_{zx}n_3$，$\bar{Y}=\tau_{xy}n_1+\sigma_y n_2+\tau_{zy}n_3$，$\bar{Z}=\tau_{xz}n_1+\tau_{yz}n_2+\sigma_z n_3$
  - **热弹性平面应力问题求解**
    - **位移法求解**
      - 位移分量和温度变化表达的平衡微分方程
        $$\begin{cases}\dfrac{\partial^2 u}{\partial x^2}+\dfrac{1-\nu}{2}\dfrac{\partial^2 u}{\partial y^2}+\dfrac{1+\nu}{2}\dfrac{\partial^2 v}{\partial x\partial y}-(1+\nu)\alpha\dfrac{\partial T}{\partial x}=0\\ \dfrac{\partial^2 v}{\partial y^2}+\dfrac{1-\nu}{2}\dfrac{\partial^2 v}{\partial x^2}+\dfrac{1+\nu}{2}\dfrac{\partial^2 u}{\partial x\partial y}-(1+\nu)\alpha\dfrac{\partial T}{\partial y}=0\end{cases}$$
    - **位移势求解**
      - 直角坐标系位移特解
        $$\begin{cases}\sigma'_x=-\dfrac{E}{1+\nu}\dfrac{\partial^2\Psi}{\partial y^2}\\ \sigma'_y=-\dfrac{E}{1+\nu}\dfrac{\partial^2\Psi}{\partial x^2}\\ \tau'_{xy}=-\dfrac{E}{1+\nu}\dfrac{\partial^2\Psi}{\partial xy}\end{cases}$$
      - 极坐标系位移特解
        $$\begin{cases}\sigma'_x=-\dfrac{E}{1+\nu}\left(\dfrac{1}{r}\dfrac{\partial\Psi}{\partial\theta}+\dfrac{1}{r^2}\dfrac{\partial^2\Psi}{\partial\theta^2}\right)\\ \sigma'_\theta=-\dfrac{E}{1+\nu}\dfrac{\partial^2\Psi}{\partial r^2}\\ \tau'_{r\theta}=\tau_{\theta r}=\dfrac{E}{1+\nu}\dfrac{\partial}{\partial r}\left(\dfrac{1}{r}\dfrac{\partial\Psi}{\partial\theta}\right)\end{cases}$$
    - **矩形薄板应力分布**
      - $\sigma_x=E\alpha T_0\left(\dfrac{y^2}{b^2}-\dfrac{1}{3}\right),\sigma_y=0,\tau_{xy}=0$
    - **圆环/圆盘应力分布**
      - 径向应力分量 $\sigma_r=\dfrac{E\alpha}{r^2}\left[\dfrac{r^2-r_i^2}{r_o^2-r_i^2}\int_{r_i}^{r_o}T(\xi)\xi\mathrm{d}\xi-\int_{r_i}^{r}T(\xi)\xi\mathrm{d}\xi\right]$
      - 环向应力分量 $\sigma_\theta=\dfrac{E\alpha}{r^2}\left[\dfrac{r^2-r_i^2}{r_o^2-r_i^2}\int_{r_i}^{r_o}T(\xi)\xi\mathrm{d}\xi-\int_{r_i}^{r}T(\xi)\xi\mathrm{d}\xi-Tr^2\right]$

杜哈梅尔
(Jean-Marie Constant Duhamel, 1797—1872)

$\dot{\rho}+\rho v_{i,i}=0$

$\rho\dot{v}_i-t_{ij,j}=\rho f_i$

$\rho\dot{\varepsilon}+q_{i,i}-t_{ij}v_{(i,j)}=\rho r$

注释：

$\rho$——密度　$f_i$——外力

$v$——速度　$q$——热通量

$e$——内能　$r$——热源

$t_{ij}$——柯西应力张量

传热学平衡定律

The complete system of equations that Duhamel establishes and treats in the application consists of Navier's equations with additional terms due to dilatation, the corresponding (Cauchy) natural boundary conditions on stresses, and Fourier's equation with coefficient accounting for the ratio of the two specific heats.

——Gerard A. Maugin

近代线性热应力理论创始于 1835 年。法国人杜哈梅尔(J. M. C. Duhamel, 1797—1872)于 1835 年 2 月在法国科学院发表演讲，首次提出：当温度变化时，由于物体的一部分受到某些约束，就要产生热应力；此应力由两部分叠加而成，其中一部分是与温度变化成比例、在所有方向都相等的压力，另一部分则是温度不变而由应变产生的应力，这就是著名的杜哈梅尔公式，它开启了热弹性力学的研究[1]。

## 11.1 概述

温度变化会引起弹性体收缩或膨胀，由于弹性体内部各部分之间的相互约束或者外部的边界约束，这种变形不能自由地发生，从而产生了热应力。随着科学技术的发展，燃气轮机、汽轮机、火箭、高速飞机、核反应堆等一系列现代机械结构的零部件常常处于非均匀、非定常的高温环境中，由于很大的热应力而引起结构破坏。为了解决这些问题，基于传热学基本定律，开展热弹性问题的分析是必要的[2]。

本章(图 11.1)首先介绍传热学基础，由传热学定律推导出热弹性问题中各向同性弹性体的本构方程，在第 3 节中介绍了热弹性平面问题，给出平面问题的基本方程；在第 4 节中给出了极坐标系下热弹性问题的具体解法和实例。

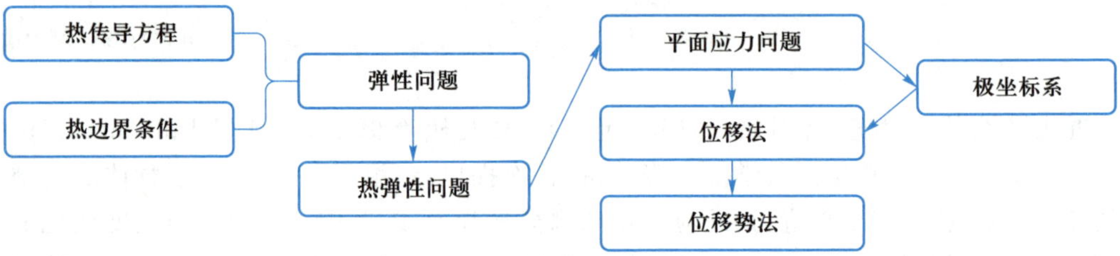


图 11.1 本章主要内容

## 11.2 传热学的基本方程

### 11.2.1 温度场及热传导基本概念

在热传导过程中，物体内各点的温度会随着点的空间位置和时间变化，在任意时刻，物体内各点温度的集合称为温度场。温度 $T$ 通常是点的空间位置坐标$(x,y,z)$和时间 $t$ 的函数

$$T=T(x,y,z,t) \tag{11-1}$$

当温度随空间和时间变化时，如式(11-1)所示，称为非稳态温度场或非定常温度场，在此温度场中发生的热传导为三维非稳态热传导。如果温度场不随时间发生改变时，则称为稳态温度场或定常温度场，此时，温度只是空间位置坐标的函数

$$T=T(x,y,z) \tag{11-2}$$

热传导过程中弹性体的热量流动与弹性体温差有关。温差 $\Delta T$ 是指两个物体或同一物体不同部位之间的温度差值，是一个标量，用于描述温度的绝对差异，不涉及温度变化的速率或方向。为了更加准确地描述温度在物体某点的变化情况，引入温度梯度的概念，它沿着等温面的法线方向，指向温度升高的方向，用$\nabla T$ 表示

$$\nabla T = T_{,j} \text{ 或} \nabla T = \boldsymbol{n}_0 \frac{\partial T}{\partial n} \tag{11-3}$$

其中，$\boldsymbol{n}_0$ 为单位矢量。温度梯度描述了温度变化的最迅速方向以及变化速率。

通常用热流速度表示热量流动的快慢。在单位时间内通过等温面面积 $S$ 的热量称为热流速度，用$\frac{\mathrm{d}Q}{\mathrm{d}t}$表示。通过等温面单位面积的热流速度称为热流密度，它是一个矢量，用 $\boldsymbol{q}$ 表示

$$\boldsymbol{q} = \boldsymbol{n}_0 \frac{\frac{\mathrm{d}Q}{\mathrm{d}t}}{S} \tag{11-4}$$

由热传导的傅里叶定律可知，热流密度 $\boldsymbol{q}$ 与温度梯度$\nabla T$ 成正比而方向相反，即

$$q_i = -k_{ij} T_{,j} \tag{11-5}$$

其中 $k_{ij}$ 是导热率张量。它是对称张量，即 $k_{ij} = k_{ji}$。对于各向同性情况 $k_{ij} = k\delta_{ij}$，因此

$$q_i = -kT_{,i} \tag{11-6}$$

其中 $k$ 为导热系数，表示在单位温度梯度下通过等温面单位面积的热流速度。

### 11.2.2 热传导微分方程

弹性体的变形引起的体积改变将或多或少地影响热量的传递，导入弹性体的热量不仅引起温度上升，一部分还转变为变形功。研究表明，对于静态或准静态加载条件下的大多数材料，这一耦合项很小，可以忽略。因此，本章节主要研究非耦合热传导方程。

为了求出任意时刻弹性体内各点的温度，下面将依据能量守恒定律推导热传导微分方程。能量守恒定律表述为：在任意一段时间内，物体的任意微小部分所积蓄的热量（即温度升高所需要的热量），等于传入该微小部分的热量加上内部热源所供给的热量。

如图 11.2 所示，在弹性体内任意点 $P$ 处取一微元体，各边长取为 $\mathrm{d}x$、$\mathrm{d}y$、$\mathrm{d}z$。假定该微元体的温度在 $\mathrm{d}t$ 时间内由 $T$ 升高到 $T + \frac{\partial T}{\partial t}\mathrm{d}t$。温度升高所积蓄的热量为 $c\rho \mathrm{d}x\mathrm{d}y\mathrm{d}z \cdot \frac{\partial T}{\partial t}\mathrm{d}t$，其中，$\rho$ 是密度，$c$ 是比热容。

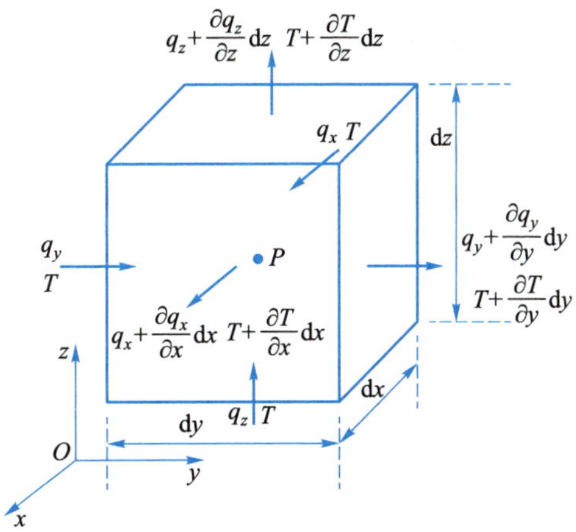


图 11.2　微元体结构及温度分布图

微元体温度分布如图 11.2 所示，这里假设 $T$ 大于 $T+\frac{\partial T}{\partial x}\mathrm{d}x$、$T+\frac{\partial T}{\partial y}\mathrm{d}y$ 和 $T+\frac{\partial T}{\partial z}\mathrm{d}z$，因此传入微元体的热量分别为 $q_x\mathrm{d}y\mathrm{d}z\mathrm{d}t$，$q_y\mathrm{d}x\mathrm{d}z\mathrm{d}t$，$q_z\mathrm{d}x\mathrm{d}y\mathrm{d}t$，传出微元体的热量分别为 $\left(q_x+\frac{\partial q_x}{\partial x}\mathrm{d}x\right)\mathrm{d}y\mathrm{d}z\mathrm{d}t$，$\left(q_y+\frac{\partial q_y}{\partial y}\mathrm{d}y\right)\mathrm{d}x\mathrm{d}y\mathrm{d}t$，$\left(q_z+\frac{\partial q_z}{\partial z}\mathrm{d}z\right)\mathrm{d}x\mathrm{d}y\mathrm{d}t$。结合式(11－5)，可以得出传出微元体的净热量为

$$-\left(\frac{\partial q_x}{\partial x}+\frac{\partial q_y}{\partial y}+\frac{\partial q_z}{\partial z}\right)\mathrm{d}x\mathrm{d}y\mathrm{d}z\mathrm{d}t=-kT_{,ii}\mathrm{d}x\mathrm{d}y\mathrm{d}z\mathrm{d}t \tag{11-7}$$

设微元体内部有强度为 $W$(单位时间、单位体积供热量)的热源，则在 $\mathrm{d}t$ 时间内该热源供热量为 $W\mathrm{d}x\mathrm{d}y\mathrm{d}z\mathrm{d}t$，根据能量守恒原理，有

$$c\rho\mathrm{d}x\mathrm{d}y\mathrm{d}z\cdot\frac{\partial T}{\partial t}\mathrm{d}t=-kT_{,ii}\mathrm{d}x\mathrm{d}y\mathrm{d}z\mathrm{d}t+W\mathrm{d}x\mathrm{d}y\mathrm{d}z\mathrm{d}t \tag{11-8}$$

整理得到热传导方程为

$$\frac{\partial T}{\partial t}-\frac{k}{c\rho}T_{,ii}=\frac{W}{c\rho} \tag{11-9}$$

在应用中，通常只考虑无热源($W=0$)情况。另外，如果只考虑稳态条件，热传导方程可以简化为拉普拉斯方程

$$T_{,ii}=\nabla^2T=\frac{\partial^2T}{\partial x^2}+\frac{\partial^2T}{\partial y^2}+\frac{\partial^2T}{\partial z^2}=0 \tag{11-10}$$

无论哪种情况，只要有适当的热边界条件，就可以确定温度场。

### 11.2.3 温度场的边界条件

为了求解热传导微分方程，从而获得温度场，需要确定物体表面与周围介质热传递的规律，即边界条件。物体传热过程中的边界条件可以归纳为以下三类。

(1) 第一类边界条件：规定了固体边界上的温度值。即

$$T(X_i,t)=\bar{T}_0(X_i,t),\ \forall(X_i)\in S \tag{11-11}$$

(2) 第二类边界条件：规定了固体边界上的热流密度(也称为热通量)。即

$$q(X_i,t)=f(X_i,t),\ \forall(X_i)\in S \tag{11-12}$$

(3) 第三类边界条件：规定了固体边界与周围流体间的表面传热系数和周围介质的温度。即

$$q(X_i,t)=h(T_a-T_s),\ \forall(X_i)\in S \tag{11-13}$$

其中，$T_a$ 是周围介质的温度；$h$ 称为放热系数。三类边界条件下固体内部的温度变化和传热形式如图 11.3 所示。

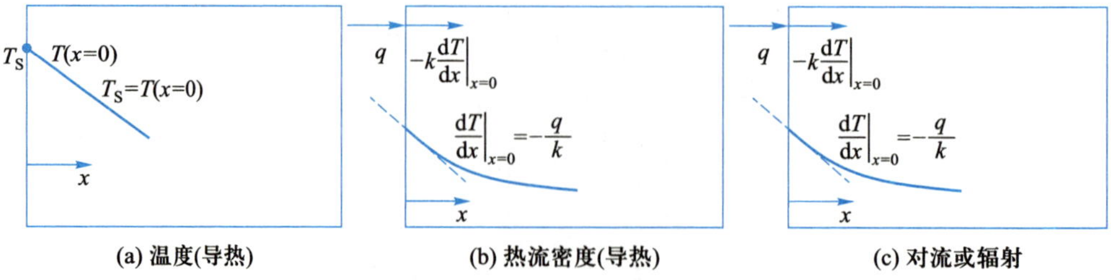


图 11.3　物体的三类边界条件及其内部温度变化(内部无热源)

# 11.3 热弹性平面问题及求解

## 11.3.1 热弹性问题基本方程

通过温差求解热应力，首先需要推导热弹性问题的基本方程。无论是否考虑温差，弹性力学的两类基本方程[平衡方程(3-44)、几何方程(4-49)]不发生变化。

设弹性体内各点的初始温度为 $T_0$，热应变可以表示为

$$\varepsilon_{ij}^{(T)}=\alpha_{ij}(T-T_0) \tag{11-14}$$

其中，$\alpha_{ij}$ 为材料常数，称为热膨胀系数张量，它是一个二阶对称张量。对于各向同性情况，有 $\alpha_{ij}=\alpha\delta_{ij}$，$\alpha$ 为热膨胀系数，并且温度变化不会产生剪应变，式(11-14)则简化为

$$\varepsilon_{ij}^{(T)}=\alpha(T-T_0)\delta_{ij} \tag{11-15}$$

可以得出热弹性问题的本构方程。用应力表达应变的热弹性问题的本构方程的指标标记法可以写为

$$\varepsilon_{ij}=\frac{1+\nu}{E}\sigma_{ij}-\frac{\nu}{E}\sigma_{kk}\delta_{ij}+\alpha(T-T_0)\delta_{ij} \tag{11-16}$$

同时，进一步可以写出用应变表达应力的热弹性问题的本构方程的指标标记形式

$$\sigma_{ij}=\lambda\varepsilon_{kk}\delta_{ij}+2\mu\varepsilon_{ij}-(3\lambda+2\mu)\alpha(T-T_0)\delta_{ij} \tag{11-17}$$

或

$$\sigma_{ij}=C_{ijkl}\varepsilon_{kl}+\beta_{ij}T \tag{11-18}$$

也被称为杜哈梅尔-纽曼(Duhamel-Neumann)热弹性本构关系[3]。其中，$\beta_{ij}$ 为热弹性模量张量，它是一个二阶对称张量。结合式(11-9)得到的无热源情况下的热传导方程

$$\frac{\partial T}{\partial t}=\frac{k}{c\rho}T_{,ii} \tag{11-19}$$

式(3-44)、式(4-49)、式(11-16)和式(11-19)这 16 个方程构成了包含 16 个未知数 $u_i$、$\varepsilon_{ij}$、$\sigma_{ij}$ 和 $T$ 的热弹性问题的基本方程组。

$$\begin{cases}\text{传热学}\begin{cases}\text{热传导方程：}\dfrac{\partial T}{\partial t}=\dfrac{k}{c\rho}T_{,ii}\\ \text{边界条件：}\quad\begin{array}{l}T(X_i,t)=\bar{T}_0(X_i,t)\\ q(X_i,t)=f(X_i,t)\\ q(X_i,t)=h(T_a-T_s)\end{array}\end{cases}\\ \text{弹性力学}\begin{cases}\text{平衡方程：}\sigma_{ji,j}+F_i=0\\ \text{几何方程：}\varepsilon_{ij}=\dfrac{1}{2}(u_{i,j}+u_{j,i})\\ \text{本构方程：}\sigma_{ij}=\lambda\varepsilon_{kk}\delta_{ij}+2\mu\varepsilon_{ij}-(3\lambda+2\mu)\alpha(T-T_0)\delta_{ij}\\ \text{边界条件：}\quad\begin{array}{l}u_i=\bar{u}_i\\ T=\sigma_{ij}n_j\end{array}\end{cases}\end{cases} \tag{11-20}$$

## 11.3.2 热弹性平面应力问题

与 7.2 节中的平面应力问题一致，平面应力问题只有三个非零应力分量 $\sigma_x$、$\tau_{xy}$、$\sigma_y$，而且是 $x$、$y$ 的函数

$$\begin{cases}\sigma_x=\sigma_x(x,y),\quad \sigma_y=\sigma_y(x,y),\quad \tau_{xy}=\tau_{xy}(x,y)\\ \sigma_z=\tau_{xz}=\tau_{yz}=0\end{cases} \tag{11-21}$$

与此相对应的各向同性材料热弹性应变场为

$$\begin{cases}\varepsilon_x=\dfrac{1}{E}(\sigma_x-\nu\sigma_y)+\alpha(T-T_0)\\ \varepsilon_y=\dfrac{1}{E}(\sigma_y-\nu\sigma_x)+\alpha(T-T_0)\\ \varepsilon_z=-\dfrac{\nu}{E}(\sigma_x+\sigma_y)+\alpha(T-T_0)\\ \varepsilon_{xy}=\dfrac{1+\nu}{E}\tau_{xy}\\ \varepsilon_{xz}=\varepsilon_{yz}=0\end{cases} \tag{11-22}$$

与等温情况下平面问题一样，平面应力和平面应变可以通过弹性常数的简单互换进行转化。将平面应力问题中的 $E$、$\nu$、$\alpha$ 作如下变换

$$E\rightarrow\frac{E}{1-\nu^2},\quad \nu\rightarrow\frac{\nu}{1-\nu},\quad \alpha\rightarrow 1+\nu\alpha$$

就可以得到平面应变问题。反之，如果已知平面应变问题，将平面应变问题中的 $E$、$\nu$、$\alpha$ 作如下变换

$$E\rightarrow\frac{E(1+2\nu)}{(1+\nu)^2},\quad \nu\rightarrow\frac{\nu}{1+\nu},\quad \alpha\rightarrow\frac{1+\nu}{1+2\nu}\alpha$$

就可以得到平面应力问题。

## 11.3.3 位移法求解热弹性平面应力问题

热弹性平面应力问题通常采用位移法求解。对于热弹性体中的温度变化，各点由于温度产生的形变分量为

$$\varepsilon_x=\varepsilon_y=\alpha(T-T_0),\quad \gamma_{xy}=0 \tag{11-23}$$

结合胡克定律，热弹性体总的形变分量如(11－22)所示，将几何方程代入并使用位移分量表示应力分量，即

$$\begin{cases}\sigma_x=\dfrac{E}{1-\nu^2}\left(\dfrac{\partial u}{\partial x}+\nu\dfrac{\partial v}{\partial y}\right)-\dfrac{E\alpha(T-T_0)}{1-\nu^2}\\ \sigma_y=\dfrac{E}{1-\nu^2}\left(\dfrac{\partial v}{\partial y}+\nu\dfrac{\partial u}{\partial x}\right)-\dfrac{E\alpha(T-T_0)}{1-\nu^2}\\ \tau_{xy}=\dfrac{E}{2(1+\nu)}\gamma_{xy}\end{cases} \tag{11-24}$$

将式(11－24)代入平衡微分方程，得到位移分量和温度变化表示的平衡微分方程，即位

移法求解的基本方程

$$
\begin{cases}
\dfrac{\partial^2 u}{\partial x^2}+\dfrac{1-\nu}{2}\dfrac{\partial^2 u}{\partial y^2}+\dfrac{1+\nu}{2}\dfrac{\partial^2 v}{\partial x\partial y}-(1+\nu)\alpha\dfrac{\partial T}{\partial x}=0\\
\dfrac{\partial^2 v}{\partial y^2}+\dfrac{1-\nu}{2}\dfrac{\partial^2 v}{\partial x^2}+\dfrac{1+\nu}{2}\dfrac{\partial^2 u}{\partial x\partial y}-(1+\nu)\alpha\dfrac{\partial T}{\partial y}=0
\end{cases}
\tag{11-25}
$$

其中,边界上的温度通过温度场边界条件求出。结合位移边界条件 $u_i=\bar{u}_i$,即可按位移求解热应力。

### 11.3.4 位移势求解热弹性平面应力问题

位移法求解时的平衡微分方程(11-25)是非齐次偏微分方程,它的解可由一组特解 $u'$,$v'$和相应的齐次偏微分方程的通解 $u''$,$v''$叠加得到,其中,特解 $u'$,$v'$通常是指方程的一种特殊解,它可能是通过某种方法(如变量分离、常数变易法、特征方程等)得到的。这些特解通常是在给定的区域内求解得到的,而不需要考虑该区域的边界条件。为了求得这组特解,引入位移势函数 $\Psi(x,y)$,将位移特解表示为

$$
u'=\frac{\partial \Psi}{\partial x},\quad v'=\frac{\partial \Psi}{\partial y}
\tag{11-26}
$$

将上式代入式(11-25),可得

$$
\begin{cases}
\dfrac{\partial}{\partial x}\left(\dfrac{\partial^2 \Psi}{\partial x^2}+\dfrac{\partial^2 \Psi}{\partial y^2}\right)=(1+\nu)\alpha\dfrac{\partial T}{\partial x}\\
\dfrac{\partial}{\partial y}\left(\dfrac{\partial^2 \Psi}{\partial x^2}+\dfrac{\partial^2 \Psi}{\partial y^2}\right)=(1+\nu)\alpha\dfrac{\partial T}{\partial y}
\end{cases}
\tag{11-27}
$$

对式(11-27)进行积分,可以得到

$$
\frac{\partial^2 \Psi}{\partial x^2}+\frac{\partial^2 \Psi}{\partial y^2}=(1+\nu)\alpha(T-T_0)
\tag{11-28}
$$

上式就是热弹性位移势函数应满足的方程。注意,对于平面应变情况,温度项上的系数将变为 $\alpha(1+\nu)/(1-\nu)$。将式(11-26)及式(11-28)代入式(11-24),可以得到与位移特解相对应的应力分量

$$
\begin{cases}
\sigma'_x=-\dfrac{E}{1+\nu}\dfrac{\partial^2 \Psi}{\partial y^2}\\
\sigma'_y=-\dfrac{E}{1+\nu}\dfrac{\partial^2 \Psi}{\partial x^2}\\
\tau'_{xy}=\dfrac{E}{1+\nu}\dfrac{\partial^2 \Psi}{\partial x y}
\end{cases}
\tag{11-29}
$$

位移的通解 $u''$,$v''$同样需要满足式(11-25),但不计温度变化,即

$$
\begin{cases}
\dfrac{\partial^2 u''}{\partial x^2}+\dfrac{1-\nu}{2}\dfrac{\partial^2 u''}{\partial y^2}+\dfrac{1+\nu}{2}\dfrac{\partial^2 v''}{\partial x\partial y}=0\\
\dfrac{\partial^2 v''}{\partial y^2}+\dfrac{1-\nu}{2}\dfrac{\partial^2 v''}{\partial x^2}+\dfrac{1+\nu}{2}\dfrac{\partial^2 u''}{\partial x\partial y}=0
\end{cases}
\tag{11-30}
$$

可以得到与位移通解相对应的应力分量

$$
\begin{cases}
\sigma''_x=\dfrac{E}{1-\nu^2}\left(\dfrac{\partial u''}{\partial x}+v\dfrac{\partial v''}{\partial y}\right)\\
\sigma''_y=\dfrac{E}{1-\nu^2}\left(\dfrac{\partial v''}{\partial y}+v\dfrac{\partial u''}{\partial x}\right)\\
\tau''_{xy}=\dfrac{E}{2(1+\nu)}\left(\dfrac{\partial v''}{\partial x}+v\dfrac{\partial u''}{\partial y}\right)
\end{cases}
\tag{11-31}
$$

因此，总应力可以表示为

$$
\begin{cases}
\sigma_x=\dfrac{E}{1-\nu^2}\left(\dfrac{\partial u''}{\partial x}+v\dfrac{\partial v''}{\partial y}\right)-\dfrac{E}{1+\nu}\dfrac{\partial^2\Psi}{\partial y^2}\\
\sigma_y=\dfrac{E}{1-\nu^2}\left(\dfrac{\partial v''}{\partial y}+v\dfrac{\partial u''}{\partial x}\right)-\dfrac{E}{1+\nu}\dfrac{\partial^2\Psi}{\partial x^2}\\
\tau_{xy}=\dfrac{E}{2(1+\nu)}\left(\dfrac{\partial v''}{\partial x}+v\dfrac{\partial u''}{\partial y}\right)+\dfrac{E}{1+\nu}\dfrac{\partial^2\Psi}{\partial xy}
\end{cases}
\tag{11-32}
$$

### 11.3.5 矩形薄板的热应力

在飞机机翼及机身的蒙皮中，广泛存在平面应力问题，以图 11.4 所示矩形薄板为例，求解发生如下温度变化时的热应力。

$$T=T_0\left(1-\frac{y^2}{b^2}\right) \tag{11-33}$$

对于平面应力问题，位移势函数应满足的方程为

$$\frac{\partial^2\Psi}{\partial x^2}+\frac{\partial^2\Psi}{\partial y^2}=(1+\nu)\alpha T_0\left(1-\frac{y^2}{b^2}\right) \tag{11-34}$$

取

$$\Psi=Ay^2+By^4 \tag{11-35}$$

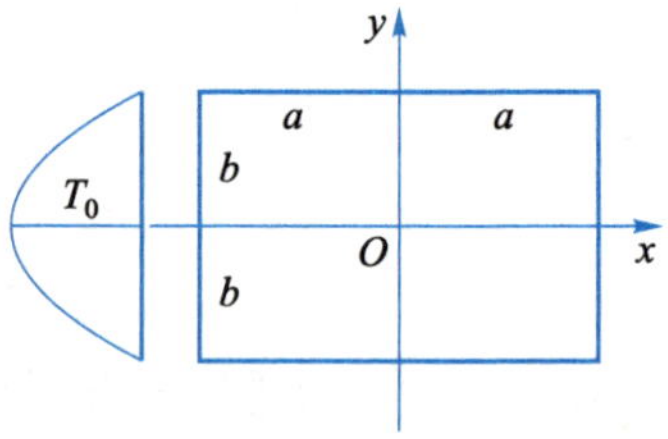

图 11.4　矩形薄板及其温度分布示意图

将式(11-35)代入式(11-34)，得到

$$A=\frac{(1+\nu)\alpha T_0}{2},\quad B=-\frac{(1+\nu)\alpha T_0}{12b^2} \tag{11-36}$$

将其代入式(11-29)得到相应于位移特解的应力分量

$$\sigma'_x=-E\alpha T_0\left(1-\frac{y^2}{b^2}\right),\quad \sigma'_y=0,\quad \tau'_{xy}=0 \tag{11-37}$$

为了满足边界条件，可在薄板边界上施以大小与上述面力相等而方向相反的面力，在 $a\gg b$ 的情况下，可按圣维南原理，将此面力变换成静力等效的均布拉力，可采用式(7-21)提到的应力函数，令

$$\Phi=cy^2 \tag{11-38}$$

代入式(11-31)，应力分量为

$$\sigma''_x=2c,\quad \sigma''_y=0,\quad \tau''_{xy}=0 \tag{11-39}$$

因此，总应力为

$$\sigma_x=-E\alpha T_0\left(1-\frac{y^2}{b^2}\right)+2c \tag{11-40}$$

为满足边界条件

$$(\sigma_x)_{x=\pm a}=0 \tag{11-41}$$

需应用圣维南原理，即

$$\int_{-b}^{b}(\sigma_x)_{x=\pm a}\mathrm{d}y=0,\quad \int_{-b}^{b}(\sigma_x)_{x=\pm a}y\mathrm{d}y=0 \tag{11-42}$$

第二式自然满足，将式(11-40)代入第一式得

$$2c=\frac{2}{3}E\alpha T_0 \tag{11-43}$$

因此，矩形薄板中的热应力为

$$\sigma_x=E\alpha T_0\left(\frac{y^2}{b^2}-\frac{1}{3}\right),\quad \sigma_y=0,\quad \tau_{xy}=0 \tag{11-44}$$

### 11.3.6 极坐标系下的求解

对于圆形、圆环形、楔形、扇形等热弹性问题，采用极坐标求解可以使边界条件和基本方程得到很大简化。现在列出极坐标下的热弹性平面问题的基本方程。根据第 7 章已经给出的等温结果，根据式(7-42)，几何方程仍由下式给出：

$$\begin{cases}\varepsilon_r=\dfrac{\partial u_r}{\partial r}\\ \varepsilon_\theta=\dfrac{u_r}{r}+\dfrac{1}{r}\dfrac{\partial u_\theta}{\partial\theta}\\ \varepsilon_{r\theta}=\dfrac{1}{2}\left(\dfrac{\partial u_\theta}{\partial r}+\dfrac{1}{r}\dfrac{\partial u_r}{\partial\theta}-\dfrac{u_\theta}{r}\right)\end{cases} \tag{11-45}$$

对于平面应力问题，本构方程变成以下形式：

$$\begin{cases}\varepsilon_r=\dfrac{1}{E}(\sigma_r-\nu\sigma_\theta)+\alpha(T-T_0)\\ \varepsilon_\theta=\dfrac{1}{E}(\sigma_\theta-\nu\sigma_r)+\alpha(T-T_0)\\ \gamma_{r\theta}=\dfrac{1}{G}\tau_{r\theta}\end{cases} \tag{11-46}$$

或者

$$\begin{cases}\sigma_r=\dfrac{E}{1-\nu^2}[\varepsilon_r+\nu\varepsilon_\theta-(1+\nu)\alpha(T-T_0)]\\ \sigma_\theta=\dfrac{E}{1-\nu^2}[\varepsilon_\theta+\nu\varepsilon_r-(1+\nu)\alpha(T-T_0)]\\ \tau_{r\theta}=\dfrac{E}{1+\nu}\varepsilon_{r\theta}\end{cases} \tag{11-47}$$

在没有外力的情况下，平衡方程简化为

$$\begin{cases}\dfrac{\partial\sigma_r}{\partial r}+\dfrac{1}{r}\dfrac{\partial\tau_{r\theta}}{\partial\theta}+\dfrac{\sigma_r-\sigma_\theta}{r}=0\\ \dfrac{\partial\tau_{r\theta}}{\partial r}+\dfrac{1}{r}\dfrac{\partial\sigma_\theta}{\partial\theta}+\dfrac{2\tau_{r\theta}}{r}=0\end{cases} \tag{11-48}$$

用位移势函数 $\Psi(r,\theta)$ 把径向和周向位移的特解表示为

$$u'_r=\frac{\partial\Psi}{\partial r},\quad u'_\theta=\frac{1}{r}\frac{\partial\Psi}{\partial\theta} \tag{11-49}$$

由此可见,式(11-28)仍然成立

$$\nabla^2\Psi(r,\theta)=(1+\nu)\alpha(T-T_0) \tag{11-50}$$

其中

$$\nabla^2=\frac{\partial^2}{\partial r^2}+\frac{1}{r}\frac{\partial}{\partial r}+\frac{1}{r^2}\frac{\partial^2}{\partial\theta^2} \tag{11-51}$$

结合式(7-42)和式(11-47),可以极坐标系下位移特解的应力分量表示为

$$\begin{cases}\sigma'_r=-\dfrac{E}{1+\nu}\left(\dfrac{1}{r}\dfrac{\partial\Psi}{\partial r}+\dfrac{1}{r^2}\dfrac{\partial^2\Psi}{\partial\theta^2}\right)\\ \sigma'_\theta=-\dfrac{E}{1+\nu}\dfrac{\partial^2\Psi}{\partial r^2}\\ \tau'_{r\theta}=\tau_{\theta r}=\dfrac{E}{1+\nu}\dfrac{\partial}{\partial r}\left(\dfrac{1}{r}\dfrac{\partial\Psi}{\partial\theta}\right)\end{cases} \tag{11-52}$$

根据直角坐标系向极坐标系的坐标变换式,可得位移通解的应力分量

$$\begin{cases}\sigma''_r=\dfrac{E}{1-\nu^2}\left(\dfrac{\partial u''}{\partial x}+v\dfrac{\partial v''}{\partial y}\right)\cos^2\theta+\dfrac{E}{1-\nu^2}\left(\dfrac{\partial v''}{\partial y}+v\dfrac{\partial u''}{\partial x}\right)\sin^2\theta+\dfrac{E}{1+\nu}\left(\dfrac{\partial v''}{\partial x}+v\dfrac{\partial u''}{\partial y}\right)\sin\theta\cos\theta\\ \sigma''_\theta=\dfrac{E}{1-\nu^2}\left(\dfrac{\partial u''}{\partial x}+v\dfrac{\partial v''}{\partial y}\right)\sin^2\theta+\dfrac{E}{1-\nu^2}\left(\dfrac{\partial v''}{\partial y}+v\dfrac{\partial u''}{\partial x}\right)\cos^2\theta-\dfrac{E}{1+\nu}\left(\dfrac{\partial v''}{\partial x}+v\dfrac{\partial u''}{\partial y}\right)\sin\theta\cos\theta\\ \tau''_{xy}=\dfrac{E}{1+\nu}\left(\dfrac{\partial v''}{\partial y}-\dfrac{\partial u''}{\partial x}\right)\sin\theta\cos\theta+\dfrac{E}{2(1+\nu)}\left(\dfrac{\partial v''}{\partial x}+\dfrac{\partial u''}{\partial y}\right)(\cos^2\theta-\sin^2\theta)\end{cases} \tag{11-53}$$

### 11.3.7 空心圆环/圆盘的热应力

下面研究轴对热弹性平面应力问题。轴对称问题的特点是解只与半径有关,因此可对问题进行简化。对于如图 11.5 所示的空心圆环,所有的场量只依赖于径向坐标,故可不引用位移势函数。

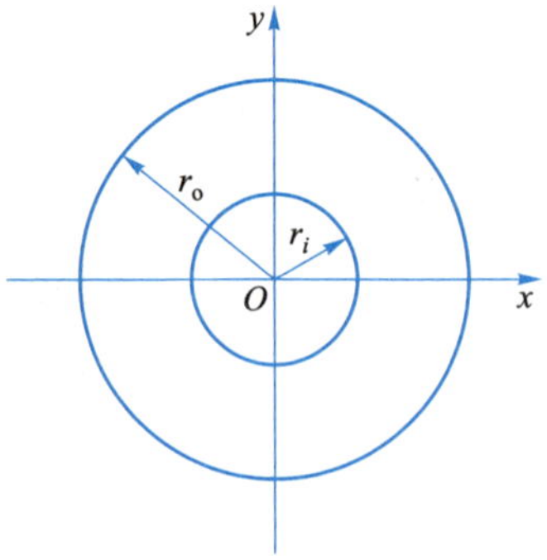

图 11.5 空心圆环

由于 $\tau_{r\theta}=0$,对于平衡方程(11-48)来说,第二式自然满足,第一式为

$$\frac{d\sigma_r}{dr}+\frac{\sigma_r-\sigma_\theta}{r}=0 \tag{11-54}$$

几何方程的第三式自然满足,而一、二式为

$$\begin{cases}\varepsilon_r=\dfrac{\partial u_r}{\partial r}\\ \varepsilon_\theta=\dfrac{u_r}{r}+\dfrac{1}{r}\dfrac{\partial u_\theta}{\partial\theta}\end{cases} \tag{11-55}$$

结合本构方程(11-46),可得

$$\frac{d^2u_r}{dr^2}+\frac{1}{r}\frac{u_r}{r}-\frac{u_r}{r^2}=(1+\nu)\alpha\frac{dT}{dr} \tag{11-56}$$

对上式进行两次积分后可得

$$u_r = \frac{(1+\nu)\alpha}{r}\int_{\rho}^{r} Tr\mathrm{d}r + C_1 r + \frac{C_2}{r} \tag{11-57}$$

其中 $C_1$ 和 $C_2$ 是任意常数。

由上式可得应力分量

$$\begin{cases} \sigma_r = -\dfrac{E\alpha}{r^2}\displaystyle\int_{r_i}^{r} Tr\mathrm{d}r + \dfrac{E}{1-\nu^2}\left[(1+\nu)C_1 - (1-\nu)\dfrac{C_2}{r^2}\right] \\ \sigma_\theta = \dfrac{E\alpha}{r^2}\displaystyle\int_{r_i}^{r} Tr\mathrm{d}r + \dfrac{E}{1-\nu^2}\left[(1+\nu)C_1 + (1-\nu)\dfrac{C_2}{r^2}\right] - E\alpha T \end{cases} \tag{11-58}$$

在无面力的情况下，由边界条件 $(\sigma_r)_{r=a}=0$ 和 $(\sigma_r)_{r=b}=0$，可求出常数

$$\begin{cases} C_1 = \dfrac{\alpha(1-\nu)}{r_o^{\ 2} - r_i^{\ 2}}\displaystyle\int_{r_i}^{r_o} Tr\mathrm{d}r \\ C_2 = \dfrac{\alpha(1+\nu)\alpha^2}{r_o^{\ 2} - r_i^{\ 2}}\displaystyle\int_{r_i}^{r_o} Tr\mathrm{d}r \end{cases} \tag{11-59}$$

将其代入式(11－58)，可得

$$\begin{cases} \sigma_r = \dfrac{E\alpha}{r^2}\left[\dfrac{r^2 - r_i^{\ 2}}{r_o^{\ 2} - r_i^{\ 2}}\displaystyle\int_{r_i}^{r_o} T(r)r\mathrm{d}r - \int_{r_i}^{r} T(r)r\mathrm{d}r\right] \\ \sigma_\theta = \dfrac{E\alpha}{r^2}\left[\dfrac{r^2 - r_i^{\ 2}}{r_o^{\ 2} - r_i^{\ 2}}\displaystyle\int_{r_i}^{r_o} T(r)r\mathrm{d}r - \int_{r_i}^{r} T(r)r\mathrm{d}r - Tr^2\right] \end{cases} \tag{11-60}$$

在式(11－60)中，当内径 $r_i$ 变为零时，可得到实心圆盘的解。

$$\begin{cases} \sigma_r = E\alpha\left(\dfrac{1}{r_0^2}\displaystyle\int_0^{r_0} Tr\mathrm{d}r - \dfrac{1}{r^2}\int_0^{r} Tr\mathrm{d}r\right) \\ \sigma_\theta = E\alpha\left(\dfrac{1}{r_0^2}\displaystyle\int_0^{r_0} Tr\mathrm{d}r - \dfrac{1}{r^2}\int_0^{r} Tr\mathrm{d}r - T\right) \end{cases} \tag{11-61}$$

### 11.3.8 变厚度圆盘的热应力近似解

在实际应用中，经常遇到例如航空发动机轮盘一类的圆盘，它们的厚度随着半径的变化而变化，被称作变厚度圆盘，如图 11.6 所示，因此本节对此加以讨论。

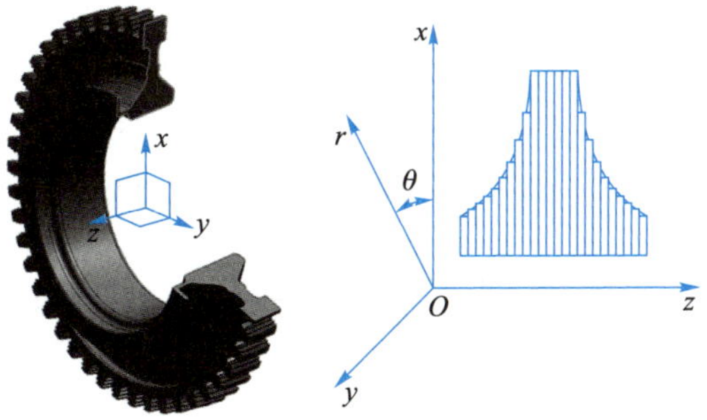


图 11.6　涡轮盘截面示意及变厚度圆盘截面

对于如图 11.6 所示的变厚度圆盘，应力-应变关系为

$$
\begin{cases}
\varepsilon_{rr}=\dfrac{1}{E}(\sigma_{rr}-\nu\sigma_{\theta\theta})+\alpha(T-T_0) \\
\varepsilon_{\theta\theta}=\dfrac{1}{E}(\sigma_{\theta\theta}-\nu\sigma_{rr})+\alpha(T-T_0)
\end{cases}
\tag{11-62}
$$

由于温度不同，材料常数会随温度变化，式中 $E,\nu,\alpha,T$ 均为 $r$ 的函数，平衡方程为

$$
\frac{\mathrm{d}}{\mathrm{d}r}(\xi\sigma_{rr})+\frac{\xi(\sigma_{rr}-\sigma_{\theta\theta})}{r}+\xi K_r=0
\tag{11-63}
$$

其中 $K_r=\rho\omega^2 r$ 是单位体积的离心力，$\xi=\dfrac{h}{h_0}$为厚度系数。

变形协调方程对于轴对称问题为

$$
r\frac{\mathrm{d}\varepsilon_{\theta\theta}}{\mathrm{d}r}+\varepsilon_{\theta\theta}=\varepsilon_{rr}
\tag{11-64}
$$

由轴对称问题的应力-应变关系与变形协调方程可得

$$
\begin{aligned}
\frac{\mathrm{d}}{\mathrm{d}r}\left(\frac{\xi}{E}\sigma_{\theta\theta}\right)+\frac{\xi}{Er}(\sigma_{\theta\theta}-\sigma_{rr})={}&-\frac{\nu\xi K_r}{E}-\xi\frac{\mathrm{d}}{\mathrm{d}r}\alpha(T-T_0)+\\
&\frac{\sigma_{\theta\theta}}{E}\frac{\mathrm{d}\xi}{\mathrm{d}r}-\frac{\nu\sigma_{rr}}{E}\frac{\mathrm{d}\xi}{\mathrm{d}r}+\xi\sigma_{rr}\frac{\mathrm{d}}{\mathrm{d}r}\left(\frac{\nu}{E}\right)
\end{aligned}
\tag{11-65}
$$

由式(11－63)、式(11－65)两式可得

$$
\begin{cases}
\dfrac{\mathrm{d}}{\mathrm{d}r}\left[\dfrac{\xi}{E}(\sigma_{\theta\theta}+\sigma_{rr})\right]=-(1+\nu)\dfrac{\xi K_r}{E}-\xi\dfrac{\mathrm{d}}{\mathrm{d}r}\alpha(T-T_0)+\dfrac{\xi\sigma_{\theta\theta}}{E}\dfrac{\mathrm{d}\xi}{\mathrm{d}r}- \\
\qquad\qquad\dfrac{\nu\sigma_{rr}}{E}\dfrac{\mathrm{d}\xi}{\mathrm{d}r}+\xi\sigma_{rr}\dfrac{\mathrm{d}}{\mathrm{d}r}\left(\dfrac{1+\nu}{E}\right) \\
r\dfrac{\mathrm{d}}{\mathrm{d}r}\left[\dfrac{\xi}{E}(\sigma_{\theta\theta}-\sigma_{rr})\right]+\dfrac{2\xi}{E}(\sigma_{\theta\theta}-\sigma_{rr})=(1-\nu)\dfrac{\xi rK_r}{E}-\xi r\dfrac{\mathrm{d}}{\mathrm{d}r}\alpha(T-T_0)+ \\
\qquad\qquad\dfrac{\sigma_{\theta\theta}r}{E}\dfrac{\mathrm{d}\xi}{\mathrm{d}r}-\dfrac{\nu\sigma_{rr}r}{E}\dfrac{\mathrm{d}\xi}{\mathrm{d}r}-\xi\sigma_{rr}r\dfrac{\mathrm{d}}{\mathrm{d}r}\left(\dfrac{1-\nu}{E}\right)
\end{cases}
\tag{11-66}
$$

对上述两式进行积分，并对右端第二项进行分部积分，可得

$$
\begin{cases}
\dfrac{\xi}{E}(\sigma_{\theta\theta}+\sigma_{rr})=-\displaystyle\int_{r_1}^{r}(1+\nu)\dfrac{\xi K_r}{E}\mathrm{d}r-\xi\alpha(T-T_0)\Big|_{r_1}^{r}+\int_{r_1}^{r}\alpha(T-T_0)\xi'\mathrm{d}r+ \\
\qquad\displaystyle\int_{r_1}^{r}\dfrac{\sigma_{\theta\theta}}{E}\xi'\mathrm{d}r-\int_{r_1}^{r}\dfrac{\nu\sigma_{rr}}{E}\xi'\mathrm{d}r+\int_{r_1}^{r}\xi\sigma_{rr}\left(\dfrac{1+\nu}{E}\right)'\mathrm{d}r+2C_1\dfrac{\xi(r_1)}{E(r_1)} \\
\dfrac{\xi}{E}(\sigma_{\theta\theta}-\sigma_{rr})=\dfrac{1}{r^2}\displaystyle\int_{r_1}^{r}(1-\nu)\dfrac{\xi r^2K_r}{E}\mathrm{d}r-[\xi\alpha(T-T_0)]_r+\dfrac{r_1^2}{r^2}[\xi\alpha(T-T_0)]_{r_1}- \\
\qquad\dfrac{2}{r^2}\displaystyle\int_{r_1}^{r}\alpha(T-T_0)r\xi\mathrm{d}r+\dfrac{1}{r^2}\int_{r_1}^{r}\alpha(T-T_0)r^2\xi'\mathrm{d}r+\dfrac{1}{r^2}\int_{r_1}^{r}\dfrac{\sigma_{\theta\theta}r^2}{E}\xi'\mathrm{d}r- \\
\qquad\dfrac{1}{r^2}\displaystyle\int_{r_1}^{r}\dfrac{\nu\sigma_{rr}r^2}{E}\xi'\mathrm{d}r-\dfrac{1}{r^2}\int_{r_1}^{r}\xi\sigma_{rr}\left(\dfrac{1-\nu}{E}\right)'r^2\mathrm{d}r+2C_2\dfrac{\xi(r_1)}{E(r_1)r^2}
\end{cases}
\tag{11-67}
$$

对于上式的求解可以采用逐步近似的方法，若在式中仅保留离心力项与热应力项，则式(11-67)变为

$$\begin{cases}\dfrac{\xi}{E}(\sigma_{\theta\theta}{}^{(1)}+\sigma_{rr}{}^{(1)})=-\displaystyle\int_{r_1}^{r}(1+\nu)\frac{\xi K_r}{E}\mathrm{d}r-\xi\alpha(T-T_0)\Big|_{r_1}^{r}+\int_{r_1}^{r}\alpha(T-T_0)\xi'\mathrm{d}r+2C_1\frac{\xi(r_1)}{E(r_1)}\\ \dfrac{\xi}{E}(\sigma_{\theta\theta}{}^{(1)}-\sigma_{rr}{}^{(1)})=\dfrac{1}{r^2}\displaystyle\int_{r_1}^{r}(1-\nu)\frac{\xi r^2K_r}{E}\mathrm{d}r-[\xi\alpha(T-T_0)]_r+\frac{r_1^2}{r^2}[\xi\alpha(T-T_0)]_{r_1}+\\ \qquad\dfrac{2}{r^2}\displaystyle\int_{r_1}^{r}\alpha(T-T_0)r\xi\mathrm{d}r+\frac{1}{r^2}\int_{r_1}^{r}\alpha(T-T_0)r^2\xi'\mathrm{d}r+2C_2\frac{\xi(r_1)}{E(r_1)r^2}\end{cases}\tag{11-68}$$

这相当于将一变厚度圆盘用一个阶梯状圆盘来代替(图 11.6)。

第一次近似解为

$$\begin{cases}\sigma_{\theta\theta}{}^{(1)}=\dfrac{E}{2\xi}\left[\dfrac{1}{r^2}\displaystyle\int_{r_1}^{r}(1-\nu)\frac{\xi r^2K_r}{E}\mathrm{d}r-\int_{r_1}^{r}(1+\nu)\frac{\xi K_r}{E}\mathrm{d}r-\int_{r_1}^{r}\xi[\alpha(T-T_0)]'\mathrm{d}r-\right.\\ \qquad\left.\dfrac{1}{r^2}\displaystyle\int_{r_1}^{r}\xi r^2[\alpha(T-T_0)]'\mathrm{d}r+2\left(C_1{}^{(1)}+\frac{C_2{}^{(1)}}{r^2}\right)\cdot\frac{\xi(r_1)}{E(r_1)}\right]\\ \sigma_{rr}{}^{(1)}=\dfrac{E}{2\xi}\left[-\dfrac{1}{r^2}\displaystyle\int_{r_1}^{r}(1-\nu)\frac{\xi r^2K_r}{E}\mathrm{d}r-\int_{r_1}^{r}(1+\nu)\frac{\xi K_r}{E}\mathrm{d}r-\int_{r_1}^{r}\xi[\alpha(T-T_0)]'\mathrm{d}r+\right.\\ \qquad\left.\dfrac{1}{r^2}\displaystyle\int_{r_1}^{r}\xi r^2[\alpha(T-T_0)]'\mathrm{d}r+2\left(C_1{}^{(1)}+\frac{C_2{}^{(1)}}{r^2}\right)\cdot\frac{\xi(r_1)}{E(r_1)}\right]\end{cases}\tag{11-69}$$

将第一次近似解代入方程右端得到第二次近似解，这样反复迭代直到相邻两次近似解误差满足要求为止。在一些精度要求不高的情况下，往往只需求得第一次近似解，而不需要反复迭代。

## 11.4 重点概念阐释及知识延伸

### 1. 复变函数解法求热弹性问题

如第 9 章所述，复变函数解法是一种解决二维问题的强大工具。此方法可以扩展为处理涉及热应力的问题。

对于稳态情况，该方案首先需要定义一个复温度

$$T^*(z)=T+\mathrm{i}T_i \tag{11-70}$$

其中实际温度 $T$ 是 $T^*$ 的实部，$T_i$ 是 $T$ 的共轭。

进一步定义 $t^*$

$$t^*(z)=\int T^*(z)\mathrm{d}z=t_B+\mathrm{i}t_i \tag{11-71}$$

使用柯西—黎曼方程

$$\frac{\partial t_R}{\partial x}=\frac{\partial t_i}{\partial y},\quad \frac{\partial}{\partial y}=-\frac{\partial t_i}{\partial x} \tag{11-72}$$

这些结果表明温度可以表示为

$$T=\frac{\partial t_R}{\partial x}=\frac{\partial t_i}{\partial y} \tag{11-73}$$

接下来将二维位移场分解为

$$\begin{cases} u=u'+\beta t_B \\ v=v'+\beta t_i \end{cases} \tag{11-74}$$

其中 $b$ 是待确定的常数。将这些位移代入本构方程(11-17)对于普通应变，产生以下应力场

$$\begin{cases} \sigma_x=\lambda\left(\dfrac{\partial u'}{\partial x}+\dfrac{\partial v'}{\partial y}\right)+2\mu\dfrac{\partial u'}{\partial x}+[2\beta(\lambda+\mu)-\alpha(3\lambda+2\mu)]T \\ \sigma_y=\lambda\left(\dfrac{\partial u'}{\partial x}+\dfrac{\partial v'}{\partial y}\right)+2\mu\dfrac{\partial v'}{\partial y}+[2\beta(\lambda+\mu)-\alpha(3\lambda+2\mu)]T \\ \tau_{xy}=\mu\left(\dfrac{\partial u'}{\partial y}+\dfrac{\partial v'}{\partial x}\right) \end{cases} \tag{11-75}$$

通过选择

$$\beta=\begin{cases} (1+\nu)\alpha \\ \alpha \end{cases} \tag{11-76}$$

消除了温度项，因此问题简化为等温位移为 $u',v'$ 的情况。这种约简表明一般热弹性平面问题可以用复变量理论来表述

$$\begin{cases} \sigma_x+\sigma_y=2[\gamma'(z)+\overline{\gamma'(z)}] \\ \sigma_y+\sigma_x+2\mathrm{i}\tau_{xy}=2[\gamma''(z)+\overline{\psi'(z)}] \\ 2\mu u+\mathrm{i}v=\kappa\gamma(z)-\overline{z\gamma'(z)}-\overline{\psi(z)}+2\mu\beta t''(z) \\ T_x''+\mathrm{i}T_y''=-\mathrm{i}\dfrac{\mathrm{d}}{\mathrm{d}s}[\gamma(z)+\overline{z\gamma'(z)}+\overline{\psi(z)}] \end{cases} \tag{11-77}$$

$$\kappa=\begin{cases} 3-4\mu, & \text{平面应变} \\ \dfrac{3-\mu}{1+\mu}, & \text{平面应力} \end{cases} \tag{11-78}$$

材料参数 $\kappa$ 由式(11-78)确定。这样，就给出了通过等温态与适当边界条件的叠加给出的位移场 $u+\mathrm{i}v=\beta t^*(z)$。对于非稳态情况，温度不再是谐波，必须用更一般的方式表示复杂的温度方案 $T^*=T^*(z,\bar{z})$。

### 2. 阻止应变法

为求解不均匀受热引起的热弹性问题，可以通过阻止应变法将其转化为等温弹性力学问题。

将非均匀受热物体划分为无穷小的微分单元，假定该单元温度变化 $t$ 引起的热应变为：$\varepsilon_{x1}=\varepsilon_{y1}=\varepsilon_{z1}=\alpha t$，可以与施加在微元体上的均匀压应力 $-p$ 相互抵消。则根据广义胡克定律，有

$$\sigma_{x1}=\sigma_{y1}=\sigma_{z1}=-p=-\beta t=-\frac{\alpha E t}{1-2\nu} \tag{11-79}$$

利用上述公式可以达到消除热应力的效果。另外，由于抵消了正应变的效果，剪应力与剪应变为零。

为了满足式(11－79)的压力分布条件，需要在物体上施加体积力以及表面力，设体积力为

$$F_{x1}=\beta\frac{\partial t}{\partial x},\quad F_{y1}=\beta\frac{\partial t}{\partial x},\quad F_{z1}=\beta\frac{\partial t}{\partial x} \tag{11-80}$$

表面力为

$$f_{x1}=-\beta t l,\quad f_{y1}=-\beta t m,\quad f_{z1}=-\beta t n \tag{11-81}$$

其中，$l$、$m$、$n$ 分别为边界表面在 $x$、$y$、$z$ 方向的法向余弦。

在等温情况下，通过对弹性体施加与式(11－80)和式(11－81)大小相等、方向相反的体积力与表面力，即可等效温度变化带来的影响。因此，物体的热应力可由体力

$$F_{x2}=-F_{x1}=-\beta\frac{\partial t}{\partial x},\quad F_{y2}=-F_{y1}=-\beta\frac{\partial t}{\partial x},\quad F_{z2}=-F_{z1}=-\beta\frac{\partial t}{\partial x} \tag{11-82}$$

和面力

$$f_{x2}=-f_{x1}=\beta t l,\quad f_{y2}=-f_{y1}=\beta t m,\quad f_{z2}=-f_{z1}=\beta t n \tag{11-83}$$

作用引起的正应力 $\sigma_{x2}$、$\sigma_{y2}$、$\sigma_{z2}$ 得到，也必须满足微分平衡方程

$$\nabla p=\begin{bmatrix}\dfrac{\partial\sigma_{x2}}{\partial x}+\dfrac{\partial\tau_{yx2}}{\partial y}+\dfrac{\partial\tau_{zx2}}{\partial z}-\beta\dfrac{\partial t}{\partial x}\\ \dfrac{\partial\tau_{xy2}}{\partial x}+\dfrac{\partial\sigma_{y2}}{\partial y}+\dfrac{\partial\tau_{zy2}}{\partial z}-\beta\dfrac{\partial t}{\partial x}\\ \dfrac{\partial\tau_{xz2}}{\partial x}+\dfrac{\partial\tau_{yz2}}{\partial y}+\dfrac{\partial\sigma_{z2}}{\partial z}-\beta\dfrac{\partial t}{\partial x}\end{bmatrix}=0 \tag{11-84}$$

及边界条件

$$\begin{cases}\beta t l=\sigma_{x2}l+\tau_{yx2}m+\tau_{zx2}n\\ \beta t m=\sigma_{y2}m+\tau_{yx2}n+\tau_{zx2}l\\ \beta t n=\sigma_{z2}n+\tau_{yx2}l+\tau_{zx2}m\end{cases} \tag{11-85}$$

通过以上步骤即可得出物体不均匀受热引起的热应力。

### 3. 耦合热弹性理论

在经典的热弹性力学中，首先求解温度问题，然后从杜哈梅尔-纽曼热弹性本构关系中得到应力。但无论是理论考虑还是简单实验都表明，物体的位移随温度的变化而变化，温度的变化也随位移的变化而变化。因此在热传导方程中需要考虑耦合项，同时求解运动的本构方程和热传导方程。对于这种情况，能量守恒方程可以写成

$$\rho \dot{\varepsilon} = \sigma_{ij}\nu_{i,j} - q_i + \rho h \tag{11-86}$$

同时根据本构方程(11－17),可得

$$kT_{,ii} = \rho c\dot{T} + (3\lambda + 2\mu)\alpha T_0 \dot{e}_{ii} - \rho h \tag{11-87}$$

因此,对于初始未受扰动且均匀温度为 $T_0$ 的均匀各向异性热弹性体,在没有体力和热源的情况下,基本场方程和本构关系组合形式如式(11－88)所示

$$\begin{cases} \dfrac{\partial \sigma_{ij}}{\partial x_j} = \rho u_i \\ \dfrac{\partial \sigma_{xx}}{\partial x} = \dfrac{\partial \sigma_{xy}}{\partial y} = \dfrac{\partial \sigma_{xz}}{\partial z} = \rho \dfrac{\partial^2 u_x}{\partial t^2} \\ \dfrac{\partial \sigma_{yx}}{\partial x} = \dfrac{\partial \sigma_{yy}}{\partial y} = \dfrac{\partial \sigma_{yz}}{\partial z} = \rho \dfrac{\partial^2 u_y}{\partial t^2} \\ \dfrac{\partial \sigma_{zx}}{\partial x} = \dfrac{\partial \sigma_{zy}}{\partial y} = \dfrac{\partial \sigma_{zz}}{\partial z} = \rho \dfrac{\partial^2 u_z}{\partial t^2} \\ kT_{,ii} = \rho c\dot{T} + (3\lambda + 2\mu)\alpha T_0 \dot{e}_{ii} - \rho h \end{cases} \tag{11-88}$$

## 11.5　拓展阅读

1. 杜哈梅尔的热弹性理论[4]

1837 年,杜哈梅尔发表论文《热机械现象》。该论文收集了他自 1820 年以来的相关工作。他想解释热传导过程中“分子”之间距离的变化。他的结论是,对观察到的温度升高的评估应该分两步进行,第一步是所有“分子”保持固定,第二步是改变物质密度。由此,首次引入了热机械耦合,因为在非均匀加热的固体中,“分子”的位置发生了相对变化。

2. 比奥特的圆柱体热弹性分析[5]

1935 年,比奥特对圆柱体热应力分布进行研究,将其简化到圆柱体横截面,对有无热源的圆柱体和空心圆柱体进行分别讨论,并给出结论:如果对一个实心圆柱体进行均匀或不均匀加热,但在每个横截面上都存在相同的稳态温度分布,则产生的唯一应力是拉力(或压缩力),作用于横截面,此定理在满足特定条件下同样适用于空心圆柱体。

3. 古迪尔的热弹性位势法[6]

古迪尔于 1937 年提出的热弹性位势法是一个被广泛使用的解析方法。这种解法与温度场是否定常无关,并将具有给定温度分布的热弹性问题简化为无温度分布的弹性问题。他通过对具有椭圆和矩形加热区域的无限板进行分析,计算证明了在温度不连续的地方,应力将是不连续的,并且不连续的程度只取决于所考虑点的温度,该定理广泛适用于工程实践中复合体的收缩配合。

## 11.6 重点内容的板书讲解

**传热学基本方程**

热传导方程

$$c\rho \mathrm{d}x\mathrm{d}y\mathrm{d}z \cdot \frac{\partial T}{\partial t}\mathrm{d}t = -kT_{,ii}\mathrm{d}x\mathrm{d}y\mathrm{d}z\mathrm{d}t + W\mathrm{d}x\mathrm{d}y\mathrm{d}z\mathrm{d}t$$

↓整理

$$\frac{\partial T}{\partial t} - \frac{k}{c\rho}T_{,ii} = \frac{W}{c\rho}$$

↓只考虑稳态

$$T_{,ii} = \nabla^2 T = \frac{\partial^2 T}{\partial x^2} + \frac{\partial^2 T}{\partial y^2} + \frac{\partial^2 T}{\partial z^2} = 0$$

热边界条件

| | |
|---|---|
| 边界初始温度 | $T(X_i,t) = \overline{T}_0(X_i,t),\ \forall (X_i)\in S$ |
| 边界热流密度 | $q(X_i,t) = f(X_i,t),\ \forall (X_i)\in S$ |
| 介质温度及传热系数 | $q(X_i,t) = h(T_a - T_s),\ \forall (X_i)\in S$ |

**有无温差弹性力学基本方程对比**

| | 考虑热弹性 | 不考虑热弹性 |
|---|---|---|
| 几何方程 | $\varepsilon_{ij} = \frac{1}{2}(u_{i,j} + u_{j,i})$ | $\varepsilon_{ij} = \frac{1}{2}(u_{i,j} + u_{j,i})$ |
| 平衡方程 | $\sigma_{ij,j} + F_i = 0$ | $\sigma_{ij,j} + F_i = 0$ |
| 本构方程 | $\sigma_{ij} = \lambda\varepsilon_{kk}\delta_{ij} + 2\mu\varepsilon_{ij}$ $\boxed{-(3\lambda + 2\mu)\alpha(T - T_\theta)\delta_{ij}}$ | $\sigma_{ij} = \lambda\varepsilon_{kk}\delta_{ij} + 2\mu\varepsilon_{ij}$ |
| 热传导方程 | $\frac{\partial \boxed{T}}{\partial t} - \frac{k}{c\rho}T_{,ii} = \frac{W}{c\rho}$ | 无 |
| 方程数与未知量个数 | 16 个方程,16 个未知量 | 15 个方程,15 个未知量 |

## 思考题

11.1 简述热应力的产生原因。

11.2　思考热应力的应用范围，举例说明。

11.3　如果物体受热均匀且自由膨胀，还会产生热应力吗？

11.4　什么是温度场？稳定（定常）温度场和不稳定温度场的区别是什么？

11.5　热弹性问题求解采用的应力法，与第 6 章提到的应力法有什么区别与联系？写出它的求解步骤。

11.6　热弹性问题的平面应力问题，与弹性力学中的平面应力问题有什么区别与联系？

11.7　有一圆心位于坐标原点的圆盘，坐标原点处热源引起的温度场会产生热应力吗？为什么？

11.8　实际工作时，涡轮盘除了承受离心载荷，还会承受温度载荷，通常盘缘温度高，盘心温度低，当盘心到盘缘温度呈线性分布时，周向应力和径向应力如何分布？

第 11 章自测题

## 习题

11.1　利用各向同性材料假设，温度变化产生 $\alpha(T-T_0)\delta_{ij}$ 的各向同性热应变，试推出关系式(11-16)。

11.2　一个各向同性材料制成的弹性体，被加热到一个温度分布 $T(x,y,z)$，并且材料具有不受限制的热膨胀，产生的应变为 $\varepsilon_{ij}=\alpha T\delta_{ij}$。证明这种情况只有当温度是线性函数时才成立，即

$$T=ax+by+cz+d$$

11.3　试推导热弹性下平面应变问题和平面应力问题的变形协调方程。

11.4　考虑半径为 $a$ 的实心圆杆的轴对称平面应变问题，其内热源为 $h_0$。稳态热传导方程为

$$\frac{\partial^2 T}{\partial r^2}+\frac{1}{r}\frac{\partial T}{\partial r}+h_0=0$$

利用边界条件 $T(a)=T_0$，确定温度分布，计算得到边界应力为 0 时圆杆的热应力。

11.5　对于如图 11.7 所示的圆环内的热应力问题，假设温度场和应力场仅与径向坐标 $r$ 有关，若曲面 $r=a$ 和 $r=b$ 是无应力曲面，证明

$$\sigma_r=\frac{A_1}{r^2}+\frac{A_2}{a^2}\left(2\log\frac{r}{a}+1\right)+\frac{2A_3}{a^2}-\frac{E\alpha}{r^2}\int Tr\,\mathrm{d}r$$

11.6　半径 $r=a$ 的实心圆形弹性板，板边缘处被约束。利用位移法，证明当温度均匀分布，位移场和应力场均为零。

11.7　对于球坐标系$(R,\theta,\phi)$下的热弹性问题（图 11.8）。证明：对于球对称问题，所有量仅与径向坐标 $R$ 有关。

$$u_R=\frac{1+\nu}{1-\nu}\alpha\frac{1}{R^2}\int^R T\xi^2\,\mathrm{d}\xi+C_1R+\frac{C_2}{R^2}$$

$$\sigma_R = \frac{2\alpha E}{1-\nu}\frac{1}{R^3}\int^R T\xi^2\,\mathrm{d}\xi + \frac{EC_1}{1-2\nu} - \frac{2EC_2}{1+\nu}\frac{1}{R^3}$$

$$\sigma_\phi = \sigma_\theta = \frac{\alpha E}{1-\nu}\frac{1}{R^3}\int^R T\xi^2\,\mathrm{d}\xi + \frac{EC_1}{1-2\nu} + \frac{EC_2}{1+\nu}\frac{1}{R^3} - \frac{\alpha ET}{1-\nu}$$

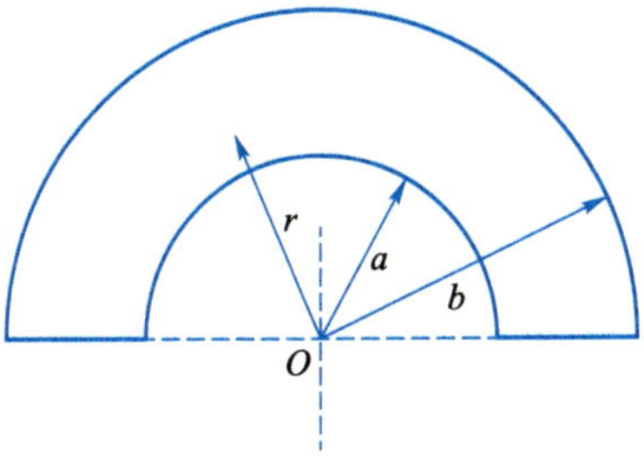


图 11.7　圆环

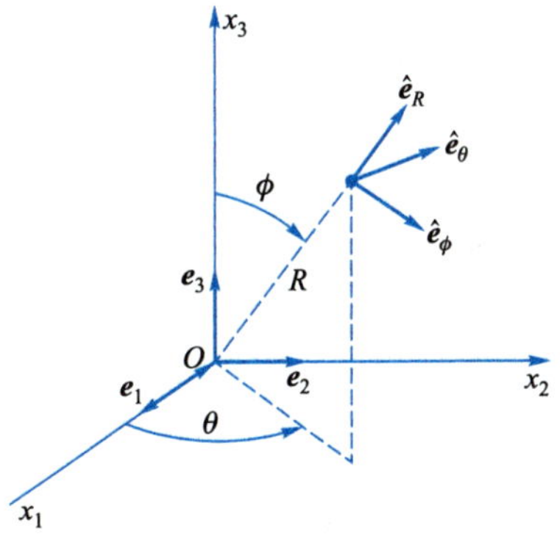


图 11.8　球坐标系

11.8　利用习题 11.7 的通解，求解无应力边界条件下空心厚壁球壳($a \leqslant R \leqslant b$)的热应力问题。假设该问题是有温度边界条件的稳态问题，$T(a)=T_i$，$T(b)=0$。

(a) 证明

$$T = \frac{T_i a}{b-a}\left(\frac{b}{R} - 1\right)$$

$$\sigma_R = \frac{\alpha E T_i}{1-\nu}\frac{ab}{b^3-a^3}\left[a+b-\frac{1}{R}(b^2+ab+a^2)+\frac{a^2b^2}{R^3}\right]$$

$$\sigma_\phi = \sigma_\theta = \frac{\alpha E T_i}{1-\nu}\frac{ab}{b^3-a^3}\left[a+b-\frac{1}{2R}(b^2+ab+a^2)-\frac{a^2b^2}{2R^3}\right]$$

(b) 对于薄球壳，令 $b=a(1+\varepsilon)$，其中 $\varepsilon$ 为小参数，证明球壳内外表面处的周向应力变为

$$\sigma_\phi = \sigma_\theta = \frac{\alpha E T_i}{2(1-\nu)}\left(\mp 1 - \frac{2}{3}\varepsilon\right)$$

# 第 12 章
# 数值方法

## 学习目标

掌握有限单元法的基本原理、单元离散化过程、边界条件的处理方法及整体刚度矩阵的构建和求解。了解如何应用数值方法解决实际工程问题，包括复杂结构的建模和分析。

## 重点难点

弹性力学中主要数值方法——有限单元法和有限差分法的基本原理和求解步骤。

## 思维导图

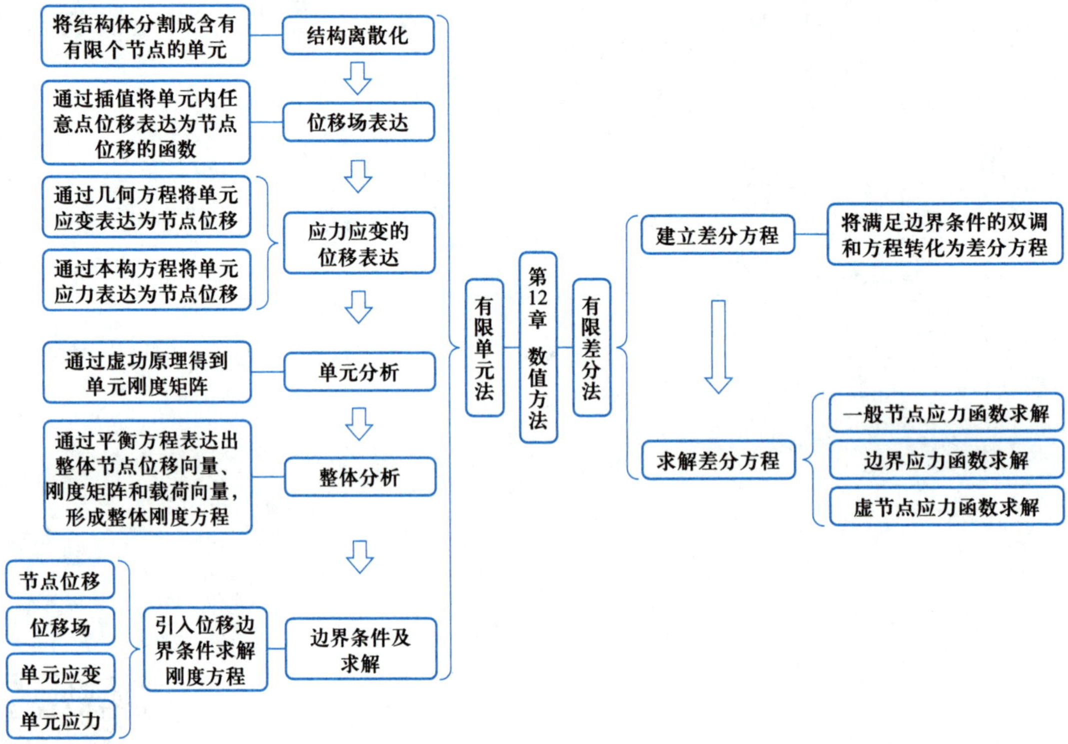
将结构体分割成含有有限个节点的单元
结构离散化
通过插值将单元内任意点位移表达为节点位移的函数
位移场表达
通过几何方程将单元应变表达为节点位移
通过本构方程将单元应力表达为节点位移
应力应变的位移表达
通过虚功原理得到单元刚度矩阵
单元分析
通过平衡方程表达出整体节点位移向量、刚度矩阵和载荷向量，形成整体刚度方程
整体分析
节点位移
位移场
单元应变
单元应力
引入位移边界条件求解刚度方程
边界条件及求解
有限单元法
第12章 数值方法
有限差分法
建立差分方程
将满足边界条件的双调和方程转化为差分方程
求解差分方程
一般节点应力函数求解
边界应力函数求解
虚节点应力函数求解

克劳夫
(Ray W. Clough, 1920—2016)

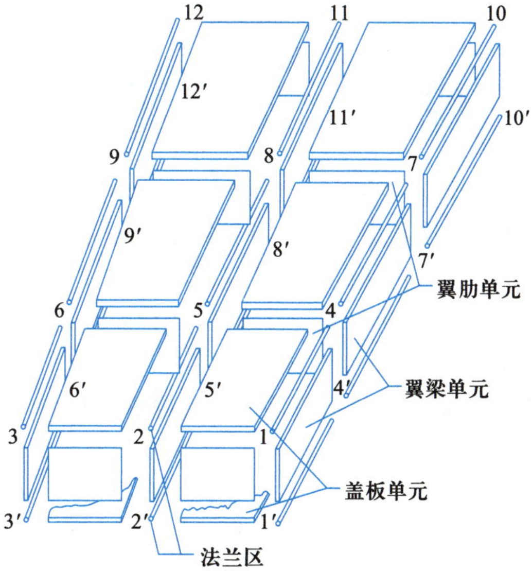


飞机机翼的有限元单元划分

In the annals of finite element history, another pivotal moment occurred with the inception of the term "finite element method" (FEM). I opted for this nomenclature with the intention of distinctly delineating the relatively larger-sized structural elements that constitute the entirety of the finite element from the infinitesimal quantities inherent in typical virtual work analyses for structural displacement calculation.

——Ray W. Clough

克劳夫等人于1956年首次将有限单元法(finite element method, FEM)应用于飞机结构分析,并发表在*Stiffness and Deflection Analysis of Complex Structures*一文中。文章的核心思想是:通过将复杂结构分解为更小的单元并连接在节点上,从而建立结构连续性和平衡的基本条件,准确计算构件的刚度。克劳夫等人在有限单元法中的贡献,不仅对飞机设计产生了深远影响,还为现代数值模拟技术奠定了基础,使得有限单元法成为跨越多个学科的复杂物理系统建模的强大工具。

## 12.1 概述

第 6～8 章介绍了弹性力学求解的解析方法，其优点是：可以直接得到一个问题的显式解，在结构设计和优化中应用非常方便。对于很多实际工程问题，由于研究对象的几何形状和受力情况都很复杂，很难甚至不可能采用弹性力学解析方法来求解，因此，寻求数值解法就成为弹性力学的一个研究领域，并且随着计算机和信息技术的发展，这方面的研究将发挥越来越重要的作用。

利用数值方法求解弹性力学问题的优势有：1）能够适应复杂几何构型或复杂边界条件问题；2）在数学上有严格的理论基础和等效方法证明；3）能够借助计算机进行高效、快速计算。

弹性力学中主要的数值解法包括有限单元法、有限差分法、变分法以及边界元法等。目前，已经出现了许多通用的有限元商业软件，有限单元法已成为工程分析中应用非常广泛的一种数值计算方法。

## 12.2 有限单元法

有限单元法，简称为有限元法，是一种求解微分方程的数值解法，现已广泛应用于各种工程结构的设计与分析中。有限元法的概念，首先出现于 1943 年柯朗等人在研究弹性体和结构问题的论文中。柯朗的方法基于将一个大的结构系统分解为较小、简单的部分，即单元，这些单元通过节点（或结点）连接在一起。通过这种分割，复杂问题被简化为在每个单元上求解简单方程的集合。在 20 世纪 50 年代，克劳夫等人建立了平面问题的有限元法，应用于航空结构的分析，并于 20 世纪 60 年代，提出了有限元法这一名称。此后，有限元法开始广泛应用于各种复杂的力学问题，成为分析大型、复杂工程结构的强有力手段。20 世纪 80 年代，随着计算机技术的发展，各类通用的有限元计算软件大量涌现并投入工程应用。到目前为止，此类软件已趋于成熟，不仅具有强大的分析计算功能，还具有完善的前后处理功能。

在有限元法求解过程中，以位移作为未知量，其典型的求解步骤如下：

（1）结构离散化：首先把连续的固体离散为数目、大小有限的单元，每个单元具有有限个节点，节点和节点之间存在力的传递和相互作用。

（2）位移场表达：取各节点的位移作为未知量，通过插值方法，将单元内任意点的位移表达为单元节点位移的函数。

（3）应力应变的位移表达：通过几何方程，将单元应变通过单元节点位移来表达；然后利用本构方程，将单元的应力也通过单元节点位移进行表达。

（4）单元分析：根据虚功原理，表达出每个单元节点的位移与所受的力的关系，得到单元刚度矩阵。

(5) 整体分析：列出各节点的平衡方程，表示出整体节点位移向量、整体节点刚度矩阵和整体节点载荷向量的关系，形成整体刚度方程。

(6) 边界条件及求解：引入位移边界条件，求解整体刚度方程。可求得每个节点的位移；通过节点位移，求出所有点的位移场；通过几何方程，求出单元应变；再通过物理方程，求出单元应力。

下面以平面问题的有限元分析为例，详细介绍有限单元法的整个求解过程。

### 12.2.1 结构离散化

结构离散化就是将所要分析的结构体分割成数目、大小有限的单元体(对于平面问题为多边形，对于空间问题为多面体)。这些多边形或多面体，即单元，其顶点则称为节点。各单元之间通过节点相连，使得相邻单元的有关参数具有一定的连续性，并构成一个单元的集合体，用此集合体来代替原来的结构。

对于平面问题，为了简化计算公式以及方便应用，一般会选取三角形或四边形单元(图 12.1)进行分析。

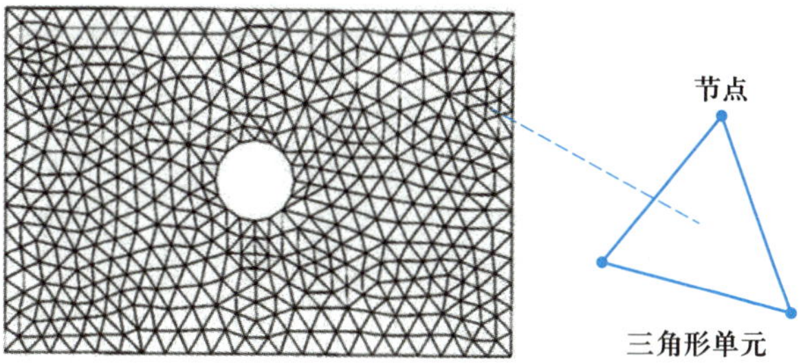


图 12.1 对结构采用有限单元进行离散

在划分单元时，单元的大小(即网格的疏密)要根据精度的要求和计算机的速度及容量来确定。误差分析表明[1]，应力的误差与单元的尺寸成正比，位移的误差与单元的尺寸平方成正比。可见单元分得越小，计算结果越精确。但另一方面，单元越多，计算时间越长，要求的计算机容量也越大。

### 12.2.2 位移场表达

在结构离散化之后，整个求解区域就被离散为仅靠公共节点连接的单元，而每一单元本身被视为光滑的连续体。此时，假定单元内任意点的位移是坐标的某种简单的插值函数，这种函数就称为位移函数。在有限元法的具体应用中，通常采用多项式形式的位移函数。

在平面问题中，对于三节点三角形单元 $ijm$(图 12.2)，一般假定位移分量是坐标的线性函数，即

$$\begin{aligned} u(x,y)&=c_1+c_2x+c_3y \\ v(x,y)&=c_4+c_5x+c_6y \end{aligned} \tag{12-1}$$

其中，$c_i$ 为待定系数，可用单元的节点位移来表示。下面仅以 $x$ 方向的位移 $u$ 作为研究对象。

将 3 个节点坐标$(x_i, y_i)$、$(x_j, y_j)$、$(x_m, y_m)$代入式(12-1)得

$$\begin{cases} u(x_i, y_i) = u_i = c_1 + c_2 x_i + c_3 y_i \\ u(x_j, y_j) = u_j = c_1 + c_2 x_j + c_3 y_j \\ u(x_m, y_m) = u_m = c_1 + c_2 x_m + c_3 y_m \end{cases} \tag{12-2}$$

利用克莱姆法则,可解出待定常数

$$\begin{cases} c_1 = \dfrac{1}{2A}(\alpha_i u_i + \alpha_j u_j + \alpha_m u_m) \\ c_2 = \dfrac{1}{2A}(\beta_i u_i + \beta_j u_j + \beta_m u_m) \\ c_3 = \dfrac{1}{2A}(\gamma_i u_i + \gamma_j u_j + \gamma_m u_m) \end{cases} \tag{12-3}$$

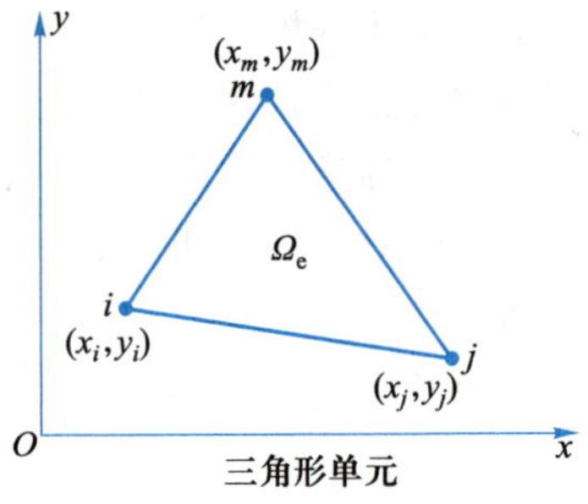


图 12.2　三角形单元及插值函数

式(12-3)中,$A$ 为单元面积,表示为如下形式:

$$A = \frac{1}{2}\begin{vmatrix} 1 & x_i & y_i \\ 1 & x_j & y_j \\ 1 & x_m & y_m \end{vmatrix} \tag{12-4}$$

而系数 $\alpha$、$\beta$、$\gamma$ 为

$$\alpha_i = x_j y_m - x_m y_j, \beta_i = y_j - y_m, \gamma_i = x_m - x_j \quad (i, j, m) \tag{12-5}$$

其中$(i,j,m)$表示按顺序下标轮换,如 $i \to j, j \to m, m \to i$。将式(12-3)代入式(12-1)中,整理后可得

$$\begin{aligned} u(x,y) &= \frac{1}{2A}[(\alpha_i u_i + \alpha_j u_j + \alpha_m u_m) + (\beta_i u_i + \beta_j u_j + \beta_m u_m)x + (\gamma_i u_i + \gamma_j u_j + \gamma_m u_m)y] \\ &= \psi_i u_i + \psi_j u_j + \psi_m u_m \end{aligned} \tag{12-6}$$

其中

$$\begin{aligned} \psi_i(x,y) &= \frac{1}{2A}(\alpha_i + \beta_i x + \gamma_i y) \\ \psi_j(x,y) &= \frac{1}{2A}(\alpha_j + \beta_j x + \gamma_j y) \\ \psi_m(x,y) &= \frac{1}{2A}(\alpha_m + \beta_m x + \gamma_m y) \end{aligned} \tag{12-7}$$

$\psi_i, \psi_j, \psi_m$ 称为三角形单元的**插值函数**。它表明了单元的位移形态,即位移在单元内的变化规律,且只与单元的形状、节点的配置及插值方式有关,因而也称为**形态函数**,简称为**形函数**。

### 12.2.3　应力应变的位移表达

得到了由单元的节点位移表示的单元位移函数之后,还可以利用几何方程和物理方程将单元中的应力和应变也用节点位移来表示。

对于平面三角形单元,每个节点只有 $x$, $y$ 方向的两个位移分量 $u$, $v$,根据式(12-6)

$$\begin{aligned} u(x,y) &= \psi_i(x,y)u_i + \psi_j(x,y)u_j + \psi_m(x,y)u_m \\ v(x,y) &= \psi_i(x,y)v_i + \psi_j(x,y)v_j + \psi_m(x,y)v_m \end{aligned} \tag{12-8}$$

其中 $\psi_i(x,y)$、$\psi_j(x,y)$、$\psi_m(x,y)$ 由式(12-7)来确定。由于应变与位移梯度相关,这种插值函数的选择结果会使得单元应变分量为常数,因此,三角形单元也称为常应变单元;相应的应力分量也为常数。式(12-8)可写成矩阵形式为

$$\begin{bmatrix} u \\ v \end{bmatrix} = \begin{bmatrix} \psi_i & 0 & \psi_j & 0 & \psi_m & 0 \\ 0 & \psi_i & 0 & \psi_j & 0 & \psi_m \end{bmatrix} \begin{bmatrix} u_i \\ v_i \\ u_j \\ v_j \\ u_m \\ v_m \end{bmatrix} = \boldsymbol{\psi\Delta} \tag{12-9}$$

其中 $\boldsymbol{\Delta}$ 为单元节点位移向量。由平面问题的几何方程(3-61),单元应变可由单元节点位移表示为

$$\boldsymbol{\varepsilon} = \begin{bmatrix} \varepsilon_x \\ \varepsilon_y \\ \gamma_{xy} \end{bmatrix} = \begin{bmatrix} \partial/\partial x & 0 \\ 0 & \partial/\partial y \\ \partial/\partial y & \partial/\partial x \end{bmatrix} \begin{bmatrix} u \\ v \end{bmatrix} = \begin{bmatrix} \partial/\partial x & 0 \\ 0 & \partial/\partial y \\ \partial/\partial y & \partial/\partial x \end{bmatrix} \boldsymbol{\psi\Delta} = \boldsymbol{B\Delta} \tag{12-10}$$

其中

$$\begin{aligned} \boldsymbol{B} &= \begin{bmatrix} \dfrac{\partial \psi_i}{\partial x} & 0 & \dfrac{\partial \psi_j}{\partial x} & 0 & \dfrac{\partial \psi_m}{\partial x} & 0 \\ 0 & \dfrac{\partial \psi_i}{\partial y} & 0 & \dfrac{\partial \psi_j}{\partial y} & 0 & \dfrac{\partial \psi_m}{\partial y} \\ \dfrac{\partial \psi_i}{\partial y} & \dfrac{\partial \psi_i}{\partial x} & \dfrac{\partial \psi_j}{\partial y} & \dfrac{\partial \psi_j}{\partial x} & \dfrac{\partial \psi_m}{\partial y} & \dfrac{\partial \psi_m}{\partial x} \end{bmatrix} \\ &= \frac{1}{2A} \begin{bmatrix} \beta_i & 0 & \beta_j & 0 & \beta_m & 0 \\ 0 & \gamma_i & 0 & \gamma_j & 0 & \gamma_m \\ \gamma_i & \beta_i & \gamma_j & \beta_j & \gamma_m & \beta_m \end{bmatrix} = [\boldsymbol{B}_i \quad \boldsymbol{B}_j \quad \boldsymbol{B}_m] \end{aligned} \tag{12-11}$$

再由广义胡克定律式(4-3),得到用单元节点位移表示的单元应力

$$\boldsymbol{\sigma} = \boldsymbol{C\varepsilon} = \boldsymbol{CB\Delta} \tag{12-12}$$

其中 $\boldsymbol{C}$ 为材料本构关系的弹性矩阵,满足

$$\boldsymbol{C} = \begin{bmatrix} C_{11} & C_{12} & 0 \\ C_{21} & C_{22} & 0 \\ 0 & 0 & C_{33} \end{bmatrix} \tag{12-13}$$

对于各向同性材料的平面问题,有

$$C_{11} = C_{22} = \begin{cases} \dfrac{E}{1-\nu^2} & \text{平面应力问题} \\ \dfrac{E(1-\nu)}{(1+\nu)(1-2\nu)} & \text{平面应变问题} \end{cases}$$

$$C_{12}=C_{21}=\begin{cases}\dfrac{E\nu}{1-\nu^2} & \text{平面应力问题}\\ \dfrac{E\nu}{(1+\nu)(1-2\nu)} & \text{平面应变问题}\end{cases} \tag{12-14}$$

$$C_{33}=G=\frac{E}{2(1+\nu)} \quad \text{平面应力、应变问题}$$

### 12.2.4 单元分析

下面需要通过单元分析导出单元刚度矩阵和单元节点载荷向量。

对每个单元来说，都会受到外载荷以及节点对单元的作用力，即节点力。为了研究方便，将单元和节点切开，把单元作为一个独立的整体进行考虑，如图 12.2 所示。因此，单元本身所受到的外力仅有节点力

$$\boldsymbol{F}^e=[\boldsymbol{F}_i \quad \boldsymbol{F}_j \quad \boldsymbol{F}_m]^{\mathrm{T}}=[F_{ix} \quad F_{iy} \quad F_{jx} \quad F_{jy} \quad F_{mx} \quad F_{my}]^{\mathrm{T}} \tag{12-15}$$

其中上标 $e$ 表示的是单元受力，下文类似。

假设单元在节点 $i$、$j$、$m$ 处发生了虚位移$(\boldsymbol{\Delta}^*)^e$

$$(\boldsymbol{\Delta}^*)^e=[u_i^* \quad v_i^* \quad u_j^* \quad v_j^* \quad u_m^* \quad v_m^*]^{\mathrm{T}} \tag{12-16}$$

由式(12－10)，虚位移引起的相应的虚应变为

$$\boldsymbol{\varepsilon}^*=\boldsymbol{B}(\boldsymbol{\Delta}^*)^e \tag{12-17}$$

根据虚功原理，即节点力在虚位移上的所做的虚功等于应力在虚应变上所做的虚功，可以写出

$$[(\boldsymbol{\Delta}^*)^e]^{\mathrm{T}}\boldsymbol{F}^e=\iint_A(\boldsymbol{\varepsilon}^*)^{\mathrm{T}}\boldsymbol{\sigma}\,\mathrm{d}x\,\mathrm{d}y\,t \tag{12-18}$$

将式(12－10)及式(12－12)代入式(12－18)，得

$$\begin{aligned}[(\boldsymbol{\Delta}^*)^e]^{\mathrm{T}}\boldsymbol{F}^e&=\iint_A[\boldsymbol{B}(\boldsymbol{\Delta}^*)^e]^{\mathrm{T}}\boldsymbol{C}\boldsymbol{B}\boldsymbol{\Delta}^e t\,\mathrm{d}x\,\mathrm{d}y\\&=\iint_A[(\boldsymbol{\Delta}^*)^e]^{\mathrm{T}}\boldsymbol{B}^{\mathrm{T}}\boldsymbol{C}\boldsymbol{B}\boldsymbol{\Delta}^e t\,\mathrm{d}x\,\mathrm{d}y\end{aligned} \tag{12-19}$$

其中，$t$ 是二维体的厚度。注意到等式两边都有常数项$(\boldsymbol{\Delta}^*)^e$，将等式右边积分号中的$[(\boldsymbol{\Delta}^*)^e]^{\mathrm{T}}$提到积分号之前，$\boldsymbol{\Delta}^e$ 提到积分号之外，则可以得到

$$\boldsymbol{F}^e=\boldsymbol{\Delta}^e\iint_A\boldsymbol{B}^{\mathrm{T}}\boldsymbol{C}\boldsymbol{B}t\,\mathrm{d}x\,\mathrm{d}y \tag{12-20}$$

式(12－20)中，令$\iint_A\boldsymbol{B}^{\mathrm{T}}\boldsymbol{C}\boldsymbol{B}t\,\mathrm{d}x\,\mathrm{d}y$ 为 $\boldsymbol{K}^e$，可以写为

$$\boldsymbol{F}^e=\boldsymbol{K}^e\boldsymbol{\Delta}^e \tag{12-21}$$

其中，$\boldsymbol{K}^e$ 称为单元刚度矩阵。它的表达式为

$$\boldsymbol{K}^e=\iint_A\boldsymbol{B}^{\mathrm{T}}\boldsymbol{C}\boldsymbol{B}t\,\mathrm{d}x\,\mathrm{d}y \tag{12-22}$$

对于三角形单元来说，$\boldsymbol{B}$、$\boldsymbol{C}$ 都是常矩阵，且$\iint_A\mathrm{d}x\,\mathrm{d}y=A$，因此，式(12－22)可以写为

$$\boldsymbol{K}^e=\boldsymbol{B}^{\mathrm{T}}\boldsymbol{C}\boldsymbol{B}tA \tag{12-23}$$

将式(12－11)及式(12－13)代入式(12－23)，可以导出平面应力问题中 $\boldsymbol{K}^e$ 的表达式，

用分块矩阵形式表示为

$$\boldsymbol{K}^e = \boldsymbol{B}^{\mathrm{T}}\boldsymbol{C}\boldsymbol{B}tA = \begin{bmatrix} \boldsymbol{K}_{ii}^e & \boldsymbol{K}_{ij}^e & \boldsymbol{K}_{im}^e \\ \boldsymbol{K}_{ji}^e & \boldsymbol{K}_{jj}^e & \boldsymbol{K}_{jm}^e \\ \boldsymbol{K}_{mi}^e & \boldsymbol{K}_{mj}^e & \boldsymbol{K}_{mm}^e \end{bmatrix} \tag{12-24}$$

它的任意元素可表示为

$$\begin{aligned} \boldsymbol{K}_{rs}^e &= \boldsymbol{B}_r^{\mathrm{T}}\boldsymbol{C}\boldsymbol{B}_s tA \\ &= \frac{Et}{4(1-\nu^2)A}\begin{bmatrix} \beta_r\beta_s + \dfrac{1-\nu}{2}\gamma_r\gamma_s & \nu\beta_r\gamma_s + \dfrac{1-\nu}{2}\gamma_r\beta_s \\ \nu\gamma_r\beta_s + \dfrac{1-\nu}{2}\beta_r\gamma_s & \gamma_r\gamma_s + \dfrac{1-\nu}{2}\beta_r\beta_s \end{bmatrix} \quad (r,s=i,j,m) \end{aligned} \tag{12-25}$$

而对于平面应变问题，根据式(12－14)，则要将 $E$ 换为$\dfrac{E}{1-\nu^2}$，$\nu$ 换为$\dfrac{\nu}{1-\nu}$。

上文所描述的节点力 $\boldsymbol{F}^e$ 实际上是单元边界上的应力向节点移置而得到的。下面简要介绍节点载荷向量。对于外力载荷，将单元所受的外力(集中力、体力或面力)按照静力等效的原则移置到节点上所得到的等效载荷称为**节点载荷**。同样，可通过虚功原理，即由节点载荷的虚功等于原载荷的虚功，求出单元的节点载荷的大小为

$$\begin{aligned} \boldsymbol{F}_L^e &= [\boldsymbol{F}_{\mathrm{L}i} \quad \boldsymbol{F}_{\mathrm{L}j} \quad \boldsymbol{F}_{\mathrm{L}m}]^{\mathrm{T}} \\ &= [F_{\mathrm{L}ix} \quad F_{\mathrm{L}iy} \quad F_{\mathrm{L}jx} \quad F_{\mathrm{L}jy} \quad F_{\mathrm{L}mx} \quad F_{\mathrm{L}my}]^{\mathrm{T}} \end{aligned} \tag{12-26}$$

### 12.2.5 整体分析

在得到了单元刚度矩阵之后，需要对结构进行整体分析，建立整体刚度方程。由前述分析，对于任意节点 $i$，其上都会作用有两组作用力。一是将外力通过静力等效原则移置在节点上形成的等效载荷 $\boldsymbol{F}_{\mathrm{L}i}$；二是单元对节点的反作用力，根据牛顿第三定律，该反作用力可以表示为$-\boldsymbol{F}_i$。

对节点 $i$ 列平衡方程，得到

$$\sum_e \boldsymbol{F}_i = \sum_e \boldsymbol{F}_{\mathrm{L}i} \tag{12-27}$$

其中，$\sum\limits_e$是环绕节点 $i$ 的单元求和。

对于平面问题，作用力和载荷向量可以表示为

$$\boldsymbol{F}_i = \begin{bmatrix} F_{ix} \\ F_{iy} \end{bmatrix}, \boldsymbol{F}_{\mathrm{L}i} = \begin{bmatrix} F_{\mathrm{L}ix} \\ F_{\mathrm{L}iy} \end{bmatrix} \tag{12-28}$$

因此，式(12－27)也可以写为如下形式：

$$\sum_e F_{ix} = \sum_e F_{\mathrm{L}ix}, \sum_e F_{iy} = \sum_e F_{\mathrm{L}iy} \tag{12-29}$$

上述分析仅仅是针对任意单元的任意节点 $i$ 所作出的。若对整个结构所有单元的所有节点做类似的分析，可以得到节点平衡方程组。若整体节点编号为 1，2，3，…，$n$，对于平面问题，该方程组为 $2n$ 阶线性方程组，用矩阵形式表示为

$$\boldsymbol{K\Delta}=\boldsymbol{F}_{\mathrm{L}} \tag{12-30}$$

上式为整体刚度方程。其中 $\boldsymbol{K}$ 称为整体刚度矩阵，而 $\boldsymbol{F}_{\mathrm{L}}$ 称为整体节点载荷向量，$\boldsymbol{\Delta}$ 称为整体节点位移向量。对于 $n$ 个节点的情况，$\boldsymbol{K}$、$\boldsymbol{\Delta}$ 和 $\boldsymbol{F}_{\mathrm{L}}$ 的表达形式分别为

$$\boldsymbol{K}=\begin{bmatrix}\boldsymbol{K}_{11} & \boldsymbol{K}_{12} & \cdots & \boldsymbol{K}_{1n}\\ \boldsymbol{K}_{21} & \boldsymbol{K}_{22} & \cdots & \boldsymbol{K}_{2n}\\ \vdots & \vdots & & \vdots\\ \boldsymbol{K}_{n1} & \boldsymbol{K}_{n2} & \cdots & \boldsymbol{K}_{nn}\end{bmatrix} \tag{12-31}$$

$$\boldsymbol{\Delta}=[\boldsymbol{\Delta}_1 \quad \boldsymbol{\Delta}_2 \quad \cdots \quad \boldsymbol{\Delta}_n]^{\mathrm{T}}=[u_1 \quad v_1 \quad u_2 \quad v_2 \quad \cdots \quad u_n \quad v_n]^{\mathrm{T}} \tag{12-32}$$

$$\boldsymbol{F}_{\mathrm{L}}=[\boldsymbol{F}_{\mathrm{L1}} \quad \boldsymbol{F}_{\mathrm{L2}} \quad \cdots \quad \boldsymbol{F}_{\mathrm{L}n}]^{\mathrm{T}}=[\boldsymbol{F}_{\mathrm{L1}x} \quad \boldsymbol{F}_{\mathrm{L1}y} \quad \boldsymbol{F}_{\mathrm{L2}x} \quad \boldsymbol{F}_{\mathrm{L2}y} \quad \cdots \quad \boldsymbol{F}_{\mathrm{L}nx} \quad \boldsymbol{F}_{\mathrm{L}ny}]^{\mathrm{T}} \tag{12-33}$$

整体刚度方程 $\boldsymbol{K\Delta}=\boldsymbol{F}_{\mathrm{L}}$ 可以表示为

$$\begin{bmatrix}\boldsymbol{K}_{11} & \boldsymbol{K}_{12} & \cdots & \boldsymbol{K}_{1n}\\ \boldsymbol{K}_{21} & \boldsymbol{K}_{22} & \cdots & \boldsymbol{K}_{2n}\\ \vdots & \vdots & & \vdots\\ \boldsymbol{K}_{n1} & \boldsymbol{K}_{n2} & \cdots & \boldsymbol{K}_{nn}\end{bmatrix}\begin{bmatrix}\boldsymbol{\Delta}_1\\ \boldsymbol{\Delta}_2\\ \vdots\\ \boldsymbol{\Delta}_n\end{bmatrix}=\begin{bmatrix}\boldsymbol{F}_{\mathrm{L1}}\\ \boldsymbol{F}_{\mathrm{L2}}\\ \vdots\\ \boldsymbol{F}_{\mathrm{L}n}\end{bmatrix} \tag{12-34}$$

可以看到，$\boldsymbol{K}$ 为按分块形式写成的 $n\times n$ 矩阵，对应于 $\boldsymbol{\Delta}$ 和 $\boldsymbol{F}_{\mathrm{L}}$ 的 $n$ 项向量形式。实际上，参考式(12-25)可以知道，$\boldsymbol{K}$ 的每一个子块都是一个 $2\times 2$ 的矩阵。若将子块展开，$\boldsymbol{K}$ 将成为一个 $2n\times 2n$ 的矩阵，对应于 $\boldsymbol{\Delta}$ 和 $\boldsymbol{F}_{\mathrm{L}}$ 的 $2n$ 项向量形式。

整体刚度矩阵 $\boldsymbol{K}$ 的元素 $\boldsymbol{K}_{rs}$ 是表示节点按整体编码时，节点 $s$ 沿 $x$ 或 $y$ 方向有单位位移而在节点 $r$ 的 $x$ 或 $y$ 方向引起的节点力。由于节点 $r$、$s$ 可能同时属于不同的单元，不同单元的单元刚度矩阵 $\boldsymbol{K}^e$ 都会对整体刚度矩阵有贡献，因此，整体刚度矩阵的元素 $K_{rs}$ 是由所有下标为 $r$、$s$ 的单元刚度矩阵元素 $K_{rs}^e$ 叠加而得到的，即

$$K_{rs}=\sum_e K_{rs}^e \tag{12-35}$$

在完成了上述整体刚度矩阵的叠加工作，形成了整体阵之后，即可建立整体刚度方程。

### 12.2.6 边界条件及求解

上述分析完成后，已经得到整体刚度矩阵 $\boldsymbol{K}$ 和整体刚度方程，但是这个时候还不能直接求解。因为在建立整体刚度方程的分析过程中，假定结构不受约束，此时结构处于自由状态。自由状态下，结构可能由于节点载荷的作用而产生任意的刚体位移，求解得到的节点位移 $\boldsymbol{\Delta}$ 也不是唯一的。为了能够唯一地解出满足条件的节点位移 $\boldsymbol{\Delta}$，必须对结构施加足够的位移约束，从而消除结构的刚体位移。

一般来说，有限元法所研究问题的边界条件是以在若干个节点上给定位移值的形式来给出的。这里的位移值可以是零，也可以是非零值。完成了上述步骤之后，即可直接求解整体刚度方程(12-30)。

**例题 12.1**

如图 12.3 所示，取一个各向同性弹性薄板，厚度为 1(单位长度)，其右边界承受 $x$ 向均布拉伸载荷 $T$，左边界固定，平板所受体力为零。试用有限元法求解结构应力、应变及位移。

**解：**

（1）结构离散化

为了使分析过程简便，在进行结构离散时，将平板离散为两个三角形单元组成的离散化结构，如图 12.3 所示。图中三角形单元内数字(1,2,3)代表单个单元局部节点编号，平板外数字(1—4)代表整体节点编号。

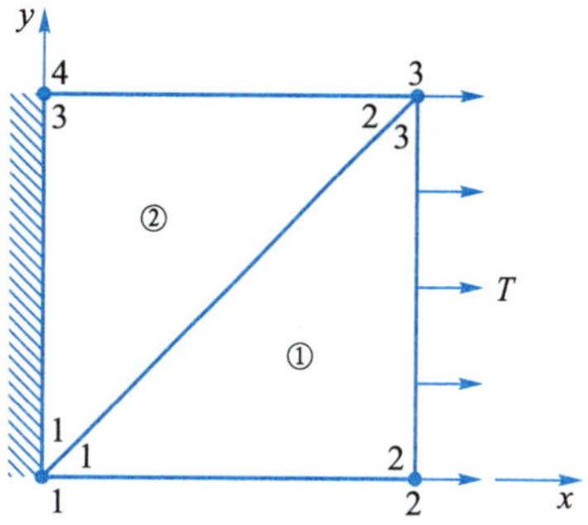


图 12.3　承受均布力平面薄板的有限元分析

（2）位移场表达

分析时，首先根据前面所描述的理论，建立插值函数，进行位移场表达。

对于单元①，可知单元几何参数 $\alpha_1=1,\alpha_2=0,\alpha_3=0$，$\beta_1=-1,\beta_2=1,\beta_3=0,\gamma_1=0,\gamma_2=-1,\gamma_3=1$ 及 $A_1=1/2$。因此对于单元①，写出插值函数为

$$\psi_1^{(1)}=1-x,\quad \psi_2^{(1)}=x-y,\quad \psi_3^{(1)}=y \tag{12-36}$$

然后写出利用节点位移表示的单元①中任意点的位移

$$u^{(1)}=\psi_1^{(1)}u_1^{(1)}+\psi_2^{(1)}u_2^{(1)}+\psi_3^{(1)}u_3^{(1)}=(1-x)u_1^{(1)}+(x-y)u_2^{(1)}+yu_3^{(1)} \tag{12-37}$$

同样对于单元②有 $\alpha_1=1,\alpha_2=0,\alpha_3=0,\beta_1=0,\beta_2=1,\beta_3=-1,\gamma_1=-1,\gamma_2=0,\gamma_3=1$，$A_1=1/2$。插值函数为

$$\psi_1^{(2)}=1-y,\quad \psi_2^{(2)}=x,\quad \psi_3^{(2)}=-x+y \tag{12-38}$$

然后写出利用节点位移表示的单元②中任意点的位移

$$u^{(2)}=\psi_1^{(2)}u_1^{(2)}+\psi_2^{(2)}u_2^{(2)}+\psi_3^{(2)}u_3^{(2)}=(1-y)u_1^{(2)}+xu_2^{(2)}+(-x+y)u_3^{(2)} \tag{12-39}$$

（3）应力应变的位移表达

该问题显然为平面应力问题，因此可以写出该问题的弹性矩阵为

$$\boldsymbol{C}=E\begin{bmatrix}\dfrac{1}{1-\nu^2} & \dfrac{\nu}{1-\nu^2} & 0\\ \dfrac{\nu}{1-\nu^2} & \dfrac{1}{1-\nu^2} & 0\\ 0 & 0 & \dfrac{1}{2(1+\nu)}\end{bmatrix} \tag{12-40}$$

对于单元①

$$\boldsymbol{B}^{(1)}=\frac{1}{2A}\begin{bmatrix}\beta_1 & 0 & \beta_2 & 0 & \beta_3 & 0\\ 0 & \gamma_1 & 0 & \gamma_2 & 0 & \gamma_3\\ \gamma_1 & \beta_1 & \gamma_2 & \beta_2 & \gamma_3 & \beta_3\end{bmatrix}=\begin{bmatrix}-1 & 0 & 1 & 0 & 0 & 0\\ 0 & 0 & 0 & -1 & 0 & 1\\ 0 & -1 & -1 & 1 & 1 & 0\end{bmatrix} \tag{12-41}$$

$$\boldsymbol{\varepsilon}^{(1)}=\boldsymbol{B}^{(1)}\boldsymbol{\Delta}^{(1)}=\begin{bmatrix}-1 & 0 & 1 & 0 & 0 & 0\\ 0 & 0 & 0 & -1 & 0 & 1\\ 0 & -1 & -1 & 1 & 1 & 0\end{bmatrix}\begin{bmatrix}u_1^{(1)}\\ v_1^{(1)}\\ u_2^{(1)}\\ v_2^{(1)}\\ u_3^{(1)}\\ v_3^{(1)}\end{bmatrix}=\begin{bmatrix}-u_1^{(1)}+u_2^{(1)}\\ -v_2^{(1)}+v_3^{(1)}\\ -v_1^{(1)}-u_2^{(1)}+v_2^{(1)}+u_3^{(1)}\end{bmatrix} \tag{12-42}$$

$$\boldsymbol{\sigma}^{(1)}=\boldsymbol{C\varepsilon}^{(1)} \tag{12-43}$$

对于单元②

$$\boldsymbol{B}^{(2)}=\frac{1}{2A}\begin{bmatrix}\beta_1 & 0 & \beta_2 & 0 & \beta_3 & 0\\ 0 & \gamma_1 & 0 & \gamma_2 & 0 & \gamma_3\\ \gamma_1 & \beta_1 & \gamma_2 & \beta_2 & \gamma_3 & \beta_3\end{bmatrix}=\begin{bmatrix}0 & 0 & 1 & 0 & -1 & 0\\ 0 & -1 & 0 & 0 & 0 & 1\\ -1 & 0 & 0 & 1 & 1 & -1\end{bmatrix} \tag{12-44}$$

$$\boldsymbol{\varepsilon}^{(2)}=\boldsymbol{B}^{(2)}\boldsymbol{\Delta}^{(2)}=\begin{bmatrix}0 & 0 & 1 & 0 & -1 & 0\\ 0 & -1 & 0 & 0 & 0 & 1\\ -1 & 0 & 0 & 1 & 1 & -1\end{bmatrix}\begin{bmatrix}u_1^{(2)}\\ v_1^{(2)}\\ u_2^{(2)}\\ v_2^{(2)}\\ u_3^{(2)}\\ v_3^{(2)}\end{bmatrix}=\begin{bmatrix}u_2^{(2)}-u_3^{(2)}\\ -v_1^{(2)}+v_3^{(2)}\\ -u_1^{(2)}+v_2^{(2)}+u_3^{(2)}-v_3^{(2)}\end{bmatrix} \tag{12-45}$$

$$\boldsymbol{\sigma}^{(2)}=\boldsymbol{C\varepsilon}^{(2)} \tag{12-46}$$

（4）单元分析

下面进行单元分析，写出单元刚度矩阵。对于单元①

$$\boldsymbol{K}^{e(1)}=\begin{bmatrix}\boldsymbol{K}_{11}^e & \boldsymbol{K}_{12}^e & \boldsymbol{K}_{13}^e\\ \boldsymbol{K}_{21}^e & \boldsymbol{K}_{22}^e & \boldsymbol{K}_{23}^e\\ \boldsymbol{K}_{31}^e & \boldsymbol{K}_{32}^e & \boldsymbol{K}_{33}^e\end{bmatrix}^{(1)}=\begin{bmatrix}K_{11}^e & K_{12}^e & K_{13}^e & K_{14}^e & K_{15}^e & K_{16}^e\\ K_{21}^e & K_{22}^e & K_{23}^e & K_{24}^e & K_{25}^e & K_{26}^e\\ K_{31}^e & K_{32}^e & K_{33}^e & K_{34}^e & K_{35}^e & K_{36}^e\\ K_{41}^e & K_{42}^e & K_{43}^e & K_{44}^e & K_{45}^e & K_{46}^e\\ K_{51}^e & K_{52}^e & K_{53}^e & K_{54}^e & K_{55}^e & K_{56}^e\\ K_{61}^e & K_{62}^e & K_{63}^e & K_{64}^e & K_{65}^e & K_{66}^e\end{bmatrix}^{(1)}$$

$$=\frac{E}{2(1-\nu^2)}\begin{bmatrix}1 & 0 & -1 & \nu & 0 & -\nu\\ 0 & \frac{1-\nu}{2} & \frac{1-\nu}{2} & -\frac{1-\nu}{2} & -\frac{1-\nu}{2} & 0\\ -1 & \frac{1-\nu}{2} & \frac{3-\nu}{2} & -\frac{1+\nu}{2} & -\frac{1-\nu}{2} & \nu\\ \nu & -\frac{1-\nu}{2} & -\frac{1+\nu}{2} & \frac{3-\nu}{2} & \frac{1-\nu}{2} & -1\\ 0 & -\frac{1-\nu}{2} & -\frac{1-\nu}{2} & \frac{1-\nu}{2} & \frac{1-\nu}{2} & 0\\ -\nu & 0 & \nu & -1 & 0 & 1\end{bmatrix} \tag{12-47}$$

单元①上节点力与节点位移之间的关系为

$$
\frac{E}{2(1-\nu^2)}\begin{bmatrix} 1 & 0 & -1 & \nu & 0 & -\nu \\ 0 & \frac{1-\nu}{2} & \frac{1-\nu}{2} & -\frac{1-\nu}{2} & -\frac{1-\nu}{2} & 0 \\ -1 & \frac{1-\nu}{2} & \frac{3-\nu}{2} & -\frac{1+\nu}{2} & -\frac{1-\nu}{2} & \nu \\ \nu & -\frac{1-\nu}{2} & -\frac{1+\nu}{2} & \frac{3-\nu}{2} & \frac{1-\nu}{2} & -1 \\ 0 & -\frac{1-\nu}{2} & -\frac{1-\nu}{2} & \frac{1-\nu}{2} & \frac{1-\nu}{2} & 0 \\ -\nu & 0 & \nu & -1 & 0 & 1 \end{bmatrix}\begin{bmatrix} u_1^{(1)} \\ v_1^{(1)} \\ u_2^{(1)} \\ v_2^{(1)} \\ u_3^{(1)} \\ v_3^{(1)} \end{bmatrix}=\begin{bmatrix} T_{1x}^{(1)} \\ T_{1y}^{(1)} \\ T_{2x}^{(1)} \\ T_{2y}^{(1)} \\ T_{3x}^{(1)} \\ T_{3y}^{(1)} \end{bmatrix} \tag{12-48}
$$

对于单元②：

$$
\boldsymbol{K}^{e(2)}=\begin{bmatrix} \boldsymbol{K}_{11}^{e} & \boldsymbol{K}_{12}^{e} & \boldsymbol{K}_{13}^{e} \\ \boldsymbol{K}_{21}^{e} & \boldsymbol{K}_{22}^{e} & \boldsymbol{K}_{23}^{e} \\ \boldsymbol{K}_{31}^{e} & \boldsymbol{K}_{32}^{e} & \boldsymbol{K}_{33}^{e} \end{bmatrix}^{(2)}=\begin{bmatrix} K_{11}^{e} & K_{12}^{e} & K_{13}^{e} & K_{14}^{e} & K_{15}^{e} & K_{16}^{e} \\ K_{21}^{e} & K_{22}^{e} & K_{23}^{e} & K_{24}^{e} & K_{25}^{e} & K_{26}^{e} \\ K_{31}^{e} & K_{32}^{e} & K_{33}^{e} & K_{34}^{e} & K_{35}^{e} & K_{36}^{e} \\ K_{41}^{e} & K_{42}^{e} & K_{43}^{e} & K_{44}^{e} & K_{45}^{e} & K_{46}^{e} \\ K_{51}^{e} & K_{52}^{e} & K_{53}^{e} & K_{54}^{e} & K_{55}^{e} & K_{56}^{e} \\ K_{61}^{e} & K_{62}^{e} & K_{63}^{e} & K_{64}^{e} & K_{65}^{e} & K_{66}^{e} \end{bmatrix}^{(2)}
$$

$$
=\frac{E}{2(1-\nu^2)}\begin{bmatrix} \frac{1-\nu}{2} & 0 & 0 & -\frac{1-\nu}{2} & -\frac{1-\nu}{2} & \frac{1-\nu}{2} \\ 0 & 1 & -\nu & 0 & \nu & -1 \\ 0 & -\nu & 1 & 0 & -1 & \nu \\ -\frac{1-\nu}{2} & 0 & 0 & \frac{1-\nu}{2} & \frac{1-\nu}{2} & -\frac{1-\nu}{2} \\ -\frac{1-\nu}{2} & \nu & -1 & \frac{1-\nu}{2} & \frac{3-\nu}{2} & -\frac{1-\nu}{2} \\ \frac{1-\nu}{2} & -1 & \nu & -\frac{1-\nu}{2} & -\frac{1-\nu}{2} & \frac{3-\nu}{2} \end{bmatrix} \tag{12-49}
$$

单元②上节点力与节点位移之间的关系为：

$$
\frac{E}{2(1-\nu^2)}\begin{bmatrix} \frac{1-\nu}{2} & 0 & 0 & -\frac{1-\nu}{2} & -\frac{1-\nu}{2} & \frac{1-\nu}{2} \\ 0 & 1 & -\nu & 0 & \nu & -1 \\ 0 & -\nu & 1 & 0 & -1 & \nu \\ -\frac{1-\nu}{2} & 0 & 0 & \frac{1-\nu}{2} & \frac{1-\nu}{2} & -\frac{1-\nu}{2} \\ -\frac{1-\nu}{2} & \nu & -1 & \frac{1-\nu}{2} & \frac{3-\nu}{2} & -\frac{1-\nu}{2} \\ \frac{1-\nu}{2} & -1 & \nu & -\frac{1-\nu}{2} & -\frac{1-\nu}{2} & \frac{3-\nu}{2} \end{bmatrix}\begin{bmatrix} u_1^{(2)} \\ v_1^{(2)} \\ u_2^{(2)} \\ v_2^{(2)} \\ u_3^{(2)} \\ v_3^{(2)} \end{bmatrix}=\begin{bmatrix} T_{1x}^{(2)} \\ T_{1y}^{(2)} \\ T_{2x}^{(2)} \\ T_{2y}^{(2)} \\ T_{3x}^{(2)} \\ T_{3y}^{(2)} \end{bmatrix} \tag{12-50}
$$

(5) 整体分析

将这些单个单元方程相结合进行整体分析来求解整个平板。该结构一共划分了 2 个单元,共 4 个节点,因此其整体刚度矩阵可按照整体编号写成分块矩阵的形式为

$$\boldsymbol{K}=\begin{bmatrix}\boldsymbol{K}_{11} & \boldsymbol{K}_{12} & \boldsymbol{K}_{13} & \boldsymbol{K}_{14}\\ \boldsymbol{K}_{21} & \boldsymbol{K}_{22} & \boldsymbol{K}_{23} & \boldsymbol{K}_{24}\\ \boldsymbol{K}_{31} & \boldsymbol{K}_{32} & \boldsymbol{K}_{33} & \boldsymbol{K}_{34}\\ \boldsymbol{K}_{41} & \boldsymbol{K}_{42} & \boldsymbol{K}_{43} & \boldsymbol{K}_{44}\end{bmatrix} \tag{12-51}$$

下面以式(12-51)中 $\boldsymbol{K}_{13}$ 为例,说明整体刚度矩阵如何由式(12-47)和式(12-49)所示的单元刚度矩阵组成。

$\boldsymbol{K}_{13}$ 表示整体节点 3 上有单位位移而在节点 1 处产生的力,如图 12.3 所示,节点 1 同时属于单元①、②,因此 $\boldsymbol{K}_{13}=[\boldsymbol{K}_{13}^{e(1)}+\boldsymbol{K}_{13}^{e(2)}]$(注意,此处的下标均为整体编号)。

由于在单元①中,整体编号与单元编号一致,而在单元②中,整体编号与单元编号不一致,对应关系为 1→1,3→2,4→3,因此 $\boldsymbol{K}_{23}$ 可改写成 $\boldsymbol{K}_{13}=[\boldsymbol{K}_{13}^{e(1)}+\boldsymbol{K}_{12}^{e(2)}]$,根据式(12-49)可得

$$\boldsymbol{K}_{13}=\begin{bmatrix}K_{15}^{e(1)} & K_{16}^{e(1)}\\ K_{25}^{e(1)} & K_{26}^{e(1)}\end{bmatrix}+\begin{bmatrix}K_{13}^{e(2)} & K_{14}^{e(2)}\\ K_{23}^{e(2)} & K_{24}^{e(2)}\end{bmatrix}=\begin{bmatrix}K_{15}^{e(1)}+K_{13}^{e(2)} & K_{16}^{e(1)}+K_{14}^{e(2)}\\ K_{25}^{e(1)}+K_{23}^{e(2)} & K_{26}^{e(1)}+K_{24}^{e(2)}\end{bmatrix} \tag{12-52}$$

用同样的方法,可得到整体刚度矩阵

$$\begin{bmatrix}
K_{11}^{e(1)}+K_{11}^{e(2)} & K_{12}^{e(1)}+K_{12}^{e(2)} & K_{13}^{e(1)} & K_{14}^{e(1)} & K_{15}^{e(1)}+K_{13}^{e(2)} & K_{16}^{e(1)}+K_{14}^{e(2)} & K_{15}^{e(1)} & K_{16}^{e(2)}\\
K_{12}^{e(1)}+K_{12}^{e(2)} & K_{22}^{e(1)}+K_{22}^{e(2)} & K_{23}^{e(1)} & K_{24}^{e(1)} & K_{25}^{e(1)}+K_{23}^{e(2)} & K_{26}^{e(1)}+K_{24}^{e(2)} & K_{25}^{e(1)} & K_{26}^{e(2)}\\
K_{13}^{e(1)} & K_{23}^{e(1)} & K_{33}^{e(1)} & K_{34}^{e(1)} & K_{35}^{e(1)} & K_{36}^{e(1)} & 0 & 0\\
K_{14}^{e(1)} & K_{24}^{e(1)} & K_{34}^{e(1)} & K_{44}^{e(1)} & K_{45}^{e(1)} & K_{46}^{e(1)} & 0 & 0\\
K_{15}^{e(1)}+K_{13}^{e(2)} & K_{25}^{e(1)}+K_{23}^{e(2)} & K_{35}^{e(1)} & K_{45}^{e(1)} & K_{55}^{e(1)}+K_{33}^{e(2)} & K_{56}^{e(1)}+K_{34}^{e(2)} & K_{35}^{e(2)} & K_{36}^{e(2)}\\
K_{16}^{e(1)}+K_{14}^{e(2)} & K_{26}^{e(1)}+K_{24}^{e(2)} & K_{36}^{e(1)} & K_{46}^{e(1)} & K_{56}^{e(1)}+K_{34}^{e(2)} & K_{66}^{e(1)}+K_{44}^{e(2)} & K_{45}^{e(2)} & K_{46}^{e(2)}\\
K_{15}^{e(1)} & K_{25}^{e(1)} & 0 & 0 & K_{35}^{e(2)} & K_{45}^{e(2)} & K_{55}^{e(2)} & K_{56}^{e(2)}\\
K_{16}^{e(2)} & K_{26}^{e(2)} & 0 & 0 & K_{36}^{e(2)} & K_{46}^{e(2)} & K_{56}^{e(2)} & K_{66}^{e(2)}
\end{bmatrix} \tag{12-53}$$

根据式(12-30)写出结构的整体刚度方程为

$$\begin{bmatrix}
K_{11}^{e(1)}+K_{11}^{e(2)} & K_{12}^{e(1)}+K_{12}^{e(2)} & K_{13}^{e(1)} & K_{14}^{e(1)} & K_{15}^{e(1)}+K_{13}^{e(2)} & K_{16}^{e(1)}+K_{14}^{e(2)} & K_{15}^{e(1)} & K_{16}^{e(2)}\\
K_{12}^{e(1)}+K_{12}^{e(2)} & K_{22}^{e(1)}+K_{22}^{e(2)} & K_{23}^{e(1)} & K_{24}^{e(1)} & K_{25}^{e(1)}+K_{23}^{e(2)} & K_{26}^{e(1)}+K_{24}^{e(2)} & K_{25}^{e(1)} & K_{26}^{e(2)}\\
K_{13}^{e(1)} & K_{23}^{e(1)} & K_{33}^{e(1)} & K_{34}^{e(1)} & K_{35}^{e(1)} & K_{36}^{e(1)} & 0 & 0\\
K_{14}^{e(1)} & K_{24}^{e(1)} & K_{34}^{e(1)} & K_{44}^{e(1)} & K_{45}^{e(1)} & K_{46}^{e(1)} & 0 & 0\\
K_{15}^{e(1)}+K_{13}^{e(2)} & K_{25}^{e(1)}+K_{23}^{e(2)} & K_{35}^{e(1)} & K_{45}^{e(1)} & K_{55}^{e(1)}+K_{33}^{e(2)} & K_{56}^{e(1)}+K_{34}^{e(2)} & K_{35}^{e(2)} & K_{36}^{e(2)}\\
K_{16}^{e(1)}+K_{14}^{e(2)} & K_{26}^{e(1)}+K_{24}^{e(2)} & K_{36}^{e(1)} & K_{46}^{e(1)} & K_{56}^{e(1)}+K_{34}^{e(2)} & K_{66}^{e(1)}+K_{44}^{e(2)} & K_{45}^{e(2)} & K_{46}^{e(2)}\\
K_{15}^{e(1)} & K_{25}^{e(1)} & 0 & 0 & K_{35}^{e(2)} & K_{45}^{e(2)} & K_{55}^{e(2)} & K_{56}^{e(2)}\\
K_{16}^{e(2)} & K_{26}^{e(2)} & 0 & 0 & K_{36}^{e(2)} & K_{46}^{e(2)} & K_{56}^{e(2)} & K_{66}^{e(2)}
\end{bmatrix}\cdot$$

$$
\begin{bmatrix} U_1 \\ V_1 \\ U_2 \\ V_2 \\ U_3 \\ V_3 \\ U_4 \\ V_4 \end{bmatrix} = \begin{bmatrix} T_{1x}^{(1)} + T_{1x}^{(2)} \\ T_{1y}^{(1)} + T_{1y}^{(2)} \\ T_{2x}^{(1)} \\ T_{2y}^{(1)} \\ T_{3x}^{(1)} + T_{2x}^{(2)} \\ T_{3y}^{(1)} + T_{2y}^{(2)} \\ T_{3x}^{(2)} \\ T_{3y}^{(2)} \end{bmatrix} \tag{12-54}
$$

其中 $U_i$、$V_i$ 为整体的 $x$、$y$ 方向节点位移，$K_{ij}^{e(1)}$ 以及 $K_{ij}^{e(2)}$ 分别为单元 1、2 的单元刚度矩阵的分量，在式(12－47)和式(12－49)中已给定。

(6) 边界条件及求解

接下来应用边界条件化简式(12－54)，由于平板左端固定，则有 $U_1=V_1=U_4=V_4=0$；对于右边界均布力情况，可得到 $T_{2x}^{(1)}=T/2$，$T_{2y}^{(1)}=0$，$T_{3x}^{(1)}+T_{2x}^{(2)}=T/2$、$T_{3y}^{(1)}+T_{2y}^{(2)}=0$，则式(12－54)可简化为

$$
\begin{bmatrix} K_{33}^{(1)} & K_{34}^{(1)} & K_{35}^{(1)} & K_{36}^{(1)} \\ K_{34}^{(1)} & K_{44}^{(1)} & K_{45}^{(1)} & K_{46}^{(1)} \\ K_{35}^{(1)} & K_{45}^{(1)} & K_{55}^{(1)}+K_{33}^{(2)} & K_{56}^{(1)}+K_{34}^{(2)} \\ K_{36}^{(1)} & K_{46}^{(1)} & K_{56}^{(1)}+K_{34}^{(2)} & K_{66}^{(1)}+K_{44}^{(2)} \end{bmatrix} \begin{bmatrix} U_2 \\ V_2 \\ U_3 \\ V_3 \end{bmatrix} = \begin{bmatrix} T/2 \\ 0 \\ T/2 \\ 0 \end{bmatrix} \tag{12-55}
$$

对于材料特性，取 $E=207$ GPa、$\nu=0.25$ 时，由上式可计算得到未知节点 2、3 的位移为

$$
\begin{bmatrix} U_2 \\ V_2 \\ U_3 \\ V_3 \end{bmatrix} = \begin{bmatrix} 0.492 \\ 0.081 \\ 0.441 \\ -0.030 \end{bmatrix} T \times 10^{-11}\ \mathrm{m} \tag{12-56}
$$

分析上述计算结果，节点 2、3 的位移并没有理论预期的对称性，这主要是由于在结构离散时，只将原结构离散为两个三角形单元，这两个单元并没有关于整体平板结构对称轴对称，因此计算结果存在误差。如果选取其他对称性网格划分方案，则节点 2、3 位移计算结果将会趋于对称。在后处理过程中，节点 1、4 的受力情况可通过将式(12－56)结果代入式(12－54)来计算得到。

下面求各单元中的应变和应力。对于单元①

$$
\begin{bmatrix} u_1^{(1)} \\ v_1^{(1)} \\ u_2^{(1)} \\ v_2^{(1)} \\ u_3^{(1)} \\ v_3^{(1)} \end{bmatrix} = \begin{bmatrix} U_1 \\ V_1 \\ U_2 \\ V_2 \\ U_3 \\ V_3 \end{bmatrix} = \begin{bmatrix} 0 \\ 0 \\ 0.492 \\ 0.081 \\ 0.441 \\ -0.030 \end{bmatrix} T \times 10^{-11}\ \mathrm{m} \tag{12-57}
$$

$$\boldsymbol{\varepsilon}^{(1)}=\begin{bmatrix}-u_1^{(1)}+u_2^{(1)}\\-v_2^{(1)}+v_3^{(1)}\\-v_1^{(1)}-u_2^{(1)}+v_2^{(1)}+u_3^{(1)}\end{bmatrix}=\begin{bmatrix}0.492\\-0.111\\0.030\end{bmatrix}T\times10^{-11} \tag{12-58}$$

$$\boldsymbol{\sigma}^{(1)}=\boldsymbol{C}\boldsymbol{\varepsilon}^{(1)}=207\times\begin{bmatrix}1.067&0.267&0\\0.267&1.067&0\\0&0&0.4\end{bmatrix}\begin{bmatrix}0.492\\-0.111\\0.030\end{bmatrix}T\times10^{-2}\ \mathrm{Pa}=\begin{bmatrix}1.025\\-0.027\\0.025\end{bmatrix}\mathrm{Pa} \tag{12-59}$$

对于单元②

$$\begin{bmatrix}u_1^{(2)}\\v_1^{(2)}\\u_2^{(2)}\\v_2^{(2)}\\u_3^{(2)}\\v_3^{(2)}\end{bmatrix}=\begin{bmatrix}U_1\\V_1\\U_3\\V_3\\U_4\\V_4\end{bmatrix}=\begin{bmatrix}0\\0\\0.441\\-0.030\\0\\0\end{bmatrix}T\times10^{-11}\ \mathrm{m} \tag{12-60}$$

$$\boldsymbol{\varepsilon}^{(2)}=\begin{bmatrix}u_2^{(2)}-u_3^{(2)}\\-v_1^{(2)}+v_3^{(2)}\\-u_1^{(2)}+v_2^{(2)}+u_3^{(2)}-v_3^{(2)}\end{bmatrix}=\begin{bmatrix}0.441\\0\\-0.030\end{bmatrix}T\times10^{-11} \tag{12-61}$$

$$\boldsymbol{\sigma}^{(2)}=\boldsymbol{C}\boldsymbol{\varepsilon}^{(2)}=207\times\begin{bmatrix}1.067&0.267&0\\0.267&1.067&0\\0&0&0.4\end{bmatrix}\begin{bmatrix}0.441\\0\\-0.030\end{bmatrix}T\times10^{-2}\ \mathrm{Pa}=\begin{bmatrix}0.974\\0.244\\-0.025\end{bmatrix}\mathrm{Pa} \tag{12-62}$$

## 12.3 有限差分法

有限差分法，简称差分法，它是把弹性力学的基本方程和边界条件（一般均为微分方程）近似地改用差分方程（代数方程）来表示，把求解微分方程的问题变换为求解代数方程的问题，属于数学上的近似。因此，在讲述差分法之前，有必要对弹性力学中常用的一些导数的差分公式进行推导，以便用来建立弹性力学的差分方程[2]。

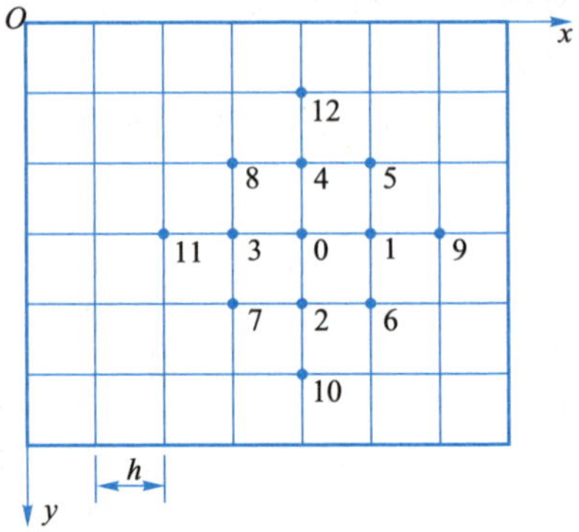

图 12.4 差分网格示例

对于差分公式的推导，首先在弹性体上用相隔等间距 $h$ 且平行于坐标轴的两组平行线组成网格（图 12.4），该网格称为差分网格。网格线的交点称为节点（或结点），网格间距称为步长。

设函数 $f=f(x,y)$ 为弹性体内的某个函数，如应

力分量、位移分量、应力函数 $\Phi$ 或者温度等。可以导出一阶及二阶导数在节点 0 处的差分公式

$$\left(\frac{\partial f}{\partial x}\right)_0=\frac{f_1-f_3}{2h} \tag{12-63}$$

$$\left(\frac{\partial^2 f}{\partial x^2}\right)_0=\frac{f_1+f_3-2f_0}{2h} \tag{12-64}$$

同样的方法，在网格线 4—0—2 上，类似于 $x$ 方向的求解方法，可获得 $y$ 方向一阶及二阶导数的差分公式

$$\left(\frac{\partial f}{\partial y}\right)_0=\frac{f_2-f_4}{2h} \tag{12-65}$$

$$\left(\frac{\partial^2 f}{\partial y^2}\right)_0=\frac{f_2+f_4-2f_0}{2h} \tag{12-66}$$

式(12-63)至式(12-66)称为基本差分公式。通过基本差分公式，可以导出其他阶导数的差分公式。如混合二阶导数的差分公式为

$$\begin{aligned}\left(\frac{\partial^2 f}{\partial x\partial y}\right)_0&=\left[\frac{\partial}{\partial x}\left(\frac{\partial f}{\partial y}\right)\right]_0=\frac{\left(\frac{\partial f}{\partial y}\right)_1-\left(\frac{\partial f}{\partial y}\right)_3}{2h}\\&=\frac{\frac{f_6-f_5}{2h}-\frac{f_7-f_8}{2h}}{2h}=\frac{1}{4h^2}[(f_6+f_8)-(f_5+f_7)]\end{aligned} \tag{12-67}$$

进一步可以导出四阶偏导数的差分公式为

$$\left(\frac{\partial^4 f}{\partial x^4}\right)_0=\frac{1}{h^4}[6f_0-4(f_1+f_3)+(f_9+f_{11})] \tag{12-68}$$

$$\left(\frac{\partial^4 f}{\partial x^2\partial y^2}\right)_0=\frac{1}{h^4}[4f_0-2(f_1+f_2+f_3+f_4)+(f_5+f_6+f_7+f_8)] \tag{12-69}$$

$$\left(\frac{\partial^4 f}{\partial y^4}\right)_0=\frac{1}{h^4}[6f_0-4(f_2+f_4)+(f_{10}+f_{12})] \tag{12-70}$$

其中，$f_i$ 表示函数 $f$ 在节点 $i$ 处的值。在得到了基本差分公式之后，下面我们以平面问题应力函数的求解为例来介绍差分法求解过程。

### 12.3.1 建立差分方程

当不计体力时，弹性力学平面问题归结为在给定边界条件下求解双调和方程(6-22)的问题。因此，使用差分法求解平面问题时，首先应将双调和方程变换为差分方程，而后进行求解。

在不计体力的情况下，平面问题的应力分量 $\sigma_x$、$\sigma_y$、$\tau_{xy}$ 可以用应力函数 $\Phi$ 表示如下

$$\sigma_x=\frac{\partial^2\Phi}{\partial y^2},\quad \sigma_y=\frac{\partial^2\Phi}{\partial x^2},\quad \tau_{xy}=-\frac{\partial^2\Phi}{\partial x\partial y} \tag{12-71}$$

如果按照图 12.4 在弹性体上划分网格，则利用差分公式(12-64)、式(12-66)、式(12-67)将节点 0 处的应力分量表示为

$$
\begin{cases}
(\sigma_x)_0 = \left(\dfrac{\partial^2 \Phi}{\partial y^2}\right)_0 = \dfrac{1}{h^2}[(\Phi_2+\Phi_4)-2\Phi_0] \\
(\sigma_y)_0 = \left(\dfrac{\partial^2 \Phi}{\partial x^2}\right)_0 = \dfrac{1}{h^2}[(\Phi_1+\Phi_3)-2\Phi_0] \\
(\tau_{xy})_0 = \left(-\dfrac{\partial^2 \Phi}{\partial x \partial y}\right)_0 = \dfrac{1}{4h^2}[(\Phi_5+\Phi_7)-(\Phi_6+\Phi_8)]
\end{cases}
\tag{12-72}
$$

可见，一旦求得弹性体全部节点的 $\Phi$ 值，就可按应力分量差分公式（对节点 0）算得弹性体各节点的应力。

为求得弹性体边界内各节点处的 $\Phi$ 值，需利用应力函数的双调和方程 $(\nabla^4\Phi)_0=0$，即

$$
\left(\frac{\partial^4 \Phi}{\partial x^4}\right)_0 + 2\left(\frac{\partial^4 \Phi}{\partial x^2 \partial y^2}\right)_0 + \left(\frac{\partial^4 \Phi}{\partial y^4}\right)_0 = 0 \tag{12-73}
$$

利用式（12-68）、式（12-69）、式（12-70）将双调和方程变换为差分方程

$$
20\Phi_0 - 8(\Phi_1+\Phi_2+\Phi_3+\Phi_4) + 2(\Phi_5+\Phi_6+\Phi_7+\Phi_8) + (\Phi_9+\Phi_{10}+\Phi_{11}+\Phi_{12}) = 0 \tag{12-74}
$$

对于弹性体边界以内的每一个节点，都可以建立这样一个差分方程。联立求解这些线性代数方程，就能求得各弹性体边界内节点处的值。

## 12.3.2 边界应力函数求解

一般建立和求解差分方程在数学上不会遇到很大困难。但是，当对于边界内一行（距边界为 $h$ 的）的节点，建立的差分方程还将涉及边界上各节点处的 $\Phi$ 值，并包含边界外一行节点处的 $\Phi$ 值。这种为了方便建立差分方程而在边界外一行假设但实际上并不存在的节点，称为**虚节点**。

为了求得边界上各节点处的 $\Phi$ 值，需要应用应力边界条件，即

$$
\begin{cases}
l_1\sigma_x + l_2\tau_{xy} = p_x \\
l_1\tau_{xy} + l_2\sigma_y = p_y
\end{cases}
\tag{12-75}
$$

利用式（12-71）表示成偏微分形式

$$
\begin{cases}
l_1\left(\dfrac{\partial^2 \Phi}{\partial y^2}\right) - l_2\left(\dfrac{\partial^2 \Phi}{\partial x \partial y}\right) = p_x \\
-l_1\left(\dfrac{\partial^2 \Phi}{\partial x \partial y}\right) + l_2\left(\dfrac{\partial^2 \Phi}{\partial x^2}\right) = p_y
\end{cases}
\tag{12-76}
$$

如图 12.5 所示，沿边界正方向移动 ds 长度时，相应 $x$，$y$ 方向的位移分别为 $-\mathrm{d}x$，$\mathrm{d}y$ 由此可见

$$
\begin{cases}
l_1 = \cos(N,x) = \cos\alpha = \mathrm{d}y/\mathrm{d}s \\
l_2 = \cos(N,y) = \sin\alpha = -\mathrm{d}x/\mathrm{d}s
\end{cases}
\tag{12-77}
$$

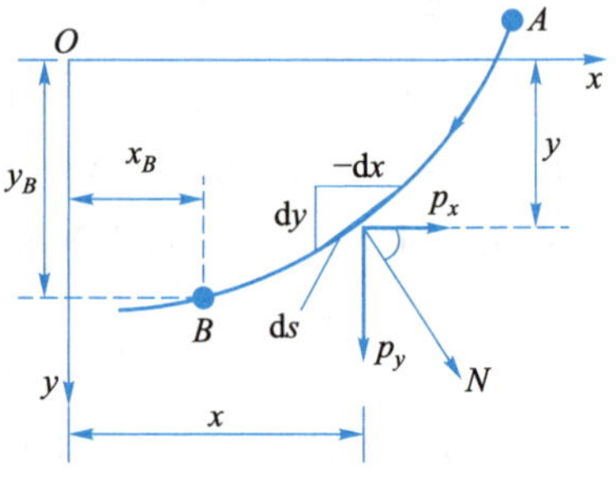

图 12.5 边界条件示意图

因此，式（12-76）可改写为

$$
\begin{cases}
\dfrac{\mathrm{d}y}{\mathrm{d}s}\left(\dfrac{\partial^2 \Phi}{\partial y^2}\right) + \dfrac{\mathrm{d}x}{\mathrm{d}s}\left(\dfrac{\partial^2 \Phi}{\partial x \partial y}\right) = p_x \\
-\dfrac{\mathrm{d}y}{\mathrm{d}s}\left(\dfrac{\partial^2 \Phi}{\partial x \partial y}\right) - \dfrac{\mathrm{d}x}{\mathrm{d}s}\left(\dfrac{\partial^2 \Phi}{\partial x^2}\right) = p_y
\end{cases}
\tag{12-78}
$$

由此得

$$\begin{cases}\dfrac{\mathrm{d}}{\mathrm{d}s}\left(\dfrac{\partial\Phi}{\partial y}\right)=p_x \\ -\dfrac{\mathrm{d}}{\mathrm{d}s}\left(\dfrac{\partial\Phi}{\partial x}\right)=p_y\end{cases} \tag{12-79}$$

关于边界上任意点处的$\dfrac{\partial\Phi}{\partial x}$、$\dfrac{\partial\Phi}{\partial y}$值，可将上式从 $A$ 点到 $B$ 点对 $s$ 积分得到

$$\begin{cases}\left(\dfrac{\partial\Phi}{\partial y}\right)_A^B=\displaystyle\int_A^B p_x\mathrm{d}s \\ -\left(\dfrac{\partial\Phi}{\partial x}\right)_A^B=\displaystyle\int_A^B p_y\mathrm{d}s\end{cases} \tag{12-80}$$

或写成

$$\begin{cases}\left(\dfrac{\partial\Phi}{\partial y}\right)_B=\left(\dfrac{\partial\Phi}{\partial y}\right)_A+\displaystyle\int_A^B p_x\mathrm{d}s \\ \left(\dfrac{\partial\Phi}{\partial y}\right)_B=\left(\dfrac{\partial\Phi}{\partial y}\right)_A-\displaystyle\int_A^B p_y\mathrm{d}s\end{cases} \tag{12-81}$$

由高等数学知识可知

$$\frac{\mathrm{d}\Phi}{\mathrm{d}s}=\frac{\partial\Phi}{\partial x}\cdot\frac{\mathrm{d}x}{\mathrm{d}s}+\frac{\partial\Phi}{\partial y}\cdot\frac{\mathrm{d}y}{\mathrm{d}s} \tag{12-82}$$

将此式从 $A$ 点到 $B$ 点沿 $s$ 进行积分，就得到边界上任意点 $B$ 处的值，为此利用分部积分法可得

$$(\Phi)_A^B=\left(x\,\frac{\partial\Phi}{\partial x}\right)_A^B-\int_A^B x\,\frac{\mathrm{d}}{\mathrm{d}s}\left(\frac{\partial\Phi}{\partial x}\right)\mathrm{d}s+\left(y\,\frac{\partial\Phi}{\partial y}\right)_A^B-\int_A^B y\,\frac{\mathrm{d}}{\mathrm{d}s}\left(\frac{\partial\Phi}{\partial y}\right)\mathrm{d}s \tag{12-83}$$

将式(12－79)、式(12－81)代入上式，整理得到

$$\begin{aligned}\Phi_B=\Phi_A+(x_B-x_A)\left(\frac{\partial\Phi}{\partial x}\right)_A+(y_B-y_A)\left(\frac{\partial\Phi}{\partial y}\right)_A+ \\ \int_A^B(y_B-y)p_x\mathrm{d}s+\int_A^B(x-x_B)p_y\mathrm{d}s\end{aligned} \tag{12-84}$$

由式(12－81)、式(12－84)可以看出，设固定点 $A$ 的 $\Phi_A$、$\left(\dfrac{\partial\Phi}{\partial x}\right)_A$、$\left(\dfrac{\partial\Phi}{\partial y}\right)_A$ 为已知，即可根据面力分量及导数求得任意点 $B$ 的 $\Phi_B$、$\left(\dfrac{\partial\Phi}{\partial x}\right)_B$、$\left(\dfrac{\partial\Phi}{\partial y}\right)_B$。

由前面第 6 章内容可知，把应力函数加上一个线性函数，并不影响应力。因此，可设想把应力函数加上 $a+bx+cy$，然后调整 $a$、$b$、$c$ 三个数值，使得 $\Phi_A=0$，$\left(\dfrac{\partial\Phi}{\partial x}\right)_A=0$，$\left(\dfrac{\partial\Phi}{\partial y}\right)_A=0$，如此一来，式(12－81)、式(12－84)可简化为

$$\left(\frac{\partial\Phi}{\partial y}\right)_B=\int_A^B p_x\mathrm{d}s \tag{12-85}$$

$$\left(\frac{\partial\Phi}{\partial y}\right)_B=-\int_A^B p_y\mathrm{d}s \tag{12-86}$$

$$\Phi_B=\int_A^B(y_B-y)p_x\mathrm{d}s+\int_A^B(x-x_B)p_y\mathrm{d}s \tag{12-87}$$

从图 12.5 可以看出，式(12－85)右边的积分表示边界上 $A$、$B$ 两点间 $x$ 方向的面力之和；式(12－86)右边的积分表示边界上 $A$、$B$ 两点间 $y$ 方向的面力之和；式(12－87)右边的积分表示边界上 $A$、$B$ 两点间面力对 $B$ 点的矩。力矩的正负号由坐标系确定，图中以顺时针为正。

### 12.3.3 虚节点应力函数求解

至此，我们解决了怎样计算边界上各节点的 $\Phi$、$\dfrac{\partial \Phi}{\partial x}$、$\dfrac{\partial \Phi}{\partial y}$值的问题。至于边界外一行虚节点处 $\Phi$ 的值，则可用应力函数 $\Phi$ 在边界上的导数和边界内一行各节点的 $\Phi$ 值表示。例如，对于图 12.6 中的虚节点 13、14，由于存在

$$\left(\frac{\partial \Phi}{\partial x}\right)_A=\frac{\Phi_{13}-\Phi_9}{2h},\quad \left(\frac{\partial \Phi}{\partial x}\right)_B=\frac{\Phi_{14}-\Phi_{10}}{2h} \tag{12-88}$$

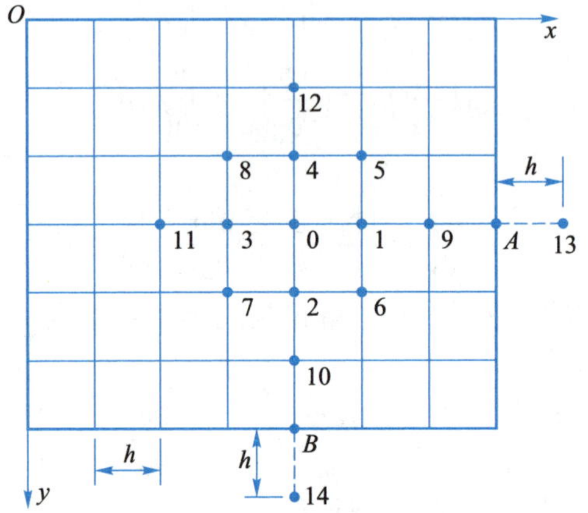


图 12.6　含虚节点的差分网格示例

由此可以求得

$$\Phi_{13}=\Phi_9+2h\left(\frac{\partial \Phi}{\partial x}\right)_A,\quad \Phi_{14}=\Phi_{10}+2h\left(\frac{\partial \Phi}{\partial y}\right)_B \tag{12-89}$$

当求出全部节点的 $\Phi$ 值以后，就可按应力分量的差分公式(12－72)计算应力分量。

**例题 12.2**

设长度为 $4h$、宽度为 $2h$ 的矩形梁，如图 12.7 所示，上边正中心 $h$ 宽度处受有竖直向下的均布载荷 $4q$，下边受有竖直向上的均布载荷 $q$，试用差分法计算图示基础梁的最大拉应力。

**解：**

取坐标系如图 12.7 所示，由于梁结构以及受载情况对称，因此，只需计算梁的一半，本例取左半部分进行计算。先划分差分网格，编节点号。取网格间距为 $h$，则网格划分结果及节点编号如图 12.8 所示。

(1) 建立差分方程

对边界内节点建立差分方程。利用差分方程(12－74)可得：

对于节点 1 有

$$\begin{aligned}20\Phi_1-8(\Phi_2+\Phi_A+\Phi_2+\Phi_G)+2(\Phi_F+\Phi_B+\Phi_B+\Phi_F)+\\(\Phi_D+\Phi_5+\Phi_D+\Phi_3)=0\end{aligned} \tag{12-90}$$

其中，$\Phi_A=\Phi_F=0$，$\Phi_G=\dfrac{3}{2}qh^2$，$\Phi_B=-\dfrac{1}{2}qh^2$，$\Phi_B=-2qh^2$，$\Phi_3=\Phi_5=\Phi_1$，则式(12-90)可简化为

$$22\Phi_1-16\Phi_2=18qh^2 \tag{12-91}$$

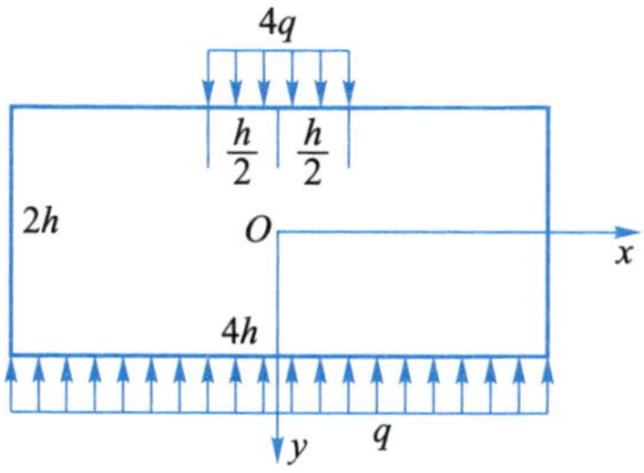


图 12.7　矩形梁受力情况

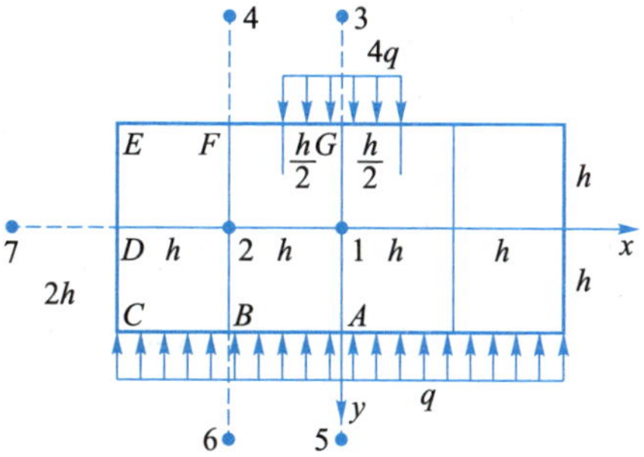


图 12.8　矩形梁差分网格

同样，对于节点 2 有

$$\begin{aligned}20\Phi_2-8(\Phi_1+\Phi_B+\Phi_D+\Phi_F)+2(\Phi_G+\Phi_A+\Phi_C+\Phi_E)+\\(\Phi_2+\Phi_6+\Phi_7+\Phi_4)=0\end{aligned} \tag{12-92}$$

其中，$\Phi_B=-\dfrac{1}{2}qh^2$，$\Phi_D=-2qh^2$，$\Phi_A=\Phi_F=0$，$\Phi_G=\dfrac{3}{2}qh^2$，$\Phi_C=\Phi_E=-2qh^2$，$\Phi_4=\Phi_6=\Phi_2$，$\Phi_7=\Phi_2-4qh^2$，则式(12-92)可简化为

$$-8\Phi_1+24\Phi_2=-11qh^2 \tag{12-93}$$

联立式(12-91)、式(12-93)可得

$$\Phi_1=0.64qh^2,\quad \Phi_2=-0.245qh^2 \tag{12-94}$$

(2) 边界应力函数求解

为了反映对称性，取梁底节点 A 作为基点，取 $\Phi_A=\left(\dfrac{\partial\Phi}{\partial x}\right)_A=\left(\dfrac{\partial\Phi}{\partial y}\right)_A=0$，计算边界上所有各节点处的 $\Phi$ 值及其导数值如表 12.1 所示。

**表 12.1　各节点 $\Phi$ 值及其导数值计算结果**

| 节点 | A | B | C | D | E | F | G |
|---|---|---|---|---|---|---|---|
| $\dfrac{\partial\Phi}{\partial x}$ | 0 | — | — | $2qh$ | — | — | — |
| $\dfrac{\partial\Phi}{\partial y}$ | 0 | 0 | — | — | — | 0 | 0 |
| $\Phi$ | 0 | $-\dfrac{qh^2}{2}$ | $-2qh^2$ | $-2qh^2$ | $-2qh^2$ | 0 | $-\dfrac{3qh^2}{2}$ |

(3) 虚节点应力函数求解

将边界外一行虚节点的 $\Phi$ 值用边界内节点一行节点的 $\Phi$ 值表示：

由于在上下边有 $\dfrac{\partial\Phi}{\partial y}=0$，因此有

$$\begin{cases}\Phi_3=\Phi_1-2h\left(\dfrac{\partial\Phi}{\partial y}\right)_G=\Phi_1, & \Phi_4=\Phi_2-2h\left(\dfrac{\partial\Phi}{\partial y}\right)_F=\Phi_2\\ \Phi_5=\Phi_1+2h\left(\dfrac{\partial\Phi}{\partial y}\right)_A=\Phi_1, & \Phi_6=\Phi_2+2h\left(\dfrac{\partial\Phi}{\partial y}\right)_B=\Phi_2\end{cases} \tag{12-95}$$

在左边有$\dfrac{\partial\Phi}{\partial x}=2qh$，因此有

$$\Phi_7=\Phi_2-2h\left(\frac{\partial\Phi}{\partial x}\right)_D=\Phi_2-4qh^2 \tag{12-96}$$

由式(12-94)、式(12-95)、式(12-96)三式可得

$$\begin{aligned}&\Phi_3=\Phi_5=\Phi_1=0.64qh^2\\&\Phi_4=\Phi_6=\Phi_2=-0.245qh^2\\&\Phi_7=\Phi_2-4qh^2=-4.245qh^2\end{aligned} \tag{12-97}$$

下面计算各节点应力值。由式(12-72)可得

$$\begin{aligned}(\sigma_x)_G&=\left(\frac{\partial^2\Phi}{\partial y^2}\right)_G=\frac{1}{h^2}[(\Phi_1+\Phi_3)-2\Phi_G]\\&=\frac{1}{h^2}\left[(0.64qh^2+0.64qh^2)-2\times\frac{3}{2}qh^2\right]=-1.72q\end{aligned} \tag{12-98}$$

$$\begin{aligned}(\sigma_x)_1&=\left(\frac{\partial^2\Phi}{\partial y^2}\right)_1=\frac{1}{h^2}[(\Phi_G+\Phi_A)-2\Phi_1]\\&=\frac{1}{h^2}\left[\left(\frac{3}{2}qh^2+0\right)-2\times0.64qh^2\right]=0.22q\end{aligned} \tag{12-99}$$

$$\begin{aligned}(\sigma_x)_A&=\left(\frac{\partial^2\Phi}{\partial y^2}\right)_A=\frac{1}{h^2}[(\Phi_1+\Phi_5)-2\Phi_A]\\&=\frac{1}{h^2}[(0.64qh^2+0.64qh^2)-2\times0]=1.28q\end{aligned} \tag{12-100}$$

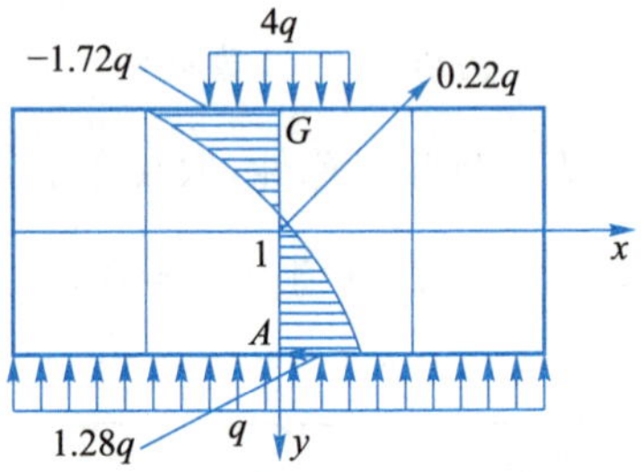

图 12.9　梁中心 $\sigma_x$ 应力分布

计算表明，最大拉应力位于梁下边界中点 $A$ 处，大小为 $1.28q$。梁的中线 $GA$ 上所受弯曲应力 $\sigma_x$ 变化规律如图 12.9 所示。

## 12.4　重点概念阐释及知识延伸

### 1. 有限元法的单元类型

有限元法对于单元类型的选择主要取决于所要求解结构的几何特征以及计算精度等因素。

单元类型可按是否具有内节点分为低阶和高阶单元。图 12.10、图 12.11 分别给出了只具有端节点和同时具有端节点和内节点的一维、二维和三维单元。一维单元可以是一条直

线，也可以是一条曲线；二维单元可以是三角形或四边形；三维单元可以是四面体、五面体或六面体。一般情况下，具有内节点的单元称为高阶非线性单元，在计算中具有较高的精度；而不具有内节点的单元称为低阶单元。在使用过程中，可以根据问题实际精度的要求和设备的运算能力选择单元类型。

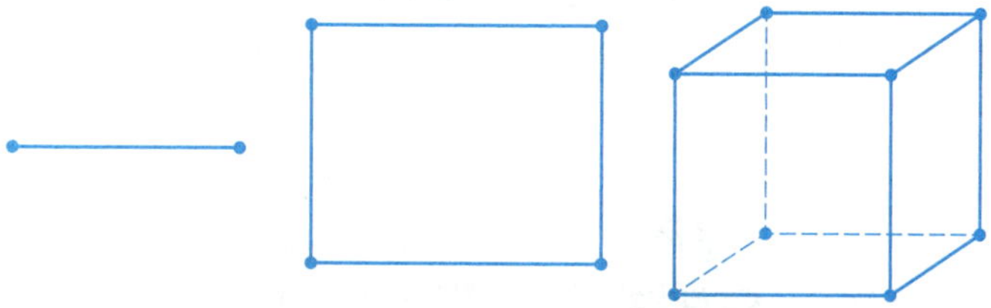

(a) 一维单元　　(b) 二维单元　　(c) 三维单元

图 12.10　只有端节点的单元

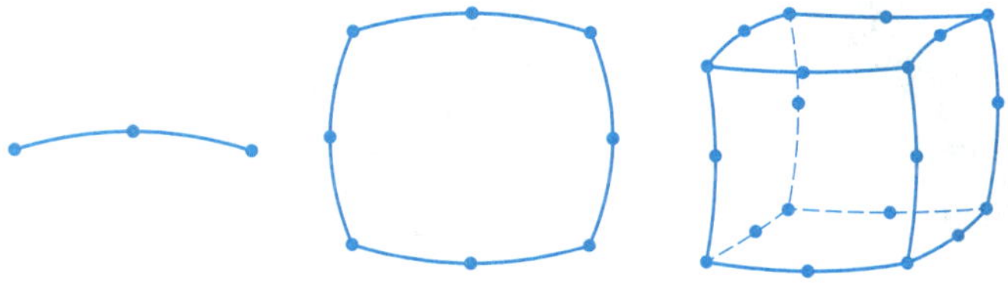

(a) 一维单元　　(b) 二维单元　　(c) 三维单元

图 12.11　高阶单元

在之前所描述的平面单元中，三角形单元适用性较强，可应用于几何拓扑复杂的情况，而四边形单元适用性相对弱一点。同样，在三维实体单元的选择中，四面体单元（图 12.12）具有较好的适用性，适用于任意几何拓扑的实体模型；而六面体单元（图 12.13）则适用于几何拓扑相对较为规则的情况，而且对于不同曲面相交等复杂情况，六面体单元可能是无法实现的。通常，对于较为复杂的实体，一般采用六面体单元和四面体单元相结合的方法，在大部分区域采用六面体单元，而局部过渡则采用四面体单元。

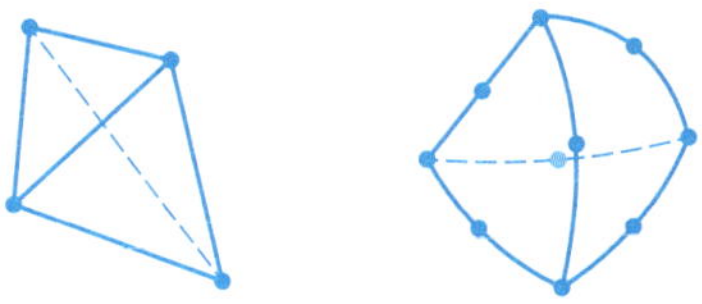

图 12.12　四面体实体单元

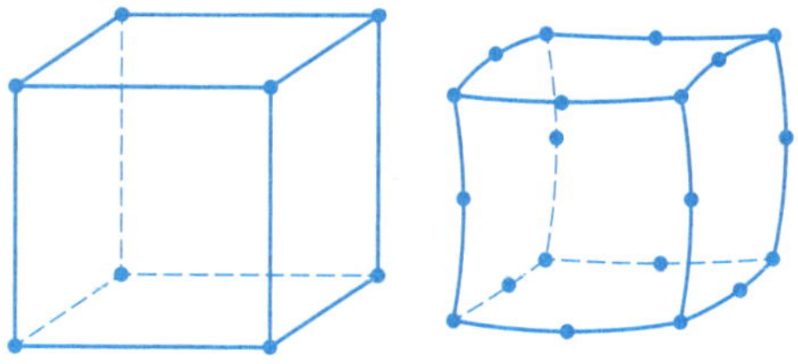

图 12.13　六面体实体单元

### 2. 有限元法的用户材料子程序

有限元法的用户材料子程序是商业有限元程序开放给用户、用来定义材料属性的程序，如 ABAQUS、ANSYS 等可以为用户提供材料本构模型定义程序。用户材料子程序的开发流程包括：

（1）发展能够精确描述材料力学行为的本构模型；

（2）结合商业有限元软件的接口要求，编写用户子程序；

(3) 采用单个单元验证用户子程序；

(4) 建立简单构件模型，验证用户子程序的计算效率、收敛性能以及精确性。

用形状记忆合金的例子来说明用户材料子程序的具体应用。形状记忆合金（shape memory alloy，SMA）材料的本构模型不仅需要描述其应力-应变关系，还要考虑温度对应力应变关系的影响。现有商用有限元软件很少内嵌这种材料的本构模型。图 12.14 为 SMA 材料用户子程序对 SMA 构件的计算结果图，图 12.15 为用户子程序计算结果与试验结果的对比。

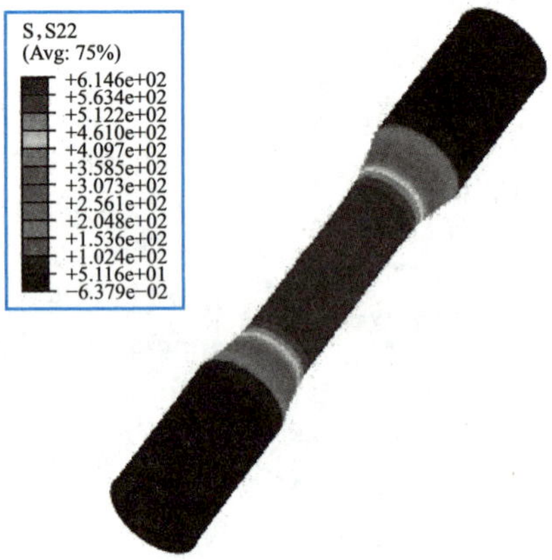


图 12.14　用户材料子程序计算结果(单位：MPa)

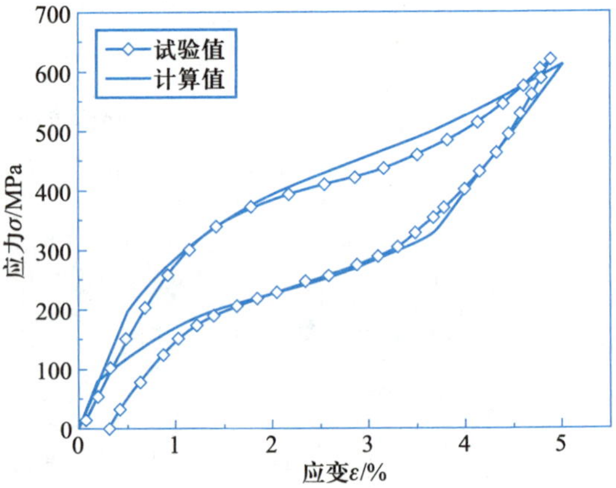


图 12.15　用户材料子程序和试验结果对比图

3. 经典例题的有限元方法求解

在第 7 章经典例题的求解中，采用弹性力学解析方法对深梁弯曲、旋转圆盘应力分布、小孔应力集中、等截面柱体扭转进行了求解。下面采用商业有限元软件对上述几个问题进行求解，并与解析结果进行对比。

(1) 深梁弯曲问题

① 几何尺寸

对于 7.2 节中的深梁弯曲问题的模型，选取 $l=1.5$ m、$h=1$ m。

② 网格划分

选取平面四边形网格对模型进行离散，如图 12.16 所示。

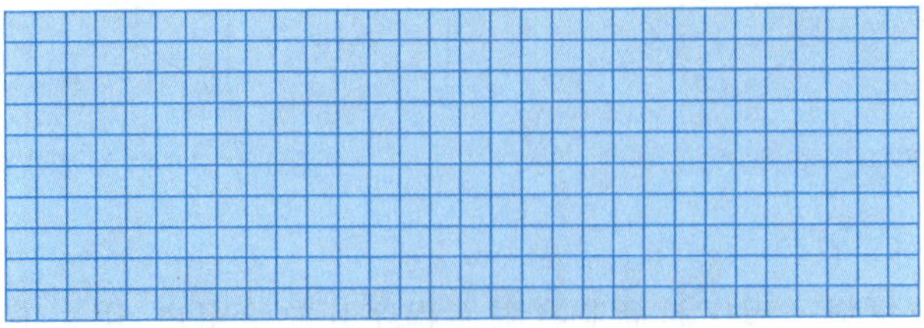

图 12.16　深梁弯曲有限元模型

③ 边界条件

根据简支梁的边界条件，对梁左边界中心进行 $x$、$y$ 方向的位移约束，对右边界中心进

行 $y$ 向位移约束，同时在梁的边界施加 100 kPa 的压力。

④ 结果及对比

图 12.17、图 12.18、图 12.19 分别为有限元计算下梁 $x$、$y$ 方向以及切向的应力分布云图。

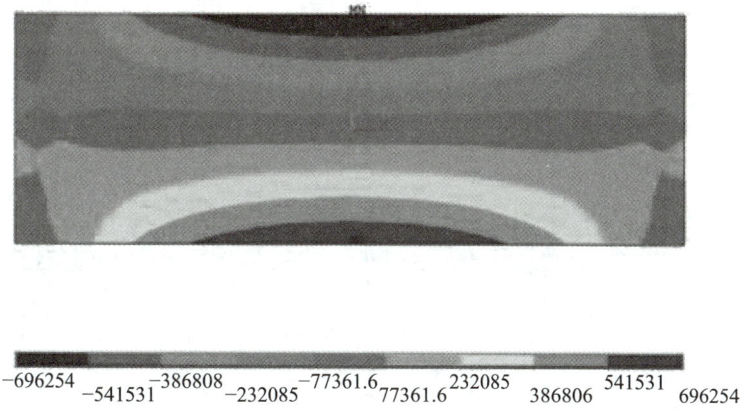


图 12.17　$x$ 方向应力 $\sigma_x$ 分布云图（单位：Pa）

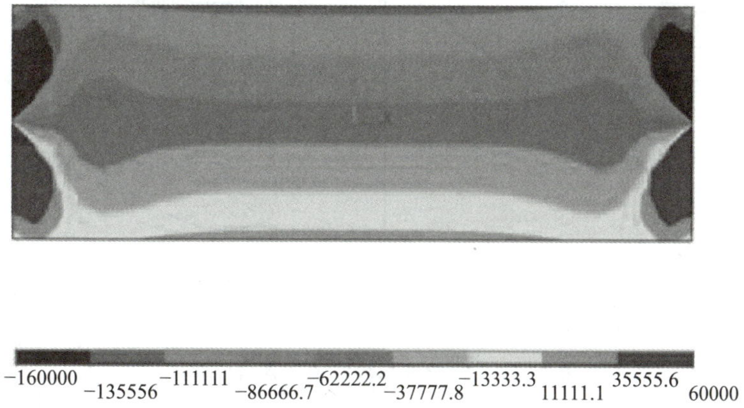


图 12.18　$y$ 方向应力 $\sigma_y$ 分布云图（单位：Pa）

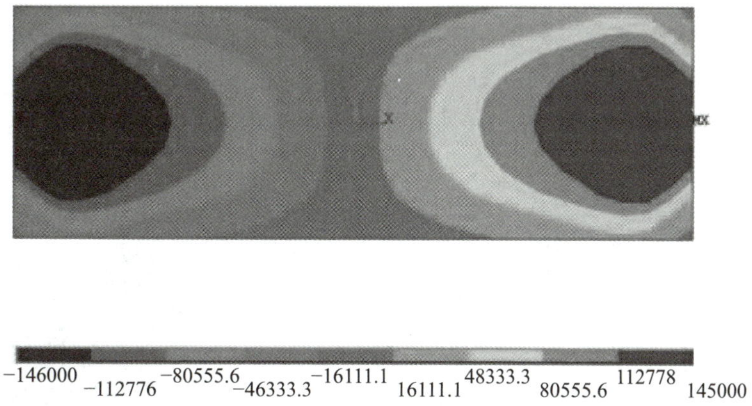


图 12.19　切应力 $\tau_{xy}$ 分布云图（单位：Pa）

提取部分节点的有限元计算结果与解析结果，对比如表 12.2 所示，由曲线表示的两者变化规律如图 12.20 所示。可以看出，在远离左右边界的区域数值结果与解析结果相符合，在边界部分结果差别比较大，这是因为解析解在边界部分运用了圣维南原理。在远离左右边界的区域，有限元解与解析解的误差都在 1%以内。

表 12.2　有限元解与解析解对比(单位 Pa)

| 坐标 | $\sigma_x$ 数值 | $\sigma_x$ 解析 | 误差 | $\sigma_y$ 数值 | $\sigma_y$ 解析 | 误差 | $\tau_{xy}$ 数值 | $\tau_{xy}$ 解析 | 误差 |
|---|---|---|---|---|---|---|---|---|---|
| 0,0 | $2.2\times10^{-6}$ | 0 | ≈0% | −50 000 | −50 000 | 0% | $7.5\times10^{-6}$ | 0 | ≈0% |
| 0,0.25 | 328 532 | 328 750 | 0.06% | −15 712 | −15 625 | 0.55% | $6.0\times10^{-6}$ | 0 | ≈0% |
| 0,−0.5 | −696 254 | −695 000 | 0.18% | −100 640 | −100 000 | 0.64% | $4.4\times10^{-7}$ | 0 | ≈0% |
| 0,−0.25 | −328 533 | −328 750 | 0.07% | −84 290 | −84 375 | 0.10% | $6.0\times10^{-6}$ | 0 | ≈0% |
| 0.1,−0.1 | −127 512 | −128 800 | 1.0% | −64 209 | −64 800 | 0.92% | 14 100 | 14 400 | 2.08% |
| 0.2,−0.1 | −125 723 | −127 000 | 1.0% | −64 200 | −64 800 | 0.93% | 28 210 | 28 800 | 2.05% |
| 1.4,0.3 | 59 112 | 45 000 | 31.36% | −160 000 | −10 400 | 1 438% | 96 271 | 134 400 | 28.4% |

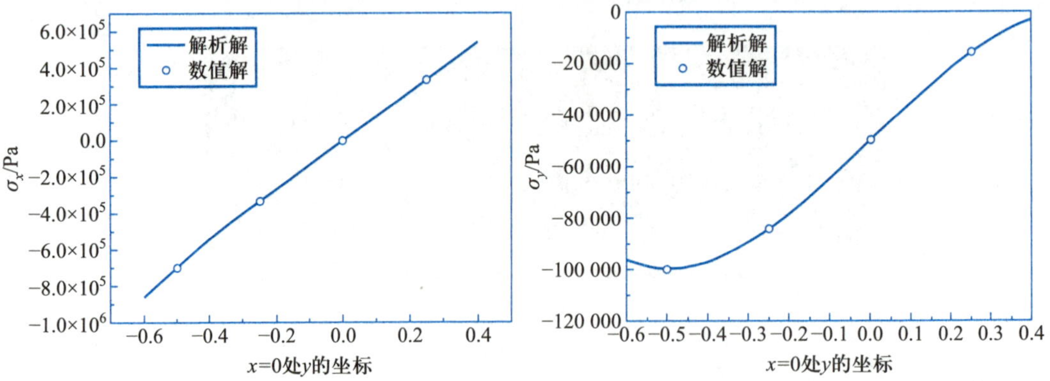


图 12.20　解析解和数值解计算结果对比

(2) 旋转圆盘应力分布

① 几何尺寸

对于 7.3 节中旋转圆盘应力分布问题的结构模型，选取 $a=0.1$ m、$b=0.3$ m。

② 网格划分

选用平面四边形网格对模型进行离散，如图 12.21 所示。

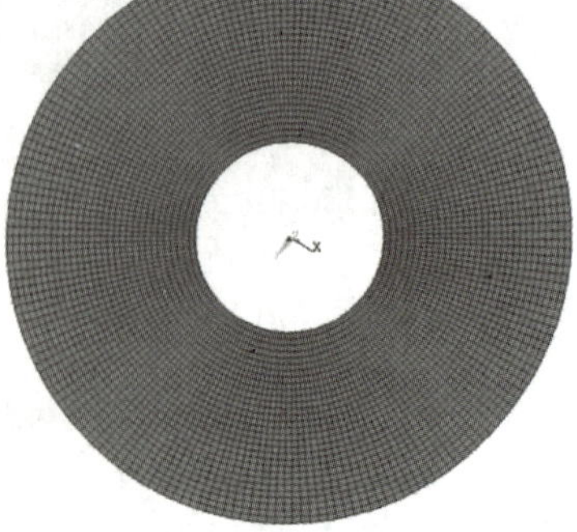

图 12.21　旋转圆盘有限元模型

③ 边界条件

圆盘结构离散之后，根据圆盘具体边界条件，对圆盘内各节点施加周向约束，同时对圆盘施加沿 $z$ 轴角速度为 1 000 rad/s 的转速。

④ 结果及对比

利用有限元软件 ANSYS 获得圆盘的应力分布。其中图 12.22、图 12.23 分别为圆盘的径向应力 $\sigma_r$ 与周向

应力 $\sigma_\theta$ 的分布云图。

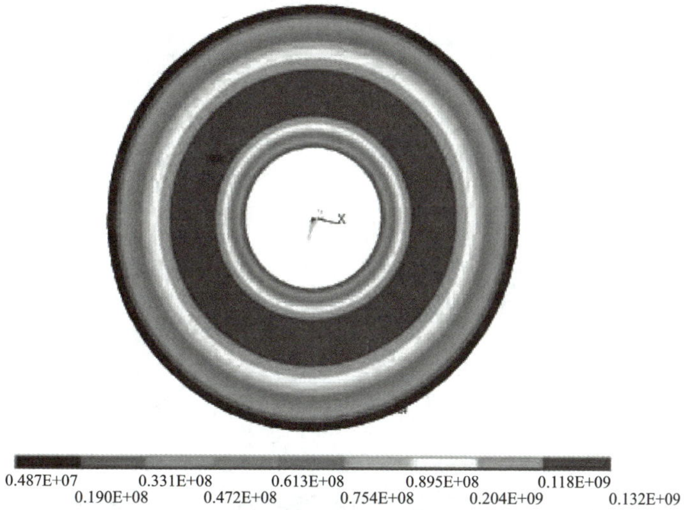


图 12.22 圆盘径向应力 $\sigma_r$ 分布云图(单位:Pa)

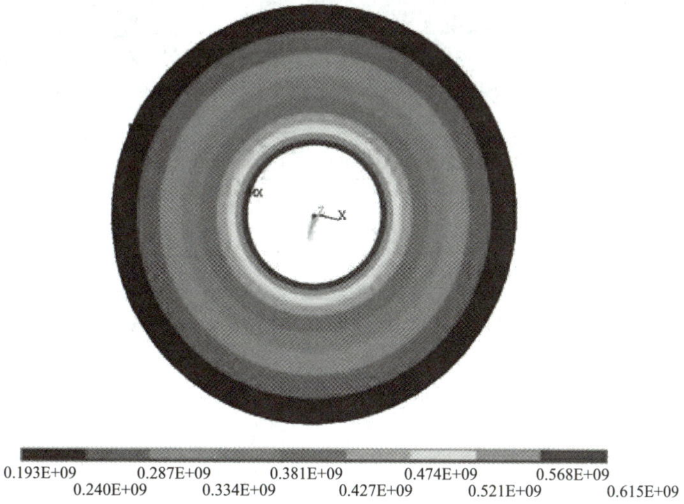


图 12.23 圆盘周向应力 $\sigma_\theta$ 分布云图(单位:Pa)

提取圆盘径向节点的数值计算结果,与第 7 章解析计算所获得的圆盘径向应力 $\sigma_r$ 与周向应力 $\sigma_\theta$ 随半径 $r$ 变化规律进行对比,在图 12.24 上画出两者的曲线图,可以看出数值计算结果与理论解析结果一致。

(3) 小孔应力集中

① 几何尺寸

对 7.4 节中给定的小孔应力集中问题的模型,选取平板长度为 0.2 m,宽度为 0.1 m,中心小孔半径 $r=5$ mm。

② 网格划分

结合模型对称性特点,建立平板的 1/4 模型,选取平面四边形网格对结构进行离散,在应力集中区域进行网格细化，以保证所需的精度要求如图 12.25 所示。

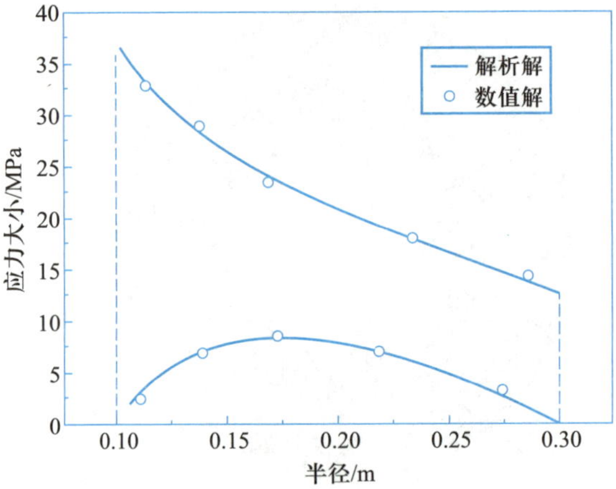


图 12.24　解析解和数值解计算结果对比

(a) 1/4 计算模型　　(b) 小孔处网格细化

图 12.25　小孔应力集中有限元模型

③ 边界条件

对两个对称边界进行约束，$x$ 轴对称边进行 $y$ 向位移约束，$y$ 轴对称面进行 $x$ 向位移约束，并在短边边界上施加沿 $x$ 轴的大小为 $q=1\,000$ Pa 的均布压力。

④ 结果和对比

如图 12.26、图 12.27、图 12.28 所示分别为小孔应力集中模型有限元计算所获得的 $x$、$y$ 方向正应力 $\sigma_x$、$\sigma_y$ 以及切应力 $\tau_{xy}$ 的分布云图。提取模型中部分节点在柱坐标系下的有限元计算结果与解析解进行对比(表 12.3、表 12.4)，由曲线表示的两者变化规律如图 12.29

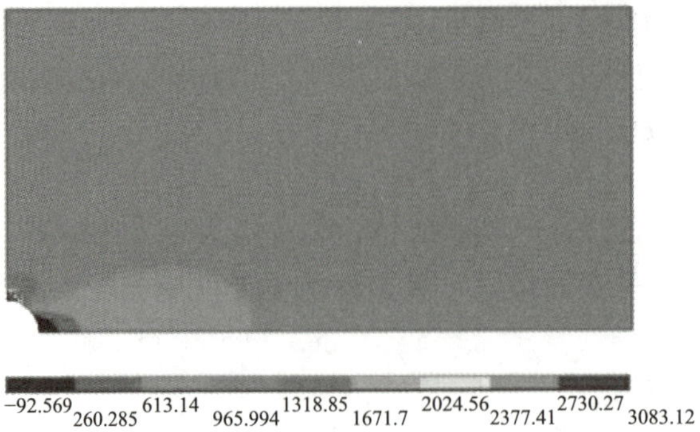


图 12.26　$x$ 方向应力 $\sigma_x$ 分布云图(单位：Pa)

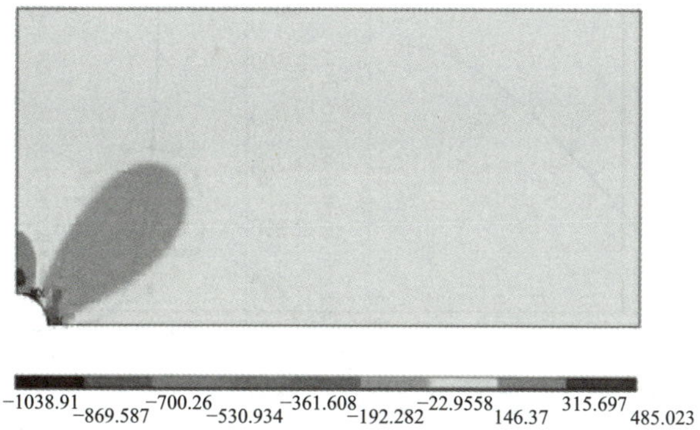


图 12.27　$y$ 方向应力 $\sigma_y$ 分布云图(单位:Pa)

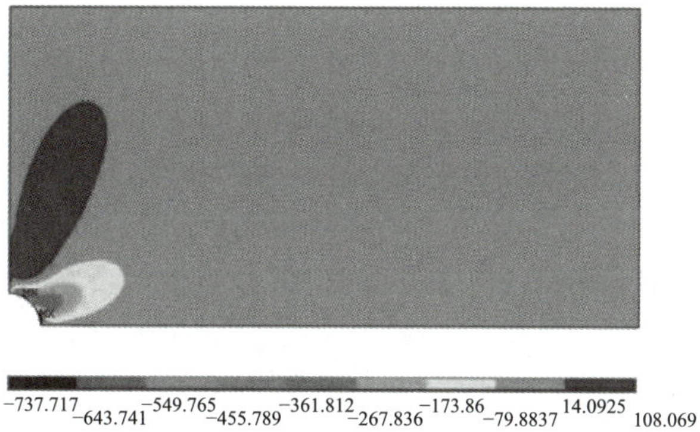


图 12.28　切应力 $\tau_{xy}$ 分布云图(单位:Pa)

所示。可以看出,有限元结果与解析结果基本一致,且圆孔周围出现了应力集中现象,应力集中系数为 3,最大应力和最小应力都出现在圆孔周围。最大应力误差为 2.77%。且由表 12.4 可以看出,在远离孔边时,平板应力急剧趋于均布载荷 $q$=1 000 Pa。

表 12.3　圆孔边的环向正应力 $\boldsymbol{\sigma}_\theta$ 分布(单位:Pa)

| $\theta$ | 0° | 27° | 45° | 63° | 90° |
|---|---|---|---|---|---|
| 解析解 | −1 000 | −175.57 | 1 000 | 2 175.6 | 3 000 |
| 数值解 | −1 038.9 | −165.95 | 1 018.4 | 2 213.1 | 3 083.1 |
| 误差 | 3.89% | 5.48% | 1.84% | 1.72% | 2.77% |

表 12.4　$y$ 轴上的环向正应力 $\boldsymbol{\sigma}_\theta$ 分布(单位:Pa)

| $r$/m | 0.005 | 0.01 | 0.015 | 0.02 | 0.04 |
|---|---|---|---|---|---|
| 解析解 | 3 000 | 1 218.75 | 1 074.07 | 1 037.11 | 1 008.18 |
| 数值解 | 3 083.1 | 1 230.2 | 1 084.6 | 1 046.6 | 1 009.5 |
| 误差 | 2.77% | 0.94% | 0.98% | 0.92% | 0.13% |

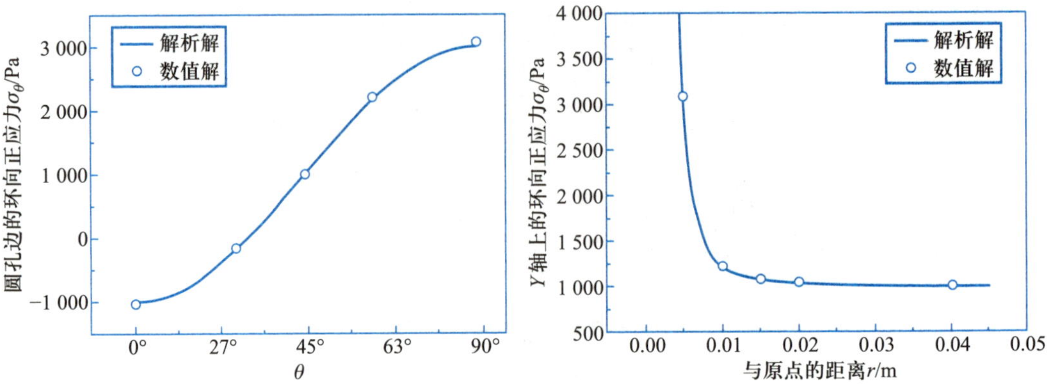


图 12.29　解析解和数值解计算结果对比

（4）等截面柱体扭转

① 几何尺寸

在 7.5 节等截面柱体扭转问题的结构模型中，取 $a=0.02$ m、$b=0.01$ m，柱长 $h=0.2$ m。

② 网格划分

选取六面体网格对柱体模型进行离散，如图 12.30 所示。

③ 边界条件

根据柱体边界条件，对柱体一端进行全位移约束，另一端施加 $M=1\ 000$ N·m 的扭矩。

④ 结果与对比

选取中心 $z=0$ 截面，其有限元计算结果如图 12.31、图 12.32 所示，其中切应力合力呈椭圆形分布，沿轴线从外侧向内侧逐级递减；位移结果是双曲线形分布且中心对称，一三象限为负，二四象限为正，且越靠近外侧绝对值越大。与第 7 章所得的解析结果（图 12.33、图 12.34）相对比，可以看出切应力分布云图以及位移分布云图结果一致。

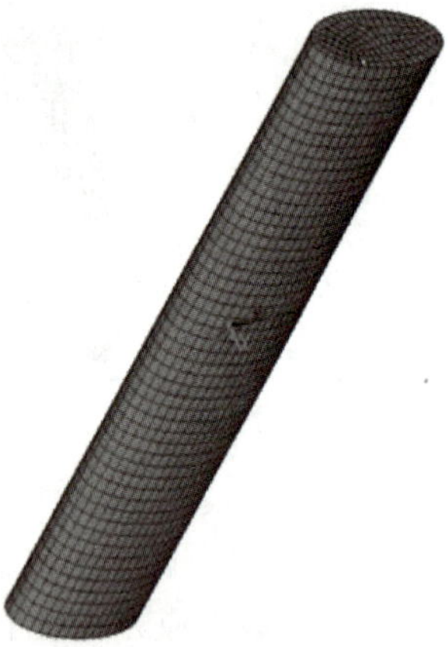

图 12.30　柱体扭转有限元模型

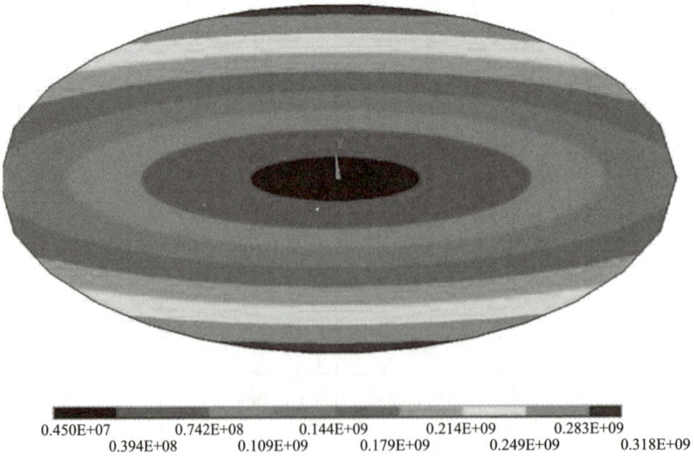


图 12.31　有限元计算切应力合力结果分布云图（单位：Pa）

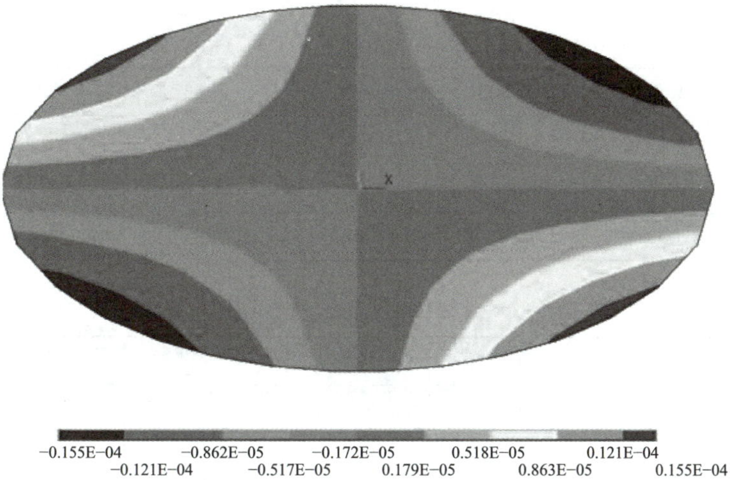


图 12.32　有限元计算位移结果分布云图(单位:m)

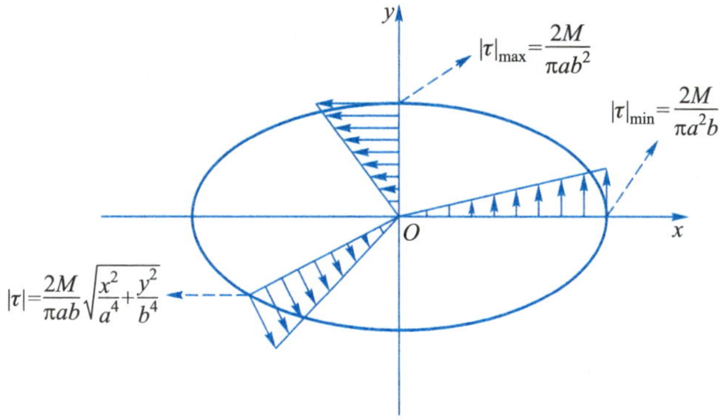


图 12.33　解析获得的应力分布图

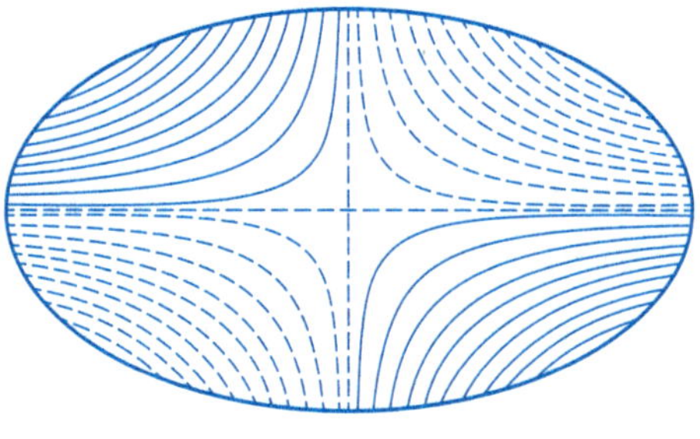

图 12.34　解析获得的位移分布图

将以上数值代入解析解公式(7-59)可得,横截面内任意点的剪应力为$|\tau|=\frac{100\,000}{\pi}\cdot\sqrt{\frac{x^2}{16}+y^2}$ MPa,最大值为 318.47 MPa,有限元计算的最大应力为 318 MPa,二者非常接近。

提取模型中部分节点的有限元计算结果与解析解进行对比(表 12.5、表 12.6),由曲线表示的两者变化规律如图 12.35 所示。可以看出有限元结果与解析结果基本一致。

表 12.5　$x=0$ 处切应力随 $y$ 的变化(单位:MPa)

| $y$ | 1.667 | 3.333 | 5 | 6.667 | 8.333 | 10 |
|---|---|---|---|---|---|---|
| 解析解 | 53.062 | 106.93 | 159.15 | 212.22 | 265.25 | 318.31 |
| 数值解 | 53.593 | 106.92 | 160.16 | 213.21 | 266.02 | 318.54 |
| 误差 | 1.00% | 0.01% | 0.63% | 0.47% | 0.29% | 0.07% |

表 12.6　$y=0$ 处切应力随 $x$ 的变化(单位:MPa)

| $x$ | 5 | 10 | 12.5 | 15 | 17.5 | 20 |
|---|---|---|---|---|---|---|
| 解析解 | 39.789 | 79.577 | 99.472 | 119.36 | 139.26 | 159.15 |
| 数值解 | 37.806 | 76.251 | 95.833 | 116.29 | 137.25 | 163.59 |
| 误差 | 4.98% | 4.18% | 3.66% | 2.57% | 1.44% | 2.79% |

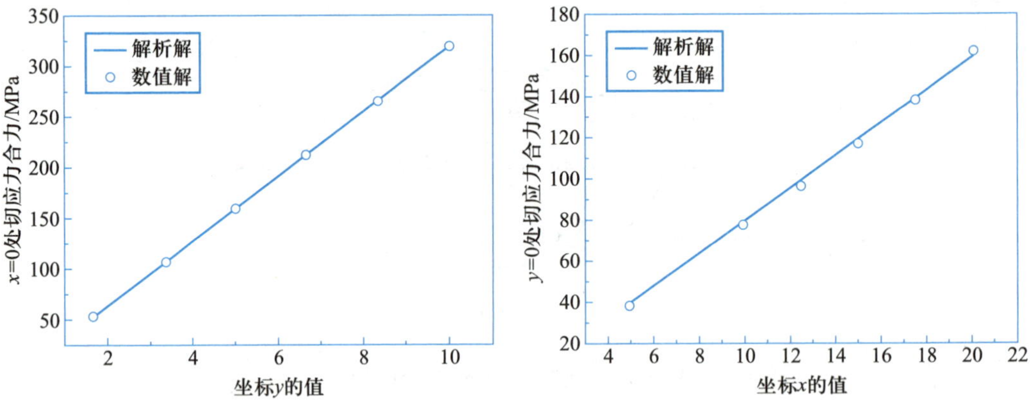


图 12.35　解析解和数值解计算结果对比

## 4. 边界元法

边界元法(boundary element method,BEM)也是一种求解弹性力学问题的有效数值分析方法。1978 年,布莱比亚(Carlos A. Brebbia)用加权余量法推导出了边界积分方程,初步形成了边界元法的理论体系。随后,经过近 40 年的研究和发展,在数学方面进一步克服了由于积分奇异性造成的困难,同时又对收敛性、误差分析以及各种不同的边界元法形式进行了统一的数学分析,为边界元法的可行性和可靠性提供了理论基础。同时,发展了具有前后处理功能、可以解决多种问题的边界元法软件,推动了边界元法的工程应用。

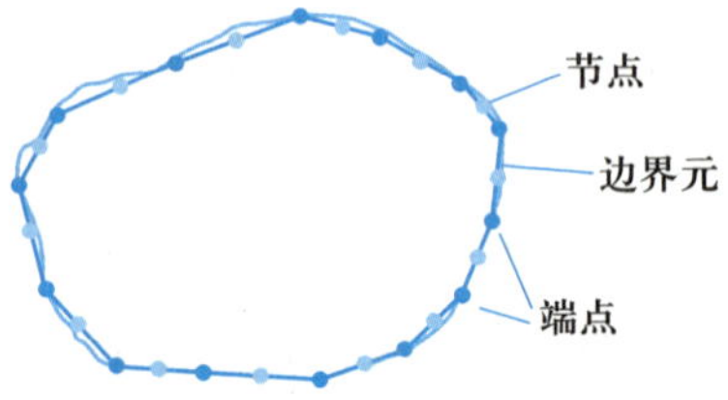


图 12.36　区域边界离散

边界元法基本原理:采用边界元法求解问题时,无须对区域进行离散(不同于有限元法),它是根据积分定理,将区域内的微分方程转换成边界上的积分方程。然后对边界进行离散(图 12.36),将边界分割成为有限大小的边界元素,成为边界单元,把边界积分方程离散成代数方程，从而将求解微分方程的问题变换成求解关于节点未知量代数方程的问题。

边界元法的主要优点是，它可以降低问题求解的空间维数，同时可以通过降低方程组的阶数，使输入数据量减少。另外，它还非常适合处理开域问题，并具有较高的计算精度。但是，边界元法与有限元法相比较，具有一些明显的不足之处：它的系数矩阵为非对称性的满阵，导致用边界元法时难以应用计算机求解大型离散方程组；不仅如此，它的系数矩阵元素需经数值积分处理，这样会消耗大量的计算机时。另外，它的应用以存在相应微分算子的基本解为前提，对于非均匀介质等问题难以应用。基于上述几点，边界元法的适用范围远不如有限元法广泛[3]。

## 12.5 拓展阅读

1. 柯朗：有限元法基本思想[4]

有限元法的基本思想可以追溯到柯朗在 1943 年的工作。柯朗在这篇文章中讨论了利用变分方法解决平衡与振动问题的理论与应用，详细阐述了如何通过变分问题的简化形式，利用有限参数求解复杂物理问题。此外，还讨论了刚性与自然边界条件、变分问题的实际应用视角，以及瑞利-里茨方法、有限差分法等数值解法的理论基础和实际操作。最后，文章还提到了梯度方法作为瑞利-里茨程序的替代方案，并通过实例展示了不同方法在求解多连通域平面扭转问题中的应用。

2. 克劳夫：提出“有限元法”[5]

特纳，克劳夫等人于 1956 年将钢架分析中的位移法推广到弹性力学平面问题，并用于飞机结构的分析。他们通过采用三角形单元来解决平面应力问题，首次给出了该问题的正确解答。这一方法的核心在于，通过弹性理论方程，利用直接刚度法确定了三角形单元的特征矩阵和结构的求解方程。此方法的重要性在于，它为后续平面弹性问题的求解提供了一种新的途径，并且克劳夫在此基础上进一步发展了平面弹性问题的求解方法，并首次提出了“有限单元法”这一术语。有限元法的提出，不仅是对弹性力学平面问题解法的一大创新，更是现代工程分析和数值模拟方法的一个重要里程碑。通过将复杂结构划分为简单的单元，并在这些单元上应用弹性力学的基本原理，有限元法能够精确地模拟和分析各种复杂的工程问题。

3. 辛克维奇：第一本讲述有限元法的著作[6]

奥尔杰德·塞西尔·辛克维奇，英国工程力学与计算力学的著名专家，出版了第一本关于有限单元法的著作 *The Finite Element Method in Structural and Continuum Mechanics*，该方法在工程分析中具有革命性的意义。此外，他还创办了第一份专门讨论计算力学的期刊，*International Journal for Numerical Methods in Engineering*，对该领域的发展及其知识的传播作出了重大贡献。

## 12.6 重点内容的板书讲解

**有限单元法求解步骤**

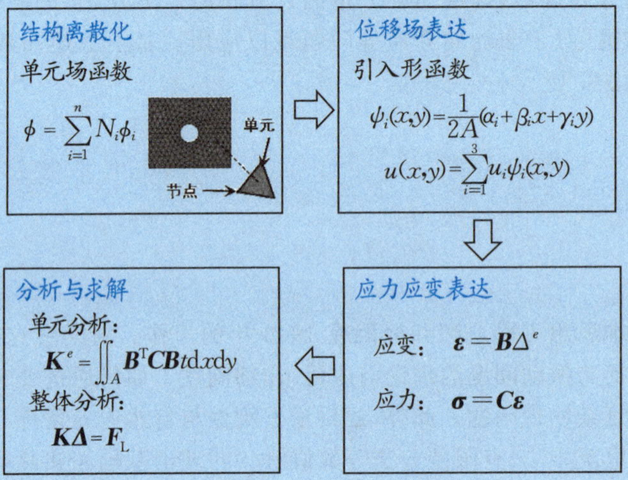


**有限单元法和有限差分法对比**

| | 有限单元法 | 有限差分法 |
|---|---|---|
| 数学基础 | 基于变分原理 | 基于泰勒级数展开 |
| 离散单元 | 用面表示离散单元 | 用节点表示离散单元 |
| 坐标系 | 直角坐标系、极坐标系、球坐标系等 | 一般适用直角坐标系 |
| 网格划分 | 非结构化网格，适应复杂的几何边界 | 结构化网格，计算简单直接 |

## 思考题

12.1 分别举出解析和数值方法的优缺点。

12.2 什么叫有限元法？为什么说它是一种近似方法，它的近似性体现在哪里？

12.3 提高有限元法数值计算精度的措施有哪些？

12.4 有限元法在单元选择时应综合考虑哪几方面的因素？

12.5 有限元法的单元有几类？选择单元类型的依据是什么？

12.6 有限元法与有限差分法的区别是什么？各有什么优势？

12.7 有限差分法中应力函数 $\Phi$ 及其导数的物理意义是什么？

第 12 章自测题

## 习题

12.1　利用有限元一般线性关系式(12－1)证明插值关系式(12－6)和式(12－7)。

12.2　四节点矩形单元的位移函数可取为

$$u(x,y)=b_1+b_2x+b_3y+b_4xy$$

$$v(x,y)=b_5+b_6x+b_7y+b_8xy$$

试求它的插值函数,并证明它们满足插值函数的基本要求。

12.3　在有限元法实例中,证明例题中给定的各向同性状况下的单元刚度矩阵式(12－48)和式(12－50),并验证节点位移计算结果式(12－56)。

12.4　用差分法计算图 12.37 中 $A$ 和 $B$ 点的应力分量。

12.5　设一正方形截面混凝土深梁(边长为 $6h$),上边界受均布压力 $q$,并与下角点处的两反力维持平衡,如图 12.38 所示。试由应力函数的差分解法,求各节点的应力分量。

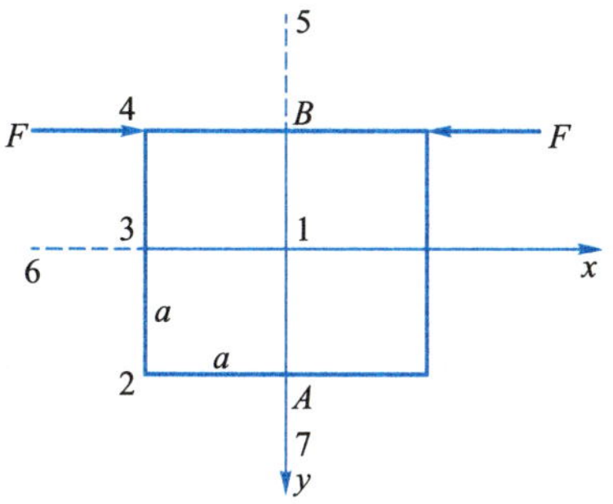


图 12.37

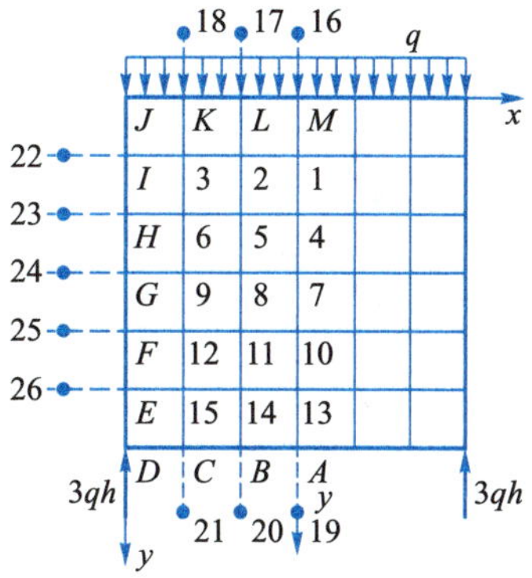


图 12.38　混凝土深梁示意图

# 第 13 章 实验方法

## 学习目标

了解并掌握应变片测量、光弹性测量、数字图像相关法等试验方法的原理和步骤；根据试验原理分析不同试验方法的优缺点；针对不同测试需求，能够选取合适的试验方法，独立进行试验，并得到较为准确的试验结果。

## 重点难点

惠斯通电桥电路及其温度补偿原理；应变片测量系统的安装；光弹性测量的光学原理；数字图像相关法。

## 思维导图

- 第13章 实验方法
  - 应变片测量
    - 基本原理：金属电阻阻值随应变而变化；惠斯通电桥电路及其温度补偿
    - 测量系统：电阻应变片、安装结构、数据采集系统、显示输出
    - 测量实例：旋转轮盘应力测量
    - 方法优点：测量范围广，频率响应好<br>方法不足：只能测量一点表面应变
  - 光弹性测量
    - 基本原理：人工双折射原理；光学定律(光程差$\Delta=Ch(\sigma_1-\sigma_2)$)；等差线、等倾线
    - 测量系统：光源(单色/白光光源)、偏振镜、透镜、屏幕
    - 测量实例：简支梁三点弯曲、小孔应力集中
    - 方法优点：可获得试件接触面、内部应力及应力场<br>方法不足：不能开展高温试验
  - 数字图像相关法
    - 基本原理：物体表面随机分布的粒子反射光强度随变形而改变，由计算机分析得到位移场、应力场和应变场
    - 测量系统：加载系统、观测系统、处理系统
    - 测量实例：简支梁三点弯曲、小孔应力集中
    - 方法优点：可获得曲面表面、高温应力场<br>方法不足：不适用复杂结构及获取边界、内部应力

大卫·布儒斯特
(David Brewster, 1781—1868)

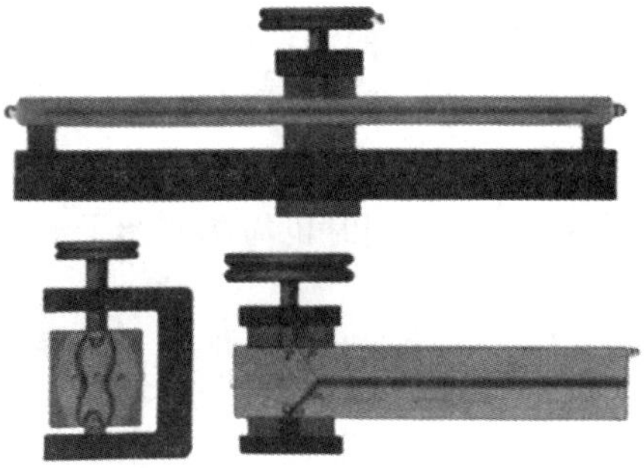

布儒斯特设计的光弹法试验装置

If the edges of a plate of glass, which has no action upon polarised light, are pressed together or dilated by any kind of force, it will exhibit distinct neutral and depolarising axes like all doubly refracting crystals, and will separate polarised light into its complementary colours.

——David Brewster: On the communication of the structure of doubly refracting crystals to glass, muriate of soda, fluor spar, and other substances, by mechanical compression and dilatation.

苏格兰物理学家大卫·布儒斯特于1816年提出了光弹法。他发现:自然状态下不具有双折射性质的玻璃等材料受到应力作用时,会产生双折射现象。后来麦克斯韦(J. C. Maxwell)和冯·诺伊曼(F. Neumann)分别从应力和应变出发建立了光学-应力定律:在偏振光场中,各向同性的光弹性模型在载荷作用下会产生暂时双折射效应,其主折射率和主应力有关,主折射率又可由相应的光程差来确定,因此可用光程差来确定主应力。

## 13.1 概述

实验方法通过不同的测试原理和手段，可以得到结构在不同外力作用下的应力或应变，和解析方法、数值方法互为对照和补充，共同促进了弹性力学的发展。本章（图 13.1）将从诸多实验测量方法中，重点选取应变片测量、光弹性测量、数字图像相关法等实验方法，介绍其测量原理和实现方法，同时也简单介绍了和弹性力学相关的其他实验测试方法。

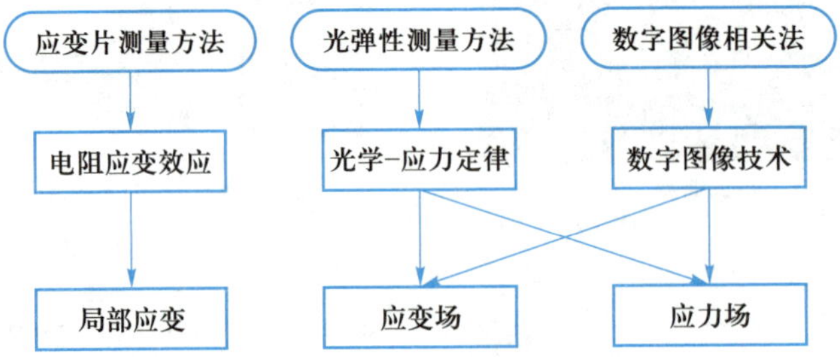

图 13.1　本章主要内容

## 13.2 应变片测量

应变片测量技术于 1938 年由麻省理工学院的亚瑟教授（Arthur，1905—2000）和加州理工学院的爱德华教授（Edward，1911—2004）分别独立发明，现已成为重要的实验应力分析手段。应变片测量技术可测量频率较高的动态应变，测量范围较大，系统误差小、精度高，能适应复杂或恶劣的测量环境，易于实现数字化、自动化并能进行远距离测量及远程控制。但其不足之处是：只能得到应变片栅丝覆盖范围内的应变，即单点应变，要得到应力场或应变场时需要利用多通道测量；接触式测量方法受试件表面状态及温度等环境影响较大；当应变梯度较大时测量精度较低。

### 13.2.1 测量原理

应变片测量技术是通过应变片测量构件表面的应变，再根据应力-应变关系确定构件表面应力状态的一种实验应力分析方法。其基本原理是将金属电阻的应变转化为电阻变化，通过测量电阻变化值，得到测量点的应变值。

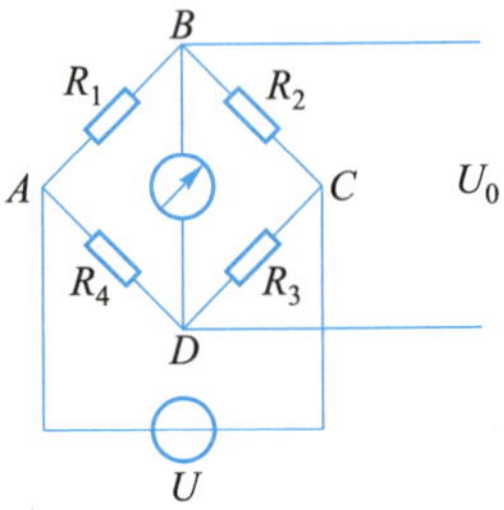

图 13.2　电桥应变测量电路

由于应变片在测量时电阻的变化量（$\Delta R$）一般很小，所以在应变片测量技术中，大都采用能精确测量微小电阻变化的惠斯通电桥电路。如图 13.2 所示，惠斯通电桥电路由四个桥臂 $R_1$、$R_2$、$R_3$ 和 $R_4$ 组成，其中任何一个都可以作为应变片，$AC$ 两端接电源，称为电源端，$BD$ 两端为输出端(测量端)[1]。

$BD$ 输出端电压可表示为

$$U_{BD}=U_{BC}-U_{DC}=\frac{UR_2}{R_1+R_2}-\frac{UR_3}{R_3+R_4}=\frac{U(R_2R_4-R_1R_3)}{(R_1+R_2)(R_3+R_4)} \tag{13-1}$$

可以看出，当满足 $R_1R_3=R_2R_4$ 时，电桥平衡，输出为零。常用的电桥形式包括等臂桥和半等臂桥，在等臂桥中，$R_1=R_2=R_3=R_4=R$；在半等臂桥中，$R_1=R_2=R'$，$R_3=R_4=R''$，而 $R'\neq R''$。

下面仅以等臂桥为例进行讨论。为满足不同的测量精度和可操作性，常用的等臂桥测量电路包括单臂电桥电路、半桥电路、全桥电路等三种形式，其测量精度依次增高，而安装依次趋于复杂。

单臂电桥电路如图 13.3 所示，电路中仅有一个电桥电阻为应变片，因而在试件上只需焊接或粘贴一处应变片，可操作性最强，但测量精度最低。针对单臂电桥，四个桥臂中只有 $R_4$ 是应变片，其余为电阻。应变片阻值变化为 $\Delta R$，则有

$$U_{BD}=\frac{U[R_2R_4-(R_1+\Delta R)R_3]}{(R_1+\Delta R+R_2)(R_3+R_4)}=\frac{U[R^2-(R^2+R\Delta R)]}{4R^2+2R\Delta R}=-\frac{U\Delta R}{4R+2\Delta R} \tag{13-2}$$

略去小量 $\Delta R$ 得

$$U_{BD}\approx\frac{U\Delta R}{4R}=\frac{UK\varepsilon}{4} \tag{13-3}$$

其中，电桥灵敏度系数 $K$、电源端电压 $U$ 为已知，只要测出 $U_{BD}$，即可得应变 $\varepsilon$。

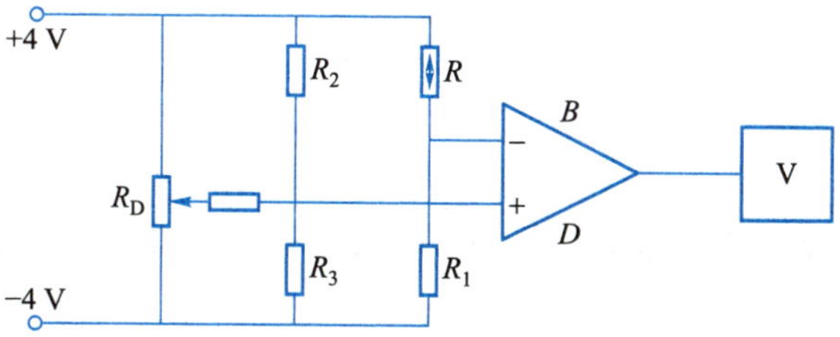


图 13.3　单臂电桥电路示意图

半桥电路如图 13.4 所示。在半桥电路中，有两个电桥电阻 $R_1$、$R_4$ 为应变片，焊接或粘贴于试件表面，使两个应变片变形方向相反，即 $R_1$ 为拉伸，$R_4$ 为压缩，从而使测量精度较单臂电桥有所提升。

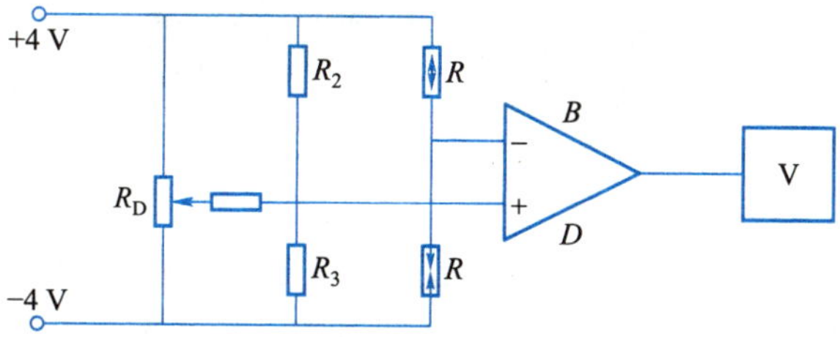


图 13.4　半桥电路示意图

全桥电路如图 13.5 所示。在全桥电路中，四个电桥电阻均被替换为应变片，焊接或粘贴于试件表面，使四个应变片变形方向两两相同，即 $R_1$、$R_3$ 为拉伸，$R_2$、$R_4$ 为压缩，此种电

桥操作最为复杂，但测量精度最高。

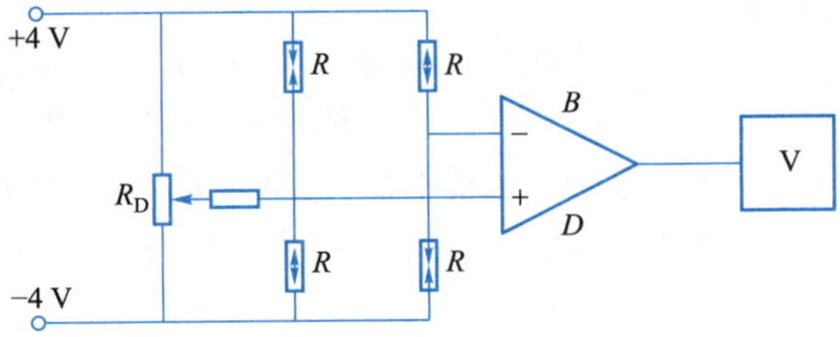


图 13.5　全桥电路示意图

在上述等臂桥测量电路中，为消除温度差异导致的应变偏差，通常采用温度补偿电路，用补偿片是应变电桥温度补偿方法中的一种。如图 13.6 所示，工作片 $R_1=R'$ 与补偿片 $R_2=R''$ 阻值相等。当温度变化时，两应变片的电阻变化值也相等，即 $\Delta R_1=\Delta R_2$，仍满足电桥平衡条件。

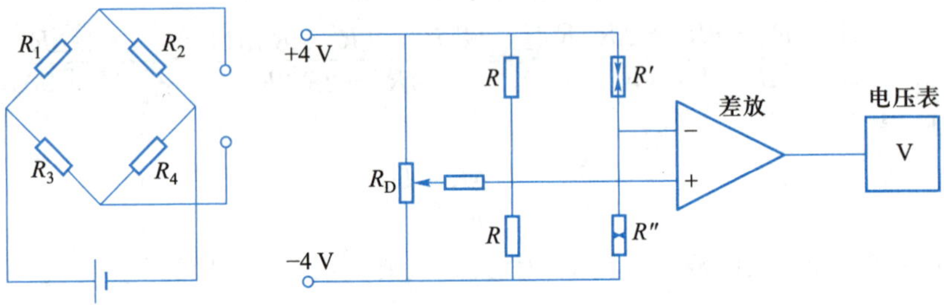


图 13.6　温度补偿电路示意图

## 13.2.2　测量系统

电阻应变片测量试验系统如图 13.7 所示，系统由电阻应变片、安装结构、数据采集系统、显示输出四部分组成。

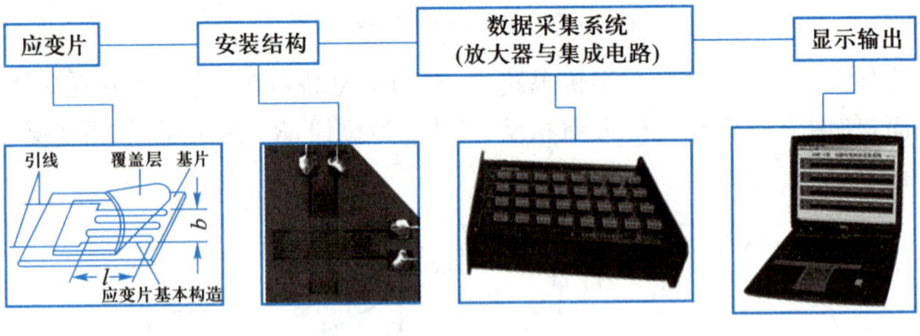


图 13.7　电阻应变片测量试验系统

电阻应变片由基片、覆盖层、引线组成，测量时应变片上加有一定电压，从而使应变片上通过一定电流。为了防止电流过大，要求应变片具有一定电阻，而为了尽量减小应变片面积，通常将其做成栅状结构。

应变片通过安装结构（如焊接或粘贴）固定于被测试件表面，根据所需测量的应变值采用不同的安装结构。图 13.7 为测量多轴应变的应变花的安装结构。

数据采集系统由放大器与集成电路构成，用以采集各应变片输出的电压信号，并将其进行转换放大后输出至计算机，计算机完成显示输出。

显示输出由计算机系统组成，可以显示实验参数的实时变化情况。使用者可以设定需要显示的参数，对数据进行保存、输出。

### 13.2.3 测量实例

本节以第 7 章所讨论的旋转轮盘应力分布为测量实例进行说明[2]。在旋转轮盘应变的测量过程中，将应变片牢固粘贴于轮盘表面的待测点上，当轮盘旋转受离心力产生变形时，应变片和轮盘一起变形，其电阻则相应地发生变化。

轮盘在旋转过程中产生变形，应变片的电阻变化通过电桥电路转换成电压变化，将电阻应变片引出的导线经过滑环式引电器引出后，接入多点接线箱和电阻应变仪，最后可以从电阻应变仪的显示屏上直接读取应变的数值。

实验中以直流电动机为传动装置，通过计算机调节直流输出电压，从而调节直流电机的转速，并经过增速器增速驱动轮盘转动，实验设备装置和测试系统如图 13.8 所示。

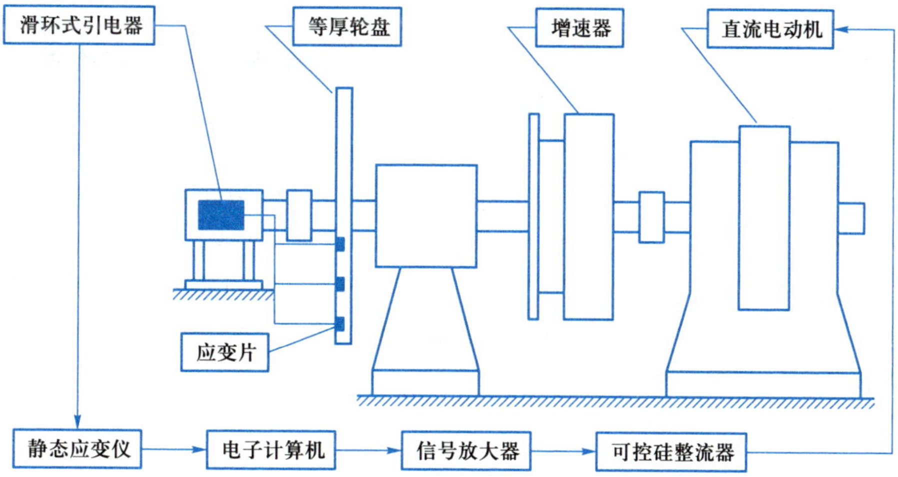


图 13.8 实验设备和测试系统

轮盘试件为周边开缝式圆盘，如图 13.9 所示。

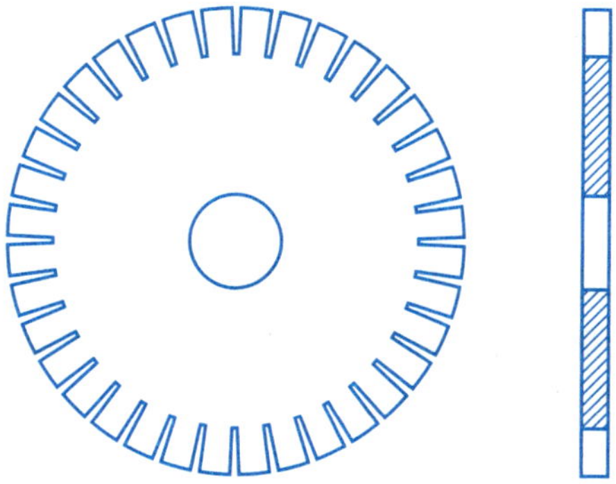

图 13.9 轮盘试件

整理实验测得的应变数据并按胡克定律换算成应力值，试验结果与理论计算结果对比如图 13.10 所示。

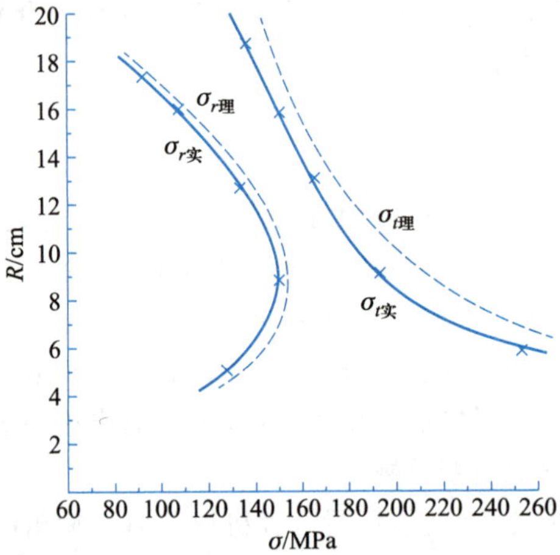


图 13.10　试验结果与理论计算结果对比

## 13.3　光弹性测量

1816 年，大卫·布儒斯特发现了人工双折射原理。一些原本是光学各向同性的非晶体透明材料受力后会变成光学各向异性，且呈现出类似于晶体的光学特性，在白光或单色光的照射下，可观察到彩色或黑白图案；当应力去除后材料恢复各向同性。光弹性测量就是利用人工双折射原理实现的。目前，光弹性测量在航空航天、汽车、土木水利、生物力学、机械制造等领域都有着广泛的应用[1]。

### 13.3.1　测量原理

光弹性测量是一种用光学方法测量受力模型上各点应力状态的实验方法。采用具有双折射性的透明材料制成与实际构件形状相似的模型，施加与实际构件相同的载荷后，将其置于偏振光场中，模型承载后会呈现出光学干涉条纹，根据光学原理从而得到模型的应力分布。对于各向同性材料的简单构件，在拉伸、压缩、扭转和弯曲等弹性变形下的应力分布与材料无关，因此可以使用光弹材料通过实验获得真实构件的应力分布[3]。下面介绍光弹性测量技术涉及的光学原理。

1. 光学定律

当平面偏振光垂直射入透明的平面应力模型时，由于模型的光学各向异性，光波沿入射点的两个主应力方向也会分解为两束振动方向相互垂直的平面偏振光 $o$ 光和 $e$ 光，它们在模型中的传播速度不同，因此产生光程差 $\Delta$

$$\Delta = Ch(\sigma_1 - \sigma_2) \tag{13-4}$$

其中，$C$ 为应力光学常数，与材料有关；$h$ 为模型厚度；$\sigma_1$、$\sigma_2$ 为两个主应力，且 $\sigma_1 > \sigma_2$。该式

表明，如果模型的厚度和材料一定，经过模型上任意点透射来的两束平面偏振光的光程差与该点的主应力差成正比。这样，通过测量模型各点处的光程差就可得到模型各点的主应力差。

2. 等差线和等倾线

光弹性测量技术主要是基于模型上的等倾线和等差线条纹进行分析的。模型上主应力差值都相同的点构成等差线，根据等差线可以定性判断模型上各点主应力的大小；而一系列主应力倾角都相同的点构成等倾线，用等倾线可以求出模型上各点主应力的方向。

如图 13.11 所示，将两块偏振片放置在平行光场的光路中，来自光源的自然光通过第一个偏振片后，变成一束振动平面与偏振片主轴一致的平面偏振光。因为它使自然光变成平面偏振光，所以称为起偏镜，以 $P$ 来表示，它的主轴称为起偏轴。转动第二个偏振片，就可以发现视场时亮时暗，这说明第二个偏振片对来自起偏镜的平面偏振光有检查的作用，所以称为检偏镜，以 $A$ 表示，其主轴称为检偏轴。当 $A$ 垂直于 $P$，视场达到最暗，这一视场称为正交平面偏振场(或称暗场)。若 $A$ 平行于 $P$，则视场达到最亮，这时的视场称为平行平面偏振场(或称亮场)。在实验时，常常使用这两种偏振场。将上述两个光学元件装配起来，就是一台偏光弹性仪的主体。再在仪器的偏振场中安装一个加载架，并对模型施加载荷，就可以进行实验了。

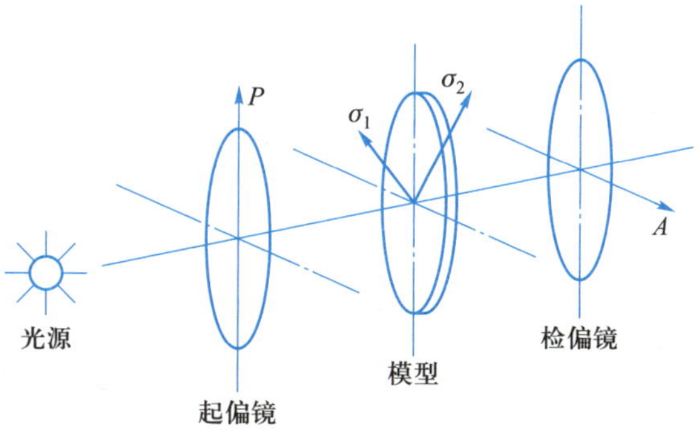


图 13.11　受力模型在正交平面偏振光场中

当光程差 $\Delta$ 为光波波长 $\lambda$ 的整数倍，即 $\Delta=n\lambda(n=0,1,2,\cdots)$ 时，到达检偏镜 $A$ 时产生消光干涉，呈现黑点，这些黑点形成一条深暗色的等差线。根据式(13-4)，可得

$$\sigma_1-\sigma_2=\frac{n\lambda}{hC}=\frac{nf}{h} \qquad (13-5)$$

其中，$f=\lambda/C$ 称为材料条纹值。由此可知，等差线上各点主应力差相同，对应不同的 $n$ 有 0 级等差线、1 级等差线、2 级等差线，……，如图 13.12 所示。

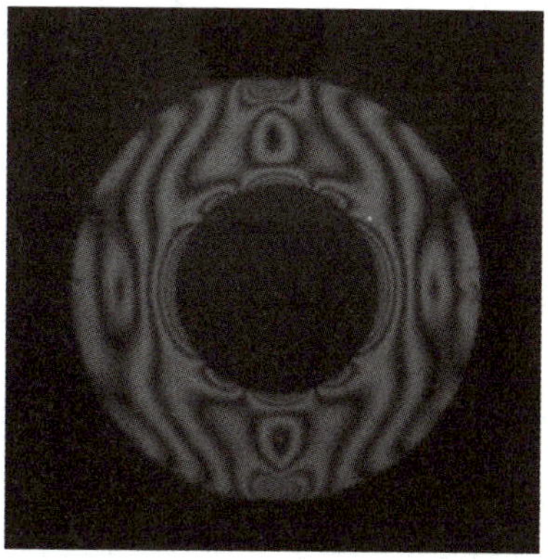

图 13.12　对径受压圆环的等差线

当应力主轴与偏振轴重合时，也产生消光干涉，呈现黑点，模型上应力主轴与偏振轴重合的各点形成黑线，称为等倾线。同一条等倾线上各点的两个主应力方向相同，分别与此时起偏镜和检偏镜的光轴方向重

合。选取垂直方向或者水平方向为基准方向，先使起偏镜 $P$ 或检偏镜 $A$ 的光轴与基准方向重合，得到的等倾线叫 0°等倾线。然后从这个方向开始，逆时针同步转动起偏镜 $P$ 和检偏镜 $A$，转过 $\theta$ 时（$\theta$ 为等倾线上各点主应力方向与基准方向的夹角）得到的等倾线叫 $\theta$ 等倾线。如图 13.13 所示为对径受压圆环 0°—90°等倾线。

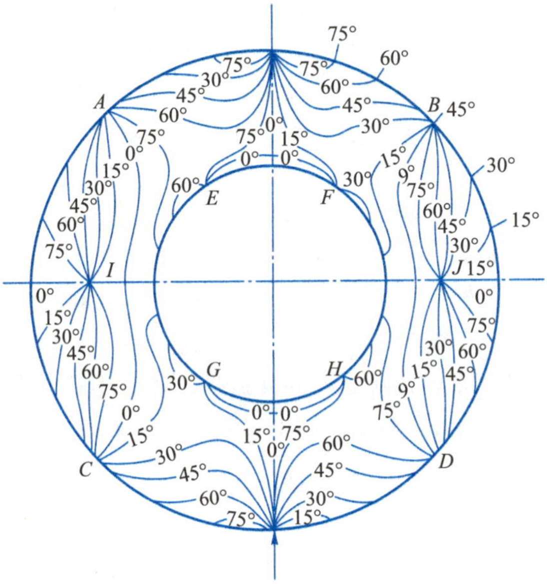


图 13.13　对径受压圆环的等倾线

在正交平面偏振光中，同时存在等倾线和等差线。为了消除等倾线，以便获得清晰的等差线图，在两偏振片之间加入一对 1/4 波片，且两波片的快轴（或慢轴）相互正交。当起偏轴 $P$ 与检偏轴 $A$ 相互正交时，称为双正交圆偏振光场，如图 13.14 所示。

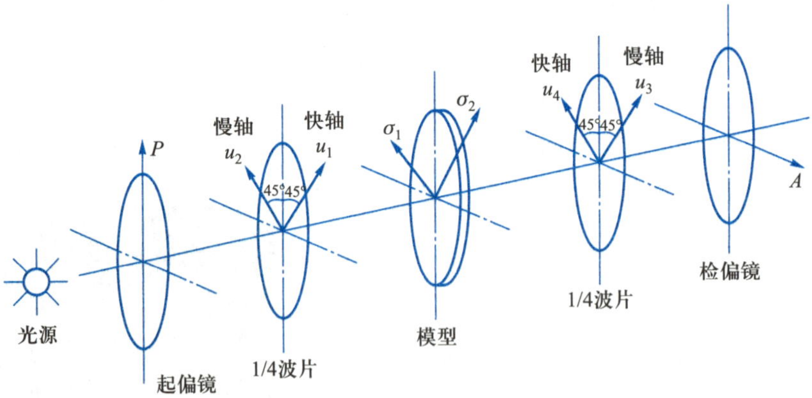


图 13.14　双正交圆偏振光场布置简图

光弹性测量原理基于光学定律，根据模型上的等倾线和等差线条纹进行应力分析。光弹性实验方法的特点是直观性强，用它不但可以准确地解决二维模型的应力分析问题，而且也可以有效地解决三维模型的应力分析问题，为强度设计提供比较完善的资料。这个方法尤其对从强度观点寻求结构（或零件）的合理设计和确定应力集中系数更为有效。这对承受重复应力作用的零件的设计和制造具有重要的实际意义。迄今,各种零件设计中的应力集中系数的图表几乎都是用光弹性实验方法获得的。

### 13.3.2 测量系统

光弹性测量系统由光源(包括单色光源和白光光源)、一对偏振镜、一对 1/4 波片、透镜和屏幕组成,模型 $M$ 放在中间的加载架上。光弹性测量系统原理示意图如图 13.15 所示,测量系统如图 13.16 所示。用平面偏振光通过图 13.15 所示的模型在光路承载后于成像系统的显示屏上可看到干涉条纹。

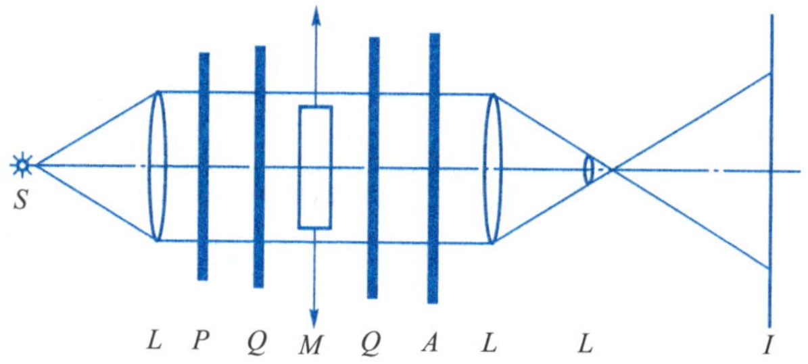


$S$—光源;$L$—透镜;$P$—起偏镜;$Q$—1/4 波片;$A$—检偏镜;$M$—试件;$I$—屏幕

图 13.15 光弹性测量系统原理示意图

图 13.16 F-GT1190(B)光弹性测量系统

### 13.3.3 测量实例

#### 1. 简支梁三点弯曲

图 13.17 为载荷 $P$ 作用下的简支梁三点弯曲试验系统。将光弹性测量仪器调整为正交圆偏振光场,并在梁上画出支座、载荷 $P$ 的位置线。在加载梁上安装试件后逐级压缩加载,可观察到动态的等差线条纹;然后将检偏镜 $A$ 单独旋转 90°,得到半级数条纹图案,标明级数,记下载荷 $P$。卸下 1/4 波片,将光路调整为正交平面偏振光场,适当减少载荷,同步反时针方向转动两偏振镜,观察等倾线变化规律。

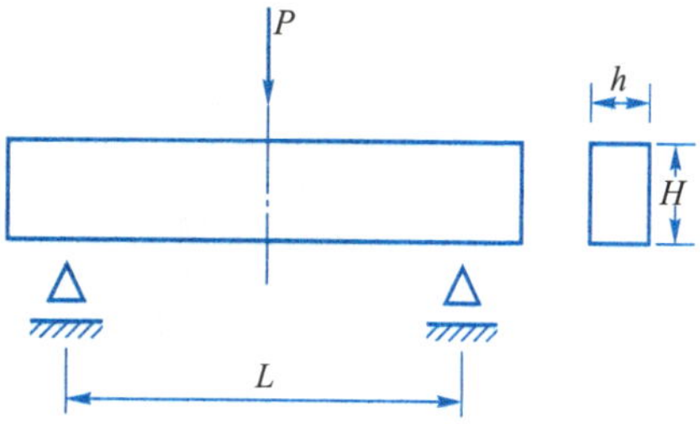


图 13.17 简支梁三点弯光弹性测量示意图

简支梁三点弯曲光弹测量结果如图 13.18 所

示，三点接触的部位呈现较为明显的明暗条纹，说明该处有较大的应力梯度，存在应力集中现象。图 13.19 为有限元分析结果，两者结果相吻合。

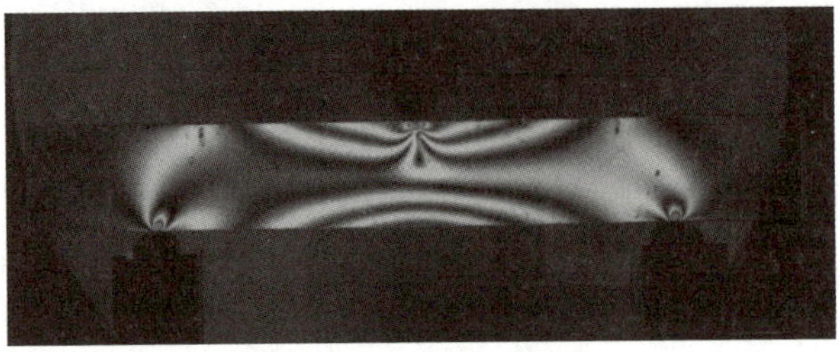

图 13.18　简支梁三点弯曲光弹测量等差线条纹

图 13.19　简支梁三点弯曲有限元分析主应力云图

## 2. 小孔应力集中

由第 7 章可知，小孔处会出现应力集中现象。本实验用光弹性法测定带圆孔板的孔边应力集中系数。将光弹仪调整为正交圆偏振光场，把图 13.20 所示试件置于加载架上，对试件逐级拉伸加载，即可观察等差线的变化规律；当孔边出现 4～5 级条纹时，记录条纹图案与此时的载荷。

图 13.21 为小孔部位的光弹测量结果，在孔边部位呈现较为明显的明暗条纹，说明该处有较大的应力梯度，存在应力集中现象。图 13.22 为有限元分析结果，实验与有限元分析结果相符合。

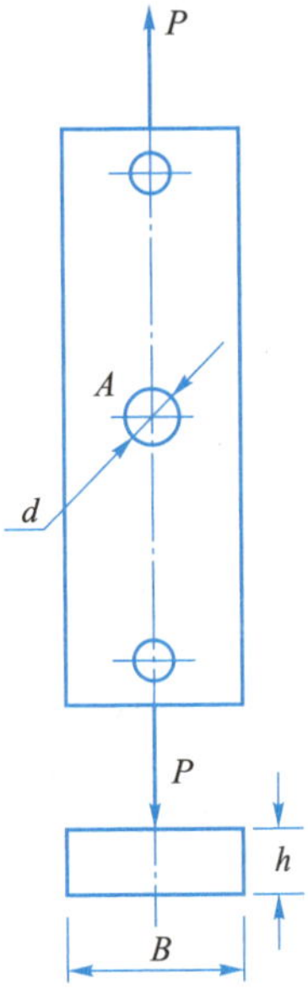


图 13.20　小孔应力集中试件示意图

图 13.21　小孔应力集中光弹测量等差线条纹

图 13.22　小孔应力集中有限元分析应力云图

## 13.4 数字图像相关法

数字图像相关法(digital image correlation method, DICM)是一种基于计算机视觉技术的图像测量方法,又称数字散斑相关法(digital speckle correlation method, DSCM),该方法于 20 世纪 80 年代由日本的山口(Yamaguchi)和美国的彼得斯(W. H. Peters)分别独立提出,是一种用于全场应变测量的非接触式测量方法。由于其简单易用、自动化程度高、可全场测量、实用性强等技术优点,目前已广泛应用于工程实践。

### 13.4.1 测量原理

物体在变形过程中,其表面随机分布的粒子的反射光强度会随着变形过程而发生改变,通过计算机分析变形前后反射光强度或灰度的相对变化,可以得到被测物体表面的位移场,这就是 DICM 的基本原理。在得到位移场的基础上,通过后续处理,即可得到被测物体的应力场和应变场。

由于被测物体表面散斑点分布的随机性,每点周围小的区域内的斑点分布是各不相同的,考虑到待测区域所包含的散斑点信息较多,可以将待测区域划分为若干正方形小区域,通过分析每个小区域的变形得到整个待测区域的变形情况,这样的小区域通常也被称为子区。如图 13.23 所示,对于被测物体表面的任意点,其变形情况可以通过以该点为中心的子区的移动和变形来完成。在材料变形后,被测表面不同的标记点将产生不同大小和方向的位移,利用插值思想,选用不同的位移插值模式,可以描述被测表面不同的变形情况。图 13.23 给出了以 $P$ 为中心,由点 $P$ 及其周围像素组成的子区在变形前后形状和灰度的变化情况。

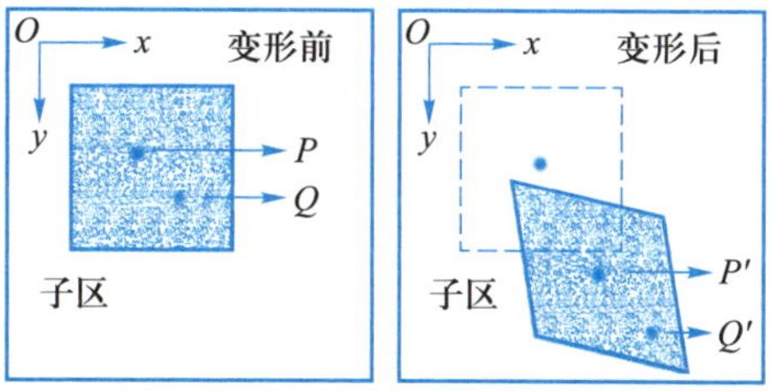


图 13.23 子区变形示意图

得到被测表面各点变形前后的对应关系后,即可得到网格点位移值,进而得到待测表面的位移场,结合几何方程(3-61),通过求导运算可得到应变场,再代入本构方程(4-3)就可得应力场。所以,DICM 的实质在于通过数字图像技术得到被测物体表面变形前后的位移场,然后根据已有弹性理论计算得到相应的应变和应力场。

### 13.4.2 测量系统

DICM 测试系统由于要实现对试件的加载,对试验过程及图像的观测以及对数据的采集、分析等,通常由多个子系统组成,一般包括加载、观测、处理三个子系统,如图 13.24 所示。

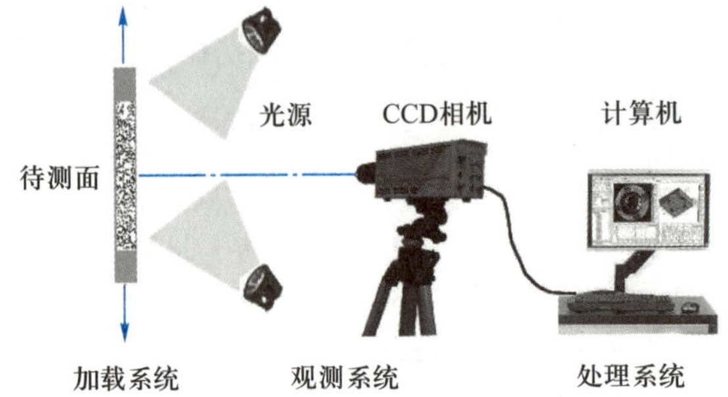


图 13.24　DICM 测试系统示意图

加载系统主要实现测试件的装卡以及载荷的施加，根据所研究的问题不同，加载系统的组成也不同，例如单轴拉伸、三点弯曲、旋转轮盘应力分布等。对于一些特定场合，可直接利用 DICM 实时测量工程结构的变形或应变场，并不需要专门的加载系统。例如，工作状态下齿轮的应变场测量、汽车车门撞击试验、肩胛皮肤运动测量等。加载系统中需要在试件的待测面上喷涂散斑，还需要辅助光源照射，以保证观测系统拍摄清晰。

观测系统主要负责采集变形过程中被测表面数字散斑图像。对于平面测量可采用单个 CCD 相机；若采用两个或多个组成一定角度的 CCD 相机，可以进行三维重构，其测量原理与人眼功能类似；对于微观结构的变形，如微电子机械系统（micro-electro-mechanical system，MEMS），可采用扫描电子显微镜（scanning electron microscope，SEM）采集图像；对于高速运动的物体，如振动中的叶片、旋转的轮盘等，可采用高速相机采集图像。

处理系统主要通过 DICM 分析软件对采集的图像进行分析处理，完成待测区域位移场的计算以及后处理的显示工作。数字图像技术的相关运算是 DICM 的关键，选取合适的子区大小，计算步长和相关算法是影响速度和精度的主要因素。

### 13.4.3　测量实例

#### 1. 简支梁三点弯曲

本节采用 DICM 观测等截面梁三点弯曲过程中梁平面应变分布及弹塑性转变过程。如图 13.25 所示，等截面梁材料选用 304 不锈钢，对试验件进行表面喷漆处理，得到符合要求的表面散斑，梁两端支撑，中间受压。

图 13.25　三点弯曲试件散斑处理及加载方案

试验装置如图 13.26 所示。调整左右两个相机的高度、角度、焦距和光圈，使待测区域清晰呈现在屏幕中央，保证左右相机对应的中心线对准被测区域的同一位置，选择合适的校准板进行校准，校准通过后，启动试验机，进行等截面梁三点弯曲试验，设置 CCD 相机采样频率，采集试验件变形过程中的散斑图像。

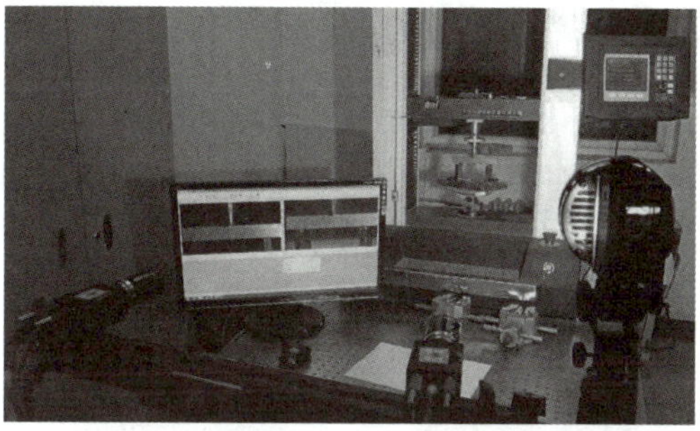

图 13.26　DICM 等截面梁三点弯曲测试

等截面梁三点弯曲弹性阶段梁面应变场分布如图 13.27 所示，与有限元分析结果类似，最大应变出现在压头和梁下方中点位置，梁上方压头处与两支撑处受压（A 区域），梁下方中间位置受拉（B 区域）。

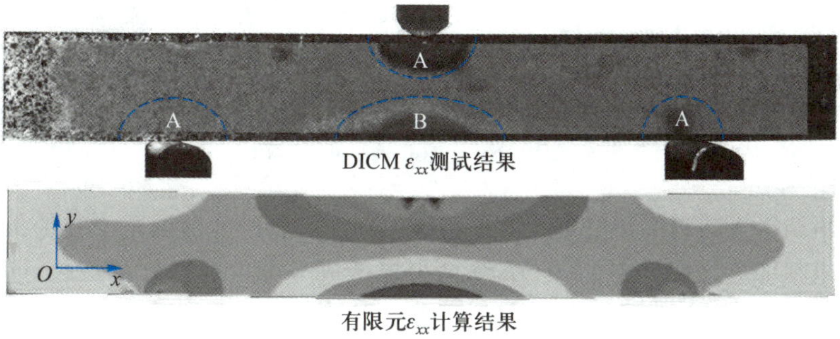


图 13.27　等截面梁三点弯曲梁面 $\varepsilon_{xx}$ 分布云图

### 2. 小孔应力集中

如图 13.28 所示，带孔试件采用 45 号钢材质，对试件进行表面喷漆处理，得到符合要求的表面散斑，试件通过上下销钉孔装卡和加载。

试验系统如图 13.29 所示，调整左右两个相机，选择合适的校准板进行校准，校准通过后，对试件进行拉伸加载，设置 CCD 相机采样频率，采集试验件变形过程中的散斑图像。

图 13.28　带孔平板散斑处理及加载方案

图 13.29　DICM 小孔应力集中测试

带孔平板弹性阶段孔边应变场分布如图 13.30 所示，与有限元分析结果类似，孔边表现出明显的应力(变)集中现象,远离孔边应力(变)集中迅速衰减,当平板上下两侧受拉时,小孔上下两端受压(A区域),小孔左右两侧受拉(B区域)。

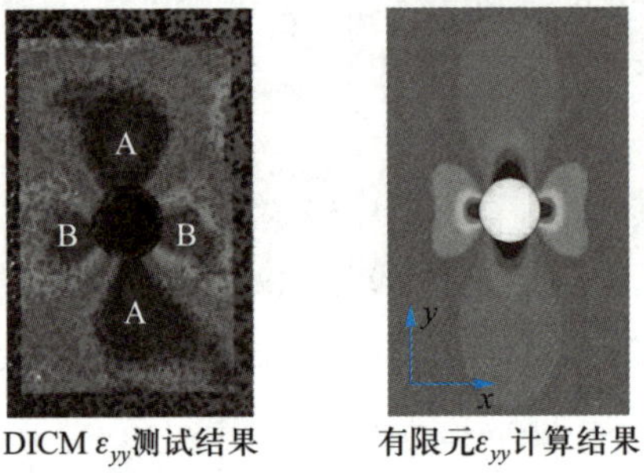


图 13.30 带孔平板受拉时孔边 $\varepsilon_{yy}$ 分布云图

## 13.5 重点概念阐释及知识延伸

### 1. 云纹干涉法

云纹是指两个空间频率相差不大的光栅叠加在一起所产生的明暗交错的条纹图案。云纹在生活中也很常见,如图 13.31 所示,将两把梳子成一定角度叠放在一起,可观测到类似的明暗交错条纹。云纹干涉法是一种应用高密度衍射光栅和激光干涉技术进行位移和应变测量的现代光测力学方法。如图 13.32 所示[4],在试件被测表面布置光栅(试件栅),当两束准直光 $A$、$B$ 对称射入试件栅时,将会得到沿试件表面法线方向传播的 $A$ 的正一级衍射光波 $A'$和 $B$ 的负一级衍射光波 $B'$,若试件处于空载状态,试件栅规则排列,$A'$、$B'$均为平面光波,不出现干涉条纹,若试件受载发生变形,试件表面的试件栅随之发生改变,在成像系统出现明暗相间的干涉条纹,通过测量衍射光波干涉条纹的间距和方向就可计算得到试件表面的位移场。

图 13.31 云纹形成示意图

图 13.33 给出了三维云纹干涉系统的示意图,单束激光通过分光光栅转化为四路准直光,通过四面反射镜将四束光转化为两组对称入射光,根据前面所述的云纹干涉原理,就可以得到试件表面不同方向的位移场。

以云纹干涉法测量等截面梁三点弯曲时的应变($\varepsilon_x$,$\varepsilon_y$,$\tau_{xy}$)分布为例。图 13.34 给出了等截面梁三点弯曲时梁平面 $u$ 场和 $v$ 场干涉云纹分布情况。条纹的实质是给定方向的位移等值线，位移等值线上某点的梯度大小或条纹间距对应应变的大小。对于 $u$ 场云纹图，条纹级数沿 $x$ 方向的梯度反映了沿 $x$ 方向的应变 $\varepsilon_x$，同理 $v$ 场云纹图沿 $y$ 方向的梯度则反映了 $y$ 方向的应变 $\varepsilon_y$，若结合 $u$ 场云纹沿 $y$ 向的梯度和 $v$ 场位移沿 $x$ 向的梯度，则可得到考核点的剪应变 $\tau_{xy}$。在图 13.34 所示的 $u$ 场条纹图中，中性面条纹的走向与 $x$ 方向重合，梯度为 0，即中性面沿 $x$ 方向的 $\varepsilon_x=0$，这与梁弯曲假设是相符的。

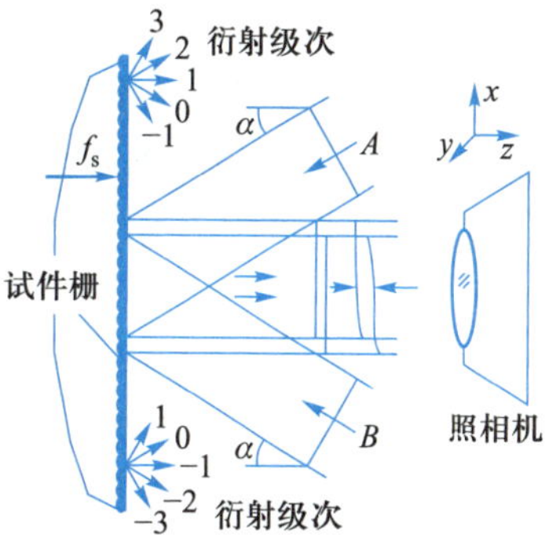


图 13.32　云纹干涉原理图

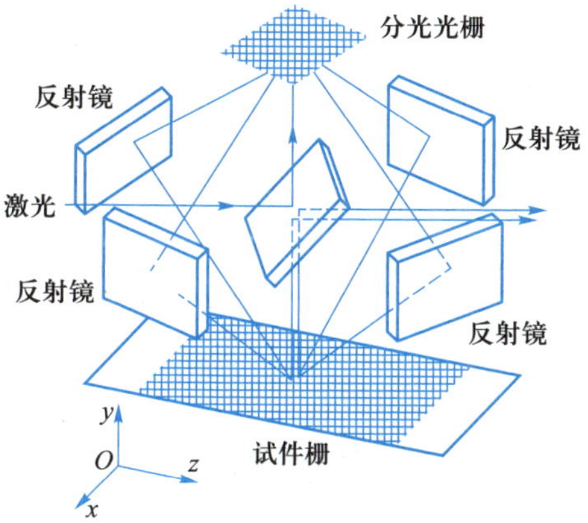


图 13.33　三维云纹干涉系统示意图

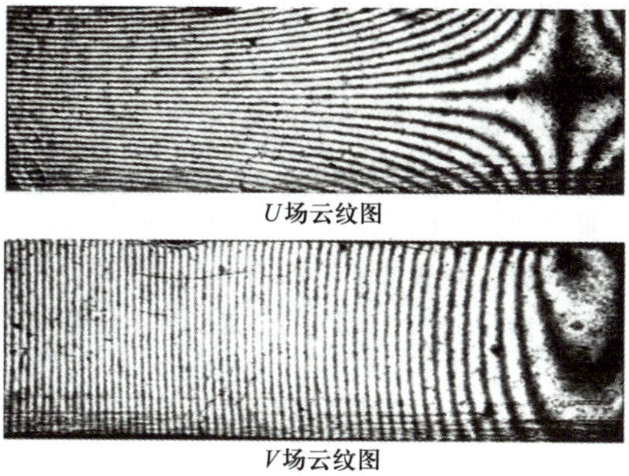


图 13.34　三点弯曲梁平面云纹分布图

## 2. 激光散斑干涉法

激光散斑干涉法是通过记录散斑随物体变形或运动前后的图像，分析散斑图在激光照射下得到的干涉条纹从而获得待测表面位移场的光测实验力学方法。如图 13.35 所示，一束激光（相干光）入射漫反射表面或透明散射体（如毛玻璃），若反射光波相位差满足相长干涉条件，则在空间形成亮点，若反射光波相位差满足相消干涉条件，则在空间形成暗点，最后在散射表面或附近的光场中会出现随机分布的亮斑和暗斑，这些斑点也称为激光散斑[5]。散斑的分布规律取决于照射的光源以及被照射物体表面的结构，若入射光源保持不变，散斑图的信息则反映了待测表面的特征。如果试件表面发生微小变形，散斑也会随之发生变化，将变形前后得到的散斑图记录在同一张底板上，由于变形微小，前后两次散斑成对出现，可以得到无数对方向一致、孔距大体相等的双孔，双孔的取向和间距对应各点的位移，在激光的照射下会发生双孔衍射，进而形成杨氏干涉[6]条纹，条纹的分布和间距即反映了试件表面的位移场信息。

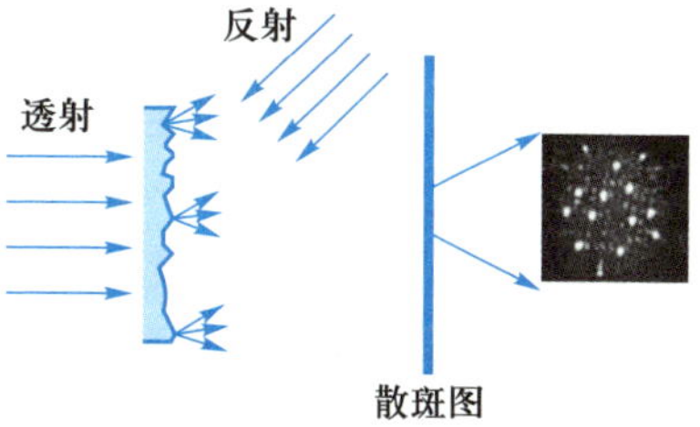


图 13.35　激光散斑形成原理图

图 13.36 为典型的激光散斑干涉法测量系统，主要由散斑记录部分以及散斑图分析部

分组成。单束激光通过快门后形成相干光束，当激光射入待测物时，由于物体表面的漫反射，在附近空间形成明暗不同的散斑，通过成像系统可在照相底板上记录待测物变形前后的散斑图。将得到的散斑图置于分析光路中，在激光的照射下，根据双孔衍射原理，在屏幕上会呈现明暗相间的杨氏干涉条纹，分析条纹的方向和间距，即可得到待测表面的位移场。

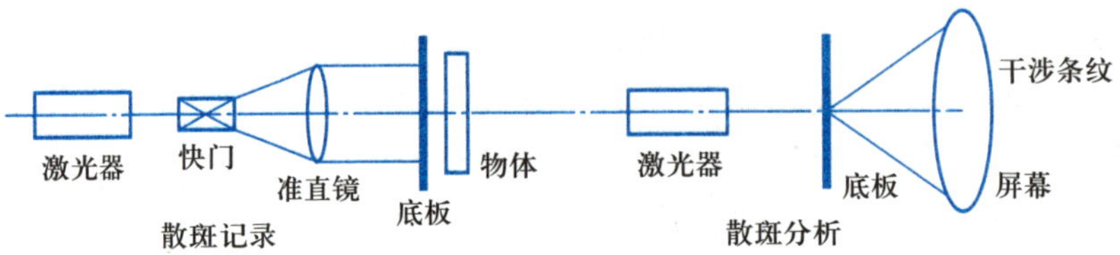


图 13.36　激光散斑干涉法测量系统

以激光散斑干涉法测定焊接接头处沿加载方向应变场[7]为例。如图 13.37 所示，铝合金拉伸试件中部经焊接连接且分布有焊缝余高，将试件置入图 13.36 所示的光路图中，试件两端施加拉伸载荷，记录接头及附近区域加载前后对应的散斑图，通过散斑分析系统，可以获得明暗相间的干涉条纹，若对条纹进一步进行分析处理，可以得到焊接接头处沿加载方向的应变场。如图 13.37 所示，云图从左到右表示测试区域逐渐远离焊接接头处，其中，A 区域为高应变分布区域，可以看出，由于焊缝的存在，试件接头处应变场存在较大的梯度，越靠近焊缝接头，应变值越大，远离焊缝接头，应变值逐渐减小。

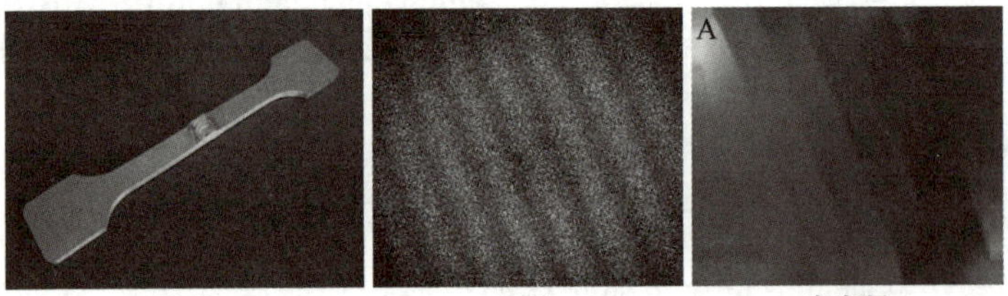


图 13.37　激光散斑干涉法测量焊接接头处沿加载方向应变场

### 3. 全息干涉法

全息干涉法是利用全息照相原理获得物体变形前后所对应光波波阵面的干涉条纹，通过分析干涉条纹的分布情况来测量物体的变形或振动的一种光测实验方法。如图 13.38 所示，全息干涉法原理分为全息图记录和全息图再现两部分。激光发射器发出的一束激光，经过分光镜之后分为两束相干光，其中一束入射物体表面，经过物体反射(或透射)后向全息底板传播，另一束通过反射镜后直接射向全息底板，两束光(物光和参考光)在全息底板上相遇并发生干涉，形成复杂的干涉条纹(全息图)，这些条纹反映了物体表面的信息；全息图再现只需用参考光入射已记录信息的全息底片即可，这就是全息照相的原理。在全息图记录过程中，若在物体变形前后两次进行曝光，则同一张全息底板上记录了物体表面变形前后的信息，用参考光入射得到的全息图，会衍射出对应变形前后的两束物光波，这两束光波会在空间干涉并形成干涉条纹，干涉条纹即反映了物体表面变形的情况。

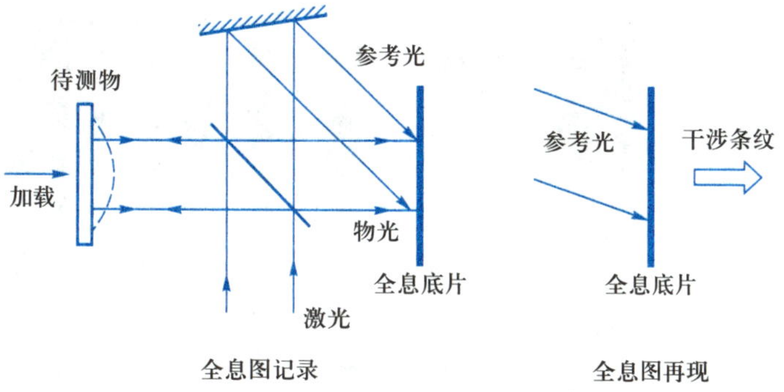

图 13.38　全息干涉法原理图

针对上述的测试原理，全息干涉法测量系统也可分为全息干涉记录系统和全息干涉再现系统。全息干涉记录系统如图 13.39a 所示，氦氖激光器发出的激光经分束镜后一分为二，其中一束经反射镜和扩束镜后直接入射全息底片（参考光），另一束经反射镜和扩束镜后入射待测物体表面，经待测物体反射后射向全息底片（物光），两束光波在全息底片上发生干涉并由全息底片记录试件表面信息。全息干涉再现系统如图 13.39b 所示，参考光经反射镜和扩束镜后入射经全息干涉记录系统记录的全息底片，此时两束物光波在空间发生干涉并形成干涉条纹，通过分析条纹间距，即可得到被测区域的位移场或应变场。

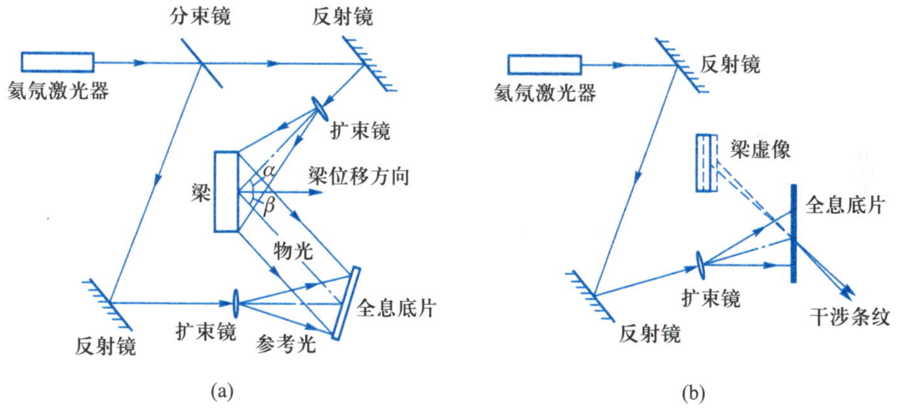

图 13.39　全息干涉法测量系统示意图

以全息干涉法测量悬臂梁微小位移为例。如图 13.40 所示，带刻度的金属悬臂梁通过螺栓固定在支座上，悬臂梁左侧固定一个定滑轮，悬臂梁顶部开一小孔用以连接带砝码的细绳，砝码重力通过滑轮对悬臂梁进行加载[8]。将实验装置置于图 13.38 所示的光路中，在未添加砝码时进行第一次曝光，记录悬臂梁初始状态的全息图；通过添加砝码对悬臂梁加载，使悬臂梁发生微小变形，稳定后进行第二次曝光，在同一全息干板上记录金属梁受力变形后的全息图。将参考光照射在全息图上，衍射产生的两束物光波发生干涉，形成干涉条纹。如图 13.40 所示，通过分析第 $k$ 级明（暗）条纹其所在的位置及有关参量就可以得到金属悬臂梁的微小变形。

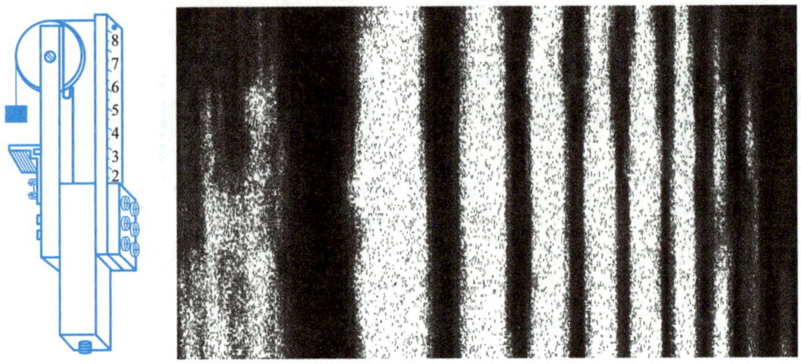

图 13.40　全息干涉法测量悬臂梁微小位移

## 13.6　拓展阅读

1. 电阻应变效应[9]

1856 年，英国物理学家威廉·汤姆森[William Thomson，1824—1907 年，热力学温标(绝对温标)的发明人，被称为现代热力学之父，又称开尔文勋爵(Lord Kelvin)]，在铺设横穿大西洋的海底电缆时，发现电缆应力对电缆的电阻值产生影响，这就是金属材料的电阻应变效应，即一根金属导线，在其拉长时电阻增大，在受压缩短时电阻减小。时隔十多年，美国科学家于 1938 年应用这个自然规律制成了世界上第一片纸基丝绕电阻应变计。随着电阻应变计的发展，应变片测量方法已成为弹性力学实验应变测量的一种重要方法。

2. 双折射现象[10]

1669 年，丹麦天文学家和物理学家欧拉斯·巴塞利乌斯·巴巴贝尔(Erasmus Bartholinus，1625—1698 年)首次通过石英晶体发现了双折射——线条魔法(纸上一条线，透过石英看到两条线)。1808 年，偏振之父马吕斯(Etienne Louis Malus，1775—1812 年，法国物理学家及军事工程师)在波动光学的基础上完美地解释了双折射现象，并将这种性质称为偏振，即一束光在入射光学各向异性材料后产生两束沿不同方向振动的偏振光，证实了偏振是光的一种固有特性，提出了著名的马吕斯定律。

3. 应力实验中的数字成像技术[11]

20 世纪 80 年代初，彼得斯和兰姆(W. F. Ranmn)利用数字图像相关法来测量表面位移，用电视摄像机来记录被测物体加载前后的激光散斑图，然后经过模数转换，将图像存储于计算机中，从而得到数字灰度场。变形图像的子集在数值上与参考图像相关，以作为表面位移的度量。对于平面问题，则是在封闭轮廓周围确定离散值，然后将其输入到边界积分方程中，以计算轮廓中的表面牵引力，然后在这个边界内计算应力。这便是实验边界积分法(EBI)，即将光学位移测量数据与积分方程结合起来求解变形体应力、应变的方法。

## 13.7 重点内容的板书讲解

**实验方法对比**

| | 优点 | 不足 |
|---|---|---|
| 应变片测量方法 | • 测量范围广：1～20 000 $\mu\varepsilon$<br>• 频率响应好：0～$10^5$ Hz<br>• 得到应变数据所需时间短<br>• 可供选择的应变片种类及功能多样 | • 只能测量结构表面应变<br>• 只能测量栅丝覆盖范围的应变<br>• 受限于测量表面的尺寸和温度 |
| 光弹性测量方法 | • 可获得接触面应力<br>• 可获得应力场<br>• 可获得结构内部应力 | • 不能开展高温实验，测量温度范围约 35～180 ℃<br>• 制作光弹模型所需时间较长 |
| 数字图像相关法 | • 可获得曲面表面应变场<br>• 受温度、压力等环境条件限制小，可开展高于 1 700 ℃的实验 | • 无法获取边界、内部应力<br>• 不适用复杂结构<br>• 对散斑以及光照环境要求较高<br>• 图像后处理所需时间较长 |

## 思考题

13.1 在什么实验条件下，电阻应变的测量方法受到限制？

13.2 用应变片测量时，为什么必须采用温度补偿措施？

13.3 光弹性实验中偏振片和四分之一波片的摆放顺序及原因是什么？

13.4 如何理解数字图像的灰度？如何根据灰度搜索变形后的子区？

13.5 数字图像相关方法测量精度与哪些因素有关？

13.6 云纹法和云纹干涉法有何区别？

13.7 举例说明激光散斑法在医学上的应用。

第 13 章自测题

## 习题

13.1　图 13.41 所示为一直流电桥，电源电动势 E=3 V，$R_3=R_4=100\ \Omega$，$R_1$ 和 $R_2$ 为同型号的电阻应变片，其电阻均为 50 Ω，灵敏度系数 $K=2.0$。两只应变片分别粘贴于等强度梁（梁的各个截面上最大应力值相等）同一截面处的上下两侧。设等强度梁在受力后产生的应变为 2 000，试求此时电桥输出端电压 $U_0$。

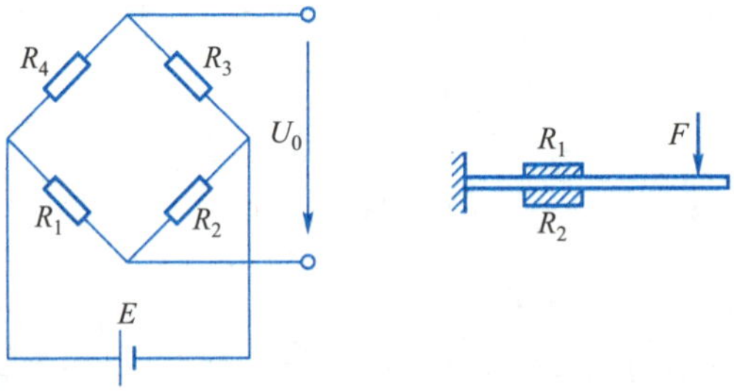


图 13.41　应变片接线图

13.2　请读者仿照式(13-2)、式(13-3)推导半桥电路、全桥电路输出电压与电阻应变片阻值变化的关系，并分析三种电桥的测量精度。

13.3　在 DICM 测试中，设参考子区中任意点 $P(x,y)$ 经过变形后对应目标子区的点 $P'(x',y')$，设 $u$，$v$ 分别代表参考子区中心点 $P_0(x_0,y_0)$ 在 $x$ 方向和 $y$ 方向的位移，试用点 $P$ 坐标和 $u$，$v$ 表示变形后目标子区内对应点 $P'$ 的坐标。(1) 只发生刚体位移（0 阶位移函数）；(2) 考虑刚体位移、伸缩和剪切变形（1 阶位移函数）；(3) 考虑刚体位移、伸缩和剪切变形（2 阶位移函数）。（参考几何方程的推导）。

13.4　试求径向受压圆环内边界上最大拉应力与压应力。已知圆环光弹材料的应力条纹值 $f=16$ kN/m 级，圆环模型厚度 $h=5$ mm。如图 13.42 所示。

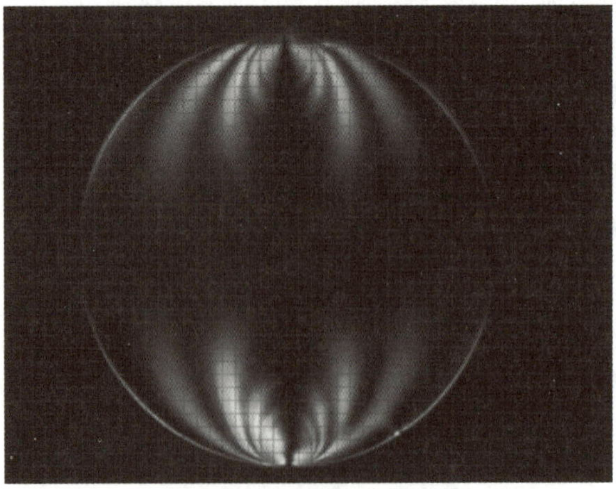

图 13.42　受压圆环光图

13.5　设有平面尺寸完全相同，但厚度相差一倍的两个具有矩形截面的简单拉伸试件受到相等的拉力作用，如果薄试件在白光正交圆偏振光场中等色线是绿色的，那么厚试件的等色线应呈什么颜色，为什么？

13.6　在正交圆偏振光的光路中，如果将两个 1/4 波片的快轴平行布置，试给出此时光路的光强方程式，并对屏幕上呈现的干涉条纹性质加以讨论。